纪连海评点三国志

（修订版）（上）

纪连海 著

中国出版集团　现代出版社

图书在版编目（CIP）数据

纪连海评点《三国志》：全2册 / 纪连海著. —北京：现代出版社，2018.4
ISBN 978-7-5143-6618-1

Ⅰ. ①纪… Ⅱ. 纪… Ⅲ. ①中国历史－三国时代－纪传体 ②《三国志》－研究 Ⅳ. ①K236.042

中国版本图书馆CIP数据核字（2017）第317476号

纪连海评点《三国志》：全2册

作　　者	纪连海
策划编辑	庞俭克
责任编辑	申　晶
出版发行	现代出版社
地　　址	北京市安定门外安华里504号
邮政编码	100011
电　　话	010-64267325　010-64245264（兼传真）
网　　址	www.1980xd.com
电子邮箱	xiandai@cnpitc.com.cn
印　　刷	长沙鸿发印务实业有限公司
开　　本	787mm×1092 mm　1/16
印　　张	39.75
字　　数	752千字
版　　次	2018年4月第1版　2018年4月第1次印刷
书　　号	ISBN 978-7-5143-6618-1
定　　价	88.00元

目　录

（上）

（下）

卷一《三国志·魏书一　武帝纪》

第一节　谁家少年浪荡子

【原文】

太祖少机警，有权数，而任侠放荡，不治行业，故世人未之奇也；惟梁国桥玄、南阳何颙异焉。玄谓太祖曰："天下将乱，非命世之才不能济也，能安之者，其在君乎！"

【译文】

太祖小时候就机灵能干，遇事会随机应变，但放浪形骸，意气用事，不注意德行和学业的修养，所以当时的人都没有注意到他。唯有梁国人桥玄、南阳人何颙二人能认识到他的雄才大略。桥玄曾对太祖说："天下将大乱，没有治国安邦之才不能拯救，能平定天下的，恐怕就是你吧！"

【评点】

在以魏国立场为主的《三国志》里面，作者也对曹操少时没有什么能够粉饰的地方，只得简简单单说句"任侠放荡，不治行业"了事，就算是为尊者讳了。而《曹瞒传》是三国时期吴国人写的，对于曹操这个魏国头子当然不会有什么宽宥，挖掘起隐私来十分给力。比如下面的情节：

"太祖少好飞鹰走狗，游荡无度，其叔父数言之于嵩。太祖患之，后逢叔父于路，乃阳败面喎口；叔父怪而问其故，太祖曰：'卒中恶风。'叔父以告嵩。嵩惊愕，呼太祖，太祖口貌如故。嵩问曰：‘叔父言汝中风，已差乎？’太祖曰：‘初不中风，但失爱于叔父，故见罔耳。’嵩乃疑焉。自后叔父有所告，嵩终不复信，太祖于是益得肆意矣。”

意思是曹操年轻的时候就不务正业，遛鹰玩狗，到处游荡。他的叔叔看不上他那样，就老是跟他爹曹嵩告状。曹操就很烦。

后来他有一回在道上看见他叔，就故意把自己的脸团巴团巴，搞得嘴歪眼斜，他叔一看，说哎呀大侄子，你这是咋啦？曹操就说：“我中恶风啦。”他叔叔回去就告诉曹嵩，说阿瞒中风啦，你快看看他！

他爹当下大吃一惊，小小年纪就身中恶风，那还得了！结果叫到跟前一看，嘴不歪眼不斜，一切正常。

曹嵩就问：“你叔叔说你中了风，怎么回事？”曹操就说：“我哪有中什么风。我叔叔不待见我才故意这么说的。”

自己儿子再不咋地，当爹的还是亲的、信任的，于是就怀疑他弟原来跟他告状都是在冤枉儿子了，从此以后，曹操的叔叔再怎么告状，曹嵩都不相信了。

曹操这下子就更恣意妄为起来。

就这么一个人物，后来却能够成就一番霸业，这个，除了和本人的才力相关，就是和他的心胸志气大有关联了。

孙盛在《异同杂语》里记载了这样一件事，说：“太祖尝私入中常侍张让室，让觉之；乃舞手戟于庭，逾垣而出。才武绝人，莫之能害。博览群书，特好兵法，抄集诸家兵法，名曰接要，又注孙武十三篇，皆传于世。尝问许子将：‘我何如人？’子将不答。固问之，子将曰：‘子治世之能臣，乱世之奸雄。’太祖大笑。”

说的是曹操这个人曾经想刺杀奸贼张让，结果被发觉，结果这家伙挥舞着武器就从墙上蹦出来了，谁也抓不着他，可见勇气惊人。

又爱兵法，注定是个战场上的英雄。

许子将就是许劭，当时著名的人物品评专家。《辞海》对他的评价是：有名于世，喜评论人物。曹操找上了许劭，“卑辞厚礼”，就是说好话、送厚礼，要许劭评一评自己——当然了，是要“好评”一下自己——谁也不愿意登门送礼找骂不是？

结果许劭就是不说——他不说说明什么？是个人都心知肚明了。

结果他不说曹操就非要让他说！实在没办法，许劭就说了：“君清平之奸贼，乱世之英雄。”（《后汉书·许劭列传》）这话到了《三国志》里面，就成了这样：“子治世之能臣，乱世之奸雄。”

无论怎样，反正这个人就是占住了两极，不是大贤大圣，就是大奸大恶，反正不是庸常之辈。曹操一听，乐了，“大笑”“大悦而去”。哪怕不会万古流芳，能够遗臭万年也成啊！他这态度，想不让人说他是“奸雄”都难；当然，想不成为奸雄，也难。

第二节　到处宁可我负人

那样一个黑暗杀伐的乱世，曹操能够从一个斗鸡走狗的浪荡子弟成为一只大鼎的三足之一，是很了不起的，起码手要狠、心要黑。且看这一个片段。

【原文】

金城边章、韩遂杀刺史郡守以叛，众十余万，天下骚动。征太祖为典军校尉。会灵帝崩，太子即位，太后临朝。大将军何进与袁绍谋诛宦官，太后不听。进乃召董卓，欲以胁太后，卓未至而进见杀。卓到，废帝为弘农王而立献帝，京都大乱。卓表太祖为骁骑校尉，欲与计事。太祖乃变易姓名，间行东归。

【译文】

金城人边章、韩遂斩杀刺史、郡守，聚集十多万人，大举叛乱。

一时天下动荡。

朝廷命太祖为典军校尉，恰逢汉灵帝去世，太子刘辩即位，由何太后掌宰朝中大权。

大将军何进与袁绍密谋诛杀宦官，太后未同意他们的做法。

何进便召董卓入京，即刻废皇帝为弘农王，另立刘协为献帝，京都之中乱如麻团。

董卓上奏举荐太祖做骁骑校尉，准备与他共商朝政。

太祖改名换姓，向东走小路逃往家乡。

【评点】

这段初看似没有什么意思，不过就是说董卓想用曹操，曹操不肯，更姓改名，逃跑了事。

这里可就纯粹为尊者讳了。在这个逃跑的故事里面，还套着一个小故事，这个小故事在裴松之注里面是这样写的：

“魏曰：太祖以卓终必覆败，遂不就拜，逃归乡里。从数骑过故人成皋吕伯奢；伯奢不在，其子与宾客共劫太祖，取马及物，太祖手刃击杀数人。”

意思就是曹操早知道董卓是秋后的蚂蚱，命长不了，所以就跑了。路上遇到故人吕伯奢，结果伯奢的儿子和宾客看上曹操的财物，就想抢劫，曹操把他们都杀了。

《世说新语》里则是这样说的：“太祖过伯奢。伯奢出行，五子皆在，备宾主礼。太祖自以背卓命，疑其图己，手剑夜杀八人而去。”

孙盛《杂记》又是这样说的：“太祖闻其食器声，以为图己，遂夜杀之。既而凄怆曰：‘宁我负人，毋人负我！’遂行。”

在《三国演义》里描述得更为详尽：

“操与宫坐久，忽闻庄后有磨刀之声。操曰：‘吕伯奢非吾至亲，此去可疑，当窃听之。’二人潜步入草堂后，但闻人语曰：‘缚而杀之，何如？’操曰：‘是矣！今若不先下手，必遭擒获。’遂与宫拔剑直入，不问男女，皆杀之，一连杀死八口。搜至厨下，却见缚一猪欲杀。宫曰：‘孟德心多，误杀好人矣！’急出庄上马而行。行不到二里，只见伯奢驴鞍前鞒悬酒二瓶，手携果菜而来，叫曰：‘贤侄与使君何故便去？’操曰：‘被罪之人，不敢久住。’伯奢曰：‘吾已分付家人宰一猪相款，贤侄、使君何憎一宿？速请转骑。’操不顾，策马便行。行不数步，忽拔剑复回，叫伯奢曰：‘此来者何人？’伯奢回头看时，操挥剑砍伯奢于驴下。宫大惊曰：‘适才误耳，今何为也？’操曰：‘伯奢到家，见杀死多人，安肯干休？若率众来追，必遭其祸矣。’宫曰：‘知而故杀，大不义也！’操曰：‘宁教我负天下人，休教天下人负我。’”

总之，就是贯彻一个原则：“宁我负人，休人负我。”

版本不同，曹操杀人的动机也不同。《魏书》说曹操是自卫杀人，其他版本都说曹操是多疑杀人。

值得玩味的是这几个曹操多疑杀人的版本里面，曹操的态度问题。

孙盛《杂记》版本里面有一个“凄怆”，是个好词，说明曹操知道自己错杀了人，心里很难过，可是算了，事已至此，还有什么可说的呢？宁可我辜负了别人，不要让别人辜负了我啊！这个固然不能算作正当理由，起码他在感情上是知道自己做错了的，这说明他是有“人味”的，还残留一些善意。

结果在《三国演义》里面，这个“凄怆”的修饰语就没了，代之的是对陈宫解说时的理直气壮，这下子，曹操可就真的成了一个大大的奸贼了。

怪不得民间说书说到曹操的时候，观众都会对他切齿痛恨，试想，一个冤杀人家满门的家伙，还这么理直气壮，这句“宁教我负天下人，休教天下人负我”，一切不求利天、利人，只求利己，怎能不惹人恨他呢？

不过，无论他“凄怆”也好，不“凄怆”也好，心狠手辣是真的。这样的人，若是清平为官，则为贤吏；若是乱世为贼，则成奸雄。

第三节　曹操的眼泪不白流

当然，曹操的奸雄之路还很漫长，除了这种极端自私自利的思想为导引之外，尚需磨砺他的军事才干、用人技巧，换句话说，就是要在乱世中把一颗心炼得八面玲珑、八方透风，才能成事。

下面这个片段，就算他的一个貌似“真诚”的心机吧。

【原文】

初，公为兖州，以东平毕谌为别驾。张邈之叛也，邈劫谌母弟妻子；公谢遣之，曰：“卿老母在彼，可去。”谌顿首无二心，公嘉之，为之流涕。既出，遂亡归。及布破，谌生得，众为谌惧，公曰：“夫人孝于其亲者，岂不亦忠于君乎！吾所求也。”以为鲁相。

【译文】

当初，曹公做兖州牧时，任命东平人毕谌为别驾。

张邈叛乱，劫走了毕谌的母亲、弟弟、妻子和儿女，曹公便辞退毕谌，对他说：“你的老母亲在叛贼那里，你也可以离开我。”毕谌向曹公叩头，表示决不因此而怀有二心，曹公十分赞赏他的行动，并感动得流下了眼泪。

毕谌离开曹公后，就跑到张邈那里，归附了张邈。

等到吕布被打败，毕谌被活捉时，众人为他担心，曹公说：“凡是孝敬父母的人，难道不也是忠君之人吗？这正是我所需要的人。”封他为鲁国国相。

【评点】

大家看这里的一个关键词：“流涕”。就是流眼泪。谁流泪？不是毕谌，而是曹操。

曹操杀吕伯奢全家，那是多么血腥的场面，冤枉好人，又该多么悔痛骨髓，可是曹操也没有哭，这里仅仅因为一个毕谌为自己做了一个“决不因此而怀有二心”的承诺，就感动得流眼泪。

这眼泪的成分里，又能有几分真诚？有几多虚假？

所以说，凡是搞政治的人，大抵都会运用眼泪来当武器。

大耳儿刘备动不动就哭，真哭假哭一齐上阵，哄得一干兄弟为他卖命。曹操更是出乎其类，拔乎其萃。你看他的眼泪，带来了多大的效益，这个效益就是人心。从此以后，在那个孝悌当道的时代，哪个孝子都乐意为他倾身卖命，抛洒一腔热血了。

其实曹操一生，真的为不少人流过眼泪，不过，他在残害他的直接上司汉家天子的时候，可真是一点都没有心软，没有流泪啊！

第四节　曹操的知人之明

除了用眼泪收买人心之外，要想成为一个杰出的军事家，毒辣的眼光也是必备的条件之一。

【原文】

公将自东征备，诸将皆曰：“与公争天下者，袁绍也。今绍方来而弃之东，绍乘人后，若何？”公曰：“夫刘备，人杰也，今不击，必为后患。袁绍虽有大志，而见事迟，必不动也。”郭嘉亦劝公，遂东击备，破之，生禽其将夏侯博。

【译文】

曹公想亲率兵马东征刘备，众将都劝阻说：“与您争夺天下的人是袁绍，如今袁绍要来讨战，您却弃之不顾，而要东征刘备，倘若袁绍乘机从背后进攻，该怎么办呢？”

曹公回答：“刘备是个大英雄，现在不除掉他，以后一定会成为心腹大患。袁绍虽然有远大的志向，但反应迟钝，不会马上出兵。”

郭嘉也支持曹公的看法，于是东征刘备，把他打败，活捉了他的部将夏侯博，还捉住了他的妻儿。

【评点】

袁绍是什么人？他的家族就十分了不起，人称“四世三公”，从他的曾祖父起，四代里面，有五个人位居三公，他自己也居三公之上。

群雄割据，他割的是一块大大的蛋糕，先占冀州，又夺取青州、并州，然后把割据幽州的军阀公孙瓒打败，势力之大，四海仰望。

就这么一个人，在曹操眼里居然比不过一个织席贩屦之辈的刘备，而最终事实证明，袁绍确实不如刘备，一场赤壁之战刘备把曹操杀得大败，一场官渡之战曹操把袁绍杀得大败。所以说不得不佩服曹操此人见事之清、识人之明。

当一个人已经显露英雄之相的时候大家夸他是英雄，这不叫本事，当一个人没有显露英雄之相的时候，有人夸他是英雄，这个人无论是朋友还是敌人，都是知音。从这个角度说，刘备和曹操这一对死敌，也算是亘古两个知音人了。

第五节　身先士卒不怕死

曹操这么一个敢于在乱世中争雄的人，一方面要有见事之明，另一方面，还要有一个绝不可缺的特质，那就是不能怕死贪生。在这方面，曹操也是可以打一百分的。

【原文】

袁绍运谷车数千乘至，公用荀攸计，遣徐晃、史涣邀击，大破之，尽烧其车。公与绍相拒连月，虽比战斩将，然众少粮尽，士卒疲乏。公谓运者曰：“却十五日为汝破绍，不复劳汝矣。”冬十月，绍遣车运谷，使淳于琼等五人将兵万余人送之，宿绍营北四十里。绍谋臣许攸贪财，绍不能足，来奔，因说公击琼等。左右疑之，荀攸、贾诩劝公。公乃留曹洪守，自将步骑五千人夜往，会明至。琼等望见公兵少，出陈门外。公急击之，琼退保营，遂攻之。绍遣骑救琼。左右或言“贼骑稍近，请分兵拒之”。公怒曰：“贼在背后，乃白！”士卒皆殊死战，大破琼等，皆斩之。

【译文】

袁绍几千辆运粮的军车来到，曹公采用荀攸的计谋，派徐晃、史涣截击，大败袁军，烧毁全部粮车。

曹公与袁绍相持几个月，虽然每次交锋都斩杀袁军的大将，但兵少粮尽，士气低落。

曹公对运粮的人说："半月后，一定打败袁绍，不再劳累你们了。"十月，袁绍派兵运粮，命淳于琼等五人带一万多人护送，在袁绍大寨北面四十里的地方宿营。

袁绍的谋士许攸贪财，袁绍不能满足他的要求，他便来投奔曹公，劝说曹公派兵袭击淳于琼等人。

曹公左右的人都不相信他，只有荀攸、贾诩二人劝说曹公采纳他的建议。

曹公让曹洪留守大营，亲领五千人，连夜出发，在天亮前赶到。

淳于琼等看曹公的人少，就在营外摆开阵势，曹公下令冲击；淳于琼退回营内固守，曹军攻打营寨。

袁绍派骑兵救援淳于琼。

左右有人说："敌人骑兵越来越近了，请派兵迎敌。"曹公大怒说："等敌人到了背后再来报告。"曹军殊死奋战，把淳于琼等打得大败，把他们都杀死。

【评点】

这里记叙的是曹操和袁绍的官渡之战。

三国有三大战役，第一大战役就是曹操和袁绍的官渡之战，第二大战役是曹操和孙权、刘备联军的赤壁之战，第三大战役是孙权和刘备的彝陵之战。

曹操在官渡之战中打得非常艰苦，详情请看下文。

这里的"绍谋臣许攸贪财，绍不能足，来奔，因说公击琼等"背后，隐藏着一个殊妙殊胜的插曲，可以很好地解释曹操这个人到底有多少个心眼。

这件事仍旧要借助《曹瞒传》：

"公闻攸来，跣出迎之，抚掌笑曰：'子远，卿来，吾事济矣！'既入坐，谓公曰：'袁氏军盛，何以待之？今有几粮乎？'公曰：'尚可支一岁。'攸曰：'无是，更言之！'又曰：'可支半岁。'攸曰：'足下不欲破袁氏邪，何言之不实也！'公曰：'向言戏之耳。其实可一月，为之奈何？'攸曰：'公孤军独守，外无救援而粮谷已尽，此危急之日也。今袁氏辎重有万余乘，在故市、乌巢，屯军无严备；今以轻兵袭之，不意而至，燔其积聚，不过三日，袁氏自败也。’公大喜，乃选精锐步骑，皆用袁军旗帜，衔枚缚马口，夜从间道出，人抱束薪，所历道有问者，语之曰：‘袁公恐曹操钞略后军，遣兵以益备。’闻者信以为然，皆自若。既至，围屯，大放火，营中惊乱。大破之……”

许攸年轻时就和袁绍、曹操交情不错，后来给袁绍当谋士，多次给袁绍出谋划策，袁绍都不听，许攸就不满意。

于是曹操和袁绍打官渡之战的时候，许攸因家里人犯了法要被收治，干脆投奔曹操来了。

从敌营过来的故人，曹操还不大喜过望！所以他就光着脚连鞋也顾不上穿迎出去了，亲亲热热地叫着说：“子远，你来了，我的事情就成功了！”

结果两个坐定之后，许攸马上问到这个性命攸关、胜负攸关的关键问题：粮草还有几多？这个时候，曹操还玩虚的，或者说，他说瞎话动心机已经轻车熟路，到了不动心机就觉得不自在的地步，所以顺嘴出溜，说：“还够一年吃呢。”

许攸不买账，说：“不对，你再说。”

他又说：“还够吃半年。”

许攸气坏了，说：“你不想破袁绍了啊！怎么老不说实话呢！”

曹操这才说：“我跟你开玩笑呢，其实只能吃一个月了。怎么办？”

许攸这才献计火攻，烧袁绍粮草，大破袁绍……

事情到了《三国演义》这里，对曹氏的奸诈描写得更入木三分：

攸曰：“公今军粮尚有几何？”操曰：“可支一年。”攸笑曰：“恐未必。”操曰：“有半年耳。”攸拂袖而起，趋步出帐曰：“吾以诚相投，而公见欺如是，岂吾所望哉！”操挽留曰：“子远勿嗔，尚容实诉：军中粮实可支三月耳。”攸笑曰：“世人皆言孟德奸雄，今果然也。”操亦笑曰：“岂不闻兵不厌诈？”遂附耳低言曰：“军中止有此月之粮。”攸大声曰：“休瞒我！粮已尽矣！”操愕然曰：“何以知之？”攸乃出操与荀彧之书以示之曰：“此书何人所写？”操惊问曰：“何处得之？”攸以获使之事相告……

就这么一个人，玩奸诈、虚则实之实则虚之这一套，无人能敌；论英勇，且看他的“左右或言‘贼骑稍近，请分兵拒之’。公怒曰：‘贼在背后，乃白！’”的举动，这么一个人，想不成功都难啊！

于是，他把袁绍的粮草都烧光，最终扭转颓势，获取了胜利。

第六节　人心是个大问题

当然了，他不怕死，是因为他有雄心、有壮志，但是他的兵跟着他，可不只是为了出生入死，而是要在死地里争出自己的命来，还要能够过一份自己向往中的好日子。在这方面，曹操也很注意收买人心。

【原文】

十四年春三月，军至谯，作轻舟，治水军。秋七月，自涡入淮，出淝水，军合肥。辛未，令曰："自顷已来，军数征行，或遇疫气，吏士死亡不归，家室怨旷，百姓流离，而仁者岂乐之哉？不得已也。其令死者家无基业不能自存者，县官勿绝廪，长吏存恤抚循，以称吾意。"

【译文】

建安十四年（209）三月，曹公进军到了谯县，制造快船，操习水军。

七月间，曹军从涡水进入淮河，经过淝水，在合肥住下。

八月二十四日，曹公下令说："最近几年来，军队多次远征，官兵都有死亡，有时还遇到瘟疫，不能再回家乡，夫妻难以团聚，百姓流离失所，这难道是仁爱之人愿意看到的吗？是不得已才这样做的。特此命令：凡是死的士兵家中没有产业、难以维持生活的，政府不得停止供应食粮，官吏必须慰问救济他们，这才合我意。"

【评点】

战乱年代，群雄逐鹿，烽烟四起，百姓疲敝。

那年老力衰的，辗转沟壑。

那黄口幼子，被弃被卖。

那独守空闺的少妇是绝对没有闲情逸致去赏花作诗、揽镜自怜的，因为那做儿子的，做父亲的，做丈夫的，做未婚夫的，不是去做官，不是去赶考，不是去行商，而是正在战场上拼死冲杀、浴血奋战，为着那上位者的虚无缥缈的前程，那无可名状的雄心，做着杀人利器或者刀下亡魂。

在这种时代，谁会体恤这些冲锋陷阵的人呢？谁会知觉他们也有血有肉，也有家有室、有父有母、有婆有娃、有牵有挂呢？

如果有人能够这样做的话，能够免除他们的后顾之忧，那么，这些健儿们，是绝对不惮以死相报、以命相酬的呀！

在这个时候，曹操的政令一颁布，怎不令这些将士们感恩戴德、感激涕零、杀身以报呢？

所以说，得人心者得天下，即此之谓也。

第七节　最贵的是什么？人才

《天下无贼》里，葛优说，二十一世纪最贵的是什么？然后把眼一瞪，小眼精光四射，说：人才！

所以，还有一个说法，就是得人才者得天下。

其实，任何时代人才都是最贵重的消耗品，岁月、战争、饥荒、灾害、谗构、陷害，都可能让人才成为鬼才。

而且，金无足赤，人无完人，通常我们都讲百行德为先，只有曹操高举起百行才为先的大旗，给天下那些德行不足而才能有余的人一个施展身手的广阔天地大舞台。

【原文】

十五年春，下令曰："自古受命及中兴之君，曷尝不得贤人君子与之共治天下者乎！及其得贤也，曾不出闾巷，岂幸相遇哉？上之人不求之耳。今天下尚未定，此特求贤之急时也。'孟公绰为赵、魏老则优，不可以为滕、薛大夫'。若必廉士而后可用，则齐桓其何以霸世？今天下得无有被褐怀玉而钓于渭滨者乎？又得无盗嫂受金而未遇无知者乎？二三子其佐我明扬仄陋，唯才是举，吾得而用之。"

【译文】

建安十五年（210）春天，又颁布命令："自古以来，凡是开国和中兴的君主，无不靠贤人君子帮助共治天下。君主得到贤才，足不出巷，这难道是侥幸碰上的吗？是高高在上的执政者不去寻访罢了。

“如今天下还未平定，这正是需要贤才的时候。

“孔子说：‘孟公绰做赵、魏两家的家臣之长，是绰绰有余的，却不能做滕、薛两个小国的大夫。’

“假如一定要廉洁之士才能任用，那齐桓公怎能称霸天下呢？难道现在天下就真没有像吕尚那样富有才华却穿着破衣服在渭水边垂钓的人吗？

“又没有像陈平那样被诬与嫂子私通，接受贿赂却还没有遇到识才的人吗？

“各位一定要帮我明察举荐出身低微的有才之士，只要有才就举荐，使我能够重用他们。”

【评点】

曹操的论点，处处显示着他的与众不同。

古人一向重德行甚于重才能，可是，天之生人，有德未必有才，有才未必有德，这是谁也没有办法的事。

而在群雄纷起的时候，谁揽住了人才，谁就把胜利的天平倾斜向了自己这一方。

这个时代，有的上位者可能顾忌世人议论自己重才不重德，或者自己道德上有洁癖，因此会将那些有才无德之人拒之门外，这下子可就便宜曹操了，曹操可绝对是“不拘一格‘用’人才”的，换句话说，就是“唯才是举”。

那么，曹操手下那些人才，德行有亏而才能出众，也就不足为奇了。

不过，这些人的下场也很堪忧就是了。比如这个许攸，因为立了功，就很得意，就老是不顾及曹操的面子，阿瞒阿瞒地叫人家小名。要知道，别人叫曹操，那可是曹公、明公、丞相，就连汉天子对曹操都怕得要死，唯独这家伙，揭曹操的短，说阿瞒啊，要没有我，你怎么会有今天呢？！曹操就笑着说：是，是，要没有许先生，我曹某人就没有今天。他一边说这话的时候，一边就已经在心里恨上了。后来，曹操就把许攸给杀了。《三国演义》里面说得更详细：

“一日，许褚走马入东门，正迎许攸，攸唤褚曰：‘汝等无我，安能出入此门乎？’褚怒曰：‘吾等千生万死，身冒血战，夺得城池，汝安敢夸口！’攸骂曰：‘汝等皆匹夫耳，何足道哉！’褚大怒，拔剑杀攸，提头来见曹操，说：‘许攸如此无礼，某杀之矣。’操曰：‘子远与吾旧交，故相戏耳，何故杀之！’深责许褚，令厚葬许攸……”

值得玩味的是曹操对许褚的态度，许褚杀了一个有名的大谋士，曹操只是“深责”一下；而曾经立过大功的大谋士许攸被杀，曹操也只是“厚葬”一下，他的心里，本来就巴不得这家伙死呢！

第八节　汉家天子不如贼

曹操一向心黑手狠，这一点在《三国志》里面只是两笔带过，语焉不详。不过，他残害汉家正室天子的情形，还是被记录了下来。

【原文】

十一月，汉皇后伏氏坐昔与父故屯骑校尉完书，云帝以董承被诛怨恨公，辞甚丑恶，发闻，后废黜死，兄弟皆伏法。

【译文】

十一月，汉献帝皇后伏氏因从前给她做屯骑校尉的父亲伏完的一封信而犯罪，信上说献帝因董承被杀而怨恨曹公，言辞十分恶毒，被发觉后，伏氏被取消皇后名号，处以死刑，她的兄弟也一同被诛杀。

【评点】

读到这里，我们就可以十分明确地知道什么叫“为尊者讳”了。这么一个大人物，他做了什么不入眼、不入流的事，能遮则遮，能饰则饰。

不过，群众的眼睛毕竟是雪亮的，这一事件，甚至更多的残害汉家王室的事件，都在《曹瞒传》和《三国演义》里面极其详尽地记述下来。

《曹瞒传》曰：“公遣华歆勒兵入宫收后，后闭户匿壁中。歆坏户发壁，牵后出。帝时与御史大夫郗虑坐，后被发徒跣过，执帝手曰：‘不能复相活邪？’帝曰：‘我亦不自知命在何时也。’帝谓虑曰：‘郗公，天下宁有是邪！’遂将后杀之，完及宗族死者数百人。”

意思是说曹公派华歆带兵入宫捉拿伏皇后，皇后害怕，把门关起来，自己藏在夹壁里面。

华歆把门破坏，把墙壁刨开，搜出伏后，“牵后出”当然不是牵着皇后的手出来——这么温情的举动——那是揪着头发像牵狗一样“牵后出”的。

皇帝和御史大夫郗虑正一起坐着，皇后披头散发光着脚走过，拉着皇帝的手说：“不能活我一命吗？”皇帝说：“我也不知道我自己的命在什么时候结束啊！”然后对郗虑说：“郗公啊，天下竟然有这样的事吗？”

于是（曹公）就把伏皇后杀了（乱棒打死的，伏后的两个儿子也给毒死了），伏完及宗族死了几百人。

真令人酸不可忍。

贵为天子，保护不了自己的老婆，尚且连自保也不能，这么一个皇帝，做来何用？只不过是曹操手底下一盘小菜！

《三国演义》里面，对华歆捉拿伏后的场面有更详细的表现：“伏后情知事发，便于殿后椒房内夹壁中藏躲。少顷，尚书令华歆引五百甲兵入到后殿，问宫人：‘伏后何在？’宫人皆推不知。歆教甲兵打开朱户，寻觅不见；料在壁中，便喝甲士破壁搜寻。歆亲自动手揪后头髻拖出。后曰：‘望免我一命！’歆叱曰：‘汝自见魏公诉去！’”

华歆，就是那个和管宁当朋友的人。两个人都是才子，平时交情也很好。

一天，二人一块锄地，见到一块金子，管宁只管干自己的，就跟没看见一样；华歆拾起来看了看，然后才扔掉。又一天，两个人并坐读书，窗外有人喝道而过，原来是个贵人。管宁端坐读书，不为所动，华歆把书扔掉跑出去看。于是管宁就跟他割席分坐，不再和他当朋友了。这就是我们现在“割席断交”典故的由来。

后来乱世来临，管宁避居辽东，不问世事，华歆先效事孙权，后来又投奔曹操，现在奉命做爪牙捉拿伏皇后。由此，我们也就对曹操的“择才而用”的原则十分清楚了。

在此之前，曹操还杀了皇帝的另一个老婆董贵妃，因为国舅董承等人密谋除逆——也就是除掉他。

贵妃当时已经怀孕五个月，曹操直接带剑入宫，叱武士擒董妃。“帝告曰：‘董妃有五月身孕，望丞相见怜。’操曰：‘若非天败，吾已被害。岂得复留此女，为吾后患！’伏后告曰：‘贬于冷宫，待分娩了，杀之未迟。’操曰：‘欲留此逆种，为母报仇乎？’董妃泣告曰：‘乞全尸而死，勿令彰露。’操令取白练至面前。帝泣谓妃曰：‘卿于九泉之下，勿怨朕躬！’言讫，泪下如雨。伏后亦大哭。操怒曰：‘犹作儿女态耶！’叱武士牵出，勒死于宫门之外。”（《三国演义》）

读到这里，真可以想见曹操当年那“气昂昂头戴簪缨”的王霸之气，事到如今，他可真的是做成了一个不折不扣的枭雄，也算遂了他当年的宏图大志。

第九节　枭雄之死

可惜英雄也好，枭雄也罢，人总归是要死的。

【原文】

庚子，王崩于洛阳，年六十六。遗令曰："天下尚未安定，未得遵古也。葬毕，皆除服。其将兵屯戍者，皆不得离屯部。有司各率乃职。敛以时服，无藏金玉珍宝。"谥曰武王。二月丁卯，葬高陵。

【译文】

正月二十三日，魏王在洛阳去世，终年六十六岁。

临终时说："天下还未安定，不能遵循古代的旧制。下葬以后，即便除去丧服。凡是带兵在外戍守的将领，都不准离开驻守之地。官吏们要各尽其职。装殓用当时所穿的衣服，不要放金银珠宝做陪葬。"魏王谥号为"武王"。

二月二十一日，安葬在高陵。

【评点】

人们常说盖棺论定，只是这个论也不是定论，也会分两派。对于曹操的论定，《魏书》是如此说的：

"太祖自统御海内，芟夷群丑，其行军用师，大较依孙、吴之法，而因事设奇，谲敌制胜，变化如神。自作兵书十万余言，诸将征伐，皆以新书从事。临事又手为节度，从令者克捷，违教者负败。与虏对陈，意思安间，如不欲战，然及至决机乘胜，气势盈溢，故每战必克，军无幸胜。

"知人善察，难眩以伪，拔于禁、乐进于行陈之间，取张辽、徐晃于亡虏之内，皆佐命立功，列为名将；其余拔出细微，登为牧守者，不可胜数。

"是以创造大业，文武并施，御军三十余年，手不舍书，昼则讲武策，夜则思经传，登高必赋，及造新诗，被之管弦，皆成乐章。才力绝人，手射飞鸟，躬禽猛兽，尝于南皮一日射雉获六十三头。及造作宫室，缮治器械，无不为之法则，皆尽其意。

“雅性节俭，不好华丽，后宫衣不锦绣，侍御履不二采，帷帐屏风，坏则补纳，茵蓐取温，无有缘饰。攻城拔邑，得美丽之物，则悉以赐有功，勋劳宜赏，不吝千金，无功望施，分毫不与，四方献御，与群下共之。常以送终之制，袭称之数，繁而无益，俗又过之，故预自制终亡衣服，四箧而已。傅子曰：太祖愍嫁取之奢僭，公女适人，皆以皂帐，从婢不过十人。”

总的来说，就是说曹操战无不胜，曹操知人善用，曹操好学不倦，曹操奉己甚俭，曹操宽惠待人。

而《曹瞒传》是如此说的：

“太祖为人佻易无威重，好音乐，倡优在侧，常以日达夕。被服轻绡，身自佩小鞶囊，以盛手巾细物，时或冠帢帽以见宾客。每与人谈论，戏弄言诵，尽无所隐，及欢悦大笑，至以头没杯案中，肴膳皆沾污巾帻，其轻易如此。

“然持法峻刻，诸将有计画胜出己者，随以法诛之。及故人旧怨，亦皆无余。其所刑杀，辄对之垂涕嗟痛之，终无所活。初，袁忠为沛相，尝欲以法治太祖，沛国桓邵亦轻之，及在兖州，陈留边让言议颇侵太祖，太祖杀让，族其家，忠、邵俱避难交州，太祖遣使就太守士燮尽族之。桓邵得出首，拜谢于庭中，太祖谓曰：‘跪可解死邪！’遂杀之。

“常出军，行经麦中，令‘士卒无败麦，犯者死’。骑士皆下马，付麦以相持，于是太祖马腾入麦中，敕主簿议罪；主簿对以春秋之义，罚不加于尊。太祖曰：‘制法而自犯之，何以帅下？然孤为军帅，不可自杀，请自刑。’因援剑割发以置地。

“又有幸姬常从昼寝，枕之卧，告之曰：‘须臾觉我。’姬见太祖卧安，未即寤，及自觉，棒杀之。

“常讨贼，廪谷不足，私谓主者曰：‘如何？’主者曰：‘可以小斛以足之。’太祖曰：‘善。’后军中言太祖欺众，太祖谓主者曰：‘特当借君死以厌众，不然事不解。’乃斩之，取首题徇曰：‘行小斛，盗官谷，斩之军门。’其酷虐变诈，皆此类也。”

第一段是说曹操这人轻佻不庄重；第二段是说曹操这人心狠手辣，一边哭一边杀人；第三段是说曹操执法严明，既是下令不伤麦，自己马踏青苗，于是割发代首；第四段是说曹操翻脸不认人，宠幸的姬妾没按时叫醒他，他就把人家给大棒打死；第五段是说军粮不够，只好小斗派粮，搞得兵怨沸腾，于是他就杀了那奉命“小斛以出”的人，然后说是人家为了贪官谷所以才会小斛派粮。

所以说，语言真是最靠不住的东西。而曹操到底是怎样一个人，那就仁者见仁、智者见智了。一千个人眼里有一千个哈姆雷特，一千个人的眼里也有一千个曹操。

第十节　后人评说

逝者已逝，徒留下无数咀嚼的资料，任凭后人评说。

【原文】

评曰：汉末，天下大乱，雄豪并起，而袁绍虎视四州，强盛莫敌。太祖运筹演谋，鞭挞宇内，揽申、商之法术，该韩、白之奇策，官方授材，各因其器，矫情任算，不念旧恶，终能总御皇机，克成洪业者，惟其明略最优也。抑可谓非常之人，超世之杰矣。

【译文】

评曰：东汉末年，天下大乱，群雄四起，袁绍虎视四州，兵强地广，无人能敌。

太祖运筹帷幄，高瞻远瞩，东征西讨，足迹遍九州，运用申不害、商鞅的治国之方，兼采韩信、白起的奇谋妙策，视才授官，克制自己的感情，不计私怨，最终能够总揽朝政大权，完成建国大业，是由于他的聪明才智超出常人的缘故。

他也真可以称得上是一个非凡的人物，超绝一世的豪杰啊！

【评点】

现在，我们可以综观一下曹操这个人了。

不错，曹操是残暴的。他多次屠城，被杀战俘和平民达数十万。

曹操是唯才是用的。这个毋庸赘述。

曹操是用兵如神的。要不为什么民间谚语会说“说曹操曹操到”呢，说的就是他的用兵如神、兵贵神速。

曹操创立了屯田制，让不打仗的士兵拿起锄头来耕种自养，这种方法是十分先进的。

曹操是有才的。建安十二年（207）金秋，曹操登临渤海之滨的碣石山（在河北昌黎），诗兴大发，欣然赋诗《观沧海》：

东临碣石，以观沧海。

水何澹澹，山岛竦峙。

树木丛生，百草丰茂。

秋风萧瑟，洪波涌起。

日月之行，若出其中。

星汉灿烂，若出其里！

幸甚至哉，歌以咏志。

这是真正的歌以咏志。人说言为心声，诗是人心中真情真意的流露，能见到如此广大的景象，能想见日月与星汉，那是什么样的胸怀！如果说唐代李贺作的“三十六宫土花碧”是衰士之诗，曹操此诗就是雄士之诗了！

曹操是温情的。临死《遗令》，分香卖履：

“吾婢妾与伎人皆勤苦，使著铜雀台，善待之。于台堂上安六尺床，施穗帐，朝晡上脯糒之属，月旦、十五日，自朝至午，辄向帐中作伎乐。汝等时时登铜雀台，望吾西陵墓田。余香可分与诸夫人，不命祭。诸舍中无所为，可学作组履卖也。”

意思就是说：“我的婢妾和歌舞艺人都很辛苦，让她们住在铜雀台，好好安置她们，在台正堂上放六尺床，挂上灵帐，早晚上食物供祭，每月初一、十五两天，从早至午，要向帐中歌舞奏乐。你们要时时登上铜雀台，看望我西陵的墓地。余下的香可分给诸夫人，不用它祭祀。各房的人无事做，可以学着制作带子、鞋子卖。”

平时杀人如麻，此时尚记着他的那些女人们，结果被人说是小家子气，“留恋妾妇”，非大丈夫所为。

毛泽东对曹操的评价是相当正面的，他的诗词里就写“往事越千年，魏武挥鞭，东临碣石有遗篇”。还在1954年赞扬说：“曹操是了不起的政治家、军事家，也是个了不起的诗人……”

易中天品《三国》的时候，是这样评价曹操的：“他既狡诈又老实，既温情又狠毒，既宽容又报复。如果你只看曹操的一个故事，只看曹操的一面，你得出的结论就是盲人摸象，是不全面的。那么在我们看来，曹操可能是中国历史上性格最复杂、形象最多样的一个人。他这个人聪明透顶，又愚不可及；狡猾奸诈，又坦率真诚；豁达大度，又疑神疑鬼；宽宏大量，又心胸狭窄。可以说是大家风范，小人嘴脸；英雄气概，儿女情怀；阎王脾气，菩萨心肠。他是这样的一个人，他身上好像长了很多的脸，一会儿出现的是这张脸，一会儿展示给我们的又是另一张脸。但是大家注意一条，不管哪张脸，都是曹操的，不会认作是别人的。能够把这样一个复杂的性格统一于一个人，这本身就是了不起的事情。体现的是什么呢？体现的是曹操的大气。什么叫大气？海纳百川，有容乃大。曹操恰恰是一个能够容的，一个容量非常大的人，什么样的矛盾的东西到他这儿都统一了。”

说实话，说他是超世之杰，这话听起来有一点溢美，不过说他一个枭雄，盖无错也！总之，说他是非常之人就对了！

卷二 《三国志·魏书二　文帝纪》

第一节　一场热热闹闹的禅让大戏

【原文】

汉帝以众望在魏，乃召群公卿士，告祠高庙。使兼御史大夫张音持节奉玺绶禅位，册曰："咨尔魏王：昔者帝尧禅位于虞舜，舜亦以命禹，天命不于常，惟归有德。汉道陵迟，世失其序，降及朕躬，大乱兹昏，群凶肆逆，宇内颠覆。赖武王神武，拯兹难于四方，惟清区夏，以保绥我宗庙，岂予一人获乂，俾九服实受其赐。今王钦承前绪，光于乃德，恢文武之大业，昭尔考之弘烈。皇灵降瑞，人神告征，诞惟亮采，师锡朕命，佥曰尔度克协于虞舜，用率我唐典，敬逊尔位。于戏！天之历数在尔躬，允执其中，天禄永终；君其祗顺大礼，飨兹万国，以肃承天命。"

【译文】

汉献帝因人心归属于魏，便召集文武百官，在汉高祖庙祭告。派御使大夫张音拿着符节、捧着玉玺把皇位禅让给魏王。

在策命书中写道："咨尔魏王：天命无常，只归有德之人。汉朝国运衰微，世道处于无序状态，皇位传到我身上，天下大乱，濒于颠覆崩溃。幸亏魏武王神明英武，拯救危难，使华夏清平，保护我祖宗庙宇平安，全国百姓都得感激武王的厚赐。如今您继承先王的事业，弘扬崇高的品德，完备文武大业，发扬光大您父亲的宏伟业绩。皇天有灵，辅助我认清我的使命，恭敬地把皇位让给您。您应恭敬地接受大礼，享有万国，以顺承天命。"

【评点】

人心不足蛇吞象。

又有一句话叫“老子英雄儿好汉”。

曹操是个战场拼杀出来的枭雄，他的儿子曹丕也不孬，胆子大得能包天。他爹都不敢称帝，他居然能够中止几百年的汉祚，把皇帝拉下马来，自己登上龙位过把瘾。

但是这个龙位不是好登的，要想当皇帝，那得演上一出戏。这出戏的名字古已有之，叫作“禅让”。但是，这出戏不演久矣，以前演员一共只有三个人：尧、舜、禹，所以，怎么演着实需要费心思。

好在这番心思不用他来费，自有狗腿奴才替他写脚本、对台词。

下面，我们就来看看曹丕是怎么演出“禅让”这出戏的吧。

他首先让文武百官觐见汉献帝，说什么自曹丕继位魏王以来，“麒麟降生，凤凰来仪，黄龙出现，嘉禾蔚生，甘露下降：此是上天示瑞，魏当代汉之象”。所以呢，汉献帝就应当效仿古代的尧和舜，把刘氏天下禅位给曹氏，具体来讲就是魏王曹丕。

汉献帝当然不愿意了，刘氏天下四百年啊，传到他这儿断了根了！可是曹洪、曹休二位带剑逼宫，把他挟出大殿，逼他让位。他已经被曹操欺负得魂不附体，曹丕在这一点上一点也不逊于其父。他吓得哆哆嗦嗦，命人草拟禅国诏书，捧出国玺，只求能免一死。

曹丕一见诏书和国玺，乐了。他爹的夙愿得偿，他的梦想实现，那还不赶紧的！所以马上就要登基。这个时候，司马懿把他拦住了：“魏王不可草率。天下悠悠众口不好堵，所以，咱们一定要如此如此，这般这般。”

于是，曹丕就上表，非常谦虚地说自己德才浅薄呀，不堪大任啊，还是请您另选高明吧。汉献帝一看曹丕都这么说了，那就坡下驴吧，于是就想收回成命，此事作罢，他还当汉家天子。可是群臣不干啊！所谓的辅国之臣，实在是百中无一，绝大多数都是趋炎附势之辈。脱毛的凤凰不如鸡，现在汉献帝就是那只脱毛的凤凰，曹丕是只油光水滑、身强力壮的大公鸡，所以他们就争着趋附过去，急急忙忙阻止汉献帝：陛下，您可不能收回成命。想当初，封曹公当魏王的时候，他不也是再三推辞之后才肯接受的吗？您必须三降其诏才成啊！

汉献帝不得已，让人二次拟诏。

这回，曹丕沉住气了，不再那么猴儿急。他这次的辞谢受禅的奏章就写得格外地言辞恳切，来了个以退为进，逼得汉献帝自己找辙来说服自己接受禅位。

汉献帝不明白他是怎么打算的，搞得一头雾水。这时候，华歆站出来了，说："陛下，咱们可以筑一个'受禅坛'啊，让魏王能够名正言顺地接受您的禅位，这样一来，天下黎民百姓都知道是您自愿禅让（汉献帝：我呸！），于是都对陛下您的明德心生敬服；二来您的子孙后代也都能够受到魏王的恩泽，谁也不敢加害。"华歆为什么敢这么说？因为这就是曹丕的意思：他不光要汉献帝给他三降其诏，而且他还要献帝为他筑一个"受禅坛"，选一个良辰吉日，召集上文武百官，大家都到坛下集合，然后汉家天子亲自双手捧着传国玉玺交给自己，这才能堵得了天下人的嘴，免得他们说我篡位。

献帝无奈，只好命人在繁阳定了一块地方，筑了一座三层高的高坛。

那天，坛下有四百多个文武百官，虎威御林军虎虎生威，京城百姓远远观望。首先，执掌仪式的官员请曹丕登坛，汉献帝双手捧出国玺，一步步登上高台，开读禅让诏书，底下群臣黑压压跪了一片。诏书宣读完毕，曹丕八拜受诏，登上帝位。文武百官在新主子面前山呼万岁。

此是公元220年，汉祚正式画上一个句号，曹丕正式当上皇帝，改延康元年为黄初元年，国号大魏。

曹操得遂其志，被曹丕追封为太祖武皇帝。

华歆此时再次出场，奏明魏帝："国无二主，天无二日，汉帝退位，请给他另作安排。"

这个时候，可怜的汉献帝成了砧板上的羔羊，嗷嗷待宰。

好在曹丕没有杀他，封他为山阳公，马上动身赴任。华歆手按宝剑，厉声叱喝："废旧立新，古来有之。现新帝仁慈，不忍加害于你，还封你官做，识相的，你要心内感恩，即日离京，不召见不得返回！"

汉献帝有苦难言，叩头谢恩，上马而去。

军民人众内心凄惨。

这么长长的一段经历，写在本文里，只这么短短几个字"汉帝以众望在魏"，可见，历史这种东西真是任人打扮，东人说东，西人说西。真正的历史就这么湮灭在风尘里。

据说汉献帝被贬为山阳公后，在河南焦作境内生活了十四年，病殁于兹。

有人说，汉献帝怎么不去投靠刘备呢？可是，一个前任异姓皇帝，曹丕又不傻，怎么可能放他到处乱跑，还让他跑到刘备那里去？再者说了，就算是曹丕肯放他投奔刘备，他去了又待如何？刘备虽打着兴汉室的名号，但是自己南征北战、东挡西杀，奔的可不是勤王室保王驾而来，而是自己能够成一方霸业。汉献帝此一去，要抢他的饭碗，刘备恐怕未必肯眼睁睁坐视不理。那年代人命如草芥，一碗药水下去，就什么都没有了。汉献帝怕也是不傻，所以让他去他也不肯去。再者路途遥远，兵荒马乱，走不到地头就被杀被劫的可能是百分之九十，所以，还是老老实实待着吧。

说到底，献帝不是一个险处求生的汉子，只不过是被曹氏家族搓圆捏扁的汤团，能苟且处且苟且，可偷生时便偷生。

不过，能在曹操和曹丕的手底下活下来，他到底还算是幸运的吧。一方面他早就是傀儡，对魏氏天下构不成威胁；另一方面，据说这里面还有插曲。曹操把三个女儿都嫁给了他，二女儿曹节是皇后，性情刚烈，曹丕即位，曹皇后破口大骂：老天爷有眼，不会让你长久的！

曹丕对汉家天子再怎么狠，对有可能谋篡自己皇位的兄弟再怎么狠，对姐妹还是念一丝手足之情。杀了献帝，三个姐妹守寡，这事他也干不出来，所以就放任汉献帝苟延残喘了此余生了。

当地人还说这个汉献帝逊位后，和曹皇后当起了赤脚医生。远离血腥诡谲的宫廷生涯，布衣蔬食，悬壶济世，也算是另一种崭新的生活体验吧。如果不用一门心思想着怎么复国，或者为逊位而郁郁不乐，这倒算是因祸得福呢。

下面是报纸上一则新闻，兹节录于此：“刘协是窝囊皇帝，却是称职医生，深受百姓爱戴，民众敬之如父母。焦作一带的民众为了纪念他，不仅盖了献帝庙，而且还形成了许多有趣的民俗，流传至今。据传说，焦作民间叫外公、外婆为‘魏公、魏婆’；端午节、中秋节流行‘娘瞧闺女’；在农村针灸、拔罐从不收费，对中草药可赊可欠，但从不还价等民俗都与汉献帝刘协有关，据说是汉献帝留下来的千年老规矩。”

公元 234 年，“乡村医生”刘协病死，享年五十四岁。

再回来看曹丕，真是春风得意，管不住嘴，受禅登帝，给人来了一句：“所谓舜、禹禅让，我算是知道是怎么一回事了！”（《魏氏春秋》曰：帝升坛礼毕，顾谓群臣曰：“舜、禹之事，吾知之矣。”）是该说他浅薄好呢，还是说他自负好？人家尧、舜、禹是他这么干的吗？

这家伙一向是个盛不住事的主。当初他被立为太子，也是高兴得得意忘形，回到府里，还飘飘然如腾云驾雾。当时官居侍中的大臣辛毗来祝贺，他竟然一把搂住人家的脖子，说：“你知道我今天多高兴吗？”

辛毗这个尴尬，再怎么私交好，现在是太子搂着臣下的脖子哪！回家后，他就对女儿宪英说了这件事，宪英虽然是女子，但是有远见卓识，叹口气说：

“一个太子，那是将来要取代君王治理国家的。要取代君王登基就位，不可不感伤悲戚，治理国家临朝听政不可没有危机感。现在曹丕刚被立为太子，正当感伤危惧，却得意忘形，这可不是好兆头。它是不是预示着魏国的将来不会昌盛啊？”

后来世事的发展果然如此。曹丕公元220年称帝，公元226年去世，只当了六年皇帝。而他去世后四十五年，魏国即宣告灭亡，是一个名副其实的短命王朝。

第二节 一个褒贬不一的才子皇帝

【原文】

初，帝好文学，以著述为务，自所勒成垂百篇。又使诸儒撰集经传，随类相从，凡千余篇，号曰皇览。

【译文】

当初，文帝爱好文学，以著述为业，自己创作作品近百篇。

又命令众儒生收集经传，按类排列，共一千多篇，称为《皇览》。

【评点】

曹植有才，曹丕也有才。

曹植是个彻头彻尾的文人，曹丕可是文武兼备。

建安时代，曹操、曹植、曹丕，这父子三人都是大诗人。曹操的诗不用说，苍凉激越、悲壮雄浑；曹植的诗清素简约；曹丕的诗也写得不赖。你看他的《燕歌行》：

“秋风萧瑟天气凉，草木摇落露为霜。群燕辞归鹄南翔，念君客游思断肠。慊慊思归恋故乡，君为淹留寄他方？贱妾茕茕守空房，忧来思君不敢忘，不觉泪下沾衣裳。援琴鸣弦发清商，短歌微吟不能长。明月皎皎照我床，星汉西流夜未央。牵牛织女遥相望，尔独何辜限河梁？”

一首思妇诗，写得情真意切、缠绵哀婉，算得上千古名篇。秋风萧瑟，草木结霜，群燕南飞，我思君归。

清人沈德潜认为：“子桓诗有文士气，一变乃父悲壮之习矣。”这话说得恰切。

而且曹丕还有文艺理论传世，他的《典论·论文》可是中国文学史上不可磨灭的一笔：

“文人相轻，自古而然。傅毅之于班固，伯仲之间耳；而固小之，与弟超书曰：‘武仲以能属文为兰台令史，下笔不能自休。’夫人善于自见，而文非一体，鲜能备善，是以各以所长，相轻所短。里语曰：‘家有弊帚，享之千金。’斯不自见之患也。今之文人：鲁国孔融文举、广陵陈琳孔璋、山阳王粲仲宣、北海徐干伟长、陈留阮瑀元瑜、汝南应玚德琏、东平刘桢公干，斯七子者，于学无所遗，于辞无所假，咸自以骋骥騄于千里，仰齐足而并驰。以此相服，亦良难矣！盖君子审己以度人，故能免于斯累，而作论文。

“王粲长于辞赋，徐干时有齐气，然粲之匹也。如粲之《初征》《登楼》《槐赋》《征思》，干之《玄猿》《漏卮》《圆扇》《橘赋》，虽张、蔡不过也。然于他文，未能称是。琳、瑀之章表书记，今之隽也。应玚和而不壮；刘桢壮而不密。孔融体气高妙，有过人者；然不能持论，理不胜辞，以至乎杂以嘲戏；及其所善，扬、班俦也。

“常人贵远贱近，向声背实，又患暗于自见，谓己为贤。夫文本同而末异，盖奏议宜雅，书论宜理，铭诔尚实，诗赋欲丽。此四科不同，故能之者偏也；唯通才能备其体。

“文以气为主，气之清浊有体，不可力强而致。譬诸音乐，曲度虽均，节奏同检，至于引气不齐，巧拙有素，虽在父兄，不能以移子弟。

“盖文章，经国之大业，不朽之盛事。年寿有时而尽，荣乐止乎其身，二者必至之常期，未若文章之无穷。是以古之作者，寄身于翰墨，见意于篇籍，不假良史之辞，不托飞驰之势，而声名自传于后。故西伯幽而演《易》，周旦显而制《礼》，不以隐约而弗务，不以康乐而加思。

“夫然，则古人贱尺璧而重寸阴，惧乎时之过已。而人多不强力，贫贱则慑于饥寒，富贵则流于逸乐，遂营目前之务，而遗千载之功。日月逝于上，体貌衰于下，忽然与万物迁化，斯志士之大痛也！融等已逝，唯干著《论》，成一家言。”

意思就是：

“文人之间相互轻视，是自古就有的恶俗。傅毅与班固同样才气横溢，不相伯仲，可是班固很不屑于对方，在与弟弟班超的信中写道：‘（傅毅）武仲以擅文升任兰台令使，落笔铺张恣肆却不知所终。’人往往自视甚高，然而文体并非一种，鲜少有人能集备俱善，因此不过是以己方所长嘲弄彼方之短罢了。俚语有云：‘家中的破扫帚，也能珍视为千金。’这是不能正确认识自己的缘故啊！

“当今的文人有七子鹤立文坛，鲁国孔融文举、广陵陈琳孔璋、山阳王粲仲宣、北海徐干伟长、陈留阮瑀元瑜、汝南应玚德琏、东平刘桢公干，他们于学问无所遗失，于文辞无须假借，都能各自乘良骥驰骋千里而并驾齐驱，若让他们彼此钦服，实在有些困难啊！但凡君子能明辨自身方可衡量别人，不受恶习之累，于是觍颜作了这篇《论文》。

“王粲长于辞赋，徐干的文章时有舒缓的齐风，然而也是能与王粲相匹敌的。如王粲的《初征》《登楼》《槐赋》《征思》，徐干的《玄猿》《漏卮》《圆扇》《橘赋》，即使张衡、蔡邕也难以超越。不过在其他文体上，二人未能称善。陈琳、阮瑀的章表书记，乃当世之奇文。应玚的文辞和婉而不够刚健，刘桢则刚健而不够绵密。孔融的文气雅致玄妙，有过人之处，然而不擅立论，义理不胜辞采，甚至于夹杂嘲谑之语。至于他所擅长的文体，还是可以与扬雄、班固等量齐观的。

“人们往往仰慕古人而轻薄今人，贪恋名声而不重本真，且有不能自见之忧，自以为贤能无双。大凡文章本根相同，而表述的细枝末节有所差异，大致上奏疏议对文须典雅，书信论说文宜清晰，铭文诔文崇尚真诚，诗文辞赋应该绮丽，文章四科各有区别，因而文人所能往往有所偏好。只有通才者才会兼善众体。

“文以‘气’为内蕴贯通，‘气’有清浊之分，并不是笔墨力度所致。譬如音乐，曲调虽然相同，节奏有同一法度，然而音韵间‘气’有分别，天性有精巧与笨拙，即使是父兄，也难以传授给儿女与兄弟的。

“文章是关乎经邦治国的伟大功业，是可以不朽人间的盛美之事。生命会随时间而消亡，荣乐也仅能终于一身，两者都有必然湮灭的时分，不若文章那样流芳千古没有穷期。所以古代的文人，寄身心于笔墨，述思想于篇籍，不必借史家的文辞，也无须托高官的权势，而声名自然传于后世。是故周文王遭到幽禁时而推演《周易》，周公旦显贵时不忘制定《周礼》，不因困厄而无所作为，不因安乐而改变志趣。

“也缘于此，古人轻视一尺玉璧而珍重一寸光阴，这是恐惧时间的流逝不返啊！然而很多人不愿勉强自己，贫贱时屈服于饥寒之迫，富贵时又沉湎于安逸享乐，于是只知顾盼眼前的俗务，而遗弃了千载不朽的功业。日月在天际流转移动，体貌在地上日渐衰老，无觉察间便与万物同化一体，这是有志之士痛心疾首的事情啊！

“孔融等人已经去世了，唯有徐干著有《中论》(二十余篇)，成一家之言。”

“文气”是他首先提出来的，被后人广泛用之。整篇文论读来流畅生动，是一篇佳构。

而且曹丕的武功也好，易中天在《品三国》里面就说到他从小骑马、射箭，功夫相当了得。有一天和一个叫邓展的将军讨论剑术，邓展说，你说得头头是道，那意思只不过是纸上谈兵罢了。曹丕就说，那我们比试比试嘛，顺手抓了一根甘蔗扔过去，然后自己再抓一根，说来！啪啪啪几下，把邓展打倒。

说起来，曹丕的前半生过得也挺不咋地的，为争太子之位，时时处处夹着尾巴做人，所以你看他的诗里面，一个“忧”字占据半壁江山，什么“忧心孔疚，莫我能知”（《短歌行》），什么“忧来思君不敢忘”（《燕歌行》其一），什么“谁能怀忧独不叹”（《燕歌行》其二），什么“嗟尔昔人，何以忘忧”（《艳歌何尝行》），什么“忘忧共容与，畅此千秋情”（《于玄武陂作》），什么“岂如东山诗，悠悠多忧伤”（《广陵于马上作》），什么“忧来无方，人莫之知”“人生如寄，多忧何为”“载驰载驱，聊以忘忧”……

是早也忧，晚也忧，昏朝晴晦皆是忧，忧什么不知道，但是，忧这种情绪却是实实在在的，而且很难把它跟“为赋新词强说愁”的造作情怀联系起来。看来，他的日子是真的不怎么好过啊！所以才会有终于被立为太子之后的得意忘形，终于当上皇帝之后的口无遮拦，终于能够把曹植踩在脚下时的冷漠寡情。这一切，大约都是长年积忧、一朝得志之后的总爆发。

若曹丕不为帝王，也当是一位才子；若他不逼汉帝逊位，不逼其弟作诗，他也当是一个有情有义的好人。鲁迅先生说“悲剧是把有价值的东西撕破给人看”，曹丕，就是一幅被命运的大手撕碎、被权力与欲望墨污了的白绢。

卷三 《三国志·魏书三　明帝纪》

一个不酷不虐的早殇天子

【原文】

明皇帝讳叡，字元仲，文帝太子也。生而太祖爱之，常令在左右。年十五，封武德侯，黄初二年为齐公，三年为平原王。以其母诛，故未建为嗣。七年夏五月，帝病笃，乃立为皇太子。

【译文】

魏明帝名叡，字元仲，是文帝曹丕所立的太子。

他从小备受祖父武帝喜爱，常随他参加宫廷宴会及朝政活动。

十五岁时被封为武德侯，文帝黄初二年（221），被封为齐公，次年晋封为平原王。

但由于生母甄皇后被文帝赐死的缘故，他未被立为太子。

黄初七年（226）五月十六日，文帝病危，他才被正式册封为太子。

【评点】

曹叡（204—239），字元仲，曹丕之子，曹操之孙。也是个才子，文笔着实不错。比如他作的《短歌行》："翩翩春燕，端集余堂。阴匿阳显，节运自常。厥貌淑美，玄衣素裳。归仁服德，雌雄颉颃。执志精专，絜行驯良。衔土缮巢，有式宫房。不规自圆，无矩而方。"音韵和谐，叮当如珠玉。

曹丕去世后，他继位登基，支应蜀、吴的攻伐，还平定了鲜卑，攻灭了公孙渊，战功上也有建树，也算文成武就。

史传曹叡是个结巴，大概是因为这个原因，平时很少说话。《世说新语》载：“帝与朝士素不接，即位之后，群下想闻风采。居数日，独见侍中刘晔，语尽日。众人侧听，晔既出，问‘何如’？晔曰：‘秦始皇、汉孝武之俦，才具微不及耳。’”

就是说，曹叡平时和朝士不交往，即位后，群臣都很八卦地想一睹陛下风采，结果却老是不成。过了几天，曹明帝独独召见了侍中刘晔，说了一天话。众人侧耳倾听（听墙根？），刘晔出来后，大家就纷纷问：“怎么样？怎么样？”结果刘晔说：“皇帝陛下跟秦始皇、汉孝武可以匹敌，只是才干好像略微差一点点。”

这个评价已经是相当高了。大概因为话少了，心眼活动就多了，所以为人深沉刚毅、明察果断。黄初七年八月，孙权乘曹丕新死，魏国国丧，亲自率领大军攻江夏郡。太守文聘据城坚守，大臣都主张发兵援救，曹叡却说：

“孙权习于水战，之所以敢于下船强攻，就是希望乘我之不备。现在他已经和文聘相拒，攻与守的形势大不相同，他肯定不敢久留。”

果然不出他之所料，孙权趁火打劫不成，很快退走。

太和二年（228），诸葛亮出祁山，攻打魏国，天水、南安、安定三郡叛魏降蜀，一时间朝野恐惧，群臣无措，曹叡却镇定地说：

“诸葛亮恃险固守，我们打他不容易；现在他自动离险而出，正好省了我们的事，肯定能打败他！”

于是，他就派右将军张郃率步骑五万迎战，果然大败蜀师，收复了安定等三郡。

曹叡在位，很重法理，特下诏命令设置律博士——大概就是咱们现在的法律专家一类的角色，以改革汉法，制定新律；又下令删减死刑条款，减少死罪；而且还规定除死刑外，犯人还可以用财赎罪，这一点倒是能给国库增加不少收入。那时候刑求之风很盛，对犯罪嫌疑人屈打成招的事屡见不鲜，所以他也就下令减了鞭杖之刑。

此外，这个人还不吝其才，用心制诗度曲，征召文士安置在崇文馆，鼓励他们进行文学创作。

不过，这个人有一样不好，就是喜奢华、好女色。一朝大权在握，就开始给自己盖好房子，下诏营建崇文殿、昭阳殿、太极殿、总章观，总之就是怎么豪华怎么来，才不管它是不是耗费民力。

青龙四年（236），新建宫殿落成，他又命人把长安的大钟运到京城洛阳。当时任散骑常侍的高堂隆就上书反对，认为大钟乃是导致国家灭亡的东西（民间就有一种说法曰“送钟”是“送终”），而且劳民伤财，得不偿失。明帝不高兴，怎么当了皇帝还束手束脚的？卞兰，你去，给我把他说服了！

说到这里，就不得不称赞一下魏明帝了。他没有说："来呀，把高堂隆给我斩了！"从这一点上，他就不酷不虐。怪不得孙盛会说："优礼大臣，开容善直，虽犯颜极谏，无所摧戮，其君人之量如此之伟也。"

于是卞兰就奉旨开说啦，说音乐呀，那可是好东西，当年孔夫子编《诗经》，就是用来教化民风；大钟也是起到净化社会风气的大作用的。

这么一来，一场关于音乐与民风教化之间的大辩论就此展开，朝臣之间莫衷一是，整个知识界也为之大展辩才。明帝都去世好久了，这场辩论的风波还没停息。就是在这场辩论中，阮籍作了一篇《乐论》，提出以礼乐教化天下，引起世人注意，就此头角峥嵘、广为人知。

再说回到魏明帝。估计他的不恤民情，是由于他毕竟生养在深宫，不知稼穑艰难的缘故。除此之外，他还是个好色的小子，好几回下令选民女充后宫——奢华好色几乎是所有君王的通病，不过他当时所处的时势，东吴蜀汉，虎视眈眈，却搞这些做派，难怪群臣不满，上表谏劝。可是他们劝他们的，曹叡却是不杀不斩，不过仍旧我行我素，气死个人。

曹叡在位十三年时，重病卧床，来了个病急乱投医——不对，病急乱投巫：

"初，青龙三年中，寿春农民妻自言为天神所下，命为登女，当营卫帝室，蠲邪纳福。饮人以水，及以洗疮，或多愈者。于是立馆后宫，下诏称扬，甚见优宠。及帝（魏天下第三帝魏明帝）疾，饮水无验，于是杀焉。"

就是说当初在青龙三年（235），寿春某农夫之妻自称是天神所派，应安置在皇宫中，为帝王驱灾避邪、纳福增寿。她取水给犯病的人喝，饮者多能治愈；用水给人清洗疮口，也能收到明显的效果。明帝很惊异，于是专门为她在后宫修建了住处，又下诏书褒扬她的才能，很是宠爱了一阵子。等到明帝病重，饮她的神水却不见效果，明帝一怒之下令人将她杀掉了。

他死时春秋正盛，年仅三十六岁。

其实命短于他反而是幸事，若是活到七老八十，眼看魏氏天下改换门庭，倒反而是折辱。

他这辈子做得最失策的一件事，就是临终托孤。托谁不行，托给曹爽和司马懿。司马懿这个家伙老谋深算，韬光养晦，却是内有大志，到最后搞得司马一家大权独揽，把曹氏踹下宝座来，代魏为晋。这算是典型的识人不明吧。

他死之后，还有一股袅袅余音。

南朝梁学者殷芸的笔记《殷芸小说》叙述了这么一个玄幻故事，说的是晋咸康年间，有一个士人叫周谓的，本来死了，后来又活过来了。自己说是天帝召见他，有人把他引上殿去，抬头看那天帝吧，“面方一尺”（这得多大个脸啊）。他就问：“这是张天帝吗？”

旁边人回答说上古的天帝早已经升格啦，成圣啦，不在这儿了，这个是近来的曹明帝。

就是说，曹叡死了后，成了曹天帝了。

无稽之谈，兹录于此。这个故事只是说明一件事，那就是天下人的心理：曹氏篡汉，天下人为刘氏不平；司马篡曹，天下人又为曹氏不平。总的来说，疆场上胜者为王，而在百姓心中口里，却永远都是同情弱者的。

卷四 《三国志·魏书四　三少帝纪》

第一节　司马师的“仁”

【原文】

冬十一月，诏征南大将军王昶、征东将军胡遵、镇南将军毌丘俭等征吴。十二月，吴大将军诸葛恪拒战，大破众军于东关。不利而还。

【译文】

十一月，朝廷派遣征南大将军王昶、征东将军胡遵、镇南将军毌丘俭等率军攻吴。

十二月，东吴大将军诸葛恪领兵反击，在东关大败魏军。

魏军退还。

【评点】

这一段平淡的叙事里面，还套着小故事，小故事的主角叫司马师。《汉晋春秋》载：“毌丘俭、王昶闻东军败，各烧屯走。朝议欲贬黜诸将，景王曰：‘我不听公休（诸葛诞字），以至于此。此我过也，诸将何罪？’悉原之。时司马文王为监军，统诸军，唯削文王爵而已。”

也就是说，毌丘俭、王昶等人奉命征吴，大败亏输，朝臣众议，要治这几位将领的罪，这个时候，司马景王说：“我因为不听诸葛公休（即诸葛诞）的话，才落得这样的结局。这是我的过失，这几位将领有什么罪过呢？”于是就都赦免了他们。当时司马文王做监军，统领各路军队，所以就只削了文王的爵禄而已。

司马景王即司马师，司马文王即司马昭。景王是文王的亲哥哥，大名鼎鼎的司马懿是他们的亲爹。司马昭的儿子司马炎登基称帝，司马师就是皇帝的伯父，后来他在率兵平定毌丘俭、文钦之乱的时候，因为眼疾发作死掉，被追尊为景皇帝。这就是司马景王的由来。

这下大家明白了吧？收拢人心就是这么干的。

还是这一年，还有一件事：雍州刺史陈玄伯请求朝廷允许并州一起勠力征讨胡人，司马景王听从了他的建议。结果兵力还没集结起来，雁门和新兴两个郡以为他们要出远役，不乐意，干脆反叛了朝廷。这个时候，司马师再次谢罪于朝臣士子，说这是我的过失啊，不是玄伯的责任！

东晋著名文学家、史学家习凿齿就此事发表评论：

“司马大将军引二败以为己过，过消而业隆，可谓智矣。夫民忘其败，而下思其报，虽欲不康，其可得邪？若乃讳败推过，归咎万物，常执其功而隐其丧，上下离心，贤愚解体，是楚再败而晋再克也，谬之甚矣！”

就是说，司马大将军将这两次兵败的责任都揽到自己身上，结果过错反而消弭，事业更加兴隆，实在是明智之举。

其实不用他说，我们也明白这样做的明智之处。被他宽宥免罪的部下想着报恩，老百姓都觉得他器量宽宏，于是人心所向，他肯定是步步走顺；如果他讳言其败，把过错尽往别人身上推，到那个时候，上下离心，贤愚解体，民心既失，再想成就一番霸业，可就难了！

王熙凤是《红楼梦》里面大名鼎鼎的当家二奶奶，即被众人纷纷议论：平日里只知道奉承老太太和太太，丝毫不顾体恤下人。若是有了好事，她先跑过去邀功；若是有了过错，她往后面一缩，推别人前去顶缸。是以这人得势时威风八面，一旦失势，人人都咂着嘴解恨，失了人心是可怕的！

不过大家都被司马师的假象蒙蔽了，恩惠施于人只不过是个策略，实际上，这个人相当狠。

《世说新语》载：“司马景王东征，取上党李喜，以为从事中郎。因问喜曰：‘昔先公辟君不就，今孤召君，何以来？’喜对曰：‘先公以礼见待，故得以礼进退；明公以法见绳，喜畏法而至耳！’”

意思是司马景王东征的时候，召用了上党的李喜，把他任用为从事中郎。李喜到任，司马景王就问他了：“以前先父（司马懿）征召你任事你不肯就任，现在我征召你，你怎么就来了呢？”

李喜对答说：“当年令尊以礼相待，因此我能以礼节来决定进退；现在明公用法令来限制，我害怕犯法，只好来了。”

由此可见，司马师是极擅长恩威并用、软硬兼施这一手的。他发起威来，那是相当狠的。

那么，在这一次两次的战争中，魏帝曹芳在哪里？看不见他的影子。

行军作战，调派将领，是司马师的事；招揽过失，自罚家人，是司马师的事。俨然司马师是最高统领，当朝标志。曹芳这个皇帝已经是个被架空的稻草人，孤零零地站在荒野。

第二节　司马师的狠

【原文】

庚戌，中书令李丰与皇后父光禄大夫张缉等谋废易大臣，以太常夏侯玄为大将军。事觉，诸所连及者皆伏诛。辛亥，大赦。三月，废皇后张氏。夏四月，立皇后王氏，大赦。五月，封后父奉车都尉王夔为广明乡侯、光禄大夫，位特进，妻田氏为宣阳乡君。秋九月，大将军司马景王将谋废帝，以闻皇太后。甲戌，太后令曰：“皇帝芳春秋已长，不亲万机，耽淫内宠，沉漫女德，日延倡优，纵其丑谑；迎六宫家人留止内房，毁人伦之叙，乱男女之节；恭孝日亏，悖泬滋甚，不可以承天绪，奉宗庙。使兼太尉高柔奉策，用一元大武告于宗庙，遣芳归籓于齐，以避皇位。”

【译文】

二十二日，中书令李丰与皇后的父亲光禄大夫张缉等人私下谋划撤换朝臣，让太常夏侯玄当大将军。

事情暴露后，所有与此事有牵连的人都被诛杀。

二十三日，大赦。

三月，废掉了张皇后。

四月，册封王氏为皇后，大赦天下。

五月，封皇后的父亲奉车都尉王夔为广明乡侯和光禄大夫，赐位特进，位居三公之下。其妻田氏为宣阳乡君。

九月，大将军司马师谋划废少帝曹芳而另立新帝，他把自己的打算告诉了皇太后。

十六日，皇太后下诏说：

“皇帝曹芳年龄已经不小，不理国事，却一味宠爱身边小人，沉溺于女色，整天和倡优泡在一起，纵容她们种种不合礼仪的言行。还曾召来六宫家人在内房留住，破坏人伦之大理，扰乱男女之节操。况且他对母后也不够孝敬，狂傲不听管教。如此作为，已不可承受天命，再做皇帝，祭祀宗庙。故而我决定派司徒兼太尉高柔带着曹芳帝位的文告，用一头大牛的牲礼去祭祀曹氏宗庙和各位先帝，让曹芳去做齐国的藩王，以退位让贤。”

【评点】

曹芳（232—274），魏明帝曹叡之养子，239 年曹叡病逝后继立为帝，是曹魏的第三位皇帝。

他当年即位的时候，才是一个八岁的小孩。

明帝临终托孤，大将军曹爽和太尉司马懿辅佐幼主。

说起来，这也是必然之局。因为当时司马懿统领全国兵马，南征北战，东挡西杀，立下了汗马功劳，是德高望重的老臣，没有比他更适合辅佐幼帝的人了。不过，明帝也不傻，司马懿毕竟姓司马，所以曹叡又想到曹爽。曹爽是大将军曹真之子，曹氏皇族的远系根脉，曹真在世即受文帝曹丕器重，曹爽本人又很受明帝器重。既然这样，让曹爽牵制司马懿，当万无一失了吧？

可惜，他的如意算盘打错了。曹爽说起来是个二世祖，并没有什么大本事，一旦登上高位，一味耽溺享乐，任用亲信，这么一来，他跟司马懿的差距可就拉开了。

司马懿的儿子司马师之所以能够那样勇于承担责任、延揽过失，他爹对他的言传身教绝对起着不可忽视的作用。一边是低调、谨慎、暗藏雄图大志；一边是志大、才疏、张狂，摆着一张不可一世的脸，鹿死谁手，几乎没有悬念。

其结果就是曹爽被司马懿给除去，另一半权力也归于司马氏之手。司马懿死后，权力归了他的两个儿子：司马师和司马昭。有司马师这个当大哥的在，司马昭锋芒不太露，所以司马师就成了已经长大成人的皇帝的眼中钉肉中刺，当然，皇帝也就成了想要成就大业的司马师的眼中钉肉中刺。

现在以后人的眼光来看，历史真的好像在原地转圈玩轮回：魏帝曹芳就像当年汉帝想除去曹操那样，也想要密谋除去司马师了。结果事情败露，司马师一不做二不休，除了斩杀大臣和所有参与其事的人，还逼着皇太后下诏废曹芳，逊位于高贵乡公曹髦，一个十四岁的孩子。

第三节　魏帝之死

而曹髦的结局，只有寥寥数字。

【原文】

五月己丑，高贵乡公卒，年二十。

【译文】

五月十三日，高贵乡公曹髦死亡，年仅二十岁。

【评点】

正元二年（255）闰月二十八日，老天爷捉弄曹髦，让他来了个先喜后悲。

之所以喜，是因为把持曹魏朝政的大将军司马师在许昌病重身死，享年四十八岁。这么一来，司马氏岂非树倒猢狲散，天助曹魏福祚永续？

之所以悲，是他忽略了司马师还有个弟弟叫司马昭，而司马昭的狼子野心，一点也不逊于其父其兄。福祚永续？前门走虎，后门进狼，能续才怪！

司马昭当时去探视兄长，曹髦派尚书傅嘏传诏，命司马昭留在许昌处理他哥的丧事，司马师统率的数十万大军交由傅嘏带回洛阳。

他的打算很美，外放司马昭，收回军权。可是天不从他愿，傅嘏原本就是司马一门的重臣，而不是他曹氏一门的重臣，结果就是司马昭根本就拿皇帝诏书当放屁，自己领着傅嘏，带领大军大摇大摆就回来了！

大军屯驻洛阳城外，旌旗招展，杀气冲天，曹髦还能怎么办？只有两个字：封官！

司马昭，大将军加侍中。都督中外诸军、录尚书事。辅政。

就这样，司马昭成了继司马师之后，实际上的曹魏帝国第一人！

泥人也有三分土性，曹髦比当年的汉献帝有血性。当年的汉献帝被欺负得自己的老婆都被人揪着头发拽出去处死了，他只知道坐在那里哀叹说："天底下还有这样的事吗？还有像我这么悲惨的皇帝吗？”而曹髦在景元元年（260）夏天，召侍中王沈、尚书王经、散骑常侍王业等大臣说：“司马昭之心，路人皆知。吾不能坐受废辱，今日当与卿自出讨之。”

“司马昭之心，路人皆知”这句俗语，就是从他这里流传下来的。而他居然还想要和这三位一起讨伐司马昭。到底是个小孩子，说话既不经大脑，也不看对象。这三个人里面，只有王经劝他隐忍，他又不听；而那二位干脆出门就告密，跑到司马昭那里邀功去了。

司马昭一听，好啊！

过不了一会儿，果然曹髦亲率宿卫童仆数百人奔出宫门，要亲身讨贼。司马昭早派贾充领数千禁军把他们给迎住了。一边几百，一边数千，一边不惯征战，一边刀头舔血，谁负？谁胜？

可是毕竟曹髦是皇帝，他挥着把宝剑就往前冲，禁军哪个敢往上迎？这个时候，太子舍人成济问贾充：“危急了，怎么办？”贾充非常阴险地玩了一手借刀杀人：“司马公养你们不就为的今天吗？还问什么！”这个粗人一听，哦，是这么回事！抽出武器，猛刺皇帝，一击毙命，刃透其背。

这是习凿齿所撰的《汉晋春秋》记载的故事。

这个故事的后续是：“文王闻，大惊，自投于地曰：‘天下其谓我何！’”

司马昭听了，大吃一惊，一个响头磕在地上，说：“天下人会说我什么呀！”

人是他派的，有什么可惊的？皇帝是他本来就要除掉的，又有什么可惊的？那句“天下人会说我什么”又有什么可怕的？有什么能比得上大权在握的好处多呢？

所以说，玩政治的人，都长着一颗七窍玲珑心，一张十八寸的厚脸皮，这话一点不假。

当然，下面的戏还是要唱下去，他是断断不肯自裁谢罪的，所以礼葬曹髦啊，诛王经啊，夷成济九族啊，都要一出一出唱下去，即使不给曹魏皇族一个交代，也要给老百姓一个交代。

旧帝已死，新帝当立，他又迎曹操之子燕王曹宇十五岁的儿子曹奂即位——又是一个可以玩弄于股掌之间的少年皇帝。

你看，历史真的在轮回：当初曹操怎么对待汉家天子，此时司马氏就怎么对待他的魏家天子。而将来，司马氏怎么对待曹氏的魏家天子，别人就怎么对待他的晋家天子。

人在做，天在看啊。

第四节　死尚蒙灰

这件事的余韵，却是袅袅不歇。

皇帝被杀，还要给天下人一个交代。于是，皇太后又出场了。

【原文】

皇太后令曰："吾以不德，遭家不造，昔援立东海王子髦，以为明帝嗣，见其好书疏文章，冀可成济，而情性暴戾，日月滋甚。吾数呵责，遂更忿恚，造作丑逆不道之言以诬谤吾，遂隔绝两宫。其所言道，不可忍听，非天地所覆载。吾即密有令语大将军，不可以奉宗庙，恐颠覆社稷，死无面目以见先帝。大将军以其尚幼，谓当改心为善，殷勤执据。而此儿忿戾，所行益甚，举弩遥射吾宫，祝当令中吾项，箭亲堕吾前。吾语大将军，不可不废之，前后数十。此儿具闻，自知罪重，便图为弑逆，赂遗吾左右人，令因吾服药，密行鸩毒，重相设计。事已觉露，直欲因际会举兵入西宫杀吾，出取大将军，呼侍中王沈、散骑常侍王业、尚书王经，出怀中黄素诏示之，言今日便当施行。吾之危殆，过于累卵。吾老寡，岂复多惜余命邪？但伤先帝遗意不遂，社稷颠覆为痛耳。赖宗庙之灵，沈、业即驰语大将军，得先严警，而此儿便将左右出云龙门，雷战鼓，躬自拔刃，与左右杂卫共入兵陈间，为前锋所害。此儿既行悖逆不道，而又自陷大祸，重令吾悼心不可言。昔汉昌邑王以罪废为庶人，此儿亦宜以民礼葬之，当令内外咸知此儿所行。又尚书王经，凶逆无状，其收经及家属皆诣廷尉。"

【译文】

皇太后下令说：

"我的仁德不足，所以家中接连出现不幸的事。

"前者我推荐了东海王曹霖的儿子曹髦，让他来继承明帝的嗣位，见他爱好读书，喜欢审阅朝臣们的奏章，期望他能做出一番事业。不想他性情暴戾，一天甚于一天。

"我多次对他加以斥责，他对我由此也产生了愤恨，散布种种卑劣的谣言来诽谤我，并且不再与我来往;至于他攻击我的那些话，简直不敢听闻，为天地所不容。

“我曾私下给大将军下令说：这小子不能祭祀宗庙，让他做君王势必要颠覆社稷，断送江山，使我无颜见九泉之下的先帝。

“大将军总是说念他年幼，我们还是多多加以教诲引导，使他改心从善。

“谁知此儿恨我所言，越发变得放肆无礼，竟持弓在远处射我的住处，诅咒要射中我的喉咙。那箭矢就落在我的跟前。

“我只好告诉大将军：这小子不可不废。

“前后说了数十遍，此儿把这些都知道了，他自知罪重，企图杀掉我。他买通我身边的人，在我服用的药中下鸩毒，想暗中毒死我，并设计了许多方案。

“事情败露后，他便想在会面时拥兵闯入西宫杀死我，再杀大将军。

“他找了侍中王沈、散骑常侍王业、尚书王经，掏出怀中的诏书给他们看，要他们马上就去执行。

“我的处境危险，就如覆巢下的累卵。

“我本是个年老守寡之人，对自己一条老命并不看得很重。但辜负了先帝的遗愿，断送了列祖列宗创下的江山，这不能不令我万分痛心啊！

“幸赖祖宗在天之灵的保佑，王沈、王业二人把小子的阴谋马上报告了大将军，使大将军有时间加强戒备。

“而此儿还是带着人马冲出皇宫云龙门，亲自擂鼓举刀，乱哄哄地与大将军的军队交锋，结果在混战中身亡。

“此儿既行大逆不道之事，继而又自己惹祸丧身，这使我越发难过。

“过去汉朝的昌邑王曾因罪被废为百姓，现下此儿也应以普通百姓的礼仪安葬，并把这小子的所作所为告知天下。

“另有尚书王经，也是罪恶的逆臣，着令将他和他的家人全部逮捕送交廷尉查处。”

【评点】

这个太后姓郭，西宁人，出身河右大族（即黄河以西地区，相当于今甘肃、宁夏、青海一带）。曹魏天下出过五位皇后：武宣卞皇后、文昭甄皇后、文德郭皇后、明悼毛皇后、明元郭皇后。她是明元郭皇后。

魏明帝曹叡、齐王曹芳、高贵乡公曹髦，三朝国事，“兴夺大事，皆先咨启于太后而施行”。

在这件天大冤案中，又由她出面来帮着司马昭粉饰太平，扭曲事实。

诏书中在在谴责，都为的申明四个字：曹髦该死。

于是，一代皇帝就这样含冤而逝，死且蒙灰。

可是，《汉晋春秋》载：“丁卯，葬高贵乡公于洛阳西北三十里瀍涧之滨。下车数乘，不设旌旐，百姓相聚而观之，曰：‘是前日所杀天子也。’或掩面而泣，悲不自胜。”

可见，百姓心里一杆秤，再怎么粉饰也没用。

第五节　曹魏禅位

【原文】

五月，诏曰：“相国晋王诞敷神虑，光被四海；震耀武功，则威盖殊荒；流风迈化，则旁洽无外。愍恤江表，务存济育，戢武崇仁，示以威德。文告所加，承风向慕，遣使纳献，以明委顺，方宝纤珍，欢以效意。而王谦让之至，一皆簿送，非所以慰副初附，从其款愿也。孙皓诸所献致，其皆还送，归之于王，以协古义。”

王固辞乃止。

又命晋王冕十有二旒，建天子旌旗，出警入跸，乘金根车、六马，备五时副车，置旄头云罕，乐舞八佾，设钟虡宫县。进王妃为王后，世子为太子，王子、王女、王孙，爵命之号如旧仪。癸未，大赦。

秋八月辛卯，相国晋王薨。

壬辰，晋太子炎绍封袭位，总摄百揆，备物典册，一皆如前。是月，襄武县言有大人见，长三丈余，迹长三尺二寸，白发，著黄单衣，黄巾，拄杖，呼民王始语云：‘今当太平。’

九月乙未，大赦。

戊午，司徒何曾为晋丞相。癸亥，以骠骑将军司马望为司徒，征东大将军石苞为骠骑将军，征南大将军陈骞为车骑将军。

乙亥，葬晋文王。闰月庚辰，康居、大宛献名马，归于相国府，以显怀万国致远之勋。

十二月壬戌，天禄永终，历数在晋。诏群公卿士具仪设坛于南郊，使使者奉皇帝玺绶册，禅位于晋嗣王，如汉魏故事。

甲子，使使者奉策。

遂改次于金墉城，而终馆于邺，时年二十。

【译文】

五月，皇帝下诏说："相国晋王大展神思妙运，德溢四海。统兵征伐，则威德震撼边疆；推行王教，则以礼仪传播国土内外。对于江东孙吴政权，他不忍让众多的士兵百姓死于战火，故而谋求用和平手法来解决问题。在他的武力威慑和仁德感召下，孙吴政权已有归附之意。遣特使进献宝物，正是他们这种打算的具体表示。而晋王谦让之至，对东吴所献礼品登记入簿，全送交给我。这并不是安慰孙皓来归附，遵从孙皓的本来愿望的好办法。对于孙皓进贡来的礼品，我决定都赐给晋王，这样才符合古人的尊贤之义。"

晋王极力辞谢，方才作罢。

于是皇帝特许晋王戴只有皇帝戴的前后有十二根玉串的冠冕，使用天子的旗帜，出入有御林军沿途警卫并禁止路人通行，乘坐皇帝专用的六匹马拉的金根车，后面跟随配以青、白、红、黑、黄五种颜色的五辆从车。

又特许晋王出行时有羽林骑兵开道，宫殿中设置悬挂钟磬的木架，可以演奏皇宫中的八佾乐舞。

进王妃为王后，世子为太子，王子、王女、王孙爵号照旧。

三十日，大赦天下。

八月九日，晋王、相国司马昭死去。

十日，晋太子司马炎继承王位，统领百官，独揽朝政。

是月，襄武县报称有异人出现，高三丈有余，脚迹长三尺二寸，白发，着黄衣黄巾，拄拐。

他喊来乡民王始，对他说："现在天下太平了。"

九月十四日，大赦天下。

十月六日，任命司徒何曾为晋丞相。

十一日，任命骠骑将军司马望为司徒，征东大将军石苞为骠骑将军，征南大将军陈骞为车骑将军。

二十三日，为晋文王举行葬礼。

闰月，西域康居、大宛来朝进献名马，都归于相国府，以表彰司马相国怀柔万国的不朽功勋。

十二月十三日，曹魏王朝的天禄永远地结束了。

朝政转到了司马氏手中，称晋王朝，魏元帝曹奂诏令群臣商议在京都南郊举行祭天仪式，又派遣特使捧着皇帝的玉玺、绶带和诏书正式禅位于晋嗣王，如同当初汉献帝禅位给曹氏皇帝一般。

十五日，晋武帝派人给前魏元帝曹奂送去文书，把他迁置到金墉城居住，后来，又改驻邺城，最终他病死在那里。

【评点】

就这样，司马氏历经司马懿、司马师、司马昭、司马炎，终于修成正果，登上帝位。

继公元220年那场轰轰烈烈的献帝禅位于曹魏的大戏之后，咸熙二年（265）秋天，同一片蓝天之下，又演出了一场曹魏禅位于司马的大戏。

魏国正式灭亡。

卷五 《三国志·魏书五　后妃传》

第一节　武宣卞皇后：低调的女人招人疼

【原文】

武宣卞皇后，琅邪开阳人，文帝母也。本倡家，年二十，太祖于谯纳后为妾。后随太祖至洛。及董卓为乱，太祖微服东出避难。袁术传太祖凶问，时太祖左右至洛者皆欲归，后止之曰："曹君吉凶未可知，今日还家，明日若在，何面目复相见也？正使祸至，共死何苦！"遂从后言。太祖闻而善之。建安初，丁夫人废，遂以后为继室。诸子无母者，太祖皆令后养之。文帝为太子，左右长御贺后曰："将军拜太子，天下莫不欢喜，后当倾府藏赏赐。"后曰："王自以丕年大，故用为嗣，我但当以免无教导之过为幸耳，亦何为当重赐遗乎！"长御还，具以语太祖。太祖悦曰："怒不变容，喜不失节，故是最为难。"

二十四年，拜为王后，策曰："夫人卞氏，抚养诸子，有母仪之德。今进位王后，太子诸侯陪位，群卿上寿，减国内死罪一等。"二十五年，太祖崩，文帝即王位，尊后曰王太后，及践阼，尊后曰皇太后，称永寿宫。明帝即位，尊太后曰太皇太后。

【译文】

武宣卞皇后，琅邪郡开阳人，是文帝的母亲。

本出生于倡优之家，二十岁那年，太祖在谯县纳之为妾。后来随太祖到达洛阳。

董卓洛阳叛乱的时候，太祖仓促间微服逃出洛阳东行，不久袁术带来太祖已死的噩耗，太祖身边的一些人都是当初跟随他从故乡来到京师的，听到这个消息大家都吵吵嚷嚷要返回老家去。

卞后这时候挺身而出，制止说：

“曹君吉凶现在并无确切消息，今天大家都跑回家去，明天若是他返回来，我们还有什么面目再见他？就是真的有什么大祸临头，我们一同担当有什么大不了的？”

众人佩服她，都愿意听从她的安排。

太祖后来听说了这件事，也非常赞赏。

建安之初，丁夫人被废，太祖遂立卞后为续室。

太祖把几个儿子都交给卞后抚养和照顾。

当太祖立文帝曹丕为太子时，太祖和太子身边的一些随从人员纷纷跑到卞后那里表示祝贺说：

“将军被立为太子，天下都为之高兴，王后您应当把府库中收藏的金银玉帛全部拿出来进行赏赐。”

卞后回答他们：

“魏王因为曹丕已长大成人，方才立他为太子承嗣王位。我没犯教子无方的过错就已是莫大的荣幸了，又有什么值得大肆张扬、赏赐众人的呢？”

人们把这些话转告给太祖，太祖高兴地赞扬卞后：“怒不改颜，乐不忘本，这的确不容易啊！”

建安二十四年（219），太祖封卞后为王后，并发布文书说：

“夫人卞氏，数年来辛勤抚养各位王子，大有慈母之风范。今特晋位为王后，命太子和各位诸侯王陪位，百官为之上寿。国内犯人死罪各减一等，以示庆贺。”

【评点】

卞皇后不是曹操的第一个女人，也不是曹操的最后一个女人，无疑却是曹操最看重的女人。她不是他的原配，是他的继室。他的原配是丁夫人，被他气跑了。然后临死的时候说：“儿子曹昂早死，到了阴曹地府，假如那孩子问起来，你把我妈给弄哪儿去啦？我怎么回答他呀？”

其实曹昂也不是丁夫人的亲儿子，曹操的妾生下了曹昂后就死了，曹操就把曹昂给丁夫人养。丁夫人待曹昂俨如亲子，所以曹昂死后，丁夫人大哭大闹，说曹操害死了儿子。

因为曹昂不是好死的，和曹操有非常直接的关系。

曹操这人模样长得不咋地，就连《魏氏春秋》里也说他“姿貌短小”，按说他平时也挺自卑。《世说新语》里记载：“魏武将见匈奴使，自以形陋，不足雄远国，使崔季珪代，帝自捉刀立床头。既毕，令间谍问曰：‘魏王何如？’匈奴使答曰：‘魏王雅望非常，然床头捉刀人，此乃英雄也。’魏武闻之，追杀此使。”这句话是说曹操（他死后被文帝曹丕追谥为武帝）要会见匈奴使者，自己觉得挺丑的，不好意思，就让崔琰替自己干这活，自己充当床头的捉刀武士。可是这人却是整天色眯眯的。

比方说这次吧：

他跟张绣打仗，张绣本来已经投降了，结果他得意、高兴，到处搜罗美女，以供床帏。有人说张绣的婶婶可漂亮啦，他说好！拿来！于是他把张绣的婶婶也给收编了。这你让张绣的面子怎么下得来！老贼欺吾太甚！再加上别人一撺掇、怂恿，好，杀了这个老贼！于是，张绣给他来了个突然袭击。

这一仗打得曹操措手不及，折损三员大将：儿子曹昂、侄子曹安民、爱将典韦。他自己也逃得那叫个狼狈。等见到了丁夫人，丁夫人一听自己含辛茹苦拉扯大的儿子就这么死了，气得大哭大闹，不依不饶。咱们都见过电视剧上那些女人是怎么讨伐在外面拈花惹草的老公的，丁夫人就是这么干的。所以说这个人的脾气够烈。

曹操一听她揭自己老底，老脸上也下不来，就说你给我滚回老家去！结果丁夫人就真的收拾收拾包袱“滚”回老家了。

过一阵子，曹操又后悔了，回去找。这件事在《魏略》里是这么记载的：“后太祖就见之，夫人方织，外人传云‘公至’，夫人踞机如故。太祖到，抚其背曰：‘顾我共载归乎！’夫人不顾，又不应。太祖却行，立于户外，复云：‘得无尚可邪！’遂不应，太祖曰：‘真诀矣。’遂与绝，欲其家嫁之，其家不敢。”

《魏略》也是一本了不起的书，是由魏国郎中鱼豢私自撰写，不入政府规定制作的正规和正统史书之列。《史通·古今正史》说的是“魏时京兆鱼豢私撰《魏略》，事止明帝”，不过根据《三国志·魏书四》《三少帝纪第四》里面注引《魏略》，记有嘉平六年（254）九月司马师废齐王曹芳及郭太后议立高贵乡公事甚详，就可以知道，《魏略》的记事不是仅止于明帝，而是一直记述到了三少帝的时候。

近人张鹏一《魏略辑本》说鱼豢死在晋朝太康年间以后，则鱼豢入晋后还活了十六年多，可知鱼豢只当过魏朝的官，没有当过晋朝的官。魏和晋更新换代，肯定不是把所有的官都撤下来，那么，鱼豢主动辞官的可能性就大一些。看来这个人很注重为人的品节。裴松之在注《三国志》的时候，引用了不少书籍，以《魏略》为最多。

这本书已经亡佚，我们能够惊鸿一瞥的，就是从裴注里面援引的文字了。

这段话让易中天在《品三国》里演绎起来，就十分有意思：“曹操来了以后她也不站起来迎接，也不搭理，曹操很没意思，讪讪地走过去：织布呢？……别织了，跟我回家吧。……曹操就走过去，用手摸着丁夫人的背：唉，别使小性子了，宝贝，跟我回家好不好？我们坐车子回家好不好？要知道这个动作是很重要的，这个‘抚其背’是男人对女性的一种爱的动作。丁夫人继续‘咔嚓’‘咔嚓’。曹操就很没意思啦：你不回啊？不回那我可是走了啊！‘咔嚓’‘咔嚓’。曹操就走走走，往外走，走到门口的时候又回了一次头：别闹了，跟我回家，好不好？‘咔嚓’‘咔嚓’。唉，看来我们夫妻缘分已尽，算了。然后找到老丈人：岳父大人，是我对不起你女儿，但是她也不肯跟我回去，这样吧，她还年轻，别让她守着，你把她嫁了，让她改嫁。”

所以其结果就是曹操让老丈人把女儿改嫁，那意思是别为我守寡了，一个女人挺不容易的——还是有情分啊，毕竟是结发妻子。结果这位“前老丈人”不敢——搁谁谁也不敢，这么个“铁石心肠，阎王脾气”的前女婿，谁敢上前捋虎须？

不过两个人就算分了。用现代的话来说，就算离了。

然后曹操才续娶的卞氏。

卞夫人的出身并不好，不但不是大家贵族，而且连平常人家都不如，出身倡家。我们通常说的倡，其实就是卖艺的，当然了，如果你艺卖得好，人又长得漂亮，大官大款想包养你，那你就自然而然转成娼了，这中间的界限很模糊。

在那个格外讲门第出身的时代，士族和庶族之间楚河汉界，士族把高官禄位都给霸占着，庶族——就是平民出身的人别说吃肉，连汤也摸不着喝，倡优之家连平民都算不上，应该算是贱民，哪能有什么样的地位。所以说曹操这个人是极其胆大妄为的——也是，要不是他一生胆大妄为，怎么能打下三分天下的基业？在娶老婆这件事上，他也不管别人说什么，反正这个人我就看着不错，我就是要定她了。

至于她怎么个不错法，按《魏书》的说法：

“后以国用不足，灭损御食，诸金银器物皆去之。东阿王植，太后少子，最爱之。后植犯法，为有司所奏，文帝令太后弟子奉车都尉兰持公卿议白太后，太后曰：‘不意此儿所作如是，汝还语帝，不可以我故坏国法。’及自见帝，不以为言。”

就是说，皇太后（此时曹操已死，卞皇后已经升格成卞太后了）因为国库里的银子不多，所以她就减少自己的开销，吃饭也吃得俭省，用的那些金银器皿也都不要了，换成粗陶粗铁的。曹植是她的小儿子，平时最宠爱了，后来曹植犯法，曹丕就派人去问她该怎么办，结果她说国有国法，家有家规，不能因为我把国法给破坏了。等她自己见到曹丕——也是她的儿子，她对这件事提也不提，根本没有给自己的小儿子美言几句。

《魏书》还说：“太后每随军征行，见高年白首，辄住车呼问，赐与绢帛，对之涕泣曰:‘恨父母不及我时也。’太后每见外亲，不假以颜色，常言‘居处当务节俭，不当望赏赐，念自佚也。外舍当怪吾遇之太薄，吾自有常度故也。吾事武帝四五十年，行俭日久，不能自变为奢，有犯科禁者，吾且能加罪一等耳，莫望钱米恩贷也。’帝为太后弟秉起第，第成，太后幸第请诸家外亲，设下厨，无异膳。太后左右，菜食粟饭，无鱼肉。其俭如此。”

意思是卞皇后（这时候曹操还没死）每次跟着曹操出征（够宠爱她的），一见着上岁数满头白发的人，就停下车子问东问西，还赏给人家东西，因为她想着自己的父母老死，没来得及接受过我的孝顺啊！还有她每次见到娘家的亲戚，就告诫他们过日子要节俭，不要老是等着赏赐。你们也不要犯法，你们犯了法找我求情是肯定不会的，给你们来个罪加一等倒是绝对。

以上种种，都说明这个人确实不错，很低调，深明大义。自己的亲儿子曹丕当上太子了，手下的人向她道贺，她却很淡地说我没有把孩子教坏就心满意足了，可不敢居什么功。

其实，曹操待见她，就是觉得这个人非常低调，非常合时宜，非常识趣。这一点那个又烈又倔的丁夫人不及也。其实卞夫人对丁夫人也很好。丁夫人都和曹操没什么关系了，她还是送吃的、送衣服、送银子，照顾她的饮食起居。这份豁达曹操肯定是喜欢的。

俗话说过刚易折，出头的椽子先烂，卞后极其明了这一点人情世故。曹操外出打了胜仗肯定收获大大的，珍珠宝石啊、古玩首饰啊、美女啊（当然美女他就留着自己享用了），宝贝们被他带回去，他就会对卞夫人说：去挑，爱什么拿什么！卞夫人每次都不挑最好的，也不挑最次的，就拿那中不溜的。曹操说这是怎么回事？卞夫人说我要是拿最好的，那是贪心；我不愿意要却偏要去拿那最次的，那就是虚伪。我挑这中不溜的正合适。曹操当然欣赏了，我这个夫人做人多么清楚明白呀！

所以说，卞夫人是贤内助的典范。她出身很贫贱，但是做事不卑贱；出身没有尊严，不过她把自己活得很有尊严。至于《魏书》上说道：“后以汉延熹三年十二月己巳生齐郡白亭，有黄气满室移日。父敬侯怪之，以问卜者王旦，旦曰：‘此吉祥也。’”这就有点演义的性质了。玄幻之说，不足采信。这个人不是她命定要当皇后的，是她自己做人做得好，才让自己稳居后位。

第二节　甄皇后——一首情诗引发的冤案

【原文】

文昭甄皇后，中山无极人，明帝母，汉太保甄邯后也，世吏二千石。父逸，上蔡令。后三岁失父。后天下兵乱，加以饥馑，百姓皆卖金银珠玉宝物，时后家大有储谷，颇以买之。后年十余岁，白母曰："今世乱而多买宝物，匹夫无罪，怀璧为罪。又左右皆饥乏，不如以谷赈给亲族邻里，广为恩惠也。"举家称善，即从后言。

建安中，袁绍为中子熙纳之。熙出为幽州，后留养姑。及冀州平，文帝纳后于邺，有宠，生明帝及东乡公主。延康元年正月，文帝即王位，六月，南征，后留邺。黄初元年十月，帝践阼。践阼之后，山阳公奉二女以嫔于魏，郭后、李、阴贵人并爱幸，后愈失意，有怨言。帝大怒，二年六月，遣使赐死，葬于邺。

【译文】

文昭甄皇后，中山无极人，是明帝的母亲，汉太保甄邯的后代，家中世袭二千石俸禄的官职。父亲甄逸曾任上蔡令，但甄后三岁的时候父亲就死了。

汉末天下大乱，灾荒连年，百姓们为糊口活命纷纷卖掉家中值钱的东西。当时甄家有大量的谷物储备，趁机收购了很多金银宝物。

甄氏当时才十几岁，看到这种情形便对母亲说："乱世求宝，可不是善策啊！一个人本来没有罪，但因拥有一件珍宝便可能被定为有罪，这便是人们通常所说的因财丧身。再说眼下众多百姓都在饥饿之中，不如将我家谷物开仓赈济四方乡邻，这才算是一种惠及众人的德行。"

全家人都认为她说得有理，是个好主意，于是将家中的粮食全部无偿分发给邻里乡亲。

建安年间，袁绍为他的次子袁熙聘娶了甄后。

袁熙出任幽州刺史，甄后留在邺城侍奉婆婆。冀州平定，文帝在邺城后宫见到她，非常喜欢她的美貌，于是收为自己的妻子。

她一度很受文帝宠爱，为他生下明帝和东乡公主。

延康元年（220）正月，文帝即王位，六月率军南征，甄后留驻在邺城。

黄初元年（220）十月，汉献帝禅让帝位给文帝。

禅位以后，改封为山阳公的献帝把两个女儿许配给文帝，另有郭皇后和李、阴两位贵人也深得文帝宠幸，甄后则日益受到冷落，为此她不免流露出一些怨言。

文帝听到后大怒，黄初二年（221）六月，赐死于她，死后葬在邺城。

【评点】

人长得漂亮是种罪。男女都是。

卫玠长得漂亮，结果给看杀了。

甄洛长得漂亮，结果给冤杀了。

甄洛，字嫦娥（182 或 183—221），别称甄宓（fú），庙号文昭甄皇后。曹丕的妻子。

美女可分两大类：一种是既美且妖，例如妲己；一种是既美且贤，例如甄妃。

《魏书》里这样叙述：

“逸娶常山张氏，生三男五女：长男豫，早终；次俨，举孝廉，大将军掾、曲梁长；次尧，举孝廉；长女姜，次脱，次道，次荣，次即后。后以汉光和五年十二月丁酉生。每寝寐，家中仿佛见如有人持玉衣覆其上者，常共怪之。逸薨，加号慕，内外益奇之。后相者刘良相后及诸子，良指后曰：‘此女贵乃不可言。’后自少至长，不好戏弄。年八岁，外有立骑马戏者，家人诸姊皆上阁观之，后独不行。诸姊怪问之，后答言：‘此岂女人之所观邪？’年九岁，喜书，视字辄识，数用诸兄笔砚，兄谓后言：‘汝当习女工。用书为学，当作女博士邪？’后答言：‘闻古者贤女，未有不学前世成败，以为己诫。不知书，何由见之？’”

就是说，河北省无极县的甄逸娶了河北省正定县（古常山即今正定）的张氏，生了三男五女，甄后是最小的姑娘，俗称“升子底儿”，那肯定是备受宠爱。她每次睡觉的时候，家里老是看见幻影，好像有人拿着一件玉衣给她盖上，而且不是一个人看见，是大家都看得见，所以常“共怪之”。后来就有相面的人叫刘良的，给他们几个兄弟姊妹看相，刘良指着甄后说：“此女贵乃不可言。”就是说她以后身份尊贵得都不能说。

甄后从小到大，不爱瞎玩瞎闹，平时也是端端正正绷着一张漂亮的小脸。她八岁那年，外面有耍把式卖艺的，家里几个姊妹虽然不允许出家门，不过也都上高阁观看，她就不去。几个姐姐问她，她说：“这是女人看的东西吗？”真是非礼勿视的典范啊！

她九岁那年喜欢看书，看见字就想认，还想写，就用几个哥哥的笔墨纸砚。几个哥哥就逗她说："你应该学绣花啊！书是男人学的东西，你想学了当女博士啊？"甄后就说："人家古代的那些贤良的女子，哪有不学习前世成败来作为自己的劝诫的？我要是不看书，从哪儿知道？"

所以说，甄后是从小就贤，以贤为志，很了不起。

所以她在娘家就深明大义。她十四岁那年，她的二哥甄俨去世了，家里剩下守寡的媳妇。她对二嫂就格外好，事事处处替她帮忙。那个年代媳妇受委屈，偏偏甄后的娘又脾气不好，对这几个媳妇肯定不假以辞色。甄宓是她最疼最爱的老姑娘，这时候就说了："哥哥不幸早死，嫂子年纪轻轻就守节，看顾留下的这个孩子。您老从大义上来说，也应该好好待她，像对待亲生女儿一样爱她呀！"于是她娘就感动了，流着泪，让甄后和嫂子一块起坐，吃饭睡觉经常在一起，亲亲密密。

都说女大十八变，越变越好看，甄妃越大真的越好看了。时人当时传说"河北有甄宓，江南有二乔"，可见当时甄洛和大乔小乔是并列的三大美女，倾国倾城的角色。

女人美丽就是资本，袁绍听说了她的美名，就托人说媒，让她嫁给自己的儿子袁熙。

袁熙出征，她就留在家里侍奉婆婆。建安九年，曹操攻打袁绍，攻破邺城，曹丕先跑到了袁绍的家里。袁绍是一方霸主，家里宝贝多呀！结果当时"有妇人被发垢面，垂涕立绍妻刘后，文帝问之，刘答'是熙妻'，顾揽发髻，以巾拭面，姿貌绝伦。既过，刘谓后'不忧死矣'！遂见纳，有宠"(《世语》)。

《魏略》里是这么说的："绍妻及后共坐堂上。文帝入绍舍，见绍妻及后，后怖，以头伏姑膝上，绍妻两手自搏。文帝谓曰：'刘夫人云何如此？令新妇举头！'姑乃捧后令仰，文帝就视，见其颜色非凡，称叹之。太祖闻其意，遂为迎之。"

总之，就是曹丕直入人家的内堂，发现了袁熙的老婆甄氏，当时甄氏肯定不会盛妆严饰，就那披头散发的样子，头也不梳，脸也不洗，结果就把曹丕给惊艳得受不了了，足见其平时的明艳照人，殆类天人。

其实曹操这人也是个色坯子，早就听说过甄妃的美名，当时他也没有给曹丕通过气，说我要把袁熙的老婆弄来给你，而是急着下令："来呀，把甄妃给我找来。"找来干什么？不言而喻。结果别人说世子已经把她收了，曹操说，哎呀这个，你看，我就是为了要给他找老婆的呀，哈哈！

《三国演义》是这样写的——邺陷，曹丕闯入袁府——"却说曹丕见二妇人啼哭，拔剑欲斩之。忽见红光满目，遂按剑而问曰：'汝何人也？'一妇人告曰：'妾乃袁将军之妻刘氏也。'丕曰：'此女何人？'刘氏曰：'此次男袁熙之妻甄氏也。因熙出镇幽州，甄氏不肯远行，故留于此。’丕拖此女近前，见披发垢面。丕以衫袖拭其面而观之，见甄氏玉肌花貌，有倾国之色，遂对刘氏曰：‘吾乃曹丞相之子也，愿保汝家，汝勿忧虑。’遂按剑坐于堂上。……操至绍府门下，问曰：‘谁曾入此门来？’守将对曰：‘世子在内。’操唤出责之。刘氏出拜曰：‘非世子不能保全妾家，愿献甄氏为世子执箕帚。’操教唤出，甄氏拜于前。操视之曰：‘真吾儿妇也！’遂令曹丕纳之。”

《三国演义》所言，大致不差。

曹操没有收一个漂亮的夫人，倒收了一个漂亮又贤惠的儿媳妇。

说实话，甄宓是给曹丕当了一个合格的媳妇的。

非常合格，可以说，太合格了。

曹丕把甄宓之前的一位宠姬任氏给赶回娘家（不错，没给杀掉），甄宓痛哭着给她求情，说为什么呀？曹丕就说："任性狷急不婉顺，前后忿吾非一，是以遣之耳。"总的来说，就是脾气不好，不知道顺着自个儿，人前面后地说我感情不专一，所以我要赶她走。

甄宓说："妾受敬遇之恩，众人所知，必谓任之出，是妾之由。上惧有见私之讥，下受专宠之罪，原重留意！"意思是我受您的宠爱，这是众人皆知的事，人家一定会说任氏被驱逐是我的缘故。所以请您重新考虑考虑！"帝不听，遂出之。"（《魏书》）

可见曹丕也是个狠心的贼。说实话，他要是不狠心，哪有后来甄宓的惨死？任氏只不过是被赶出婆家而已，甄宓可是被曹丕亲自下令赐死的。

虽然情没有求下来，但是，甄宓的这种举动非常贤良。妻妾中有谁受宠啦，甄宓也就劝勉她，谁失宠了，甄宓也就安慰她。大概是任氏被赶回娘家之后吧，每次闲来无事，甄宓和曹丕坐在一起，就说："你看人家黄帝，多子多孙，蕃育众多，那是因为老婆多（‘妾媵众多’），才有的这种福气呀！所以希望你也要‘广求淑媛’，就是多多打听哪个姑娘又漂亮又贤惠，你就给我娶回来，多多地给你生后代。"

"帝心嘉焉。"——不"嘉"才怪！

另外，历朝历代家庭里面，婆媳关系都不好处。甄宓在这方面绝对是楷模、表率。

建安十六年（甄宓三十岁，曹丕二十五岁），曹操带着卞夫人出征，曹丕和甄妃夫妇留守邺城。结果在路上卞夫人得了病，就给留在了孟津。甄妃听到这个消息，一定要收拾收拾从邺城出发去伺候婆婆，曹丕哪肯，一路上这么险恶！甄妃就天天哭。曹丕一看没办法，得，哄哄她吧，对手下人说，你去告诉夫人，就说老夫人的病好了。甄妃也不是傻子，说别哄我了！老夫人在家的时候，一生病就反反复复老也好不了，如今在路上得了病，条件又不好，怎么会好得这么快！

曹丕给搞得没脾气，得，你们几个人，给我去孟津，带一封老夫人的亲笔信回来，让夫人相信。信带回来了，甄妃才笑了。

到了第二年正月，曹操班师，卞夫人也回来了，甄妃远远看见婆婆的轿子，就高兴得直流眼泪。卞夫人也流泪，拉着儿媳妇的手说："你怕我上次生病跟以前一样老也治不好，我不过是小毛病，十几天就没事了。你看我的气色是不是很好？"

此后卞夫人见人就夸："我那个大儿媳妇，真孝顺！"

说到这里，可能我们就会有疑问，婆婆又不是自己的亲娘，至于这么孝顺吗？

其实世间的事真是蛮难讲的。就说亲娘和亲生闺女之间，彼此看不对眼，水火不容的有的是；而婆婆和媳妇如果都是清楚明白的人，又投了脾气，那真跟亲娘亲闺女差不离。这从侧面也反映出来，卞夫人的为人确实是没说的，一个字：贤。贤对贤，当然情好如蜜。

另外，甄妃在家里是老闺女，自小宠大，性情当然很娇憨，对大人长辈很依恋，大家看曹丕进袁绍府邸的时候，甄妃和她的前婆婆一起坐在那里，甄妃是把头埋在婆婆的怀里的。其实就是一个饱受惊吓、想寻求庇护的小女孩。那么她嫁给曹丕，对卞夫人的关心其实也有这方面的意思。

不过，她是这么想的，也这么做出来了，曹丕可不是只有她一个老婆啊！别的夫人呢？如果是性窄易妒的，秉性阴狠的，或是喜欢闲言碎语的，看她这个样子，又看她受曹丕的宠爱、受婆婆的宠爱，会不会心里嫉恨？她是自小生长在光明地，心地也光明，想什么就说出来、做出来，就是这一点，最后置她于死地。

这几年正是她的黄金时期，她先后为曹丕生下了曹叡，也就是后来的魏明帝，还有东乡公主。一儿一女，富贵双全，好命。

她的好命运又延续了好几年。四年后，曹操再次东征，这次带着一家子上阵，卞夫人、曹丕、甄宓的一双儿女。按说她也该去的，可是她不凑巧得病了，只好留在邺城。

这一走就是一年，这一年，把婆婆给担心的，自己把孙子孙女都带出来啦，那儿媳妇还不得牵肠挂肚地担心死？

结果等她回来一看，甄宓容光焕发，一点担心的样子也没有。她就诧异："怎么回事？儿女离开你一年啦，你不想他们？怎么我看你比以前还精神？"你看甄妃怎么回答的，她说："哎呀，老太太，叡儿他们又不是跟着别人，是跟着他们的亲奶奶，您老人家比我还照顾得周到精心，我担心什么？"

这么一说，婆婆更高兴了。历来婆媳间闹矛盾，起因容易在怎么教养孩子。你看人家甄妃的做法，让卞夫人像六月天喝了雪水，别提多舒坦了！

后来，曹操死了，曹丕逼汉帝禅位，他当上了皇帝，新官上任还三把火呢，他这个新帝上任，那是一定要好好烧一烧。所谓大丈夫生在人世，当建功立业。所以他就开始忙着东征西讨，把甄宓留在后宫，留守邺都。

这个不见得是冷落她，倒反而是重视她，要让她统领后宫的意思。不过，甄妃估计不这么想。她是一个没什么心计和城府的人，年龄再大，也是一个娇憨的小女孩心理，愿意陪在丈夫左右，服侍他。这么一来，她这个饱读书的女博士，说不定就会想起汉朝李夫人的那句名言："以色事人，色衰而爱弛。"觉得自己年岁也大了，老公是不是不待见自己了。

也确实，除了她之外，曹丕的宠妃还有郭贵人、李贵人、阴贵人。这还不算，还有人又给老公送来俩美女！

送美女的人就是山阳公——退位禅让给曹丕的汉献帝刘协。

说起来皇家的事是龌龊得很。曹操把他的三个女儿都送给刘协当老婆了，现在刘协又把自己的俩女儿送给曹丕当老婆，曹操本来是刘协的老丈人，现在刘协又成了曹丕的老丈人。

甄氏肯定心里不痛快，难免就会有怨言。而且说的时候又不知道避着人，于是就有人添油加醋都讲给曹丕听。语言本来就是最不靠谱的沟通工具，说白就白，说黑就黑，三人言而成虎，这么一来，曹丕就渐渐地不待见甄妃了。

下面我们紧接着就会说到那位同样受宠的郭贵人，也就是后来的郭皇后。《三国志》里这么写："甄后之死，由后之宠也。"这里的"后"，就是指的郭皇后。轻描淡写一句话，掩盖住一场惨烈的宫廷之争。

这时候，曹丕还在外面征战呢，甄妃想，老公是个有才的，自己也会写几句诗，干脆，给他写一首情诗吧。于是就写了《塘上行》：

> 蒲生我池中，其叶何离离。傍能行仁义，莫若妾自知。
> 众口铄黄金，使君生别离。念君去我时，独愁常苦悲。
> 想见君颜色，感结伤心脾。念君常苦悲，夜夜不能寐。
> 莫以豪贤故，弃捐素所爱。莫以鱼肉贱，弃捐葱与薤。
> 莫以麻枲贱，弃捐菅与蒯。出亦复何愁，入亦复何愁。
> 边地多悲风，树木何修修。从君独致乐，延年寿千秋。

诗里是哀怨的小儿女心态，什么"众口铄黄金，使君生别离"呀，什么"念君去我时，独愁常苦悲"呀，什么"莫以豪贤故，弃捐素所爱"呀，她想这首诗一定能够打动老公吧！

结果这首情诗却成了葬诗，她被曹丕赐死，而且尸首“被发覆面，以糠塞口”。真惨。

驿马飞奔，带着曹丕赐死甄后的旨意进逼邺都，甄后命悬一线，曹丕心中不安，就和一个人闲坐析梦。

他先是说我梦到屋瓦落地，变成一对鸳鸯。这人说：“这说明宫里有人会死。”紧接着太监就报告说是两个宫女死了。

然后他又说我昨晚还梦见一股青气直冲云霄，这人说：“天下当有贵女子冤死！”

这一下石破天惊，曹丕赶紧遣人追使者。只是为时已晚，甄妃已死。

一个这么美好的女人，曹丕这么宠爱过的女人，却被曹丕“遣使赐死”，死前两人都没见上一面。

析梦的事很诡异，不排除真的有人能够预知后事，不过，也许是后人对此的附会，因为甄妃之贤、甄妃之美，令人怜惜。

说起来，有关这位甄美人，还有一段不靠谱的逸事。

曹植不是写了一首《洛神赋》吗？说什么“翩若惊鸿，婉若游龙。荣曜秋菊，华茂春松。仿佛兮若轻云之蔽月，飘飘兮若流风之回雪”。于是就有人说这位才子也爱上了甄妃。甚至有人杜撰出一个凄美的爱情故事，说是二人从小定情，心心相印，后来甄妃爱慕虚荣，才嫁给曹丕，只剩下曹植一个人迎风洒泪，对月长吁，怎一个凄凉了得。

李商隐这样的情诗大手更是不会放过这样的绝妙题材，特意作诗“贾氏窥帘韩掾少，宓妃留枕魏王才”，说是因为魏王有才，所以宓妃把自己的枕头都给了他了。甚至可以理解为自荐枕席，真是越写越香艳。

哪儿的事？

二人阵营不同，自小定情是空穴来风；就算是入了曹营，曹丕纳了甄妃之后，被曹植见了，偷偷爱慕了，这个礼法的东西可是极其厉害的！再加上曹丕又眼里不揉沙子，怎么可能让他们俩眉来眼去。再说了，这么一位贤良的美人，她大概也不会把自己的枕头给了小叔子吧？

不过，我们也可以设想一下另外一个可能性：甄妃冤死，曹植本来就是个风流才子，是美人他都爱，对于兄嫂拘于礼法，自然是非礼勿言、非礼勿行、非礼勿动、非礼勿听，可是，他也会来哥哥的住所啊，结果在这儿就看见甄妃的玉缕金带枕了，这一下子悲上心来，痛哭失声。曹丕此时也后悔了，不该活活逼死美人，于是干脆把这枕头给你留个纪念吧。

可能如此。想当然耳。

曹丕死后，曹叡即位，才把她这个亲娘追谥为“文昭皇后”。

不过很奇怪，甄后并没有陪葬在曹丕的洛阳首阳陵，而是埋葬在曹操的西陵墓田。儿媳妇陪葬了公公，也是件稀罕事。

而她的死，就引出了另一个女人：郭皇后。

第三节　郭皇后：一个女王式的女人

【原文】

后早丧兄弟，以从兄表继永后，拜奉车都尉。后外亲刘斐与他国为婚，后闻之，敕曰："诸亲戚嫁娶，自当与乡里门户匹敌者，不得因势强与他方人婚也。"后姊子孟武还乡里，求小妻，后止之。遂敕诸家曰："今世妇女少，当配将士，不得因缘取以为妾也。宜各自慎，无为罚首。"

五年，帝东征，后留许昌永始台。时霖雨百余日，城楼多坏，有司奏请移止。后曰："昔楚昭王出游，贞姜留渐台，江水至，使者迎而无符，不去，卒没。今帝在远，吾幸未有是患，而便移止，奈何？"群臣莫敢复言。六年，帝东征吴，至广陵，后留谯宫。时表留宿卫，欲遏水取鱼。后曰："水当通运漕，又少材木，奴客不在目前，当复私取官竹木作梁遏。今奉车所不足者，岂鱼乎？"

【译文】

郭皇后的哥哥和弟弟都早已死去，于是她的堂兄郭表过继给她的父亲为子，郭表因此被拜为奉车都尉。

郭皇后的外亲刘斐要与外地女子通婚，她听说了此事专门告诫家人及亲戚："各位亲戚遇婚嫁之事，都应该与乡里门户相对者联姻，不得借权势强与他方人家通婚。"

她姐姐的儿子孟武还乡后求娶小妾，她又专门下了一道敕文劝阻说："当今由于战乱，妇女不多，应尽可能地将她们配给前方将士为妻。有权势的人家不能聘娶为妾。各位亲戚在这件事上都务必小心谨慎，不要自取其咎，遭受刑罚。"

黄初五年（224），文帝率师东征，郭皇后留守许昌永始台。

当时大雨连降百余日，城楼多有倒塌损坏。

有关的官员奏请皇后移居他处，郭皇后拒绝说：

“当年楚昭王出游，他的妻子贞姜留在渐台。长江洪水汹涌而来的时候，使者接王后转移，但急切中忘了带上楚昭王的信符，结果贞姜坚持不走，以至于在洪水中丧生也在所不惜。如今皇上御驾远征，我在后方还没有遇到贞姜那样的危急情况，又何必要转移呢？”

群臣闻言无话可说，再也不提请皇后迁居的话。

黄初六年（225）文帝再次督师东征，大军开赴广陵，郭皇后留守谯宫。

郭表此时留守负责警卫工作，他想堵水捉鱼，皇后制止说：

“这河水是通着运送军粮的河道的，你筑坝截水又需木材，自己的家产不在眼前，只好私自挪用公家的竹木来筑水坝。如今你这位奉车都尉所缺少的难道是鱼吗？”

【评点】

公元220年，曹操病逝，曹丕继位，同年十一月，曹丕登基称帝。

曹丕称帝后，很长时间都没有立皇后。当初够资格做皇后的，就是这两位：曹丕原配甄宓和宠妃郭女王。

甄宓有文采，有子女。郭女王有谋略，无子女。

看起来甄宓稳赢无疑，却不料下场却是惨死。

甄宓冤死后，曹丕终于立后，皇后就是郭女王。甄妃的儿子曹叡也交给她抚养。

其实一开始曹丕并不想立曹叡为储君，因为他的娘是自己逼死的。可是没办法，他的九个儿子不是早夭就是还没长成，得，就他吧。

至于在甄妃冤死的事件里面，郭女王到底起了什么样的作用，这个不得而知。通常我们说贼不打三年自招，那也是说的没心眼的贼。哪怕郭女王真的在此事件中扮演了一个不光彩的角色，那她也自始至终没有吐露半字。所有一切推测都是想当然耳。

不过，仍旧有人说，因为曹叡是不足月而临盆，所以郭女王就诬称甄妃是怀孕两个月才跟的曹丕。那个年代又没有科学仪器，对于极其看重门庭和子嗣的古代人，尤其是手握大权的古代男人来说，这个影影绰绰的绿帽子戴的，比吃了一把苍蝇还让人恶心。

所以他就问甄氏到底怎么回事。甄氏就怒了。这个人贤良不假，可是泥人也有个土性子，一般贤良清洁的人都忍受不了别人往自己头上扣屎盆子，所以就忘了曹丕是皇帝了。其实她写那首幽怨诗的时候，也忘了曹丕除了是自己的男人外，还是个皇帝。历代美女，受宠的时候搁不准定位，这个一点都不奇怪。所以才说卞夫人了不起，她始终都能很清醒、很理智、很低调。于是甄妃就对曹丕大声斥责起来。

曹丕也跟他爹一样，心狠手黑的横棍，所以前仇旧恨，一怒赐死。

既然史书上对于郭女王的容貌只字不提，这说明她肯定不如甄妃漂亮。但是男人年龄越大，对于女性容貌方面的兴趣反而越小，他更看重的是女人的心性与智慧。曹丕又不是没有事业心，一心只爱美女的唐明皇，他更需要的是能够当他左膀右臂、辅佐他成就宏图霸业的人。

在这方面，郭女王当之无愧。人说三岁看老，甄妃七八岁就言行端正贤良，大了果然也不邪魅惑主；郭女王小时候就被她爹称为“女中王”，大了也缺少不了谋略。

据说在曹丕登位的事情上，她就曾经为曹丕出谋划策出过力。曹丕登上王位，她也水涨船高升为夫人。后来跟随曹丕南征，又升为贵嫔。

曹丕南征并不是如预想中的“鞭敲金镫响，齐唱凯歌还”，过程并不顺利，结果甄妃不仅不替夫分忧，还扰乱君心，添忧添乱，曹丕自然不高兴。如果郭女王借此良机除掉情敌，这也算是情理之中的事。

不过，甄妃失宠见弃，肯定不是她一个人干的。中国人的劣根性，所谓舌头底下压死人，大家都看过电影《大红灯笼高高挂》，一群女人争宠争得不人不鬼，有人疯有人狂，一片大雪地里一个女人穿着大红的戏服唱戏，看上去如鬼似魅，听起来宛若鬼哭。甄妃人又长得美，平时又受宠，还差点被立为后，肯定一群女人都恨不得吃了她的肉。偏偏甄妃两年都没见过老公了，情分日稀，谗言日盛。

这其中，郭女王绝对不是明面上攻击得最厉害的那一个，否则她就愧对她“女王”的称号。攻击甄妃，只会让曹丕觉得这个人心胸狭窄，这么亏本的事打死她也不会干，她常干的都是善事、好事。就像下面这段节选中的那些事。

《魏书》曰：

“后自在东宫，及即尊位，虽有异宠，心愈恭肃，供养永寿宫，以孝闻。是时柴贵人亦有宠，后教训奖导之。后宫诸贵人时有过失，常弥覆之，有谴让，辄为帝言其本末，帝或大有所怒，至为之顿首请罪，是以六宫无怨。性俭约，不好音乐，常慕汉明德马后之为人。”

不过，郭皇后登位的阻力不小。魏晋时代是中国最为重视门阀家世的时期。许多大臣提出皇后必须出自世族，因为《春秋》就说了：“不得以妾为嫡。”人家齐桓公也说过“无以妾为妻”。郭女王婢女出身，使唤丫头当皇后，说不过去！

中郎栈潜上了一道长长的疏，疏文说：“在昔帝王之治天下，不惟外辅，亦有内助，治乱所由，盛衰从之。故西陵配黄，英娥降妫，并以贤明，流芳上世。桀奔南巢，祸阶末喜；纣以炮烙，怡悦妲己。是以圣哲慎立元妃，必取先代世族之家，择其令淑以统六宫，虔奉宗庙，阴教聿修。易曰：‘家道正而天下定。’由内及外，先王之令典也。春秋书宗人衅夏云，无以妾为夫人之礼。齐桓誓命于葵丘，亦曰‘无以妾为妻’。今后宫嬖宠，常亚乘舆。若因爱登后，使贱人暴贵，臣恐后世下陵上替，开张非度，乱自上起也。”

翻译过来就是：

“古代帝王们治理天下，不仅离不开文武百官的忠心辅佐，也离不开贤惠的后妃鼎力相助。能否处理好这二者的关系，可以说决定着一个王朝的兴衰存亡。

“故而远古时期黄帝迎娶西陵氏之女，尧帝的两个女儿娥皇和女英嫁给虞舜，都以贤明有德而著称，成为流芳千古的美谈。

“而夏桀亡国狼狈逃往南巢，其祸根正在于宠幸末喜，不修朝政；商纣王以炮烙剖心等酷刑对待臣下，目的也不过为博取妲己的欢心。

“鉴于这些在历史上曾导致王朝废兴事业成败的经验教训，历来贤明的君主都格外慎重对待册立皇后这件大事，总是在世族豪门之家选择知书达理的淑女来充任元妃，以统领六宫，虔敬地祭祀宗庙，暗修教化之功。

“《易经》中说‘家道正而天下定’，说的是由小到大、由内及外的道理。

“这正是先王们所规定的法规啊！齐桓公在葵丘接受爵位时，也特别申明，不能让妾成为妻子。

“可如今宫中有些嫔妃，常常借着皇上的宠幸而越礼，与皇帝一同乘舆。

“如果陛下因宠而册立她为皇后，使贱人骤然富贵，位极人臣，那么我担心后世会出现众心不服，肆意轻慢，上面又无力控制的局面。朝廷礼法不攻自破，这样的乱子不是由上面引起的吗？”

结果郭贵嫔听说众位大臣反对，她一不哭二不闹，三不诉说委屈，而是向自己的老公毕恭毕敬上了一道谢表，如《魏书》所载：“妾无皇、英釐降之节，又非姜、任思齐之伦，诚不足以假充女君之盛位，处中馈之重任。”那意思就是我既没有娥皇、女英的节操，也没有姜氏、任氏那样的品德，确实不足以充当皇后的尊位，担当掌管皇家的重任。

这么一来，曹丕的劲给激起来了，圣意已决，反对无效，这个皇后我立定了！

黄初三年九月庚子日，年将四十的郭女王终于晋升为后。

这个人也是一个聪明、低调的人，不像有些蠢女人，未得志时夹着尾巴做人，一旦得志势焰熏天，她一直就非常小心谨慎，不让自己过多掺和政事。

曹洪，字子廉，是曹操的从弟。这个人家里有钱，但是小气，曹丕小时候跟他家借过东西，结果他没借给。后来曹丕发达了，想起来小时候的事，就恨他，随便找了个借口就要把曹洪处死。大臣们劝不下来，卞太后也劝不下来，她就来找郭皇后，要她说情。郭皇后不肯，卞太后一看婆婆的范儿不中用，干脆就拿起太后的范儿："要是曹洪今天死了，我明天就让皇帝废了你。"

郭皇后这才不得已出面给曹洪求情。既然是求，当然身段放得非常之低，痛哭流涕，求他开恩。哭了几回，曹丕的心给哭软了，唉，算了吧。于是曹洪被免官削爵，免于一死。

其实，曹丕曾经下过明令，禁止后宫干政，所谓"夫妇人与政，乱之本也。自今以后，群臣不得奏事太后，后族之家不得当辅政之任，又不得横受茅土之爵，以此诏传后世，若有背违，天下共诛之"。瞧这话说得多厉害，要是谁敢违背，天下人人可以得而诛之。

可是面对母后的时候他的堤高坝严，面对郭皇后他却放了水。

想当初，甄妃还是曹丕的原配，又是太子和长公主的亲生母亲，不过写了一首带点怨气的诗，就给杀死，郭女王这都明显干预国政了，她的后位仍旧坐得稳稳的。由此可见郭皇后在曹丕心目中的地位。

不过，她也非常清楚地知道，伴君如伴虎，轻易不能捋虎须，平时对曹丕从来都是婉顺如水。不对着干，不讲大道理，哪怕就是个求情呢，也不过两件法宝：一件是磕头，一件是流泪。

黄初七年五月丁巳日，四十岁的曹丕驾崩于洛阳嘉福殿。魏明帝曹叡即位。他尊奶奶卞太后为太皇太后，养母郭皇后为"永安宫皇太后"，追封生母甄氏为"文昭皇后"。——甄妃最终得到了"皇后"的封号。四十五年前那位相士关于她"贵不可言"的预言，在她屈死后才实现。

成为皇太后的郭女王仍然非常低调做人，尤其对自己的娘家人严加管束。她的姐姐去世后，外甥孟武又想厚葬母亲，被她制止了。郭太后说："自从中原丧乱以来，坟墓无不惨遭发掘，都是由于坟墓过于厚葬；关于葬礼，先帝（魏文帝）的首阳陵就可效法。"（魏文帝曹丕提倡薄葬，所以他的首阳陵非常简朴。）

平心而论，曹叡对他的养母还是很不错的，即位后对郭家屡加封赏。郭表一直当到照德将军、加金紫、位特进的地位，郭表的长子郭详、次子郭训先后也都当上了骑都尉。就连郭太后早死的父母也被追封成了安阳乡敬侯、都乡君。

不过，这段和睦的日子没过很久。

《汉晋春秋》载："初，甄后之诛，由郭后之宠，及殡，令被发覆面，以糠塞口，遂立郭后，使养明帝。帝知之，心常怀忿，数泣问甄后死状。郭后曰：'先帝自杀，何以责问我？且汝为人子，可追仇死父，为前母枉杀后母邪？'"

那意思是明帝屡次想起自己母亲的惨死，就哭着追问亲娘是怎么死的，郭后就说："那是先帝自己杀的，你为什么老是来问我？再说了，你一个为人子的，能追究你的死去的父亲的过失，又为了你的前母逼杀你的后母吗？"

结果是“明帝怒，遂逼杀之，敕殡者使如甄后故事”。下殓时也是披发覆面，以糠塞口。时青龙三年（235）三月，郭女王五十一岁。

又是一个轮回。

不过曹叡不如他爹有胆子。他虽然把郭太后逼死了，不过却指挥殓葬官员，当着满朝文武的面装孝子，郑重其事地为郭太后举殡，还颁布了一道孝子哀诏：

“维青龙三年三月壬申，皇太后梓宫启殡，将葬于首阳之西陵。哀子皇帝睿亲奉册祖载，遂亲遣奠，叩心擗踊，号啕仰诉，痛灵魂之迁幸，悲容车之向路，背三光以潜翳，就黄垆而安厝。呜呼哀哉！昔二女妃虞，帝道以彰，三母嫔周，圣善弥光，既多受祉，享国延长。哀哀慈妣，兴化闺房，龙飞紫极，作合圣皇，不虞中年，暴罹灾殃。愍予小子，茕茕摧伤，魂虽永逝，定省曷望？呜呼哀哉！”

这还不算，他还把郭皇后的娘家人又是一通封官：封郭表为观津千户侯，郭详为驸马都尉。追封郭女王的父母为安阳乡敬侯、都乡君；亡兄郭浮梁里亭戴侯、郭都武城亭敬侯、郭成新长亭定侯。祭祀都以太牢之礼。郭女王虽死，身后尚有哀荣，她泉下有知，不知当哭当笑耳。

其实，纵观郭女王的一生，除了众说纷纭的甄妃之死一案，再无史料记载她有任何过失。倒是《搜神记》里记载了这样一个故事，说的是汉末魏初，关中时局大乱。有盗墓贼趁乱发掘了一座西汉时期的宫人墓葬，却发现里面有个宫女还活着。后来她被送进魏宫，郭皇后就把她留在自己身边，有时候问她西汉朝代什么样啊，风土人情啊，她也都能应对如仪，就连时间顺序都记得清清楚楚。这可真是很神奇。

我们现在流行玩“穿越”，甚至此前还有过一则趣闻，说是北京的地铁站里，一位女子穿着古代人的衣服，坐在地上化缘，说是穿越而来，没有钱吃饭。穿越的电视剧、穿越的小说现今泛滥得不可收拾，想不到古代竟然也有这样的趣事。不论真假，姑妄言之，姑妄听之。总之，就是这个宫女，在郭皇后去世后，她也悲伤过度，哀泣而死。

这说明郭太后的为人，风评是极好的。

无论怎样，这也算是一位女中人杰。历史的烟尘遮住了多少英雄豪杰，也埋没了多少女中英才，她是其中之一。一位女王般的女人。

卷六 《三国志·魏书六　董二袁刘传》

第一节　董卓：凶神降临

【原文】

卓迁相国，封郿侯，赞拜不名，剑履上殿，又封卓母为池阳君，置家令、丞。卓既率精兵来，适值帝室大乱，得专废立，据有武库甲兵，国家珍宝，威震天下。卓性残忍不仁，遂以严刑胁众，睚眦之隙必报，人不自保。

【译文】

董卓自以为拥立新君有功，他人无法与之相比，便恢复西汉初年的相国职务，并由自己担任，又封自己为郿侯，享有朝见天子时司礼官只称官职而不直呼姓名，以及可以佩剑着履上殿的特殊待遇。

他的母亲也被封为池阳君，并违背朝廷礼法设置家令、家丞一类官职。

由于董卓是带着精锐的兵马来到京都，又正好赶上朝中百官相互残杀，因而使他能够拥兵自重，操纵了皇帝的废立甚至生杀大权。

东汉王朝的武库甲兵，统由他来掌管，国家的珍宝财富，也都成了他的私物，位重权高，威慑天下。

他生性残忍暴戾，不讲仁德，如今为了防止百官对他不满，更是不惜以酷刑来威慑众人，只要有谁对他的无道行为稍有提及，他就会无情地加以迫害，使得从天子到满朝文武大臣人心惶恐，如履薄冰，不能自保。

【评点】

董卓是个凶神。

凶神出世，必得有其先决条件，那就是乱世。清平世界，朗朗乾坤，无论如何是不会允许一个杀人如麻的刽子手步步登天的。

那么孵出这颗凶神蛋的社会，有着怎样的一个大环境呢？

诸葛亮在他的《出师表》里有这样一句话：“亲小人，远贤臣，此后汉所以倾颓也。先帝在时，每与臣论此事，未尝不叹息痛恨于桓灵也。”说的是东汉两朝皇帝，汉灵帝和汉桓帝，政治最黑暗，统治最腐败。

就拿这灵帝来说吧，他本来的兴趣点就不在军国大事，当个文学家倒很适宜，因为他辞赋写得好。当个建筑师也没问题，他整天在宫里就研究建筑上的事，还研究得津津有味。宫殿里整套上下水系统就是他设计的。然后他还要让全国老百姓都能领略他的设计的好处，所以大兴土木。问题是你是皇帝，现在你客串起工程师来了，那国家大事谁管理？

他不管总得有人管。谁来管呢？不用问，历来外戚专权，阉竖专政。他也不例外。姥姥家的人向来亲，宦官整天跟自己形影不离，也自然最亲密，所以就这两种人替他执掌朝政，所以才会引发“十常侍之乱”。

“十常侍”几乎是个专有名词，专门指的就是汉灵帝时操纵政权的张让、赵忠等十来个宦官，他们都任职中常侍，玩弄小皇帝于股掌之间，以至灵帝把他们认作爹娘，所谓“张常侍是我父，赵常侍是我母”。

十常侍最常干的事就是横征暴敛、卖官鬻爵。没办法，他们也觉得挺冤，银子又不是光敛来为我们自己的，皇帝也要花呀！他当工程师，搞建筑设计，还要大兴土木，没银子，可不就得我们来想办法！国家系统能变出钱来的地方，一个是加重赋税，一个就是拿国家资源卖银子嘛！其中官这种东西，来钱来得最快捷，不卖它卖谁？

横征暴敛不用说，那个时代的官也真是很滑稽，就跟我们菜摊上卖的大白菜一样，属于明码标价的商品。这一段易中天已经在《品三国》里说得十分清楚明白，兹原文引用，以助理解：

“灵帝朝是卖官的，而且明码实价、公开招标。价钱大概是级别一石是一万，比方说你要买一个四百石的副县级的官做，四百万；你要买一个两千石的正部级的官做，两千万；如果你想位列三公，就是太尉、司徒、司空，再加一千万，明码实价。这是公开买卖，如果朝廷的正式任命也要交钱，不过可以只交一半或者三分之一，可以讲价。

“当时有一个叫司马直的人被任命为巨鹿太守，委任状一到，朝廷就伸手，拿钱来。司马直说，我哪儿有钱？我是个清官。朝廷说知道，你生活困难，减免三百万，你交。司马直说我实在交不起，这个官我不做了行不行？朝廷说那不行，你不能辞官啊！司马直没有办法，只好在上任的路上自杀，临终前写下一份遗书，痛斥朝廷卖官，实在是祸国殃民，是亡国的象征！

“但是司马直我们现在看来是白死了，因为司马直死了以后朝廷卖官变本加厉。曹操的父亲曹嵩官居太尉，都是花钱买的，太尉是三公啊，地位崇高啊，所以很多人都想去过一把三公的瘾，其中就包括一个叫崔烈的。崔烈也是个清官，家庭素有清名，靠着自己的工作努力当了郡守，当了九卿，但是他总觉得我们崔家该出个三公。正好这个时候皇帝的一个保姆姓程，路程的程，程夫人跑来跟崔烈说，哎，我可以搞到内部优惠价。崔烈说，优惠价是多少。五折。崔烈想这五折还是合算哪，就交了五折的钱。交了以后，果然皇帝就开会，正式宣布任命崔烈为司徒。话说完了以后，你看皇帝昏到了什么程度，他说哎呀，你这才交了一半的钱啊，这个帝国做了一次赔本的买卖。他这个话音刚落程夫人不干了，程夫人马上跳出来说，崔大人是个好官，他的官怎么是花钱买的呢，是我帮他弄来的嘛！公卿哗然，说你这个崔烈靠女人弄个官来你还不如花钱买呢你，更没面子。”

瞧瞧，就这种朝代。豺狼当道，贤士远避，想它不亡，何可得哉？

当时整个朝代的乱劲，老百姓被剥削压迫得没饭吃、没衣穿，没办法只好起义。郎中张钧在给皇帝的奏章里就明确指出，黄巾起义是外戚宦官专权逼出来的，他说：“张角所以能兴兵作乱，万人所以乐附之者，其源皆由十常侍多放父兄、子弟、婚宗、宾客典据州郡，辜榷财利，侵略百姓，百姓之怨无所告诉，故谋议不轨，聚为‘盗贼’。”

就在这一片乱哄哄的局面中，汉灵帝死了。身后留下两个儿子，十四岁的刘辩和九岁的刘协。这俩孩子再加上刘辩的母亲何皇后，孤儿寡母，根本控制不住局面，于是何皇后的哥哥大将军何进跟宦官张让两个集团就争得你死我活。

说起十常侍就不得不说何进，这家伙本来是个屠夫出身，论智无智，要谋无谋，就是靠的裙带关系官拜大将军，手握兵权。

灵帝一死，十常侍要立九岁的刘协——也就是后来的汉献帝为帝，何进要立何皇后的亲生儿子刘辩为帝，两派斗成乌眼鸡。

后来何进直接在灵帝的灵堂上立了刘辩，当时本来想把张让等人一网打尽的，问题是何皇后和他们也颇亲近，不许他动手。不过他灭张让之心不死，所以就想玩一手借刀杀人计——召外军董卓进京。

张让等一听，这就是要灭我呀，那还等什么！一不做，二不休，假传懿旨，说何太后召何进进宫。何进这傻瓜就连人也不带，一个人晃晃悠悠进去了，一进去就着了道，掉了脑袋。

何进一死，他的部下也不是肯吃亏的，马上冲进宫，诛杀十常侍。他们带着刘辩和刘协出逃，后来曹操在路上将刘辩和刘协找到。

至此十常侍之乱结束。

问题是十常侍走了，董卓来了。

董卓（？—192），字仲颖，陇西临洮人。当时的岷县是边远地区，和西北的少数民族羌人相邻，生活环境注定不是优雅的、细腻的，不过他家是大地主，家庭环境倒的确是优越的，既优越又娇惯，养得他既骄横又粗豪，所谓“少好侠”。这家伙天生体力雄壮，又会武艺，骑马挎弓，左右驰射，看哪个敢惹！

不光乡里人不敢惹，就连周边的羌人也不敢怠慢他。那些羌族首领豪帅没事就带着牲畜和财物来看他，跟他称兄道弟。董卓虽然粗猛，却有心计，寻思着要在羌人中培植和收罗亲信，以后好控制他们，发展自己，所以他也一掷千金，杀牛宰羊，款待羌人。

一回一个羌人豪帅见董卓家的牛羊宰得差不多啦（生在他家的牛羊也受罪），就大老远地赶来一千头牛送给他。交情就好到这份儿上。

他不光是结交羌人，周边豪强更不放松控制，拉拢、威慑、兼并，务必要让人人都听他的。

虽然他后来堕落得肥肥大大，年轻的时候想必也浑身肌肉，骑马游侠，少年豪杰，在当地颇享有“健侠”的美名。

这么一个人，那些失意落魄的流氓无赖亡命之徒，见他如蝇见屎，如蜂见蜜，不要命地往上凑。这群人后来随着董卓高居相位，也着实为害一方。如果说董卓是虎，吕布是狼，他手底下的一群人就是狗——野狗。

其实在他进洛阳的时候，袁绍、曹操已经带兵入宫，杀尽宦官，控制了朝廷。董卓率军进入洛阳后，兼并了何进的部属，又唆使吕布杀掉执金吾丁原，把他的部属也给吞并，势力大盛，据兵擅政，废少帝，杀太后，立刘协，自封郿侯，进位相国，逼走袁绍，独揽大权。

到这一步，这家伙算是真正的位极人臣，风光无限了。所谓：“卓至西京，为太师，号曰尚父。乘青盖金华车，爪画两轓，时人号曰竿摩车。卓弟旻为左将军，封鄠侯；兄子璜为侍中中军校尉典兵；宗族内外并列朝廷。公卿见卓，谒拜车下，卓不为礼。召呼三台尚书以下自诣卓府启事。筑郿坞，高与长安城埒，积谷为三十年储，云事成，雄据天下，不成，守此足以毕老。”（《魏书》）

意思就是董卓迁都长安后，位居太师，还以姜太公自比，号称“尚父”。

出入乘坐皇太子专用的青盖金华车，此车以金花装饰，车盖弓头为龙爪形，有两个车厢，极为豪华高贵，时人称之为“竿摩车”。

弟弟董旻当了左将军，封鄠侯，侄子——他哥哥的儿子董璜当了侍中和中军校尉典兵。一时间，董氏家族亲眷纷纷授官晋爵，权倾朝野，不可一世。

文武百官遇到董卓，都要通名报姓拜于车下，董卓根本不予还礼。他办公都不上办公室，命令尚书、御史、谒者三台尚书以下的朝臣到他家中商议朝政大事。

他又修建他的私人城池，取名曰“郿坞”。城墙修得跟长安一样高，把从洛阳等地搜刮来的大量金银财宝和粮食积藏在城中，其中储藏的粮食就足够吃上三十年。

这说明，他仍旧是个土财主。

这个位极人臣的土财主发表言论，说：“我的大业成功（意即做了皇帝），整个天下都是我的；即便不成，我守在郿坞中也够享受一辈子。”

《魏书》记载还是比较简略的，《英雄记》里还有相关记载，说是“卓侍妾怀抱中子，皆封侯，弄以金紫。孙女名白，时尚未笄，封为渭阳君”。也就是说，他那侍妾怀里抱的吃奶娃娃都封侯啦，还不到十五岁的孙女也封渭阳君。真是一人得道，鸡犬升天啊！

他是造福家里和祸害天下同时进行的。皇帝后宫里的那些美女，全归他一人玩弄。

然后玩得无聊了，开始大宴宾客。文武百官谁也不敢不来，就眼看着他搂着先帝的女人们寻欢作乐，臭烘烘的嘴巴子这一挨那一蹭，就跟妓院里粗鲁的嫖客没两样。然后玩着玩着，眼睛一斜，随手一指，来呀，给我把他眼睛挖了。再随手一指，给我把他手砍掉。再随手一指，这个，削鼻子，这个，扔进开水锅里。一时间欢宴变成地狱，惨叫声声，撕心裂肺。董卓这个变态，人越惨叫，他越吃得香，寻欢作乐得越开心。

他一个人这么折腾也就罢了，他手底下一帮子人如狼似虎，着实叫人消受不起。整个洛阳城就是他们的狩猎场，谁家有钱的，抢！谁家房子好，烧！谁家女人漂亮，掳！杀光，烧光，抢光，淫光！四光。这还有个专有名词，叫“搜牢”。

汉献帝初平元年（190）二月，阳城正在乡社集会，就是俗称的赶集，里面有提篮的、挑担的、卖菜的、卖胭脂花粉的，老百姓熙熙攘攘，好一番和乐景象。然后董卓部属的野蛮凶悍的羌兵一冲而入，所有男子全部杀掉、割头；妇女长得略微好看的，绑走；东西，抢走。然后回到洛阳，宣称是跟敌人作战的胜利品，把妇女财物赏赐给士兵，把屈死的百姓的头颅架上木柴烧掉。

董卓倒行逆施，臣民忍无可忍。俗谓舍得一身剐，敢把皇帝拉下马。反董卓的风潮一浪高过一浪。

起初，议郎杨勋与左将军皇甫嵩秘密商议，准备共同讨伐董卓，后来皇甫嵩被征调，杨勋势单力薄，不得不就此罢休。

然后，初平元年（190），冀州刺史韩馥、兖州刺史刘岱、豫州刺史孔伷、南阳太守张咨和袁绍等人都纷纷起兵反对董卓。

不久，长沙太守孙坚也率领军队征讨董卓。

接着，河内太守王匡又屯兵河阳津，准备进攻董卓。只不过被老谋深算的董卓觉察偷袭，王匡大败至几乎全军覆没。

第二年，孙坚再讨董卓，大败吕布，出兵函谷关，分兵两路直取新安和渑池。

至此，山东各路豪杰纷纷揭竿而起，董卓决定迁都长安，避其锋芒。都到这一地步了，他还倒行逆施，不思悔改，在挟持献帝迁都长安的同时，为了防止官员和百姓逃回故都，把整个洛阳城和附近二百里内的宫殿、宗庙、府库全部焚毁。洛阳周围“二百里内无复孑遗”（《后汉书·董卓传》）。

昔日繁华洛阳城，如今只余焦土与鬼哭。曹操有一首有名的《薤露行》，就是写的如此惨状：“贼臣持国柄，杀主灭宇京。荡覆帝基业，宗庙以燔丧。播越西迁移，号泣而且行。瞻彼洛城郭，微子为哀伤。”

虽然董卓迁都长安，针对他的斗争仍是风起云涌。

一个叫伍孚的越骑校尉身藏佩刀，前来拜见董卓。说完话，伍孚告辞，董卓起身出门相送，伍孚瞅准机会，抽出佩刀向董卓刺去。董卓大惊，慌忙反击，并急呼警卫。他没死，伍孚寡不敌众，死在乱剑之下。事后，董卓还大骂伍孚包藏祸心，不讲仁义。殊不知最包藏祸心的就是他，最不讲仁义的也是他。

当时，天下老百姓纷纷传唱一首歌谣，叫作《千里草》：

千里草，何青青；
十日卜，不得生。

“千里草”和“十日卜”合起来一个是“董”字、一个是“卓”字。一首简单的歌谣，包含着两重含义：一种是董卓在一天，老百姓就一天不得生，不定什么时候死于非命；另一种是期待着董卓有“不得生”的那一天，好让天下人脱离苦海。

一个人活到人人痛恨、个个盼死的境界，也着实不易，得多么倒行逆施！

然后，董卓终于走到了他生命的尽头。《魏书》载：“三年四月，司徒王允、尚书仆射士孙瑞、卓将吕布共谋诛卓。是时，天子有疾新愈，大会未央殿。布使同郡骑都尉李肃等，将亲兵十余人，伪著卫士服守掖门。布怀诏书。卓至，肃等格卓。

卓惊呼布所在。布曰‘有诏’，遂杀卓，夷三族。主簿田景前趋卓尸，布又杀之；凡所杀三人，余莫敢动。长安士庶咸相庆贺，诸阿附卓者皆下狱死。”

就是说，汉献帝初平三年（192）四月，司徒王允、尚书仆射士孙瑞和董卓部将吕布共同商定诛杀逆臣董卓。

此时正巧献帝患病新愈，传诏在未央殿会见群臣。吕布派他的同乡亲信、骑都尉李肃带士兵十几人，打扮成宫中卫士的模样把守在宫门，吕布怀中藏着诛杀董卓的诏书。

董卓进入宫门后，李肃率伏兵一拥而上举刀枪击杀，董卓措手不及，惊呼：“吕布何在？快来救我！”吕布转出应声喝道：“皇帝有诏令杀贼臣董卓！”随即杀死董卓，夷灭三族。

朝中主簿田景赶紧扑向董卓的尸体，也被吕布杀掉。这样连杀董卓的亲信三人，其他人皆畏惧不敢动弹。

长安城的官吏百姓闻听董卓被诛，都庆贺诛灭国贼。

平日投靠奉迎董卓的官吏被一个个抓进监狱处以死刑。

在史书上写起来简单，其灭卓方案的具体实施过程则惊心动魄。

王允先是命令养女貂蝉施展著名的美人计，离间董卓和吕布父子。

吕布武力超群，深受董卓喜爱和信任，收为干儿子，位居骑都尉，后来又给他升为中郎将，封他都亭侯。不管董卓走到哪里，吕布总是形影不离。只是有一次，吕布不知道怎么不小心得罪了董卓，这家伙是狗脸，翻脸不认人，当时大怒，就抽出手戟掷吕布，幸亏吕布闪得快，不然非得当场被刺死。吕布也没生气，估计生气也不敢有什么表示，只是连连谢罪，董卓发过脾气也就算了，没把这事放在心上。然后被王允拿此事敲开了董卓和吕布联合起来的铁鸡蛋。

美人计成功后，王允说咱把董卓杀掉吧，你来当内应。吕布起初不肯，说我跟他有情分啊，情同父子。王允花言巧语，把个没什么心眼的吕布给劝活动了：

“你姓吕，他姓董，又不是你亲爹。且董卓现是国贼，人人得而诛之，你难道还要继续认贼作父？再说了，他向你掷手戟的时候，有没有把你当过他儿子？”吕布一想，是这么回事，心一横，好吧！

董卓之死，在《三国演义》里面有更多的灵异事件显示：

“卓出坞上车，前遮后拥，望长安来。行不到三十里，所乘之车，忽折一轮，卓下车乘马。又行不到十里，那马咆哮嘶喊，掣断辔头。卓问肃曰：‘车折轮，马断辔，其兆若何？’肃曰：‘乃太师应绍汉禅，弃旧换新，将乘玉辇金鞍之兆也。’卓喜而信其言。次日，正行间，忽然狂风骤起，昏雾蔽天。卓问肃曰：‘此何祥也？’肃曰：‘主公登龙位，必有红光紫雾，以壮天威耳。’卓又喜而不疑。既至城

外，百官俱出迎接。只有李儒抱病在家，不能出迎。卓进至相府，吕布入贺。卓曰：‘吾登九五，汝当总督天下兵马。’

“是夜有十数小儿于郊外作歌，风吹歌声入帐。歌曰：‘千里草，何青青！十日卜，不得生！’歌声悲切。卓问李肃曰：‘童谣主何吉凶？’肃曰：‘亦只是言刘氏灭、董氏兴之意。’

“次日侵晨，董卓摆列仪从入朝，忽见一道人，青袍白巾，手执长竿，上缚布一丈，两头各书一‘口’字。卓问肃曰：‘此道人何意？’肃曰：‘乃心恙之人也。’呼将士驱去。

“卓进朝，群臣各具朝服，迎谒于道。李肃手执宝剑扶车而行。到北掖门，军兵尽挡在门外，独有御车二十余人同入。董卓遥见王允等各执宝剑立于殿门，惊问肃曰：‘持剑是何意？’肃不应，推车直入。王允大呼曰：‘反贼至此，武士何在？’两旁转出百余人，持戟挺槊刺之。卓衷甲不入，伤臂坠车，大呼曰：‘吾儿奉先何在？’吕布从车后厉声出曰：‘有诏讨贼！’一戟直刺咽喉，李肃早割头在手。吕布左手持戟，右手怀中取诏，大呼曰：‘奉诏讨贼臣董卓，其余不问！’将吏皆呼万岁。”

可惜，灵异事件再显，也救不了一意孤行的人。

《英雄记》记载：“卓既死，当时日月清净，微风不起。”真是诛灭老贼，还了天下一个清平世界、朗朗乾坤。

可以想见，董卓之死是多么大快人心的事，老百姓又是如何载歌载舞，打酒买肉，欢庆不歇。据说董卓死后，被暴尸东市，守尸吏把点燃的捻子插入董卓的肚脐眼中，点起天灯。结果这家伙膘肥体胖，“光明达曙，如是积日”。苏轼作诗：“衣中甲厚行何惧，坞里金多退足凭；毕竟英雄谁得似，脐脂自照不须灯。”

这个想事成做皇上，事不成做富家翁的人，一家子赫赫扬扬，如今因为他被夷为飞灰，不留一丝一脉。

两个字：活该。

第二节　袁绍：外宽内忌，做人大忌

【原文】

初，绍之南也，田丰说绍曰：“曹公善用兵，变化无方，众虽少，未可轻也，不如以久持之。将军据山河之固，拥四州之众，外结英雄，内修农战，然后简其精锐，分为奇兵，乘虚迭出，以扰河南，救右则击其左，救左则击其右，使敌疲于奔命，民不得安业；我未劳而彼已困，不及二年，可坐克也。今释庙胜之策，而决成败于一战，若不如志，悔无及也。”绍不从。丰恳谏，绍怒甚，以为沮众，械系之。绍军既败，或谓丰曰：“君必见重。”丰曰：“若军有利，吾必全，今军败，吾其死矣。”绍还，谓左右曰：“吾不用田丰言，果为所笑。”遂杀之。绍外宽雅，有局度，忧喜不形于色，而内多忌害，皆此类也。

【译文】

袁绍率大军南下之初，谋士田丰曾劝谏他说：“曹操善于用兵，变化多端。他的军队数量上虽比我们少，但我们也切不可大意，不如从长远打算与他对峙。凭将军您占据险要的山河地势，拥有四个州的土地和百姓，您可以对外结交天下贤士，对内大力发展农业生产，操练兵马，然后选出一些精锐部队，编组几支奇兵，在曹军不备的情况下轮流出击，骚扰河南地区。

“曹军救援右边则击其左翼，救援左翼则又攻其右边，如此连续不断，使曹军疲于奔命，百姓不得安宁，田野荒废，士卒厌战，我军不需大动干戈而敌军已疲惫不堪了。用不了两三年，曹操便会被拖垮了。可眼下将军您放着深思熟虑的长远大计不用，却要倾全力决战于一役，万一这一仗打不赢，您可是后悔莫及了。”

袁绍不听，田丰再三规劝，力谏不可轻率出兵。

袁绍大怒，以为田丰是有意散布失败情绪扰乱军心，于是下令给田丰戴上脚镣手铐囚禁起来。

等到袁绍大军溃败后，有人对田丰说：“你的预言果真变成现实，这下子大将军会更加看重你了吧！”

田丰叹气道：“如果袁公打了胜仗回来，我倒是能够活命；如今他大败而归，我是必死无疑了。”

果然袁绍回到邺城后对左右的人说：“当初我没有听从田丰的劝阻，眼下要被他耻笑了。”于是传令把田丰杀掉了。

袁绍外表宽容文雅，喜怒不形于色，颇有大将风度，而内心却多猜忌，嫉贤妒能，妄加陷害。

田丰之死正是最好的例证。

【评点】

袁绍（？—202），字本初，出身望族，其家族有“四世三公”之称，因为从曾祖父起，四代里面有五个人位居三公，他自己也居三公之上。很卓越，比《红楼梦》里的贾府还高贵。

袁绍刚开始当司隶校尉，初平元年（190）被推举为反董卓联合军盟主，不过不久联合军就瓦解了。此后群雄割据，袁绍也挖了一块大蛋糕，先占冀州，又夺青、并二州，再于建安四年（199）打败幽州军阀公孙瓒，势力到达高峰。

建安五年（200）官渡之战大败。

他败就败在不听田丰的建议。

建安五年春，袁绍自认兵强马壮，谁都不怵，决定跟曹操打仗。满朝文武都附和说是是是，对对对，应该应该应该，只有他手下的谋士田丰唱反调。他说明公啊，咱们虽然兵多，但是战斗力弱，曹军虽然人数少，但是战斗力强；而且曹操这个人非常善于用兵，换句话说，就是善于以少胜多。咱还是别打了，不如就跟他耗，一急着打，肯定要吃败仗的呀！

结果袁绍一看，嗬，大家都听我的，就你一个人在这儿胡扯，长敌人威风，灭自家志气，你等着，我非得打个大胜仗让你这小子瞧瞧！来呀，田丰动摇军心，给我打入大牢。

战局的结果却是田丰对了，袁绍错了。

最后的结局却是田丰被袁绍杀死了。

怎一个“冤”字了得！

这件事在《三国演义》里说得更详细：

“却说曹操乘袁绍之败，整顿军马，迤逦追袭。袁绍幅巾单衣，引八百余骑，奔至黎阳北岸，大将蒋义渠出寨迎接。绍以前事诉与义渠。义渠乃招谕离散之众，众闻绍在，又皆蚁聚。军势复振，议还冀州。军行之次，夜宿荒山。绍于帐中闻远远有哭声，遂私往听之。却是败军相聚，诉说丧兄失弟，弃伴亡亲之苦，各各捶胸大哭，皆曰：‘若听田丰之言，我等怎遭此祸！’绍大悔曰：‘吾不听田丰之言，兵败将亡；今回去，有何面目见之耶！’次日，上马正行间，逢纪引军来接。绍对逢纪曰：‘吾不听田丰之言，致有此败。吾今归去，羞见此人。’逢纪因谮曰：‘丰在狱中闻主公兵败，抚掌大笑曰：果不出吾之料！’袁绍大怒曰：‘竖儒怎敢笑我！我必杀之！’遂命使者赍宝剑先往冀州狱中杀田丰。

“却说田丰在狱中。一日，狱吏来见丰曰：‘与别驾贺喜！’丰曰：‘何喜可贺？’狱吏曰：‘袁将军大败而回，君必见重矣。’丰笑曰：‘吾今死矣！’狱吏问曰：‘人皆为君喜，君何言死也？’丰曰：‘袁将军外宽而内忌，不念忠诚。若胜而喜，犹能赦我；今战败则羞，吾不望生矣。’狱吏未信。忽使者赍剑至，传袁绍命，欲取田丰之首，狱吏方惊。丰曰：‘吾固知必死也。’狱吏皆流泪。丰曰：‘大丈夫生于天地间，不识其主而事之，是无智也！今日受死，夫何足惜！’乃自刎于狱中。后人有诗曰：‘昨朝沮授军中失，今日田丰狱内亡。河北栋梁皆折断，本初焉不丧家邦！’田丰既死，闻者皆为叹惜。”

这里面有两个细节：

一个袁绍听墙根：“绍于帐中闻远远有哭声，遂私往听之。”

这得是怎么样的一种行为呀！俗话说听人劝吃饱饭，他不听田丰之劝，如今落得大败亏输，损兵折将，生怕被人笑，所以偷偷听人家说什么。这不能说明这个人心计奸诈深沉，倒说明他心虚、不自信。越不自信的人越容易诿过于人，越心虚的人越喜欢掩饰。所以田丰必死。

一个是田丰笑：“狱吏曰：‘袁将军大败而回，君必见重矣。’丰笑曰：‘吾今死矣！’”

田丰是一个了不起的谋士，他把袁绍的人性看透了：“绍外宽雅，有局度，忧喜不形于色，而内多忌害。”也就是说，袁绍这个人表面上是宽和有雅量有气度，有风度，忧喜不形于色，实际上这都是做给外人看的；其实他这个人内心里面多疑多忌，对人不宽容。如果他胜了，高兴，也许会表演自己宽宏大量给人看，放了田丰；结果败了，恼羞成怒了，这个时候，田丰想，自己是真的活不成了。一个活得清楚明白，死得清楚明白的人。

像袁绍这样一个领军人物，怎么可能带得好兵，开疆拓土，建功立业呢？

他们要求的，就是属下要和自己保持一致。就像相声里说的：“说你是你就是，不是也是；说不是就不是，是也不是。”如果你不肯，好，你就叫没有政治眼光，就不能放在领导身边工作，就得外派，换句话说，下放。

那要是这人不但不肯听话，还逆言犯上，对已经拍板定案的事情提出异议呢？要是万一这人的异议还给证实了呢？这不就证明他比当领导的还高明吗？这样的人还能留着？杀！

这就是普通的当官者的思路。说到底，是袁绍出身太高贵了，当官当得太久了，这种为官的思维太僵化了，已经不知道怎么用人才叫对、怎么用人才叫错。

于是，田丰之死就成必然的了。谋士之精明，在于他们洞悉人性，田丰是了解袁绍的，知道自己必死的原因不是别的，而是因为自己比袁绍正确。

然后我们再来看曹操在遇到这种事情时的做法。曹操要去打乌丸——就是乌桓，北方的少数民族，大本营在现今的辽宁锦州。

官渡之战袁绍大败，他一病而死，他的三个儿子袁谭、袁熙、袁尚就接了他的班。曹操去打他们哥儿仨，把袁谭杀了，袁熙和袁尚就逃到了乌丸，要联合乌丸的力量对抗曹操。曹操的志向是要统一北方，那就必须消灭他们。但是仗很难打，路途遥远，所以许多人都反对。他不听，去打了，结果打胜了。

胜了之后，回来也没有冲这些人耀武扬威：你看，你们非说不能打不能打，现在怎么样？爷爷打胜了！而是重赏这些当初跟他唱反调的人，说哎呀这一仗打得太险了，我的取胜是侥幸，你们的意见才是真正的长久之计呀！

所以说，人比人得死，货比货得扔。一个人要想成就大业，就得容忍比自己更正确的人。

第三节　刘表：一个漂亮的绣花大草包

【原文】

太祖与袁绍方相持于官渡，绍遣人求助，表许之而不至，亦不佐太祖，欲保江汉间，观天下变。从事中郎韩嵩、别驾刘先说表曰：“豪杰并争，两雄相持，天下之重，在于将军。将军若欲有为，起乘其弊可也；若不然，固将择所从。将军拥十万之众，安坐而观望。夫见贤而不能助，请和而不得，此两怨必集于将军，将军不得中立矣。夫以曹公之明哲，天下贤俊皆归之，其势必举袁绍，然后称兵以向江汉，恐将军不能御也。故为将军计者，不若举州以附曹公，曹公必重德将军；长享福祚，垂之后嗣，此万全之策也。”表大将蒯越亦劝表，表狐疑，乃遣嵩诣太祖以观虚实。嵩还，深陈太祖威德，说表遣子入质。表疑嵩反为太祖说，大怒，欲杀嵩，考杀随嵩行者，知嵩无他意，乃止。表虽外貌儒雅，而心多疑忌，皆此类也。

【译文】

太祖曹操与北方的袁绍各率大军在官渡紧张对峙。

袁绍派人请刘表出兵帮助自己，从背后袭击曹操。

刘表答应下袁绍的请求，却不发兵马，同样他也不帮曹操，企图保存自己的实力，坐江汉之间而观天下之变。

从事中郎韩嵩和别驾刘先劝说刘表：

“如今天下豪杰竞起，曹操与袁绍两雄对峙。匡扶汉室、重振社稷的重任，很大程度上要由将军来承当。

“将军要是想成就一番事业，可乘眼下这两雄相争之际，找机会建功立业；如果不愿意这样，也应该在两雄中选择贤明者而依附之。

“以您拥有现在的十余万精兵强将，怎能在两雄相争中坐而观望呢？再说看到贤者力量较弱不肯相救，答应下别人的事又不去做，日后曹、袁两方的怨恨不是都要集中到您身上吗？

“曹操将军不愧是具有雄才大略之人，天下的有识之士多归附于他，他战胜袁绍大概是不成问题的。等他打败袁绍回过头来出兵江汉，恐怕将军您是无法抵挡的。

“因此我们为将军您考虑，您不如以整个荆州归附曹公，这样曹公必然感激您的诚意，以更大的仁德来报答您。

“您可以避开战火灾难，长期享受和平安宁的富贵生活，子孙世代也能把您的地位继承下去，我们觉得这对于将军您实在是个万全之策啊！”

刘表手下的大将蒯越也以这样的话劝告他。

刘表拿不定主意，便派韩嵩到太祖曹操那里观察虚实。

韩嵩返回荆州后，极力陈说曹操如何有威有德，非他人可比，反复动员刘表下决心归附，还劝说刘表把儿子刘琮送到许都去充当人质，以示诚意。

刘表反而怀疑韩嵩为曹操游说，大怒，要把韩嵩拉出去斩首。又令人严刑拷打韩嵩的随从人员，直到把人打死，也没得到韩嵩私通曹操的口供，这样韩嵩才总算保住了一条性命。

刘表虽然外貌儒雅谦和，其内心却狭隘多疑，横生猜忌，在许多事情的处理上都是这样。

【评点】

刘备是皇叔，刘表也是皇叔，但是刘备这个皇叔比刘表当得寒碜多了，他刚开始是依附刘表讨生活的。当然，后来反而刘备后来者居上，以一个穷光蛋的身价，坐拥天下三分之一。没办法，这不是“时也，运也，命也”的事，是人为原因。

因为刘表不是开疆拓土的人。

刘表，字景升，汉室宗亲。《三国志》说他“身长八尺余，姿貌甚伟”，可谓一表人才。诸葛亮身长才八尺，合现在的一米八四，刘表都身长“八尺余”，那至少也有一米八五开外，而且相貌漂亮，“少知名，号八俊”。裴松之在他的注里进一步对八俊做了一番说明:“张璠汉纪曰:表与同郡人张隐、薛郁、王访、宣靖、公褚（绪）恭、刘祇、田林为八交，或谓之八顾。汉末名士录云:表与汝南陈翔字仲麟、范滂字孟博、鲁国孔昱字世元、勃海苑康字仲真、山阳檀敷字文友、张俭字元节、南阳岑晊字公孝为八友。”也就是说这个八俊有两个版本，而无论哪个版本里面，都有刘表的大名。

刘表师承同郡经学名家王畅，受的是儒家文化的熏陶。有点像读死了书的人，恪守中庸之道，同时也满怀一腔热血，想着大丈夫当兼济天下。公元 184 年（灵帝光和七年、中平元年），黄巾起义爆发，刘表出仕，被辟为大将军何进掾（大将军的属官），任北军中侯。

公元 189 年，董卓入京，废汉少帝，立献帝，此后整个东汉的局面就是军阀割据混战。第二年，孙坚刺杀了荆州刺史王睿，朝廷便“诏书以表为荆州刺史”，于是他也成了一方霸主，割据军阀。

刘表单枪匹马到荆州上任，裴注有云:“表之初为荆州也，江南宗贼盛，袁术顿鲁阳，尽有南阳之众。吴人苏代领长沙太守，贝羽为华容长，各阻兵作乱。”形势不可谓不严峻。时年刘表四十八岁，单骑入宜城，说服了荆州大族蒯氏和蔡氏，取得他们的支持。

此后，从建安三年（198）起至建安十三年（208），刘表独占荆州的事业到达鼎盛时期。荆州彻底平定后，他没有招兵买马扩张实力，而是兴办学校。从这一点，就可以看出他的儒家出身的思想观念。守成、固土、办教育，而不是开疆、拓土、立功业。

当时北方连年战乱，民不聊生，他统治下的荆州相比之下，有一点像桃花源，众多文士荟萃，博学鸿儒闻风来归，荆州之学辉煌一时。

这也是好事。可惜了，这不是和平年代，不是奉儒家经典就可以安守一方的时代。刘表是不想兼并别人，可是不代表别人不想兼并他。曹操和刘备，可都对他虎视眈眈呢。

曹操的谋士郭嘉评论刘表是“坐谈客耳”，这话一点不假，谁让他受的就是这种正统的儒家教育呢？所谓“万般皆下品，惟有读书高”。

曹操可不认为只有读书高，曹操也读书，也作诗，诗作得极好，可是这个人却是极其务实；刘备手下的诸葛亮，那是才高八斗啊，《诫子书》写得多好，《出师表》写得多好，可是却照样肯把精力用在真正有用的地方。

刘表不一样。刘表就是想读书，想当个高谈阔论的儒生。所以曹操攻打吕布的时候，他不趁曹操后方空虚去打曹操；曹操跟袁绍作战的时候，他又不肯去救袁绍。那意思就是我不去惹你们，所以也请你们不要来惹我。

怎么可能！

如果周围是一群虎狼，他就是被包围在中间的一只漂亮的小白兔。

当然了，在那个时候，刘备还不算是一只狼，或者说，算是一只伪装成羊的狼。他在刘表的地盘上，是有战略眼光的，也想对刘表做点贡献，可惜刘表对刘备礼遇有加，却不肯用他。刘备提半天建议也不被采纳。

这么个人真不适合生活在乱世。就像贾诩说的："世三公才也；不见事变，多疑无决，无能为也。"

裴潜说他："刘牧非霸王之才，乃欲西伯自处，其败无日矣。"

说白了，就是他生不逢时。若是治世，是清流朝臣，若是乱世，就是一只漂亮的绣花大草包。

历史学家何兹全先生说如果曹操是"治世之能臣，乱世之奸雄"，那么刘表就是"治世之贤臣，乱世之庸人"。十分确切。

卷七《三国志·魏书七
吕布张邈臧洪传》

第一节　吕布:“三姓家奴”诞生记

【原文】

吕布字奉先，五原郡九原人也。以骁武给并州。刺史丁原为骑都尉，屯河内，以布为主簿，大见亲待。灵帝崩，原将兵诣洛阳。与何进谋诛诸黄门，拜执金吾。进败，董卓入京都，将为乱，欲杀原，并其兵众。卓以布见信于原，诱布令杀原。布斩原首诣卓，卓以布为骑都尉，甚爱信之，誓为父子。

布便弓马，膂力过人，号为飞将。稍迁至中郎将，封都亭侯。卓自以遇人无礼，恐人谋己，行止常以布自卫。然卓性刚而褊，忿不思难，尝小失意，拔手戟掷布。布拳捷避之，为卓顾谢，卓意亦解。由是阴怨卓。卓常使布守中阁，布与卓侍婢私通，恐事发觉，心不自安。

先是，司徒王允以布州里壮健，厚接纳之。后布诣允，陈卓几见杀状。时允与仆射士孙瑞密谋诛卓，是以告布使为内应。布曰:“奈如父子何！”允曰:“君自姓吕，本非骨肉。今忧死不暇，何谓父子？”布遂许之，手刃刺卓。

【译文】

吕布字奉先，五原郡九原人。

他以骁勇善战在并州任职。

刺史丁原兼任骑都尉之职后，驻守在河内，任命吕布为主簿，非常器重他。

汉灵帝死后，丁原率部前往洛阳，与何进密谋诛杀灵帝亲近的众位黄门官，丁原被任命为执金吾。

何进为宦官所杀，董卓乘机开进洛阳，想要挑起战乱，除掉丁原，进而吞并丁原部。

因为吕布是丁原的亲信，董卓便引诱他去杀丁原。

吕布背叛了丁原，砍下丁原的首级献给董卓，因此被董卓任命为骑都尉，非常宠幸他，发誓永远像父亲对待儿子那样对待吕布。

吕布擅长骑射，膂力过人，被称为“飞将”。

不多久又被提升为中郎将，封都亭侯。

董卓自知为人无礼，唯恐别人算计他，进出都让吕布跟随，以防不测。

但董卓生性刚烈又心胸狭窄，一时气愤便忘了自己的危险，曾经有一件小事，使他很不高兴，他随手拔出手戟投向吕布。

吕布敏捷地避开了，并就这件事向董卓道了歉，董卓的怒气也就消了。

由于此事，使吕布对董卓暗中产生了怨恨。

董卓常派吕布守卫他的内宫，吕布乘机与董卓的侍婢私通，但又时时害怕董卓发现，总感到惴惴不安。

在吕布未被丁原重用以前，司徒王允因为吕布是并州城里最强壮的人，对他以厚礼相待。

自从吕布怀恨董卓后，他去见了王允，述说了董卓差点杀他的经过。

王允此时正与仆射士孙瑞密谋除掉董卓，因此便让吕布做内应。

吕布有些犹豫，说：“我们亲如父子，怎么好下手呢？”王允说：“你姓吕，本来就不是父子关系，如今你保全自己的性命还来不及，还说什么亲如父子！”吕布于是同意了，并亲手杀了董卓。

【评点】

三姓家奴，第一姓：吕；第二姓：丁；第三姓：董。第一个是吕布的亲爹，第二个是他的干爹丁原，第三个是他的干爹董卓。

吕布（？—198），字奉先，汉末群雄之一，所谓“人中吕布，马中赤兔”。在《三国演义》里算得上“三国第一猛将”，刘备、关羽、张飞三个车轮战都拿他不下。且又有和貂蝉的风流韵事，流芳千古虽然算不上，但是在中国人的心中，知名度却是大大的。

吕布父亲早死，他就认了荆州刺史丁原为干爹。说实话，丁原待他不薄，他也确实在丁原和董卓冲突的时候，力保丁原不死。

《三国演义》第三回，董卓议帝废立，“座上一人推案直出，立于筵前，大呼：‘不可！不可！汝是何人，敢发大语？天子乃先帝嫡子，初无过失，何得妄议废立！汝欲为篡逆耶？’卓视之，乃荆州刺史丁原也。卓怒叱曰：‘顺我者生，逆我者死！’遂掣佩剑欲斩丁原。时李儒见丁原背后一人，生得器宇轩昂，威风凛凛，手执方天画戟，怒目而视。李儒急进曰：‘今日饮宴之处，不可谈国政；来日向都堂公论未迟。’众人皆劝丁原上马而去。”

若无吕布在，以董卓暴戾，丁原当日必死。

第二天丁原又率兵搦战，指名骂阵，挑战董卓，吕布站在丁原身后，好一个威风凛凛的将军：“顶束发金冠，披百花战袍，擐唐猊铠甲，系狮蛮宝带，纵马挺戟，随丁建阳出到阵前。”丁原骂完董卓，董卓还没来得及回嘴，吕布就纵马杀来，“董卓慌走，建阳率军掩杀。卓兵大败，退三十余里下寨，聚众商议。卓曰：‘吾观吕布非常人也。吾若得此人，何虑天下哉！’”

这个时候，手下一个叫李肃的，自告奋勇愿意劝降吕布，他对吕布下了八个字的评语：“勇而无谋，见利忘义。”勇而无谋已是大弊，战乱频仍的年代很容易丢命；见利忘义更是大害，若非如此，他也就不会留下一个“三姓家奴”的千古骂名。历来为人失节，都是见利而忘义也。

事实证明，吕布果然不愧这八个字的评语，李肃带着一匹赤兔马、一千两黄金、几十颗明珠、一条玉带，就说得吕布来归。走之前，捎上他的干爹丁原的脑袋当作给他的第二任干爹董卓的见面礼。

而事实证明，董卓也不是一个深谙事理与人性之徒，否则也不会日后死在吕布之手。这“勇而无谋”不用说，“见利忘义”岂是白说的？“勇而无谋”不过是在关键时刻要自己的命；“见利忘义”可是在关键时刻要别人命的！

李肃抓住了吕布的这个致命缺点，成功地离间了丁、吕二父子，所谓风水轮流转，又轮到司徒王允抓住吕布和董卓好色的致命缺点，离间董吕二父子了。事实证明，不但是“清酒红人面，财帛动人心”，更是“财帛红人面，美人动人心”。

大乔和二乔美，可是也跻身不到“中国四大美女”之列，甄妃同样美，可是也跻身不到“中国四大美女”之列，貂蝉可是堂堂的“中国四大美女”之一，这么一个人出马，吕布见了也直眼，董卓见了也流哈喇子。结果王允明着答应把貂蝉送到吕布府上，却悄悄送到董卓府里；然后吕布不干了，来问罪，王允说哎呀没办法，董老太师的势力大呀！我儿貂蝉对将军念念不忘，含着眼泪上的轿子。吕布已经是听得又疼又气，然后在面见董卓的时候，貂蝉在一边再悄悄飞两个含情脉脉的眼神，那吕布还能不朝思暮想？

吕布已经是个无义之徒，偏偏他和董卓之间又不是那么严丝合缝。有一回董卓发脾气，一把戟就掷了过去，要不是吕布闪得快，得穿个透心凉。虽然他当时不敢奓刺，但是心里要说不愤怒，那肯定是假的。

然后司徒王允再找到他如此这般说上一番，吕布的心又动了，董卓的死期也就来了。

后人对于丁原和董卓之死，在人才管理学上也做了一番探讨，颇有意思，说是除了吕布唯利是图的本性之外，这两个大老板都忽略了吕布内心的需求。

他们都当了吕布的伯乐，但是当伯乐却只是人才开发的第一步；第二步应该给千里马一个尽情驰骋的天地。吕布被丁原提拔之前，因为“骁勇有力在并州当差”，当的什么差不用说，肯定和武力相关，也肯定地位低下，不过警察一类。丁原赏识他，让他当干儿子，让他担任主簿，日常就跟在自己身边，干贴身保卫工作。按说，这个待遇已经不低了，算得上一步登天，他当然想着要报答丁原。所以才会在董卓威胁丁原的时候，他能够仅凭威风凛凛地站在那里就能威慑这个横棍。当两军对垒时，他能够杀得董卓这个豪强逃跑三十里。

可是，猎头李肃出马挖墙脚了，一气儿许给吕布许多丁原没有给他的东西。

比如给他封官，不让他当私人保镖，而是封他“骑都尉中郎将都亭侯”，正式的社会地位有了，行政级别有了，那感觉就不一样了。

吕布是武将，爱马，吕布又爱钱，平时丁原再怎么对他好，也不过就是行住坐卧常在一起，拿的薪俸想来不多。可是董卓呢，一见面就给他黄金一千两，又是明珠又是玉带，那赤兔马“日行千里，夜行八百”——大家还记得董卓年轻时怎么笼络羌人的吗？为了招待他们，家里的牛羊都杀光了，那就是一个挥金如土的主儿，这时候为要吕布投在自己门下，更是不惜血本。吕布一看眼就直了。你看，物质刺激又奏效了。

另外，李肃策反成功，吕布说了这么一句话：“欲从之，但恨无门。”就是说早就想跟随董卓啦，只是没有门路可以投奔。

这话说得奇怪，他又没有跟董卓打过交道。董卓可是年少成名的，随着张奂讨伐并州立下大功，就此发迹。吕布最初就是在并州当的差，现在我们说董卓人人唾骂，可是在当时，他可是响当当的红人，并州人未必不以他为荣，而在并州当过差的吕布未必不对他遥遥倾心。所以，这话就说得可以理解了。

这么一来，丁原给予吕布的好处就显得远远不够了，所以才会死在这个干儿子手里。

可是，董卓成功地收拢吕布，也只不过是迈开了第一步，同时也给自己埋下了悲剧的伏笔。因为这个人勇猛粗豪，自大狂傲，脾气上来不管不顾，拿杀人当儿戏。那次冲着吕布掷戟，吕布心里不恨他才怪呢。就像一个铁鸡蛋已经被董卓自己敲开个小缝，然后王允又让貂蝉拿大锤把这个大鸡蛋砸开，于是，一个超强组合就这么被一个美人计轻而易举地破坏了。

吕布因为和貂蝉私通，就觉得在董卓手下当差已经不安全了——敢给干爹戴绿帽子，找死！而董卓也不再像刚开始那样对他左一个“英雄”、右一个“英雄”地哄着，而是像对三孙子似的张口就骂、抬手就打（不是打，是掷戟，是杀）了，吕布就觉得在董卓手底下当差又不值了。

然后王允三劝两劝，就把吕布劝得反水了。

于是一个“三姓家奴”就华丽地诞生了。

说起来，吕布这个人，除了人们这些共识外，有一个人的评价也非常有意思。

事情起因是这样的：

“术欲结布为援，乃为子索布女，布许之。术遣使韩胤以僭号议告布，并求迎妇。沛相陈珪恐术、布成婚，则徐、扬合从，将为国难，于是往说布曰：‘曹公奉迎天子，辅赞国政，威灵命世，将征四海，将军宜与协同策谋，图太山之安。今与术结婚，受天下不义之名，必有累卵之危。’布亦怨术初不己受也，女已在涂，追还绝婚，械送韩胤，枭首许市。珪欲使子登诣太祖，布不肯遣。会使者至，拜布左将军。布大喜，即听登往，并令奉章谢恩。登见太祖，因陈布勇而无计，轻于去就，宜早图之。太祖曰：‘布，狼子野心，诚难久养，非卿莫能究其情也。’即增珪秩中二千石，拜登广陵太守。临别，太祖执登手曰：‘东方之事，便以相付。’令登阴合部众以为内应。

“始，布因登求徐州牧，登还，布怒，拔戟斫几曰：‘卿父劝吾协同曹公，绝婚公路；今吾所求无一获，而卿父子并显重，为卿所卖耳！卿为吾言，其说云何？’登不为动容，徐喻之曰：‘登见曹公言：“待将军譬如养虎，当饱其肉，不饱则将噬人。”公曰：“不如卿言也。譬如养鹰，饥则为用，饱则扬去。”其言如此。’布意乃解。”

意思是，吕布这人太勇猛了，袁术也想收服他，让他为自己所用，所以就替自己的儿子向吕布的女儿求婚——婚事成了，看你舍不舍得拉下脸来打我这个儿女亲家！

吕布也同意了。袁术就让韩胤为使节，向吕布正式转达他将更换年号、登基称帝的事情，同时也要接吕布的女儿去跟自己的儿子完婚。

沛相陈珪害怕他们成了亲家，徐州、扬州联为一体，会危害四方，就游说吕布：“曹公奉迎天子，辅佐朝政，征讨八方，威震四海，而将军您应与他合作，以取得天下安宁。如果您与袁术成了亲家，将会担上不义之人的罪名，那样形势就对您不利了。”

吕布就把已经跟随韩胤上路的女儿追了回来，这门亲事吹了不说，还把韩胤披枷戴锁，斩首示众。

这时候，曹操的使者来了，传天子令，任命吕布为左将军。

升官了！吕布大喜，让陈登启程，向天子谢恩。

陈登本来就是曹操的人，就对曹操说了吕布这人一堆坏话，比如有勇无谋啦，反复无常啦，总之，希望您早日除掉他。曹操就把陈登任命为广陵太守，把那一方的任务交给他，让他私下分化吕布的队伍，为自己做内应。

开始吕布其实是想让陈登替他求官的，他想当徐州刺史，结果陈登没给求回来，他就生气了，这不明摆着鸡飞蛋打嘛！哦，我回绝袁术的婚约，结果官也没当上，你爹也封了官，你也封了官，合着我被你们俩卖了！说！你在曹公面前替我说了些什么？

陈登不慌不忙，说出下面这番话："我见曹公时说：'对待将军您，要像对待猛虎，应当让他吃饱，如果不饱，他会吃人的。'结果曹公却说：'并不像你说的那样，而更像养鹰，饿时可以利用，而当他吃饱了，却会自顾飞去。'"

吕布的气居然平了。

因为他是勇士，勇士最喜欢别人夸他勇敢，说他是猛虎他也高兴，说他是饿鹰他也高兴，而曹公把他当成雄鹰看待，虽然官没有当上，但是虚荣心得到了极大的满足。

不过，从吕布一生的所作所为来说，丁原没有达到他的要求，丁原死了；董卓没有达到他的要求，董卓也死了。并不像雄鹰，饿着肚子才能够供人驱使；而是更像猛虎，不饱而食人。

第二节　吕布之死

【原文】

布虽骁猛，然无谋而多猜忌，不能制御其党，但信诸将。诸将各异意自疑，故每战多败。太祖堑围之三月，上下离心，其将侯成、宋宪、魏续缚陈宫，将其众降。布与其麾下登白门楼。兵围急，乃下降。遂生缚布，布曰："缚太急，小缓之。"太祖曰："缚虎不得不急也。"布请曰："明公所患不过于布，今已服矣，天下不足忧。明公将步，令布将骑，则天下不足定也。"太祖有疑色。刘备进曰："明公不见布之事丁建阳及董太师乎！”太祖颔之。布因指备曰：“是儿最叵信者。”于是缢杀布。

评曰：吕布有虓虎之勇，而无英奇之略，轻狡反覆，唯利是视。自古及今，未有若此不夷灭也。

【译文】

吕布虽骁勇刚猛，但少谋而心胸狭窄多猜忌，他不能控制部下，对手下诸将只是言听计从。而他的部将也是各怀心思、相互猜忌，所以每次战斗总以失败告终。

太祖在城下挖了壕沟，把吕布包围了三个月，吕布与手下貌合神离，将领侯成、宋宪、魏续捆着陈宫，领兵投降。吕布与他的麾下登上白门楼，眼见太祖层层围住自己，只得下城投降。

太祖生擒了吕布，在捆绑时，吕布说：“绑得太紧了，稍微松一点吧。”太祖说：“捆老虎，不得不捆紧一点。”吕布请求说：“明公所担心的不就是我吕布吗？如今我臣服了，天下就没有值得您忧虑的事了。明公您领步兵，就让我领骑兵，那天下就不难平定了。”

太祖犹豫不决。

刘备进言说：“明公难道没见吕布侍奉丁建阳及董太师时的情形吗？”

太祖点头表示明白他的意思。

吕布于是怒骂刘备：“你是最无信义的小人。”

太祖将吕布绞死了。

评价说：吕布像咆哮的猛虎一样英勇，却没有英伟雄奇的谋略，轻率狡猾，反复无常，只看重利益。从古到今，没有像这样却不被消灭的。

【评点】

为什么吕布要骂刘备不讲信义呢？因为他曾经给刘备做过好事，救过刘备一命。

袁术要打刘备，刘备向吕布求救：

“布于沛西南一里安屯，遣铃下请灵等，灵等亦请布共饮食。布谓灵等曰：‘玄德，布弟也。弟为诸君所困，故来救之。布性不喜合斗，但喜解斗耳。’布令门候于营门中举一只戟，布言：‘诸君观布射戟小支，一发中者诸君当解去，不中可留决斗。’布举弓射戟，正中小支。诸将皆惊，言‘将军天威也’！明日复欢会，然后各罢。”（《三国志》）

意思是吕布在离小沛西南一里的地方扎下营寨，派卫士去请袁术这边的纪灵等将领，一边喝酒作乐一边说："玄德，是我吕布的弟弟。如今他被诸位所围，我特意赶来救他。我吕布生性不爱看别人互相争斗，只喜欢替别人解除纷争。"

然后他让人在营门中竖起一支戟，说："诸位看我射戟上的小支，如一发射中，诸君当立即停止进攻，离开这里，如射不中，那你们就留下与刘备决一死战。"他引弓向戟射出一箭，正好中了小支。

诸将大为震惊，夸赞说："将军您真是有天神般的威力呀！"第二天，吕布又与诸将欢会宴饮，然后各自回兵。

刘备的危机遂解。

这件事在《三国演义》里面有更详细生动的叙述：

袁术怕吕布横插一杠子，事先派人贿赂吕布，送他东西——袁术也知道吕布这人爱财，可见此人喜利众所周知。于是送他军粮二十万斛，铠甲三百副，黄金、酒器、西蜀异锦。吕布高兴！重待使者，袁术放心了，来呀，起兵小沛，杀刘备！

刘备此时如同刚长一点小茸毛的小鸟，扛不起一把鸟枪轰，一下子慌了神，赶紧也向吕布求救。他的信写得相当谦卑，所谓大丈夫能伸能屈：

"伏蒙将军垂念，备于小沛容身，实荷云天之庇。今袁术兴兵，以取私仇，遣纪灵引兵到县，亡在旦夕，非将军莫能救也。乞兴一旅之师，以解倒悬之急，得蒙全生，幸莫大焉！"

吕布这时候自信心极度膨胀：看我多重要！两边谁也离不了我！陈宫劝他不要救刘备，怕救虎成患，吕布不听，说袁术如果吃了刘备，他也得返回头来吃我，所以一定要救。

所以才定了一计：辕门射戟。

所谓艺高人胆大，他若没有武功底气，绝不敢想出这么一招。

于是吕布招来袁术的代表纪灵，又招来刘备，共坐一席。他坐中间，拿出和事佬和老大哥的架势：

"'我劝你二家不要厮杀，尽在天命。'令小校将画戟插于辕门之下。布拈弓搭箭，顾纪灵、玄德曰：'辕门离中军帐约有一百三十步。吾箭射中画戟小枝，二家各自罢兵；如射不中，两家回寨厮杀。若不遵吾言者，并刀杀之。'……布卷起短袖，搭箭射去，正中画戟小枝。将士俱齐声喝彩。"

这水平，这气势，怪不得人们虽然不齿于这个三姓家奴的所作所为，却为他的风采倾倒。人又长得帅，武功又稳居第一，在被历史评价的时候就会占便宜，后人还专门写诗赞颂：

"昔日将军解斗时，全凭射戟释雄师。

辕门深处如开月，一点寒星中小枝。”

所以说，吕布是刘备的命中贵人。

而刘备却成了吕布命中的丧门星。

说起来吕布没有驭下手段，在《九州春秋》(《九州春秋》记述的是东汉末年军阀割据的乱世史事，作者司马彪为西晋宗室，博览群书）里也有记载。详文如下：

“初，布骑将侯成遣客牧马十五匹，客悉驱马去，向沛城，欲归刘备。成自将骑逐之，悉得马还。诸将合礼贺成，成酿五六斛酒，猎得十余头猪，未饮食，先持半猪五斗酒自入诣布前，跪言：‘间蒙将军恩，逐得所失马，诸将来相贺，自酿少酒，猎得猪，未敢饮食，先奉上微意。’布大怒曰：‘布禁酒，卿酿酒，诸将共饮食作兄弟，共谋杀布邪？’成大惧而去，弃所酿酒，还诸将礼。由是自疑，会太祖围下邳，成遂领众降。”

吕布的骑将侯成让人帮他养了十五匹马，结果这人把马赶着就跑，要投奔刘备。侯成赶紧带人去追，把马给追回来了。诸将凑份子向侯成庆贺，侯成酿了五六斛酒，又猎了十多头猪（估计是野猪吧），没敢自己先吃，而是拿着半头猪、五斗酒奉献给吕布，结果吕布却怒了，说好哇，我禁酒，你酿酒，你们一块又吃又喝称兄道弟，想一起谋杀我啊？侯成吓得要死，酒也不敢喝了，那些将领们凑的份子也都还回去。从今以后疑神疑鬼，生怕吕布对他生了嫌隙，以后会找个理由把自己治死。正巧赶上曹操兵围下邳，侯成一想，干脆，投降了吧！于是领众而降。

吕布之失人心到如此地步。

不过最后断送他的性命的却是刘备。本来曹操此人就是不拘一格用人才，只要你有本事，我才不管你是有品还是无品。吕布勇猛，曹操正用得着。结果刘备一句“明公不见布之事丁建阳及董太师乎”提醒了曹操。曹操心机深沉，绝对不允许在身边安插这么一个不稳定因素，不定什么时候反水要了自己的脑袋，干脆先下手为强。

吕布骂刘备不讲信义，却是他自己往日的举动和行为一步步把自己引向了坟墓。

不过刘备这人也厉害，淡淡一句话，利过锋刃。这个人一向被人视作待人宽厚，贤德备至，为什么此时却这么狠得下心肠？

说到底，“刘备，英雄也”（荀彧语）。他想的是称霸天下，当然不肯让曹操用吕布这么一头猛虎将来对付自己。

其实在《三国演义》里，刚开始吕布求刘备替他说好话，“公为坐上客，布为阶下囚，何不发一言而相宽乎”？刘备是点了头的。若非后来吕布游说曹操，说什么“明公所患，不过于布；布今已服矣。公为大将，布副之，天下不难定也”，说不定刘备真就能保下他一条命来。结果吕布识人不明，没有认识到刘备的宏图大志，也没有想到这话戳了刘备的心窝子，所以刘备这个一向自命仁义的人才会突然翻脸不认人。

到这个地步，既然吕布都要和曹操联合了，自己的大志将要受到极大的威胁，他哪里还顾得上当初的辕门射戟时？

不过，也有人说，刘备如果想灭曹，就得说服曹操留下吕布一条命，因为就等于在曹操身边安了一个不定时的炸弹，不定什么时候就枭了曹操的首级。问题是，就算刘备想救吕布，曹操也不是傻子，他手下的那些谋士们也不是傻子。

《英雄记》里说：

布缚急，谓刘备曰："玄德，卿为坐客，我为执虏，不能一言以相宽乎？"太祖笑曰："何不相语，而诉明使君乎？"意欲活之，命使宽缚。主簿王必趋进曰："布，勍虏也。其众近在外，不可宽也。"太祖曰："本欲相缓，主簿复不听，如之何？"

吕布觉得绑自己忒紧，就让刘备求情宽松一下，曹操就笑了："你怎么不直接求我啊？"真就命人松绳子，想放了他。这时候主簿王必赶紧上前，说："吕布已经被我们绑了，他的手下可是就在外面，虎视眈眈，不能放。"曹操说："我本来想给你放松绳子的，可是我的主簿不肯听我的话呀，怎么办？"

还能怎么办？曹操如果真想放了吕布，一个区区的主簿能有什么本事阻止？关键就是他不想放。

大家都想吕布死，结果，吕布是非死不可了。

在那样一个乱世，无谋无勇的人是庸人，有谋无勇的人是懦夫，有勇无谋的人是蠢材，三种人都难逃覆亡的命运，只有有勇有谋，才能有立足之地。

卷八 《三国志·魏书九　诸夏侯曹传》

第一节　独目苍狼夏侯惇

【原文】

夏侯惇字元让，沛国谯人，夏侯婴之后也。年十四，就师学，人有辱其师者，惇杀之，由是以烈气闻。……

太祖自徐州还，惇从征吕布，为流矢所中，伤左目。复领陈留、济阴太守，加建武将军，封高安乡侯。时大旱，蝗虫起，惇乃断太寿水作陂，身自负土，率将士劝种稻，民赖其利。转领河南尹。太祖平河北，为大将军后拒。邺破，迁伏波将军，领尹如故，使得以便宜从事，不拘科制。建安十二年，录惇前后功，增封邑千八百户，并前二千五百户。二十一年，从征孙权还，使惇都督二十六军，留居巢。赐伎乐名倡，令曰："魏绛以和戎之功，犹受金石之乐，况将军乎！"二十四年，太祖军于摩陂，召惇常与同载，特见亲重，出入卧内，诸将莫得比也。拜前将军，督诸军还寿春，徙屯召陵。文帝即王位，拜惇大将军，数月薨。

惇虽在军旅，亲迎师受业。性清俭，有余财辄以分施，不足资之于官，不治产业。谥曰忠侯。子充嗣。帝追思惇功，欲使子孙毕侯，分惇邑千户，赐惇七子二孙爵皆关内侯。惇弟廉及子楙素自封列侯。初，太祖以女妻楙，即清河公主也。楙历位侍中尚书、安西镇东将军，假节。

【译文】

夏侯惇字元让，沛国谯郡人，夏侯婴的后代。

十四岁时，跟着一位老师学习，有人侮辱了他的老师，夏侯惇将那人杀了，因此，他以刚烈而闻名于郡里。……

太祖从徐州回来，夏侯惇随太祖去征讨吕布，被流箭射伤左眼。

他又领任了陈留、济阴太守的职务，为建武将军，封高安乡侯。

当时大旱，蝗虫四起，夏侯惇截断太寿水做成一个池塘，他亲自担土，带领将士们一起向老百姓宣传种稻的好处，老百姓得以渡过了难关。

夏侯惇不久又被任命为河南尹。

太祖平定河北，夏侯惇担任后卫以阻挡后面的追敌。

攻下邺城后，升他为伏波将军，仍担任河南尹一职，允许他见机行事，不受各种等级的限制。

建安十二年（207），太祖将夏侯惇前后的功劳统计了一下，又给他增加封邑一千八百户，加上以前历次分封的，共计二千五百户。

二十一年（216），夏侯惇跟随太祖去征讨孙权，回来后，让他都督二十六路人马，留守居巢。又赐给他各种乐器和有名的倡优，说："魏绛联合西戎有功，尚能得到钟磬之类的乐器，何况将军你呢！"

二十四年（219），太祖在摩陂驻军，时常招呼夏侯惇与他同乘一辆车，夏侯惇也可以出入太祖的内室，太祖对他倍加器重，一般将领是代替不了的。又任命他为前将军，带领各路人马回到寿春，又转移到召陵驻扎。

文帝即位，任命夏侯惇为大将军，数月后去世。

夏侯惇虽南征北战，但却亲自迎接老师从业学习，品行清俭，有多余的财产则分施给众人，不以权谋私，家中也不置备产业。

死后谥为忠侯。

儿子夏侯充继其爵位。

文帝追念夏侯惇的功绩，想让他的子孙们都享受"侯"的待遇，分给夏侯惇家眷封邑一千户，赐给夏侯惇七子二孙关内侯的爵号。夏侯惇的弟弟廉及他的儿子楙也封了列侯。

早先，太祖将女儿嫁与夏侯楙，就是清河公主。夏侯楙历任侍中尚书、安西镇东将军，假以符节。

【评点】

夏侯惇是个独眼龙。

但不是电视上常演的用黑布斜斜蒙着一只眼，愚蠢豪横的那种，他算得上一个铁血英雄。

在《三国演义》中，夏侯惇一出场，就是一句铁血简介：

“乃夏侯婴之后；自小习枪棒；年十四从师学武，有人辱骂其师，惇杀之，逃于外方；闻知曹操起兵，与其族弟夏侯渊两个，各引壮士千人来会。”

不是辱他而杀人，而是有人辱骂他的老师，他把那人杀了，说明这人是十分尊师重道的。虽然杀人不提倡，但那是个乱世，你杀我我杀你简直成了家常便饭。不过这种脾气也着实烈了些，叫人消受不起——若非如此，也就没有他后来在曹操麾下一马当先、骁勇善战的戏码了。

还是《三国演义》，里面他首次出战，是和吕布交手，结果“夏侯惇抵敌吕布不住，飞马回阵”。这不丢人，吕布可是军神，武圣人关二爷和张飞、刘备三人车轮战都拿他不下，一个夏侯惇又怎么能够抵挡？

夏侯惇奋威扬名，是在援救刘备那次：

“夏侯惇引军前进，正与高顺军相遇，便挺枪出马搦战。高顺迎敌。两马相交，战有四五十合，高顺抵敌不住，败下阵来。惇纵马追赶，顺绕阵而走。惇不舍，亦绕阵追之。阵上曹性看见，暗地拈弓搭箭，觑得真切，一箭射去，正中夏侯惇左目。惇大叫一声，急用手拔箭，不想连眼珠拔出，乃大呼曰：‘父精母血，不可弃也！’遂纳于口内啖之，仍复挺枪纵马，直取曹性。性不及提防，早被一枪搠透面门，死于马下。两边军士见者，无不骇然。”

拔矢啖睛，几人能成！这一战让夏侯惇一下子名扬天下，从此好比一只独目苍狼，所过处让人股栗不止。

独眼龙也爱美，《魏略》说他瞎了一只眼，可是他又跟夏侯渊俩人一起当将军，叫起来不好区别啊，于是有人干脆给他起了个外号叫来叫去，曰“盲夏侯”。这他可不爱听，可是一照镜子吧，可不就是瞎子嘛，气得够呛，把镜子摔得粉碎。

此后在《三国演义》里面，他的出场次数就少了，就好比他的全部生命力都像一场巨大的烟花，盛放在他万军阵中拔矢啖睛的壮烈场面。

此后他的作用大多就是稳定后方，曹操放心地把后背交给了他。曹操死后，他成了魏国最高军事长官——大将军，几个月后死亡。没有马革裹尸，算是得了善终。子孙皆列侯，身后哀荣尽在不言中。

读者如果只读《三国演义》的话，恐怕对于夏侯惇的印象就是一傻瓜猛将，曹操阵营里的名将，随便一数，哪个都能盖过他的风头：张郃、乐进、于禁、徐晃、许褚、典韦，可是却忘了他位居大将军，是诸将之首。

而他的崇高地位和高洁人品在《三国志》里面却说得十分清楚：

起初愤而杀人，然后英勇负伤，带领百姓种稻，屡蒙赐封，特见亲重——试问有谁能和曹操同乘一车的？不光是这，有谁能够像他一样待遇，随便进曹操家的后院的？那得是多么亲近才能得到的待遇啊！

夏侯惇被曹操封为前将军，这里面还有一个故事，《魏书》曰："时诸将皆受魏官号，惇独汉官，乃上疏自陈不当不臣之礼。太祖曰：'吾闻太上师臣，其次友臣。夫臣者，贵德之人也，区区之魏，而臣足以屈君乎？'惇固请，乃拜为前将军。"

也就是说，刚开始的时候，他身边的那些将领都领受大魏官号了，可是他还是汉家的官职名称。他不肯，也要曹操给他封魏官。曹操说："我听说做臣子做到最高境界的，是像老师一样的臣子（估计诸葛亮对于阿斗来说，就是这种）；再然后是像朋友一样的臣子（就是在说夏侯惇）。你是尊贵有品德的人，你当我魏国的官，我这小池子里，容不下大蛟龙啊，咱们还是当朋友吧。"夏侯惇听到这话也不沾沾自喜，真就以师臣和友臣自居。一定要做大魏的官，实际上就是对曹操再次表明他的忠诚，这样曹操才封了他一个前将军。

这说明夏侯惇的人品确实非常之好。虽然他年轻的时候愤而杀人，但是后来在军营中听到有人背地叫他"盲夏侯"，他的反应是摔镜子，而不是骂人和杀人。

因为人品好，所以尊师重道，所以不以公谋私，所以不治私产，家无余财，所得赏赐尽分将士。一只眼睛虽然盲了，但是心地却磊磊落落、一片光明。

第二节 "一匹夫敌"夏侯渊

【原文】

夏侯渊字妙才，惇族弟也。

……

初，枹罕宋建因凉州乱，自号河首平汉王。太祖使渊帅诸将讨建。渊至，围枹罕，月余拔之，斩建及所置丞相已下。渊别遣张郃等平河关，渡河入小湟中，河西诸羌尽降，陇右平。太祖下令曰："宋建造为乱逆三十余年，渊一举灭之，虎步关右，所向无前。仲尼有言：'吾与尔不如也。'"二十一年，增封三百户，并前八百户。还击武都氐羌下辩，收氐谷十余万斛。太祖西征张鲁，渊等将凉州诸将侯王已下，与太祖会休亭。太祖每引见羌、胡，以渊畏之。会鲁降，汉中平，以渊行都护将军，督张郃、徐晃等平巴郡。太祖还邺，留渊守汉中，即拜渊征西将军。二十三年，刘备军阳平关，渊率诸将拒之，相守连年。二十四年正月，备夜烧围鹿角。渊使张郃护东围，自将轻兵护南围。备挑郃战，郃军不利。渊分所将兵半助郃，为备所袭，渊遂战死。谥曰愍侯。

初，渊虽数战胜，太祖常戒曰："为将当有怯弱时，不可但恃勇也。将当以勇为本，行之以智计；但知任勇，一匹夫敌耳。"

【译文】

夏侯渊字妙才，夏侯惇的族弟。

当初，枹罕的宋建因凉州动乱，自称为河首平汉王。太祖派夏侯渊带领一些将领前去征讨。

夏侯渊到后，围攻枹罕一个多月，力克城池，斩了宋建以及他任命的丞相以下的全部官员。夏侯渊又另派张郃等人去平定河关，他们的部队刚渡过黄河到达小湟中，河西各羌族部落都相继投降了，陇西得以平定。

太祖感慨地说："宋建制造动乱，违逆犯上三十余年，夏侯渊一举剪灭了他，并像猛虎般威武地纵横于关右，所向无敌。就像仲尼曾说的：'我不如你啊！'"

建安二十一年（216），太祖增加夏侯渊的封邑三百户，加上以前历次分封的，共计八百户。

夏侯渊又回师攻打武都的氐人和羌人，在下辩，得到氐人的稻谷十余万斛。

太祖西征张鲁，夏侯渊等人带领凉州已降的诸将、侯王，与太祖在休亭会面。

太祖每次接见羌人、胡人，都要提出夏侯渊的名号来威慑他们。

张鲁投降，汉中平定后，太祖又任命夏侯渊为都护将领，督领张郃、徐晃等人平定巴郡。

太祖回到邺县，留夏侯渊守汉中，又任命他为征西将军。

建安二十三年（218），刘备驻军阳平关，夏侯渊率诸将前去抵抗，两军相持数月。

建安二十四年（219）正月，刘备半夜偷袭夏侯渊的营房，夏侯渊派张郃守卫东面，自己带一支轻兵守卫南面。

刘备向东发动进攻，形势对张郃很不利。

夏侯渊分出一半兵力去援助张郃，被刘备中途截获，夏侯渊在这一战中战死。

谥号愍侯。

当初，夏侯渊虽屡战屡胜，但太祖还是经常告诫他说："为将也要有怯弱的时候，不能光靠自身的勇气。为将应以勇为本，又要有智有谋，光知一味地勇敢，只是一介匹夫罢了。"

【评点】

夏侯渊（？—219），字妙才，曹操部下名将，夏侯惇的族弟。所以龙兄虎弟，即此之谓也。

他的太太是曹操的老婆的妹妹，夏侯渊为人仗义，当初曹操在家乡犯案受牵连，是夏侯渊替他顶罪。曹操也知恩图报，没有跑得远远的，而是设法营救，夏侯渊才免祸。

有人说曹操原本就是姓夏侯，有人说不是，众说纷纭。但是无论怎样，夏侯渊、夏侯惇、曹操，三个人有很深的情分，这是真的。无论是同族兄弟，还是异姓金兰，这种关系都令人羡慕。

夏侯渊跟他族兄夏侯惇不同。相较而言，夏侯惇比较不擅长军事，对于后勤保障工作倒很拿手。所以曹操在迎汉献帝都许以后，就让夏侯惇当陈留和济阴的太守，他就在这里兴修水利，率军屯田，大旱炎炎，蝗虫蔽天，他都能率军民渡过难关。

夏侯渊是员猛将，屡建战功，甚至只提到名字就可以威慑羌人和胡人。只是有句话叫“瓦罐不离井口破，大将难免阵前亡”，只恃勇力而无谋略，换句话说，只当一个筋肉人，那就难免在战场上身死魂灭的结局。

建安二十三年，刘备进驻阳平关，夏侯渊与刘备两军相持不下，逾年之久。第二年春天，刘备南渡沔水，在定军山扎下大营，夏侯渊率军攻战，刘备命令黄忠居高临下，奋勇冲杀，曹军大败，夏侯渊亦被黄忠所杀。夏侯渊之死《三国志》里面叙述得很简略，《三国演义》里很详尽生动，虽然是小说家言，也足以助读：

“却说杜袭引军逃回，见夏侯渊，说黄忠夺了对山。渊大怒曰：‘黄忠占了对山，不容我不出战。’张郃谏曰：‘此乃法正之谋也。将军不可出战，只宜坚守。’渊曰：‘占了吾对山，观吾虚实，如何不出战？’郃苦谏不听。渊分军围住对山，大骂挑战。法正在山上举起白旗；任从夏侯渊百般辱骂，黄忠只不出战。午时以后，法正见曹兵倦怠，锐气已堕，多下马坐息，乃将红旗招展，鼓角齐鸣，喊声大震，黄忠一马当先，驰下山来，犹如天崩地塌之势。夏侯渊措手不及，被黄忠赶到麾盖之下，大喝一声，犹如雷吼。渊未及相迎，黄忠宝刀已落，连头带肩，砍为两段……操闻渊死，放声大哭……”

法正聪明，绝对懂得“一鼓作气，再而衰，三而竭”的道理。近来看电视剧《永不磨灭的番号》里面，李大本事跟红枪会的老大比试武艺的场面，让人喷饭。两人刚对上局，那老大筋肉盘曲，就要冲上前来灭他，结果他忽然扭动着捂起腰，说腰疼，搞得对方气泄；当他说好了，来吧，并且摆出架势，那老大再鼓一鼓气要冲上来，这回胳膊上的青筋已经不再暴出来了，不过面相仍旧很愤怒，结果他又捂着肚子说不舒服，搞得对方很没有脾气；第三个回合才真正交上手，对方已经没有那么大的杀气，再被他使损招搞倒在地。

这个道理法正懂得，夏侯渊不懂，所以他刚开始也杀气冲天，结果对方坚守不出，他也没脾气，正力气松懈之际，被老将黄忠打了个措手不及。

曹操曾经告诉他要智勇兼备，万不可恃勇逞强，做个“一匹夫敌”，结果他不肯听。若是只有老将黄忠，也许他不至于死，但是他遇上了智慧的法正，就果然丢了性命。

不过这个人心地纯善，早年不但替曹操挡灾替罪，饥荒之年，他为了养活死去的弟弟的孤女，放弃了自己的亲生儿子，这种精神和情操也很伟大，是一个很好的将领，做人也做到很高境界。

第三节　朗朗日月夏侯玄

【原文】

玄格量弘济，临斩东市，颜色不变，举动自若，时年四十六。

【译文】

夏侯玄心胸宽广，格调很高，在东市临刑时，面不改色，举止自如，和平常一样。

【评点】

夏侯玄（209—254），字太初，曹魏大臣、玄学家，夏侯渊的侄子夏侯尚之子，他是夏侯渊和夏侯惇两个族兄弟的孙辈。仪表出众，才华出众，和何晏等人开创魏晋玄学的先河，是早期的玄学领袖。

这个人长得好。

在那个讲究相貌风度的时代，长得好占便宜，风度好更占便宜，会被人没命地夸。当时人们就夸夏侯玄“朗朗如日月之入怀”，那意思是这个人光彩清洁，如日月在怀，倍儿有光彩。

在魏明帝时期，夏侯玄还被明帝曹叡给贬过官。原来是曹叡让他的皇后的弟弟跟夏侯玄坐在一起，结果夏侯玄不高兴。《魏志》曰：“玄为黄门侍郎，与毛曾并坐。玄甚耻之，曾说形于色。明帝恨之，左迁玄为羽林监。”

为什么呢？这俩人坐在一起，太不搭调了。被当时的人们称为“蒹葭倚玉树”，就是说，好像一根芦苇倚靠在玉树上，差别太大！

其实，曹叡长得也很漂亮，他的亲娘就是甄妃，那可是大大的美女。《魏志》就记载曹叡风姿挺拔，面目俊朗，一头长到垂地、柔顺丝滑的长发，不折不扣的美少年嘛！美少年对美少年，也许有“王不见王”的意思在里面罢，后人揣测，当不得真，可也未必全假。

西晋名相叫裴楷的，说夏侯玄“肃肃如入廊庙中，不修敬而人自敬”。就是说，别人看他，清肃严谨，如入廊庙，他并不刻意做派要让人尊敬，可是别人却不由自主地对他尊敬。

又说他“如入宗庙，琅琅但见礼乐器。见钟士季，如观武库，但睹矛戟。见傅兰硕，江廧靡所不有。见山巨源，如登山临下，幽然深远”。别人且不去说，夏侯玄这个人的胸襟高远可见一斑。

这人不但很帅，还很有才，胆子还贼大。一次他正靠着柱子写字，突然惊雷阵阵，咔嚓一声，他后面那根柱子就被雷劈成两半了。身边宾客侍从吓得要死，结果他跟没事一样，动都没动地方，继续挥笔疾书。(《世说新语》：夏侯太初尝倚柱作书，时大雨，霹雳破所倚柱，衣服焦然，神色无变，书亦如故。宾客左右，皆跌宕不得住。)

有人说他是装的。他是不是装出来的风度我不知道，不过历史上真有一个人挺可爱，装出来一份处变不惊的风度来：

东晋名相谢安跟人下围棋，一会儿谢玄从淮上给他写过信来，他看完了，默默无语，继续对局。客人就问他淮上战事如何了呀？他回答说：“小儿辈大破贼（孩子们打了个大胜仗）。”

谢玄是他的侄子，在淝水前线与前秦大军对敌。苻坚要一鼓作气统一北方，率领八十万大军直逼建康，投鞭断流，志在必得。东晋弱小，兵员区区八万，朝廷上下人心恐慌。这个时候前线捷报传来，怎不令人欣喜若狂！可是谢安居然能做到继续若无其事地下棋，“意色举止，不异于常”，够有风度的。

可是啊，他下着棋，手紧紧按着棋子，指甲都出血了，他都不知道疼；他进内室，跨门槛的时候都没注意脚底下，屐齿都磕断了，他自己竟然也没觉出来走路别扭。

可见，这份做派，有百分之八十是装的。

可是夏侯玄的做派应该是真的。因为面临惊雷而面色不变不叫本事，临刑东市，颜色照样不变，看谁敢再说他装！

夏侯玄系出名门，他也有份承袭祖业，黄初六年（225）承袭昌陵乡侯。明帝即位后，夏侯玄任散骑黄门侍郎，因司马懿作梗，被贬为羽林监。在正始年间，曹爽和司马懿共同受召辅政，夏侯玄是曹爽的姑表兄弟（他是曹爽的姑姑的儿子），他就作为曹爽的心腹干将，担任了中护军。

对于这个职位的职能，《魏略》是这样说的："护军总统诸将，任主武官选举。"一身兼任了中书、尚书、黄门令。夏侯玄不是只会写字的傻秀才，《世说新语》里面记载："玄世名知人，为中护军，拔用武官，参戟牙门，无非俊杰，多牧州典郡，立法垂教，于今皆为后式。"

就是说，他的选贤任能的法则，一直被后人沿用下来。《旧辞源》也称赞他"亲格局度，负一时之重望"。这个评价就很高很高了，说明这个人极其有才干。

不久，夏侯玄又开始带兵，任征西将军，掌管雍州、凉州的军事。文武兼备，堪称人才。

曹爽和司马懿争得你死我活，最后司马懿胜，曹爽、何晏等八大名族均被诛灭，夏侯一族是曹魏亲族旧党，唇亡齿寒，夏侯玄的命运也岌岌可危。

果然！

一个月后，司马懿就下令，把征西将军夏侯玄调回京城出任大鸿胪（三品，九卿之一），看似升官，其实却是被剥夺军权，回到京城就等于待宰羔羊。

夏侯霸的父亲是夏侯渊，也就是说，他是夏侯玄的族叔，也是他的帐下大将，政治嗅觉很灵敏，一看大事不好，马上逃跑。到了这个地步，他可不忌讳自己的爹给蜀军杀了，所以那个地方和他有不共戴天之仇，他死也不去！而是连在洛阳的老婆孩子都不要了，跑到蜀国去了。

临去之前，他对夏侯玄说要不你跟我一块跑吧，司马懿父子不会放过我们夏侯家，此时不跑，更待何时？可是夏侯玄不肯，说："我怎么能苟全性命，跑去敌国那边呢？"于是就听从命令，回到京城。（《魏氏春秋》曰：初，夏侯霸将奔蜀，呼玄欲与之俱。玄曰："吾岂苟存自客于寇虏乎？"遂还京师。）

回去之后，司马懿没有马上杀他，他还是当那个虚职的大鸿胪。

其实，"夏侯太初朗朗如日月之入怀"后面还有一句"李安国颓唐如玉山之将崩"，两句连起来，意思就是众人望见夏侯玄就好像朗朗日月扑入怀中，望见李安国就如同巍巍玉山将崩于前。

李丰，字安国，也是个了不起的人，和夏侯玄一样，都是魏晋时期著名的美男子。不过两个人长得各具风味。夏侯玄清明俊朗，如同日月；李丰高大挺拔，好比玉山。

两年后，司马懿死了。他的大儿子司马师执掌国政。李安国当时被司马师升任中书令，秘密联系他弟弟——时任兖州刺史的李翼、国丈张缉，还有夏侯玄，准备里应外合，拿下司马师，然后推举夏侯玄辅政。夏侯玄同意了，秘密却泄露了，他也锒铛入狱。

当时钟毓任廷尉，专司审理重大案件。所谓的审理，其实就是屈打成招，好给司马师一个冠冕堂皇的理由除去夏侯玄。夏侯玄也清楚这一点，所以钟毓要他交代罪行的时候，他说干脆，你自己就是做文书耍笔杆子的，你要我承认什么，就麻烦你自己替我写份供词吧。

钟毓还真就这么干了，连夜写了一篇“供词”，流着泪给夏侯玄过目，然后呈报上司，说夏侯玄“迫胁至尊，擅诛冢宰，大逆无道，请论如法”。

钟会是钟毓的弟弟，这个没出息的，想当初夏侯玄出身豪门，自己又那么丰神出色，钟会只有干看着仰慕的份儿，如今夏侯失势，沦为阶下之囚，他就想趁着这时候跟他表示亲昵。

《名士传》里说：“初，玄以钟毓志趣不同，不与之交。玄被收时，毓为廷尉，执玄手曰：‘太初何至于此？’玄正色曰：‘虽复刑余之人，不可得交。’”

就是说，钟会在夏侯玄被抓时，就拉人家的手，说：“太初啊，你怎么走到了这一地步了呀！”结果夏侯玄很反感，根本不买他的账（想当初他连皇上的账都不买），正色回绝：“虽然我是囚徒，也不会和你交往。”

这件事在《世说新语》里也有记载，大同小异：“夏侯玄既被桎梏，时钟毓为廷尉，钟会先不与玄相知，因便狎之。玄曰：‘虽复刑余之人，未敢闻命。’考掠初无一言，临刑东市，颜色不异。”就是无论怎么打呀刑求呀夏侯玄都不发一言。押到东市问斩，面色一同往常。

这是什么气节，这是什么气度，这是什么气势！

这就叫名士。

《后汉书》的作者、著名学者范晔就在自己下狱时写诗：“虽无嵇生琴，庶同夏侯色。”那意思就算我没有嵇康的琴，也要像夏侯一样，死的时候面不改色。

其实，明帝时期，夏侯玄、李丰、司马师还是很不错的朋友，一起谈琴论诗，只是时移世易，曹魏失势，司马掌权，这三个青年朋友的分歧越来越大。夏侯玄是曹魏亲族，自然在被排斥之列；李丰本来是被司马师目为亲信的，可是李丰却对这个曾经的好友十分失望，所以联合夏侯玄，想除掉他。密泄事败，夏侯玄和李丰被司马师族灭。说起来，真是乱世里又一出无奈的离合悲欢。

卷九 《三国志·魏书十
荀彧荀攸贾诩传》

第一节 荀彧：王佐之才，隐诛之命

【原文】

荀彧字文若，颍川颍阴人也。祖父淑，字季和，朗陵令。当汉顺、桓之间，知名当世。有子八人，号曰八龙。彧父绲，济南相。叔父爽，司空。彧年少时，南阳何颙异之，曰：“王佐才也。”

……自太祖之迎天子也，袁绍内怀不服。绍既并河朔，天下畏其强。太祖方东忧吕布，南拒张绣，而绣败太祖军于宛。绍益骄，与太祖书，其辞悖慢。太祖大怒，出入动静变于常，众皆谓以失利于张绣故也。钟繇以问彧，彧曰：“公之聪明，必不追咎往事，殆有他虑。”则见太祖问之，太祖乃以绍书示彧，曰：“今将讨不义，而力不敌，何如？”彧曰：“古之成败者，诚有其才，虽弱必强，苟非其人，虽强易弱，刘、项之存亡，足以观矣。今与公争天下者，唯袁绍尔。绍貌外宽而内忌，任人而疑其心，公明达不拘，唯才所宜，此度胜也。绍迟重少决，失在后机，公能断大事，应变无方，此谋胜也。绍御军宽缓，法令不立，士卒虽从，其实难用，公法令既明，赏罚必行，士卒虽寡，皆争致死，此武胜也。绍凭世资，从容饰智，以收名誉，故士之寡能好问者多归之，公以至仁待人，推诚心不为虚美，行己谨俭，而与有功者无所吝惜，故天下忠正效实之士咸愿为用，此德胜也。夫以四胜辅天子，扶义征伐，谁敢不从？绍之强其何能为！”太祖悦。

【译文】

荀彧字文若，颍川郡颍阴县人。

祖父荀淑，字季和，曾任朗陵县令。在汉顺帝、桓帝时，很有名望。

荀淑生有八子，号称“八龙”。

荀彧的父亲荀绲，曾任济南国相，叔父荀爽，曾任司空。

荀彧年少时，南阳人何颙十分欣赏他，说：“这是个可以辅佐帝王的良才！”

……

自从太祖迎奉天子之后，袁绍心中不服。

袁绍已经兼并了黄河以北各郡县，天下人都畏惧他的强大。

太祖正在忧虑东边的吕布，抗拒南边的张绣，而张绣在宛城打败了太祖军。

袁绍更加骄横，给太祖写信时，言辞无礼而傲慢。

太祖大怒，出入举止不同于常，众人都说是由于败于张绣的缘故。

钟繇就这事问荀彧，荀彧说：“曹公是聪明人，必定不会追究往事，可能是为其他事忧愁。”

于是见太祖而询问，太祖便将袁绍的信给荀彧看，说：“我现在想讨伐不义，可力量敌不过他，怎么办？”

荀彧说：“古来较量于成败场上的，如果真有才能，纵然弱小，也必将变得强盛；如果是庸人，纵然强大，也会变得弱小。刘邦、项羽的存亡，足以使人明白这个道理。

“现今与您争天下的人，只有袁绍了。

“袁绍这人貌似宽容而内心狭窄，任用人才却疑心太重，您明正通达，不拘小节，唯才是举，唯才是用，这在度量上胜过袁绍；袁绍遇事迟疑犹豫，少有决断，往往错过良机，您能决断大事，随机应变，不拘成规，这在谋略上胜过袁绍；袁绍军纪不严，法令不能确立，士兵虽多，却不能巧为任用，您法令严明，赏罚必行，士兵虽少，却都奋战效死，这在用兵上胜过袁绍；袁绍凭其名门贵族，装模作样，耍小技而博取名誉，所以士人中缺乏才能而喜好虚名者大多归附于他，您以仁爱之心待人，推诚相见，不求虚荣，行为谨严克己，而在奖励有功之人时无所吝惜，因此天下忠诚正直、讲求实效的士人都愿为您效劳，这在德行上胜过袁绍。

“凭借这四方面的优势辅佐天子，扶持正义，征伐叛逆，谁敢不从？袁绍强大有何用？”

太祖很高兴。

【评点】

说荀彧是魏国第一谋士，他当之无愧。

荀彧（163—212），字文若，豫州颍川郡颍阴人。他家基因好，尽出人才。他的父辈八人号称“八龙”，亲爹荀绲曾任济南相；叔叔荀爽有名，董卓召他，只用了九十五天，就一路从布衣封到了司空。

汉献帝永汉元年，荀彧二十七岁，被举孝廉，当了守宫令，就是看管御笔、御墨、御纸。

董卓乱政，宫廷一片混乱，老贼霸着后宫，淫行不断，小皇帝又不敢管，荀彧为免祸，求放外任，当了亢父县的一县之长，不久即弃官。回家开始游说父老乡亲，告诉他们咱的家乡颍川自古就是兵家必争之地，眼看战乱将起，赶快走还能保平安。可惜家乡人安土重迁，留恋不肯，他只好趁着冀州牧韩馥遣人来接自己的机会，举家迁至冀州，就是今河北一带。

他到了冀州，袁绍也从韩馥手里把冀州给夺归自己所有。荀彧一去即被待以“上宾”之礼，他的弟弟啊、同乡啊，都被袁绍封了官。

荀彧一边给袁绍效命，一边仔细观察袁绍，别人看到袁绍的地位崇高，身份高贵，他却看到了袁绍致命的局限性：“布衣之雄耳，能聚人而不能用”，不足以成大事。

荀彧二十九岁离开袁绍，投奔曹操。当时曹操任东郡太守、代理奋武将军，时年三十六岁，正是年富力强，雄心勃勃，同时又心地清明的黄金年龄。曹操一见荀彧就欣喜若狂，说他是“吾之子房”（即“我的张良”——张良是汉代极其有名的谋士，协助刘邦跟项羽争夺天下）。

从前荀彧好比明珠蒙尘，从此才算开始了真正大放光明的人生。可惜，一颗明珠，真不知道让他永远蒙尘下去好，还是大放光明之后落得一个玉碎的结局好。

他是第一个进入曹操阵营的名士，当时董卓造乱，上自皇帝，中至百官，下至百姓，无不战战兢兢，只有他十分清晰地预见到董卓的最后结局：“（董）卓暴虐已甚，必以乱终，无能为也。”

事实证明他是对的。而他的家乡乡民当初不听荀彧的话，如今果然遭到董卓部下的残杀。

谋士也分档次。

有的谋士是大智，像诸葛亮那样的谋士，所谋划的计策“隆中对”可以定江山。

有的谋士是中智，所谋划的计策可以定意义重大的战役的输赢。

有的谋士属于下智，所谋划的计策可以定一次战斗的输赢。

荀彧的级别就是诸葛亮一级的。

第一，他给曹操献计：“深根固本以制天下。”

兴平元年（194）十二月，徐州牧陶谦已死，曹操就想趁机夺徐军，再回军灭吕布。荀彧劝他：

“过去高祖保关中，光武据河内，皆深根固本以制天下，进足以胜敌，退足以坚守，故虽有困败而终济大业。”

意思是巩固兖州，先定天下之要地黄河、济水。如果贪一个徐州之地，舍吕布而东攻，战力必然分散。大本营这边兵留得多了，打徐州的兵力就少了，不够用；大本营这边兵留得少了，老百姓就得拿起武器，干起保卫城池的活，那生计就不得维持，连打柴、拾草都没有人手。如果吕布乘虚进攻，老百姓人心一散，兖州危矣。

再说了，陶谦杀了曹操的父亲之后，曹操全军戴孝讨伐陶谦，徐州境内，所过之处，鸡犬不留，平民冤杀无数，“泗水为之不流”，徐州军民人心已失，此时曹操去打，肯定拼死力敌，到时候吕布把兖州也占了，徐州也攻打不下来，不就无家可归了？

曹操采纳了荀彧的意见，按捺下打徐州的热血冲动，抓紧时间收麦割草、积存实力，然后打败吕布，从此兖州平定，成了曹操的发迹之地。

第二，建议曹操“奉主上以从民望”。

我们都熟知曹操的“挟天子以令诸侯”，却不知道这条计策是荀彧提出来的。

建安元年（196）七月，被董卓劫持到长安的汉献帝刘协在杨奉、韩暹等人的护卫下，从长安返回到京师洛阳。曹操就召人议论是否把汉献帝迎到许县。大多数人都说不可，因为杨奉、韩暹这些人一定会拼死反对的。

荀彧说怎么不行啊？曹公以前倡反董义兵，心在王室，忠心可鉴，大家都看着呢；再说了，当年晋文公接纳因乱流亡的周襄王，因此美名远扬；刘邦为被项羽杀害的义帝发丧，万众归心，曹公完全可以仿效前人故事：“诚因此时，奉主上以从民望，大顺也；秉至公以服雄杰，大略也；扶弘义以致英俊，大德也。”

而且，这事要干，就得快干，不然就晚了！“若不时定，四方生心，后虽虑之，无及。”

曹操听了他的话，就说许县有粮，天子可以心头不慌，以此为理由，到洛阳把天子迎到许县定都。曹操被献帝封为大将军。

曹操在“挟天子以令诸侯”这项战略性国策里面得利极丰，霸业就此乃成，此荀彧之功也。

不过，荀彧的“奉主上以从民望”也埋下了他自己被诛灭的祸根。因为他是要曹操奉迎主上来顺从民心；可是曹操想的却是要像毛玠所说过的“奉天子以令不臣”，就是要号令那些不肯听话的人，号令来干什么？当然是废汉自立了。所以说，忠诚汉室的荀彧最终要被推翻汉室的曹操给杀掉。

说起来汉献帝也真倒霉，老被人挟来挟去，一个面团捏的天子。挟持他的事，董卓也干过，李傕、郭汜、杨奉、韩暹都干过，可是都鼠目寸光，干得不到位，只知道欺负皇帝，不知道皇帝的利用价值。袁绍手下的沮授也对袁绍献过此计，劝他迎大驾安宫邺都，挟天子以令诸侯，可惜袁绍眼光短浅，见不到这么办的好处，不肯用。

结果荀彧一说，曹操马上就下定了决心，因为他见到了这一计策的实行对于自己的大业会有多么积极、多么重大的战略意义。

“是时许都新建，贤士大夫四方来集”，王朗、华歆、陈群等名士主动投奔。曹操就给他们大量派官——汉献帝封官还不是都听他的？

他一边给这些人封官许愿，一边以汉献帝的名义下诏书指责袁绍“地广兵多，而专自树党，不闻勤王之师，但擅相讨伐”。搞得袁绍顶不住压力，不得已“上书深自陈诉”。

后来袁绍后悔，派郭图去劝说汉献帝迁到鄄城，曹操才不肯呢！

毫不夸张地说，荀彧一计胜过十万雄兵。

荀彧在战略上为曹操长远发展定下了基调，在战役上又为曹操出了大力。

曹操的劲敌袁绍据四州，兵雄强，天下畏惧。曹操也怕，可是没办法。荀彧就拿刘邦和项羽的力量强弱对比来劝导他，剥开现象看本质，指出袁绍有四败，曹操有四胜：度胜、谋胜、武胜、德胜。“夫以四胜辅天子，扶义征伐，谁敢不从？（袁）绍之强其何能为！”曹操才又重新鼓起了信心。

建安四年（199）四月，曹操派曹仁和史焕等人北渡黄河，击斩依附袁绍的眭固，攻占了射犬，控制河内郡。北方两大集团正式反目。“三年，太祖既破张绣，东禽吕布，定徐州，遂与袁绍相拒。”

反目归反目，曹操心里不踏实。

袁绍的势力太强了。孔融也说想要打赢袁绍够呛，“殆难克乎”！

荀彧说不怕！“绍兵虽多而法不整。田丰刚而犯上，许攸贪而不治。审配专而无谋，逄纪果而自用，此二人留知后事，若攸家犯其法，必不能纵也，不纵，攸必为变。颜良、文丑，一夫之勇耳，可一战而禽也。”

意思就是说，袁绍虽然兵员众多，可是法令不整肃，田丰这个人性情刚愎而好犯上，许攸又贪婪而不检束，审配专权而无谋，逄纪果决而刚愎自用，这两个人料理后方，如果许攸家犯了法，一定不会放过，不宽纵，许攸必然叛变。至于颜良、文丑，不过匹夫之勇罢了，可以一战而擒！

事实证明，后来许攸家人犯法，审配逮捕其妻儿，许攸果然怒叛袁绍；颜良、文丑临阵被杀；田丰以谏见诛：一切皆如荀彧所料。（“审配以许攸家不法，收其妻子，攸怒叛绍；颜良、文丑临阵授首；田丰以谏见诛：皆如彧所策。”——《三国志》）

不过，虽然说是这么说，官渡之战曹操打得是相当艰苦的，没有想象中的马上就能够“鞭敲金镫响，齐唱凯歌还”。

曹操人少粮乏，军心不稳，袁绍兵精马壮，此时荀彧在后方，曹操就给他写信说想退军。荀彧说明公你要坚持！“先退者势屈也。公以十分居一之众，画地而守之，扼其喉而不得进，已半年矣。情见势竭，必将有变，此用奇之时，不可失也。”

他说得很对，曹操本来就已经军心不稳，此时一撤，袁绍一攻，那就是兵败如山倒，再也收拾不起来了。

曹操一想是这么回事，OK，咬死了牙关坚持！

就是在这个时候，军粮罄尽，许攸来投，献奇计，袭乌巢，官渡之战终于以曹操的胜利而告终。

身在前线而能谋划不叫本事，身在后方而能够对于战局变化和未来走势一目了然，一言即中，这就叫先见之明。所谓运筹帷幄之中，决胜千里之外，荀彧没有辱没曹操对他的评语“吾之子房也”。

此后荀彧建议曹操宜将剩勇追穷寇，不要给袁绍死灰复燃的机会，痛打落水狗，曹操听了他的话，一举歼灭所剩无几的袁绍军队主力，袁绍不久呕血而亡。

建安八年（203），曹操向汉献帝表荀彧之功，封为“万岁亭侯”。荀彧说什么也不肯，说哎呀我又没有真正地在外打仗，不能接受这个封赏。曹操写信劝他，他才勉强同意。曹操还想授给荀彧“三公”之位，荀彧这回可是说什么也不肯了，曹操没办法才罢了。

至此，荀彧的生命走到了辉煌的最高点。

荀彧没有异能，做不到未卜先知，不过是洞悉人性，善推断罢了。不知道他是不是能够推断出他最后的结局。

建安十七年（212），谯县。

荀彧接到一只大汉丞相曹操派人送来的食篮，打开一看，空的。他愣了一下，马上就明白了：曹操让他以后不要吃饭了。

当天不久，曹操即接到使者带回来的消息：荀彧自杀身亡。

为什么？

曹操跟袁绍官渡之战，大获全胜，威望水涨船高。有人拍他马屁，说他应该恢复古代的九州，冀州地盘大，天下人都得服从。曹操自己就身领冀州牧，觉得有道理啊！好，就这么办。荀彧说明公咱先稳稳，先稳稳，这样一来，忧患日重，不如先把这个想法搁下，平定河北二袁再说啊！

曹操虽然把这个想法暂时放弃了，却是十分不甘心——他的野心正像气球一样越吹越大，有人给他浇凉水，开阀门放气，他当然不爽。反正这个目标我迟早都要达到就是了！果然，荀彧死后第二年，他就把十四州合并为九州，改州制，作为以后自己当天下的老大的本钱，就像清人赵翼说的："操自为张本，欲尽以为将来王畿之地故也。"

建安十七年春天，曹操享受到了萧何的待遇，"赞拜不名，入朝不趋，剑履上殿"。别的官见皇上要拜，他不用拜；别的官见皇帝要一溜儿小跑，他可以大大方方迈四方步；别的官见皇帝赤手空拳，他可以全副武装。

就这，他手底下的谋士还嫌不够，建议他恢复古代的五等建封，曹操假意推辞，董昭又给荀彧去密信，示意让他带头，建议曹操加九锡。满以为荀彧一定会听（为什么不听呢？他的大儿子荀恽可是娶了曹操的女儿安阳公主的，这两人是儿女亲家啊，按照党同伐异的理论，这不是秃子头上的虱子，明摆着的事吗？），没想到，荀彧不但不赞同董昭的建议曹操加九锡的做法，甚至认为曹操"本兴义兵以匡朝宁国，秉忠贞之诚，守退让之实；君子爱人以德，不宜如此"。意思就是曹公啊，您本来是兴义兵讨逆贼的，现在朝清国宁，您是一个君子，应当功成身退。

这下子曹操可气坏了。他当初兴兵打的是"忠"和"义"的旗号，可没真想着功成身退，真的"忠义"！

曹操"由是心不能平"，对荀彧怀恨在心。

荀彧当初建议曹操迎汉献帝到许都，是为的"奉主上以从民望"，本质上是忠汉；曹操迎汉献帝到许都，是为了"挟天子以令诸侯"，本质上是想篡汉。当初曹操野心也许没那么大，可是后来野心越来越大了，而荀彧忠汉的本色又不肯改，于是荀彧非死不可。

在权术和野心面前，战友情分和亲戚情分一文不值。

而曹操这种"馈（荀）彧食，发之乃空器也"的"隐诛"做法，也只有对绝顶聪明又绝顶清洁的荀彧才有效。若是稍微笨一点，也许就会把这空饭盒装上饭自己吃；若是稍微怕死贪生一点，也许就会转变作风，阿附曹操，于是，自然也就不必死了——因为曹操根本没有明令他死嘛！

所以，我们也可以理解为，荀彧自己选择了自己的结局。

从建安元年（196）到建安十七年（212），荀彧一直担任汉朝皇室的官尚书令，长达十六年，汉献帝知道荀彧死后，在“祖日”（祭祖之日，一说为死者设祭奠之日）停止宴乐，以示哀悼。

司马光《资治通鉴》认为荀彧是比管仲更伟大的“仁人”：

“荀彧佐魏武而兴之，举贤用能，训卒厉兵，决机发策，征伐四克，遂能以弱为强，化乱为治，十分天下而有其八，其功岂在管仲之后乎！管仲不死子纠而荀彧死汉室，其仁复居管仲之先矣！”

宋人有诗赞曰：

“曹公初见奇，直以子房许。制胜算无遗，毙袁而诛吕。
意见稍有乖，几欲置鼎俎。朝端存正论，九锡胡不取。
本安固难依，奸雄恶可辅。初年歼击宜，继又族文举。
嗜杀其如斯，大夫可以去。见几奚不早，一死昧所处。
既不为夷齐，又不为伊吕。徒抱忠贞心，遗憾亘千古。”

第二节　荀攸：外愚内智的大才

【原文】

攸深密有智防，自从太祖征伐，常谋谟帷幄，时人及子弟莫知其所言。太祖每称曰：“公达外愚内智，外怯内勇，外弱内强，不伐善，无施劳，智可及，愚不可及，虽颜子、甯武不能过也。”文帝在东宫，太祖谓曰：“荀公达，人之师表也，汝当尽礼敬之。”攸曾病，世子问病，独拜床下，其见尊异如此。攸与钟繇善，繇言：“我每有所行，反覆思惟，自谓无以易；以咨公达，辄复过人意。”公达前后凡画奇策十二，唯繇知之。繇撰集未就，会薨，故世不得尽闻也。攸从征孙权，道薨。太祖言则流涕。

【译文】

荀攸多谋深算，心思缜密，明智而能保守机密，自从随太祖四处征战，常常运筹帷幄，当时很少有人知道他说了些什么。

太祖每每称赞他说：“公达外愚内智，外怯内勇，外弱内强；不炫耀自己的长处，不夸大自己的功劳；他的内智别人可以达到，他的外愚别人却达不到，即使是颜子、甯武也赶不上他。”

文帝在东宫做太子时，太祖对他说：“荀公达，是人之表率，你应尽到礼节尊敬他。”

荀攸曾经生病，太子前去慰问，独自在床下礼拜，他受到特别尊敬就是这样。

荀攸与钟繇友善，钟繇说：“我每次有所行动，都反复思考，自以为没有什么要变动的了；但拿去一问公达，他的答复总是超出我的意料。”

公达前后共筹划奇策十二条，只有钟繇知道。钟繇把它们撰编成册，未完成，就去世了，所以世间不全知它们的内容。

荀攸在随从太祖征讨孙权时，中途去世。

太祖说起他来就流泪。

【评点】

荀彧了不起，他的侄子荀攸也了不起。曹操的首席军师，杰出战术家，被称为曹操的“谋主”。

他叔侄俩的祖先就是战国时期赫赫有名的儒家代表人物荀子，祖辈族人荀淑是东汉名士。荀淑的八个儿子当时号称“八龙”；荀淑的孙辈中又出了荀彧等人；荀攸的祖父荀昙则是荀淑的侄子，官居广陵太守；荀昙的哥哥叫荀昱，和李膺、王畅、杜密等人号为“八俊”。哥儿俩德才兼备，均为汉末名士。

出生在这样的儒学世家，荀攸一点也没有糟蹋了他的智商，自幼聪明异常。他的父亲早死，他是由爷爷荀昙和叔叔荀衢抚养大的。不过这位叔叔够粗心，在荀攸七八岁的时候，不知道怎么喝醉了酒，伤了小孩的耳朵。荀攸居然没有哭着向爷爷告状，而是想方设法替叔叔遮掩。来回奔跑跳跃地玩耍的时候，为防叔叔看见自愧，就用手遮住受伤的小耳朵，既可爱又可怜。

到他十三岁，爷爷亡故，爷爷手下的一个叫张权的主动要求要为他守墓。别人都不觉得有何异常，荀攸却看出这个人面色不稳，怕是别有用心，就跟他叔叔讲。荀衢调查发现果然这里面有猫儿腻，这个人是在逃罪犯，想借守墓之名隐藏自己的行踪。（“荀攸字公达，彧从子也。祖父昙，广陵太守。攸少孤。及昙卒，故吏张权求守昙墓。攸年十三，疑之，谓叔父衢曰：‘此吏有非常之色，殆将有奸！’衢寤，乃推问，果杀人亡命。由是异之。”——《三国志·魏书》）

自此荀攸声名鹊起。

到他长大，被举为孝廉，从此迈入仕途，三十岁不到即已成为“海内名士”。

汉灵帝时期，朝政混乱，大将军何进掌权，和十常侍之间斗法斗得很凶。何进本来就是杀猪卖肉出身，征召了国内一群名士，想让他们协助自己对付宦官，荀攸也在其列，还被封为黄门侍郎。可惜何进这人没有远见，居然想召董卓进京诛宦官，曹操和陈琳等人强烈反对无效，后面的事情就是人所共知的了。何进被杀，董卓掌权，恣睢暴虐，民不聊生。

荀攸一介书生，没有只顾清谈，而是和郑泰、何颙、种辑、伍琼等人密谋刺杀董卓，为国除害。可惜最后功败垂成。伍琼被杀，荀攸、何颙等人入狱。

何颙惶惶不可终日，最后实在扛不住巨大的心理压力，自杀了事；荀攸谈笑自若，把生死置之度外。

后来董卓被诛，荀攸获释，弃官回乡。

此后他又被公府征召，没有赴任，自请担任蜀郡太守，虽然获准，却路途险阻，只好滞留荆州。

他是被叔叔荀彧推荐给曹操的，曹操征召他为汝南太守。荀攸赶赴许昌，面见曹操，曹操对荀彧和钟繇说："荀攸这个人真是不同凡响，我能得到这样的贤士，天下就没有什么事值得担忧的了。"

从此，荀攸正式加入了曹魏阵营。

曹操谋士众多，地位各有不同。荀彧的地位绝对是万山拱伏我做峰，荀攸仅次于他叔叔一等。据统计，他共为曹操献计十二次，次次都能使曹军出奇制胜，绝处逢生。

当然，刚开始曹操对他还是持保留意见的，他说的话曹操未必肯听。

建安三年（198），曹操征讨张绣。荀攸建议打持久战，缓兵以待其变：

"张绣与刘表联合，互为犄角之势，但是张绣人马靠刘表供给，时间一久，刘表力不能支，必然与张绣分裂。不如缓兵以待其变；如果急切进攻，刘表必拼死相救，我军不易取胜。那时就会进退维谷。"

曹操不听，急着出兵，刘表果然发兵救张绣，曹军失利，曹操几乎死在那里。

后来，曹操就学乖了，对荀攸言听计从。

建安五年（200），著名的官渡之战大幕拉开。

袁绍派大将颜良围攻白马，曹操亲自率军解救白马之围。荀攸分析当前形势，主张不能硬扛，要声东击西。袁绍兵多，设法分散他的兵力，好比把一只铁拳分散成一根根手指。他劝曹操引兵先到延津，伪装渡河，攻打袁绍后方，袁绍必然分出一部分兵力应战；然后自己这边再派轻骑袭击进攻白马的袁军，攻其不备。

曹操依计而行，袁绍果然分开兵力；轻骑迅捷，包围白马的颜良来不及防备，被关羽杀死。白马之围遂解。

曹操率六百骑兵，押送粮草辎重沿河西退。结果没走多远（带着辎重，走不快啊），袁绍五六千追兵就赶了过来。敌众我寡，诸将害怕，都劝曹操退吧，退守到咱的大营去。

荀攸急了，说："这正是歼敌的好时机，为什么要退？" 曹操看着荀攸，笑了。

为什么笑？

且看曹操怎么干的：全体听令！解鞍、放马、抛弃辎重，诱敌深入！

袁军越逼越近，一看曹军马鞍子都给扔了，马也四散乱跑，粮草辎重东一块西一堆，乐得够呛：真好！不用打，吓也把他们吓跑了！于是忙着你争我夺地抢东西。

就在这时，曹操命令：上马！给我杀！六百人如下山猛虎，气势如虹（没办法，给逼的，杀不死敌人，就要被敌人杀死了），袁军慌了神，被杀的被杀，没被杀的撒丫子跑得飞快。袁绍麾下大将文丑也死于此战。于是曹操和袁绍在官渡形成角抵相拒之势。

这件事在《三国志》里也有简约生动的叙述：

"太祖拔白马还，遣辎重循河而西。袁绍渡河追，卒与太祖遇。诸将皆恐，说太祖还保营，攸曰：'此所以禽敌，奈何去之！' 太祖目攸而笑。遂以辎重饵贼，贼竞奔之，陈乱。乃纵步骑击，大破之，斩其骑将文丑，太祖遂与绍相拒于官渡。"

此后，两军相拒，袁绍乌巢粮草被烧，后勤保障没有了，军心大乱。荀攸再次献计，仍旧是四个字：分而治之。他跟曹操说：

"咱们现在要乘胜追击，可以传假情报，就说我军将调拨人马，一路攻邺郡，一路攻黎阳，断袁兵归路。袁绍性格多疑，听说这个传闻，一定会信以为真，怕咱们真这么干，所以分散他的兵力，分别阻击咱们。这时候咱们就趁着他调兵拔寨的乱劲，来个急攻。袁军本来已经人心散了，队伍不好带，这下子肯定能成。"

曹操一听，有理，马上按荀攸的计策出动三路人马，四处扬言，散发假消息。

袁绍这个傻子居然真就信了，仗着兵多，派兵十万分别援救邺郡和黎阳，连夜急行军，走了。大营空虚，曹操大队兵马发一声喊，如潮水般涌来。

袁军四处逃散，袁绍连盔甲都来不及披，带着幼子袁尚逃奔，一路上这个逃啊！金银财宝扔了，图书车辆扔了，最后数十万军队只剩下骑兵八百多人逃往黎阳。曹操大获全胜。荀攸之计也。

到曹操打吕布，吕布被曹军和刘备的各路军队围攻，固守下邳，就是不出来。曹操军队人困马乏，思量退兵，荀攸坚决反对：

"吕布有勇无谋，如今他屡战屡败，早挫了锐气。一军之帅都没了斗志，整个军队怎么会有斗志？陈宫是他的谋士，虽然有智谋，但是脑子转得慢，就算想法子，也且得等一阵子。咱现在来个猛攻，吕布必破。"

曹操依言，引水灌城，吕布部将投降，吕布被捉处死。此一战曹操记了荀攸全功，说他“即使是颜子、甯武这样的古代大圣贤，也无非如此”！

袁绍兵败身死，身后的两个儿子袁谭、袁尚不成器，窝里斗。袁谭为了打败弟弟，请降曹操，要曹操帮助自己。其时（公元202年，建安七年）曹操正征伐刘表。别人都说应当先灭刘表，至于袁谭和袁尚，小Case，不着急。

荀攸不同意：

“谁说刘表是大敌的？这家伙坐镇保守江汉一带，根本就是个守家翁，不是打天下的人，也没有君临天下之志。袁氏地盘大，很厉害，袁绍当初留下的基业如果让袁氏两兄弟好好守着，那咱们还将有的是仗打。现在两兄弟闹掰了，这时候不打什么时候打？现在打了他们，天下就平定了，所以不能坐失良机。”

曹操一听，是这么回事！

其结果都在荀攸料定之内。曹操帮助袁谭灭了袁尚；袁谭反叛曹操，曹操再回兵攻打袁谭，各个击破，袁氏无人矣。

所以说荀攸了不起。他能够力排众议，眼光犀利，预见战局的走向和结局。

而且他更了不起的一点是：装傻。就像曹操说的：“公达外愚内智，外怯内勇，外弱内强，不伐善，无施劳，智可及，愚不可及，虽颜子、甯武不能过也。”

无论跟着谁，无论做什么，无论处在什么样的时代，只要有人的地方，就有左中右，就有光明和黑暗，就有算计与反算计。他身处政治旋涡的中心，上上下下，左左右右，今朝为友，明晨就可能为敌。这样残酷的人事倾轧中，他能够始终地位稳定，立于不败之地，就是因为他不精明外露，不露才遭嫉。装傻装到一定境界，实非常人所能及。

而且他侍奉的不是别人，而是曹操。这个人爱才，大家知道，荀攸也知道；可是这个人铁腕无情，大家知道，荀攸也知道。自己的叔叔是怎么死的，难道荀攸不清楚吗？

在这种情况下，他的超人的智谋不但用于御外，而且用于自保。果然是一个“深密有智防”的奇才。

曹操封魏公的建议是由谋士董昭提出来的，无论是董昭自己想这么提，还是曹操的授意，反正这个建议深合他意。但是曹操要假模假式地谦让，上表推辞，说不敢当，荀攸他们就写信说敢当敢当，绝对敢当。如是再三，曹操就当上魏公了。

当然，荀攸的命也就保住了。

不但命保住了，而且深得曹操信任，把自己的世子曹丕托付给他，并且告诉曹丕：“荀公达，人之师表也，汝当尽礼敬之。”曹丕谨遵父命，荀攸生病，曹丕恭恭敬敬拜在床下问候。

一篇文章对曹魏众名谋臣做了深入分析，写得十分有道理，兹引录之：

“曹魏众名谋臣各有个性，荀彧忠于信仰，不苟为魏臣，忧愤而亡；贾诩深密自保，认清局势，高官终老；程昱、郭嘉性格鲜明耿直，我行我素，但亦深为曹操器重；荀攸不注重表面乖张，心里却要求自己严格行事，经常与曹操密谋，外人很少知道详尽内容，曹操谓之晏平仲善，与之交往时间越长，越发值得敬重。”

确实如此。

在这么多谋臣里面，荀攸和荀彧、钟繇是三个颍川同乡，曹魏开国三大股肱。荀彧为汉尚书令，镇守许都十七年，极尽萧何之能；钟繇任司隶校尉也长达十余年，督关中古二都，确保曹操身后平安，后又为大理、相国；荀攸则跟在曹操大军前线，当军师十八年，除了参与军事谋议，还负责军中典选、刑狱及监军的任务，他的功用和能力也许比不上他的叔叔，但肯定高于钟繇等人。

曹操评价二荀：“荀令君之进善，不进不休，荀军师之去恶，不去不止。”令君即荀彧，军师则当然是指荀攸。意思就是荀彧向曹操进善言也好，荐好的人才也好，非得让你听到耳朵里去，按他说的去办，否则他就一直叨叨你；荀攸无论是去除曹操身上的恶习，还是除去阵营里边的恶人，也非得让你听到耳朵里去，按他说的去办，不然他也一直叨叨你……

荀攸后来也当了尚书令，曹操又说：“二荀令之论人，久而益信，吾没世不忘。”就是说，荀彧和荀攸这二荀论人之长短，时间越长，越能显出它的正确性，这说明他们都极其有远见。

建安十九年秋七月，荀攸在尚书令位置上善终，时年五十八岁。

有人说荀攸之死是非正常死亡，换句话说，也是被曹操害死的。此话无据，可能是曹操给人的印象过于奸险，是以觉得人人在他身边有如饲虎，随时有可能被他吃掉。

荀攸和钟繇私交甚笃，有一个善相面的，叫朱建平，和他们交情也好。

这个朱建平也是个奇人。

他相曹丕，说他寿命八十,四十岁会有小难。

他相曹彪，说他五十七岁当遭兵灾。

他相夏侯威，说他四十九岁时能位至州牧，但也有灾，若能挨过，寿活七十，仕途大顺，可达公辅。

他相应璩，说他寿命六十二岁，去世前一年会看见一只白狗，只有他能看见，别人看不见。

其结果是：

曹丕四十岁得重病，说“建平所说的八十岁，说的是白天和晚上吧，我的命快走到头了”。不久即驾崩。

曹彪被封为楚王，五十七岁时与王凌通谋犯罪，被赐死。

夏侯威在四十九岁时出任兖州刺史，同年十二月患恶疾。病情好好坏坏，到了年末，大摆筵宴，庆祝“吾所苦渐平，明日鸡鸣，年便五十，建平之戒，真必过矣”。结果筵散席罢，恶疾再作，当晚夜半辞世。

应璩六十一岁果然独自看见一只白狗，别人都看不见。他就抓紧时间吃喝玩乐，六十三岁时去世，比预期的时间多活了一年。

朱建平给荀攸和钟繇相面：“荀君虽然年龄小，不过却要把后事托付给钟君。”意思是寿命不如钟繇长。荀攸的妻子叫阿骛，钟繇就对荀攸开玩笑：“如果真的是那样的话，那我就把你的阿骛嫁出去。”（“惟当嫁卿阿骛耳。”）

结果事情真的按朱建平说的话来了。荀攸死后，儿子荀缉年幼不能理事，钟繇替他料理家务，出嫁荀攸遗孀阿骛。

读来令人伤感。

荀攸身前出过十二条奇策，唯有钟繇知道，钟繇为他撰写文集，还没有完成就去世了，荀攸的这十二条奇策也就湮灭在历史的烟尘深处。裴松之注《三国志》，写到荀攸生平，还对此耿耿于怀：“攸亡后十六年，钟繇乃卒，撰攸奇策，亦有何难？而年造八十，犹云未就，遂使攸从征机策之谋不传于世，惜哉！”意思是埋怨钟繇散漫拖拉，都比荀攸多活了十六年还没有把荀攸的奇谋妙策整理出来，简直就是历史的罪人。

荀攸生前备受重用，逝后殊享哀荣，正始五年冬十一月癸卯，魏帝曹芳下诏祭祀荀攸于太祖庙庭，追加谥号敬侯。

第三节　贾诩：一枝精明的“凤尾竹”

【原文】

贾诩字文和，武威姑臧人也。少时人莫知，唯汉阳阎忠异之，谓诩有良、平之奇。察孝廉为郎，疾病去官，西还至汧，道遇叛氐，同行数十人皆为所执。诩曰：“我段公外孙也，汝别埋我，我家必厚赎之。”时太尉段颎，昔久为边将，威震西土，故诩假以惧氐。氐果不敢害，与盟而送之，其余悉死。诩实非段甥，权以济事，咸此类也。

【译文】

贾诩字文和，武威郡姑臧县人。少年时默默无闻，只有汉阳人阎忠特别看中他，说他有张良、陈平的奇才。

被举荐为孝廉，任郎官。

贾诩得病辞去官职，向西返回，到了汧县，中途遇上反叛的氐人，同行的几十人都被氐人捉住了。

贾诩说："我是段公的外孙，你们别活埋我，我家一定会拿好多钱来赎我。"当时太尉段颎，早年做守边大将多年，威震西方疆土，所以贾诩借他的名号来威吓氐人。

氐人果然不敢害他，与他立誓盟约送走了他，其余的人都被杀掉了。

贾诩实际上并不是段颎的外甥，善于应变以成事，这是他的特长。

【评点】

三国的谋士命不好，生在乱世，本已是"杯具"，有的却因为不遇明主而被杀，比如田丰，他死就死在比老板正确；有的因为主人野心忒大被杀，比如荀彧，他死就死在过于坚持自己的真理。得到好下场的凤毛麟角，荀攸算是一个，可是不到六十而死；贾诩却是高寿身故，羡煞旁人。

贾诩看起来不像出身名门，不像荀彧和荀攸叔侄俩，所以"少时人莫知"，连写史书的人也找不到他年轻时候的闪光点。

家族既然不给力，又没有什么关系网，不能被关系好的人或亲族举荐来举荐去，只能一个人打拼。刚开始是跟着董卓，董卓死了，他又分别跟着段煨、张绣混；后来看形势不妙，又劝张绣投降曹操，自然他也跟着降了过去，曹操是个识人的，对之倍加器重。曹丕即位，贾诩官升太尉，高官厚禄，老死床箦，终年七十七岁。

这份左右摇摆、善于自保的劲头，颇像一枝随风摇摆的凤尾竹。

他跟着董卓混时，董卓进入洛阳，贾诩以太尉掾的身份任平津都尉，升为讨虏校尉。

董卓的女婿、中郎将牛辅驻守陕县，贾诩在牛辅的部队里任职。

董卓兵败，牛辅又死，众人恐慌惧怕，校尉李傕、郭汜、张济等人想要解散队伍，返回故乡。

贾诩说："听说长安城里议论要把凉州人全部诛杀，而各位单独行动，即使是一个亭长也能把你们捉住。不如率众人西进，沿途收集士兵，用来攻打长安，为董公报仇。要是事情成功，就以国家的名义征讨全国，如果不成功，再走也不迟。"

众人认为他说得对。

李傕于是向西攻打长安。

后来贾诩任左冯翊，因为他的功劳，李傕等人想封他为侯，贾诩说："那不过是救命的措施，有何功劳！"极力推辞不肯接受。

又让他做尚书仆射，贾诩说："尚书仆射是官员的师长，为天下人所瞩望，贾诩名号素来没有威望，不能使众人信服。即使贾诩在荣誉利益面前昏了头，于国不利！"

李傕等人于是改授贾诩为尚书，主管选举事务，做了很多辅助、有益的事，李傕等人对他亲近而又忌惮。

此时贾诩就已经十分懂得低调做人的道理。

董卓死了，李傕、郭汜想要求赦而不能，就想四散分开逃跑，结果贾诩尽显谋士本职，力劝他们攥成一个拳头，免得被各个击破。这两个人本来就没有什么脑子，此时一经提醒，马上听从，于是像雪球般越滚越大，一路杀回长安。

事成之后，李傕等人想封他为侯，他不肯；想升他做尚书仆射，他也不肯。只肯接受一个和自己相称的官职，在这个官位上也尽心尽力。李傕这些人对他又亲又怕，可见此人做人到位。

有人很纳闷，撰文质疑：

"长安之乱，固然是司徒王允不识大局，滥开杀戒种下的前因，但最后的恶果却是由贾诩的一番话造成。

"李傕、郭汜求赦不得，本来也想认命，解散部队，分头逃命。倘若如此，则王允虽然极不明智，但毕竟没有种下恶果，东汉政权还能获得短暂的喘息机会。奇怪的是，贾诩单枪匹马挡在道上：二位，急个啥呀？你们如果解散部队，路上随便一个小亭长也能够把你们绑赴长安邀功。横竖是个死，何不干脆聚集军队，反上长安，为董卓报仇？倘若侥幸事成，则挟天子以令天下，何其威风；万一事不成，那时再逃也未见得晚呀！

"这一番充满流氓智慧的开导，李傕、郭汜听得不住地点头。顺着这种诸如'杀一个够本，杀两个赚一个'之类的强盗逻辑走下去，东汉王朝的命运已无可避免。

"当年陈胜、吴广被迫揭竿而起，所持的理由，与贾诩此时的教唆何其相似！区别在于，无论是陈胜、吴广，还是李傕、郭汜，他们都属当事者，而贾诩则完全是局外人。换言之，这一番建议，虽然可以救李、郭性命于一时，对贾诩本身却没有丝毫好处。否则，当李、郭二人成功后欲封贾诩为尚书仆射，他也就不会坚决推辞了。

“于是，随着李傕、郭汜的反戈一击，王允被戮，吕布出逃，堂堂汉家朝廷，就此落入两个无赖军棍之手。二人沆瀣一气，作恶多端，自相残杀。仅两年间，三辅地区生灵涂炭，尸横遍野，曾经最繁华的长安、洛阳两大都城成为一片废墟，东汉王朝再也没有喘过气来。

“始终搞不明白，贾诩为何要怂恿李、郭二人犯上作乱？难道他不知道这番话会造成怎样的后果？要说他与东汉王朝有仇，为何又常以汉室忠臣自诩？要说他为名利，为何后来又要推辞高官厚禄？要说为求一安身立命之处，以贾诩之智慧，何处不可安身？莫非仅仅是一时的心血来潮？望高人解之。”

有人如此释疑：

“动乱时期很难保证自己在政治上能站对位置。

“《笑傲江湖》里的那个情节就很说明这种情况，大家提着刀被关在个黑暗的山洞里，往下发展就是群体性精神病，为保自己的命就必须杀掉其他拿刀的人，杀的是同门还是外人，杀了人会不会面对法律道德的惩罚，这些东西是当时没时间也没必要考虑的。

“只能说老贾阶级斗争敏感度高，敌我矛盾分得清楚，放下武器马上就是待宰的猪，类比之前的几次屠杀，结果是明摆在那儿的。所以从人的本性上来讲，令狐小朋友不想杀人，但一听到大家都抄家伙了，一样是先下手为强，猛抢他那独孤剑。

“后来老贾的行为，是因为情况没那么危急了，可以通过和平方式解决问题了，也知道‘人在江湖漂难保不挨刀’的道理，所以不想在政治舞台上当主角。

“这里只能说老贾是高人，但不是豪杰，见机行事判断是正确的，起码是保证自己利益的。

“要想成大事，基本要求就是既要有能力在谈判桌上玩政治推手，又能在需要时候提刀砍人。”

此说颇为风趣。

总的来说，我的理解，贾诩是个谋士，他不出谋略浑身不舒服，而且对他来说，阵营要紧，立场这种东西，或者说为国为民这种东西，也许不过一种说辞。既然身在董卓帐下，董公虽死，这俩人还是董公余部，所以，为他们出点力也是应该的。

结果他这一出主意，搞得长安大乱，可见一个损主意的威力之大。

后来李傕跟郭汜反目，自相残杀，曹操趁机把献帝迎往许县。198 年，曹操派裴茂率领段煨等人诛杀李傕，夷其三族。

这以后，贾诩就跟着同乡段煨混了。

可惜混得不得志，“贾诩素有名望，为段煨军所敬，但贾诩不见用于段煨”，所以就改投张绣。张绣这时在南阳，贾诩暗中和他联系，张绣派人迎接贾诩。

贾诩将要出发时，有人问他：“段煨对您很优厚，您为何要离去呢？”

贾诩说：“段煨生性多疑，有猜忌贾诩之意，礼节虽然周到，却不可靠，时间一长就将被他算计。我离开后，他一定高兴，又希望我在外面为他联络强有力的援兵，必定会厚待我的家小。张绣没有主要的谋臣，也愿意得到贾诩，这样我的家庭和人身都能保全。”

贾诩终于走了。

张绣对他秉持后辈之礼，段煨也果然好生照顾他的家眷。

这个人真聪明，他走便走，居然把他的家眷都扔给段煨，而段煨居然就真的替他照顾着。这个人算是把人性看透了。

到了张绣帐下，曹操打张绣的时候，他又为张绣出力。

曹操接连征讨张绣，一天早上领兵退去，张绣要亲自追击。贾诩对张绣说：“不能追，追必败。”张绣不听，进兵追击，大败而回。

贾诩又对张绣说：“赶快追他们，再战必胜。”张绣推辞说：“没听您的话，才到了这个地步，现在已经败了，为什么又要去追？”

贾诩说：“用兵无定式，急速进军，必定有利。”

张绣信了，随即收拢打散的士兵急速追击，与曹军大战，果然得胜归还。

张绣问贾诩：“我用精兵追击败军，而您说必定失败；退下来后，用败兵追击刚打胜仗的士兵，而您说必能胜。结果都如您所说的一样，为什么您预料的与一般常情相反却又都应验了呢？”

贾诩说：“这个容易解释。将军您虽善于用兵，却不是曹公的对手。曹军虽然开始退却，曹公必定亲自压阵断后，追兵虽然精锐，将领既然不是对手，对方的士兵也就强了起来，所以知道追兵必败。

“曹军进攻将军您并没有失策的地方，力量未衰却撤退，必定是他们内部发生了变故；已经打败了将军，他们必定轻装快行，即使留下几个将领断后，这几个将领虽然勇猛，已不是将军您的敌手，所以虽然您用败兵追击却能取胜。”

张绣这才表示佩服。

到了曹操手下，他自然又为曹操出力。打起仗来出谋划策不用说，算无遗策也不用说，在曹操立嗣一事上，也做得不显山不露水，却能决定大局。

当时曹丕还是五官中郎将，而临淄侯曹植有才华并且名声远扬，二人各有势力，都有争夺嫡子地位的打算。

曹丕让人问贾诩巩固自己地位的办法，贾诩说：“希望将军宽宏大度，亲自体验普通士子的修业，朝朝夕夕，孜孜不倦，不违背人子之道。就是这些罢了。”

曹丕听从了他，加强自我修行。

太祖又曾支开左右人就此事询问贾诩，贾诩缄口不答。

太祖问：“和您说话却不回答，为什么？”

贾诩说：“属下正好在琢磨事情，所以没有回答。”太祖又问：“琢磨什么呢？”

贾诩说：“琢磨袁本初父子、刘景升父子。”

太祖大笑，就在这时太子终于确定下来。

贾诩悄悄地替曹丕定了大事。而事前曹丕跟他讨教秘计的时候，他却说得冠冕堂皇，这样的话丝毫也不怕被泄露出去，成为自己的罪责。可见此人平时处事之小心翼翼。

贾诩认为自己不是太祖的旧臣，而又多谋善策，恐怕被猜疑，于是闭门自守，在家里没有私交，子女娶嫁不攀高门大户，全国有计谋的人都来归附他。

贾诩的精明在于知人也自知，知道自己根子不深，不是曹操旧臣，却又策谋深长，而曹公又不是一个宽柔直谅之人，有一肚子阴狠的花花肠子。为怕曹操嫌猜，不跟人乱打交道，乱称兄道弟，子女嫁娶也不结高门（万一结高门被曹操认为自己是树党羽，想谋朝篡位怎么办？）。总之，秉承一贯低调做人的原则行事。

《道德经》上说“知人者智，自知者明”，贾诩就是鲜明的例子。

无论知人，还是自知，都在一个“知”字。你知了，就料事如神了。《三国演义》里的诸葛亮为什么能气死周瑜，就是因为他把周瑜看透了。

贾诩被人称为“毒士”，奇谋百出，算无遗策；不过论气节，贾诩这个人是没有的，所以说他“乱武”一点不为过。不过他又为什么能够高官厚禄得以善终？因为他把时局和人性都看透了。所以易中天会在《品三国》里说：

“贾诩能在乱世中审时度势，自己是活得时间最长的，还保全了家人。这才是真正的大智慧，贾诩可能是三国时期最聪明的人。”

一枝精明的、左右摇摆的凤尾竹啊！

卷十 《三国志·魏书十一 袁张凉国田王邴管传》

第一节 袁涣：生命诚可贵，人格价更高

【原文】

袁涣字曜卿，陈郡扶乐人也。父滂，为汉司徒。当时诸公子多越法度，而涣清静，举动必以礼。郡命为功曹，郡中奸吏皆自引去。后辟公府，举高第，迁侍御史。除谯令，不就。刘备之为豫州，举涣茂才。后避地江、淮间，为袁术所命。术每有所咨访，涣常正议，术不能抗，然敬之不敢不礼也。顷之，吕布击术于阜陵，涣往从之，遂复为布所拘留。布初与刘备和亲，后离隙。布欲使涣作书詈辱备，涣不可，再三强之，不许。布大怒，以兵胁涣曰："为之则生，不为则死。"涣颜色不变，笑而应之曰："涣闻唯德可以辱人，不闻以骂。使彼固君子邪，且不耻将军之言，彼诚小人邪，将复将军之意，则辱在此不在于彼。且涣他日之事刘将军，犹今日之事将军也，如一旦去此，复骂将军，可乎？"布惭而止。

【译文】

袁涣字曜卿，陈郡扶乐县人。

袁涣的父亲袁滂，做过汉朝的司徒。

当时各家公子多违越法律制度，而袁涣清雅宁静，举动必定符合礼节。

郡守命袁涣任功曹，郡里的奸吏都自动躲避离去。

后袁涣被公府征召，考试列优等。

升为侍御史。

又被任为谯县县令，未到任。

刘备统治豫州时，荐袁涣为茂才。

后袁涣迁移到江淮之间避祸，被袁术所任命。

袁术每次有所咨询，袁涣常有严正的议论。

袁术不能违抗，然而也不敢不有礼貌地尊敬他。

不久，吕布在阜陵攻击袁术，袁涣前去随从袁术，于是也被吕布拘留。

吕布当初与刘备结亲和好，后来有了嫌隙。

现在，吕布想要让袁涣写信辱骂刘备，袁涣不答应，再三强迫他，仍不同意。

吕布大怒，用兵器威胁袁涣说："你做就能活，不做就得死。"袁涣脸不变色，笑着回答说：

"袁涣听说只有德行才能使人蒙受耻辱，没听说用辱骂的。假使他本来就是个君子，那他将不以将军的话为耻辱，假使他本来就是个小人，那他将像将军一样写信，回骂将军，那样耻辱将在这一方而不在他那一方。况且袁涣我之前侍奉刘将军，就像现在侍奉将军您一样，如果我一旦离开这里，回过头来骂您，可以吗？"

吕布感到羞惭，不再逼他。

【评点】

袁涣，字曜卿，初为袁术所用，后投吕布。曹操剿灭吕布，袁涣又转投曹操。

三国名士灿若星辰，袁涣在里面名气不大、光芒不盛，却值得一书，因为他的人品好。

刘备于他未有生杀养亡的大恩，只不过曾经举荐过他为茂才，也就是曾经做过他的上司。但是他在吕布手下做事的时候，吕布命他写信骂刘备，他却不肯。

俗话说"铁打的营盘流水的兵"，其实在那个年代，是铁打的营盘流水的上司，今儿投奔 A，为 A 所用；明儿就可能投奔 B，为 B 效力。甚至像吕布这样的人，那干脆就是铁打的营盘流水的干爹。大家奔忙来去，一为活命，二为衣食，三才是为一展才干。

袁涣也乱世辗转，不停地换上司，但是却不肯奉新上司的命骂旧上司。并不是因为旧上司有多么钻天入地的好，多么惊天地泣鬼神的大恩情，不过是过不了自己这一关。

他觉得如果为了新上司骂老长官，自己的人格上就会有污点。

OK，那就刀架在脖子上也不肯。

有人说这叫傻，不知道什么叫识时务者为俊杰吗？眼皮活才能活得长！

可是世界上总有那么一些人，就是不知道什么叫识时务者为俊杰，就是死心眼。

比如袁涣。

这是他的真理，所以他就敢坚持。

这样的人，心态都很安详。比如瞿秋白，临刑时说“此地甚好”；而袁涣面对着吕布威胁自己的钢刀，反应是“笑”。

他的脸上虽然笑着，说出来的话却是如刀：“我只听说只有道德才能羞辱别人，没听说过用骂可以羞辱人。你可以骂他，但是假如他是个君子，那他会更加瞧不起你，假如他真像你说的那样，是个无耻的小人，那你就算是骂他，他也根本不在乎，是不是？再说了，人家刘备曾经是我的上司，现在虽然你是我的上司，但那时我对刘备就像现在对你一样啊！假如有一天，我们也不是上下级关系了，那时要是我也骂你，你心里是不是也不好受呢？”

奇怪的是，吕布这个夺命阎王竟然觉得不好意思，收起腰刀，此事作罢。

这说明袁涣赢得了吕布的尊重，也说明这个世界上，即使公义被践踏，满面尘灰，它还是不破不灭，公道自在人心。而讲道义的人，总是会赢得天下人的尊重。

所以说，生命诚可贵，人格价更高。

后来吕布为曹操所灭，袁涣又跟随了曹操。

偏偏曹操跟刘备也是死敌，袁涣又陷入两难之局。

那个年代也是虚假新闻满天飞：“时有传刘备死者，群臣皆贺；涣以尝为备举吏，独不贺。”

就是说，有人传说刘备已死，曹魏群臣皆贺——消息不确，贺者何来？可是，大家都在贺，那咱也得贺，不管刘备是不是真的死了，贺一贺总没错，起码向魏主表明了忠心！可是袁涣还是念着刘备的这一点旧恩，就是不肯庆贺。

大家都不做一件事的时候，你去做，叫作“虽千万人，吾往矣”，有一种勇往直前的气势；大家都做一件事的时候，你不去做，却叫“悖晦”，就是没眼色，若在官场，就叫没政治嗅觉，政治敏锐性不高。这可是大错误，会要命的。

袁涣已经在吕布那个主子那里为了刘备经过一次生死考验了，这次偏偏他又来了一个特立独行、视死如归。

单凭这份勇气已经让人敬仰，而这种人格，叫人说什么好？只能说“乱世开莲花，香清独芬芳”了。

袁涣为官几年，下世之后，曹操为他的死流泪，特赏赐谷两千斛，还声明：“以太仓谷一千斛赐与郎中令家”，“用垣下谷一千斛送给曜卿家”。

什么意思呢？就是说“用太仓谷，是依据官法；用垣下谷，是因为他是我亲密的老部下”。

后来，魏文帝曹丕听说了袁涣过去抗拒吕布的事，就问袁涣的堂弟袁敏：“袁涣到底是勇敢，还是怯懦呢？”

袁敏说：“袁涣平时平和柔顺，貌似怯懦，但他在大节面前，处于危难之中，即使孟贲、夏育也比不过他。”

孟贲是战国时卫国的一位勇士。《东周列国志》描述：

“有齐人孟贲字说，以力闻，水行不避蛟龙，陆行不避虎狼，发怒吐气，声响动天。尝于野外见两牛相斗，孟贲从中以手分之，一牛伏地，一牛犹触不止。贲怒，左手按牛头，以右手拔其角，角出牛死。人畏其勇，莫敢与抗。闻秦王招致天下勇力之士，乃西渡黄河。岸上人待渡者甚众，常日，以次上船。贲最后至，强欲登船先渡。船人怒其不逊，以楫击其头曰：‘汝用强如此，岂孟说耶？’贲瞋目两视，发植目裂，举声一喝，波涛顿作。舟中之人，惶惧颠倒，尽扬播入于河。贲振桡顿足，一去数丈，须臾过岸，竟入咸阳，来见武王。”

就是说，孟贲字说，在水里行走不怕蛟龙，在陆地行走不怕虎狼，发脾气吐长气，声响能惊动天地。曾经在野外看见两头牛打架，孟贲想劝架，一手分一个，结果一头牛服了，一头牛倔强，还拿角乱顶。他就怒了，左手按住牛头，右手把牛角生生拔出来，牛死了！

人都怕他的英勇，谁也不敢跟他对抗（那是，谁也没有牛的力气大）。他听说秦王召天下勇敢力士，就西渡黄河想去应征。结果岸上等着过河的人太多，要按次序上船。孟贲来得晚，想加塞，要先过河，船上的人，可能是船夫，对他的这种不讲理的做法很愤怒，拿船楫揍他脑袋，说：“你敢这么蛮横不讲理，难道你当自己是孟说啊？！”孟贲气得瞪大俩眼珠子，头发根根奓起，眼角撑裂，大嗓门一喝，居然河里涌起波涛。船上人吓得乱跌乱滚，都给滚到河里了。孟贲拿起船桨脚下一用力，嘿的一声，一动数丈，一会儿工夫就到了对岸，直入咸阳来见武王。

夏育则是周时著名勇士，力能举千钧，被后代人作为勇士的代称。

袁涣不过一介儒生，所谓“为政崇教训，恕思而后行，外温柔而内能断”（即为政崇尚教化训育，凡事宽容思虑以后才行动，外表温和柔顺而内心能够决断）。他的肉中却有一根钢骨，勇气比这两个勇士毫不逊色，实为人间之大勇也！

一般来说，这样的人是不屑于沽名钓誉的，所以他的做法对于一些忸怩作态的人来说，就有些不可理解：

“前后得赐甚多，皆散尽之，家无所储，终不问产业，乏则取之于人，不为皦察之行，然时人服其清。”

就是说，他先后得到的赏赐很多，都被他分送了，家里没有什么积蓄，他也始终不过问家中产业，东西不够使就从别人那里去取，根本不做貌似清白明察的举动，然而当时的人都佩服他的清廉。

人们都有眼睛，如果你是真的清廉，即使你不去标榜自己的清廉，大家也看得见；如果你是真的勇敢，即使你不过一介手不能提篮、肩不能担担的儒生，大家也会给你一份应得的颂赞。

第二节　管宁：空谷跫音，幽兰清芬

【原文】

管宁字幼安，北海朱虚人也。年十六丧父，中表愍其孤贫，咸共赠赗，悉辞不受，称财以送终。长八尺，美须眉。与平原华歆、同县邴原相友，俱游学于异国，并敬善陈仲弓。天下大乱，闻公孙度令行于海外，遂与原及平原王烈等至于辽东。度虚馆以候之。既往见度，乃庐于山谷。时避难者多居郡南，而宁居北，示无迁志，后渐来从之。太祖为司空，辟宁，度子康绝命不宣。

【译文】

管宁字幼安，北海国朱虚县人。

十六岁时失去了父亲，中表兄弟们怜悯他孤独贫困，都送给他治丧的费用，管宁全都推辞没有接受，根据自己的财力为父亲送了终。

管宁身高八尺，胡须眉毛长得很美。

与平原人华歆、同县人邴原为好友，都到其他郡学习，都敬重亲善陈仲弓。

天下大乱以后，管宁听说公孙度在海外推行政令，就与邴原及平原人王烈等到辽东郡。

公孙度空出馆舍等候他们。

拜见了公孙度之后，管宁随即就居住在山谷中。

当时渡海避难的人大多住在郡的南部，而管宁却住在郡的北部，表示没有迁徙的意思，后来的人渐渐都来跟从他。

太祖任司空后征召管宁，公孙度的儿子公孙康截断诏命，不对管宁宣布。

【评点】

管宁，字幼安，北海人。

长得帅，长八尺、美须眉。

又出身高贵，是管仲后人。

自身又有高洁品行，一生不慕浮名，不求实利，讲学不辍，征召不就，一代高士也。

十六岁丧父，家里穷，亲友资助他财物助他葬父，他一文不取，只倾尽家财安葬父亲。

管宁好学，东汉光和元年（178），平原人华歆慕名千里来访，二人遂成好友。除了华歆，还有邴原，三个人被时人比作一条龙，华歆是龙头，邴原是龙腹，管宁是龙尾。

龙头和龙尾之间，发生过著名的绝交事件：有一次，管宁和华歆二人一起“锄园得金”，管宁视之如瓦砾，手不停锄；华歆拿起来看了看才扔。还有一次，二人“同席读书”，有位达官显贵坐着豪华的轿子从外面路过，他置若罔闻，照读不误；华歆却艳羡不已，跑出去看。等华歆回来，他把席割开分坐，说：“子非吾友也。”

有人替华歆抱不平，说人家做错了什么？难道还不允人家近视眼，看不清是不是金子，所以要拿在手里仔细鉴别一下吗？难道还不许人家看看热闹吗？难道看一眼金子就是爱财啦？看一眼大官坐轿就是想当大官啦？

可是无论怎样，这起码说明了一件事，就是华歆心性不稳，心气浮躁，不是能够静心读书做学问的料。事实证明果然如此，华歆此后走仕途、做高官，和管宁这个朋友的人生道路是越来越远。

汉末天下大乱，人们纷纷逃难。管宁和邴原几个人相约避祸辽东。

当时辽东太守是公孙度，对这几个有名的贤士的到来很欢迎，专门为他们腾出驿馆。管宁见了公孙度只谈经典学术，不讲政治时局。然后他也没有住驿馆，而是在荒山野谷，自己挖个土窑凑合居住。

中原的避难者听说管宁在此，都来傍他居住，不到一年，这里居然成了一个聚集之地。

他的居所近井，大家时常为了争水争吵。管宁就买来好几个水桶，统统打好水让人来取。人们听说是管宁所为，都十分感动，从此彼此谦让，不再加塞，断绝相争。

他的邻居有耕牛，时常放牛啃青苗、坏粮田。一天，牛又在管宁的田里吃庄稼，管宁就把牛牵到树下拴好，自己割草打水喂它吃喝。牛主人十分羞愧，自此不再纵牛毁田。

管宁言传身教，所谓“讲诗书，陈俎豆，饰威仪，明礼让”，此处人人都学得守礼谦让，户户都习惯和睦相处，风习越好，管宁声望越高。

公孙度死后，儿子公孙康掌权，想海外称王。他想让管宁辅佐，却慑于管宁的贤名，硬是话在心头口难开。

曹操做了汉朝的司空，下令征辟管宁入朝，公孙康不肯放管宁走，就压下诏命，不让他知道，管宁就仍然在辽东过他的相对平静的贫苦生活。

中原局势稳定，许多流民返乡，管宁依旧安居辽东。

可是很快，辽东就变得不宜居了。公孙康死后，弟弟公孙恭继位，是个废物点心，压不住台面。偏偏公孙康的私生子公孙渊心雄气壮，不安于位，跃跃欲试，想取而代之。

管宁眼看着辽东也要大乱，才带着家属乘船回到中原。出发前曾经收受的许多礼物都留了下来，一毫不取。

算起来，他在辽东整整三十七年，住老了一代才子。

管宁乘船返乡的途中，还出现“神迹”，说是黑夜沉沉，遇到风暴，帆毁桅折。大家吓得要命，只有管宁面色如常（就跟他当初锄地得金、豪门过户一样）。这时候，夜幕中突然现一点亮光，一直将船只指引到一处荒岛，大家转危为安。岛上无人，四处无火痕，光从何来？于是人们就说这是管宁的“积善之应”。（“宁之归也，海中遇暴风，船皆没，唯宁乘船自若。时夜风晦冥，船人尽惑，莫知所泊。望见有火光，辄趣之，得岛。岛无居人，又无火烬，行人咸异焉，以为神光之佑也。皇甫谧曰：‘积善之应也。’”）

算起来，这个人的清净洁白，真是令人动容。年少时即清洁，家贫不受人恩；人到中年仍旧立身清净，一毫不肯受人之恩。

回到故乡以后，魏文帝就下诏封管宁为太中大夫，管宁坚决不肯，说自己老且无能；文帝死后，魏明帝又多次征召他，这还不算，华歆、王朗等朝中大臣更是反反复复地推荐管宁，华歆这个昔年好友甚至提出让位，把自己的太尉让给管宁。管宁一律推辞，到死不曾出仕。

历来想当官而当不上的人很多，不想当官而非给官当的不过寥寥数人。比如洗耳的许由。尧帝听说许由贤良，就到他的家乡劝他做帝王：“日月出来，光芒不息；好雨降落，浸润大地河泽。由于你的存在而天下大治，我却占着天子之位，我觉得我不配做天子，请你做天子吧！”

许由说：“你治天下，天下已经大治，就不要让我代替你。鹪鹩在树林里，只占据一枝树枝，鼹鼠到河边饮水，喝饱肚子就满足了。你走吧，我不想做天子。”

尧又请许由做九州长，也被拒绝。

事后，许由到颍水河洗耳，巢父牵牛犊来饮水，问他为什么，许由说尧让我做天子，污了我的耳朵，我要把它洗干净。巢父就责备他：“你若真心归隐，就该深藏不露，不让人找到，结果你却到处乱跑，制造名誉，所以才能有这样的污染和干扰。现在你的俩耳朵已经被世俗浮名俗利染污了，水也给你洗脏了，我这头小牛犊子可不喝你洗耳的脏水。”

巢父就牵牛犊跑到上游去喝水。

他们不疯，不癫，不狂，他们只是想做清净洁白的自由人。

管宁就是这样的人。

正始二年（241），侍中孙邕、中书侍郎王基等人向齐王曹芳推荐管宁，齐王下诏，以“安车蒲轮，束帛加玺”的隆重礼节去聘请他，而他恰在此时病故，老天爷成全了他洁净清贫的一生。

《三国志》里说他：

“每所居姻亲、知旧、邻里有困穷者，家储虽不盈儋石，必分以赡救之。与人子言，教以孝；与人弟言，训以悌；言及人臣，诲以忠。貌甚恭，言甚顺，观其行，邈然若不可及，即之熙熙然，甚柔而温，因其事而导之于善，是以渐之者无不化焉。宁之亡，天下知与不知，闻之无不嗟叹。醇德之所感若此，不亦至乎！”

杜甫《严中丞杜驾见过》诗赞：

“川合东西瞻使节，地分南北任流萍。
扁舟不独如张翰，白帽还应似管宁。”

人品纵然不能当饭吃，厚黑也不是横行世界的理由。做人真不见得有奶就是娘，也不见得就要讲究什么职场上的你争我抢。我们的世界很繁华，我们的世界也很喧嚣；我们的世界很美好，我们的世界也很浮躁。一览古人行状，好比空谷跫音响，幽兰清芬香。

卷十一 《三国志·魏书十二 崔毛徐何邢鲍司马传》

第一节 文武双全的崔季珪

【原文】

崔琰字季珪，清河东武城人也。少朴讷，好击剑，尚武事。年二十三，乡移为正，始感激，读论语、韩诗。至年二十九，乃结公孙方等就郑玄受学。学未期，徐州黄巾贼攻破北海，玄与门人到不其山避难。时谷籴县乏，玄罢谢诸生。琰既受遣，而寇盗充斥，西道不通。于是周旋青、徐、兖、豫之郊，东下寿春，南望江、湖。自去家四年乃归，以琴书自娱。

大将军袁绍闻而辟之。时士卒横暴，掘发丘陇，琰谏曰："昔孙卿有言：'士不素教，甲兵不利，虽汤武不能以战胜。'今道路暴骨，民未见德，宜敕郡县掩骼埋胔，示憯怛之爱，追文王之仁。"绍以为骑都尉。后绍治兵黎阳，次于延津，琰复谏曰："天子在许，民望助顺，不如守境述职，以宁区宇。"绍不听，遂败于官渡。及绍卒，二子交争，争欲得琰。琰称疾固辞，由是获罪，幽于囹圄，赖阴夔、陈琳营救得免。

【译文】

崔琰字季珪，清河郡东武城人。

年少时性格朴实，言辞迟钝，喜好击剑，热衷于武功。

二十三岁时，乡里按规定将他转为正卒，才开始感慨发奋，研读《论语》

《韩诗》。

到了二十九岁时，与公孙方等人结交，到郑玄门下求学。

学了没有一年，徐州的黄巾军攻破了北海，郑玄与其弟子到不其山躲避兵难。

那时买进的粮谷十分缺乏，郑玄只好停止授学，辞谢众学生。

崔琰既被遣散，又到处都是盗寇，西去的道路不通，于是周旋于青、徐、兖、豫四州郊野，向东到过寿春，向南也几乎到了长江、洞庭湖地区。

自离开家乡四年后才归，在家中以弹琴读书自娱。

大将军袁绍听说后征召崔琰。

当时袁绍的士兵专横暴虐，挖掘坟墓，崔琰规劝说："昔日荀况有过这样的话：'对士兵平素不进行教训，战斗力就不会强大，即使是商汤、周武王那样的人，也不能凭借他们作战取得胜利。'现在道路上尸骨暴露，百姓未见到您的德政，应该命令各个郡县掩埋尸骸，以显示您为死者伤痛的爱心，追随周文王的仁慈之举。"

袁绍让崔琰做了骑都尉。

后来袁绍在黎阳县带兵，将部队驻扎在延津渡口，崔琰又规劝说："天子如今在许昌，百姓的愿望支持顺从朝廷的一方，我部不如谨守治境，向天子述职，以便安定这一地区。"袁绍却不听从，于是在官渡大败。

等到袁绍死后，他的两个儿子互相争斗，争着想得到崔琰。

崔琰说自己有病，坚决推辞，因此获罪，被关进了监狱，依靠阴夔、陈琳营救，才免于一死。

【评点】

崔琰（？—216），字季珪，清河郡东武城（今山东省武城县东北）人。先事袁绍，后事曹操。无论在哪里，均十分被看重。

崔琰有四美，用易中天的话来讲，就是"文武全才、朝廷重臣、正人君子、德高望重"。

文武全才不用说了，少时好剑，长大好书，师从郑玄，郑玄可是享有盛名的经学大师，遍注儒家经典。

他的美和帅不用旁的佐证，只用《世说新语》里面的一条就够了：

魏武将见匈奴使，自以形陋，不足雄远国，使崔季珪代，帝自捉刀立床头。既毕，令间谍问曰："魏王何如？"匈奴使答："魏王雅望非常，然床头捉刀人，此乃英雄也。"魏武闻之，追杀此使。

匈奴使臣求见，魏王曹操自觉面貌黑丑，有很浓厚的自卑感，觉得不足以威慑匈奴，就让眉清目秀，须长四尺，声音洪亮，姿态端重的崔琰顶替他，崔琰坐在上位，他自己则客串了一把带刀侍卫。

会见结束，曹操派个人询问使者："魏王的仪态如何？"使臣说："魏王仪表非凡，举止风雅，但是站在一旁持刀的侍卫，才是真正的英雄。"

曹操一听，这还了得！这个使者居然能够鉴貌识人。既然不能为我所用，杀了他！于是派人追杀这个倒霉的家伙。

曹操本人唯才是举，他又是个能作诗的大才子，儿子曹丕、曹植也是个中翘楚，他的周围更是聚集了一大批的名士，相互切磋、诗词唱和。里面不乏身材高、长得帅的人，曹操为什么要让崔琰来代替自己见远使呢？

他要挑，除了要挑相貌风度好的，必然还要挑有威仪，能够让远使心生敬仰的，那么这个人必然是他内心十分敬重的。这三条缺一不可。前两条是客观因素，被挑选的人自己所具备的条件；第三条是曹操的主观因素，说明他对于崔琰十分敬重，觉得他的气势足够超过自己，也足以威震远国。

第二节　正人君子的崔季珪

让曹操这个枭雄敬重，单一个文武双全是不够的。他麾下人才太多了。虽然曹操讲究不拘一格用人才，但是一个人如果人格过硬，走到哪里都受尊敬。枭雄也是人，也敬重正人君子。

崔琰就是一个标准的正人君子。

他时时处处事事都显示了一个正人君子的本色。

崔琰不仅对于袁绍敢于犯颜直谏，对于曹操也照样敢。

【原文】

太祖破袁氏，领冀州牧，辟琰为别驾从事，谓琰曰："昨案户籍，可得三十万众，故为大州也。"琰对曰："今天下分崩，九州幅裂，二袁兄弟亲寻干戈，冀方烝庶暴骨原野。未闻王师仁声先路，存问风俗，救其涂炭，而校计甲兵，唯此为先，斯岂鄙州士女所望于明公哉！"太祖改容谢之。于时宾客皆伏失色。

【译文】

太祖打败袁氏后，兼任冀州牧，征召崔琰任别驾从事，对崔琰说："昨天查核户籍，可以达到三十万之多，冀州可称得上是大州了。"

崔琰回答说："现在九州分裂，袁尚、袁谭兄弟二人大动干戈，冀州地区的百姓尸骨遍野。没有听说王师以仁政为先导，访问民风民俗，救民于水火，反而却算计甲兵多少，把它当成头等大事，这难道是我们这个州的男女百姓所期望于明公您的吗？"

太祖肃然动容，向他表示歉意。

当时宾客都大惊失色。

【评点】

这话说得大义凛然，说得宾客失色，说得视死如归，说得惊天动地，说得曹操的野心以及不仁之心暴露于光天化日之下。

曹操当时是改容相谢并改容相敬不假，可是，是不是也就此时此地，曹操的心里结下了一个疙瘩，直到若干年后的某一天，召来了崔琰的催命阎罗？

曹操，可不是一个宽宏大量的君子！那么多忠直友谅之臣，都以各种各样的名目，直接或间接地死在他手里。

而崔琰脾气上来，倔劲上来，根本不管这些。生死？去他的！

所以他说了。

所以历史尊敬他。

第三节　德高望重的崔季珪

曹操对崔琰确实是敬重有加的，他出征在外，就留下崔琰替他带孩子，就是辅佐曹丕，不让他"出轨"（不是情感上的逸出轨道——他有什么好逸出轨道的，不是想谁就是谁吗），而是不让他言行上逸出世子的轨道。

于是崔琰又冲着曹丕说了。

【原文】

太祖征并州，留琰傅文帝于邺。世子仍出田猎，变易服乘，志在驱逐。琰书谏曰："盖闻盘于游田，书之所戒，鲁隐观鱼，春秋讥之，此周、孔之格言，二经之明义。殷鉴夏后，诗称不远，子卯不乐，礼以为忌，此又近者之得失，不可不深察也。袁族富强，公子宽放，盘游滋侈，义声不闻，哲人君子，俄有色斯之志，熊罴壮士，堕于吞噬之用，固所以拥徒百万，跨有河朔，无所容足也。今邦国殄瘁，惠康未洽，士女企踵，所思者德。况公亲御戎马，上下劳惨，世子宜遵大路，慎以行正，思经国之高略，内鉴近戒，外扬远节，深惟储副，以身为宝。而猥袭虞旅之贱服，忽驰骛而陵险，志雉兔之小娱，忘社稷之为重，斯诚有识所以恻心也。唯世子燔翳捐褶，以塞众望，不令老臣获罪于天。"世子报曰："昨奉嘉命，惠示雅数，欲使燔翳捐褶，翳已坏矣，褶亦去焉。后有此比，蒙复诲诸。"

【译文】

太祖征讨并州，留下崔琰在邺城辅佐文帝。

文帝照旧外出打猎，改换服装、车辆，兴趣全在追逐猎物上。

崔琰上疏规劝说："曾听说周文王不敢以打猎为乐，《尚书》记载此事以为后人借鉴；鲁隐公外出观鱼，《春秋》因其非礼而讥刺之。这是周公、孔子的格言，两部经典所阐明的大义。

"夏桀无道，成为商朝的一面镜子，《诗经》说'殷鉴不远'；王者的疾日不该举乐，《礼记》记载此事作为忌戒。这又是比较切近的得失成败的事例，不可以不深思明察啊！

"袁氏家族富强，而其公子放纵，游玩作乐，极为奢侈，正义之举天下不闻，明哲君子，顷刻间便欲离去，勇武壮士，不肯为其尽爪牙之用。这就决定了袁氏虽然拥有百万民众，地跨整个河北，却没有立足之地。

"现今国家衰败，恩惠的施与尚不普遍，男女百姓企望、想念德政。

"况且您父亲亲自参与戎马征讨，上上下下，操劳辛苦，世子您应当遵循正道，谨慎地使行为端正，思虑治国的最高战略，对内有所鉴戒，对外发扬高远的节操，深加思索你太子的责任，宝贵你的身份。

"而您却失了身份地穿着管理山泽园囿者的卑贱的服装，急急地四处奔驰，身临险地，志向只限于猎获野鸡、兔子这类小小的娱乐，忘了国家社稷才是最重要的，这实在使有识者痛心啊！

“希望世子您烧毁猎具，舍弃行旅戎服，以满足众人的愿望，不让老臣获罪于天。”

世子答复说：

“昨天奉悉您的谆谆教诲，要我烧猎具、弃戎服。现在猎具都已焚毁，戎服也已脱去了。以后再有类似的错误，还望您再次给我教诲。”

【评点】

因为文武全才，成为朝廷重臣；因为是正人君子，所以德高望重。曹丕不是一个谦逊的人，但是，对于崔琰，却着实不敢奓刺。什么叫以德服人？这就叫以德服人。

崔琰的正人君子不是只说两句漂亮话，对于主上犯颜直谏好沽名钓誉的，他是办实事的。

建安十三年，曹操恢复了丞相制度。丞相府下面有一个东曹、一个西曹，替丞相选拔任用人才。换句话说，相当于我们现在的组织部，实权在握的机构。崔琰当部长的时候，选拔人才是“文武群才，多所明拔”，就是出于公心，不是唯才是举，而是德才兼备。语出《先贤行状》：“琰清忠高亮，雅识经远，推方直道，正色于朝。魏氏初载，委授铨衡，总齐清议，十有余年。文武群才，多所明拔。朝廷归高，天下称平。”

要是他自己无才，有才的人就会看不起他；如果他自己无德，有德的人就会心里翻白眼鄙视他。他自己有德有才，是以有才的人尊敬他、有德的人佩服他，就是那有才无德的人也会变得有德，因为有他这么一个正直公允的表率。他好比污水里一块明矾，因为他的存在，水也就清了。

第四节　无辜蒙冤的崔季珪

可惜文也有、武也有，德也有、才也有，相貌还长得好，胡子特别帅，这些到最后都救不了他的命。

因为他站在光明地，小人们心里恨他，暗箭嗖嗖地射向他。

【原文】

琰声姿高畅，眉目疏朗，须长四尺，甚有威重，朝士瞻望，而太祖亦敬惮焉。琰尝荐钜鹿杨训，虽才好不足，而清贞守道，太祖即礼辟之。后太祖为魏王，训发表称赞功伐，褒述盛德。时人或笑训希世浮伪，谓琰为失所举。琰从训取表草视之，与训书曰："省表，事佳耳！时乎时乎，会当有变时。"琰本意讥论者好谴呵而不寻情理也。有白琰此书傲世怨谤者，太祖怒曰："谚言'生女耳'，'耳'非佳语。'会当有变时'，意指不逊。"于是罚琰为徒隶，使人视之，辞色不挠。太祖令曰："琰虽见刑，而通宾客，门若市人，对宾客虬须直视，若有所瞋。"遂赐琰死。

【译文】

崔琰体态雄伟，声音洪亮，眉目疏朗，须长四尺，很有威重的仪态，朝廷中人很是敬仰，而太祖对他也有几分敬畏。

崔琰曾经推荐过巨鹿人杨训，说他虽然才能不足，却清廉贞洁，遵守正道，太祖于是以礼征召了杨训。后来太祖做魏王，杨训上表称赞太祖功绩，夸述太祖的盛德。

当时有人讥笑杨训虚伪地迎合权势，认为崔琰荐人不当。

崔琰从杨训那里取来表文的草稿一看，写信给杨训说："读表文，是事情做得好罢了！时代啊时代，总有变化的时候。"

崔琰的本意是讽刺那些批评者好谴责呵斥而不寻求合于情理。

有人却报告说崔琰这封信是傲世不满怨恨咒骂，太祖发怒说："谚语说'不过生了个女儿罢了'。'罢了'（译按：原文为'耳'）不是个好词。'会有变的时候'，意思很不恭顺。"

从此罚崔琰为徒隶，派人去看他，崔琰言谈表情一点也没有屈服的意思。

太祖的令文说："崔琰虽然受刑，却与宾客来往，门庭若市，接待宾客时胡须卷曲，双目直视，好像有所怨愤。"于是赐令崔琰死。

【评点】

文字狱不光清代有，只要有心，随时都可以制造。

崔琰之死，就是死于他说的话。

所以说，语言是最无效的沟通工具。

一个叫杨训的人写了一封歌功颂德的表章给魏王曹操，被人讥讽他是拍马屁。偏偏这个人又是崔琰举荐的，于是火就烧到了崔琰那里，说他识人不明，作为一个负责选拔官员的人，你看你选的那叫什么人！失职！

崔琰看了表章，说了一句话："省表，事佳耳，时乎时乎，会当有变时。"

就是说这封表章还是可以的，事情做得也蛮好，时间啊时间，这个东西它总会改变人们的看法的。

这话是对杨训来说的，意思就是说你上表歌颂的行为也没什么不好——崔琰备受曹操重用，他对于曹操是感恩的、图报的，所以对于这样的颂圣并不觉得有什么不好；随着时间的推移，人们也会改变你是个马屁精的看法——意思是勉励杨训以后拿出真本事来，让大伙看看，你不是光嘴巴上抹蜜。

这话看起来一点毛病都没有，却被人诬告到曹操那儿，说哎呀主上啊，他这是在讽刺您啊！您看，他说"时乎时乎，会当有变时"，是说别看您现在威风八面的，以后总会有变化的，会倒霉的！

曹操一听，好哇，这个崔季珪！你看他说的什么话！还说什么"事佳耳"，这个"耳"就是"罢了""而已"的意思，不是个好词，他说的也不是好话！他对我不恭敬！来呀！给我把崔琰"髡刑输徒"！

就是说，把崔琰的头发给剃光，然后让他去做苦工。

那么，那个向曹操告密的人，心态就很奇怪。

也许他是想向曹操证明自己的忠心，也许是崔琰曾经得罪过他——崔琰得罪的人肯定很多，既身居要冲，又行事方正，不得罪人才怪。君子被得罪了，可能一时生气，过后就好了；如果小人被得罪了，就会龇出獠牙，暗地窥伺，随时随地准备咬你一口！

崔琰被咬了。

身体发肤，受之父母，平常人尚且受不了这个，更何况这个德行高洁、名声一向很好的崔琰呢？这是曹操明摆着要羞辱他。

如果说他能够就此表现得惭愧、无地自容、羞于见人，表示曹操对他的惩罚算是起到作用了，也许曹操就会放他一马。当然，只是也许，但毕竟算是一线生机。

但是偏偏崔琰不肯。

这个人的内心力量之强大，已经达到泰山崩于前而色不变，麋鹿兴于左而目不瞬的地步，给我剃掉头发就剃掉，让我做苦工就做苦工，反正我没做亏心事，不怕鬼敲门。坦坦荡荡，平静自然。

曹操一听，这样啊！然后派人去跟那监视崔琰做工的人说："三天以后，我们来听消息。"

什么意思？

隐诛！

就像给荀彧一个空饭盒。

曹操奸雄，他不想背杀贤者的骂名，你最好给我识趣点，自己死，免得我还得借刀杀人。于是荀彧识趣，自己死了；许攸不识趣，被曹操手下的许褚给杀死了。

崔琰算是个不识趣的，因为他没死。不是他贪生怕死，而是他根本没有领会曹操的精神。也是，一个光风霁月的人，怎么也想不到因为一句话，自己被羞辱了也就算了，居然还会搭上一条命。

三天后，曹操听说崔琰还没死，气坏了。"崔琰非要让我来拿刀动锯砍了他吗？"

崔琰听说这句话，才恍然大悟："我真是不合时宜，不知道曹公是这个意思。"

于是自杀。

《魏略》记载：

"人得琰书，以裹帻笼，行都道中。时有与琰宿不平者，遥见琰名著帻笼，从而视之，遂白之。太祖以为琰腹诽心谤，乃收付狱，髡刑输徒。前所白琰者又复白之云：'琰为徒，虬须直视，心似不平。'时太祖亦以为然，遂欲杀之。乃使清公大吏往经营琰，敕吏曰：'三日期消息。'琰不悟，后数日，吏故白琰平安。公忿然曰：'崔琰必欲使孤行刀锯乎！'吏以是教告琰，琰谢吏曰：'我殊不宜，不知公意至此也！'遂自杀。"

这段话里，活跃着一个小人，上下跳梁，崔琰不死他不休。

所以也可以这么说，崔琰一半是死在曹操手里，一半是死在小人手里。

崔琰之死，再次显示了曹操这个人的生性猜忌，他的处世大原则是"宁使我负天下人，勿使天下人负我"，在他晚年更是变本加厉。他把"时乎时乎，会当有变时"这句话理解成变天的征兆，崔琰却连申辩的机会都没有。

他明明是有申辩的机会的。

可是他不屑于。

如果他肯鼓动一条如簧巧舌，替自己脱罪，那么他也就可以鼓动一条如簧巧舌，和周围上下各色人等打成一片；也就可以黑白不分、清浊不辨，那么，他也就不是崔琰。

易中天在《品三国》里推断说崔琰之所以不申辩，一方面是因为他的品行高洁，对自己有信心，觉得上不愧天地，中不愧主公，下不愧黎民；另一方面是因为他觉得申辩无效，因为曹操就是要让自己死的。从 204 年他面折曹操，到 216 年曹操杀他，这家伙足足等了十二年。

另一个理由就是曹操杀崔琰是为了安排自己的后事——曹操已过六十，他要为接班人把道路给清干净。就像朱元璋晚年狂杀人，就是为了帮太子把道路清干净。不过这个理由有些牵强。

一切分析都在理，又都无据。不过就是曹操晚年糊涂，疑心生暗鬼。他也未必非杀崔琰不可，却是崔琰死在他的倔强不屑辩白的脾气。曹操大权在握，壮年时心地清明，尚且容不得挑战他权威的人，到老来崔琰对他的种种处置行若无事，让他大感受挫，于是崔琰必死。

权柄这种东西，用得对了，是活人的刀，用得不对，就是杀人的剑。

总之，崔琰是死了，冤死的。

第五节　盖棺论定的崔季珪

人死之后，按被人追想的程度，可以对其盖棺论定。

崔琰死了，他的好处被一一道来。

【原文】

始琰与司马朗善，晋宣王方壮，琰谓朗曰："子之弟，聪哲明允，刚断英跱，殆非子之所及也。"朗以为不然，而琰每秉此论。琰从弟林，少无名望，虽姻族犹多轻之，而琰常曰："此所谓大器晚成者也，终必远至。"涿郡孙礼、卢毓始入军府，琰又名之曰："孙疏亮亢烈，刚简能断，卢清警明理，百炼不消，皆公才也。"后林、礼、毓咸至鼎辅。及琰友人公孙方、宋阶早卒，琰抚其遗孤，恩若己子。其鉴识笃义，类皆如此。

【译文】

原先崔琰与司马朗友善，晋宣王司马懿正值壮年，崔琰对司马朗说："你的弟弟聪敏明哲公允，刚强果断英勇，几乎不是你能比得上的。"司马朗认为不是这样，而崔琰总是坚持这个看法。

崔琰的堂弟崔林，年少时没有名望，即使是亲戚也大多轻视他，崔琰却常说："这是个所谓大器晚成的人，最终必定有远大的发展。"

涿郡的孙礼、卢毓刚刚进入魏王军府，崔琰又评论说：“孙礼诚信耿直、刚毅果断，卢毓清醒机警、深明事理、百折不挠，都是可做三公的人才。”

后来崔林、孙礼、卢毓都官至宰辅。

还有，崔琰的朋友公孙方、宋阶早逝，崔琰抚养他们的遗孤，那份恩义像对待自己的孩子一样。

他的明鉴卓识，笃于情义，大都像这个样子。

【评点】

一个人被当权者诛杀之后，世人都为其抱冤，一方面，是他真的冤，另一方面，他是真的很得人心。

“初，太祖性忌，有所不堪者，鲁国孔融，南阳许攸、娄圭，皆以恃旧不虔见诛。而琰最为世所痛惜，至今冤之。”

就是说，本来，太祖性格忌刻，凡是他所不能容忍的人，如鲁国人孔融，南阳人许攸、娄圭，都因仗着自己是太祖的老朋友，有所不恭而被诛杀。

而崔琰最被世人所痛惜，至今为他抱冤。

孔融之所以死，是得罪过曹操。

建安九年，曹操攻破邺城，曹丕收了甄妃。孔融写信给曹操，说当年周武王攻下殷都时，把妲己给了周公。曹操就写信问孔融，典故在哪儿啊？没记载啊！孔融说：“以今度古，想其当然耳。”曹操明白过来，原来是孔融讽刺他。

曹操虽然生气，却不敢杀他。因为孔融很有名，是孔子的第二十世孙，杀了他，天下儒生都会起义的，一人一篇文章就能骂死他。

然后官渡之战前，孔融又说袁绍不可战胜。这是灭自己志气，长敌人威风，性质很严重；然后在曹操被封为武平侯之后，他又提出来京城千里之内不能封侯，如果这个政策实行开来，曹操不就得被赶出千里之外？再加上孔融又和刘备交情很好，所以在他五十五岁那一年（建安十三年，公元 208 年），曹操给他扣上招合徒众欲图不轨、谤讪朝廷、不遵超仪的罪名下狱，处死，弃市。

许攸之所以死，是因为他没有眼色，仗着自己立了功，就直接叫曹操小名“阿瞒”，还居功自傲。写到这里想起陈胜杀同乡，就因为这些泥腿子对当上王的他不恭敬：

陈胜王凡六月。已为王，王陈。其故人尝与庸耕者闻之，之陈，扣宫门曰：“吾欲见涉。”宫门令欲缚之。自辩数，乃置，不肯为通。陈王出，遮道而呼涉。陈王闻之，乃召见，载与俱归。入宫，见殿屋帷帐，客曰：“夥颐！涉之为王沈沈者！”楚人谓多为夥，故天下传之，夥涉为王，由陈涉始。客出入愈益发舒，言陈王故情。或说陈王曰：“客愚无知，颛妄言，轻威。”陈王斩之。诸陈王故人皆自引去，由是无亲陈王者。(《史记·陈涉世家》)

这段话的意思是说：

陈胜称王以后，名气流传，他少年时一起耕作的伙伴们想起他当年“苟富贵勿相忘”的诺言，于是像刘姥姥找贾府一样来找他了，惊叹陈胜生活在深院中，起居有人照料。这些少年同伴得到陈胜优待，但是个个是泥腿子，说话随随便便，到处说陈胜早年的一些故事，对陈胜的声誉造成损害，于是陈胜把这些少年同伴杀掉，以后就没有人敢再靠近陈胜了。

许攸也是因为这个原因死的。没眼色真可怕。

娄圭字子伯，是曹操的旧识旧友，刚开始依附刘表，后来归附曹操。曹操对他很重用，军国大计常和他商量。刘表死后，曹操率军进发荆州，刘表的儿子刘琮请降，诸将疑诈，娄圭说没事，肯定不是诈降。事实证实确实如此。破马超的时候，娄圭也立了大功。后来曹操和几个儿子一起出游，娄圭也跟着游玩。就这一次要了他的命。因为他看见曹操一家和乐融融的景象，说了一句话：

“此家父子，如今日为乐也。”

就是说：看这家父子啊，今天看上去多么快乐。

别人拿这话告诉了曹操，曹操以为他是在腹诽：看这家父子啊，今天这么快乐，这种快乐兔子尾巴长不了。(大概是这个意思，要不然还能怎么往歪里理解呢？)

于是把他下狱，杀掉。

娄圭纵横乱世二十年，最后死于旧友之手。曹操这个人，不是一般的“性忌”啊！

这几个人被杀，有一个共同点，就是“恃旧不虔”，就是仗着自己跟魏王是老朋友，有老交情，所以对魏王态度不好，不虔诚。

这里面，数崔琰最冤。

别人有的讽刺过曹操，有的轻慢过曹操，有的调侃过曹操，只有崔琰，因为莫须有的“腹诽心谤”，以及受辱之后的从容不迫被杀。

其实，若是他肯申辩，尚有一线生机，好比毛玠。

毛玠也是一个贤人。

《先贤行状》说他：

“玠雅亮公正，在官清恪。其典选举，拔贞实，斥华伪，进逊行，抑阿党。诸宰官治民功绩不著而私财丰足者，皆免黜停废，久不选用。于时四海翕然，莫不励行。至乃长吏还者，垢面羸衣，常乘柴车。军吏入府，朝服徒行。人拟壶飧之絜，家象濯缨之操，贵者无秽欲之累，贱者绝奸货之求，吏絜于上，俗移乎下，民到于今称之。”

他也是曹操的谋士。清廉俭朴，时人称之“廉公”。

建安十三年，曹操任命毛玠任东曹掾，和崔琰共同掌管官吏的选拔、考核与任免。两个贤者凑在一起，当然要选拔清廉有为、品德高尚的人为官了。被选拔的人既要有真才实学，又要廉洁俭朴。结党营私者，退；品行不端者，退；现任官吏，营私舞弊者，免；贪赃枉法者，免。

魏文帝曹丕做五官中郎将时，亲自去见毛玠，托他任用自己的亲属。毛玠答复说：“老臣我因为能够恪守职责，才幸而得以免于获罪。现在您所提到的人不合升迁的次第，因此我不敢奉行您的命令。”

曹操夸他：“用人能做到这样，使天下人自己治理自己，我还有什么可做的呢！”平定柳城，分赏所缴获的器物，特意把素色屏风、素色凭几赐给毛玠，说：“您有古人的风范，所以赐给您古人的用具。”

毛玠自己就是清廉俭朴的典范，从不以权谋私，不收受馈赠，常年布衣素食，十分清苦。所得赏赐用来接济贫困族人，所挣俸禄抚育兄长遗孤。为官数十年，家无余财。

有一次群臣聚会，毛玠起身去厕所，曹操看着他的背影，说：“他正是古人所说的国中正直之士，是我的周昌！”

老同事、老朋友崔琰被杀，毛玠心中不爽。后来有人也就检举毛玠，说他“毛玠出门看见脸上刺字的造反犯人，那人的妻子儿女被籍没为官家奴婢，就说：‘使老天不下雨的原因大概就是这个吧（意思是有天大的冤情）。’”

曹操一听，大怒，把毛玠也给抓了起来。（曹操这时候已经不知道理智是何物了。）

大理寺卿钟繇就责问了毛玠一大篇话：“你说这样的话，是认为魏王的法令过宽了，还是过严了呢？如果是过严了，应当导致阴雨连绵，怎么会反而天旱？成汤时代可称圣世，可田野不生青草，周宣王是好的君主，但当时也是大旱成灾。眼下的大旱发生以来，已有三十年之久，归罪于给犯人脸上刺字，这联系得上吗？

“春秋时卫人征伐邢国，本来是干旱天气，但刚出兵天就下雨，要不是邢国罪恶确凿，怎么会感应上天？你毛玠讥刺诽谤的言论已流传到百姓当中，心怀不满的声音，魏王已有所闻。

“毛玠你说出这样的话，肯定不是自言自语，当时你看见的脸上刺字者，总共是几个人？那些黥面的奴婢，你认识吗？为什么能够见到那些人，对他们叹息谈话？当时你这些话是对谁说的？他是怎样回答的？是在几月几日？在什么地方？事情已经暴露，不得隐瞒欺骗，要原原本本地写出供状。”

毛玠于是申辩说：

“我听说萧望之自杀，是因为石显的陷害；贾谊被流放，是因为周勃、灌婴的谗言中伤；白起被赐剑自刎于杜邮，晁错被斩首于东市，伍子胥命断于吴都。这几位人士的遭遇，都是由于有人公开妒忌，或是由于有人在背后暗害。

“我自年少时就做县吏，积累勤勉取得官职，我的职务处在中枢机要之所，牵涉复杂的人事关系；如有人以私情请托，他再有权势我也要加以拒绝；如有人将冤屈告诉我，再细微的事件我也要审理。

“人的本心是想无限制地追求私利，这是法律所禁止的，谁要按照法律去禁止非法求利，有权势的人就可能陷害他。进谗言的小人就像青蝇一样一哄而起，对我进行诽谤，诽谤我的肯定不是其他人。

“过去王叔、陈生与伯舆在朝廷上争辩曲直，范宣子进行评断，他叫双方举出证词，这样使是非曲直各得其所。《春秋》称许此事，因此加以记载。

“我并没有说过那样的话，也谈不上什么时间、对象。

“说我说过，则必须有证据。我请求得到范宣子那样的评辨，和王叔那样的诬陷者对质。

“如果曲在于我，行刑的日子，我就会像得到安车驷马的赠予那样安然就死；送来让我自杀的赐剑，我将把它比作重赏的恩惠。

“谨以此状作为申诉如上。”

一边有他自己的申诉，一边有桓阶和和洽的进谏营救，毛玠终于被免刑、废黜，后来死在家中，也算得了善终。

崔琰的性格是倔强的，在他这里，明哲保身那一套行不通，“留得青山在，不怕没柴烧”这一套也行不通。他是宁可死也要坚持原则、不违逆本心的人，要不然也不至于在袁绍死后，就差点被袁绍的儿子处死。

品性高洁的人，往往于治世不得令名，于乱世不得善终。

惜哉。

卷十二 《三国志·魏书十三 钟繇华歆王朗传》

第一节　了不起的钟繇

【原文】

魏国初建,(钟繇)为大理,迁相国。文帝在东宫,赐繇五熟釜,为之铭曰:“于赫有魏,作汉籓辅。厥相惟钟,实干心膂。靖恭夙夜,匪遑安处。百寮师师,楷兹度矩。”数年,坐西曹掾魏讽谋反,策罢就第。文帝即王位,复为大理。及践阼,改为廷尉,进封崇高乡侯。迁太尉,转封平阳乡侯。时司徒华歆、司空王朗,并先世名臣。文帝罢朝,谓左右曰:“此三公者,乃一代之伟人也,后世殆难继矣!”明帝即位,进封定陵侯,增邑五百,并前千八百户,迁太傅。繇有膝疾,拜起不便。时华歆亦以高年疾病,朝见皆使载舆车,虎贲舁上殿就坐。是后三公有疾,遂以为故事。

【译文】

魏国建国之初,钟繇任大理寺卿,后升迁为相国。

文帝在东宫做太子时,赏赐给钟繇“五熟釜”,在釜上铭刻文字说:

“堂堂魏国做汉室屏障。可做相国的人唯有钟繇,实在像心脏脊骨一样重要,整夜毕恭毕敬,不知怎样安处,您是百官的师长,记在这里以为众人的楷模。”

几年后,钟繇因西曹掾魏讽谋反事受株连,被罢免官职。

文帝即王位后,钟繇又任大理寺卿。

到了文帝即帝位，改任廷尉，晋升爵位被封为崇高乡侯。又升迁为太尉，转封为平阳乡侯。

当时司徒华歆、司空王朗，同是上一朝代的著名大臣。

文帝退朝后对身边人说："这些三公，都是一个时代的伟大人物，后世大概难以为继了！"

明帝即位，给钟繇晋升爵位为定陵侯，增加封邑五百户，连同以前共一千八百户，升迁为太傅。

钟繇有腿病，下拜起身不方便。当时华歆也因为年老患病，上朝进见时都让他们乘车坐轿，由卫士抬着上殿就座。

这以后三公有病，就把这种做法当成了旧例。

【评点】

以前看《三国演义》，对钟繇没什么印象，他占的笔墨太少了，几乎可以忽略不计。

可是看《三国志》，发现这个人太了不起了。

方方面面都了不起。

首先，政治地位了不起。

曹操跟袁绍在官渡作战，就是他坐镇长安，把守关中。

当时袁绍命部将郭援分出兵力，进攻河东（关中北部），郭援兵多，关中的将领就商量着要跑，关中不要了，向咱们的主帅曹操靠拢。钟繇不肯，话说得很大，他说："不行，现在关右的诸侯马腾、韩遂正在观望，没有骚扰咱们，是因为害怕我的威名。要是我现在一跑，他们就知道咱们心虚害怕，一定会来个趁火打劫，起哄架秧子，联合袁绍一起打咱们，那后果可是不堪设想。所以我要利用朝廷的名义（看来他深谙曹操的'挟天子以令诸侯'的战略精神），命令他们出兵援手。使者的话要说得厉害，叫他们摸不清咱们的深浅。"

果然，在使臣张既的游说之下，马腾派马超带着关西一万铁骑在河东一战，大破郭援，曹操的侧翼才得以稳定。

曹操当时兵不算多、将不算广，跟袁绍打仗打得自己几乎物资罄尽，这时候钟繇在关西征调了两千匹精良战马，曹操马上就组建起一支精锐的骑兵队，一下子威风大振。当然，他对钟繇的才华也就赏识日增。特地给他写一封信，称赞他是"萧何"。

乱世征战，不问亲情。就在援军马超和郭援一战中，袁绍部将郭援率兵渡河，刚到一半，钟繇和马超奋兵出击，大破之，郭援战死。郭援死了钟繇哭，一问，才知道郭援是他的外甥。郭援是庞德杀死的，庞德一听赶紧请罪，繇说：“吾甥忍昧本良，从贼扰国，将军杀之无过。”

魏国立，三公设，钟繇和华歆、王朗各居其一，好比三足之鼎，稳固朝廷。这三公所受优遇，群臣莫能比。他死在魏明帝时代，魏明帝亲自为其送葬，子孙列侯，一门荣宠。

他的个人成就了不起。

除了政治才干，钟繇这个人之所以能够在历史上留下浓墨重彩的一笔，是因为他的书法成就震古烁今。

唐代张彦远在《法书要录·笔法传授人名》里说：

“蔡邕受于神人，而传与崔瑗及女文姬，文姬传之钟繇，钟繇传之卫夫人，卫夫人传之王羲之，王羲之传之王献之。”

也就是说，钟繇是蔡邕书法的第二代传人。不过，他的书法并不僵化泥古，而是博采众长。宋代陈思《书苑菁华·秦汉魏四朝用笔法》里就记述了钟繇少年时跟随一个叫刘胜的人学过三年书法，后来又学习曹喜、刘德升等人的书法。然后刻苦用功，最终自成一家。

至于他用功的劲头，西晋虞喜的《志林》里记载了一个有趣的故事，说他曾发现韦诞座位上有蔡邕的练笔秘诀，大喜过望，如获至宝，求韦诞让他借阅，韦诞是无论他怎么苦苦哀求都不肯。钟繇急得捶胸顿足，这可不是象征的说法，是真的拿拳头嘭嘭地捶胸，搞得自己受内伤。结果闹了三天，都给急昏了，奄奄一息了，曹操听说这事，马上命人急救，钟繇才大难不死。

可是这书太珍贵了，韦诞是铁了心不给，钟繇也没办法，只能干着急。一直到韦诞死了，他还不肯死心，派人偷掘其墓，终得其书。

当然，这是小说家言，事实上钟繇死后二十年韦诞才死，再说，就算韦诞早死，钟繇身为朝廷重臣，打死他也不会去客串盗墓贼呀！

不过，如果钟繇自己对于书法不痴迷、不执着，别人也不会编出这样的故事给他硬安在身上。其事虽假，钟繇对于书法之情却真。

他临死前还把儿子钟会叫到身边，以自身经历为引，谆谆告诫，要他刻苦用功。他说自己这一辈子，有三十多年集中精力学习书法，不分白天黑夜，不论场合地点，抓空就写，没事就练。跟人坐着谈天，就在地上练；晚上睡觉，就在被子上练，时间一长，被子都给划出个大窟窿。见花草树木如见金钩银画，见鸟兽虫鱼如见转折撇捺，有时去厕所练得出神了，居然忘了出厕所回家。所谓“吾精思学，学其用笔，每见万类，皆画像之，其专挚如此”。

我们现在很多人都纳闷为什么自己做事不得出头，不得大名，却忘了十分的汗水才能浇灌出一分的成功。也许钟繇的成就令人羡慕，可是却不会令人妒忌，因为他是自己拼出来的。

钟繇书法尤精隶、楷，《法书要录》说他的书法“意气密丽，若飞鸿戏海，舞鹤游天”。后人评价他的隶书行书入神，八分书入妙，和大书法家胡昭并称“胡肥钟瘦”，又与晋朝大书法家王羲之并称“钟王”。

钟繇的小儿子钟会时常被父亲耳提面命，最后他也取得巨大成就，两父子被称为“大小钟”。

他的两个儿子也了不起。

这俩小子小时候就不是凡人。《世说新语》里面收录了这两兄弟好几条，其中小时候的有：

“钟毓、钟会少有令誉，年十三，魏文帝闻之，语其父钟繇曰：‘可令二子来！’于是敕见。毓面有汗，帝曰：‘卿面何以汗？’毓对曰：‘战战惶惶，汗出如浆。’复问会：‘卿何以不汗？’对曰：‘战战栗栗，汗不敢出。’”

一个见皇帝，吓得出汗；一个见皇帝，吓得不敢出汗。这样的对辞，普通的小孩真说不出来。

如果说钟毓的话有九分真一分假，那么钟会的话就十分假，一点真都没有。这孩子明摆着就是胆子贼大，哄皇帝玩，还哄得皇帝很开心。

蒋济到钟繇家做客，看见钟会就跟钟繇讲：“这孩子可不是一般人，你看他的眼睛，一点都不怯场，一看就是个胆大如斗的奇才。”

钟繇对这俩儿子也是极其钟爱，所以才会有下面一条：

“又值其父昼寝，因共偷服散酒。其父时觉，且假寐以观之。毓拜而后饮，会饮而不拜。既问之，毓曰：‘酒以成礼，不敢不拜。’又问会何以不拜，会曰：‘偷本非礼，所以不拜。’”

俩臭小子偷酒喝，当爹的发觉了，也不疾言厉色地制止，说一通小小年纪不可喝酒，尤其不可偷酒喝的大道理，然后再饱飨一顿竹笋烧肉或是鸡毛掸子，而是悄悄把眼睛睁开一条缝，观看这俩人的行止：

一个拘泥成礼，哪怕偷来的酒，也要拜过才喝；一个胆大妄为，本来酒就是偷来的，就属于“不礼”啦，那就干脆“不礼”到底。

所以钟毓始终是个比较规矩的人，而钟会从小即不爱守规矩，长大也不爱守规矩。他长大后当参谋，跟着司马师讨伐毌丘俭，妙计迭出，极其受赏识，司马师夸他像张良。

说起来，钟会确实是个人精。

“钟士季精有才理，先不识嵇康，钟要于时贤俊者之士，俱往寻康。康方大树下锻，向子期为佐鼓排。康扬槌不辍，傍若无人，移时不交以言。钟起去，康曰：‘何所闻而来？何所见而去？’钟曰：‘闻所闻而来，见所见而去。’”

钟会是个才子，但是面对阮籍、嵇康这些名士们总是有点自惭形秽，心里怕怕的。他写了一本《四本论》，想找他们品评品评，也好增加一点自己的知名度。想来想去，想到了美男子嵇康。他没有拿着著作大大方方登门拜访，而是把自己的作品隔着墙头扔进去，然后掉头就跑，那个惶恐、那个羞涩。不过估计后来嵇康没有给他答复，因史料无载，连记录名士言行的《世说新语》也没有记载嵇康答复钟会事，倒是记载了钟会约人一起拜访嵇康一事——估计在隔墙投书之后吧，结果嵇康只管打铁，向秀只管烧火，没人理他。

不知道钟会站了多久，反正是要走了，嵇康才说话：

“何所闻而来？何所见而去？”

好一句厉害的机锋，若是说实，又怕嵇康是拿话头难他；若是说虚，这个虚，可怎么说好？

钟会一肚皮气的情况下，还能针锋相对地回过去：

“闻所闻而来，见所见而去。”

话里话外，一片杀机。

后来嵇康之死，虽然司马昭是主谋，钟会也断然是帮凶。

其实钟毓也是个极其了不起的人，十四岁就当上了散骑侍郎，后来一路升官，去世后被追赠为车骑将军，且谥号封侯，也是个儒将一类的人物。

他和钟会小时候一起尿尿和泥，小弟兄长成老弟兄，当然对弟弟知根知底。他私下里跟司马昭讲：“我这个弟弟，聪明，谁都不如他；可是他的野心也大，恐怕会有不臣之心（就是不甘心当臣子），所以不可不防啊！”司马昭哈哈一笑，说不怕，将来要是他真的不臣不轨，那我就只治钟会的罪，不累及你钟氏一门。

景元四年（263），钟毓去世，次年钟会谋反兵败，依律当诛钟氏九族，司马昭念及对钟毓当年的诺言，网开一面。

写到这里想起一个女人。

赵括的母亲。

赵括纸上谈兵，头头是道，赵王命他为将，赵母上书曰不可，因为他爹赵奢为将领的时候，兢兢业业，广交友，所得赏赐尽分军吏下属，一旦受命，一心扑在工作上，家事一概不问。赵括呢，一朝当上了将领，脸扬得高高的，谁也不敢仰视；大王赐给他的金银财宝，一毫不肯与人，都拿回来藏在家里，天天看有没有又便宜又好的田地房宅，能买则买。他跟他爹差得太远。

赵王不听，括母就说：“既然您一定要遣他为将，如果他不称职，请不要连累他的母亲。”

果然，赵括兵败。其母免罪。

这一门三父子，关于钟毓的记载不多，对于钟会不少，史书说他识人颇有慧眼。王戎和裴楷两个孩子去拜访他，走后，有客人问他的观感，钟会说：“裴楷清廉通达，王戎简约扼要。二十年以后，这两位贤才会做吏部尚书。希望那时候天下没有被遗漏的人才。”

有关钟会，还有八卦，说是钟会是济北公荀勖的叔伯舅舅，俩人平时不对眼。荀勖有一把宝剑，价值百万，经常放在钟会的母亲钟夫人那里。钟会想骗这把剑，就模仿荀勖笔迹（人家本来就是书法家嘛，写谁像谁），写了一封信跟他母亲要剑，要了就不还回去了。

荀勖知道这是钟会干的好事，可是没办法，要又要不回来。后来钟毓、钟会兄弟俩花了一千万造了一所住宅，刚落成，精美得很，还没来得及住。荀勖也是个才子，擅长画画，就偷偷跑到钟会的新居，给他门堂上画上他爹钟繇的像，这下子可害苦兄弟俩了，一进门就看见自己的亡父，衣帽、相貌栩栩如生，心里难受，也不愿意住了，好好的房子就这么闲置起来。（“钟会是荀济北从舅，二人情好不协。荀有宝剑，可直百万，常在母钟夫人许。会善书，学荀手迹，作书与母取剑，乃窃去不还。荀勖知是钟而无由得也，思所以报之。后钟兄弟以千万起一宅，始成，甚精丽，未得移住。荀极善画，乃潜往画钟门堂，作太傅形象，衣冠状貌如平生。二钟入门，便大感励，宅遂空废。”）

总的来说，由父亲说到儿子，再由儿子说回父亲，钟繇、钟毓、钟会都了不起，而钟毓和钟会的出色，除了天资，当然和钟繇的悉心教导分不开。

说起来钟繇也是有八卦的人。

据说他小时候有一回和亲戚出门，看见个看相算命的，看见他就说：“这个小孩有贵相，不过会有水灾，要小心。”结果没走出多远，过桥马惊，钟繇掉进河里，真就差点淹死。既然这样，那他的日后富贵的预言也当不假，于是那个亲戚就资助他专心读书。

他老了后，经常几天不上朝，有人问他怎么回事，他说：“常有女人来找我，漂亮非凡。”人们说这是个妖怪，你得把她杀了，要不然她会害死你的。后来，这个美女又来找钟繇，却站在门外，不敢往前。钟繇问她怎么了，她说：“您想杀死我。”

钟繇说哪有哪有，快进来快进来。

于是美女就真的又进来了。

钟繇确实想杀了她，可是又下不了手，狠狠心终于要下手吧，又没有致命，只砍伤了她的大腿。美女一边逃跑一边用衣裳里的棉絮擦血，血流满路，是个现成的路标。

第二天，钟繇派去的人一路跟着去了一座坟墓，里面有一个漂亮女人，外表容貌身体皆如生。穿着白绸缎的衣裳，坎肩上绣着花纹，她的左大腿果然有砍伤的痕迹，坎肩里面的棉花也被抽出来擦血了。

语出《陆氏异林》：繇尝数月不朝会，意性异常，或问其故，云："常有好妇来，美丽非凡。"问者曰："必是鬼物，可杀之。"妇人后往，不即前，止户外。繇问何以，曰："公有相杀意。"繇曰："无此。"乃勤勤呼之，乃入。繇意恨，有不忍之心，然犹斫之伤髀。妇人即出，以新棉拭血竟路。明日使人寻迹之，至一大冢，木中有好妇人，形体如生人，著白练衫，丹绣罕裆（古代的一种背心，多为布帛所制。罕裆有夹有棉，男女皆可穿，妇女穿的常饰彩绣。《释名·释衣服》："罕裆，其一当胸，其一当背也。"），伤左髀，以罕裆中棉拭血。叔父清河太守说如此。清河，陆云也。

这个故事没有别的意义，不过是当代的好事者给名人的一点戏说和演义，同时也说明了钟繇这个人，确实很有名气，都有名气到了八卦满天飞。

第二节　两张脸的华歆

【原文】

黄初中，诏公卿举独行君子，歆举管宁，帝以安车征之。明帝即位，进封博平侯，增邑五百户，并前千三百户，转拜太尉。歆称病乞退，让位于宁。帝不许。临当大会，乃遣散骑常侍缪袭奉诏喻指曰："朕新莅庶事，一日万几，惧听断之不明。赖有德之臣，左右朕躬，而君屡以疾辞位。夫量主择君，不居其朝，委荣弃禄，不究其位，古人固有之矣，顾以为周公、伊尹则不然。絜身徇节，常人为之，不望之于君。君其力疾就会，以惠予一人。将立席几筵，命百官总己，以须君到，朕然后御坐。"又诏袭："须歆必起，乃还。"歆不得已，乃起。

【译文】

黄初年间（220—226），文帝下诏命公卿举荐有独特行为操守的君子，华歆举荐了管宁，文帝用安车征召了他。

明帝即位，晋封华歆为博平侯，增加封邑五百户，连同以前的共一千三百户，转封为太尉。

华歆自称有病请求退职，把官位让给管宁，明帝没有允许。

临近朝廷大型宴会时，明帝派遣散骑常侍缪袭奉诏宣布圣旨称：

“朕新近治理各种日常事务，日理万机，恐怕见闻判断不明智。依赖有德行的大臣，掌握纠正我的行为，而您几次称病辞让职位。选择考量主君，不在朝廷占据位置，抛弃荣名利禄，不去追求官位，古人已经有过这种做法，对于周公、伊尹那样的人来说就不能这样了。洁身自好，甚至以身殉节，平常人可以那样做，却不希望您那样。您还是勉力来参加大会吧，就算是给我一个人好处。我将在餐桌前站立，也让百官都像我一样，以等待您的到来，然后我才入座。”

明帝又命令缪袭：“等到华歆答应出任了，你再回来。”

华歆不得已，终于出任。

【评点】

在历史上，华歆有两张脸。

在《魏书》中，华歆有见事之明：

华歆字子鱼，是平原郡高唐县人。高唐是齐国有名的都邑，士绅无不游行于市里。华歆为吏时，假期离开官府，就回家关门不出。议事论人公正持平，始终不毁谤伤人。

同郡人陶丘洪也是个知名人士，自认为见解明智超过华歆。当时王芬与一些豪杰人物谋划废掉汉灵帝（详见《武帝纪》）。王芬暗中招呼华歆、陶丘洪共同商定计策，陶丘洪想要前去，华歆劝阻他说：“废立皇帝是一件大事，连伊尹、霍光都感到为难。王芬性格疏忽又不勇敢，这次必定不能成功，灾祸将要涉及族人，你还是不要去。”

陶丘洪听从了华歆的话没有去。

后来王芬果然失败，陶丘洪这才服气。

又其德服人，威望素著：

孙策在江东夺取地盘，华歆知道孙策善于用兵，就以幅巾束发前往迎奉。

孙策因为华歆是年长的人，所以用对尊贵客人的礼节接待他。

后来孙策死了。

太祖正在官渡，上表给天子，征召华歆。

孙权不想让他走，华歆对孙权说：“将军您奉帝王之命，才与曹公交好，料想情义尚未巩固，假使我得以为将军报效忠心，岂不是有益吗？现在空留下我，将军您养了个没用之人，这不是好主意。”

孙权高兴了，这才送走了华歆，宾客旧友为华歆送行的有一千多人，赠送金子数百。

华歆都没有拒绝，秘密地题写好标记，到了临走时，把各种礼物都聚在一起，对众宾客说：“我本来没有拒绝各位的心意，但所接受的终究太多。念我单车远行，将因怀藏美玉而得罪，希望各位宾客替我考虑。”

众人于是各自收回了自己的赠品，对华歆的德行表示佩服。

且清贫有节，做事有义：

封赐用来救济，送给亲戚故旧，家里没有一石米的储藏。

公卿曾被赏赐给犯法收官的人口，而只有华歆把她们放出嫁人。文帝叹息下达诏书说：

“司徒是一个国家的德行高尚的人，可以用来调和阴阳、整理事务的。现在大官好吃好喝，司徒却吃蔬菜粗食，很不合道理。”

特别赏赐御衣，并且给他的妻儿等男男女女都做衣服。

三府建议：“举荐孝廉，本来应以德行为标准，不再用考试经书来限制。”华歆认为：“天下动乱以来，六经毁坏衰败，应当务必给以保存扶持，以发扬王道。制定法令，是用来治理衰落的事业的。现在听任举孝廉不用经过经学考试，恐怕经学事业就要从此废弃。如果有特异优秀的人才，可以特别征召使用。担忧的是没有人才，哪里担忧有人才而不能得到呢？”

文帝听从了他的建议。

就是因为这些原因，他才备受魏帝信赖崇仰。

而在尊汉崇刘的人们的观念里面，华歆面目俗陋不堪、狞恶可憎。

管宁和他割席绝交不用说，就是在曹丕逼汉献帝禅位的过程中，他也扮演了一个十分不光彩的角色。

有一出传统戏剧叫《白逼宫》，说的是曹操挟天子以令诸侯，汉献帝刘协幽居深宫，皇位不保，与伏后商议，草就血诏，让伏后的父亲伺机杀贼。曹操知道后，带剑入宫，杖毙伏后，毒杀其子。

这出戏秦腔里叫《白逼宫》，川剧里叫《血带诏》，湘剧直接就叫一个《华歆逼宫》。因为带兵入宫的就是华歆，把伏后从夹壁墙里搜出来拖出去的也是华歆，毒死伏后并杀死皇子的还是华歆。

京剧还有一出《受禅台》，又叫《献帝让位》，剧中汉献帝白须素衣，手捧玉玺，唱腔凄惨；太尉华歆金冠玉带，翎羽高挑，按剑直指帝王，一副奸臣模样。

所以说，华歆在历史上，好比有着两张脸，一张恶，一张善；一张忠，一张奸。

其实，华歆逼献帝，在《三国演义》里有十分生动的叙述，但是史料却是无考。

而文人笔记《世说新语》里面，除了华歆的锄地见金、管宁的割席绝交外，对他也有正面的言论记载：

“华歆遇子弟甚整，虽闲室之内，严若朝典。陈元方兄弟恣柔爱之道，而二门之里，两不失雍熙之轨焉。”说华歆待家下众位子弟，十分严整，一家子都规规矩矩。

“华歆、王朗俱乘船避难，有一人欲依附，歆辄难之。朗曰：‘幸尚宽，何为不可？’后贼追至，王欲舍所携人。歆曰：‘本所以疑，正为此耳。既已纳其自托，宁可以急相弃邪？’遂携拯如初。世以此定华、王之优劣。”

就是说，乱世之中，华歆和后来同为三公的王朗一同乘船避难，路上有一个人想搭他们的船一同逃生，华歆不乐意，王朗就说船上还有余地，有什么不乐意的？于是让那个人上了船。后来强盗追来，船上人多跑不快，王朗就想把那个人扔下去，华歆说刚开始我就怕这一点，所以不愿意让他上船。可是既然已经放他上来了，紧急情况就不能再舍弃他了。于是就带着他一起逃命。世人就凭着这件事来判定华歆与王朗道德的高下。

打个比方来说，好比冬天严寒，有一个人冻得要死，求人资助。华歆和王朗都穿着一身棉衣，华歆不肯借，王朗借出去了。结果王朗借出去才发现，自己也冷得要死，于是又要那个人剥下身上的棉衣还给他。华歆就想既然到这个地步了，那怎么也得帮人帮到底，送佛送到西，刚一开始我就知道借出去了自己冷，现在既然把棉袄借了出去，又怎么好往回收呢？干脆，咱三个合穿两身棉衣吧。

大致就是这个意思。

华歆刚开始的行为看上去有些冷酷，实在是理智得不近情理，但是后来的行为能看得出他的一个“义”字；王朗刚开始看上去急公好义，过后事到临头却又反悔。两个人的精神境界，确实有差异。

华歆的孙子华峤在《谱叙》中写了一个类似的故事，至于哪个是真、哪个是假，都无从考证，不过大致意思却是相同：

说的是华歆做下邽令的时候，动乱连绵，民不聊生。华歆和郑太等一行六七个人避乱逃难。他们在路上遇见一个男子独行，希望能和他们结伴。那几个人看他可怜，就想答应，华歆却不肯，说现在这么危险的境地，正该肝胆相照，祸福与共。咱们又不了解这人的为人，谁知道他在以后的路程中会不会和咱们同心？如果走在半路上，发现这个人和咱们不是一路人，患难当头的时候，想扔都不好扔。

可是那几个人终不忍心，就带着他一起走。走着走着，这人居然走到井里了，可见其失魂落魄的惨状，连井口都没发现。华歆他们也没发现他走丢了，直到听见他在井里叫喊。那几个人说算了，别管他了，咱们逃命要紧。华歆说不行，既然接纳他跟我们一路同行，那就不能抛弃他，不然就是不讲道义。于是带着人返回去救他出井。

讲信义的人都有清名，所以正史中华歆的形象相当正面。《三国志》里就说他做高唐吏时，“议论持平，语不毁人”；出任豫章太守时“为政清静不烦，吏民感爱之”。王沈所著的《魏书》里面说华歆“性周密，举动谨慎”。裴松之赞誉华歆“积德居顺，其智可及也”，还评价他“事上以忠，济下以仁”。

至于他的清素简贫，更是传为美谈。

他和管宁之间的那段公案，一直被人认为是管宁清素高洁，华歆贪慕名利。不过华歆对于管宁确实一直是拿来当好友对待。曹丕登极之初，就下诏要求宫廷大臣向他举荐独行特立的隐士，华歆就推举了管宁，后来甚至想把自己的官位让给他。

至于逼献帝禅让，《三国志》的版本和《三国演义》的版本颇有不同。《三国演义》里面，华歆对汉献帝疾言厉色，自己耀武扬威。在《三国志》里面，却是面有忧色。

曹丕尚问陈群：“我应天受禅，文武群臣加官晋爵，个个都欢天喜地，只有华歆和你不高兴，为什么？”陈群说：“我和华歆都是汉朝旧臣，如果也像大家一样兴高采烈，说不定会引起您的憎恶呢。”

至于华歆抓捕伏皇后，确有其事，见之于《后汉书·献帝伏皇后传》。我们如果站在汉家天子的立场上来看，华歆就是助纣为虐的打手、为虎作伥的狐狗；若是站在曹魏天下的角度来看，华歆又是顶住压力直捣龙潭的忠臣。这个人其实仍旧只有一张脸，只是看的人不同，这张脸也就长着不一样的神情五官。

卷十三《三国志·魏书十四 程郭董刘蒋刘传》

第一节　明哉奉孝

【原文】

郭嘉字奉孝，颍川阳翟人也。初，北见袁绍，谓绍谋臣辛评、郭图曰："夫智者审于量主，故百举百全而功名可立也。袁公徒欲效周公之下士，而未知用人之机。多端寡要，好谋无决，欲与共济天下大难，定霸王之业，难矣！"于是遂去之。先是时，颍川戏志才，筹画士也，太祖甚器之。早卒。太祖与荀彧书曰："自志才亡后，莫可与计事者。汝、颍固多奇士，谁可以继之？"彧荐嘉。召见，论天下事。太祖曰："使孤成大业者，必此人也。"嘉出，亦喜曰："真吾主也。"

【译文】

郭嘉字奉孝，颍川郡阳翟县人。

当初，郭嘉曾北行去见袁绍，对袁绍的谋臣辛评、郭图说：

"明智的人能审慎周到地衡量他的主人，所以凡有举措都很周全，从而可以立功扬名。袁公只想要仿效周公的礼贤下士，却不知道使用人才的道理。思虑多端而缺乏要领，喜欢谋划而没有决断，想和他共同拯救国家危难，建称王称霸的大业，实在很难啊！"

于是离开了袁绍。

在这之前，颍川郡人戏志才，是个善于筹划的人士，太祖很器重他。

戏志才死得早。

太祖给荀彧写信说：

“自从志才去世后，我就没有可以与之计议大事的人了。汝南、颍川本来多有奇特人士，有谁可以继承戏志才呢？”

荀彧推荐了郭嘉。

太祖召见郭嘉，谈论天下大事。

太祖说：“能使我成就大事业的人，一定就是这个人了。”

郭嘉出来后，也高兴地说：“这才是我的真正主人啊！”

【评点】

郭嘉，曹操早期军事智囊团的核心人物。虽然年轻，但是战略眼光超卓不凡，察人目力入骨三分。袁绍、吕布等实力强悍，而最终败于曹操手下，郭嘉居功至伟。

这一段交代了三件事。

一件是郭嘉的生平：

这个人少有大志，《三国志》引《傅子》注曰：“嘉少有远量。汉末天下将乱，自弱冠匿名迹，密交结英隽，不与俗接，故时人多莫知，惟识达者奇之。”

《傅子》也是一本颇为了不起的书，是魏晋时期的傅玄的重要著作，其“撰论经国九流及三史故事，评断得失，各为区例，名为《傅子》，为内外中篇，凡有四部六录，合百四十首，数十万言，并文集百余卷行于世”。

引注的这段话的意思就是说郭嘉这个人少有大志。东汉末年，朝政荒废，阉竖专权，卖官鬻爵，民不聊生。郭嘉为避将要到来的祸乱，隐姓埋名，低调做事，低调做人。但是低调不等于平庸，他只是秘密结交英才，不结交俗人。天下还是俗人多，所以当时也没有多少人知道他，但是只要是见识高，和他交往过的人，必对他啧啧称赞。

一件是郭嘉离开袁绍的原因：

郭嘉列了袁绍的两条罪状、一个结局：

第一条罪状：徒欲效周公之下士，而未知用人之机。就是说袁绍手下人才不少，却不知怎么用。所谓外宽内忌，好贤而不能用——这话不假，田丰不就是这么冤死的吗？

第二：多端寡要，好谋无决。就是说做事情眉毛胡子一把抓，分不出重点；谋略不少，却做不出正确有效的决断。说实话，一个当领导的人，平时看上去要多风光有多风光，吃饭穿衣都有人伺候着，被人“老板”“老板”地叫着，看上去风光无限，有了事又有人一窝蜂地出主意，省心得很。可是，当领导却是最费心的，费就费在他要做决断。一件事当头，谋士们鸡一嘴鸭一嘴，有的说往东有的说往西，这个时候，如果做不出正确的决断，那就铁定要失败！

可惜袁绍真就是这么一个人，所以郭嘉预测他的结局也很准：“欲与共济天下大难，定霸王之业，难矣。”

事实证明，郭嘉料得对。料事如神。

郭嘉离开袁绍，是在他被荀彧推荐给曹操之前，也就是说，在没找到自己这根萝卜的下一个坑之前，他就离开袁绍这个坑，不端他的饭碗了。可见这个人不但识人，而且不大乐意委屈自己。

一件是他和曹操的相识、相知。

他被推荐给曹操的过程中也有一番波折。《三国演义》第十回是这样说的：

“操在兖州，招贤纳士。有叔侄二人来投操：乃颍川颍阴人，姓荀，名彧，字文若，荀绲之子也；旧事袁绍，今弃绍投操；操与语大悦，曰：‘此吾之子房也！’遂以为行军司马。其侄荀攸，字公达，海内名士，曾拜黄门侍郎，后弃官归乡，今与其叔同投曹操，操以为行军教授。荀彧曰：

“‘某闻兖州有一贤士，今此人不知何在。’操问是谁，彧曰：‘乃东郡东阿人，姓程，名昱，字仲德。’操曰：‘吾亦闻名久矣。’遂遣人于乡中寻问。访得他在山中读书，操拜请之。程昱来见，曹操大喜。昱谓荀彧曰：‘某孤陋寡闻，不足当公之荐。公之乡人姓郭，名嘉，字奉孝，乃当今贤士，何不罗而致之？’彧猛省曰：‘吾几忘却！’遂启操征聘郭嘉到兖州，共论天下之事。”

曹操赏识他不用说，曹操的确是个识货的；郭嘉对曹操的评价也很高，对自己的定位也很准，“真吾主”这三个字，把自己定位在了谋士的地位，辅助人安邦定国的地位；把曹操定位在了谋主的地位。

那么对照他对袁绍的评价，曹操显然做得非常高端：在“礼贤下士”这个相同的大前提下，把人才招纳到麾下之后，曹操比袁绍知道怎么用人，比袁绍知道怎么决断。那么，曹公当济天下之难，定霸王之业。

所以，他和曹操一见面就如鱼得水，相互欣赏，作为千古知音，传成一段佳话。

第二节　智哉奉孝

【原文】

孙策转斗千里，尽有江东，闻太祖与袁绍相持于官渡，将渡江北袭许。众闻皆惧，嘉料之曰："策新并江东，所诛皆英豪雄杰，能得人死力者也。然策轻而无备，虽有百万之众，无异于独行中原也。若刺客伏起，一人之敌耳。以吾观之，必死于匹夫之手。"策临江未济，果为许贡客所杀。

【译文】

孙策转战千里，占据了全部江东地区，听说太祖与袁绍在官渡相持不下，于是想渡江向北袭击许县。

众人听到这个消息都有些害怕。

郭嘉预测说："孙策刚刚吞并了江东，所诛杀的都是些英雄豪杰，他是能让人效死力之人。

"但是孙策这个人轻率而不善于防备，虽然他的部队有一百万人之多，却和他一个人来到中原没什么两样。

"如果有刺客伏击，那他就不过是一人之敌罢了。

"在我看来，孙策必定要死在一个平常的人手中。"

孙策到了江边，尚未渡江，果然被许贡派出的刺客杀死。

【评点】

郭嘉到了曹操帐下，好比一块美玉拂去了尘土，发出熠熠光华。那年他年仅二十七岁，和诸葛亮出山时的年龄相差无几，可惜早逝，否则三国历史上必会有郭嘉对决诸葛亮的精彩好戏。

其实，即使郭嘉没有对上诸葛亮，他也在曹操身边谋划了一系列连台好戏：

公元 197 年，曹操讨张绣，因为自己拈花惹草，勾搭了张绣的婶婶，被张绣杀了一个回马枪，差点把命搭上。这已经够丢人的了，袁绍还写信羞辱他（活该）。

曹操就问怎么办。郭嘉初来乍到，却是有备而来，心中早有一盘棋，详细而又立体地给曹操分析了他和袁绍之间的情况对比，提出有名的“十胜十败论”：

“今袁绍有十败，主公有十胜，袁绍兵虽盛，不足惧也：袁绍繁礼多仪，主公体任自然，此道胜也；袁绍以逆动，主公以顺率，此义胜也；桓、灵以来，政失于宽，袁绍以宽济，主公以猛纠，此治胜也；袁绍外宽内忌，所任多亲戚，主公外简内明，用人唯才，此度胜也；袁绍多谋少决，主公得策辄行，此谋胜也；袁绍专收名誉，主公以至诚待人，此德胜也；袁绍恤近忽远，主公虑无不周，此仁胜也；袁绍听谗惑乱，主公浸润不行，此明胜也；袁绍是非混淆，主公法度严明，此文胜也；袁绍好为虚势，不知兵要，主公以少克众，用兵如神，此武胜也。主公有此十胜，于以败袁绍无难矣。”

总的来说，所谓十胜，就是道胜、义胜、治胜、度胜、谋胜、德胜、仁胜、明胜、文胜、武胜。和荀彧的“四胜”：度胜、谋胜、武胜、德胜，二者一个像大纲，一个像论文，总之是一脉相承。

荀彧的四胜四败论出自《三国志》的正传，郭嘉的十胜十败论则引自裴松之引注的《傅子》，二者都算有据可依，也可见这两位顶尖级谋士英雄所见略同。

事情的结局和郭嘉预料的一致，袁绍败，曹操胜。

公元 198 年，吕布虎踞徐州，曹操大半年都攻之不下，士兵疲弊，操生退心。可是他帐下的谋士里面，郭嘉和荀攸都主张坚持。项羽厉害吧，可是有勇无谋之人，光凭着勇力，到那气衰力竭之时，一根指头都能推得倒，郭嘉说吕布就好比项羽，仗的是勇力，现在他力气也耗得差不多了，咱们不要退，来个急攻，一鼓作气，肯定拿下！曹操听其言，果然一鼓作气擒杀吕布，除去心头大患。

公元 199 年，曹操派刘备、朱灵出差，联合袁术，此一举无异于放虎归山。郭嘉和程昱、董昭都说“刘备不可遣”，曹操回过神来，也发现自己干了一件蠢事，赶紧派人去追，可惜晚了，刘备打死不回来。这件事在《资治通鉴》里有相关记载，而《三国志》里的记载却是有人劝曹操杀备，郭嘉则劝曹操莫因一害而伤众士之心，曹操就答应了他。如果这是史实的话，刘备一命，从某种程度上讲，还是郭嘉救的呢。

公元 200 年，曹操派兵遣将征讨刘备，不行，无功；他揎拳撸袖，要自个儿上阵，亲自挂帅。大家都怕袁绍趁他不在偷袭，曹操也拿不定主意，就问郭嘉，郭嘉把人性早看透了，对曹操说：

“袁绍这个人性子迟缓，反应慢，又生性多疑，拿不定准主意。就算他要偷袭，也不是一时半会儿就能决定得了的事；刘备又势力刚起，羽毛未丰，众心未附，咱要打也可以，但要打闪电战，打他一个措手不及，还没等袁绍有反应，这边早结束了。”

曹操心里有了底，举师东征，果然大破刘备，抓了他老婆，关羽也就是这一战被曹操擒获的，才有了《三国演义》中以后的情节后续：关公温酒斩华雄、千里走单骑。

而他对于孙策之死的“预言”，尽显超一流谋士的风采。

正在曹操跟袁绍苦斗官渡的时候，孙策想趁火打劫，袭击曹操的大本营许县。

曹操手下的人个个害怕。也是，孙策气吞万里如虎，吞并江东，诛杀豪杰，众人仰望归心。

可是郭嘉说了，他说孙策这个人虽然有本事，但是做事不周密，相当轻率，不善于防备。一个不善于周密防备的人，就算他带了百万精兵，也处处有漏子可钻，就像一个人独自来到平原，真要被伏击，他也就是个“一人敌”。所以，他一定会死在一个一般人手里。

事实证明，他说得太对了。孙策还没渡江就被许贡门下的门客给刺杀掉了。果然是“一人敌”。看来，做一个杀敌掠阵的英雄易，做一个深密有智防的智士难啊！

公元 203 年，袁绍死掉了，他的两个儿子被赶着退到黎阳。大家都想趁势，一鼓作气灭掉二袁。郭嘉别有建议。同样，他也是对于人性摸得精熟，知道袁谭和袁尚互不服气，他们手底下的谋臣也没一个能成事的，都各保其主，在里面一瞎掺和，兄弟俩必定反目。咱不如以逸待劳，先南征刘表，给他们兄弟俩反目的时间和机会；要是现在一打，两个人又拧成一股绳，攥成一个铁拳，反而难以攻克。

曹操听他的话，南征，果然袁谭和袁尚窝里斗起来，曹操分兵而破之。

公元 205 年，郭嘉建议曹操多招名士，收附民心，曹操也听了他的话，而且还做得十分到位。陈琳曾经替袁绍写过一道《讨曹操檄》，在檄文里把曹操大骂了一顿，先骂他爹和他爷爷：

“司空曹操祖父中常侍腾，与左悺、徐璜并作妖孽，饕餮放横，伤化虐民；父嵩，乞匄携养，因赃假位，舆金辇璧，输货权门，窃盗鼎司，倾覆重器。操赘阉遗丑，本无懿德；狡锋协，好乱乐祸。”

意思就是他爷爷曹腾是个太监，跟十常侍张让之流一样，都是祸国殃民的货色；又说他爹曹嵩原姓夏侯，被曹腾收为养子，是个有爹生没娘养的不知来历的货色——在那个格外讲门阀出身的时代，这话骂得可真是厉害，有如剥皮拆骨。

而且陈琳连他的“置发丘中郎将、摸金校尉”的龌龊事也都给骂出来了，就是在大热的盗墓小说《鬼吹灯》里的那些专有名词，其实就是骂曹操是个特大号的盗墓贼。

就这，曹操都不计前嫌，破袁绍后重用了他，起到了“千金市马骨”的奇效。

“千金市马骨”说的是古代有个国君爱马，为得良骑，许诺千金。可是千里马太难找了，三年过去，连根马毛也没见着。

一个大臣就自告奋勇，揽下这个任务，然后向天下百姓重金悬赏：只要提供千里马的消息的，就赏五百金；直接贡献千里马的，赏金千两。

几天后，就有人报告说找到千里马了。结果那大臣跑过去一看，嘿，是一匹死马！那主人不知道这是一匹千里马，叫它吃杂粮，干粗活，活活累死了。

大臣仍然给了那个提供消息的老百姓五百金，然后把死马运回皇宫。国王生气，说他败家，办事不力，给我弄一匹死马回来。

大臣说您别生气，千里马死了，您都愿意花五百金买回一具马骨，何况活着的千里马呢？这个消息一定会传得飞快，您的愿购千里马的决心也会流布四海，您的重信用的美名也会流布四海。您就瞧好吧，您很快就能得到千里马了。

果然，以前他三年时间也没见着一根千里马的毛，如今一年不到，就有三匹千里马被牵到他的面前。

郭嘉的这个建议意义重大，曹操广纳谏的胸怀也很大，所起到的效果也很大。

公元207年，袁绍的小儿子袁尚逃到乌桓，大家都不赞成曹操远征。一方面是说关外的胡人秉性贪婪，不讲信义，不会支持袁尚，他跑到那儿也没用；另一方面，咱们再远征的话，刘备一定会挑拨刘表袭击许昌，咱们的大本营就有危险。

郭嘉却持反对意见，说：“胡人觉得自己地处偏远，咱们不会轻而易举攻打他们，所以他们必定没有防备，如果来个突然袭击，一定能够把他们消灭。再说了，虽然胡人不讲信义，但是袁绍对胡人可是有恩的，袁尚是他的儿子，也必然在胡人中有威望。虽然袁绍死了，袁家在胡人中还是有着巨大的影响力，如果任由袁尚在那里发展自己的力量，胡人也听他调遣，以前的旧臣也响应他的召唤，老百姓都听他的命令，咱们的后方可就岌岌不稳了。

“再说刘备这方面，就算他想要怂恿刘表，刘表这家伙也只知坐谈，又对刘备心生防备，刘备就是说什么他也不肯听，所以这一点大可放心。

“当然了，咱们这一趟也确实冒着不小的风险，所谓‘虚国远征’，不过，所获取的收益也是蛮大的，如果得胜，就可以一劳永逸，永绝后患。”

曹操又听从了郭嘉的建议，进兵辽东。然后在路上再听从郭嘉的建议，留下辎重，轻兵速进，行小路奇袭柳城，敌军仓促应战，大破之。这是兵法中典型的“兵贵神速”“出奇制胜”。

按易中天的说法，刘备和曹操的斗争胜负在于他们力量的对比：“诸葛亮来到刘备的身边，是刘备‘长’，同时意味着曹操‘消’；郭嘉去世，那么意味着曹操‘消’，同时意味着刘备‘长’。就是诸葛亮出山和郭嘉去世这两件事情都是刘备赚了，曹操亏了。”

也就是说，郭嘉的分量和量级和诸葛亮相当：“郭嘉对于曹操来说极为重要……郭嘉来到他身边以后，到去世，曹操基本上是一路凯歌，成功地平定和统一了中国的北部，一直到郭嘉参与的最后一次战争，就是曹操征乌丸，大获全胜，彻底消灭了袁绍家族的力量。那么这个时候曹操志得意满，率兵南下，打荆州，打刘表，也很顺利。一直到最后曹操打到江陵，又接管了刘表在江陵的舰船顺江而东来到赤壁，结果怎么样？遭到迎头痛击，曹操是碰了钉子了，船烧了，人撤了，这个时候曹操说了这样一句话，他说：‘郭奉孝在，不使孤至此。’”

第三节　哀哉奉孝

【原文】

嘉深通有算略，达于事情。太祖曰：“唯奉孝为能知孤意。”年三十八，自柳城还，疾笃，太祖问疾者交错。及薨，临其丧，哀甚，谓荀攸等曰：“诸君年皆孤辈也，唯奉孝最少。天下事竟，欲以后事属之，而中年夭折，命也夫！”乃表曰：“军祭酒郭嘉，自从征伐，十有一年。每有大议，临敌制变。臣策未决，嘉辄成之。平定天下，谋功为高。不幸短命，事业未终。追思嘉勋，实不可忘。可增邑八百户，并前千户。”谥曰贞侯。子奕嗣。

后太祖征荆州还，于巴丘遇疾疫，烧船，叹曰：“郭奉孝在，不使孤至此。”初，陈群非嘉不治行检，数廷诉嘉，嘉意自若。太祖愈益重之，然以群能持正，亦悦焉。

【译文】

郭嘉深沉通达，有谋略，通晓事物情理。太祖说：“只有郭奉孝能知道我的心思。”

三十八岁时，郭嘉从柳城回来，病得很重，太祖派去探问病情的人一个接着一个。

郭嘉去世后，太祖亲自前去吊丧，对荀攸等人说：

“你们诸位的年纪和我是同辈，只有郭奉孝年纪最轻。天下战事完毕，我还要把身后的事务托付给他，而他却中年早逝，真是天命啊！”

随即上表，增加他的封邑八百户，连同以前所有，共一千户。追谥贞侯，由他的儿子郭奕继承。

后来太祖征战荆州返回时，在巴丘遇上了流行疾病，烧掉了船只，太祖叹息说：“郭奉孝如果还健在，不会让我落到这个地步。”

当初，陈群曾批评郭嘉行为不检点，几次在太祖面前诉说郭嘉的不是，郭嘉不以为意，神情自若。

太祖更加器重他，但同时因为陈群能秉持公正，对陈群也很欣赏。

【评点】

就是在这次远征中，郭嘉获疾辞世，年仅三十八岁。一代星陨，曹操痛哭失声。其实，我倒觉得，郭嘉年轻去世，是被活活累死的。自从到了曹操阵营，算无遗策，奇计百出，得耗死多少脑细胞啊！

《魏书》原文记载了曹操请求表彰亡臣郭嘉的上表全文：

“臣闻褒忠宠贤，未必当身，念功惟绩，恩隆后嗣。是以楚宗孙叔，显封厥子；岑彭既没，爵及支庶。故军祭酒郭嘉，忠良渊淑，体通性达。每有大议，发言盈庭，执中处理，动无遗策。自在军旅，十有余年，行同骑乘，坐共幄席，东禽吕布，西取眭固，斩袁谭之首，平朔土之众，逾越险塞，荡定乌丸，震威辽东，以枭袁尚。虽假天威，易为指麾，至于临敌，发扬誓命，凶逆克殄，勋实由嘉。方将表显，短命早终。上为朝廷悼惜良臣，下自毒恨丧失奇佐。宜追增嘉封，并前千户，褒亡为存，厚往劝来也。”

其中“军祭酒郭嘉，自从征伐，十有一年。每有大议，临敌制变。臣策未决，嘉辄成之。平定天下，谋功为高。不幸短命，事业未终。追思嘉勋，实不可忘”，读来格外使人伤感。

郭嘉被嘉表，增邑八百户，谥贞侯，尽享哀荣。

郭嘉虽死，余韵不绝。公元208年，曹操赤壁大败，浩然长叹：“郭奉孝在，不使孤至此！”

《傅子》里还记载了曹操的捶胸顿足、痛哭流涕的悲痛情状：“哀哉奉孝！痛哉奉孝！惜哉奉孝！”

郭奉孝，史书上没有他跨马提枪的勇武记载，处处都是他的谋定后动、算无遗策。在大家的印象中，他就是一个青衫的儒生，却长了一双望穿尘世、洞悉人心的眼睛。

他看透了袁绍是个绣花枕头，所以离开了袁绍；他看透了吕布有勇无谋，所以灭掉了吕布；他看透了孙策的勇猛粗疏，所以预料了孙策必亡；他看透了曹操，所以才敢献奇计、献险计、献难计、献别人不敢献的计。因为他是一个军事天才，神机妙算，料事如神。因为他知道曹操的胸怀比别人大，能够接受和采纳正确的意见。

如果曹操像袁绍、像刘表、像吕布，他又怎么敢献这样的计呢？在这些不是刚愎自用，就是妒贤嫉能，不是犹豫不定，就是自以为是的领导面前，他的智慧再大也无用。所以曹操得郭嘉，是曹操宏图霸业之幸；郭嘉得曹操，是郭嘉万丈雄心之幸。

郭嘉早逝，天不佑英才。他二十七岁出山，三十八岁去世，只为曹操集团服务了十一年；诸葛亮二十六岁出山，五十四岁病逝，在刘备集团里服务了二十八年，其中有十一年是大权独揽。

真是：“虽然天数三分定，妙算神机亦可图。若是当时存奉孝，难容西蜀与东吴。”

他的去世，是他个人的小不幸、曹操集团的大不幸。

于是，历史的深处，到现在还回荡着这样的哀音：

哀哉奉孝！痛哉奉孝！惜哉奉孝！

卷十四 《三国志·魏书十六 任苏杜郑仓传》

好官杜畿

【原文】

韩遂、马超之叛也，弘农、冯翊多举县邑以应之。河东虽与贼接，民无异心。太祖西征至蒲阪，与贼夹渭为军，军食一仰河东。及贼破，余畜二十余万斛。太祖下令曰：“河东太守杜畿，孔子所谓‘禹，吾无间然矣’。增秩中二千石。”太祖征汉中，遣五千人运，运者自率勉曰：“人生有一死，不可负我府君。”终无一人逃亡，其得人心如此。魏国既建，以畿为尚书。事平，更有令曰：“昔萧何定关中，寇恂平河内，卿有其功，间将授卿以纳言之职；顾念河东吾股肱郡，充实之所，足以制天下，故且烦卿卧镇之。”畿在河东十六年，常为天下最。

【译文】

韩遂、马超叛变的时候，弘农郡、冯翊郡很多县邑都起兵响应他们。

河东郡虽然同敌境相连，百姓却没有二心。

曹操西征到达蒲陂，与敌人隔着渭河列开阵势，军粮完全依赖河东郡供给。

等到敌人被打败，郡中储备的粮食还剩二十多万斛。

曹操下令说：“河东太守杜畿，就如同孔子所说的‘禹，我简直找不到他一点毛病来批评他’。给他增加俸禄到二千石。”

曹操征伐汉中，调遣河东郡的五千民夫担任运输工作。

这些人自动地互相勉励："人总免不了一死，可不能辜负了我们太守。"始终没有一个人逃跑，杜畿就是这样得人心。

魏国建立以后，用杜畿为尚书。

事情定下来以后，朝廷又下令说：

"过去萧何平定关中，寇恂平定河内，您也有他们那样的功劳，即将授予您纳言的职位。但是又考虑到河东郡是我的股肱要地、充实储备的所在，占据那里就足能控制全国，所以还要麻烦您去那里坐镇。"

杜畿在河东十六年，他的治理总是全国最好的。

【评点】

杜畿（163—224），字伯侯，京兆杜陵人，魏大臣，官至尚书仆射。

杜畿出身也不是无名之辈，他的祖宗杜周、杜延年父子挺有意思，杜周是贪官酷吏，杜延年却是清官廉吏，真是一黑一白，对比鲜明。到了杜畿老爹这一代就是一般人了，不当官了。杜畿早早就死了亲娘，他爹给他娶了个后娘，后娘嫁过来没多久，他爹又死了。这个后娘哦，十分不是东西，不定怎么恶待杜畿，结果杜畿竟然还对她孝顺得很。（"少孤，继母苦之，以孝闻。"）

写到这里想起一出地方戏，叫《鞭打芦花》，说的是春秋时期孔子的弟子闵损闵子骞，从小死了亲娘，当爹的给他娶了后娘，又生了俩弟弟。大冬天的，弟弟们穿着厚墩墩的棉袄，他也穿着厚墩墩的棉袄，可是他的棉袄里絮的却是芦花，就是那种芦苇上开出来的花，老了之后如棉如絮。问题是它只是像棉絮，它可不是真的棉絮呀，透气性能忒好了，跟穿单衣没啥区别。

结果闵子骞就乖乖地穿着这芦花棉衣。他爹还说，看我这老婆多贤良啊，仨儿子都一样待，穿一样的棉袄。

一天，他爹要出门，他牵车的时候，太冷了，浑身哆嗦，绳掉了，他爹也不是好脾气，就拿马鞭子抽他，原想着穿这么厚的棉袄，那就是挠痒痒，结果一鞭子下去，闵子骞哎呀一声，衣缝开了，芦花飘飘扬扬飞了出来。

他爹一看，心疼的！你这傻儿子，你娘待你不好，你都不跟我讲！回来就要休妻。

按说闵子骞就算不拨火添柴，也得冷眼旁观，结果他不，跪下替后娘求情，说不要赶娘走，留下她，只有我一个人受冻，休了她，三个孩子都要挨冻啊！

当爹的搂着他大哭，继母也大哭。从此悔改。

这个故事其实就是从《二十四孝》里的"芦衣顺母"改编来的。

杜畿比闵子骞还惨的地方就是他亲娘没了，亲爹也没了，别说后娘给他穿芦衣，就是打他骂他他都无处诉冤了。但是他却仍旧对后娘百般孝顺，若非孝到一定地步，哪会被史书记上这一笔呢？

那个时候还是汉家天下，以孝治国。也是因为孝得出了名，杜畿年纪轻轻就当官了，二十岁就当上了京兆功曹。

后来，天下就乱了，黄巾起义，董卓乱政，群雄蜂起，大家能逃命的且逃命。杜畿不过是个下级官员，无兵无马，也就跑呗。他跑归跑，却带着虐待过自己的后娘一块儿跑，跑到荆州当难民。

几年后，后娘死了，中原也稳定下来，杜畿又扶柩返乡——说他不是孝子，都没人相信。

结果路上还遇上强盗，大家都乱跑，就他没法跑，他运着棺材呢，就站着不动，真是视死如归，你扔下棺材跑路不行吗？结果他不肯。

那群强盗就要冲他放箭，他说等等等等，各位好汉，你们是为求财，可是我又没财，就这么一口棺材，你们射死我也没意思不是？强盗们一听也是，还得浪费一根箭，不值，干脆，你走吧。这么着，杜畿算是捡了一条命。若碰上那杀人如麻的，他就给他后娘的棺材陪葬了。

杜畿回了老家，他的一个朋友叫张时的，河东人，当着京兆尹，就聘他继续担任功曹。不知道怎么处的，张时对杜畿满意度达不到满分，觉得他干不好功曹这个活，杜畿就私下里发牢骚，说我做不好这个功曹不假，不过我到你老家河东当个太守那是能胜任的。

当时是牢骚，谁知道他后来就真的当了河东太守了呢。

不过他可不是给张时当河东太守去了，而是给曹操。

他后来就不在张时手底下干了，觉得没意思，就跑到许都，曹操不是迎天子都许嘛，那里就是当官的大本营，想求官，到那儿最方便了。

他在那认识了侍中耿纪，晚上去人家家里聊天，那肯定不是聊的斗鸡走马之类的话呀，肯定是评论时事的，一谈就谈到天亮，精神头够足的。而且说话嗓门儿还挺大，隔壁听得真真儿的。

隔壁住着谁呢？住的就是鼎鼎大名的荀彧。

荀彧刚开始嫌烦，谁呀大半夜的，真不讲公德。后来就听进去了，越听越点头，后来杜畿一来，他就听墙根。听了好几回，然后就心里着急，你这个耿纪这个官是怎么当的，有国士你也不往上推荐！就找耿纪算账。耿纪一听，马上就把杜畿给推到荀彧跟前了，俩人谈了几回，荀彧很满意，又把他推荐给曹操。

大家还记得曹操的用人原则吗？唯才是举呀，更别说杜畿德才兼备了，马上就让杜畿当司空司直，辅佐丞相搞监察，就好像现在的纪检委。丞相是谁呢？就是曹操嘛，曹操当时还是汉相呢。也就是说，他把杜畿当自个儿的亲信了。

后来，他就真的当上河东太守了。

无他，这个地方太敏感了。

河东郡属司隶校尉管辖，当时的司隶校尉是钟繇，那是曹操的亲信，所以河东郡就是曹操的势力范围。

当时的并州刺史高干是袁绍的外甥，所以并州属于袁绍的势力范围。

当时黄河西岸的关西地区，则是马腾、韩遂的势力范围。

曹操和袁绍争锋，都想得到马腾和韩遂的支持，而袁绍要想跟马、韩有亲密接触的话，非拿下河东郡不可。

所以，高干就派郭援为河东太守，进攻河东，要赶走朝廷任命的河东太守王邑。钟繇肯定不会坐以待毙，他倒先争取到了马、韩的支持，来个反戈一击，杀郭援，退袁绍，平河东。

其实河东太守王邑也是个好官，勤政爱民，做得一点都不差，问题是他是汉臣，不是曹操的亲信，所以曹操就把杜畿派过去了。当时他本来是派杜畿当西平太守的，杜畿正在赴西平太守任的路上呢，被快马追回，改道河东。

他可不是顺顺当当上任的，王邑坐镇一方，焉肯随便让位！派兵马阻住黄河渡口，不让杜畿入境；然后派人找钟繇谈判，取消征调。钟繇不听，王邑玩了一手绝的，把大印一揣，跑许都找汉献帝去了。干什么？讲理呗。

当初找钟繇谈判的人，一个叫卫固，一个叫范先，都是王邑的手下，而且手里都有兵马，钟繇请求曹操派夏侯惇的大军消灭这俩人的部队，好让杜畿顺顺当当地上任。

结果杜畿不同意，他说河东郡有三万户，人人都希望安居乐业，没有几个人想跟着卫固乱打仗的。要是大兵杀到，河东百姓为了自保，也会死战；要是夏侯将军败了呢？河东也就给搅得乱成一锅粥，控制不了了。那要是打胜了呢？那肯定会杀很多人，很多很多人，河东的百姓都没了，以后的生产还怎么搞？

现在卫固他们就是不让新太守上任嘛，又不是真的想反朝廷、杀新太守。我不带兵马，单车上任，他们既然不敢和朝廷翻脸，那也就不能把我咋地。给我一个月时间，我自有办法制伏他俩。

这差不多就算立了军令状了。

那么，他是怎么制伏这两个人的呢？

其实卫固和杜畿早就认识，老朋友了，还是有几分情分的。不过范先跟杜畿八竿子打不着，可就没那么好说话了，见面就想砍了他。卫固始终犹豫，范先呢，见卫固下不了手，自己一个人也不好下手，也就杀别人以示威，像郡主簿啊这些个人，三十几个，都被他给杀了。

这个时候，杜畿也没有摆出太守的派头，也没有拿出上司的范儿，你们杀就杀吧，反正是杀得对，杀得好，不杀我就行啊——反正就是缩着脖子装乌龟。

卫固本来杀杜畿之心就不那么坚定，现在一看杜畿被他们吓成这个模样，就劝范先，算了吧，杀了他有什么意思，还得被人骂咱们杀上司。咱们又不是制不住他，留着吧。

当然了，还有个不能杀杜畿的意思在哪儿呢？就是钟繇和夏侯惇可都看着哪，这边一动刀，那边就杀进来了！

然后这俩人就给杜畿举行上任典礼，杜畿这才算当上正正当当的河东太守了。

杜畿继续装孙子，给他俩封官，给他俩兵马，给他俩实权，打发他俩高高兴兴。

然后，杜畿就开始出损招了。

卫固和范先要扩军——军队好比他们的拳头，当然是越大越好。

杜畿说要不这样，咱别公开征兵，要不然老百姓还以为要打仗了，一害怕就不敢来了。就拿钱买，谁想要钱，谁就来当兵。

这钱谁出？那肯定不是杜畿出呀，又不是杜畿要招兵，是卫固和范先要招兵。不过这俩人也不在乎钱就是了，都是大家族嘛。

结果招兵的时候，这份乱劲的，下级的那些官吏多报名，少招兵，吃空饷，钱花出去好多，兵没征上来几个。

后来，杜畿又给卫固出主意，说要不这样，人都顾家，咱手下这些人，平时有家难回，心里肯定埋怨，不如别让他们坐班了，没事就放假回家，有事了就召集起来，离得又不远，召集起来也不困难。这么一来，肯定能够大收人心啊！

卫固这缺心眼的，还真就同意了，这俩人的心腹爪牙就这么给遣散了，就像螃蟹给去了几只横行的大爪一样，就剩了一只秃壳子。

那边卫固和范先的人都没了，这边杜畿悄悄往自己身边划拉了好多人……

后来，河东郡周边战乱起兮，卫固等人也就准备起兵来个一呼百应，结果手下人都没啦，一时半会儿也召集不起来，杜畿早把人心收尽，带着亲信跑到一处坚固的县城据守，全郡各县吏民对他真是一呼百应，都向他这边看齐来了，大家团结应变，短短几十天，人马达到好几千。这份实力，让卫固和范先想啃都啃不下来了。曹操大兵到来，二人被杀，河东平定。

以前他都是和那俩货斗智斗勇了，此后就是他开始正儿八经地当太守，带着老百姓发展生产。

他是怎么当太守的呢？

三个字：搞民主。

比方说打官司吧，尽量不让老百姓去为一点子小事就打官司伤和气，有啥争端的，那就讲道理，就说服，就调解，一遍不行两遍，两遍不行三遍。实在想不通的，不要紧，你们先别打官司，回去想想，要是实在还想不通，欢迎你们再来找我，咱们接着讲。

你看，没有打板子，没有收黑钱，老百姓开心不开心？那肯定开心！一个说：哎呀，咱别打官司了，别让咱们的好太守操心了；另一个就说，那算了，回家。结果就是打官司的越来越少，纠纷少了，社会也就安定了。杜畿是维稳模范啊！

当然了，这是指的一般的民事案件，比如你打了我一巴掌，我踹了你一脚，你占了我家的宅基地，我的牛啃了你的青苗，之类。若是杀人放火抢劫强奸，那就另当别论，绝不是讲讲道理就算了的。

杜畿比现在的好多官当得好的地方在哪儿呢？就是喜欢下乡，抓农业促生产。经济搞上去了，大囤小囤粮都满了，就该抓教育了，当然也要抓军事。于是他就除了搞军训外，又客串起老师，办起识字班，给大家讲经读典。听得多了，道理就明白了，道理明白了，社会风气当然就越来越好了。

这，就是杜畿如此得民心的原因所在。

这人还是个拧脾气，不怕得罪人，尤其不怕得罪大官。

有一个叫刘勋的，是曹操的人，他想跟杜畿要枣，河东那地方富裕，产枣，结果杜畿就不给，给他写封信，婉言谢绝。后来这信就落到曹操手里了，因为刘勋犯法，被杀抄家。曹操一看，夸杜畿："杜畿可谓'不媚于灶'者也。"

"不媚于灶"什么意思呢？这个典故出于《论语》，说的是王孙贾问："'与其向比较尊贵的祭祀场所祈祷保佑，不如向并不尊贵但五祀之一的灶神祈祷保佑'，这是什么意思？"

孔子说："这话不对。如果犯了滔天大罪，向什么神祈祷都没用。"

那意思就是你犯了罪，向灶君献媚也没用。

曹操这是把刘勋当成土地爷了，呵呵！

后来，曹操死了，曹丕继位。魏国出过一个损主意，就是各郡把寡妇征集起来，派到妇女少的地方，再分配，多生快养，增加人口。那些个当官的，个顶个赶得上周扒皮，只嫌自己征得少，再婚的寡妇也不放过，也得把人家拆散，报送上去，好邀功讨赏。杜畿没辙，也得遵守这个法令啊，不过他征集的数目永远赶不上别的郡的太守。

后来，他升官了，到中央去了，一个叫赵俨的接了他的班，送的寡妇一下子多了许多。曹丕生气了，就问杜畿："怎么回事，以前你送得那么少，我还以为你那郡里没寡妇，现在怎么这么多！”

那意思你敢哄弄我！

杜畿气坏了，正颜厉色：“我以前征集的寡妇，都是死人妻。现在赵俨征集的，都是活人妻！”一言既出，众人皆惊。

确实要惊啊！寡妇再嫁，说不定有了夫又有了子女，现在又来这一手，迫使人家夫妻分离、母子分离，这不是好事，而是惨事！

杜畿脾气这么硬，倒是一直受优待。曹操优待他，曹丕也继续优待他，还封他丰乐亭侯，还一个劲升官。曹丕出征，他就留守京师，算得上曹魏重臣。

不过这个人没有死在战场上，没有死在床箦间，他的死有那么一点点搞笑，在给曹丕监造楼船的时候，试水淹死的……

时年六十二岁。

真幽默，可惜是黑色的。

卷十五 《三国志·魏书十七 张乐于张徐传》

第一节 和古名将媲美的于禁

【原文】

未至太祖所，道见十余人被创裸走，禁问其故，曰："为青州兵所劫。"初，黄巾降，号青州兵，太祖宽之，故敢因缘为略。禁怒，令其众曰："青州兵同属曹公，而还为贼乎！"乃讨之，数之以罪。青州兵遽走诣太祖自诉。禁既至，先立营垒，不时谒太祖。或谓禁："青州兵已诉君矣，宜促诣公辨之。"禁曰："今贼在后，追至无时，不先为备，何以待敌？且公聪明，谮诉何缘！"徐凿堑安营讫，乃入谒，具陈其状。太祖悦，谓禁曰："淯水之难，吾其急也，将军在乱能整，讨暴坚垒，有不可动之节，虽古名将，何以加之！"于是录禁前后功，封益寿亭侯。

【译文】

还没回到曹操驻地，途中看到十多个衣衫不整的伤兵正在逃跑，于禁问他们缘故，回答说："被青州兵劫持。"当初黄巾军投降的时候，号称青州兵，曹操对他们很宽容，所以敢乘机抢掠。

于禁非常愤怒，对部下发布命令说："青州兵也属曹公统辖，还敢做贼吗？"便领兵声讨他们，责备他们的罪过。

青州兵很快跑到曹操那儿去告状。

于禁抵达后，先设立营垒，没有按时去拜谒曹操，有人劝他说："青州兵已经告了你的状了，应该赶快去曹公那里分辩。”

于禁说：“现在敌人还在后面，不定什么时候就会追来，不先防备，用什么来抵抗敌人呢？况且曹公明智，他们诬告我又有什么用！”

等到壕沟营垒都安排就绪，于禁才进去拜见曹操，把事情经过一一禀报。

曹操很高兴，对于禁说：“淯水的危难，我已经惊慌失措，将军能在混乱当中整顿军队，责讨抢掠的暴行，安营筑堑坚守阵地，有不可动摇之节操。即使是古代的名将，也不可能做得更好！”

于是记录于禁前后的功劳，封他为益寿亭侯。

【评点】

于禁（？—221），字文则，泰山钜平人。曹魏武将。和张辽、徐晃、张郃、乐进并称曹操的“五子良将”。

他在《三国志》里的出场就颇霸气，“属将军王朗。朗异之，荐禁才任大将（军）”。几乎是出场就成大将了，看上去好像没有从小兵苦苦挣扎上位的发迹史。

其实，大公鸡也是由小鸡崽子长成的，于禁也是从小兵小卒成长为大将军的。

在这段中有一个专有名词“青州兵”，这是什么兵呢？

汉灵帝中平元年（184），皇帝昏庸，官员无能，勒拷百姓，有死无生。黄巾起义就是这种极端压迫之下的高强度反弹，有起义就有镇压，于禁也作为一个行伍中默默无闻的小卒子，加入到镇压黄巾军的大军。他投奔的是正四处招揽人马的济北相——鲍信。

汉献帝初平三年（192），大批青州黄巾军潮水般涌入兖州，当时的兖州最高行政长官刺史刘岱力战而死，局势难以控制，鲍信就推举当时正担任东郡太守的曹操担任兖州牧，接替刘岱，继续跟黄巾军互拼。

毕竟黄巾军不过是拿锄动锹的老百姓，要战术没战术，要军战的人才又没有军战的人才，而曹操可是久经战阵，所以刚开始黄巾军占压倒性优势，后来却渐渐力萎。不久之后，鲍信大破黄巾主力，自己也战死沙场。黄巾军败退，曹操一路追到济北，迫降三十万黄巾军，这些降卒中的精锐编为一支劲旅，听命曹操，号称“青州兵”。

就是在兖州战乱中，于禁崭露头角。他起初不过是王朗手下的一个下级军官都伯，但是很快就被王朗推荐成大将军。曹操听说他的一步登天的履历，非常感兴趣，也面试了他一回，结果是于禁连升三级，成为军司马，厉害吧！

这个人也确实厉害，从他对待作乱抢劫的青州兵的态度、行为上即可见一斑。相当霸气，相当沉着，相当稳重，相当顾全大局，相当不顾生死。

而且，青州兵的纪律这么差，如果不能有效遏制，任由他们横行暴掠的话，不但会得罪当地的豪强和百姓，也极易酿成兵败。这种潜在的危机就这么被强悍的于禁给化解了。

他的先设营垒，固营寨，然后再拜见曹操的行为，确实如曹操所说的，有古代名将的风范。

这个名将，就是赫赫有名的周亚夫。

西汉文帝六年（前 158），匈奴犯境，文帝急调守边三路军队到长安附近驻扎守卫。其中宗正刘礼驻守在灞上，祝兹侯徐厉驻守在棘门，河内太守周亚夫守卫细柳。

《史记·绛侯周勃世家》记载："上自劳军，至灞上及棘门军，直驰入，将以下骑送迎。已而之细柳军，军士吏被甲，锐兵刃，彀弓弩，持满。天子先驱至，不得入。先驱曰：'天子且至。'军门都尉曰：'将军令曰："军中闻将军令，不闻天子之诏。"'居无何，上至，又不得入。于是上乃使使节诏将军：'吾欲入劳军。'亚夫乃传言开壁门，壁门士吏谓从属车骑曰：'将军约，军中不得驱驰。'于是天子乃按辔徐行。至营，将军亚夫持兵揖，曰：'介胄之士不拜，请以军礼见。'天子为动，改容式车，使人称谢：'皇帝敬劳将军。'成礼而去。既出军门，群臣皆惊。文帝曰：'嗟乎！此真将军矣。'"

就是说，汉文帝为鼓舞士气，亲自劳军。他先到灞上，守卫将士听说是皇帝的车驾光临，马上大开营门迎接，若是提前得到消息，说不定得张灯结彩，敲锣打鼓，迎出十里地外。主将一听说皇帝来了，连滚带爬地跑出来。文帝要走了，主帅亲率全军，把皇帝送出大门外。

他到了棘门，得到的也是同等待遇。

然后他就到了细柳营——周亚夫的驻地。前边开路的满以为仍旧可以一声通报"皇帝驾到"，然后就可以昂昂然长驱直入，结果不然。守门士兵根本不让他们进。就是说天子驾到，也不让他们进，因为"将军有令，军中只听将军命令，不听天子诏令"。

真酷。

那就等吧。等着汉文帝的车驾到了，特地派使者拿着自己的符节进去通报，周亚夫才命令开门。也就是说，周亚夫就在大营之内，他也许根本就不知道天子前导车骑驾到，是守门将士忠实地执行了他的命令；也许守门将士在拒绝了天子前导车骑的要求后，通报了周亚夫，周亚夫对他们的做法很是赞同，于是他就静待皇帝驾到；也许是这边前导车骑来了，马上就有人通报了周亚夫，是周亚夫命令他们不准开门，想来他发布命令以后，还没有实际施行的机会，这回皇帝正好撞到枪口上，于是，就“杯具”地成了一只吓猴的华丽的大公鸡。

无论是哪一种可能性，周亚夫此举都没有权谋，就是军令严正。若碰上一个昏君，亚夫危矣！

而周亚夫下面的举动更增加了他的危险性：

皇帝好容易进来了，结果守营士兵还在很严肃地告诫他们：“将军有令，军营之中缓步慢行，不许车马疾驰。”

皇帝的车夫，平时那是多么牛气的差使。想当初晏婴的车夫，都是一路上耀武扬威，把鞭花甩得啪啪响，让他老婆说他没出息；皇帝的车夫更是龙头上的苍蝇，比平常的苍蝇高贵好几分。可是现在一看皇帝都被折挫了威风，他也不敢奓刺，只好控着缰绳不让马走得太快。

好容易到了中军大帐，只见周亚夫一身戎装，出来迎接，别说三拜九叩，嘴里说“臣惶恐惶恐，接驾来迟，罪该万死”，根本就是一个拱手礼了事，手里还拿着兵器说：“甲胄之士不拜，请陛下允许臣下以军中之礼拜见。”那意思是本来我身着甲胄，不该下拜，不过看到您是皇帝，我是臣子，所以，我就给您行一个军礼吧。

文帝，明君啊！不但不怒不气，反而欠身扶着车前的横木，向将士们行军礼。劳军完毕——他到周亚夫的细柳营，是来劳军来了，犒劳军士；他到前面那俩营，那就是使军劳，那些军士都不顾守卫的正职，去列队恭迎恭送——文帝对跟着他一起来的文武百官说：“这才是真将军！”

为什么夸他是真将军呢？前面那俩营，如果有敌人偷袭，轻而易举，俩假使臣就能把大门赚开；细柳营防守严密，连只敌蝇都飞不进去！后人干脆就把纪律严明的军营称为“细柳营”。

于禁此举，和周亚夫像不像？

周亚夫此后被升中尉，掌京城兵权，文帝死时，特嘱太子刘启以后倚重亚夫，于是太子即位成为汉景帝后，又让他做了骠骑将军。

而于禁呢，被曹操猛夸一顿，封为益寿亭侯。

第二节　义斩老友的于禁

【原文】

禁督守土山，力战，气益奋。绍破，迁偏将军。冀州平。昌豨复叛，遣禁征之。禁急进攻豨；豨与禁有旧，诣禁降。诸将皆以为豨已降，当送诣太祖，禁曰："诸君不知公常令乎！围而后降者不赦。夫奉法行令，事上之节也。豨虽旧友，禁可失节乎！"自临与豨决，陨涕而斩之。是时太祖军淳于，闻而叹曰："豨降不诣吾而归禁，岂非命耶！"益重禁。

【译文】

于禁监督士兵守御土山，奋力作战，气势更加高昂。袁绍被打败，于禁升任偏将军。

冀州平定，但昌豨又反叛，曹操派于禁征剿。于禁急行军攻击昌豨，昌豨同于禁过去有过交情，所以找到于禁投降了。

众将军都认为昌豨已经投降应该送他到曹操那儿。

于禁说："你们不知道曹公一贯的命令吗？被围以后投降的不赦。奉行法律，遵守命令，这是下对上的大节。昌豨虽然是我过去的朋友，于禁难道会因此而失节吗？"

亲自到昌豨那里与他诀别，流着泪将他斩首了。

当时曹操在淳于驻军，听说后叹息说："昌豨不到我这儿投降，而去找于禁，这不是命中注定要死了吗？"

从此更加器重于禁。

【评点】

于禁这个人，不愧他得到的器重，作战那是相当勇猛。

曹操东征吕布，于禁斗败吕布二营人马；

不久独自率部在须昌战胜高雅；

打定陶，告捷；

打离狐，告捷；

打雍丘，告捷。

曹操大营遭黄巾军偷袭，他一马当先，一举击溃来犯之敌。

官渡大战，于禁自告奋勇，担任先锋，身先士卒，不避艰险。

曹操是个会用人的人，对于禁一路擢升，刚开始是军司马，然后是陷陈都尉、平虏校尉、偏将军、虎威将军、左将军，高歌猛进，冲进曹军名将行列。

当然，仅凭着他的不怕死、敢打敢拼是不会得到曹操如此重用的。他有着作为高级将领应有的可贵品质，那就是作战沉着冷静。这个人在此时的光辉形象，非常像热播电视连续剧《永不磨灭的番号》里的陈峰，人称“鬼精鬼精的陈峰”，因为在面对敌人的时候，不是像那个“老刺刀”——九路军头子孙成海一样不管三七二十一，先杀了再说；更不像那个“钢脑壳”吸铁石，一打起来啥排兵布阵的都忘了，就是一个人死命地往前冲。而是不逞一时一事一人之勇，沉着、冷静、顾全大局。用三个字来评价，就是会带兵。

于禁也会带兵。

曹操讨伐张绣，被张绣杀一个回马枪，杀得他大败亏输，狼狈逃窜，俗话说兵败如山倒，全军上下跟开了锅一样，一片混乱。只有于禁手下的几百人，一边打一边退，虽然有伤亡，却一直保持队形。敌人追击稍懈，他就清整队伍，敲着鼓返回大营。“独勒所将数百人，且战且引，虽有死伤不相离。虏追稍缓，禁徐整行队，鸣鼓而还。”（《三国志·于禁传》）

当大家都号令严明的时候，这样的做法不算个事；当大家打了败仗，丢盔弃甲奔逃的时候，这样的做法绝对令人惊艳。

官渡之战后，于禁奉命平定昌豨叛乱，再一次展现了他的铁血作风。

曹操下令“围而后降者不赦”，于是，自己的老朋友昌豨本来是投降自己，想求一条活路，反而却成了飞蛾扑火，自动求死了。

曹操哀叹昌豨命不好，咋就不来投降我呢？那意思就是要是你来投降我的话，我还能保下你的一条命啊。

不过回过头来他就重赏于禁，拜为虎威将军。真是言不由衷啊。

于禁杀昌豨，是敲山震虎，是杀鸡吓猴，是杀一儆百，是替曹操警告那些地方豪强、武装势力，跟着哥有肉吃，不跟着哥，我就要你的命！是以曹操对于禁越加器重。

第三节　一失足成千古恨的于禁

【原文】

是时，禁与张辽、乐进、张郃、徐晃俱为名将，太祖每征伐，咸递行为军锋，还为后拒；而禁持军严整，得贼财物，无所私入，由是赏赐特重。然以法御下，不甚得士众心。太祖常恨朱灵，欲夺其营。以禁有威重，遣禁将数十骑，赍令书，径诣灵营夺其军，灵及其部众莫敢动；乃以灵为禁部下督，众皆震服，其见惮如此。迁左将军，假节钺，分邑五百户，封一子列侯。

建安二十四年，太祖在长安，使曹仁讨关羽于樊，又遣禁助仁。秋，大霖雨，汉水溢，平地水数丈，禁等七军皆没。禁与诸将登高望水，无所回避，羽乘大船就攻禁等，禁遂降，惟庞德不屈节而死。太祖闻之，哀叹者久之，曰："吾知禁三十年，何意临危处难，反不如庞德邪！"会孙权禽羽，获其众，禁复在吴。文帝践阼，权称籓，遣禁还。帝引见禁，须发皓白，形容憔悴，泣涕顿首。帝慰谕以荀林父、孟明视故事，拜为安远将军。欲遣使吴，先令北诣邺谒高陵。帝使豫于陵屋画关羽战克、庞德愤怒、禁降服之状。禁见，惭恚发病薨。

【译文】

那时候，于禁同张辽、乐进、张郃、徐晃都成为名将，曹操每次出征，都轮替着让他们担任先锋、殿后，而于禁带兵严肃齐整，缴获的财物，自己一毫不取，因此赏赐特重。但他以法约束部下，所以不很得人心。

曹操一直痛恨朱灵，想夺了他的军营，因于禁有威信，为人所看重，就派于禁带几十名骑兵，拿着命令，直接到朱灵的营地解除他的兵权，朱灵和他的部下都不敢妄动，于是任命朱灵担任于禁手下的督军，大家都被镇服。

于禁就是这样令人畏惧。

后来于禁升任左将军，持节钺，又分给他五百户食邑，封他的一个儿子为列侯。

建安二十四年（219），曹操在长安，命曹仁去樊城讨伐关羽，又派于禁协助。

赶上秋天，下暴雨，汉水泛滥，平地水深好几丈，于禁部下七军都被淹没。于禁同众将登上高坡，望着汪洋一片，无处躲藏。

关羽乘着大船靠近攻击，于禁只得投降，只有庞德不屈而死。

曹操听说后，哀叹了很久，说："我了解于禁有三十年，哪想得到临危处难，反而不如庞德呢？"

后来孙权擒获关羽，俘虏关羽部下，于禁又归附于吴国。

魏文帝即位，孙权称藩国，命于禁回归。

文帝召见于禁，看到他须发雪白，面容憔悴，叩头流泪，文帝用荀林父、孟明视的事安慰他，封他为安远将军。

想派他出使吴国，先让他到邺城拜谒曹操的陵墓，预先让人在陵堂画上关羽战胜，庞德愤怒不屈，于禁屈膝投降的情形。

于禁看到以后，惭愧愤恨，发病而死。

【评点】

受器重是一回事，得人心是一回事。

于禁以法治下，不怎么灵活变通，这种做法从他斥青州军、杀老朋友也能窥见一二。当兵的也爱财，结果他不让他的部下们捞油水。所以他的部下对他不是爱，而是敬、是怕。敬的是他自己也不捞油水，怕的是他惩罚起想捞油水的手下来手段想来也是狠辣无情。

这样的人，因为立身正，所以自然就威重令行。

他的威信高到什么程度呢？

曹操要削朱灵的兵权，历来削兵权和削藩一样，容易引发兵变，有几个人能像宋太祖“杯酒释兵权”那么轻而易举呢？毕竟谁也不会甘心自己交出菜刀，沦为待宰的猪羊。结果于禁真就给他把这个难题轻而易举地解决了。

好一个于禁！他带上曹操的手令，率领区区几十个人，就策马飞奔进朱灵的大营，结果朱灵就乖乖交出了兵权。朱灵手下将士众多，惮于于禁军威，竟然一个反抗的人都没有。这种霸气！这种杀气！这种威信！

结果这么一位显赫的名将，却有一个晚节不保的下场。他的威名就毁在了名战“水淹七军”。

建安二十四年（219），关羽率兵攻打樊城。曹操派遣于禁和庞德前去救援。庞德抬着棺材上路，誓与关羽决一死战。《三国志·魏书·于禁传》引胡三省注曰：“太祖征荆州，以（赵）俨领章陵太守，徙都护军于禁、张辽、张郃、朱灵、李典、路招、冯楷七军，盖以襄阳重镇，故特留重兵以守之。”

结果秋雨连绵，襄江水涨，关羽放水淹七军。

庞德不降，被杀；于禁投降。

曹操哀叹他的晚节不保，后人也哀叹他的晚节不保。

有人怒其不争，我却哀其不幸。

于禁一生忠勇，奋力拼杀，官渡之战中自请先锋，所谓先锋，就是枪头，前面无论是柴垛还是铁墙，都得身先士卒地往前冲。这哪里像一个怕死的人做出来的事？他匹马入朱营，又哪里像是贪生？想当初青州军都飞马向曹操告状去了，他都不急着辩解，也不怕主人一怒砍了他的头……

可是，大水来了。

常言说水火无情。

是真的无情。

面对着漫山遍野的对手，你可以奋力杀敌，杀一个够本，杀两个赚一个；可是面对着漫坑漫谷的滔天洪水，战士们逃啊，逃啊，哪里都逃不出去，到处都茫茫如海。这个时候，你有冲天的本事，有什么用？随便来几个人，就能把这群已经毫无斗志的人给收拾得干干净净。

于禁御下甚严，人人怕他，可是他是一个好将领，好将领就不能不顾手下将士的死活。若有一成的胜算还能拼一拼，若是一毫的胜算也没有，如果自己不肯降，手下的将士也不能降；手下的将士不能降，岂不全是泡在水里待宰的猪羊？三万人，不是三千，不是三百，不是三十，不是三个人，断送三万人的性命，就算他是严格治军御下的于禁，这个心理压力，估计他也是无法承受的。

那么，他的投降，于情理上就可以讲得通了。

至于庞德的不肯降，一方面是他忠贞向主，另一方面也有他自身的特殊原因。

他曾经是马超的部下，他的堂兄庞柔又事蜀汉，平时也许就备受他人议论，此时他若一降，曹操一怒：好哇，原来你一直就对我不忠，一直就心向蜀汉，那么，你的老婆孩子一大家子都统统不用活了！而如果自己一力战死，为魏尽忠，那么，他的家人必得厚待，以一人之命，换家族平安，值啊！

当然，这样想是小人之心，世上多的人是为大义不顾自己和亲人的死生；可是，这大小也算庞德不屈被杀的一个理由吧。

再者，在面对庞德的时候，关羽是极力劝降的，他实在不降，才不得已杀了他；而面对于禁的时候，必定也是极力劝降。关羽这个人，被中国民间奉为“武圣人”，因为他尽义全忠。一个斗大的“义”字高悬日月，是他一生秉承的信条。他待刘备如此竭力尽忠，但是在华容道为报曹操优待之恩，而且放跑了这个大祸害，如今，他的不杀于禁，未必没有报曹操之恩的意思。

当然了，只要不杀于禁，把他关起来，只要对外放出风声，说是于禁投降啦，这下子，曹军的士气被打击得也不轻。这么一来，无论于禁降与未降都百口莫辩。

结果关羽也给自己找下了麻烦。这三万降卒要吃饭，没粮了，咋办？“擅取湘关米”，就是捞过界了，孙权就利用这个借口跟荆州打仗——有的时候，打仗真的只需要一个借口。《三国志·吕蒙传》中记载：“魏使于禁救樊，羽尽禽禁等，人马数万，托以粮乏，擅取湘关米。权闻之，遂行，先遣蒙在前。蒙至寻阳，尽伏其精兵舳舻中，使白衣摇橹，作商贾人服，昼夜兼行，至羽所置江边屯候，尽收缚之，是故羽不闻知。”

就是吕蒙等人船舱里埋伏下精兵，然后让人穿上平常人的衣裳（即“白衣”，就是平常人的意思），在外面摇橹送船，就好像是真的商人一样。昼夜兼程，到点蹲候，把关羽前来换粮的人都给绑了囚禁，断绝消息通道，关羽一点都不能知道。

然后呢，自己再派军士扮成商人的样子，回城卧底，里应外合，袭取荆州。

荆州就这么被孙权夺了。于禁这个降将就又这么落入孙权之手。

降将啊，没脸，处处被人看不起。孙权带着于禁骑马并行，孙权手下的虞翻就敢当面呵斥他："你一降虏，怎么敢跟我们的君上齐头并进！"要不是孙权呵止，于禁当场就得被虞翻拿马鞭子抽翻在地。

再有一回，孙权带着身边人在船上听着音乐喝酒，于禁不知道听了什么，流起眼泪，估计是平时心中郁闷，极易触景生情所致（有几个人像阿斗一样，国都亡了，还看着歌舞，傻呵呵地笑，说"此间乐，不思蜀"呢？），结果虞翻又骂他："你干吗？假哭啊？想求主上赦免你啊？"一个人偷偷哭都哭出不是来了……

后来，孙权和曹魏讲和了，要把于禁还回去，虞翻还不依不饶，一定要孙权斩了他："禁败数万众，身为降虏，又不能死。北习军政，得禁必不如所规。还之虽无所损，犹为放盗，不如斩以令三军，示为人臣有二心者。"那意思就是把于禁也当只大公鸡一样宰了，让那些有二心的臣子们（猴子们）看看，看他们以后敢不敢随便投降敌人！

孙权不听，送还于禁，虞翻又跟于禁说话："你可别觉得咱吴国没人啊，是我的计谋没有被采纳。要是采纳了，你就死了。"

你说，于禁在东吴这边，脸皮都像树皮一样，被人剥光削尽了。待到他好容易回到故土，已经是"须发皓白，形容憔悴"。这样的日子，过一年，真足以老十岁。

曹丕这个人阴损，表面上是善待于禁，还给他的投降找理由；可是，内里，他却操起了杀人的软刀子——不如此估计不足以出他胸中一口恶气：

于禁从吴国被放回来了，被封了将军，然后又派到吴国当使臣，这已经足够让人难堪；结果曹丕又安排他拜谒曹操陵墓，故主已逝，本无颜面见，又被逼着见他的坟墓，这种难堪更上了一层楼。然后于禁到了墓前一看，陵墓的壁画上画的是什么？

关羽水淹七军，庞德瞋目不降，于禁屈膝跪降！

什么叫诛心？

这就叫诛心！

曹操和曹丕都是"隐诛"高手。曹操一个空饭盒，要了荀彧的命；曹丕一幅画，要了于禁的命。

北宋孔平仲写了一首长诗，专写于禁，名字就叫《于将军》，录之以飨：

长安遣兵百胜强，意气何有汉中王？七军之心俱猛鸷，虎兕插翼将翱翔。

睥睨荆益可席卷，白帝城高如堵墙。秣马蓐食朝欲战，雷声殷殷山之阳。

沉阴苦雨十余日，汉水溢出高腾骧。仓黄不暇恰步伍，攀缘蹙踏半死伤。

计穷岂不欲奔走？四望如海皆茫茫。鼍鸣鱼跃尚恐惧，万一敌至谁敢当？
邀看大船载旗鼓，闻说乃是关云长。蒙冲直绕长堤下，劲弩强弓无敌者。
虽有铁骑何所施？排空白浪如奔马。将军拱手就絷缚，咋舌无声面深赭。
捷书一日到锦城，只轮不返截西行。将军畴昔负朋友，若此昌豨犹得生。
循环报复虽天意，壮士所惜唯功名。曹瞒相知三十年，临危不及庞明贤。
归来头白已憔悴，泣涕顿首尤可怜。高陵画像何诡谲？乃令惭痛入九泉。
淯水之师勇冠世，英雄成败皆偶然。

人们都敬烈士，鄙视降军。过去因为投降而遭到不公平待遇的战士中外皆有，比比皆是；可是现在观念正在慢慢改变，人们较以前更重视生命，甚至有的国家的军队提倡：在力战未果，没有胜算可能的情况下，不要再枉耗生命，投降为上。

从这个角度说，于禁的投降，也是可以被谅解、被原宥的吧！

卷十六《三国志·魏书十八
二李臧文吕许典二庞阎传》

第一节　李典：一种不动声色的清高

【原文】

时太祖与袁绍相拒官渡，典率宗族及部曲输谷帛供军。绍破，以典为裨将军，屯安民。太祖击谭、尚于黎阳，使典与程昱等以船运军粮。会尚遣魏郡太守高蕃将兵屯河上，绝水道，太祖敕典、昱："若船不得过，下从陆道。"典与诸将议曰："蕃军少甲而恃水，有懈怠之心，击之必克。军不内御；苟利国家，专之可也，宜亟击之。"昱亦以为然。遂北渡河，攻蕃，破之，水道得通。刘表使刘备北侵，至叶，太祖遣典从夏侯惇拒之。备一旦烧屯去，惇率诸军追击之，典曰："贼无故退，疑必有伏。南道狭窄，草木深，不可追也。"惇不听，与于禁追之，典留守。惇等果入贼伏里，战不利，典往救，备望见救至，乃散退。从围邺，邺定，与乐进围高干于壶关，击管承于长广，皆破之。迁捕虏将军，封都亭侯。典宗族部曲三千余家，居乘氏，自请愿徙诣魏郡。太祖笑曰："卿欲慕耿纯邪？"典谢曰："典驽怯功微，而爵宠过厚，诚宜举宗陈力；加以征伐未息，宜实郊遂之内，以制四方，非慕纯也。"遂徙部曲宗族万三千余口居邺。太祖嘉之，迁破虏将军。与张辽、乐进屯合肥，孙权率众围之，辽欲奉教出战。进、典、辽皆素不睦，辽恐其不从，典慨然曰："此国家大事，顾君计何如耳，吾可以私憾而忘公义乎！"乃率众与辽破走权。增邑百户，并前三百户。

典好学问，贵儒雅，不与诸将争功。敬贤士大夫，恂恂若不及，军中称其长者。

【译文】

当时曹操同袁绍在官渡相持，李典率领自己的宗族和部下运输粮食装备以供军需。

袁绍被打败以后，李典担任裨将军，屯驻安民城。

曹操在黎阳进攻袁谭、袁尚，派李典与程昱用船输送军粮。

遇到袁尚派魏郡太守高蕃领兵屯扎在河的上游，断绝了水路。

曹操命令李典、程昱："倘若船不能通过，就下来走陆路。"

李典同众将商议说："高蕃的部队缺乏甲胄而只靠占据着上游，有松懈的态度，进攻他一定能取胜。军队不应由朝廷内部控制，只要有利于国家，独断也可以，应迅速发动攻击。"

程昱也认为有道理，便向北渡河攻打高蕃，击溃了敌人，水路得以畅通。

刘表让刘备侵犯北方，到达叶县。

曹操派李典随同夏侯惇抵御。

一天早晨，刘备烧毁营寨撤退，夏侯惇领兵追击，李典说："贼兵无故撤退，恐怕一定有埋伏。南边道路狭窄，草木茂盛，不能去追。"

夏侯惇不听，同于禁追去，李典留守。

夏侯惇果然陷入敌人埋伏，战斗失利，李典前去营救，刘备望见救兵来到，便分散撤退。

后李典随曹操包围邺县，平定该地。

又同乐进在壶关包围高干，在长广攻打管承，都击溃了敌人。

李典升任捕虏将军，封都亭侯。

李典宗族部属三千多家，住在乘氏县，自己要求移居到魏郡。

曹操笑着说："卿要学耿纯吗？"

李典谦虚地说："我愚钝胆小，功劳低微，而享受的禄位太厚，实在应该全族效力。加上现在征伐还没有停止，应当充实京郊以内，来控制四方，不是由于要效仿耿纯。"

便迁移宗族部属一万三千多人到邺城居住。

曹操嘉奖了他，任命他为破虏将军。

与张辽、乐进屯驻合肥，孙权率众包围了合肥，张辽要按照曹操的指令出战，乐进、李典、张辽平素都不和睦，张辽怕他们不听指令。

李典慨然说："这是国家大事，只看你的计策如何，我们难道会因为私人成见而忘记公义吗？”就领兵同张辽出击，赶走了孙权。

李典增加食邑一百户，连同以前的共三百户。

李典喜好学问，看重儒雅的风度，不和众将争功。

尊敬贤德的士大夫，恭顺得唯恐比不上他们，军中都称他为长者。

【评点】

李典，字曼成，山阳郡巨野县人。

这个人是个武将，却武得很有特点。武出勇悍不稀奇，武得儒雅，武得高贵，武得小小年纪即有长者之风，这个就不易了。

李典是年少成名。他的儒雅不是后来才修炼的，是小时候就有的，腹有诗书气自华嘛！他年少好学，博览群书，不喜读兵法，拜师读《春秋》，似乎天生就应该是一个当文官的料，却成了武将军。

李典的伯父李乾在乘氏这个地方就集合了好几千食客，有点像孟尝君的做派。汉献帝初平时期，李乾率众跟随曹操打黄巾军，又跟着曹操打袁术。吕布叛乱，曹操派他回乘氏安抚百姓。所谓树大招风，他手下那几千食客目标太大了，引起吕布的注意，吕布就派人拉拢，想让他为我所用，结果李乾不听，被杀。

李乾死了，遗下的兵马父死子继，曹操就让李乾的儿子李整继续带队，攻打杀父仇人吕布的别驾薛兰和治中李封。其时李典也跟着李整，薛兰和李封被打败，李典也论功行赏，升为青州刺史。

后来李整也死了，行伍之中，人命危浅，朝不虑夕。李整死后，李典统领他遗下的兵马，继续跟着曹操干。平定兖州有功，任中郎将，离狐太守。曹操看这个人不是那种勇猛粗豪的武人，就让他试着管理百姓。

据推断，杀薛、李是公元195年，李典最早死于公元209年，他死的时候三十六岁，那么，他当中郎将管理百姓的时候，最多只有二十二岁。

真是少年英才。

在打袁绍两个儿子袁谭和袁尚的时候，李典和程昱负责后备工作，就是运送军粮。兵马未动，粮草先行嘛！这个押运粮草的工作也是重中之重。当时他们走水路，袁尚派高干把水道给堵了，过不去。曹操没辙，说实在不行，你们就走旱路吧。他可没打算让这两个人和敌人硬拼，拼不过再把军粮毁了，就麻烦大了。

可是李典不肯听。

不是他桀骜难驯，也不是他特立独行，是他经过冷静的观察和理智的分析，发现高干并没有把自己的粮草运输队放在眼里，凭着占了地利的便宜，防备松懈，又装备不多不精，有可乘之机。

这个时候就见出李典这个年轻人的决断来了：将在外，君命有所不受。干脆，给他来个出其不意，攻其不备！

果然，大破之。二十出头，小小年纪，敢蹈险地，一鼓破敌，是个良将的好苗子。

《三国演义》第三十九回“荆州城公子三求计　博望坡军师初用兵”里描述了一场诸葛亮初出茅庐火烧博望坡的一场好戏：

“惇令于禁、李典押住阵脚，亲自出马阵前。遥望军马来到，惇忽然大笑。众问：‘将军为何而笑？’惇曰：‘吾笑徐元直在丞相面前，夸诸葛亮为天人；今观其用兵，乃以此等军马为前部，与吾对敌，正如驱犬羊与虎豹斗耳！吾于丞相前夸口。要活捉刘备、诸葛亮，今必应吾言矣。’

“遂自纵马向前。赵云出马。惇骂曰：‘汝等随刘备，如孤魂随鬼耳！’云大怒，纵马来战。两马相交，不数合，云诈败而走。夏侯惇从后追赶。云约走十余里，回马又战。不数合又走。韩浩拍马向前谏曰：‘赵云诱敌，恐有埋伏。’惇曰：‘敌军如此，虽十面埋伏，吾何惧哉！’遂不听浩言，直赶至博望坡。

“一声炮响，玄德自引军冲将过来，接应交战。夏侯惇笑谓韩浩曰：‘此即埋伏之兵也！吾今晚不到新野，誓不罢兵！’乃催军前进。玄德、赵云退后便走，时天色已晚，浓云密布，又无月色；昼风既起，夜风愈大。夏侯惇只顾催军赶杀。

“于禁、李典赶到窄狭处，两边都是芦苇。典谓禁曰：‘欺敌者必败。南道路狭，山川相逼。树木丛杂，倘彼用火攻，奈何？’禁曰：‘君言是也。吾当往前为都督言之；君可止住后军。’李典便勒回马，大叫：‘后军慢行！’人马走发，那里拦当得住？于禁骤马大叫：‘前军都督且住！’夏侯惇正走之间，见于禁从后军奔来，便问何故。禁曰：‘南道路狭，山川相逼，树木丛杂，可防火攻。’

“夏侯惇猛省，即回马令军马勿进。言未已，只听背后喊声震起，早望见一派火光烧着，随后两边芦苇亦着。一霎时，四面八方，尽皆是火；又值风大，火势愈猛。曹家人马，自相践踏，死者不计其数。赵云回军赶杀，夏侯惇冒烟突火而走。”

在这场戏里，显然诸葛亮是主角，夏侯惇是和他对戏的大反派，李典等人不过是点缀的配角，但是他也起了临阵提点的作用。

而在《三国志》里，这场戏的主角就成了李典了，和他对戏的反派是刘备，给他配戏的是夏侯惇。

说实话，如果这次战斗领兵的不是夏侯惇而是李典的话，谁胜谁负还真是难以预料。刘备固然想用火攻，奈何李典不肯上钩耳！

李典屡建战功，备受重用，突然有一天，发一奇想，要来一个大搬家。

他的老家在乘氏，他想把整个宗族一大家子都搬进魏郡。魏郡的中心是邺城。这可是当时中原地区最富庶繁盛的大都市。韩馥、袁绍都把它当成州政府中心，曹操破袁，领冀州牧，也是把邺城当成根据地。东汉名义上都城在许，实际上，政治中心就是在魏都的邺城。

李典这次大搬家，引发了曹操的玩笑一般的疑问："啊，爱卿，你又是想效仿耿纯吗？"

耿纯又是谁?

这个人是东汉的开国功臣，"云台二十八将"之一。

当时也是群雄相争，他和刘秀看对了眼，誓死跟随刘秀，刘秀南下，他带着堂兄弟耿欣、耿宿、耿植，还有他门下的宾客，还有他的一大家子，一共两千多人，那些个老的、病的也一起来了，居然还拉着棺材，一起迎接刘秀。

刘秀高兴，封他耿乡侯，任命他为前将军。

当时刘秀势力并不大，老是被人追着跑，倒是邯郸王郎势力挺大的，好多郡国官吏望风归附，希图大树底下好乘凉。耿纯怕自己的族人里边也会有人怕刘秀兵不多将不广，生归心，干脆派耿欣和耿宿回老家，一把火把所有的房子都烧了。

刘秀问他为什么，他说："今邯郸自立，北州疑惑，纯虽举族归命，老弱在行，犹恐宗人宾客半有不同心者，故燔烧屋室，绝其反顾之望。"(《后汉书·耿纯列传》)

这一手玩得真绝，后路都给断了，老家也回不去了，就踏踏实实大家伙一起跟着刘秀干吧!

曹操此问，即源出于此。

但是李典回答得非常谦虚，谦虚得都不像他这个正当热血年龄，又功勋卓著的将领当有的态度。

他说："不是我要效仿前朝贤人，实在是我这个人又笨，胆子又小，立了芝麻绿豆大的功劳，却享受着西瓜那么大的禄位，我也没有别的可以报答明公，只好全族效力吧。再说了，咱们现在不停征伐，人口短缺，正好可以用我家的人口充实城市，人多力量大嘛！"

单从这个态度，他就不是凡人。

在人群中生活，我们通常都会用一句话自勉，叫作"人在江湖漂，谁能不挨刀"。之所以会挨刀，就是因为有人的地方就有左中右，有人的地方就有乌眼鸡，有人的地方就有你看不上我、我看不上你，有人的地方就有下刀子、使绊子。

就是曹操手底下这几员大将之间也不例外。

李典被曹操派到合肥去，与张辽、乐进一起镇守合肥，防御孙权，曹操倒自己跑去打张鲁了。

他们三个人手底下的兵只有七千多，凭着东吴的威胁性，这点兵力太少了。再说，这三个人的身价之高，个个都像大肥肉似的，是只老虎都想叼了走。

果然，曹操前脚刚走，后脚孙权就拉来十万人马，把合肥给围了。

怎么办？

对打吗？七千对十万，还不够人家塞牙缝的，十多个人打一个，就是一头大象也给干倒了。防守吗？等援军来，黄花菜都凉了，合肥早失陷了，自己阵营这三人也早被捉的被捉、被杀的被杀了。

张辽不愧是大将：干脆，主动出击，乱它的阵脚，打它个措手不及！

可是，他一个人说了不算，三员大将哪。李典、乐进、张辽，这三人平时就互相看不顺眼，要是他一人说打，那俩人反对怎么办？军中表决他也赢不了啊！

结果在这关键时刻，李典说了："这是国家大事，我只看你的计策好不好，要是好，那就听，怎么会以个人的私怨忘了公义大事？"

他都这么说了，乐进当然也不会说别的，于是统一思想，打！

这就是著名的逍遥津之战：

第二天凌晨，张辽全身披挂，带着八百人，大叫着"张辽在此"，直冲孙权主阵。孙权慌了神，左右护卫赶紧拥着他退到小土丘上，长戟朝外，直指曹军。张辽在下边要孙权有种就下来决一死战，孙权又不傻，才不动呢！

结果孙权定神一看，张辽只有几百人，赶紧下令，包围他们，一个都不许跑！

张辽一看事不对，和左右数十人在东吴军的层层围困中杀一条血路，杀出重围。结果回头一看，其他的弟兄们还被围着呢，又冲破层层围困，杀进去，把他们也带出来。

这下子把东吴军给震撼的，原本想人多欺负人少的高昂斗志都低迷了，也没人敢拦了，张辽率军回城，初战告捷。

此后孙权攻城，又不好攻，因为合肥城墙高，滚石檑木一样不少，他们攻，这边防，十几天拿不下来。东吴军又闹传染病，没办法，孙权只好下令班师回朝。

曹操也没想到张辽、乐进、李典能够七千人大败孙吴十万大军，于是大为叹赏之余，一路封赏：张辽被封为征东将军；李典多赏采邑三百户；乐进记前功，多赏采邑五百户，官升右将军。

在这三个人里面，李典是受封最轻的。看似他所起的作用不大，可是，如果没有他不计前嫌、同仇敌忾、慷慨激昂的表态，这三个人也不会拧成一股绳，大破吴军。张辽的功在明，李典的功在暗，他不说就没人替他说，可是偏偏他又是个不争功的人。

大概这就是他的官职一直都不太高的原因吧。这样的一个人，有一种不动声色的清高。

第二节 许褚：忠犬总比奸人香

【原文】

从征张绣，先登，斩首万计，迁校尉。从讨袁绍于官渡。时常从士徐他等谋为逆，以褚常侍左右，惮之不敢发。伺褚休下日，他等怀刀入。褚至下舍心动，即还侍。他等不知，入帐见褚，大惊愕。他色变，褚觉之，即击杀他等。太祖益亲信之，出入同行，不离左右。从围邺，力战有功，赐爵关内侯。从讨韩遂、马超于潼关。太祖将北渡，临济河，先渡兵，独与褚及虎士百余人留南岸断后。超将步骑万余人，来奔太祖军，矢下如雨。褚白太祖，贼来多，今兵渡已尽，宜去，乃扶太祖上船。贼战急，军争济，船重欲没。褚斩攀船者，左手举马鞍蔽太祖。船工为流矢所中死，褚右手并溯船，仅乃得渡。是日，微褚几危。其后太祖与遂、超等单马会语，左右皆不得从，唯将褚。超负其力，阴欲前突太祖，素闻褚勇，疑从骑是褚。乃问太祖曰："公有虎侯者安在？"太祖顾指褚，褚瞋目盼之。超不敢动，乃各罢。后数日会战，大破超等，褚身斩首级，迁武卫中郎将。武卫之号，自此始也。军中以褚力如虎而痴，故号曰虎痴；是以超问虎侯，至今天下称焉，皆谓其姓名也。

【译文】

许褚随曹操讨伐张绣，抢先登城，杀死了成千上万的敌人，升任校尉。

又随曹操在官渡讨伐袁绍。

当时常随曹操的谋士徐他等人阴谋反叛，因为许褚总是在曹操身边护卫，害怕他所以不敢发动。

等许褚休息不在跟前的时候，徐他等人藏着刀进了曹操的营帐。许褚至下房心有灵感，又回来侍卫。

徐他等人不知道，进帐一见许褚，大惊失色。

许褚觉察到徐他等人神色反常，就杀了他们。

曹操对许褚更加亲信，出入都和他同行，不离左右。

他跟随曹操包围邺县，奋力战斗建立功勋，曹操赐他关内侯的爵位。

又随曹操讨伐韩遂、马超到潼关。

曹操要北渡黄河，到了河北，先让士兵渡河，曹操自己和许褚及一百多名虎士留在南岸断后。

马超率领一万多步骑兵追曹军，箭矢像雨点一样飞来。

许褚告诉曹操，敌人来得很多，现在士兵都已经渡过河去，我们也应离开了，便扶着曹操上船。

敌军猛烈攻打，曹兵争着渡河，船超重将要沉没。

许褚刀砍攀船的士兵，左手举着马鞍护住曹操。船工被流矢击中死去，许褚右手撑船，勉强渡过对岸。那一天若不是许褚，曹操就要遇难了。

后来曹操同韩遂、马超单独对话，左右的侍卫都不许跟随，只带了许褚一个人。

马超仗着力大，想突然地冲过来捉住曹操，早听说许褚勇猛，怀疑跟来的就是他，便问曹操说："公有位虎侯在什么地方？"曹操示意许褚，许褚瞪眼盯住马超，马超不敢动，各自返回。

过了几天，两军大战，击溃了马超。

许褚亲自斩杀敌人，升任武卫中郎将。

武卫的称号，就是从许褚开始设立的。

军中因为许褚力大如虎却不聪明，称他为"虎痴"。

所以马超问虎侯，至今人们还这样称呼他，都以为是他的姓名。

【评点】

许褚这家伙长得雄壮，一米八多大个儿，膀大腰圆，勇力无限。（"长八尺余，腰大十围，容貌雄毅，勇力绝人。"）脑瓜笨，不聪明，有一把子虎力气，绰号"虎痴"。

他是曹操的贴身警卫员，基本上曹操走到哪儿，他跟到哪儿。

他的光辉事迹无数。

汉末，他聚集了壮丁和宗族人众数千人，一起筑防抵御贼兵。当南葛陂贼兵一万多人打他，他寡不敌众，弹尽粮绝，没办法，就扔石头。别人没他那把子力气，就给他找大石头，他来扔。敌兵往上一冲，他就飞石一扔，又扔得远，又投得准，比铅球和标枪厉害多了，谁都不敢靠近。

老这样打也不是办法，粮食都吃完了，他就跟贼兵说要不这样，我们有牛，你们有粮，我们用牛换你们的粮，怎么样？

那个时候，耕牛珍贵，贼兵就同意了。结果粮食换到手，牛认家，又跑回来了，在两军阵前打转转——牛哪见过这阵势，晕了。许褚就跑到阵前，倒拉牛尾，把牛牵了回来，谁也不敢再把牛牵回去。（“粮乏，伪与贼和，以牛与贼易食，贼来取牛，牛辄奔还。褚乃出陈前，一手逆曳牛尾，行百余步。贼众惊，遂不敢取牛而走。”《三国志》）

从那以后，周边地区听到“许褚”这个名字都害怕。

建安二年（197），曹操占领淮、汝一带，许褚归顺曹操。曹操一见就很待见他，说“此吾樊哙也”。当天就“拜都尉，引入宿卫”。跟着他一起来的众位侠客也都封了官。

樊哙是汉高祖刘邦的下属，同时又是刘邦的亲戚——樊哙娶了刘邦的小姨子，即吕后的妹妹，两个人用民间俗话说就是“挑担”，又称“担挑儿”。

在项羽为刘邦设的鸿门宴上，刚开始他在外守卫，一个参乘，没资格入帐。一会儿张良出来了，说刘邦有危险，因为“项庄舞剑，意在沛公”，就是项羽阵营的项庄名义上是献艺佐酒，其实一把剑比画来比画去，老想要刘邦的命。樊哙气坏了，排闼直入——带剑持盾，硬闯。

及见项羽，“目眦尽裂，头发上指”，就是把眼眶子都瞪裂了，瞪出血来，头发一根根竖起，这得是多么豪勇的形象。项羽本身就是勇士，力能扛鼎，此时一见，都不由得心中一凛，改容相敬，问这位壮士是谁，然后又赐酒、赐肉。

手下递给樊哙一大杯酒、一根生猪腿，樊哙把酒一饮而尽，拔剑把生猪腿一块块切开，片刻吃完。

到此为止，樊哙不过是一个粗豪刚猛的汉子，好像也没啥子稀奇。不过，下面就看出这个人的心眼来了。项羽问他还能不能再喝酒，他就着这个话题一泻千里，借题发挥：

“臣死且不辞，岂特卮酒乎！且沛公先入定咸阳，暴师霸上，以待大王。大王今日至，听小人之言，与沛公有隙，臣恐天下解，心疑大王也。”（《史记·樊郦滕灌列传》）

意思就是我连死都不怕，还怕一杯酒？我们沛公本来是先进入咸阳，按照你们当初的约定，他就该当王，可是他不肯，而是把军队驻扎在霸上，等着你来称王。可是现在你来了，却听信小人的话，和我们沛公心生嫌隙，我怕的是天下百姓都对您的做法不服气！

结果说得项羽“默然不应”（没理了，说不出话），于是刘邦尿遁，捡了一条命。若不是樊哙这番似真实假、似硬实软的话，刘邦说不定就交待在那儿了，中国的历史也就改写了。

所以说樊哙了不起。

许褚没有樊哙这份嘴巴上的才能，但是勇武上确实十分像。

建安三年（198），他跟着曹操征讨张绣，为先锋，杀敌一万。

建安四年（199），跟随曹操打官渡之战。领导人不容易，总有人惦记。孙策不就是被人“惦记”死的吗？“斩首行动”不是现代人的专利，古代人早就明白“杀贼先杀王”的道理。

当时就有叫徐他的人伙同别人想行刺曹操，结果许褚和曹操心意相通，他都下班了，回家了，结果心神不宁，老觉得主公会发生什么事情，就又赶回曹操身边。徐他等人想必是把他的值班表给摸清楚了，算准他肯定没在的，结果一见他又回来了，大惊失色。许褚是战场上练出来的危机意识，一见状况不对，马上杀了他们。

曹操以后就更倚重许褚了，行住坐卧，再不让他离开身边。

建安九年（204），跟着曹操围邺县，有战功，赐爵关内侯。

建安十六年（211），随曹操在潼关征讨韩遂和马超，是他护着曹操过的河。如果没有他的拼死救护，曹操危矣。

后来，曹操跟韩遂和马超谈话，仅带许褚一人。马超也是个英雄，想欺负曹操人少，干脆绑了他或杀了他。可是他又看曹操身边站着一人，一身腱子肉，不说话，就那么瞪着眼睛，别是那个虎痴吧？于是他就问：“曹公的虎侯在哪里呀？”曹操一指，就是他。许褚的眼睛就那么直直地瞪过来，愣把马超吓得没敢动。

于是就有了后来许褚和马超的阵前对决。

这件事在《三国演义》里有十分形象生动的描写：

“次日，两军出营布成阵势。超分庞德为左翼，马岱为右翼，韩遂押中军。超挺枪纵马，立于阵前，高叫：‘虎痴快出！’曹操在门旗下回顾众将曰：‘马超不减吕布之勇！’言未绝，许褚拍马舞刀而出。马超挺枪接战。斗了一百余合，胜负不分。马匹困乏，各回军中，换了马匹，又出阵前。又斗一百余合，不分胜负。许褚性起，飞回阵中，卸了盔甲，浑身筋突，赤体提刀，翻身上马，来与马超决战。两军大骇。两个又斗到三十余合，褚奋威举刀便砍马超。超闪过，一枪望褚心窝刺来。褚弃刀将枪挟住。两个在马上夺枪。许褚力大，一声响，拗断枪杆，各拿半节在马上乱打。操恐褚有失，遂令夏侯渊、曹洪两将齐出夹攻。庞德、马岱见操将齐出，麾两翼铁骑，横冲直撞，混杀将来。操兵大乱。许褚臂中两箭。诸将慌退入寨。马超直杀到壕边，操兵折伤大半。操令坚闭休出。马超回至渭口，谓韩遂曰：‘吾见恶战者莫如许褚，真虎痴也！’”

于是就留下一个歇后语，叫许褚战马超——赤膊上阵。

许褚这种缺心眼的打法也招来了鲁迅先生的批评：

“……许褚赤体上阵，也就很中了好几箭。而金圣叹还笑他道：‘谁叫你赤膊？’至于现在似的发明了许多火器的时代，交兵就都用壕堑战。这并非吝惜生命，乃是不肯虚掷生命，因为战士的生命是宝贵的。在战士不多的地方，这生命就愈宝贵。所谓宝贵者，并非‘珍藏于家’，乃是要以小本钱换得极大的利息，至少，也必须买卖相当。以血的洪流淹死一个敌人，以同胞的尸体填满一个缺陷，已经是陈腐的话了。从最新的战术的眼光看起来，这是多么大的损失。”

他的总体思想就是，既要不惜命，又要爱惜生命，这才是一个战士当有的作风。

不过这种英勇着实让人惊叹，所以才会有罗贯中的赞：

天下瓜分汉欲亡，四方豪杰尽鹰扬。
葛陂许褚投降后，自此何忧吕布强。

许褚脑子转得慢，舌头也就跟着慢，所以平时“谨慎奉法，质重少言”，这样很容易得罪人。

有一回，曹仁从荆州回来，朝谒曹操。曹操还没有出来，他看见许褚就在殿外，就纡尊降贵，请他一起进屋坐着说话，结果许褚还给拒绝了，撂给他三个字“王将出”，然后自顾自就进殿了，把曹仁给气的。

后来别人就责备许褚，人家是宗室重臣，自降身份招呼你，你怎么还拿架子呀？

许褚说：“他就算再是宗室重臣，可他也是个外藩，我是内臣，当着大家的面说话就行啦，还要进去谈，有什么私话好谈的？”

曹操听说了，更待见他，又给他官升一级，迁中坚将军。

可以说，许褚自从到了曹操身边，就是一路升迁，当然，这一切都是他拿自己的忠勇换回来的荣耀。而他对于曹操也是备极尊崇，这么一个世人眼里的白脸奸臣，对于他而言，就是头上一方湛蓝的青天。

如果曹操有一百零一个心眼，那么许褚就只有一个心眼：保卫曹操。

如果曹操心里装得下一百零一个人，那么许褚心里就装得下这一个人：曹操。

一个心眼多的人，是不喜欢别人心眼多的。所以曹操可以杀杨修、杀荀彧，而许褚绝对不会被曹操杀掉。

曹操喜欢他，就是喜欢他的心思单纯。他是曹操的好下属，更是曹操的好弟兄。

所以曹操死后，许褚号泣呕血。

逝者已逝，生者仍当尽生者的责任。曹丕登基称帝，许褚又开始护卫曹丕，给人的感觉，他就是一只藏獒那样的忠犬——别误会，这里没有丝毫的贬义，历来忠犬都比奸人香。

第三节　典韦：帐下壮士有典君

【原文】

太祖征荆州，至宛，张绣迎降。太祖甚悦，延绣及其将帅，置酒高会。太祖行酒，韦持大斧立后，刃径尺，太祖所至之前，韦辄举斧目之。竟酒，绣及其将帅莫敢仰视。后十余日，绣反，袭太祖营，太祖出战不利，轻骑引去。韦战于门中，贼不得入。兵遂散从他门并入。时韦校尚有十余人，皆殊死战，无不一当十。贼前后至稍多，韦以长戟左右击之，一叉入，辄十余矛摧。左右死伤者略尽。韦被数十创，短兵接战，贼前搏之。韦双挟两贼击杀之，余贼不敢前。韦复前突贼，杀数人，创重发，瞋目大骂而死。贼乃敢前，取其头，传观之，覆军就视其躯。太祖退住舞阴，闻韦死，为流涕，募间取其丧，亲自临哭之，遣归葬襄邑，拜子满为郎中。车驾每过，常祠以中牢。

【译文】

曹操征伐荆州，到宛城，张绣迎出来投降，曹操非常高兴，请张绣和他的将帅，设宴庆贺。

曹操劝酒，典韦握着大斧站在背后，斧刃长一尺，曹操举酒到一个人的前面，典韦就举起长斧盯住那个人。

酒宴从始至终，张绣和他的将帅没有敢抬头看他的。

过了十多天，张绣谋反，偷袭曹操大营，曹操战斗失利，单身骑马逃跑了。

典韦在营门里死战，叛军攻不进去，就散开从别的门一拥而入。

当时典韦身边校尉还有十多人，都拼死战斗，无不以一当十。

叛军越聚越多，典韦用戟左右攻击，一叉过去，就有十几支矛被击断。

部下死伤殆尽，典韦也受伤数十处，用短兵器肉搏，敌兵冲上前，典韦用双臂挟住两人打死，剩下的不敢上前。

典韦又冲上前去突击敌人，杀死几人，伤重发作，大骂而死。

敌人这才敢上前，割下他的头，互相传看，又返回来看他的躯体。

曹操退到舞阴，听说典韦战死，痛哭流涕，派间谍取回他的遗体，亲自到跟前哭泣。

派人送回襄邑安葬。

让他的儿子典满担任郎中。

曹操每次经过他家，总用士大夫的祭礼中牢来祭奠他。

【评点】

典韦的确是条好汉。

即使他身在曹营，且为保卫曹操力战而死，在尊汉抑曹的传统观念占上风的年代，典韦也被人们给予特殊的尊重。

在戏台上，曹操是个大白脸，象征奸臣，而典韦却是一张黄脸，好比佛教中的护法韦驮，十分正气、刚勇。有一首京味歌就是这样唱的："黄脸的典韦，白脸的曹操，黑脸的张飞叫喳喳……"

典韦是陈留郡己吾人，相貌魁伟，膂力过人，行侠仗义，不怕死。

襄邑的刘氏和睢阳的李永有仇，估计本来不碍他什么事，估计刘氏是被李永欺负了。李永是富春县县长，想来也是横行霸道，鱼肉乡里。仇家多了，也怕被宰，防备很是严密。典韦就坐上车，装着鸡啊酒呀，假装是候门拜见的人。他也是吃定了当官的是伸手不打送礼人，结果门一开，他揣着匕首就进去了，杀了李永还不算，连他老婆一块干掉，而且也不急着跑，就那么慢慢地走出来，把车上装着的刀戟拿出来，就那么步行溜达出去了。

这一路上，浑身浴血，提头穿行闹市，追他的有好几百人，愣是没有一个人敢上前，只能远远地跟着。一直走了四五里，遇上他的同伴——像这样的人，是不会少朋友的，然后一起和数百追兵周旋，才脱身逃出。

这下子典韦出了大名。

初平年间，张邈起义兵，典韦为士，属司马赵宠的部下。部队的牙门旗又长又大，别人使出吃奶的劲都举不动，憋得脸通红，典韦一只手就把它给立起来了，又惊了赵宠。

后来典韦又成了夏侯惇的部下，凭着这股子不要命、不怕死的狠劲，屡立战功，从一个普普通通的士升为司马。

曹操在濮阳讨伐吕布，夜间偷袭，天亮击溃了敌人，还没来得及"鞭敲金镫响，齐唱凯歌还"，吕布的另一支军队就赶过来了，三面合围，要包饺子，他们就成了任人剁碎的饺子馅。

吕布也是一个不怕死的，所谓马中赤兔，人中吕布，他亲自带兵冲阵，从早晨打到日中，再从日中打到午后，曹操人困力疲，情形十分危急。

曹操就开始招募敢死队，典韦第一个中选。这几十个人都穿上好几层衣裳，罩上双层铠甲，盾牌也不拿了，就是拿着长矛长戟冲锋陷阵，要给全军将士杀一条血路出去。

敌军不但近处阻击，而且开始从远处射箭，弓箭像下雨一般嗖嗖飞射过来，典韦看也不看，一面拼命杀敌，一面就对他的部下讲："到他们冲得离我十步的时候再跟我讲。"

他的部下，就是敢死队的成员们，看着敌人一边射箭一边渐逼渐近，有点慌，说："十步啦！"

他不理，过一会儿说："五步再说。"

敌人越来越近，越来越近，部下是真害怕了，大叫："他们来啦！"

这时典韦像一头豹子，满把攥着十几支长戟，大叫一声，冲天而起，劈头盖脸向敌军刺去，敌人哗啦啦应声倒地。

天色傍晚，吕布也打累了，率军撤退，曹操才险处脱身，从此就把典韦任命为都尉，不令他冲锋陷阵，就让他担任自己的亲卫，率领亲兵数百，绕大帐巡逻，保障自己的安全。

自从担任这个职务以来，典韦就白天在曹操身边侍立，晚上睡在大帐左右，他自己是有休息的地方的，可是他很少回去，就把保护主公当作自己的天职。这样的忠诚，这样的谨慎。

曹操爱看他吃饭，那个豪迈，大碗喝酒，大块吃肉，一个人的量根本不够他吃。曹操赐他饮食，他每回都要吃个酣畅淋漓，好几个人穿蝶引花似的给他奉酒上肉，才能供应得过来。曹操在一边就看得呵呵笑，一边赞叹：豪壮啊，豪壮！

他膀大腰圆力不亏，好使长矛和大双戟，这个比小巧玲珑的短兵器如匕首等使着给力。军营里面特地为他编了顺口溜，叫作："帐下壮士有典韦，提一双戟八十斤。"

别说八十斤，养尊处优的现代人，你提一双四十斤的戟试试？

曹操是个有文化的人，把许褚比成古代的樊哙，又把典韦比成古代的恶来（"古之恶来"）。

《三国演义》里这么写：

"一日，夏侯惇引一大汉来见，操问何人，惇曰：'此乃陈留人，姓典，名韦，勇力过人。旧跟张邈，与帐下人不和，手杀数十人，逃窜山中。惇出射猎，见韦逐虎过涧，因收于军中。今特荐之于公。’操曰：‘吾观此人容貌魁梧，必有勇力。’惇曰：‘他曾为友报仇杀人，提头直出闹市，数百人不敢近。只今所使两枝铁戟，重八十斤，挟之上马，运使如飞。’操即令韦试之。韦挟戟骤马，往来驰骋。忽见帐下大旗为风所吹，岌岌欲倒，众军士挟持不定；韦下马，喝退众军，一手执定旗杆，立于风中，巍然不动。操曰：‘此古之恶来也！’遂命为帐前都尉，解身上锦袄，及骏马雕鞍赐之。”

恶来，又称恶来革，飞廉（又叫蜚廉）的儿子，父子俩都是商纣王的亲信，有本事，愚忠，不辨是非。

飞廉腿快，好比千里马，日行千里，夜行八百，就像传说中的风神“飞廉”，所以才被称为“飞廉”。这样的脚力，估计最适合当邮差。飞廉的大儿子恶来，不但力大腿快，而且勇猛得吓人。《晏子春秋·内篇谏上》说他“恶来，足走千里，手裂兕虎，任之以力，凌轹天下”。就是说他能不停步地跑一千里，要是发起脾气，野牛和老虎也能被他撕得粉碎。就凭着这把子力气，那还不是想灭谁就灭谁。

恶来最后被周武王处死，典韦却是为保护曹操，被张绣害死，而且死得十分不值。

与其说他被张绣害死，不如说他被曹操害死。

曹操这家伙色心不死，到哪里都要拈花惹草，明明张绣已经投降了，他还把人家张绣婶婶这朵花给摘了，张绣一反，他麻了爪，骑马逃跑，丢下典韦和一众贴身警卫苦战至死。至今人们想起典韦，就是他独立辕门，浑身浴血。

《三国演义》虽是小说家言，但是说得更生动、更形象、更悲壮：

“韦方醉卧，睡梦中听得金鼓喊杀之声，便跳起身来，却寻不见了双戟。时敌兵已到辕门，韦急掣步卒腰刀在手。只见门首无数军马，各挺长枪，抢入寨来。韦奋力向前，砍死二十余人。马军方退，步军又到，两边枪如苇列。韦身无片甲，上下被数十枪，兀自死战。刀砍缺不堪用，韦即弃刀，双手提着两个军人迎敌，击死者八九人，群贼不敢近，只远远以箭射之，箭如骤雨。韦犹死拒寨门。怎奈寨后贼军已入，韦背上又中一枪，乃大叫数声，血流满地而死。死了半晌，还无一人敢从前门而入者。”

若是给他武器，给他战马，想也不必至此。

若是曹操不胡作乱来，想来也不必至此。

在这一战中，曹操大败亏输，长子死了，侄子死了，典韦死了。他的原配老婆也一怒之下离开了他。事后，曹操亲自祭奠典韦，痛哭失声：“吾折长子、爱侄，俱无深痛；独号泣典韦也！”

这同样也是小说家言，曹操有没有这么哭过不知道，不过，他的心里不痛惜才怪！

说起来，典韦和许褚这两个人，就是曹操的两尊门神。这两个人单兵作战勇武过人，排兵布阵却非其所长，最合适不过就是当贴身保镖和警卫员。而典韦也以他的热血和生命，证明自己是个不负众望、视死如归的英雄。

卷十七 《三国志·魏书十九 任城陈萧王传》

第一节 曹彰：宁当将军不当皇帝

【原文】

任城威王彰，字子文。少善射御，膂力过人，手格猛兽，不避险阻。数从征伐，志意慷慨。太祖尝抑之曰："汝不念读书慕圣道，而好乘汗马击剑，此一夫之用，何足贵也！"课彰读诗、书，彰谓左右曰："丈夫一为卫、霍，将十万骑驰沙漠，驱戎狄，立功建号耳，何能作博士邪？"太祖尝问诸子所好，使各言其志。彰曰："好为将。"太祖曰："为将奈何？"对曰："被坚执锐，临难不顾，为士卒先；赏必行，罚必信。"太祖大笑。

【译文】

任城威王曹彰，字子文，从小就善于射箭、驾车，膂力过人，徒手能与猛兽格斗，不怕危险困难。

几次跟随曹操征伐，志向慷慨昂扬。

曹操曾经批评他说："你不向往读书学习圣贤之道，却好骑马击剑，这都是只能对付一个人的，哪值得珍贵！"

督促他学习《诗经》《尚书》。

曹彰对身边的人说："大丈夫一旦做了卫青、霍去病那样的大将军，就能率领十万人马在沙漠上驰骋，驱逐戎狄，立功建号，哪能做博士呢？"

曹操有一次问几个儿子的爱好，让他们各自说出自己的志向。

曹彰说：“愿做将军。”

曹操说：“做将军干什么呢？”曹彰回答说：“披坚甲，握利器，面临危难不顾自己，身先士卒，有功必赏，有罪必罚。”

曹操大笑。

【评点】

曹彰（189？—223），字子文，曹操跟卞皇后生的第二个儿子，魏文帝曹丕的亲弟弟，曹植的亲哥哥。

龙生九子各不同，他哥哥曹丕是处心积虑当太子，弟弟曹植是没事就喝酒当诗人，曹彰是一门心思当大将。

曹操批评他不读书，只学武，他的回答是：读书干什么呀，我可不想当博士，卫青和霍去病才是我的偶像！

曹操大笑，笑的同时估计心里也得叹一口气：此子不是太子之命啊！

不过曹操是真的很喜欢他，这孩子胡子是黄的，所以就被曹操昵称为“黄须儿”，有事没事还喜欢揪人家的胡子玩。

建安二十三年（218），代郡的乌丸族谋反，曹操就让他当北中郎将，行使骁骑将军之职，到前线玩命去了。

没办法，谁让他爱干这一行。

再说了，当曹操的儿子，就得不怕死。曹操的长子不就是死在战场上吗？

不过曹操还是很担心的，临走跟这个儿子讲：“在家是父子，受命是君臣，你一举一动可要按规矩来，不能瞎胡闹！”

曹彰当然是痛痛快快答应了，他的志向就是要“赏必行，罚必信”嘛，当然要以身作则了。

曹彰带军进入涿郡，还不等他们立稳脚跟、做好集结，乌丸的几千骑兵就杀到了。这边呢，却只有步兵一千，战马数百。

打过仗的都知道骑兵有多可怕，当他们居高临下，风驰电掣，举着明晃晃的大刀飞奔而来，劈头斩下，无异于手拿寒光闪闪的镰刀收割性命的死神！有的步兵根本就吓得连反抗也忘了。

曹彰不怕，他指挥人马牢牢把守住阵地的要冲，一边抵抗一边反击，乌丸人终于坚持不住了，要跑，他就真的一马当先冲出去了！这一通好杀，一箭下去就是一个敌人，箭箭不空，敌人前前后后倒成一串，就像串糖葫芦。他自己也跟个刺猬似的，铠甲上插着敌人射过来的箭，一直把人家追到了距离代郡仅有二百多里的桑干河。

别人开始叫停：不能追了！咱们又累又乏的，又打了半天，又有命令不许咱们过代郡，深入敌境，所以，停止。

曹彰杀得上瘾，不肯听："打仗不就是为了求胜嘛，干吗要那么多绳缠索捆？那些家伙们还没跑远呢，追上去就能把他们打趴下；如果不追，他们养精蓄锐，回过头来又要打咱们。光顾着听命令，把敌人给放跑，这可不是良将所为。"

看来曹彰真是把"良将"当成毕生的奋斗目标了。

于是，他上马，命令："追！"

一天一夜，那些叛乱的乌丸人觉得自己已经逃离险境了，结果后面那群拿镰刀的死神又追来了，连杀再虏，足有几千人。

曹彰的良将标准有二：第一，身先士卒（披坚执锐，临难不顾，为士卒先）。第二，赏必行，罚必信。

第一条，他不折不扣地做到了，第二条也同样不折不扣地做到了。大获全胜，他较平时数倍地犒赏全军，人人高兴。

他这么一折腾，倒把乌丸族给吓坏了，请求臣服，于是北方清平。

曹操当时正在长安，就召唤曹彰。

曹彰要去见爹的时候，途经邺县，当时曹丕已经是太子了，特地告诫这个弟弟："你大功刚立，要去面见主公，可不要骄傲自夸，一定要表现得谦虚。"

从这个叮嘱来看，曹丕大事已定，还是颇为爱护这个刚猛的弟弟的。另外，也可看出，曹丕对曹操，那是下属对上司一般的尊敬，其中也掺和着玩心眼、弄权术，而曹彰就不行，对曹操是有什么说什么，决不搞什么弯弯绕。一个活得十分简单自然的人。

如果没有曹丕叮嘱，说不定曹彰这孩子真就敢当着他爹的面唾沫星子乱飞地再现战斗场面，向他爹展示你儿子有多英勇。结果曹丕这么一叮咛，他就学乖了，把功劳都归于众将，越是这样，曹操越是待见，又开始揪儿子的黄胡子，说："黄须儿居然这么不简单呀！"（太祖喜，持彰须曰："黄须儿竟大奇也！"）

《魏略》里还记载了一件稀奇事，说是曹操在汉中，刘备在山头派他的干儿子刘封下战书，挑战。曹操就骂刘备：

"你这个卖草鞋出身的家伙，让你的假儿子来欺负你家主公（注：指曹操自己）！你等着，我把我家的黄须儿叫来，叫他打你。"（《魏略》曰：太祖在汉中，而刘备栖于山头，使刘封下挑战。太祖骂曰："卖履舍儿，长使假子拒汝公乎！待呼我黄须来，令击之。"乃召彰。）

由此真可以看出曹操对于曹彰的喜爱。

说起来，曹彰真是个“真人”，活得坦率、真实，不像曹丕，城府太深，真气就少了，处处让人觉得假。

俗话说“物以类聚，人以群分”。跟曹丕比起来，曹植也活得相当真，再说曹植也比自己小，曹彰就很待见和爱护曹植这个弟弟，不怎么喜欢曹丕这个哥哥。

曹操临终，急召身在长安的曹彰回洛阳，估计是死前想见这个钟爱的儿子一面，至于有没有其他的想法，就没人知道了，史书无考。

可是曹彰走到半路，曹操已死。曹彰虽然直率，却不是没有心眼，他想着老爹急召，是不是在立嗣的问题上改主意了？所以他一回到洛阳就找到曹植，跟弟弟讲：“先王召我者，欲立汝也。”

就是说，咱去世的爹急着召见我的原因，是要立你啊，是让我来为你保驾的。

从这句话就能看出曹彰此人自己没有任何野心。他不想当太子，不想当皇帝，就愿意当将军。偶像的作用就是大！

这也是为什么曹操劝勉他多读书的时候，询问诸子志向的时候，他能够直率而坦然地言明自己想当将军的原因，他根本就不怕曹操对他失望，因为他对帝位根本就没有野心。

但是，为了曹植这个弟弟，他却表现出一副很有野心的样子，问那些官们：“先王玺绶安在？”看那架势，是要把大印拿到手，然后强行废丕立植了。

幸亏曹植这个人理智，曹丕羽翼已丰，岂是轻易动得的？稍微一动，身殒命损，血流成河。力劝曹彰克制，这场冲突才没有爆发。好险！

按《三国演义》的说法，就是曹彰提兵而来，但他自己坦承自己是奔丧而非夺权，最终“只身入内，拜见曹丕。兄弟二人，相抱大哭。曹彰将本部军马尽交与曹丕。丕令彰回鄢陵自守，彰拜辞而去”。

说起来，曹丕其实是幸运的，曹彰不想夺嗣，曹植也没有野心，虽然当初争了一把，争不过也就算了，阴谋也没有玩过，诡计也不肯动，曹植太懒了，不愿意动这样的心眼。

可是曹丕还是不放心。

他有一回车驾走过曹彰的封地，居然令手下叱马快走，实在是怕了这个弟弟了。

一个手握兵权的猛虎一样的弟弟，就在自己的卧榻之侧鼾睡，怎么办？

没有谁知道曹丕会怎么办，一切都是后人猜测。

反正后来，黄初四年（223），曹彰到洛阳参加例行的朝会的时候，就那么莫名其妙地死了。暴毙。

享年约三十五岁，谥曰威王。

下面，我们借助古籍里的描述，再来回顾一下他一生的光辉形象吧。

东晋王嘉的《拾遗记》中记载：

任城王曹彰小时候就刚强坚毅，学习阴阳家学说和谶纬术数，诵读“六经”《洪范》等典籍数千言。父亲曹操计划攻打吴、蜀，问曹彰行军作战的诀窍。曹彰能左右开弓，剑术于百步之内，断人的胡须和头发。当时乐浪郡献来一只猛虎，纹理斑彩，用铁笼关住。力士们都不敢看。曹彰抓住虎尾，缠在自己胳膀上，猛虎贴着耳朵，不敢出声，大家都佩服他的神勇。后来南越国献一白象给武帝，曹彰用手捏住它的鼻子，象乖乖地伏在地上不敢动。文帝曹丕曾铸一口万斤大钟，悬在文华殿，想换一个地方。力士一百人也挪不动。曹彰把钟背起来就走。四方听到他的神勇，都息兵自保。文帝说：“以任城王的雄武，并吞巴蜀，就像猫头鹰衔死老鼠！”后来曹彰死了，比照东汉东平王的丧礼安葬。出丧时，空中有几百人的哭声相送，都说是过去乱兵互相残杀而死的魂灵，没有棺椁收殓，任城王仁慈恩惠，埋葬了这些枯骨。死者在地下也喜欢，精灵心知感激。所以有人赞美任城王的恩德，国史撰有《任城王旧事》三卷，晋初珍藏在持宫秘阁中。

清朝史梦兰作宫词颂曰：

> 壮志何须博士为，黄须帝子亦奇才。
> 倾城声价千金值，只换名驹白鹘来。

这里面有一个典故、一个故事。典故就是他的名言：

“丈夫一为卫、霍，将十万骑驰沙漠，立功建号耳，何能作博士邪？！”

故事载于唐代朱揆的香艳小书《钗小志》：

“魏曹彰，性倜傥，偶逢骏马爱之，其主所惜，彰即曰：‘彰有美妾，可换，唯君所择？’马主遂指一妓，彰遂换之。马名曰‘白鹘’，故后人作‘爱妾换马’诗，付之弦歌焉。”

就是说，这个人宁可要用倾国倾城的美女来换别人的骏马，曹彰，天生就是个战士。

至于他的死因，一直是千古谜团，惹得后人议论纷纷。

他的死除了史书所载的得了暴疾而死的说法之外，还有两种说法。

裴松之说：“初，彰问玺绶，将有异志，故来朝不即得见，彰忿怒暴薨。”

就是说，因为曹彰在曹操死后曾向贾逵打听过魏王印玺的事，曹丕认为他有不轨的想法，因此来朝见时故意怠慢他，而曹彰受不了这种怠慢，于是愤怒暴死。

而南朝刘义庆《世说新语》却如此记载：

“魏文帝忌任城王骁壮。因在卞太后阁共围棋，并噉枣。文帝以毒置诸枣蒂中。自选可食者而进，王弗悟，遂杂进之。既中毒，太后索水救之，帝预敕左右毁瓶罐，太后徒跣趋井，无以汲，须臾，遂卒。复欲害东阿，太后曰：‘汝已杀我任城，不得复杀我东阿！’”

就是说，魏文帝曹丕猜忌他的弟弟任城王曹彰勇猛刚强，趁在卞太后的住房里一起下围棋并吃枣的机会，先把毒药放在枣蒂里，自己挑那些没放毒的吃；任城王没有察觉，就把有毒的、没毒的混着吃了。中毒以后，卞太后要找水来解救他；可是文帝事先命令手下的人把装水的瓶罐都打碎了，卞太后匆忙间光着脚赶到井边，却没有东西打水，不久任城王就死了。魏文帝又要害死东阿王，卞太后说：“你已经害死了我的任城王，不能再害我的东阿王了！”

这两种说法都不够严密。

要说曹彰是活活气死的，一个大活人，又没有心脏病，受冷落又不是多大个事，何至于死?

要说曹彰是毒死的，虽于史无据，可是按照曹丕的这种阴狠的脾气性格，这像是他干出来的事。就像他对待曹洪吧，曹洪是他的堂弟，战功赫赫，还救过曹操，就因为曹丕年轻的时候找他借钱他不肯给，就让曹丕记恨了一辈子。当上皇帝就想报仇，随便找了个借口就想把曹洪下狱处死。要不是卞太后出马，曹洪就死定了。

可是南开大学中华古典文化研究所所长叶嘉莹先生指出，黄初四年，诸王来朝的时间为农历五月，此时枣子还未熟，用枣子毒杀曹彰是不可能的。而文帝约束诸王的办法还不至于要采用这种方式，所以曹彰确实是得了暴疾而死。

而刘义庆一定要把曹彰的死算在曹丕的头上，也情有可原，民间长期都有一种“褒刘贬曹”的倾向，刘义庆更是汉朝宗室之后。

无论怎样，曹彰的死都是一个谜案。

大哥当了皇帝，翻脸不认人，总想找自己的碴儿处死自己；而爱护自己的二哥也死了，曹植的心境完全可以想象。

他写了一首长诗《赠白马王彪》，里面字字句句都是恐惧和悲伤。

其中第五节专写任城王：

太息将何为？天命与我违。
奈何念同生，一往形不归。
孤魂翔故域，灵柩寄京师。
存者忽复过，亡没身自衰。

人生处一世，去若朝露晞。
年在桑榆间，影响不能追。
自顾非金石，咄唶令心悲。

它的大致意思是这样的：
唉，我仰天长叹又有什么用处呢？
天命根本不以我的意志为转移。
我怎么能够想到那同胞的哥哥此一去竟成永诀，
一缕孤独的魂魄飞翔在昔日的故土，
他的灵柩却寄存在帝都之内。
那活着的人啊，弹指一挥间也将死去；
那亡者已近，我的身体也正在衰微。
人这短暂的一生居住在嚣嚣尘世，
忽生忽灭好比清晨蒸干的露水。
岁月如梭带人抵达桑榆之年的迟暮，
光影和声响都已无法追回。
回头看我自己，也不是牢固的金石之体，
顿挫嗟叹间令我满心忧悲……

第二节　曹植：一个薄命的天才

【原文】

陈思王植字子建。年十岁余，诵读诗、论及辞赋数十万言，善属文。太祖尝视其文，谓植曰："汝倩人邪？"植跪曰："言出为论，下笔成章，顾当面试，奈何倩人？"时邺铜爵台新城，太祖悉将诸子登台，使各为赋。植援笔立成，可观，太祖甚异之。性简易，不治威仪。舆马服饰，不尚华丽。每进见难问，应声而对，特见宠爱。建安十六年，封平原侯。十九年，徙封临菑侯。太祖征孙权，使植留守邺，戒之曰："吾昔为顿邱令，年二十三。思此时所行，无悔于今。今汝年亦二十三矣，可不勉与！"植既以才见异，而丁仪、丁廙、杨修等为之羽翼。太祖狐疑，几为太子者数矣。而植任性而行，不自彫励，饮酒不节。文帝御之以术，矫情自饰，宫人左右，并为之说，故遂定为嗣。二十二年，增植邑五千，并前万户。植尝乘车行驰道中，开司马门出。太祖大怒，公车令坐死。由是重诸侯科禁，而植宠日衰。

【译文】

陈思王曹植字子建，十几岁就诵读《诗经》《论语》以及辞赋几十万字，擅长作文。

曹操有次看到他的文章，对他说："你请人代作的？"

曹植跪下说："话说出口就是论，下笔就成文章，只要当面考试就知道了，何必请人代作呢？"

当时铜雀台刚刚建成，曹操让儿子们都登上去作赋。曹植拿起笔来立刻就写成了，内容很可观，曹操十分惊奇。

曹植性情简约平易，不喜欢摆出威严的气派，车马服饰都不追求华丽。每次见曹操答问辩难，总是应声回答，特别受曹操宠爱。

建安十六年（211），被封为平原侯。

建安十九年（214），改封为临淄侯。

曹操征讨孙权，让曹植留守邺县，告诫他说："我从前任顿丘令的时候，二十三岁。想起那时候所干的事，到今天也没有后悔的。现在你也二十三岁，能不努力吗？"

曹植既因为有才而受宠，丁仪、丁廙、杨修等人便都来辅佐他。

曹操有些犹疑，好几次几乎要立曹植为太子，可是他任性行事，不掩饰自己，饮酒没有节制。

曹丕使用权术来对待曹操，矫情表现自己，曹操身边的宫人也替曹丕说话，所以终于定下曹丕为太子。

建安二十二年（217），为曹植增加食邑五千户，连同以前的共一万户。

曹植有一次乘车在驰道上行驶，打开司马门出来。

曹操大怒，处死了公车令。

从那以后加重了对诸侯的约束，而对曹植的宠爱也日渐衰退。

【评点】

曹植（192—232），字子建，大名鼎鼎，学文学的没有不知道他的。因为他的《赠白马王彪》，因为他的千古名言"本是同根生，相煎何太急"。他是建安文学的代表人物，和他爹曹操、他哥曹丕合称为“三曹”。

南朝的谢灵运也是个相当牛气的人物，敢睥睨天下人，独不敢睥睨曹植，他有一句名言，叫作“天下才有一石，曹子建独占八斗，我得一斗，天下人共分一斗”。这就是成语“才高八斗”的由来，在他的观念里面，曹操和曹丕根本论不上个儿。

当然，学历史的也没有不知道他的。

因为他和曹丕的王位之争。

生前曾为陈王，逝后谥号曰“思”，因此，陈王是他，思王是他，陈思王也是他。

曹植早慧，十来岁就读诗文辞赋数十万言，所谓出言为论，落笔成文。曹操自己就有文才，难怪会爱同样有文才的曹植，同时对曹彰的不爱读书只爱弓马不满意。在早期，如果在立嗣问题上曹植和曹丕对决，曹植胜算为九，曹丕胜算仅一。

可是到晚期，曹植胜算为一，九成都归到了曹丕那里。

不是曹丕太给力，是曹植自己太不给力。

有一回曹操出兵打仗，曹植和曹丕都来送行。曹植写了一篇给他爹歌功颂德的文章，高声朗读，大家啧啧称叹；曹丕也许写了，也许没写，就算他写了，恐怕也不敢拿出来了。这时候，就看他的功力了。他不作诗，也不念文章，就是哭，流眼泪，把曹操给感动的：还是这儿子好，这么挂念我。这么一来，曹植那篇文章就白写了，倒起了反效果——其实，曹丕的哭不是他自己的主意，是吴质跟他悄悄说的：“王当行，流涕可也。”就是说大王要远行了，您什么也不用做，光流眼泪就行了。于是他的眼泪就跟自来水似的，说来就来了。

曹植也许是爱他父亲的，可是他的文章让他显得他的真是这么假；曹丕也许只是想讨好他的父亲，可是他的眼泪却让他的假显得那么真。

这就是差距。

曹丕这种做法让人想起唐太宗李世民。

唐高祖武德九年六月初四（公元 626 年 7 月 2 日），唐高祖李渊的次子李世民在长安的玄武门发动一次流血政变，杀死了皇太子李建成和四弟李元吉。

当时，李渊正泛舟海池，李世民派尉迟敬德拿着武器长驱直入，一直到皇上的所在。李渊大惊，就问：“今天作乱的是谁？你来这里干什么？”

尉迟敬德说：“太子和齐王作乱，秦王（指李世民）带人杀了他们，恐怕惊动了陛下您，所以派我来担任警卫。”

李渊就问裴寂等人：“没想到今天会见着这样的事情，应该怎么办？”

大臣们都说：“建成和元吉本来就没想着好事，又没有对安定天下立过什么功劳，又嫉恨秦王功高望重，共同谋划要杀了秦王。现在秦王已经把他们讨伐诛灭了，实在是功盖宇宙，率土归心，陛下应当立他为太子，让他负责国事。”

李渊就说：“好！我一直以来都想这么做。”（上曰：“善！此吾之夙心也。”）

不管他是不是一直以来真的想这么做，漂亮话一定要说，因为大势已至，皇太子已死，李世民羽翼已成，如此时不答应，后果难以预料。

但是，李渊的心里铁定是不好受的，像扎了一根刺。所以逮机会就要敲打敲打李世民这个儿子。

《资治通鉴·唐纪七》记载：“上乃召世民，抚之曰：‘近日以来，几有投杼之惑。’”

什么意思呢？

李渊的话里包含了一个小故事，说的是春秋时期，孔子有个学生叫曾参，他的家乡里还有个跟他同名同姓的人。

有一天，这个也叫曾参的人在外乡杀了人，结果家乡有人听说了，就马上去跟孔子的弟子曾参的母亲说：“哎呀不好啦，你儿子在外边杀了人啦！”

他妈妈不肯信：这个儿子要德有德，要才有才，讲文明懂礼貌，怎么会干出这样的事来呢？

所以她就照常织布，神色不变，信心满满地说：“我儿子不会杀人的。”

第一个人走了。

没过多久，第二个人来了，还是说：“不好啦，你儿子在外面杀了人啦。”曾子的母亲还是照常织布，不理他。

第二个人也走了。

结果不一会儿，第三个人又慌里慌张跑进来了，说：“不好啦，你儿子真在外面杀人啦！”曾子的母亲一听，大家都这么说，看来儿子是真杀人了，那是要连坐的，于是慌里慌张，扔掉手里的织布梭，登梯跳墙逃跑了。

谣言真是可怕啊！

李渊的潜台词其实就是说，我近来听不少人说玄武门之变不是你说的那么回事，那么，不是你的哥哥和弟弟要害你，而是你害死他们了……

这个时候，李世民是怎么做的呢？

他没有分辩，没有赌咒发誓说自己没有这么做，而是“跪而吮上乳，号恸久之”。

就是说，他跪着膝行而前，抱住父亲，一边吮着父亲的乳头，一边号啕痛哭，良久，良久。

我们现在看起来感觉好像很荒谬，可是，在生死关头，李世民的举动很聪明。幼儿总是“有奶就是娘”，才不管你是不是他妈，就是你是他爹，他也照吮不误。李世民小的时候是不是也干这样的事大家不知道，但是他这样的做法，却明显地在示弱，让父亲知道自己是深爱着父亲，依恋着父亲，眷念着父亲的，求父亲不要说这样的话来伤自己的心了，呜呜呜……

于是，李渊长叹一声，抱着李世民老泪纵横，父子两个之间的芥蒂瓦解冰消。

曹丕的眼泪攻势，也软化了枭雄曹操的狠心肠，让他顾念到了父子亲情，有的时候，眼泪真是比什么鲜花和武器都有效。

曹植已经在曹操的心里留下一个华而不实的不良印象了，这还不算，他还老是让他爹失望之余再失一层望。

有一次，曹操打算派曹植带兵出征，在乱世里给你兵权，这明显是要把你重点培养啊！结果曹植喝醉了，还是大醉，曹操派人叫他好几次都醒不了，曹操气坏了，兵也不让他带了，你就给我在家喝你的酒吧！

有人说，曹植是故意喝醉的，他根本就不稀罕当什么太子，握什么兵权，他就是想喝酒、作诗，自由自在地活着。

也有人说，曹植不是故意想喝醉，表达他的特立独行，他只是个性比较散漫、自由，所以才会行为放任，屡次犯禁。

两种说法都有道理，后一种更为真实。就连易中天在《品三国》里也评价曹植是一个任性的人，一个坦诚的人，一个性情中人。可是，曹操要选的，却是一个最可靠的人，一个工于心计的人，一个保证把他这份家业传下去的人。

所以，曹植落选就成为必然。

就像网上一篇文章评论的：

“帝王家的皇子争斗都是魔心膨胀。曹丕魔心重，曹植佛心强。蜜蜂巢有几个王台，先孵化出来的要杀掉没有出壳的，小枭对同胞也不客气。

“曹植适合当安闲天子，天下太平时当天子合适。所以说，他可以算得上生不逢时。就是把魏国给了他，他也当不好。因为他本性崇尚自由，不受拘束，肯定不会如曹丕那样勤勉政事。所以，他可以说是生不逢时，也可以说是生得就不对，就不应该生在帝王家。

“曹丕才适合当乱世天子，虽然有才，但很实际，知道才只不过是一个人生活的花边，权力、治国才是最重要的头等大事。”

所谓个性即命运，就是这个道理。

曹植的个性就注定了他当不成太子，就算他侥幸成为太子，他没有管理好一个国家的心术与铁腕。所以，他还是当一个才华绚烂的文学家吧。

他写美女：

美女妖且闲，采桑歧路间。柔条纷冉冉，落叶何翩翩。攘袖见素手，皓腕约金环。头上金爵钗，腰佩翠琅玕……

他写帅哥：

白马饰金羁，连翩西北驰。借问谁家子，幽并游侠儿。少小去乡邑，扬声沙漠垂。宿昔秉良弓，楛矢何参差。控弦破左的，右发摧月支。仰手接飞猱，俯身散马蹄。……父母且不顾，何言子与妻。名编壮士籍，不得中顾私。捐躯赴国难，视死忽如归。

他写哀愁：

嗟离思之难忘，心惨毒而含哀。践南畿之末境，越引领之徘徊。眷浮云以太息，顾攀登而无阶……

他写洛神：

其形也，翩若惊鸿，婉若游龙。荣曜秋菊，华茂春松。仿佛兮若轻云之蔽月，飘飖兮若流风之回雪。远而望之，皓若太阳升朝霞；迫而察之，灼若芙蕖出渌波。秾纤得中，修短合度。肩若削成，腰如约素。延颈秀项，皓质呈露。芳泽无加，铅华弗御。

可是，他这个文学家也当得不快乐。

哥哥当了皇帝，自己处处受打击。

人一失势就被踩，曹植失势，就有小人告，说他喝酒啦，骂人啦，把曹丕的使者扣押起来啦，等等。但是没有人告他招兵买马、篡位谋反，因为他没有兵、没有马，后院的仓库里也没有斧钺钩叉。

怎么办？为这么点小事杀了他？怕人心不服啊！曹丕犯难了。

后来他想出一个损招。你不是会作诗吗？限你七步成诗，作成饶你不死，作不成是你才短，技不如人，杀你你也没得怨。

于是才有了曹植的七步诗：

煮豆持作羹，漉菽以为汁。萁在釜下燃，豆在釜中泣。本是同根生，相煎何太急？

罗贯中在《三国演义》第七十九回对此进行了精彩的描述：

“须臾，曹植入见，惶恐伏拜请罪。丕曰：‘吾与汝情虽兄弟，义属君臣，汝安敢恃才蔑礼？昔先君在日，汝常以文章夸示于人，吾深疑汝必用他人代笔。吾今限汝行七步吟诗一首。若果能，则免一死；若不能，则从重治罪，决不宽恕！’植曰：‘愿乞题目。’时殿上悬一水墨画，画着两只牛，斗于土墙之下，一牛坠井而亡。丕指画曰：‘即以此画为题。诗中不许犯着二牛斗墙下，一牛坠井死字样。’植行七步，其诗已成。诗曰：‘两肉齐道行，头上带凹骨。相遇块山下，欻起相搪突。二敌不俱刚，一肉卧土窟。非是力不如，盛气不泄毕。’曹丕及群臣皆惊。丕又曰：‘七步成章，吾犹以为迟。汝能应声而作诗一首否？’植曰：‘愿即命题。’丕曰：‘吾与汝乃兄弟也，以此为题，亦不许犯着“兄弟”字样。’植略有思索，即脱口一首曰：‘煮豆燃豆萁，豆在釜中泣。本是同根生，相煎何太急！’曹丕闻之，潸然泪下。”

罗贯中很聪明，把两个分开的典故融合进了一个故事情节里。

两牛相斗的典故出自《太平广记》，说的是魏文帝曹丕和曹植乘车出游，偶见两牛争斗于墙间，一牛体力不支，坠井而亡。曹丕诏令植赋死牛诗，但不得言及“牛”，也不得涉及“井”，更不得牵扯两牛“争斗”，走马百步，须成四十言。如步尽诗未成，斩无赦。曹植策马前行，朗声赋曰：“两肉齐道行，头上戴横骨。行至凼土头，郟起相搪突。二敌不俱刚，一肉卧土窟。非是力不如，盛意不得泄。”诗成，马尚未走完百步。

然后余意未消，接着作诗：

煮豆持作羹，漉豉取作汁。萁在釜下燃，豆向釜中泣。本是同根生，相煎何太急。

另一个典故出自《世说新语》：

文帝尝令东阿王七步中作诗，不成者行大法。应声便为诗曰：“煮豆持作羹，漉菽以为汁。其在釜下燃，豆在釜中泣；本自同根生，相煎何太急！”帝深有惭色。

罗贯中把“出游路遇两牛争斗”变成了看画作诗，故事情节更紧凑，人物个性更鲜明。

虽然七步诗的具体内容版本各异，可是取譬之妙，用语之巧，令人叹为观止。

小时候在一起尿尿和泥，小手拉小手，大了却为了权位反目成仇、兄弟阋墙，真是让人感伤。

其实，有“七步之才”的人在历史上并不少见。

唐玄宗在位的时候，命诗人史青在五步以内以《除夕》为题作诗，史青对曰：

> 今岁今宵尽，明年明日催。
> 寒随一夜去，春逐五更来。
> 气色空中改，容颜暗里回。
> 风光人不觉，已著后园梅。

诗成之时，其还未走五步。

北宋名相寇准更有“三步成诗”的光辉历史。他七岁的时候，一位客人就以《华山》为题要其作诗，他张口就来：

> 只有天在上，更无山与齐。
> 举头红日近，回首白云低！

于是神童之名成矣。

不过，头上悬着大铡刀，作不出来就要命丧于此，在如此巨大的心理压力之下，还能七步成诗，就不容易了。曹植是个薄命的天才。

卷十八 《三国志·魏书二十 武文世王公传》

第一节 可爱的曹冲

【原文】

邓哀王冲字仓舒。少聪察岐嶷，生五六岁，智意所及，有若成人之智。时孙权曾致巨象，太祖欲知其斤重，访之群下，咸莫能出其理。冲曰："置象大船之上，而刻其水痕所至，称物以载之，则校可知矣。"太祖大悦，即施行焉。时军国多事，用刑严重。太祖马鞍在库，而为鼠所啮，库吏惧必死，议欲面缚首罪，犹惧不免。冲谓曰："待三日中，然后自归。"冲于是以刀穿单衣，如鼠啮者，谬为失意，貌有愁色。太祖问之，冲对曰："世俗以为鼠啮衣者，其主不吉。今单衣见啮，是以忧戚。"太祖曰："此妄言耳，无所苦也。"俄而库吏以啮鞍闻，太祖笑曰："儿衣在侧，尚啮，况鞍县柱乎？"一无所问。冲仁爱识达，皆此类也。凡应罪戮，而为冲微所辨理，赖以济宥者，前后数十。太祖数对群臣称述，有欲传后意。年十三，建安十三年疾病，太祖亲为请命。及亡，哀甚。文帝宽喻太祖，太祖曰："此我之不幸，而汝曹之幸也。"言则流涕，为聘甄氏亡女与合葬，赠骑都尉印绶，命宛侯据子琮奉冲后。二十二年，封琮为邓侯。黄初二年，追赠谥冲曰邓哀侯，又追加号为公。三年，进琮爵，徙封冠军公。四年，徙封己氏公。太和五年，加冲号曰邓哀王。

【译文】

邓哀王曹冲，字仓舒。

少年时就敏于观察，十分聪慧。

曹冲五六岁时，智力心思所达到的，就像成年人那样聪明。

当时孙权曾送来一只很大的象，太祖要知道象的重量，询问众部下，都不能拿出办法来。

曹冲说："把象放在大船上面，在水痕淹到船体上刻下记号，再称量物品装载在船上，那么比较以后就可以知道了。"

太祖十分高兴，马上施行了这个办法。

当时国家军队事务繁多，施用刑罚又严又重。

太祖的马鞍在仓库里被老鼠啃啮，管理仓库的吏役害怕一定会死，琢磨想要反绑双手去自首，但仍然惧怕不能免罪。

曹冲对他说："等待三天，然后你自动去自首。"曹冲于是拿刀戳穿自己的单衣，就像老鼠咬啮的一样，假装不乐意，脸上一副发愁的样子。

太祖问他，曹冲回答说："民间风俗认为老鼠咬了衣服，主人就会不吉利。现在单衣被咬了，所以难过。"

太祖说："那是瞎说，用不着苦恼。"

不久库吏把老鼠咬马鞍的事情汇报了，太祖笑着说："我儿子的衣服就在身边，尚且被咬，何况是挂在柱子上的马鞍呢？"一点也没责备他。

曹冲心地仁爱，识见通达，都像这件事情所表现的那样，本应犯罪被杀，却被曹冲暗中分辨事理而得到帮助宽宥的，前后有几十人。

太祖几次对众大臣称赞曹冲，有想要把王位传给他的意思。

建安十三年（208），曹冲十三岁时，得了病，病得很重，太祖亲自为他向天请求保全生命。

到了曹冲死去时，太祖极为哀痛。

文帝宽解安慰太祖，太祖说："这是我的不幸，却是你们的幸运啊！"一说就流下眼泪，为曹冲聘了甄氏已经死去的女儿与他合葬，追赠给他骑都尉的官印绶带，命宛侯曹据的儿子曹琮做曹冲的后代。

建安二十二年（217），封曹琮为邓侯。

黄初二年（221），追赠谥号给曹冲为邓哀侯，又追加称号为邓公。

黄初三年（222），晋升曹琮的爵位，迁移封地，为冠军公。

黄初四年（223），迁移封地为己氏公。

太和五年（232），加给曹冲谥号为邓哀王。

【评点】

用一句现在流行的话来说，曹冲是个很萌的小孩。

首先，他长得很漂亮。《魏书》上说他“容貌姿美，有殊于众”，就是说他漂亮得白里透红，与众不同。

裴松之一边引用《魏书》上说的话，一边还心有不平，“臣松之以‘容貌姿美’一类之言，而分以为三，亦叙属之一病也”。就是觉得这是形容女孩子的形容词，用来形容曹冲，语言有局限性。

其实不碍。

就像曹雪芹用了一大堆形容女孩子的形容词来形容宝玉，什么“面若中秋之月，色如春晓之花”啦，什么“鬓若刀裁，眉如墨画”啦，什么“面如桃瓣，目若秋波”啦，也让人觉得没有一点违和感。因为这两个人都心地柔软而善良。

确实，曹冲很仁慈、很善良。

《魏书》上说：

“冲每见当刑者，辄探睹其冤枉之情而微理之。及勤劳之吏，以过误触罪，常为太祖陈说，宜宽宥之。辨察仁爱，与性俱生。”

曹操虽是奸雄，可是他也欣赏善良；胸生荆棘，可是他也喜爱美好。整天玩弄权术也好，谋划阴谋也好，或是狠下心来杀人杀得血流成河，可是看到自己的这个小儿子，他的心啊，就软成水、化成糖了。估计也只有在曹冲面前，才能单纯当一个得意扬扬显摆自己的爹，释放自己的真性情吧。

一个人的美和善，就是能这样激发别人心底的爱。似乎他的到来，就是为了给这个乱世抹上一抹柔软的亮色，给血海人间带来一丝春风化雨般的希望。

他是一个天使。

曹冲，生于公元196年，亡于公元208年，仅在人间活了十三个春秋。曹操长年征战，见惯了生死的他对此小儿之丧，言则流涕，那是真的心里疼。

《魏书》载策曰：

“惟黄初二年八月丙午，皇帝曰：咨尔邓哀侯冲，昔皇天钟美于尔躬，俾聪哲之才，成于弱年。当永享显祚，克成厥终。如何不禄，早世夭昏！朕承天序，享有四海，并建亲亲，以藩王室，惟尔不逮斯荣，且葬礼未备。追悼之怀，怆然攸伤。今迁葬于高陵，使使持节兼谒者仆射郎中陈承，追赐号曰邓公，祠以太牢。魂而有灵，休兹宠荣。呜呼哀哉！”

曹操怜他年幼夭殇，特为他操办了一起历史上有名的阴婚。与甄氏亡女合葬。

就连阴狠的曹丕也对这个早夭的弟弟心怀怜爱，没有一点妒忌。《魏略》里面记载说："文帝常言'家兄孝廉，自其分也。若使仓舒在，我亦无天下'。"

悲剧就是把美好的东西撕碎给人看。曹冲的美好被命运给撕碎了。可是，也把它的美好在时光中愈放愈大，愈臻完美。据说曹冲称象，就是后人附会在他身上的故事，不为别的，只想让他显得与众不同。

陈寅恪先生说曹冲称象这件事不可能发生，因为曹冲死于建安十三年（208），在此之前，东吴的地盘很小，仅有江东六郡，就是今天的江苏、浙江、安徽等部分地区。而汉代这些地方并没有大象。

直到建安十五年，孙权派人去做交州刺史，才可能得到大象，然后送给曹操。

陈寅恪认为这是北魏时译成佛经的《杂宝藏经》中的故事，被中国人附会到曹冲身上了。

《杂宝藏经》上面说：

"天神又问：'此大白象有几斤？'而群臣共议，无能知者。亦募国内，复不能知。大臣问父，父言：'置象船上，著大池中，画水齐船，深浅几许，即以此船量石著中，水没齐画，则知斤两。'即以此智以答天神。"

可是，这里面有一个很明显的矛盾，曹冲称象的故事成于北魏之前，这本书却是译成在北魏时期，那么，纵然故事相像，也肯定没有因袭关系。

那么，是不是说，曹冲转世成了这故事里面的人，又称了一回象呢？呵呵，且当一笑谈。当我们遇到美好的人，就是愿意他的灵魂永存。

第二节　可怜的曹衮

【原文】

中山恭王衮，建安二十一年封平乡侯。少好学，年十余岁能属文。每读书，文学左右常恐以精力为病，数谏止之，然性所乐，不能废也。二十二年，徙封东乡侯，其年又改封赞侯。黄初二年，进爵为公，官属皆贺，衮曰："夫生深宫之中，不知稼穑之艰难，多骄逸之失。诸贤既庆其休，宜辅其阙。"每兄弟游娱，衮独覃思经典。文学防辅相与言曰："受诏察公举错，有过当奏，及有善，亦宜以闻，不可匿其美也。"遂共表称陈衮美。衮闻之，大惊惧，责让文学曰："修身自守，常人之行耳，而诸君乃以上闻，是适所以增其负累也。且如有善，何患不闻，而遽共如是，是非益我者。”其戒慎如此。三年，为北海王。其年，黄龙见邺西漳水，衮上书赞颂。诏赐黄金十斤，诏曰：“昔唐叔归禾，东平献颂，斯皆骨肉赞美，以彰懿亲。王研精坟典，耽味道真，文雅焕炳，朕甚嘉之。王其克慎明德，以终令闻。”四年，改封赞王。七年，徙封濮阳。太和二年就国，尚约俭，教敕妃妾纺绩织纴，习为家人之事。五年冬，入朝。六年，改封中山。

【译文】

中山恭王曹衮，建安二十一年（216）封为平乡侯。

少年时喜好学习，十几岁时能写文章。

每次读书，文学官和左右近侍常常恐怕他因为精力损害得病，屡次劝他停一下，但他喜欢读书，不能中止。

建安二十二年（217），迁移封地，为东乡侯，当年又改封为赞侯。

黄初二年（221），晋升爵位为公，官员属下都向他祝贺。曹衮说：“我生长在深宫之中，不知收种庄稼的艰难，有很多骄奢逸乐的过失。各位贤者已经庆贺了我的喜庆事，也应该辅助我弥补缺陷。”

每次兄弟们游玩娱乐，曹衮独自深思经典。

文学防辅们互相商议说：“我们接受诏令考察赞公的举止，有了过失应当奏闻，有好事，也应当奏闻，不能隐瞒他的美好啊！”

于是一同上表称赞曹衮的美好。

曹衮知道了，极为惊惧，责备文学官说：“自己提高修养，坚守贞操，不过是普通人的行为罢了，但各位却报告给上面知道，这恰恰是为我增加负担和拖累。并且如果有善言善行，何必担心别人不知道，却急着这样做，这对我可没有好处。”

他的警戒慎重就像这事一样。

黄初三年（222），曹衮封为北海王。

当年，一条黄龙出现在邺县西边的漳水中，曹衮上书就这件事表示赞颂。

文帝下诏赏赐给他黄金十斤，诏书说：“过去唐叔把一株奇异的谷子送归给周公，汉东平王刘苍向光武帝献上颂文，都是对骨肉之亲的赞美，以表彰美好的亲人。北海王对三坟五典有精深的研究，深切地玩味道行的真义，文雅的气质光彩焕发，我很是赞美他。北海王应该能够慎重地表现出自己的德行，以完成你美好的名声。”

黄初四年（223），改封曹衮为赞王。

黄初七年（226），迁移封地到濮阳。

太和二年（228）到了封地，崇尚节约俭朴，敦促妻妾纺线织补，形成习惯，成了家属日常的事务。

太和五年（231）冬天，曹衮回到京都。

太和六年，改变封地为中山。

【评点】

曹衮（？—235），曹操之子。

没了，就这么简单。

他不如曹操别的儿子们出色，可是他的母亲很有名气。

因为曹操和关羽为她争风吃醋，大闹绯闻。

她姓杜，史称杜氏。她的夫君是吕布的部将秦宜禄。

这件事在《三国演义》里丝毫无载，可能是罗贯中不愿意用这件事来污损武圣人的威名，可是在史书里却载之甚详：

《华阳国志·卷六·刘先主志》：

“初，羽随先主从公围吕布于濮阳，时秦宜禄为布求救于张杨。羽启公：‘妻无子，下城，乞纳宜禄妻。’公许之。及至城门，复白。公疑其有色，自纳之。后先主与公猎，羽欲于猎中杀公。先主为天下惜，不听。故羽常怀惧……”

就是说当初关羽跟随曹操在濮阳包围吕布，当时秦宜禄为吕布向张杨求救。关羽就跟曹操说：“我老婆没给我生儿子，等攻下城池，请你把宜禄的妻子许配给我。”曹操答应了。

等杀到了城门口，关羽又说。曹操就起了疑心，觉得这女的肯定漂亮，于是就自己笑纳了（老色狼）。

后来曹操跟关羽打猎，关羽怀恨，就打算趁这个机会把曹操宰了。曹操觉察了他的图谋。别人建议他把关羽杀掉算了，可是他爱惜关羽是个人才，不肯听。所以关羽心里就经常觉得不踏实，逮着机会就投奔他原先的大哥刘备去了。

也就是说，关羽的千里走单骑，肇因是一个女人。

这个，让尊奉关羽为武圣人的人们格外无语……

这件事在《魏氏春秋》也有记载，主角是杜氏和她的老公秦宜禄生的儿子秦朗：

朗字符明，新兴人。献帝传曰：朗父名宜禄，为吕布使诣袁术，术妻以汉宗室女。其前妻杜氏留下邳。布之被围，关羽屡请于太祖，求以杜氏为妻，太祖疑其有色，及城陷，太祖见之，乃自纳之。宜禄归降，以为铚长。及刘备走小沛，张飞随之，过谓宜禄曰：“人取汝妻，而为之长，乃蚩蚩若是邪！随我去乎？”宜禄从之数里，悔欲还，飞杀之。

朗随母氏畜于公宫，太祖甚爱之，每坐席，谓宾客曰："世有人爱假子如孤者乎？"

关于秦宜禄和杜氏夫妻，在史书上记载大概就只有这么一点。

秦宜禄是飞将军吕布的部下。这对夫妻有一个儿子秦朗。

吕布派秦宜禄去袁术那里搞联谊，袁术同意了，又想让这亲密关系更上一层楼，就给秦宜禄另娶了一房大汉宗室的老婆，于是杜氏就莫名其妙成了"前妻"。

那个年代，妻子还不如衣服呢，衣服破了还能补补再穿，妻子不稀罕了随手一扔，连哭的地方都没有。于是杜氏就落得一个孤苦伶仃，独自带着儿子秦朗度日。

建安三年（198），曹操联合刘备往徐州攻打吕布来了。

也不知道关羽怎么听说杜氏美丽，反正就是反复跟曹操要求要娶她。要不是他说了又说，还真引不起曹操的注意。曹操这家伙本来就是色中虎狼，一见美女不要命，这下子他就撬了关羽的墙脚。

城破，秦宜禄也降了曹操，还封了一个小官，这个绿帽子戴的，稳稳的。

后来刘备要从曹操身边逃跑，张飞也跟着，路过的时候游说秦宜禄："人家抢了你的老婆，你还在人家手里当官，你不知羞啊？干脆跟我们走吧！"

秦宜禄估计也是一口闷气出不来，就跟着他们一块儿跑。跑半路后悔了，想回去，被张飞一刀宰了。

一个小人物的命运就是如此的结局。一篇文章上的几句话概括得贴切："袁术拆散了他的家庭，曹操霸占了他的前妻，张飞终结了他的性命。"

杜氏作为三国头号枭雄的后宫中人，被写进了《三国志》的魏国后妃名册。

他们在历史上留的一笔淡如轻烟。

至于秦朗，就成了曹操的拖油瓶养子。他对这个养子倒是非常宠爱的，大庭广众之下也不觉得难看，还对人显摆：天下还有人比我对待养子更好的吗？

曹操的这种性质的养子还真不少，大将军何进的儿媳妇尹夫人守寡后也被曹操纳入后宫，于是何进的孙子何晏也就成了他的养子。何晏在文学史上可是大大的有名。

这是一个漂亮如美人般的美男子。

《世说新语》记载：何平叔美姿仪，面至白。魏明帝疑其傅粉，正夏月，与热汤饼。既啖，大汗出，以朱衣自拭，色转皎然。

就是说何晏何平叔这个人天生貌美，长得白。魏明帝怀疑他是脸上搽了粉了，就出了个损招，大夏天的给他吃热汤面（古时的"汤饼"即"汤面"），吃得他大汗淋漓，就拿袖子擦，结果越擦越白。

这个人七岁的时候就聪明得不像人，所谓“明慧若神”。魏武帝曹操对这个便宜儿子那是相当的钟爱，因为他就在自己的宫里面，就想真的把他认成自己的儿子算了。结果这小子知道了，就在地上画了方方的一块，然后自己坐在里边，也不言，也不动。别人问他干什么呀，他说：“这是我何家的房子。”曹操知道这孩子心思不在自己的身上，也不难为他，把他送到了何家人那里。

这个典故同样出自《世说新语》：

“何晏七岁，明慧若神，魏武奇爱之，以晏在宫内，因欲以为子。晏乃画地令方，自处其中。人问其故，答曰：‘何氏之庐也。’魏武知之，即遣还外。”

这个何晏后来还娶了秦朗的母亲、关羽的梦中情人、曹操的不知道第多少房老婆杜夫人的女儿金乡公主，和秦朗成了郎舅了。

不过秦朗是相当低调的，何晏长大后就比较嚣张。在曹芳继位后，曹爽和司马懿虽为辅政，水火不容，何晏投奔了有头无脑的曹爽一党，被老谋深算的司马懿杀了个干净。要不是杜夫人出面讲情，何晏的儿子都得死，何家连个根都留不下。

而秦朗呢，在他的便宜老爹曹操在世的时候，他衣食无忧，当他的贵公子；在他的便宜老哥曹丕当帝的时候，他也照样啥也不想，庸庸碌碌。到曹丕的儿子魏明帝在位的时候，他倒是显赫一时。曹叡对他这个便宜叔叔非常待见，时不常地带着他出宫入廷，还亲昵地叫他的小名“阿酥”。

要说这个秦朗真是拿不起当叔叔的款，侄子叫他，他就应，还应得高兴，应得开心。这家伙也没有什么修养，也没有什么志向，也没有什么节操（他亲爹就够没节操的），也没劝谏年少气盛的皇帝少杀人，多行德政，也不向皇帝举荐贤人，倒是人家送他什么他就收什么，弄得自己富可敌国。

这种尸位素餐的大臣对于国家当然是毫无用处，偏偏这样的人皇帝还离不了，人在高位，就喜欢听好听话，一天不听就浑身难受，所以秦朗就一路高歌猛升，当官当到了骁骑将军、给事中，还带过兵打过仗，好歹把扰边的鲜卑人步度根和轲比能给打退了，也算是立了一点军功。

在《魏略》里边，他被列为佞臣。

明帝病重，要为太子曹芳找辅政大臣，秦朗即赫然在列。可见明帝对他的无上倚重。可是有人嫉妒他，就跟皇帝说不行啊，皇上，这个人不能用，他趁您病重的时候，趁机调戏您的宫女呀！

曹叡一听，怒了。敢在我后宫挖墙脚！

不过，即使怒了，曹叡也对他着实称得上网开一面，没有杀没有砍，只不过免了他的官。当然，他的辅政大臣也当不成了。

可是傻人就是有傻命。这个辅政大臣不当也罢。何晏就是在辅政之争中大败亏输，丢了性命；以秦朗的智商和能力，估计也好不到哪里去，也会像曹爽一样，被司马懿收拾得死去活来。

所以，他不当辅政大臣，反倒是他的幸运。

除了这些便宜儿子外，曹操共有二十五个亲生儿子，其中两个是杜夫人生的。儿子之一曹林没什么本事，不过他的一个外孙女婿出了大本事，就是大名鼎鼎的嵇康。

而第二个儿子，就是这位聪明的、压抑的、努力保全自己，终日活得心惊胆战，终于落得一个寿终正寝的曹衮。

他的低调做人，恐怕谁都比不上。

曹操的别的儿子们，有的在战场厮杀而死，有的暴病而薨，有的年幼夭折，有的顶着重重压力忍辱偷生，而他能够死在床箦之间，且生时没有受压迫、受迫害，很难得。

这份福气是他的低调挣来的，而他低调的原因却是出于恐惧。行走世间，就好比在蹚地雷，每一步都小心翼翼，至谨至慎，生怕一不小心就会招来祸患。战战兢兢，汗不敢出。这样的人生，能说不可怜？

伴随他一生的，就只有两种情绪：一种是忧，一种是惧。

说是有一回曹衮来帝都朝见皇帝，结果不小心犯了禁令。于是主管的官员就上奏书，批评他。

魏明帝——他的侄子，就说："中山王素来恭敬谨慎，偶然来到这里，还是用评议帝王亲属的规则来评判这事吧。"

那意思，就是对他网开一面吧。

结果主管不肯听，明帝没办法，就下诏削减曹衮两县、七百五十户的封邑。

《魏书》记载，这份诏书的内容如下：

"制诏中山王：有司奏，王乃者来朝，犯交通京师之禁。朕惟亲亲之恩，用寝吏议。然法者，所与天下共也，不可得废。今削王县二，户七百五十。夫克己复礼，圣人称仁，朝过夕改，君子与之。王其戒诸，无贰咎悔也。"

意思就是说负责的官员禀奏你犯了京师禁令，我作为一个皇帝，是很顾念亲情的，可是法律面前，人人平等，不能因为你是亲王就废了它，所以，现在我要削你的两个县，七百五十户的封邑。克制自己，遵守礼法，就连圣人也会称这种做法为"仁道"，早晨犯了过失，晚上就把它改正过来，君子也会争相与他结交。希望中山王能够以此为戒，不要有什么别的想法。

结果这一道诏书一下，"衮忧惧"，惶惶不可终日，一遍又一遍地下命令，告诫属下官员们，务必谨慎奉法，生怕一不小心就会招来灾祸。

明帝看这叔叔吓得可怜，步步小心，算了，第二年就把削减的封地又还给他了。

可是第三年秋天，曹衮就病了——焉知不是平时忧惧伤了内腑？明帝待他很好，给他派太医，给他送好东西吃，又派人看望他的病情。

他病得很厉害，就对属下的官员们说：

“我本来没有什么美好的德行，却蒙受皇上的恩宠。现在我的生命将要走到尽头，我喜欢俭朴，但是朝廷却有临终报告的制度，作为全国遵行的法典。我气断的时候，从停放灵柩到下葬，务必遵奉诏书的命令。过去卫国大夫蘧瑗埋葬在濮阳，我看到他的坟墓，常常想到他遗留的风范，希望依托于贤人的灵魂长眠地下，营造我的坟墓的界址，一定要到那里去选在它的近旁。《礼》规定：男子不死在妇人手里。赶快按时建成东堂。”

东堂建成，曹衮把它命名为“遂志之堂”，坐着车子急忙去往那里居住。

又命令继承自己王位的儿子说：

“你还太小，没有接受过家教，这么早就成了王爷，只知道乐，不知道苦，必将会有骄傲奢侈的过失。接待大臣，务必按照礼仪。即使不是大臣，对老人也应该答谢礼拜。

“侍奉哥哥要恭敬，体恤弟弟要慈爱；兄弟有不好的行为，应当跪下劝谏他们，劝谏不听从，就流着泪讲道理给他们；讲道理还不改，那就禀告他们的母亲。要是仍然不改，应当上奏给天子知道，一起辞掉封地。

“与其依守恩宠而遭到灾祸，不如贫贱生活以保全自身。

“这也不过说的是大的罪恶，至于微细的过错，就应当为他们遮掩。

“你这个小孩子啊，谨慎地修养你自己，用忠诚坚贞来侍奉圣朝，用孝顺来侍奉太妃。在家里听奉太妃的命令；在外面，接受沛王的教训。不要懈怠了你的心思，以此来安慰我的灵魂。”

当年曹衮就去世了。

明帝下诏让沛王曹林留在那里完成葬礼，让大鸿胪持节符执掌护理丧事，宗正前去吊唁祭祀，赠送的丧葬礼品十分丰厚。可以说尽享哀荣。

这是一个彻头彻尾的读书人，虽然才华不如曹植，但是爱好文学的心却是一样。他比曹植聪明，知道保全自身；也比曹植可怜，大概平生连喝醉酒都不敢。

与其做他，富贵荣华，高车驷马，不如做耕夫渔父，忙时种菜捕鱼，闲时一杯清茶，雨台看花。

卷十九 《三国志·魏书二十一
王卫二刘傅传》

第一节 王粲：驴鸣三声一世哀

【原文】

献帝西迁，粲徙长安，左中郎将蔡邕见而奇之。时邕才学显著，贵重朝廷，常车骑填巷，宾客盈坐。闻粲在门，倒屣迎之。粲至，年既幼弱，容状短小，一坐尽惊。邕曰："此王公孙也，有异才，吾不如也。吾家书籍文章，尽当与之。"

【译文】

汉帝西迁，王粲移居长安。

左中郎将蔡邕一见面，就觉得他是个奇才。

当时蔡邕的才学天下闻名，满朝敬重，他家的门前经常是车骑填巷，他家的客厅经常是宾客满坐。

一天，蔡邕听说王粲在门外求见，急忙出迎，连鞋子穿倒了也顾不上。

王粲一进门，年纪又小，身材又矮，满屋的人都很吃惊。

蔡邕说："这位就是王畅司空的孙子王粲，真乃奇才，我自愧弗如。我家里收藏的书籍文章，应当全部送给他。"

【评点】

说蔡邕，我们可能不知道，但是，蔡文姬应该都听说过。“文姬归汉”是一个名垂青史的典故，还被编成戏，世世代代传唱。

羌胡犯境，大肆抢掳，蔡文姬被当作战利品送给虎背熊腰的匈奴左贤王。十二年后，曹操统一北方，用黄金千两、白璧一双把她赎了回来。她只身回归，抛下两个年幼的儿子，心中惨凄，谱写下传诵千古的名篇《胡笳十八拍》。

【第一拍】我生之初尚无为，我生之后汉祚衰。天不仁兮降乱离，地不仁兮使我逢此时。干戈日寻兮道路危，民卒流亡兮共哀悲。烟尘蔽野兮胡虏盛，志意乖兮节义亏。对殊俗兮非我宜，遭恶辱兮当告谁。笳一会兮琴一拍，心溃死兮无人知。

【第二拍】戎羯逼我兮为室家，将我行兮向天涯。云山万重兮归路遐，疾风千里兮扬尘沙。人多暴猛兮如虺蛇，控弦被甲兮为骄奢。两拍张弦兮弦欲绝，志摧心折兮自悲嗟。

【第三拍】越汉国兮入胡城，亡家失身兮不如无生。毡裘为裳兮骨肉震惊，羯膻为味兮枉遏我情。鼙鼓喧兮从夜达明，胡风浩浩兮暗塞营。伤今感昔兮三拍成，衔悲畜恨兮何时平！

【第四拍】无日无夜兮不思我乡土，禀气含生兮莫过我最苦。天灾国乱兮人无主，唯我薄命兮没戎虏。俗殊心异兮身难处，嗜欲不同兮谁可与语。寻思涉历兮多难阻，四拍成兮益凄楚。

【第五拍】雁南征兮欲寄边声，雁北归兮为得汉音。雁飞高兮邈难寻，空肠断兮思愔愔。攒眉向月兮抚雅琴，五拍泠泠兮意弥深。

【第六拍】冰霜凛凛兮身苦寒，饥对肉酪兮不能餐。夜闻陇水兮声呜咽，朝见长城兮路杳漫。追思往日兮行李难，六拍悲来兮欲罢弹。

【第七拍】日暮风悲兮边声四起，不知愁心兮说向谁是。原野萧条兮烽戍万里，俗贱老弱兮少壮为美。逐有水草兮安家葺垒，牛羊满地兮聚如蜂蚁。草尽水竭兮羊马皆徙，七拍流恨兮恶居于此。

【第八拍】为天有眼兮何不见我独漂流？为神有灵兮何事处我天南海北头？我不负天兮天何配我殊匹？我不负神兮神何殛我越荒州？制兹八拍兮拟排忧，何知曲成兮转悲愁。

【第九拍】天无涯兮地无边，我心愁兮亦复然。人生倏忽兮如白驹之过隙，然不得欢乐兮当我之盛年。怨兮欲问天，天苍苍兮上无缘。举头仰望兮空云烟，九拍怀情兮谁为传？

【第十拍】城头烽火不曾灭，疆场征战何时歇？杀气朝朝冲塞门，胡风夜夜吹边月。故乡隔兮音尘绝，哭无声兮气将咽。一生辛苦兮缘别离，十拍悲深兮泪成血。

【第十一拍】我非贪生而恶死，不能捐身兮心有以。生仍冀得兮归桑梓，死当埋骨兮长已矣。日居月诸兮在戎垒，胡人宠我兮有二子。鞠之育之兮不羞耻，愍之念之兮生长边鄙。十有一拍兮因兹起，哀响缠绵兮彻心髓。

【第十二拍】东风应律兮暖气多，汉家天子兮布阳和。羌胡踏舞兮共讴歌，两国交欢兮罢兵戈。忽逢汉使兮称近诏，遣千金兮赎妾身。喜得生还兮逢圣君，嗟别二子兮会无因。十有二拍兮哀乐均，去住两情兮谁具陈。

【第十三拍】不谓残生兮却得旋归，抚抱胡儿兮泣下沾衣。汉使迎我兮四牡骓骓，胡儿号兮谁得知？与我生死兮逢此时，愁为子兮日无光辉。焉得羽翼兮将汝归，一步一远兮足难移。魂消影绝兮恩爱遗。十有三拍兮弦急调悲，肝肠搅刺兮人莫我知。

【第十四拍】身归国兮儿莫知随，心悬悬兮长如饥。四时万物兮有盛衰，唯有愁苦兮不暂移。山高地阔兮见汝无期，更深夜阑兮梦汝来斯。梦中执手兮一喜一悲，觉得痛吾心兮无休歇时。十有四拍兮涕泪交垂，河水东流兮心是思。

【第十五拍】十五拍兮节调促，气填胸兮谁识曲？处穹庐兮偶殊俗，愿得归来兮天从欲。再还汉国兮欢心足，心有怀兮愁转深。日月无私兮曾不照临，子母分离兮意难任。同天隔越兮如商参，生死不相知兮何处寻。

【第十六拍】十六拍兮思茫茫，我与儿兮各一方。日东月西兮徒相望，不得相随兮空断肠。对萱草兮徒想忧忘，弹鸣琴兮情何伤。今别子兮归故乡，旧怨平兮新怨长。泣血仰头兮诉苍苍，生我兮独罹此殃。

【第十七拍】十七拍兮心鼻酸，关山阻修兮行路难。去时怀土兮枯枯叶干，沙场白骨兮刀痕箭瘢。风霜凛凛兮春夏寒，人马饥虺兮筋力单。岂知重得兮入长安，欢息欲绝兮泪阑干。

【第十八拍】胡笳本自出胡中，绿琴翻出音律同。十八拍兮曲虽终，响有余兮思未穷。是知丝竹微妙兮均造化之功，哀乐各随人心兮有变则通。胡与汉兮异域殊风，天与地隔兮子西母东。苦我怨气兮浩于长空，六合离兮受之应不容。

细细地读一遍吧，读了它，我们就知道了什么叫乱离苦，什么叫摧心肝，什么才是真正的离合悲欢。有了它作对比，我们才能够真切地感受到什么叫“和平”“安乐”与“幸福”。

这个大才女的父亲，就是蔡邕。

他是曹操的老师。若非如此，蔡文姬也回不来。

在那个“女子无才便是德”的年代，蔡文姬因才而名。

她回来后嫁给了曹操的下属董祀，有一回董祀犯法当死，蔡文姬披头散发光着脚丫求见曹操，叩头请免丈夫一死。曹操说没办法，公文都已经发走了。蔡文姬说：“明公您的马厩里有良马万匹，您的帐下虎士如林，难道就不能牵出一匹来，追回成命，救一条垂死的性命吗？”曹操被她感动，就把命令收回，赦免董祀之罪，又怜她天冷受冻，赐给她头巾鞋袜。

然后曹操就问：“听说你家有很多典籍，你还记得吗？”

蔡文姬说：“过去亡父（即蔡邕）赐给我四千来卷书，可是颠沛流离，一卷都没了。现在我能背诵记住的，才不过四百来篇。”

曹操就想派人去帮她默写出来，她不肯，说是男女授受不亲，给我纸笔吧，我自己把它写出来。

然后她果然就自己默写出来了，一点错误都没有。

可见其家学渊源，这是小时候就练出来的背功。

她的音乐才能和文学才能一样，也都是家学渊源。蔡邕就是非常有造诣的音乐家。她六岁的时候，听父亲弹琴，隔着墙壁就能听出琴声不对，第一根弦断掉了。蔡邕很惊讶，就故意把第四根琴弦弄断，然后接着弹，结果又被她听了出来。

若非如此，她也谱不出《胡笳十八拍》。

她的名作《悲愤诗》，中国诗史上第一首自传体的五言长篇叙事诗，里面写到遭掳时的凄惨恐惧：

或便加棰杖，毒痛参并下。旦则号泣行，夜则悲吟坐。
欲死不能得，欲生无一可。彼苍者何辜，乃遭此厄祸。

写到边荒地带的穷迫寒凉：

边荒与华异，人俗少义理。处所多霜雪，胡风春夏起。

写到只身归汉时的母子生别离：

> 儿前抱我颈，问母欲何之。人言母当去，岂复有还时。
> 阿母常仁恻，今何更不慈。我尚未成人，奈何不顾思。
> 见此崩五内，恍惚生狂痴。号泣手抚摩，当发复回疑。

真是字字皆泪字字泣血。

她用她的真实经历，为我国的文学宝库和艺术宝库奉献了不朽的明珠。

她的父亲蔡邕（133—192），字伯喈，东汉大文学家、书法家，通晓经史、天文、音律，擅长辞赋，被马日磾誉为“旷世逸才”。

有一天，他正闲游，见人烧火，木柴发出清脆的爆裂声，他马上冲过去把这块木头拽出来，原来是一块桐木。然后他把这块烧焦了尾部的桐木做成一张琴，音色美妙绝伦，盖世无双，被称为“焦尾琴”。

蔡邕救琴的典故就这么流传下来了。

有一回，邻居邀他喝酒，他应邀而去，结果到门口听到有人弹琴，而琴音里却有杀心，他大吃一惊，赶紧转身，打道回府。

主人一听仆人说他造门不前而返，赶紧追上他，问他怎么回事，他如此这般一说，弹琴的人一听说你真神了！我弹琴的时候，正看见螳螂爬向一只蝉。蝉要离开了，不过还没有鼓翅飞起，就那么一动一动的，螳螂也跟着它的动作一进一退，想要把它抓来吃掉。我心里也紧张起来，于是就从琴音里流露出来了。

蔡邕的诗作《饮马长城窟行》也是千古名篇：

“青青河边草，绵绵思远道。远道不可思，宿昔梦见之。梦见在我傍，忽觉在他乡。他乡各异县，展转不可见。枯桑知天风，海水知天寒。入门各自媚，谁肯相为言。客从远方来，遗我双鲤鱼。呼儿烹鲤鱼，中有尺素书。长跪读素书，书中竟何如。上有加餐食，下有长相忆。”

就这么个了不起的人，德高望重，宾客盈门，别人想巴结都巴结不上，没想到他也有想巴结的人。

这个人还是一个小小的孩童！

还长得又矮又丑！

真是满座皆惊。

这个人就是王粲。

王粲，字仲宣，山阳高平人，曹魏名臣，著名文学家。

献帝被迫西迁的时候，他也跟着一路到了长安，就是在这里，蔡邕认识了他，并且传扬他的大名。

十七岁那年，因为司徒的推荐，皇帝就征召他做黄门侍郎，做皇帝的侍从，传达诏命。对于一个少年人来说，这也是一个很风光的职位了。

他因为长安混乱，没有赴任，而是不久后去到荆州投奔了刘表。

刘表是个坐家虎，他的治下还是蛮风平浪静、井井有条的。

他本意是想在刘表的手下一展才华，可是刘表看这个人实在是长得太丑了，又矮又弱，还不拘小节，实在是太名不副实了！所以他说的话刘表也不肯听，他提的建议刘表也不乐意采纳。

在荆州十多年，王粲始终只是一个普通幕僚。写于这一时期的名作《七哀诗》之二，通篇表达他的政治苦闷和怀家之情：

> 荆蛮非我乡，何为久滞淫？方舟溯大江，日暮愁我心。山冈有余映，岩阿增重阴。狐狸驰赴穴，飞鸟翔故林。流波激清响，猴猿临岸吟。迅风拂裳袂，白露沾衣襟。独夜不能寐，摄衣起抚琴。丝桐感人情，为我发悲音。羁旅无终极，忧思壮难任。

名篇《登楼赋》也是这时候写的，起句即是“登兹楼以四望兮，聊暇日以销忧”。一个“忧”字，就是他的情感主旋律。

刘表死后，王粲力劝刘表的儿子刘琮归附了曹操。

曹操很会用人，不以貌取人，而是任命他为丞相掾，短短的三五年时间，连升数级，赐爵关内侯，成了“建安七子”中政治地位最高的人，唯一的封侯者。

他的心里是很感恩的，有一回，曹操在汉水边设宴款待百官，他就给曹操敬酒，说：

“当今袁绍崛起河北，倚仗兵多将广，志在夺取天下，但虽爱惜贤才却不能重用，因此那些奇士终归离他而去。

“刘表盘踞荆楚，从容不迫，坐观时变，自以为可以仿效西伯周文王。那些避难到荆州来的贤士，都是海内的俊杰，可刘表却不善于任用他们，结果当国家危难之际却无人辅佐他。

“明公您平定冀州的时候，下车伊始就忙着整顿冀州的军队，收录当地的豪杰各尽其用，因此能称雄天下。等到平定了江、汉，又征召这一带的贤才各居其位，使天下归心，望风归附，文武并用，英雄尽力，这些都是夏、商、周三代开国国君才能做到的事情啊！”

有人说他是拍马屁，歌功颂德，可是事实上，王粲说的全都是实话，袁绍确实是外宽内忌，纳贤才而不用；刘表也确实是不善于用人。曹操比起他们来，也确实是既能招揽人才，又能让人才各尽其用，所以才能天下三分，他得一分。

王粲除了积极参政议政外，还尽心竭力为曹魏政权建立了一整套管理制度，制定了各项法律和法规，就像一篇文章上说的，“这实际上是为魏国的建立规划蓝图，奠定基础。秦朝有李斯定制，汉朝有萧何制律，魏国则主要靠王粲‘兴制度’，作礼乐”。

他不独政治成就高，就是在文学成就方面，也是“七子之冠冕”。

这个人的博闻强记，已经到了非常惊人的程度。

有一回，他跟人一起走路，读着边立的石碑上的文字。估计文字很长，读完后，别人就难他，问你能背出来不，他说能。然后就背对着石碑背了出来，一个字都不差。

又有一回，他看人下围棋，有人不小心碰乱了棋子，他说能帮着人家按原来的局势把棋子重新摆好。下棋的不信，拿出块手帕盖在棋盘上，让他换个棋盘重摆，结果，连一点误差也没有。

他的脑袋瓜子转得飞快，做算术题，心算一流，谁也别想蒙他；他又擅长写文章，一挥而就，从不修改，别人还以为他是预先写好的。可是不论自己怎么反复精心构思，写出的文章也没法超过他。

才子见才子，惺惺相惜之。曹丕和曹植对他都很待见，时常诗文往还。

建安二十一年（216）冬，王粲跟着曹操征讨孙吴，第二年春天在返回邺城的途中病逝，时年四十一岁。

曹丕亲自率领众文士为他送葬，开了一个别致到了极点的追悼会。

《世说新语》记载：“王仲宣好驴鸣，既葬，文帝临其丧，顾语同游曰：‘王好驴鸣，可各作一声以送之。’赴客皆一作驴鸣。”

也就是说，曹丕倡议：“仲宣平时最爱听驴叫了，咱们就一人学一次驴叫，为他送行吧！”

于是，驴鸣四起，“咴咴昂昂”之声不绝，响彻四野，其中曹丕的叫声格外地响……

相较于曹丕，曹植就正经得多，作了一篇《王仲宣诔》，其中有几句：

“吾与夫子，义贯丹青。好和琴瑟，分过友生。庶几遐年，携手同征。如何奄忽，弃我夙零。”又一个真性情的好朋友去世了，曹植的心里，一定是秋风瑟瑟，满天黄叶纷纷落。

那么，话说回来，王粲为什么好驴鸣呢？

据考证，驴在7000至9000年前出现于北非，到了汉代才传到中国。

什么东西刚进口的时候都珍稀，就像大象刚出现的时候，还一群大臣称象玩呢，现在谁还吃饱了撑的称象玩？

驴刚进口的时候，居然当过王室的宠物。《尔雅翼》里说：“始自汉灵帝于宫中西园驾四白驴，躬自操辔，驱驰周旋以为乐。于是公卿贵戚转相仿效，里乘辎軿，以为骑从。”

皇帝骑驴，搞得百官也纷纷骑驴。就有人对于这种玩驴之风很反感，发议论，说：

“驴乃服重致远，上下山谷，野人之所用耳，何有帝王君子而骖服之乎？”

就是说它的身份低贱，是野人用的，怎么现在成了帝王和有品德的君子们出行仪仗用的了？

后来，驴也多了，就不再是宠物了，渐渐地，骂人的时候，就开始骂“蹇驴”“疲驴”“蠢驴”“秃驴”“犟驴”“黔之驴”“顺毛驴”“驴脾气”……

王粲此人，曾祖王龚在顺帝时官至太尉，祖父王畅在灵帝时官至司空，都曾位列三公。父亲王谦是大将军何进的长史，是如假包换的名门望族。

先辈们都出了大本事，王粲也想不辱没家声，所以不想当个黄门侍郎，而跑去依附刘表，以图一展才干。偏偏刘表又不肯用他。后来他归顺了曹操，看似飞黄腾达，可是，也不过是玩弄笔杆子的侍臣，地位虽高，却没有实权，根本进不了曹氏集团的决策层。

这么一来，真就是“虚负凌云万丈才，一生襟抱未曾开”了。

政治风云波谲云诡，多少人一言失命，他又不能随便说，又不能随便写，没办法，这驴子刚开始那么尊贵，如今这么卑贱，和我何其相似啊！这么想着，难免不从驴的“昂昂”的叫声中，听出不平和愤懑，他自己也未必不从喉咙里发出一两声“昂昂”的驴鸣……

现在如果有人爱驴叫，我们得说他神经病，可是在魏晋时代，阮籍喜欢驾着车满山遍野地乱跑，没有路的时候就大哭着回来；嵇康喜欢拎着大锤冲着热铁叮叮咣咣地敲；何晏喜欢穿女人的衣裳；松柏本来是在坟前种，张湛偏偏种屋前；袁山松就爱听哀歌……那么，王粲好驴鸣，又有什么奇怪的？

不奇怪，不奇怪，皆因世路崎岖，无处洒泪，驴鸣三声一世哀。

第二节 阮籍：只留白眼在人间

【原文】

瑀子籍，才藻艳逸，而倜傥放荡，行己寡欲，以庄周为模则。官至步兵校尉。

【译文】

阮瑀的儿子阮籍，才华超群，文辞艳逸，但倜傥放浪，不受拘束，为人恬淡寡欲，以庄周为楷模。官至步兵校尉。

【评点】

阮籍，大名人。他的父亲是阮瑀，建安七子之一。他是竹林七贤之一。

字嗣宗，河南陈留人，魏晋名士中的杰出“通才”，哲学、音律、诗词无一不通、无一不精。

老子英雄儿好汉，他爹就很了不起，早年颇得曹操赏识，想请他出来做官，他还不肯，曹操最后急了，放火烧山，才把隐居的他给逼出来。

逼是逼出来了，傲气始终不改。曹操生气，想下下他的面子，一天宴饮，让阮瑀进乐队演奏供大家取乐。

他是一个名士唉，这不是活活羞煞人嘛！

结果他不，大摇大摆，摇头晃脑，好好过了一把乐队瘾，一曲妙音，绕梁不绝，众人如醉如痴，曹操心花朵朵开，因为他弹唱的歌里面，有一句“奕奕天门开，大魏朝天运”。

这下子也不惦着下他的面子了，反而长他的面子，当场任命阮瑀做司空谋祭酒，就相当于曹操的机要秘书。

不过阮籍没沾这个爹多少光，他三岁的时候，阮瑀就死了，阮籍和他的娘孤儿寡母过日子，和他的母亲感情深厚得很。

他这辈子当了十天官，喝了一辈子酒，从来不曾说过是非，生于公元201年，死于公元263年，虽不是白头翁寿享天年，但是死在床箦，不是被杀死，不是被毒死，不是被吓死，不是被勒令自裁而死，是自然死。在那样黑暗如铁、枉死横行的年代，这样的死法，何其幸福和幸运。

有这么一个好结局，百分之五十的原因归于他的谨慎。

他是《世说新语》里的明星，光记录他的言行举止的就有好多条，其中有一条是《嗣宗谨慎》：

“晋文王称阮嗣宗至慎，每与之言，言皆玄远，未尝臧否人物。”

晋文王就是司马昭，谋夺了魏氏天下的人物，不是个善茬。他称赞阮籍谨慎，比方说他问：你看某某人怎么样啊？阮籍就说今天天气好啊哈哈哈；比如说他说，我看某某人不大好，阮籍就说明天说不定还会是个好天呵呵呵……

那么，他嘴里不议论人的是非好坏，他又不是糊涂蛋，肯定心里对有的人觉得好，有的人就看不上。

那怎么办？

好办！

他有一双青白眼。

其实，每个人都有一双青白眼。不信你自己照镜子看，你看你自己顺眼，你的大黑眼珠子就会对着你的影子正正地看，脸上带着笑，这，就叫青眼；旁边有人经过，你看不上他，那么，你就会眼珠子往他那边一斜，眼白都露了出来，就是平常我们说的“翻白眼”，这，就是白眼。鲁迅先生不是有诗叫“白眼看鸡虫”吗？

阮籍就是这样，看见不待见的人，就是一双白眼。

看见待见的人，就是一双青眼。

比方说他的母亲死了，嵇康的哥哥嵇喜来吊丧，他就送他一对卫生丸；嵇康也来吊丧，还带酒挟琴，这有多么奇怪，不合礼制啊！可是他高兴了，就送他一对煤球眼。（《晋书·阮籍传》：“籍又能为青白眼，见礼俗之士，以白眼对之。及嵇喜来吊，籍作白眼，喜不怿而退。喜弟康闻之，乃赍酒挟琴造焉，籍大悦，乃见青眼。”）

那，他心里不痛快了，怎么办？

那个年代，凡是有点思想的人，都活得不痛快。朝政混乱，暴力血腥，壮志难酬，民不聊生，又不能写文章批评，怕掉脑袋，又不能随便说话，怕有人告密……

有办法！

当然，写诗是可以的，他的咏怀诗：

“夜中不能寐，起坐弹鸣琴。薄帷鉴明月，清风吹我襟。孤鸿号外野，翔鸟鸣北林。徘徊将何见，忧思独伤心。”

忧什么？不能说啊不能说。

实在没办法，他就“时率意独驾，不由径路，车迹所穷，辄恸哭而返”。就是说，时不常地，驾上牛车或是马车，也不按照路，走哪儿算哪儿，走到没路可走的时候，就大哭着回来。

乱走一气，大哭一顿，发泄一场。

等到再憋闷得受不了的时候，再乱走一气，大哭一顿，发泄一场。

反正就是任何抨击时政的话也不说，任何议论人非的话也不说。嘴巴闭得好像钢做的蛤蜊壳。

有的时候，光是把嘴巴闭紧还解决不了问题。

比方说，有一回，司马昭还想为武帝司马炎向阮籍求婚，要阮籍把女儿嫁给司马炎，若是平常人，遇到这事，那还不是天上掉下来大馅饼！《红楼梦》里，大老爷贾赦看上了丫头鸳鸯，鸳鸯的嫂子还高兴得要上天，拉着鸳鸯怂恿她答应，说是“天大的好事”，叫鸳鸯一口啐在她脸上，大骂了她一顿。

可是阮籍不能骂，他又不乐意答应，怎么办？

别人没办法，他有办法。

他居然一气让自己大醉六十天！

愣是让司马昭没机会开口，到最后不得不息了此心。

一种为了保命性命而采取的慢性自杀的方式啊，够惨烈。

鲁迅对他的爱喝酒是这么理解的：

> “他们（作者注：指魏晋名士）的态度，大抵是饮酒时衣服不穿，帽也不戴。若在平时，有这种状态，我们就说无礼，但他们就不同。居丧时不一定按例哭泣；子之于父，是不能提父的名，但在竹林名士一流人中，子都会叫父的名号。旧传下来的礼教，竹林名士是不承认的……至于阮籍，就更甚了，他连上下古今也不承认，在《大人先生传》里有说：‘天地解兮六合开，星辰陨兮日月颓，我腾而上将何怀？’他的意思是天地神仙，都是无意义，一切都不要，所以他觉得世上的道理不必争，神仙也不足信，既然一切都是虚无，所以他便沉湎于酒了。然而他还有一个原因，就是他的饮酒不独由于他的思想，大半倒在环境。其时司马氏已想篡位，而阮籍的名声很大，所以他讲话就极难，只好多饮酒，少讲话，而且即使讲话讲错了，也可以借醉得到人的原谅。只要看有一次司马懿（当为司马昭，此为鲁迅误记）求和阮籍结亲，而阮籍一醉就是两个月，没有提出的机会，就可以知道了。”

不过，你能醉六十天，你还能再醉六十天吗？

你能醉过今年，你还能醉过明年吗？

他之所以能够蒙混过关，很大程度上，是来自司马昭对他的宽容。这是他能够保全性命于乱世的另外百分之五十的原因。

司马昭是个狠心贼，这个想来没有什么异议，不过，他对于阮籍，是偏爱的。

哪怕阮籍不肯答应他为了儿子向阮籍女儿的求婚。

阮籍至孝。三岁丧父，母亲把他拉扯成人。有一回，有官府抓到一个杀害自己母亲的人，阮籍这回开金口评论说：“嘻！杀父乃可，至杀母乎！”

那意思，你杀你爹还说得过去，怎么能杀你的娘呢？

那个时代，男子为天，男子为纲，同坐的人说你怎么这么说话！这是对于父亲的大不敬！阮籍说：“禽兽就是只知道自己母亲，不知道自己的父亲；杀爹，就跟禽兽一样；杀娘，就是禽兽不如！”

众乃悦服。

他母亲的丧信传来的时候，他正跟人下围棋呢，对弈的人说算了算了，令堂去世，赶紧料理丧事要紧。阮籍不听，一定要一决胜负。

棋局弈毕，饮酒二斗，大叫一声，吐血数升。

到葬礼的时候，他蒸了一只小猪，又饮酒二斗，看着母亲的脸，叫一声“穷矣”，只一声，又吐血数升。整个人一下子就跟瘪了气的皮球似的，瘦成了骷髅架子，差一点就死掉了。（《晋书·阮籍传》：“性至孝，母终，正与人围棋，对者求止，籍留与决赌。即而，饮酒二斗，举声一号，吐血数升。及将葬，食一蒸肫，饮二斗酒，然后临诀，直言穷矣，举声一号，因又吐血数升，毁瘠骨立，殆致灭性。”）

母亲死了，他大碗喝酒，大块吃肉，那是不符合礼法的，不孝的，要受抨击的，要被杀头的。

可是，当他在大将军司马昭的宴席上公然饮酒吃肉，被何曾痛批：“明公方以孝治天下，而阮籍以重丧显于公坐饮酒食肉，宜流之海外，以正风教。”那意思就是要求司马昭把阮籍流放海外，以端正风俗教化，司马昭却说：

“此子羸病若此，君不能为吾忍邪？”

就是说，你看这家伙，又瘦又病的，都到这个地步了，你就不能看在我的面子上可怜可怜他吗？

他们这么说着话，阮籍就自顾自地吃肉、喝酒，就跟说的不是他一样。

不知怎的，阮籍一直就很投司马昭的缘，“晋文王功德盛大，坐席严敬，拟于王者。唯阮籍在坐，箕踞啸歌，酣放自若”。就是说，晋文王（司马昭）德高望重，他出席宴会时，人们都严肃恭敬，就像在帝王面前一样。只有阮籍箕踞而坐，纵酒放歌，泰然自若。

司马昭对阮籍几乎到了有求必应的地步。

阮籍喜欢东平，要去那边当东平相，司马昭立刻批准。结果这家伙骑着驴就去了，一去就搞破坏，把官衙的墙全给拆了，就像现在的“拆墙透绿”，于是想搞点什么背后的小动作也搞不了了，众目睽睽之下啊！于是“内外相望，法令清简”。

李白在《赠闾丘宿松》诗里夸他“剖竹十日间，一朝风化清”，就是说他当东平相，当了十天就回来了，这十天就让当地变得政清令简，清平乾坤。

他撂了那东平相的挑子，司马昭一看，哦，你不爱干了啊！得了，那你去当大将军从事中郎吧，就是把他留自己身边当官。

可是阮籍说，我还是去当步兵校尉吧。司马昭说好，随你。可是为什么啊？

阮籍说，因为步兵营的厨师会酿酒，他藏着好酒三百斛呢，我去给他喝完。

司马昭爱护阮籍就是到这个地步，就像嵇康在《与山巨源绝交书》里面说的“阮嗣宗（阮籍字）……幸赖大将军保持之耳”。

司马昭爱阮籍，是爱他的才。

《世说新语》载：

> 魏朝封晋文王为公，备礼九锡，文王固让不受。公卿将校当诣府敦喻，司空郑冲驰遣信就阮籍求文。籍时在袁孝尼家，宿醉扶起，书札为之，无所点定，乃写付使。时人以为神笔。

就是说，魏朝封晋文王（司马昭）为公的时候，准备了九锡之礼，可是晋文王坚辞不受。文武官员要到他的府上敦促劝喻，司空郑冲急忙派信使到阮籍那里，让他写劝进文。当时阮籍在袁孝尼（准）家，晚上喝醉了，酒还没醒。人们把他扶起来后，阮籍提笔就写，丝毫不做修改就给了信使。当时人们认为他是神笔。

世界上什么样的人都有，过出五颜六色的人生。

有的人像塑料做的假人，有的人像块黑铁，有的人像黄金，有的人像水，有的人像花。

世上唯有真最难，阮籍就是一个真人。

除了口不臧否人物之外，说话、做事无一不真。

他的邻居家有个姑娘，有才有貌，是天钟灵地毓秀一般的人物，可惜没有嫁人就夭折而死。阮籍跟她既不是亲戚，平时也不相识，结果跑到人家的葬礼上大哭一场，把满腔悲哀之情发泄净尽才离开，搞得人人瞠目而视。

还是他的邻居，那家的男人有个老婆，也是长得特别漂亮，在大街上当垆卖酒。阮籍和王戎经常去找人家买酒喝，王戎可能喝完就走了，阮籍喝醉了就躺在那个女人的旁边呼呼大睡。那个男人就怀疑他俩有奸情。可是观察半天，一点也没有。奇怪吧？

阮籍爱长啸，有一个词叫“偃仰啸歌”，就是仰面朝天，大声长啸，大声高歌，比喻一种自由快乐的生活。他的长啸能传出数百步之远。

苏门山里忽然来了一位真人，樵夫们都在议论这件事。阮籍也去看，见这个人盘腿坐在岩石旁边，阮籍就爬上山凑过去，伸直双腿坐在他对面。

这个人不说话，阮籍为了逗他说话，就自己滔滔不绝说个不停。既是名士，说的肯定不是柴米油盐啦，而是什么黄帝、炎帝的清净无为之道啦，什么夏、商、周三代圣君的仁政啦，然后问他：“您说我说的对吗？您的看法是什么呢，说来听听？”

那个人不理。

好，接着掰。于是，什么儒家的入世学说啦，道家的栖神导气的方法啦，一边说还一边观察他，可是这个人就跟聋了一样，动都不动。

阮籍没辙了，放声长啸。

就跟吹哨似的，声闻数百步啊！

结果这回有反应了，这个人对他说：“你再来！”

阮籍于是再啸。

阮籍下山，走到半山腰，上面传来悠长的声音，像是有几个乐队在演奏，山鸣谷应，正是刚才那个人在长啸。

这个人，也是个真人，是个参透了语言真谛的真人。

语言，有的时候是最无效的沟通工具，你说东，别人可能笨蛋得理解成西，你说南，别人可能恶意地理解成北。这就是为什么阮籍口不臧否人物的原因。

而放弃语言之后，这种悠长的啸声，反而更容易拉近人与人之间的心灵距离。

回到家后，阮籍写了一篇文章《大人先生传》，苏门先生就是阮籍先生心目中的一个与天地同在、与日月同辉，不受束缚、超然洒脱的大人。

当然了，阮籍先生，相对于后世渺小、汲汲于功名的俗世人来说，也是一个大人。是一个真人。一个真正的大人。

所以他的嫂子要回娘家的时候，他跟她告别，别人讥笑他，他才会理直气壮地说：“礼岂为我辈设也？”

后来，嵇康也死了，阮籍也死了，王浚冲（就是王戎）做尚书令的时候，“著公服，乘轺车，经黄公酒垆下过。顾谓后车客：‘吾昔与嵇叔夜、阮嗣宗共酣饮于此垆。竹林之游，亦预其末。自嵇生夭、阮公亡以来，便为时所羁绁。今日视此虽近，邈若山河’”。

就是说，他穿着公服，乘着轻便马车经过黄公酒垆。他回头对车后面的客人说：“从前我和嵇叔夜（嵇康）、阮嗣宗（阮籍）一起在此畅饮。竹林同游，我也忝列其末。自从嵇康早逝、阮籍亡故以后，我就为世事羁绊，现在酒垆虽近在眼前，往事旧人却像隔着万重山河了。”

而如今我们再想见这样的人物，更是已隔万重山河。

第三节　嵇康：一曲《广陵散》，绝唱动千古

【原文】

时又有谯郡嵇康，文辞壮丽，好言老庄，而尚奇任侠。至景元中，坐事诛。

【译文】

当时谯郡还有个嵇康，文辞壮丽，好言老庄，崇尚奇节，见义勇为，好抱不平。到魏元帝曹奂时，因犯事被杀。

【评点】

嵇康，字叔夜，“竹林七贤”之一，生于公元224年，卒于公元263年。

英年早逝，冤死的。

这人长得帅，“萧萧清风，明爽俊朗”“凛凛寒松，高拔清峻”。

山涛的比方更绝：“嵇叔夜之为人也，岩岩若孤松之独立；其醉也，傀俄若玉山之将崩。”

那是一个男人要当就当名士的年代，嵇康就是一个如假包换的名士，还是名士里的另类。

那时的名士们回家是要好好照镜子，出门是要好好修饰打扮的。傅粉（要不为什么何晏因为生得白，要被人怀疑是敷了粉呢？实在是因为男人们敷粉敷惯了），施朱，熏衣，修面，带齐配件——羽扇啊，尘尾啊，玉环啊，香囊啊，然后行住坐卧，神情一定要静稳，步态一定要安详，总之，讲究一个飘飘若仙。

那些个士族出身的花样美男们，平时养尊处优，手无缚鸡之力，个个都身体娇弱不胜，走一步摇三摇，走两步喘三喘，哎呀好累！

不过这样的男子也确实漂亮，大家都喜欢看。比如潘安。我们现在说起男人有才，就叫才比子建（即曹植）；若说男人漂亮，就说貌比潘安。潘安即西晋文学家潘岳，一出游的时候，人们就围着他流连，往他的车上扔美味的水果，结果“掷果盈车”，车上都给装满了，回家洗洗就能吃。

还有更厉害的，卫玠长得漂亮，《晋书·卫玠传》记载：“京师人士闻其姿容，观者如堵。玠劳疾遂甚，永嘉六年卒，时年二十七，时人谓玠被看杀。”

这个人漂亮到了什么地步？围观他的人堵得跟墙似的。这个人身体弱到了什么地步？光是被看看，就给活活累死了，留下一个“看杀卫玠”的典故。

估计如果嵇康出游，也会达到同样的效果，但是，却不会发生类似的悲剧。

嵇康太壮了。他是一打铁的。

嵇康又壮又帅，而且不爱穷捣鼓，就那么粗头乱服，不修边幅，结果仍旧让人惊艳，所谓“龙章风姿，天质自然”。有一回他上山采药，山色青黛，引人流连，他正徘徊观望，被一个砍柴的老人看见，惊呼：“此仙人也。”哎哟妈呀，神仙来啦！

嵇康娶的是曹操的嫡孙子的女儿，沛穆王曹林的女儿长乐亭主，是正儿八百的皇亲国戚，可是就像他是个大玄学家、大文学家、大音乐家、大名士而不愿意拿架子一样，当上皇亲国戚也一样不愿意拿架子，照旧喜欢打铁。

夏天，骄阳酷热，蝉鸣阵阵，柳如金线，他就鼓起风炉，叮叮咣咣，通红的炉火映着他健美的身姿，多帅气，多刚劲。

不过，打铁毕竟是他的业余爱好。

他的专业是写诗、属文、书法、音律、玄学。

他的诗写得潇洒：

“目送归鸿，手挥五弦。俯仰自得，游心太玄。”

他的文作得隽远：

“夫称君子者，心不措乎是非，而行不违乎道者也。何以言之？夫气静神虚者，心不存于矜尚；体亮心达者，情不系于所欲。矜尚不存乎心，故能越名教而任自然；情不系于所欲，故能审贵贱而通物情。”

书法他不是刻意去写去练的，可是却自有风骨，其墨迹“精光照人，气格凌云”，被列为草书妙品。唐朝张怀瓘《书断》称：

“叔夜善书，妙于草制，观其体势，得之自然，意不在笔墨。若高逸之士，虽在布衣，有傲然之色。故知临不测之水，使人神清；登万仞之岩，自然意远。”

唐代韦续《墨薮》云：

“嵇康书，如抱琴半醉，酣酒高眠。又若众鸟时翔，群乌乍散。”

音律更不用说，嵇氏琴曲有四弄:《长清》《短清》《长侧》《短侧》，和蔡邕这个大音乐家的“蔡氏五弄”合称“九弄”，后世的隋炀帝还曾经把这九弄当作朝廷取士的考核标准。

除此之外，就是鼎鼎大名的《广陵散》，和俞伯牙的《高山流水》并称“稀世之音”。

这首曲子据说是嵇康远游洛西的时候，夜暮投宿华阳亭，正拿出琴来弹奏，夜里忽然有客人来访，自称是古人，嵇康就和他攀谈起音律来，十分投机。然后客人就为嵇康弹奏了一曲，声调绝伦，并且教给了嵇康。临走的时候，嘱咐他不能传给别人。因为有诺在先，所以嵇康从不向人教弹此曲，直到命终，广陵散绝。

嵇康不同于阮籍，他是有啥说啥，从来不爱藏着掖着。所谓“刚肠嫉恶，轻肆直方，遇事便发”。

那是一个什么样的年代？“天下多故，名士少有全者”(《晋书》)，就是说，政治环境太险恶，名士们一个接一个地死掉了。确实，何晏是被诛灭的，夏侯玄是被诛灭的，阮籍为了保全自己，一生口不论人过，只练习以白眼杀人，而嵇康这种直肠子的个性，几乎从一开始，就注定了他要毁灭的结局。

山涛，“竹林七贤”之一，嵇康的至交。他在司马政权当官，任选曹郎，后来调任大将军从事中郎，就推荐嵇康来继续担任选曹郎，其实就是和司马政权合作。好事啊！别人求功名还求不来，可是嵇康不肯。

不肯就罢了，可以效防阮籍，昏醉终日；可以托言以病，上书言明资质浅陋，不堪大用；可是他竟然白纸黑字，昭告天下，要和山涛绝交。

这就是赫赫有名的《与山巨源绝交书》。

好长的一封信，近一千八百字。

古人写信，字字如金，平时哪写得了那么多。

信里处处都是贬抑自己，说自己才不堪大用，并没有什么抨击时政的尖刻言辞，不过，话外之音却尖锐如针：

“此犹禽鹿，少见驯育，则服从教制；长而见羁，则狂顾顿缨，赴汤蹈火；虽饰以金镳，飨以嘉肴，愈思长林而志在丰草也。”

意思是说：这像麋鹿一样，如果从小就捕捉来加以驯服养育，那就会服从主人的管教约束；如果长大以后再加以束缚，那就一定会疯狂地乱蹦乱跳，企图挣脱羁绊它的绳索，即使赴汤蹈火也在所不顾；虽然给它戴上金的笼头，喂它最精美的饲料，但它还是强烈思念着生活惯了的茂密树林和丰美的百草。

弦外之音：我喜欢像野生动物自由自在，不想像家畜被官府豢养——凡是当官的，都成家畜了。

“禹不逼伯成子高，全其节也；仲尼不假盖于子夏，护其短也；近诸葛孔明不逼元直以入蜀，华子鱼不强幼安以卿相，此可谓能相终始，真相知者也。足下见直木不可以为轮，曲木不可以为桷，盖不欲枉其天才，令得其所也。故四民有业，各以得志为乐，唯达者为能通之，此足下度内耳。不可自见好章甫，强越人以文冕也；己嗜臭腐，养鸳雏以死鼠也。”

意思是说：

夏禹不强迫伯成子高出来做官，是为了成全他的节操；孔子不向子夏借伞，是为了掩饰子夏的缺点；近时诸葛亮不逼迫徐庶投奔蜀汉，华歆不硬要管宁接受卿相的位子，以上这些人才可以说始终如一，是真正相互了解的好朋友。您看直木不可以做车轮，曲木不能够当椽子，这是因为人们不想委屈它们原来的本性，而让它们各得其所。所以士、农、工、商都各有自己的专业，都能以达到自己的志向为快乐，这一点只有通达的人才能理解，它应该是在您意料之中的。不能够因为自己喜爱华丽的帽子，而勉强越地的人也要去戴它；自己嗜好腐烂发臭的食物，而把死了的老鼠来喂养鸳雏。

弦外之音：你们喜欢当吃死老鼠的兀鹰，就自己去当好了，我才不去当呢。

“若趣欲共登王途，期于相致，时为欢益，一旦迫之，必发狂疾。自非重怨，不至于此也。”

意思是：倘使急于要我跟您一同去做官，想把我招去，经常在一起欢聚，一旦来逼迫我，我一定会发疯的。若不是有深仇大恨，我想是不会到此地步的。

弦外之音：我跟你没仇，你可不许推荐我当司马氏的官啊，不然我会跟你拼命！

你想想，司马昭读了这封信，是什么感觉？魏的政权是篡汉而立，司马氏又想篡魏而立，就连皇帝曹髦都敢杀，你嵇康口口声声不愿意当我司马氏的官，你什么意思？！

嵇康是非死不可了。

嵇康好比一条龙，谁见过把一条龙养在自家后院的池塘里的？他野性难驯，龙性难抑，其结果就是以自身遭际和结局，再次验证了“性格即命运”的可怕真理。

但是，怎么让他死，却是个问题。

这篇《与山巨源绝交书》，虽然话里带刺，但是表面上却一点问题都没有，想杀他，得找别的借口。

借口很快就来了。

大家还记得钟会拜见嵇康，嵇康不理他的那回事吗？

钟会是司马昭手底下的官，一向仰慕这些名士们，可是名士们却不爱理他。

年龄有差距，没办法；再说了，可能他们也觉得和他确实没什么可说的。你有的才人家都有，你没有的品格人家也有，还有什么好说的呢？

就像夏侯玄，平时他也不理钟会，等他下了大狱，钟会到狱中看他，坐在夏侯玄身边，表示亲昵，被夏侯玄拒绝。钟会就拉人家的手，说哎呀，夏侯先生你怎么搞成这样了？结果夏侯玄把手拿开，说在下就算是个犯了国法的人，也请你放尊重些。

钟会对嵇康也是非常仰慕的，仰慕到写了一篇文章想求嵇康指教，都不敢大大方方地登门，而是隔着墙扔进去，然后转头就跑。

后来，钟会当了官，带着人去拜访嵇康，嵇康正跟好友向秀一块儿打铁，一个抡锤，一个拉风箱，叮叮咣咣，咕当咕当。

他去了，这俩人还照样，一个抡锤，一个拉风箱，叮叮咣咣，咕当咕当。

也没人拿个凳子给他坐，也没人倒碗水给他喝，他不知道站了多久，然后赌气要走，这时候嵇康才头也不抬地来了句："何所见而来？何所闻而去？"

钟会也不白给，针锋相对地回了句："见所见而来，闻所闻而去。"

拂袖而去。

嵇康被杀的关键性人物，就是钟会。

另一个关键人物则是"阿都"，就是吕安吕仲悌，阿都是他的小名。

看他的字就知道，这个人在家行二，上头必有哥哥。

他的哥哥叫吕巽。哥儿俩原先都跟嵇康是好朋友。

《世说新语·简傲》载：

"嵇康与吕安善，每一相思，千里命驾。安后来，值康不在，喜出户延之，不入，题门上作凤字而去。喜不觉，犹以为欣故作。'凤'，凡鸟也。"

这是什么样的朋友，"每一相思，千里命驾"，只要一想他，说来就来了，管它是不是千里之遥。那是什么年代，千里又是怎样遥远的路途。他看见嵇康心欢喜，看见嵇喜就写字，一个斗大的"凤"字题在门楣，嵇康的哥哥嵇喜还傻呵呵地乐，以为是夸自己是"凤"呢，殊不知是讥讽他是"凡鸟"。

就是这么俏皮的一个人，被他的亲哥哥吕巽戴了绿帽子，还倒打一耙，告他不孝。

这一手忒狠了。

我们再来看一下易中天品《三国》的时候，说到的孔融之死：

"曹操杀孔融，他公布的罪名不是谋反，是什么呢？是不孝。说查出来孔融有两条不孝的言论，第一条说什么呢？说父母和子女是没有恩情的。首先父亲对子女没有恩，为什么呢？因为父亲之所以生下儿子、女儿，他的本来目的是自己快活，满足自己的某种欲望。那母亲总有恩吧？他说母亲也没有恩，母亲就好比一个瓦罐，这个孩子就好比瓦罐里装的东西，东西倒出来以后你说这个东西跟这个瓦罐有什么关系啊？没关系。这是一条。第二条就是说，饥荒的时候如果有一点吃的东西，是给父亲呢还是给别人？孔融说，如果父亲不好，这个东西就宁肯给别人，不要给你父亲。这两条就是不孝了，因此把孔融给杀了……

“曹操为什么不用谋反的罪名，而要用不孝的罪名来杀孔融呢？因为西汉、东汉两汉王朝是以孝治天下，这个‘孝’字非常重要，你去看汉代的皇帝，除了极个别的几个人以外每个人的谥号前面都有一个‘孝’字，比方说惠帝——孝惠帝，武帝——孝武帝。孝是很重要的，曹操用不孝来杀人，就是证明说自己道德高尚，也说明自己维护汉室，是忠臣。污蔑了别人，洗刷了自己，一箭双雕，这是第一点。第二点，孔融是什么人？孔融是孔子的后代啊，孔子的主张是什么？孝啊，你孔子的后代不孝是什么概念，你们想想是什么概念？所以曹操是不但要在政治上把孔融打倒，而且要在道德上把孔融搞臭；不但要消灭他的肉体，而且要玷污他的声誉。所以这一手极其毒辣，以至于后来陈寿作《三国志》的时候都不敢给孔融立传。”

这个“不孝”如此之敏感，谁沾上它谁就得倒大霉。

别人倒了霉还有辩白的可能，可是吕安连辩白都不能。

怎么辩白？说是哥哥因为给自己戴了绿帽子，所以他才破桌子先伸腿儿，诬告自己？

让他一个男子汉的尊严往哪儿摆？

所以吕安就给流放了。

嵇康看不下去了，太欺负人了！

于是，他又写了一封绝交信，给吕巽。

文很短，兹录于下：

与吕长悌绝交书

康白：昔与足下年时相比，以故数面相亲，足下笃意，遂成大好，由是许足下以至交，虽出处殊途，而欢爱不衰也。及中间少知阿都，志力开悟。每喜足下家复有此弟。而阿都去年向吾有言：诚忿足下，意欲发举。吾深抑之，亦自恃每谓足下不足迫之，故从吾言。间令足下因其顺亲，盖惜足下门户，欲令彼此无恙也。又足下许吾终不击都，以子父交为誓，吾乃慨然感足下，重言慰解都，都遂释然，不复兴意。

足下阴自阻疑，密表击都，先首服诬都，此为都故，信吾，又无言。何意足下包藏祸心邪？都之含忍足下，实由吾言。今都获罪，吾为负之。吾之负都，由足下之负吾也。怅然失图，复何言哉！若此，无心复与足下交矣。古之君子，绝交不出丑言。从此别矣！临书恨恨。嵇康白。

文章的大意是这样的：

我与足下年龄相仿，认识很多年了，一直同您是朋友。后来有一次到您家做客，认识了您年幼的弟弟阿都，惊喜足下家中竟有这样聪明可爱的少年，从此将他引以为知己。

去年阿都告诉了我这件纠纷，说他要去告官。我“深抑之”——这么做是因为同你们兄弟二人的友谊，同时也是为足下的家门名誉考虑。阿都因为我的“重言慰解”，终于撤诉了，而足下也向我保证，类似的事以后再也不会发生。

然而现在，足下却反过来诬告阿都，把我蒙在鼓里。不知您为什么这样包藏祸心呢？阿都当初情愿忍辱，完全是由于我的缘故——如今阿都在监狱里，我深深地对不起他，就像您深深地对不起我一样。

既然如此，我无心再与足下做朋友了。古之君子，绝交时口不出恶言。从此别矣！临书恨恨。

话里只有两个意思：第一，我对不起阿都；第二，我认识了你这么一个假朋友。

完毕。

真短。

和山巨源绝交的时候，那么长，是因为从心里并不想真的绝交。

短，是因为从心里，是真的绝交了，当这个人死了。

其实这封信里没有涉及丝毫的政治，一点都不敏感。

可是他还是被杀了。

就是因为钟会。

《晋书》记载钟会向皇帝进言：

“嵇康是一条卧龙，是不能让他飞起来的。您可以不去忧虑天下，但不能不忧虑嵇康这个人。”

随后又言：

“嵇康曾经想帮助毌丘俭，全赖山涛没有听从。昔年齐国姜尚杀了华士，鲁国的孔子诛杀了少正卯，全是因为他们祸乱时局，搅乱名教，因此圣贤们才会杀了他们。而嵇康等人就是这等人，他们的言论放荡，不尊圣人经典，这是帝王所不能容忍的。因此借这次事情趁早铲除他们，以纯风俗。”（“今皇道开明，四海风靡，边鄙无诡道之民，街巷无异口之议。而康上不臣天子，下不事王侯；轻时傲世，不为物用；无益于今，有败于俗。昔太公诛华士，孔子戮少正卯，以其负才乱群惑众也。今不诛康，无以清洁王道。”——晋《文士传》）

“于是录康闭狱”“与安同诛”。

千里命驾访嵇康的阿都，在嵇康哥哥的门上题“凤”字的阿都，蒙受奇耻大辱又被反咬一口的阿都，最后被从流放路上召回来，好友两个都踏上“归”途。

嵇康要死了，他把儿女托付给绝了交的山涛，对儿子说：“山公尚在，汝不孤矣。”

嵇康死后，山涛把他的儿子嵇绍养大成才，还有王戎也对嵇绍百般照顾，关怀教导。这就是“嵇绍不孤”的成语的由来。

十八年后，嵇绍在山涛的大力举荐下，被晋武帝“发诏征之”，成为晋朝忠臣。

想当初嵇康那封绝交信写得那么长，好像总也写不完，实在是因为和山涛之间的友情的丝线，扯也扯不断。而山涛当初荐他，本意上不是要把他拖入泥坑，是要让他避开砍向名士的钢刀，全他一条性命。

二者都没有错，两个人都遵奉了自己的本心而活，都活出了令人敬重的真名士风范。

嵇康入狱，许多豪杰纷纷要求与嵇康一同入狱，虽经遣散，行刑当日，却有三千名太学生集体请愿，不但请求赦免嵇康，还要请他来太学做老师。

可是没用。

他必须死。

临刑前，嵇康神色不变，要来琴，就在刑场上抚了一曲《广陵散》。曲毕叹息：“昔袁孝尼尝从吾学《广陵散》，吾每靳固之，《广陵散》于今绝矣！”从容就戮，时年四十。

“文王寻亦悔焉。”（司马昭不久也就后悔了。）

后悔也没用，死了就是死了。

他入狱后写成《幽愤诗》，兹录全篇，以志悼念：

“嗟余薄祜。少遭不造。哀茕靡识。越在襁褓。母兄鞠育。有慈无威。恃忧肆姐。不训不师。爰及冠带。凭宠自放。抗心希古。任其所尚。托好老庄。贱物贵身。志在守朴。养素全真。曰余不敏。好善暗人。子玉之败。屡增惟尘。大人含弘。藏垢怀耻。民之多僻。政不由己。惟此褊心。显明臧否。感悟思愆。怛若创痏。欲寡其过。谤议沸腾。性不伤物。频致怨憎。昔惭柳惠。今愧孙登。内负宿心。外恧良朋。仰慕严郑。乐道闲居。与世无营。神气晏如。咨予不淑。婴累多虞。匪降自天。寔由顽疎。理弊患结。卒致囹圄。对答鄙讯。絷此幽阻。实耻讼寃。时不我与。虽曰义直。神辱志沮。澡身沧浪。岂云能补。嗈嗈鸣雁。奋翼北游。顺时而动。得意忘忧。嗟我愤叹。曾莫能俦。事与愿违。遘兹淹留。穷达有命。亦又何求。古人有言。善莫近名。奉时恭默。咎悔不生。万石周慎。安亲保荣。世务纷纭。祇搅予情。安乐必诫。乃终利贞。煌煌灵芝。一生三秀。予独何为。有志不就。惩难思复。心焉内疚。庶勖将来。无馨无臭。采薇山阿。散发岩岫。永啸长吟。颐性养寿。”

寿也没有养成，别人四十而立，他四十而绝。

可是别人活八十也庸碌一生，他活了四十，却光耀千古。

卷二十 《三国志·魏书二十五 辛毗杨阜高堂隆传》

忠心耿耿的谏臣辛毗

【原文】

帝欲徙冀州士家十万户实河南。时连蝗民饥，群司以为不可，而帝意甚盛。毗与朝臣俱求见，帝知其欲谏，作色以见之，皆莫敢言。毗曰："陛下欲徙士家，其计安出？"帝曰："卿谓我徙之非邪？"毗曰："诚以为非也。"帝曰："吾不与卿共议也。"毗曰："陛下不以臣不肖，置之左右，厕之谋议之官，安得不与臣议邪！臣所言非私也，乃社稷之虑也，安得怒臣！"帝不答，起入内；毗随而引其裾，帝遂奋衣不还，良久乃出，曰："佐治，卿持我何太急邪？"毗曰："今徙，既失民心，又无以食也。"帝遂徙其半。尝从帝射雉，帝曰："射雉乐哉！"毗曰："于陛下甚乐，而于群下甚苦。"帝默然，后遂为之稀出。

【译文】

曹丕想把冀州的十万户人家迁移到河南，用以充实其地。

当时连年蝗灾，百姓饥饿困顿，在这种情况下，群臣认为移民不妥，但曹丕仍坚持己见。

辛毗与朝臣都要求拜见皇帝。

曹丕知道他们又要来劝谏，便极为严肃地召见了他们，群臣反倒都不敢吱声。

辛毗说："陛下要移居士民，何以生出此想法？"

曹丕说：“难道你认为我的移民政策不对吗？”

辛毗说：“确实不妥。”

曹丕说：“我不跟你讨论此事。”

辛毗说：“您并不认为我是无能的，所以把我置于您的身边，专管出谋划策，又怎能不跟我共议此事呢？我所说绝不是图私利，而是为国家着想啊！您为何发那么大的火呢？”

曹丕置之不理，站起来要进里屋。

辛毗跟着走，又拉着曹丕的衣袖。曹丕用力甩开辛毗的手，不再回头，恼怒地闯进里屋。

过了很久，曹丕才出来，说：“辛毗，你抓我的衣服为何如此急切呢？”

辛毗说：“如果大举移民，既失去民心，又没有粮食来供给他们。”

曹丕于是决定只迁移五万人家。

辛毗曾跟随曹丕射杀山鸡。

曹丕说：“射山鸡是件令人快乐的事。”辛毗说：“射山鸡于您倒是十分快乐，可于我们大臣则是份苦差事。”

曹丕默然不语。以后就很少出来打猎了。

【评点】

大家还记得曹丕终于当上太子，回自己的宫里后得意忘形，一把抱住一个人，说你知道我今天有多高兴吗？那个被他抱住倾吐心声的人，就是辛毗。

辛毗，字佐治，颍川阳翟人。他的哥哥叫辛评，哥儿俩一起投靠袁绍，结果辛毗发现袁绍这个人不会用人，所谓“外宽内忌，好谋无决”，总之就是难成大事，所以就劝哥哥和他一道走，另寻明主。辛评不肯背弃袁绍，辛毗不肯背弃哥哥，所以就这么凑合着在袁绍这里待下来了。

袁绍死后，俩儿子窝里斗，辛毗和辛评哥儿俩就给袁绍的长子袁谭效力。

后来袁谭被弟弟袁尚打败，走投无路，派辛毗向曹操请降。曹操这家伙就趁机把辛毗留下给自己效力了。

曹操攻打袁氏在河北的根据地邺城的时候，辛毗一马当先，冲锋陷阵，结果邺城守备审配本来就和辛毗有仇，这下子更是恨得咬牙切齿，辛毗不是替袁氏效力吗？他一家老小都在这里呢，审配就把八十多口子人全部绑起来，杀掉，弃尸城下。

把辛毗给恨的！

那个年代盛产无间道，审配铁了心守城，审配的侄子却跟辛毗交情好，偷偷飞箭传书，跟辛毗递送情报，情报再被辛毗报给曹操，曹操来个内外夹攻，这下子生擒审配，辛毗手刃仇敌，算是报了仇、雪了恨。

曹操的俩儿子为了谁当太子这件事明争暗斗，大臣们也分为两派：一派是挺植派，一派是保丕派。辛毗就是坚定的保丕派，他倒不是因为和曹丕的交情好，出于私心，而是因为国立嫡长，也就是在册立太子的时候，要以嫡长为序，有嫡子不立庶子，有长子不立幼子，这样才不会天下大乱。

后来曹丕就真的被立为太子了，这家伙就得意忘形了，搂着辛毗的脖子说我好高兴啊我好高兴啊！你想想看，这个时候，辛毗的表情吧，那一定很精彩的啦，他怎么会想到这个丕世子以往那么老实勤恳的，这个时候忽然拿出这么一副嘴脸来了呢？

曹操死后，曹丕当了魏王，辛毗既是魏王侍中，又是汉丞相长史，他对于汉的感情远比不上对于大魏的感情，所以就联络群臣上书曹丕，请他代汉称帝，曹丕当然就顺水推舟啦。

魏国立，辛毗封侯，任侍中。

这个人虽然力保曹丕为太子，但他不是为阿附曹丕的权势；虽然力挺曹丕称帝，但他不是为自己的荣华富贵。他不是一个奸臣，是奸臣就不会犯颜直谏，为了老百姓的安宁和国家的稳定气得曹丕要死了；也就不会直不隆通地说话，把曹丕打猎的兴头给用凉话头浇灭了。

当然曹丕在处理朝政上也不是一个昏君，这个人虽然活得挺假，轻重还是拎得清的，不会为了这样的事情妄杀大臣。曹丕死后，魏明帝即位，封辛毗为颍乡侯，食邑三百户。

这个时候，朝政已经显出乱象，中书监刘放、中书令孙资因为极得明帝宠信，就专断朝政。那些个眼皮子活的大臣们都想方设法跟那俩家伙搭讪，请客呀，送礼呀，说好听话呀，反正把他们哄好了不吃亏。

就只有辛毗，跟他们来往也不来往。他儿子就劝他，说现在刘、孙正得势，大家都巴结，您还是屈尊也巴结一下的好，要不然谁知道他们会在皇帝面前怎么给您递丑话。

辛毗说，咱们现在的皇帝就算不是很聪明，那也不是个昏君啊，不会随便听他们胡说八道的。再说了，我立身行事，有我自己的标准。就算我和那俩人不和，他们能把我怎么样？顶多不让我做三公！大丈夫为了一个三公的头衔摧毁气节，这事我干不来。（“主上虽未称聪明，不为暗劣。吾之立身，自有本末。就与刘、孙不平，不过令吾不作三公而已，何危害之有？焉有大丈夫欲为公而毁其高节者邪？”）

这话说的，多棒！让那些为了登上高位而挖空心思、摇尾乞怜的人汗下三千里。

结果报复果然就来了。

冗从仆射毕轨上表建议，说因为尚书仆射王思虽然勤奋精明，亮节计谋却比不上辛毗，所以应让辛毗取代王思的职位。

明帝果然就为此事询问刘放和孙资，这俩人果然逮个缝就下蛆，说：

“陛下任用王思，就是因为看中了他的实干精神，不看中虚名。辛毗确实有高风亮节，但性情刚直专断，陛下应慎重考虑。”

结果没有起用辛毗为尚书仆射，而是出任卫尉。辛毗被两个小人小小地使了一个绊子。

明帝这个人不顾百姓劳苦，大修宫殿，辛毗上疏劝谏，希望他能够以国家为重，不要大兴土木，连年歉收，劳民伤财，不利于稳定团结的大局。

明帝不听，穷找理由，说帝王的首都，那不是帝王一个人住的呀，那是老百姓们一起住的呀，当然要大家一起修。现在修了，以后就不用劳民伤财了嘛。有些人就是这样，因为东吴和西蜀还没有消灭，这里就大兴土木，于是就为了给自己邀一个清正敢谏的好名，跑这里来进谏……

这就算没有劝下来。

后来明帝更发奇想，要削平芒山，在上面建造高台楼观，站在那里可以望见孟津。

辛毗忘了上次碰的软钉子了，继续进谏，这回进谏的高度和起始点变了，更高了，从天地的角度说话了，老百姓既然在皇帝的眼里不值钱，那天地总该值钱了吧。他说：“天地有其本来的面貌，该高的让它高，该低的让它低，而今反其道而行之，既不符合天理，又劳民伤财，民众苦不堪言。再说，如果大河泛滥，洪水为害，丘陵都夷为平川，还怎么防御它呢？”

明帝这才罢手。

劝下来了。

当一个忠臣真不容易。

还记得司马懿对决诸葛亮，说死不出战，打的想要把诸葛耗死的损主意那回事吗？

他不出战，不代表他手下的将士们不肯出战，将士们纷纷要求出战，司马懿就很聪明地上书明帝，要求出战。明帝不傻，知道他的意思，将在外，君命有所不受，那么大老远地他向自己请示出战，那就是要让自己当一面挡箭牌，压下军心。

所以明帝就派一个人当特使，持节赶赴魏军大营，不许诸将擅自行动。这个持节当特使的人，就是辛毗。这人素来严肃惯了，司马懿手下的将领们谁也不敢在他面前说什么战呀打呀的话。司马懿使障眼法，也屡次请求出兵，辛毗也照样严词拒绝。或许他是和魏明帝商量好的，通同一气；或许是他忠实执行魏明帝不许出战的旨意，总之，自上至下，司马懿的军营里所有人都碰了他的钉子。

诸葛亮派人哨探，间谍回来给他报告，说有一个老头子，手持黄钺，堵住曹营，军队不敢出来。诸葛亮一听，心里透亮，说这个人不是别人，肯定是辛毗。

到最后诸葛亮生命耗尽，病逝军中，魏军班师，辛毗侍卫尉。这件事是他为大魏立的最后一件功劳了，不久病故，谥号肃侯。

他生了一个好女儿，叫辛宪英。当初曹丕搂着她爹辛毗的脖子说我好高兴，我好高兴，辛宪英就深表忧虑，说一个当太子的人，不该是这个表现。太子理国，责任重于泰山，应当忧形于色才对。他这么得意忘形，大魏的国祚不会久远啊！

事实证明，她说对了。大魏确实是一个短命王朝。

辛宪英生于公元190年，这一年，董卓正当八爪螃蟹，横行霸道，焚洛阳，挟天子迁都长安；死于公元269年，其前六年，蜀国灭亡，再两年后，魏国灭亡，她去世十余年后，吴国灭亡。

她的整整一生，都活在动荡的时代，经历着战火纷争。

不过她是绝对没有过过颠沛流离的苦日子的，反而家族十分荣耀。她父亲不用说，高官厚爵；弟弟官封河内太守；丈夫羊耽，官太常，是太傅羊祜的叔叔；儿子羊琇封甘露亭侯，累迁中护军，加散骑常侍；女儿羊姬，一代经学大家。

娘家是簪缨世家，夫家也是豪门巨族，她自己既不辱没娘家的门风，也不辱没夫家的口声。曹娥孝、木兰贞、曹令女节、苏若兰才、孟姜烈，还有一个，就是辛宪英智。

真是虎父无犬女。

卷二十一《三国志·魏书二十六满田牵郭传》

勇而有谋的满宠

【原文】

时曹洪宗室亲贵，有宾客在界，数犯法，宠收治之。洪书报宠，宠不听。洪白太祖，太祖召许主者。宠知将欲原，乃速杀之。太祖喜曰："当事不当尔邪？"故太尉杨彪收付县狱，尚书令荀彧、少府孔融等并属宠："但当受辞，勿加考掠。"宠一无所报，考讯如法。数日，求见太祖，言之曰："杨彪考讯无他辞语。当杀者宜先彰其罪；此人有名海内，若罪不明，必大失民望，窃为明公惜之。"太祖即日赦出彪。初，彧、融闻考掠彪，皆怒，及因此得了，更善宠。

【译文】

当时曹操从弟曹洪以曹氏宗室自居，身份很高贵。

他有个朋友在许县多次犯法，满宠依法惩办了此人。

曹洪给满宠写信求情，满宠置之不理。

曹洪又上告到曹操，曹操将许县主事官召来。

满宠知道曹操有放掉之意，便迅速将此人处决。

曹操高兴地说："身担重任负责处理公务的人，难道不应当像这样做吗？"

原太尉杨彪被关在县属监狱里，尚书令荀彧、少府孔融等人都曾叮嘱过满宠："只需审问，不要拷打。"满宠置之不理，照旧依法严审考训。

几天后，满宠请求拜见曹操，说："考审杨彪没有发现罪证。对该杀的人首先要公布其罪证。此人海内闻名，如果证据不足而杀了他，必失信于民，愿您三思，万勿匆忙行事。"

曹操当即就放了杨彪。

起初，荀彧、孔融等听说拷打了杨彪，都大为震怒，但后得知满宠处理此事的结果，对满宠更加友善了。

【评点】

满宠，字伯宁，山阳郡昌邑人，魏国名将，官至太尉。

这个人的特点就是不徇私情。年轻的时候他在曹操手下当县令，管司法，这小子就胆大包天，敢跟曹操的宗亲叫板，结果还投了曹操的脾气了。若是碰上一个昏庸的，你瞧不起曹洪就是瞧不起我，你瞧不起我我就杀了你，那他不就歇菜了？

结果是曹操不但没有怪罪他，而是越发看得起他，把他派到袁绍的根据地去了。"袁绍盛于河朔，而汝南绍之本郡，门生宾客布在诸县，拥兵拒守。"什么意思呢？就是说，汝南是袁绍的本郡，那里到处都是他的人，还有兵马，根本不服从管理。满宠此去，若是个软弱的个性，不是被欺负死，就是被明着杀死或者暗着杀死。

结果他一上来就相当铁血，"募其服从者五百人，率攻下二十余壁，诱其未降帅，于坐上杀十余人，一时皆平"。就是招募服从自己的人五百来个，带着他们连下二十座碉堡，然后又引诱那些没有降服的头头们，在座上又咔嚓咔嚓杀了十多个，这一下子，都服了——那是，人都怕死嘛。

死的死了，降的降了，汝南这个地方就好治理了，两万户农民，两千名士兵，都去干活去，种地锄草养粮食，这下子，汝南就不再兵祸连绵了，老百姓起码可以过过稳定的日子，用个文词，就是安居乐业。

引文里面被满宠严刑拷打的杨彪，大家也许不知道，但是杨修我们都知道，杨彪是杨修的爹，也是个名士，家学渊源。杨修的娘，也就是杨彪的老婆，就出自汝南袁氏，曹操当然会十分疑忌了，这个家伙本来就多疑嘛，生怕杨彪会被他老婆煽动着里通外国，给袁绍通风报信啥的。

因为这个，杨彪就下狱了。杨彪不是没人保的，因为这个人也很有德政，很受人待见。汉灵帝光和年间，黄门令王甫佐门生勒索财物七千多万——可见那个时候政治有多黑暗了，杨彪就把他检举揭发了，然后王甫被诛，老百姓拍手称快。

待见他的人，还很赫赫有名，一个是荀彧，一个是孔融，两个人给满宠下话，审就行了，不要打，可是他们也不想想，满宠可是连曹洪和曹操的账都不买的，还能买他俩的账？照打！

打，不是为了帮助曹操搜集莫须有的罪证，也不是为了要屈打成招，其实为的反而是替杨彪洗一下清白。这么打啊打的，杨彪都没有什么污迹可交代的，他跟曹操那里也就好说话了不是？

曹操看来对满宠确实是很信任的，虽然他对杨彪仍旧是狐疑狐疑的，但是满宠劝他说不要杀，这个人没有罪，随便杀了会失民心，他就真的不杀了。

当然，他得罪的那两位名人，现在对他也老好了，不再骂他了，因为他曲线救国，还了杨彪一个清白嘛。不过，他也够愣的，就是一不怕得罪人的主儿。

三国名将就像天上的星星，多得数也数不清，满宠一点都不起眼。好像给我们的印象，他就是一刑官。其实不然。

他在军事上，那也是颇有战功的，人家还是将军呢。

公元230年，满宠被授命为征东将军，统率各路兵马。就在这年的十二月，孙权扬言，说我们要打合肥啦！满宠当然不会束手待毙，马上下令，各路人马，集结合肥！结果这边也集结好了，那边孙权又退兵了——就像是涮着曹魏玩似的。

这个时候，明帝曹叡下诏，停，各回各家，各找各妈，不用打了，孙权退了。满宠不听，说东吴军队那么贼，怎么可能无缘无故撤回，那肯定是玩的假动作，让咱们不再集结军队，然后趁着防备松懈的时候偷嘴吃。

结果还真让他料着了，十多天后，孙权突然杀了个回马枪，大军直指合肥。他满以为能够杀魏军一个措手不及，结果去了一看，人家枪戟森列，守备森严，战备防御围得合肥跟个铁桶似的。偷袭吧，无功而返，这回，可真的退了兵了。

一晃又过了两年，这回东吴不是孙权领兵，是大将军陆逊领兵，进攻魏国的庐江。魏国的朝臣建议派兵求援，满宠却说，别看庐江这个地方小，是个小城，守将那是强悍得很，守兵也精良强壮，以一当十。就算陆逊围攻，咱们现在不去救，扛一阵子也没问题。东吴的军队那是水军，离了战船，深入陆地两百里，又没有后续部队，他们就算是入了咱们的人民战争的汪洋大海。他不来我还想诱他来，让他来，保管让他有来无回！然后他率军急行杨宜口，要截断东吴军队归路，来个瓮中捉鳖。

这下子搞得陆逊没脾气，与其攻个小城，自己被人家包饺子，不如退兵为上，连夜就撒丫子撤退了。

公元233年，孙权这回又带兵围攻合肥新城，新城离江又远，孙权的船队在江面上停了二十多天，也不敢下船。满宠说你们看着吧，孙权这家伙一定在部下面前说过大话，到这儿来建功勋。他就算不敢发动攻击，也会跑到岸上来炫耀一番武力，要不然这一趟就白来了。

然后他就派了步兵加骑兵六千人埋伏起来，果然不出所料，孙权搞得衣甲鲜明的，带队跑到岸上来耀武扬威来了，满宠大手一挥，给我杀！这一番突然袭击，吴兵杀死的、淹死的（水军啊，那得吓成什么样才能连浮水的看家本事都给忘了），好几百。

说起来，满宠也真的当得起“料敌如神”这四个字，也当得起“勇而有谋”这四个字。

卷二十二 《三国志·魏书二十八 王毌丘诸葛邓钟传》

第一节　反叛司马师的毌丘俭

【原文】

正始中，俭以高句骊数侵叛，督诸军步骑万人出玄菟，从诸道讨之。句骊王宫将步骑二万人，进军沸流水上，大战梁口，宫连破走。俭遂束马县车，以登丸都，屠句骊所都，斩获首虏以千数。句骊沛者名得来，数谏宫，宫不从其言。得来叹曰："立见此地将生蓬蒿。"遂不食而死，举国贤之。俭令诸军不坏其墓，不伐其树，得其妻子，皆放遣之。宫单将妻子逃窜。俭引军还。六年，复征之，宫遂奔买沟。俭遣玄菟太守王颀追之，过沃沮千有余里，至肃慎氏南界，刻石纪功，刊丸都之山，铭不耐之城。诸所诛纳八千余口，论功受赏，侯者百余人。穿山溉灌，民赖其利。

【译文】

正始年间（240—249），毌丘俭认为高句丽不断进犯边境，于是率领大军从玄菟出击。

句丽王宫率兵二万，进军沸流水上游。

两军在梁口交战，宫被打败。

毌丘俭收整阵容，登上丸都，在那里血腥屠杀居民，杀死了数以千计的人。

句丽官吏得来反复劝谏宫，宫不听劝告，得来感叹说："此地马上就要遍地蓬蒿了。”于是绝食而死。

全国都很感念他。

毌丘俭下令部下不许损坏得来的坟墓，不砍伐周围的树木。得来的妻子儿子，都予以释放。

宫自己带着妻子儿子逃窜，毌丘俭班师而还。

正始六年（245），又讨伐宫，宫逃到买沟。

毌丘俭派玄菟太守王颀追讨，超过沃沮有一千多里，直至肃慎氏南界，在山石上刻记战功，丸都之山，不耐之城，都留下石刻。

凡所捕获、杀戮的有八千多人。

论功受赏，封侯的就有百余人。

穿山修渠，引水灌溉，百姓受益不浅。

【评点】

高句丽，公元前1世纪到公元7世纪，在我国东北地区和朝鲜半岛存在的一个民族政权，和百济、新罗合称朝鲜三国时代。

它和中国的关系，用四个字表示，就是“叛服不常”。就是反叛也反叛不长久，服从也服从不长久。

高句丽立国，西汉元帝、成帝、哀帝、平帝都承认它的高句丽王号，结果王莽专权的时候，把高句丽降了一级，王成了侯了。匈奴反叛，他还征高句丽人去帮着天朝打仗，结果高句丽的兵不愿打，纷纷跑到塞外当强盗，还打死了汉朝的辽西大尹田谭。后来王莽发兵征讨，获胜，王莽又给人家降了一级，“高句丽”不是“高”句丽了，成了“下句丽”，人家的王当然也再贬一级，不是“高丽级侯”，而是“下句丽侯”。

从此以后，高句丽就在东北这一块地盘和中国打了又和，和了再打。

公元14年，高句丽人攻陷汉家郡县高句丽县。

公元28年，东汉辽东郡太守发兵讨伐高句丽，高句丽的王退守王城，被围困三个月，眼看吃的都没了，就要给困死了，这个王叫大武神王，很聪明，就说哎呀你们远道征伐，也蛮辛苦的，这样吧，我们这里有喝不了的美酒，吃不完的鲤鱼，送给你们吃吧，当是慰劳你们啦！

太守一看，得，人家粮食多得很，自己个儿的人马跟他们耗不起，退兵吧。

高句丽擦着亡国的边缘捡了一条生路。

后来，四年后，东汉开国皇帝光武帝刘秀偃武修文，就是不打仗了，要提升国民的精神和文化素质，于是就下旨恢复高句丽的王号，那意思就是恢复它的政治待遇，你们不要再闹了。

不过高句丽不配合，能打就打，能占便宜就占。

公元37年，还是这个大武神王，看上了鸭绿江南的乐浪郡，发兵占领，被打退，再占领，然后再被打退，老是不死心。刘秀毛了，派兵渡海，收复乐浪，然后大笔一挥，朝鲜半岛萨水以南，我们大汉的地盘；以北，你们高句丽的地盘，不许再打了！

高句丽的触角伸到了朝鲜半岛，也暂时心满意足，六十来年没有再跟中国打仗。

结果到了高句丽太祖王高宫，又开始蠢蠢欲动，战事不断。

公元105年，高句丽人侵袭攻掠辽东六县，被太守耿夔击破，斩其渠帅；

公元118年，高句丽和秽貊联合袭击东汉的玄菟郡，攻打华丽城；

公元121年春，汉朝的幽州刺史冯焕等人攻打高句丽，结果失败；

公元121年夏，高句丽太祖王合鲜卑一共八千来人入侵辽东，太守蔡讽以下战死了一百多人；

当年冬天，高句丽太祖王合马韩、秽貊共一万多人攻打玄菟郡，汉军得到两万余军的援助，把他们打退了；

公元146年，高句丽又袭扰汉朝的乐浪郡，杀死带方县令，掠走太守妻子。

……

太祖王之后，次大王、新大王、故国川王三代，对东汉采取了顺服的态度，除偶尔小冲突外，基本上半个多世纪罢兵休战。

时代迈进到了东汉末年，群雄并起，逐鹿中原，魏、蜀、吴渐成三足鼎立之势。

高句丽和东吴一度关系处得很铁，曹魏看情况不妙，就频频派人出使高句丽，促使它和东吴断交。渐渐地，辽东诸郡尽入魏手。曹魏国事未定，忙得很！和吴也打，和蜀也打，内部司马氏和曹氏也打，顾不上它，它又蠢蠢欲动，想占便宜。

刚开始也确实占了点便宜，攻打了辽东的几个小城，也获得几个小胜，于是就觉得自个儿兵强马壮，七个不服，八个不愤。

高句丽内部有个清醒的大臣叫得来的，沛者是他的官名，他就劝国王，说为老百姓着想，咱别惹大魏了成不成？别把它给惹毛了，咱们扛不起！

高句丽的国王是东川王，根本听不进。

于是，就真的惹来了毌丘俭的东征。

毌丘俭（？—255），“毌丘”是中国的一个复姓，此人姓毌丘，名俭，字仲恭，河东闻喜人。魏国猛将。

事实证明，他们也真的扛不起。

东川王被打得大败，魏军斩首千级。东川王据守丸都城，也被毌丘俭攻破，丸都被屠，就是烧光、杀光、抢光。就只有这个曾经进言的沛者得来的家，被网开一面。当时他已经因为劝谏不纳，绝食而死，他家的坟墓没有被毁坏，他家的树没有被砍伐，他家的老婆孩子都给放回。然后毌丘俭引大军返回。

不久，毌丘俭再征高句丽。这回东川王学乖了，不敢打，直接带着老婆孩子逃跑。他就派玄菟太守王颀一路追击，《三国志》说“过沃沮千有余里，至萧慎氏南界”。这一仗下来，连杀带虏八千多人，毌丘俭的部下里面，单是凭战功封侯的就有一百多个。

毌丘俭也不是只知道杀人的阎王爷，他的“穿山灌溉”等措施也为当地的老百姓谋了福利。

他就好比是大魏伸出的一只铁拳，一路打到了现在的俄罗斯境内的滨海地区，原属高句丽统辖的朝鲜半岛岭东的秽貊地区，差点把高句丽王朝给打个粉碎。以后四十多年里，高句丽都不敢奓刺，频频向魏、晋纳表称臣。

自从把高句丽打得不敢冒头之后，他就备受当时的实际掌权者——司马懿的大儿子司马师的重用。

司马师上任后，把边境分为五个战区，分别派诸葛诞、毌丘俭、王昶、陈泰、胡尊镇守，毌丘俭是镇南将军，诸葛诞是镇东将军。后来司马师又把他俩调过来，毌丘俭镇东，诸葛诞镇南。

毌丘俭在镇东将军任上结识了文钦。

文钦的老爸文稷是东汉末年名将，文钦也是一员猛将，只是性刚暴且无礼，不奉官法，虚报战果，以邀功赏。总的来说，就是比较骄横的意思。不过虽然这个人人品不咋地，但是骁勇善战。

文钦原来是诸葛诞的下属，由于他一贯看不起领导，所以和诸葛诞并不和睦。诸葛诞调任，毌丘俭来了，给他来个顺毛捋，于是这俩人处得倒是挺好，就是好得有点过头，所谓“情好欢洽”，“阴共结谋”。

结谋干什么？就是反叛司马氏。

于是“矫太后诏”，伐司马师。

为求得东吴后援，毌丘俭一气往东吴送了四个儿子——当人质。当然，另一个方面，也是为的万一之想：万一兵败，必被夷族，这四个儿子，就是自己保留下来的四条血脉。

司马师本来“目有瘤疾”，仍旧带兵亲征，其他几个战区司令也悉数调来，诸葛诞是剿灭毌丘俭的急先锋。

司马师是个能人，不盲目出击，只坚守，不交战。这下子搞得毌丘俭和文钦两员猛将没脾气，打吧，人家不奉陪；撤吧，人家肯定追。

僵了一段时间，司马师觉得吊得他们差不多了，可以来决战了，于是命兖州刺史邓艾屯守乐嘉，率一万多人当饵，摆出一副菜头的样子，打我吧，来打我。

司马师呢，则悄悄地，连夜赶过来，和邓艾会合。等到文钦他们真的来打的时候，好一鼓作气包饺子。

文钦果然上当，趁夜偷袭。文钦的儿子文鸯“年十八，勇冠三军”，和他爹各带一队人马，要分头插进来，结果他先到了，也没等文钦，发一声喊，直冲大营！

司马师正在大营里坐着，听着外面迅猛袭击，“军中震扰”，这下子，眼疾暴发，疼得他把被子都咬破了，愣是忍着，一声没吭，以免扰乱军心。连左右亲卫都不知道他已经受了重伤。

是个狠人。

文鸯冲杀一夜，天亮撤走，这时候文钦才来，原先干吗了？没人知道，《三国演义》里罗贯中说是文钦迷路了……

结果这边一撤，司马师就派人追，因为“一鼓作气，再而衰，三而竭”嘛。

文钦够厉害了，想不到他的儿子更厉害，《三国演义》的描写非常精彩：

> “鸯纵马看时，只见一军行如猛风，为首一将，乃邓艾也，跃马横刀，大呼曰：‘反贼休走！’鸯大怒，挺枪迎之。战有五十合，不分胜败。正斗间，魏兵大进，前后夹攻，鸯部下兵乃各自逃散，只文鸯单人独马，冲开魏兵，望南而走。背后数百员魏将，抖擞精神，骤马追来；将至乐嘉桥边，看看赶上。鸯忽然勒回马大喝一声，直冲入魏将阵中来；钢鞭起处，纷纷落马，各各倒退。鸯复缓缓而行。魏将聚在一处，惊讶曰：‘此人尚敢退我等之众耶！可并力追之！’于是魏将百员，复来追赶。鸯勃然大怒曰：‘鼠辈何不惜命也！’提鞭拨马，杀入魏将丛中，用鞭打死数人，复回马缓辔而行。”

“回马缓辔而行”，一个字：牛！

司马师改变打法，派人从旁边包抄追击，派人从后边缀尾追击，总之是一路狂追，然后双方在沙阳相遇，决战就此展开。

决战归决战，司马师用弓箭，人多势众，一人射一支箭对方也受不了，于是“弩矢雨下”，文钦“蒙盾而走”，部下纷纷“投戈而降”。

司马师获胜。

镇守项城的毌丘俭一听主力战败，退！当天，连夜撤回淮南的根据地。

他撤得忒快，也没有接应文钦，搞得文钦刚退回项城又得在司马师军队的追击下再次弃城而逃。

打了胜仗，人们望风蚁附；吃了败阵，人们迎风逃窜。等毌丘俭跑到慎县，身边只剩下弟弟毌丘秀和亲信孙重。

眼看着身后的追兵呐喊着又杀到，毌丘俭慌不择路，一头钻进水边草丛中，这个时候，一个叫张属的“安风津都尉部民”抬手就是一箭，可怜，堂堂镇东将军，就这么挂了。（一说毌丘俭被生擒后射杀。）

毌丘俭被灭，本人被杀，“传首京师”。毌丘秀和孙重逃往东吴，文钦走投无路也只好投降东吴。那个射杀毌丘俭的张属被封侯。

毌丘俭，完。

他此前有一叛，他此后还有一叛，连起来，就是所谓的“淮南三叛”，又叫“寿春三叛”，都是针对司马氏发生的兵变，都是发生在军事重镇寿春，发动叛变的都是寿春的统帅。

第一次是王凌，第二次是毌丘俭和文钦，第三次是诸葛诞。

第一次兵变被司马懿击败，王凌投降，被杀。

第二次兵变被司马师击败，毌丘俭被杀，诛灭三族。文钦降吴。

第三次兵变被司马昭击败，诸葛诞被杀。

最后曹髦被杀。

魏灭，晋立。

站在高句丽的立场来看，毌丘俭是个凶神；站在晋的立场来看，毌丘俭是个叛贼；站在曹魏的立场来看，毌丘俭是个良将忠臣。东晋史学家习凿齿说：“君子谓毌丘俭事虽不成，可谓忠诚矣。夫竭节而赴义者我也，成之与败者时也。我苟无时，成何可必乎？忘我而不自必，乃所以为忠也。古人有言：‘死者复生，生者不愧。’毌丘俭可谓不愧也。”

“客观”这种东西，即使在书写史书的时候，也很难客观存在。

其实毌丘俭不是穷兵黩武，不能文只能武，据说他写的文章和诗赋也挺好，在当时就被人传诵，可惜多被禁毁。文以人传，文也以人灭，可惜。

第二节　反叛司马昭的诸葛诞

【原文】

诸葛诞字公休，琅邪阳都人，诸葛丰后也。初以尚书郎为荥阳令，入为吏部郎。人有所属讬，辄显其言而承用之，后有当否，则公议其得失以为褒贬，自是群僚莫不慎其所举。累迁御史中丞、尚书，与夏侯玄、邓飏等相善，收名朝廷，京都翕然。言事者以诞、飏等修浮华，合虚誉，渐不可长。明帝恶之，免诞官。

【译文】

诸葛诞，字公休，琅邪阳都人，是诸葛丰的后代。

起初以尚书郎为荥阳县令，后进洛阳任吏部郎。

凡是别人所嘱托，向他推荐人才，他都把嘱托的话公开出来，然后才任用被推荐之人。

至于用人的得失，则依照众人的意见，给予褒奖或贬损。

正因为如此，群僚向他推荐人才都很谨慎。

累迁至御史中丞、尚书，与夏侯玄、邓飏等人关系很好，在朝廷很有名气，京都尽人皆知。

有人告发说，诸葛诞、邓飏等人崇尚浮华，喜欢虚名，此风不可助长。

魏明帝便不喜欢诸葛诞，罢免了他的官。

【评点】

诸葛一家基因好，净出聪明人。

《世说新语》有言：

“诸葛瑾弟亮，及从弟诞，并有盛名，各在一国。于时以为‘蜀得其龙，吴得其虎，魏得其狗’。诞在魏与夏侯玄齐名；瑾在吴，吴朝服其弘量。”

这里的“狗”可不是骂人的话，是说诸葛诞有赫赫战功。

弟兄三个，分事三国，各有功业，说不分轩轾是假的，当然诸葛亮的成就最大，可是另两个也不多让。可惜，诸葛亮的儿孙后来抗魏战死，诸葛瑾的儿子诸葛恪被满门抄斩，诸葛诞起兵对抗司马政权，兵败被杀，也被满门抄斩。

一族枯败，乱世凋零。

诸葛诞（？—258），字公休，魏将，官至征东大将军。

我们只听说过“四通八达”，估计没听说过“四聪八达”。

《世语》记载：

“是时，当世俊士散骑常侍夏侯玄、尚书诸葛诞、邓飏之徒，共相题表，以玄、畴四人为四聪，诞、备八人为八达，中书监刘放子熙、孙资子密、吏部尚书卫臻子烈三人，咸不及比，以父居势位，容之为三豫，凡十五人。帝以构长浮华，皆免官废锢。”

就是说，夏侯玄等四个人是“四聪”，诸葛诞等八个人是“八达”，刘熙、刘密、刘烈是“三豫”，一共十五个人，“共相题表”，就是彼此称扬，你夸我好，我夸你好。结果后来皇帝不愿意看见这种浮华吹捧之风，都免了他们的官。

诸葛诞也在免官之列。

看来当时的“四聪八达”里面的人成就都不如“建安七子”“竹林七贤”，所以后人只知道路之“四通八达”，而不知人的“四聪八达”了。

不过，能够和夏侯玄做朋友，又能位列“八达”之一，说明诸葛诞这个人确实是个有才的。

诸葛诞当初配合司马懿并剿王凌、配合司马师并剿毌丘俭的时候，也没有想到自己有朝一日会造反，被逼反。

司马懿和曹爽两个辅政大臣斗得你死我活，他和曹爽的同党夏侯玄、邓飏等人关系好，结果夏侯玄被司马师杀了；诸葛诞和毌丘俭换防之后，毌丘俭是镇东将军，他是镇南将军，当朝的老同事谋反，虽然他没有“同流合污”，而是积极剿灭，可是毌丘俭死后，仍旧是兔死狐悲，物伤其类。

于是，他就开始预为自保。动用国库，广行施舍，收买人心。赦免罪犯，蓄养轻侠，以为死士。而且他还借口防御东吴，又跟朝廷要来十万士兵。又沿河滩筑垒坝。

可是这个人又没有什么太深的心计，这么忙着为自己筑巢垒窝的时候，司马昭派亲信贾充慰问来了，其实就是来观察这些戍边大员们的政治动向，同时探探风声。所以贾充就问了：

“洛中有许多贤明的人，都想要咱们的司马公禅代魏统，先生您以为如何呀？”

若诸葛诞是个对政治风向敏感的，起码表面上得“是是是，好好好”地敷衍应付一番，把贾充哄走再说。可是他又不肯，亢声叫道：

"你们贾家世代都受大魏深恩，现在你难道要把国家拱手送人？！告诉你，如果洛中有危难，我诸葛诞必定以死殉国！"

这下子，他的政治倾向一览无余了。

司马若想代魏，他就在必除之列。

可是怎么除呢？他手里握有兵权哪。

贾充就献计：逼反。

怎么逼反？

趁他羽翼将丰未丰，铁拳将成未成，召他回京。他又不傻，知道召他进京就是要治他（也是，有谁像岳飞那样傻，明知道十二道金牌把自己召回京就是处死，还飞奔而回），所以就会造反。与其让他晚造反，不如让他现在就造反，损失更小。

司马昭就下诏，升诸葛诞为司空，让他回京师。

诸葛诞果然害怕，反了。时为甘露二年（257）。

兵十五万屯寿春，把儿子送到东吴为质，请求东吴出兵救援。

司马昭早就等着他这一手呢，马上就以皇后和皇太后的名义下令，征讨诸葛诞。二十六万大军围攻寿春。

东吴也派出将军全怿等人会同降将文钦往救淮南。他们到的时候，魏兵也刚到，合围之势未成，他们就分一拨儿人马进城，分一拨儿人马由朱异带领，驻顿安丰做外援。

魏主将王基要求快攻，司马昭却命令固防，又让他转据北山，王基反对，认为与敌相对，当不动如山，若辄转迁移，易使军心动摇，士气受损。

司马昭一听，有理，好，你来指挥。

于是他就来了个四面合围，把个阵地包围得像花卷，层层叠叠，文钦等人出城攻击，出来被打回去，出来又被打回去。

不久，寿春外围的朱异被兖州刺史州泰在阳渊击败，杀伤吴兵两千多，朱异逃回吴国。

七月，吴又派朱异率兵万余，继续支援。

朱异把辎重都留在都陆，轻兵进黎浆，又被石苞、周泰打败，那些个辎重、粮食又被泰山太守胡烈烧了，吴兵连饭都没得吃，只能吃葛叶。

朱异没有死在魏国人的手里，是死在了吴国人手里。司马昭心里明镜似的，知道朱异死得冤，他的大军到不了寿春，那不是他的过失，吴人杀他不过是向寿春表明决心：我大吴坚持支援你们！用这样的法子来坚定诸葛诞部队的意志，让他们坚守下去。

怎么办？

司马昭也损，跟士兵们说，没粮了啊，咱们没粮了，你们只能一个人领三升黄豆，吃完就没了。

城中的探子听到这个消息，高兴坏了。没粮就意味着敌人很快就要退兵，自己被包围着缺吃少喝，勒紧裤腰带过日子的时候就要结束了。然后探子又探到另一个让人振奋的消息，说是司马昭的士兵们一个个都慌得什么似的，说是大吴的援军就要到了。

诸葛诞听到这种消息，也很高兴，敌兵将退，围城可解，弟兄们，这回把肚皮放开，敞开了吃喝吧，吃饱了肚子好杀敌，大吴的援军马上就要到了，到时候，咱们里应外合！

可是，原想着这顿吃个饱饭，不等下顿饭熟，援军就到，结果一顿、两顿、三顿，粮食飞速减少，吃没了，也没见着城外援军的一根毛。

诸葛诞慌了手脚。

他慌，别人也慌。有的主张突围，死也死个痛快；有的主张固守，守到援军到来，闹得剑拔弩张。他的两个亲信叫蒋班、焦彝的，干脆偷偷出城，投降魏军了。

这还不算，吴将全怿、全端、全靖、全翩、全缉等，总之，是姓全的人都收到一封家书，更是雪上加霜。信是降魏的全仪写来的，说是吴王因为全怿等人攻守寿春不力，所以要处死他们的家人。

全怿害怕，率部众数千降魏。

寿春的防守力量更薄弱了。

光防守不成，得突围。

甘露三年（258）正月，诸葛诞和文钦、唐咨等人，昼夜五六日攻城南魏军，意欲突围。司马昭固守，他们出不去，只好回城。

粮草将尽，降者数万，文钦想把北方人赶走，只和吴人据守，诸葛诞不肯听，两个人吵了起来。一天，诸葛诞假装召文钦议事，等文钦一到就杀了他。

文钦的两个儿子文鸯、文虎翻墙投降了司马昭。

司马昭又玩了一手损的。

他没有应众将的要求把这弟兄两个杀掉，而是封侯，授将军衔，还配给几百名骑兵，让他们沿城巡回大叫：

“文钦的儿子都赦免不杀，别人更会受到宽待呀！你们赶快出城投降吧！”

守军一听这个，肯定心里动摇，因为粮食没有了，饿着肚子呢。拿破仑都说过，士兵是靠胃打仗。手里张弓却不射箭，一方面是饿，没力气，另一方面是真的心眼活动了。

司马昭一见这种情况，攻城！

二月二十日，寿春城破。诸葛诞突围的时候被杀，夷三族。吴将率部属投降，降兵一个未杀，降将封将军。诸葛诞养的死士数百人，一个都不降，被斩。

后人有诗赞他们：

忠臣矢志不偷生，诸葛公休帐下兵，薤露歌声应未断，遗踪直欲继田横。

诸葛诞死了，不过他的忠君报国矢志不渝的情怀，也在历史上留下灿烂的一笔。

对了，《魏氏春秋》里还记载了他的一件事，说是诸葛诞和杜畿一块在陶河坐船，结果风吹船翻，俩人都掉水里了。“虎贲浮河救诞，诞曰：‘先救杜侯。’诞飘于岸，绝而复苏。”就是说别人本来已经救起他来了，可是力量不够，只能先救一个，于是他就说，先救杜畿。于是那人救杜畿去了，他漂到岸上，死而复生。

品格高啊！

不独他，他的女儿也留下了一笔。

《世说新语》里专有一条“诸葛诞女答夫”：

“王公渊娶诸葛诞女，入室，言语始交，王谓妇曰：‘新妇神色卑下，殊不似公休。’妇曰：‘大丈夫不能仿佛彦云，而令妇人比踪英杰！’”

王公渊，名王广，是王凌王彦云的儿子。名门之后，自己也是个名人，有风度有才学，娶了诸葛诞的女儿，结果他看不上，说人家：“你的神情卑微低下，很不像你的父亲公休。”

诸葛诞的女儿不白给，当场就给他还了回去：

“作为男子汉您不能像您父亲彦云那样，却要求妇道人家去与英雄豪杰媲美！”

……

壮哉，此女。

壮哉，诸葛诞。

第三节　伪反叛的邓艾

【原文】

艾至成都，禅率太子诸王及群臣六十余人面缚舆榇诣军门，艾执节解缚焚榇，受而宥之。检御将士，无所虏略，绥纳降附，使复旧业，蜀人称焉。辄依邓禹故事，承制拜禅行骠骑将军，太子奉车、诸王驸马都尉。蜀群司各随高下拜为王官，或领艾官属。以师纂领益州刺史，陇西太守牵弘等领蜀中诸郡。使于绵竹筑台以为京观，用彰战功。士卒死事者，皆与蜀兵同共埋藏。艾深自矜伐，谓蜀士大夫曰：“诸君赖遭某，故得有今日耳。若遇吴汉之徒，已殄灭矣。”又曰：“姜维自一时雄儿也，与某相值，故穷耳。”有识者笑之。

【译文】

邓艾率兵进驻成都，刘禅率太子及王侯群臣六十余人两手反绑，把棺材装在车上，表示罪该当死，来到军门。

邓艾解开绳索，烧掉棺材，把这些人安抚下来，没有杀他们。

同时他又巡视军容军纪，没有发生抢掠之事。

对于降臣，让他们退位，重操旧业。

巴蜀百姓都称赞邓艾。

又依邓禹旧制，命刘禅代理骠骑大将军，太子为奉车，诸王为驸马都尉。

巴蜀旧官都根据情况任命为新官，或成为邓艾的部属。

又任命师纂为益州刺史，陇西太守牵弘等统领巴蜀各郡。

又在绵竹堆积敌人尸首，封土成高土冢，以炫耀战功，叫作京观。

魏国士卒因作战而死的，也与巴蜀兵共同埋葬。

邓艾很自负，居功自傲，对蜀地士大夫说：“诸位幸亏遇上我，所以才有今日。如果遇上像吴汉那样的人，你们早被杀掉了。”

又说：“姜维不过是昙花一现的英雄，与我相遇，所以穷途末路。”

有见识的人听了此话无不嘲笑他。

【评点】

邓艾（197—264），字士载，义阳棘阳人。魏国杰出的军事家、将领，一个口吃的天才。

《世说新语》里记载了有关他的稀罕事：

“邓艾口吃，语称‘艾艾’，晋文王戏之曰：‘卿云艾艾，定是几艾？’对曰：‘凤兮凤兮，故是一凤。’”

就是说，邓艾是个结巴子，古人说话是要自称的，比如诸葛亮要自称“亮”，鲁肃要自称“肃”，他就自称“艾艾……艾”。

晋文王就是司马昭，就逗他：“卿说艾艾，到底是几个艾呀？”

这家伙脑瓜转得快，说：“凤兮凤兮，不过是一只凤啊！”

我估计他说的时候，应当是这样的："凤……凤凤……凤兮……故故故是……一一一凤……"

凤兮凤兮，它的出处来自《论语》："凤兮凤兮，何德之衰！往者不可谏，来者犹可追。"

而《论语》里的"凤兮凤兮"，又来自《列仙传》里记载的一个故事。它说的是春秋时期楚国有一个叫陆通的人，字接舆，看到楚昭王乱政无常，便披发佯狂，不出而仕，而是耕而食，隐迹山林。

孔子游学到楚国，陆通从他的车子旁边经过，嘴里就唱着："凤兮凤兮，何德之衰也。来世不可待，往世不可追也。天下有道，圣人成焉；天下无道，圣人生焉。方今之时，仅免刑焉！福轻乎羽，莫之知载；祸重乎地，莫之知避。已乎，已乎！临人以德。殆乎，殆乎！画地而趋。迷阳迷阳，无伤吾行。吾行却曲，无伤吾足。"

其实大意就是在劝孔子：凤啊凤啊，德行怎么如此衰败；未来无法等待，过去无法追悔。天下有道的时候，圣人就成了；天下无道的时候，圣人就生了。可是现在有什么呢？只求免于灾祸就罢了。福气轻如羽毛，什么也承载不起来呀！灾祸重于土地，想避却怎么也避不开。罢了罢了，不要再以德行对人了；危险啊危险，给自己画圈为牢忙个不停。迷阳啊迷阳，不要阻挡我的行动，我的行动虽然曲折，但是不会伤了我的脚跟。

孔子想下车跟陆通说话，人家却跑得快，根本不理他。

邓艾能把这句话信手拈来，可见是儒家门徒，熟读坟典。且有典有趣，有譬有喻，既有趣又有深意。这个人从来都没有以自己的缺陷自卑，在他看来，自己就是一只展翅而翔、五彩斑斓的大凤凰。这份自信，值得我们学习。

如果他连这份自信都没有，又怎么会在历史上留下重重的一笔呢？

刚开始的时候，他不过就是一个放牛郎。十二岁那年，跟着母亲来到颍川，读到故太丘长陈寔的碑文，其中有两句话，叫"文为世范，行为士则"，意思就是作的文章成为世人所推崇的典范，做人的准则为士大夫所效法。

邓艾感动啦，就给自己取名字叫范，字士则。可惜这个名和宗族亲戚里的人起的名字重了，只好改成邓艾，要不然，他口吃自称的时候，就该是"范，范，范范"了。

他说话不利落，就是有学问也不能给人做文书当秘书，上传下达的时候结结巴巴成何体统！干脆，就去当稻田守丛草吏去吧！这个官职肯定高不了，顾名思义，就是看稻田的稻草人。

同郡父老怜他家贫，给他衣饭，他也不道谢。看起来好像挺不懂事。

一看到高山大湖，就结巴着指手画脚，军营该安这这这里……如何如何，还捡根草棍在地上勾勾画画，排兵布阵，看起来又好像痴人说梦。

可是一个偶然原因结识太尉司马懿，司马懿觉得这个人了不起，就让他做自己的属官，迁任尚书郎。

司马懿对他有知遇之恩，且从不因为他口吃结巴轻视他。他也竭尽所能，出谋划策。

正始初年，魏国准备在东南一带屯田备战，积储军粮，好对付吴国。

邓艾受命前往视察，然后提议：

第一，开凿河渠，兴修水利，灌溉农田，疏通漕运。

第二，在淮北和淮南实行军屯。

说白了，就是一是丰产增收，二是自力更生。

为了说明观点，特著《济河论》，里面有理有据，有法有则：

“今三隅已定，事在淮南，每大军征举，运兵过半，功费巨亿，以为大役。陈、蔡之间，土下田良，可省许昌左右诸稻田，并水东下。令淮北屯二万人，淮南三万人，十二分休，常有四万人，且田且守。水丰常收三倍于西，计除众费，岁完五百万斛以为军资。六七年间，可积三千万斛于淮上，此则十万之众五年食也。以此乘吴，无往而不克矣。”

司马懿看了之后，高兴，采纳，实施。

不过数年，从京都到寿春，沿途兵屯相望，鸡犬之声相闻。东南每有战事，大军便能够乘船而下，直达江淮。粮也不缺，路也通畅，此皆邓艾之功也。

邓艾在公元243年左右任征西将军参军事，不久担任南安太守，开始了他的军事生涯。二十年后，平定蜀国。

这二十年间，前五年曹爽执政，他是司马懿的人，没有机会升迁。嘉平元年（249）崭露头角，说话开始有人听，屡有战功，迅速高升。追随司马师、司马昭两兄弟东征西讨，历任安西将军、镇西将军、征西将军、太尉，升迁速度惊人。

魏灭蜀国，结束了自东汉末年以来分裂局面。邓艾率军入蜀，胜利太巨大了，他的脑子有点发蒙，魏天子还没下令呢，他就开始以天子的名义分封官吏，把蜀的降主刘禅拜为骠骑将军，把蜀的太子拜为奉车都尉，把各路王爷拜为驸马都尉，对蜀国群臣也或让他们当官，或让他们当自己的下属。

还筑高台宣扬自己的战功。

还扬扬自得，对蜀国的士大夫夸耀自己：“诸君赖遭某，故得有今日耳。若遇吴汉之徒，已殄灭矣。”那意思是，你们都是有了我才有今天啊，要是遇上吴汉那些家伙们，早不知道死多少回了。

还贬低姜维：“姜维自一时雄儿也，与某相值，故穷耳。”

就是说姜维他也是个英雄啊，不过他遇上我，就菜啦。

东方人都欣赏低调做人，他这么一高调，明明确实有军功的，明明确实挺宽仁的，明明确实胜过姜维一筹的，可是，怎么却让人觉得他的军功里水分这么大，他的宽仁怎么像是邀名，他的胜姜维一筹怎么像是瞎猫碰上死老鼠。

所以别人都笑话他。

笑话也罢，邓艾以他自身的血淋淋的遭际，再一次向世人证明了一件事：

低调做人好，高调把命丢。

因为他的种种做法，以及他说的话，到后来全都成了钟会置他于死地的口实。

钟会跟司马昭说，你看邓艾做的事啊，竟然冒充皇上的名义，大肆分封，还口出狂言，已经露出叛乱的苗头来啦，要及早收治啊，不然就晚了。

这下子戳到了司马昭的心肺上，他爹司马懿在的时候，王凌谋反；他哥哥司马师在的时候，毌丘俭谋反；他执政的时候，诸葛诞谋反；这要再来一个邓艾谋反，那还了得！

于是下令，逮捕邓艾父子，囚车押送京城。邓艾束手，乖乖就擒。自以为身正不怕影子斜，就算坐上木笼囚车，也有辩诬的机会。

景元五年（264）正月十五，钟会抵达成都，把邓艾押往洛阳。

其实，真正有谋反之心的，不是邓艾，而是钟会。

钟会麾下有军队二十多万，密谋反叛，未果，和蜀降将姜维一同被斩杀。监军卫瓘收尾，派护军田续追杀邓艾父子于绵竹西，邓艾余子在洛阳也被诛杀，邓艾妻子和孙子被发配西域。

邓艾死得真冤。

当初，邓艾要伐蜀，梦见坐在山上，旁边有流水潺湲。他向殄虏护军爰邵请教，爰邵说：

“按照《易》卦来看，山上有水叫蹇卦。蹇利西南，不利东北。您这次去一定能攻克蜀国，不过，您自己也许就回不来了。”

不幸的是，邓艾的结局，果真按照卦象上的来了。

公元265年，晋禅代于魏，是为泰始元年。

泰始三年（267），邓艾的老部下，时任议郎的段灼上书，替邓艾鸣不平，追述邓艾功绩：

“……那时正值干旱，邓艾推行区种的方法，身穿粗衣，手拿工具，率领将士垦田。

“上行下效，大家都尽力耕田。

“邓艾持着符节，守卫边疆，统辖万余人，而仍身体力行，做下属士兵所做的活计，如果不是忠心尽节，有谁能这样做呢？所以落门、段谷的两次战役，邓艾以少胜多，击败强敌。

“先帝知道邓艾可以委以重任，所以每次作战前常召他在朝廷制定战胜敌人的策略，并任命他为重将。

“邓艾接受任务后，经常把马蹄包裹起来，把车钩牢，以防止滑跌，然后率军冲入战场，壮志凌云，将士乘胜追击，迫使刘禅及众大臣反绑双手俯首称臣，屈膝投降。

“邓艾功成名就，本应该书之史册，流传千古。

“七十岁的老人，反叛图什么呢？邓艾确实是凭恃圣上养育的恩德，从未想到受到怀疑，假装用朝廷圣旨，依照旧制行事，其实是为了保卫国家。

“虽然于一般常理有所违背，但也与古义相吻合。

“邓艾矫命承制，固属有罪，但推究他的用心，还是可以原谅的。

“钟会妒忌邓艾的威名，捏造罪名，使他忠心耿耿而受到杀害，一心为国而受到怀疑，脑袋悬挂于马市，儿子受到株连。看见这种情状的人无不流涕，听到这桩悲剧的人无不叹息。

“陛下即位，发扬光大宽宏的气度，放弃前嫌，被杀害的人家，也应予以录用。

“从前，秦国百姓同情白起无罪被杀，吴国人伤悼伍子胥蒙冤而死，都为他们立祠庙。现在天下百姓都为邓艾的冤死痛心疾首，也是这种情形。

“我认为，邓艾身首异地，葬在田野，官家应当为他收尸，归还他的田产住宅。

“因为邓艾有平定巴蜀的功业，应当封赐他的孙子，盖棺后给予谥号，让死者无所遗恨。这样使九泉之下的冤魂得以赦免，后世人也认为朝廷有信有义。

“埋葬一人而使天下钦慕朝廷的德行，埋葬一魂使天下归顺其心。这样做并不费多少力却能取悦天下人心。”

而直到泰始九年，晋帝才下诏曰：

“艾有功勋，受罪不逃刑，而子孙为民隶，朕常愍之。其以嫡孙朗为郎中。”

就是说，邓艾创立功勋，束手受罪而不逃脱处罚，他的子孙如今沦为奴隶，我常常同情他们，可任命他的亲孙子邓朗为郎中。

直到此时，邓艾才算平反。

回顾邓艾一生，善于作战，不善自保，矜功自伐，授人以矛。

他的故事告诉我们：做人要低调，再低调。

可是，如果低调了，还是邓艾吗？

第四节　真反叛的钟会

【原文】

会内有异志，因邓艾承制专事，密白艾有反状，于是诏书槛车征艾。司马文王惧艾或不从命，敕会并进军成都，监军卫瓘在会前行，以文王手笔令宣喻艾军，艾军皆释仗，遂收艾入槛车。会所惮惟艾，艾既禽而会寻至，独统大众，威震西土。自谓功名盖世，不可复为人下，加猛将锐卒皆在己手，遂谋反。欲使姜维等皆将蜀兵出斜谷，会自将大众随其后。既至长安，令骑士从陆道，步兵从水道顺流浮渭入河，以为五日可到孟津，与骑会洛阳，一旦天下可定也。会得文王书云："恐邓艾或不就征，今遣中护军贾充将步骑万人径入斜谷，屯乐城，吾自将十万屯长安，相见在近。"会得书，惊呼所亲语之曰："但取邓艾，相国知我能独办之；今来大重，必觉我异矣，便当速发。事成，可得天下；不成，退保蜀汉，不失作刘备也。我自淮南以来，画无遗策，四海所共知也。我欲持此安归乎！"会以五年正月十五日至，其明日，悉请护军、郡守、牙门骑督以上及蜀之故官，为太后发丧于蜀朝堂。矫太后遗诏，使会起兵废文王，皆班示坐上人，使下议讫，书版署置，更使所亲信代领诸军。所请群官，悉闭著益州诸曹屋中，城门宫门皆闭，严兵围守。会帐下督丘建本属胡烈，烈荐之文王，会请以自随，任爱之。建愍烈独坐，启会，使听内一亲兵出取饮食，诸牙门随例各内一人。烈绐语亲兵及疏与其子曰："丘建密说消息，会已作大坑，白棓数千，欲悉呼外兵入，人赐白（帢），拜为散将，以次棓杀坑中。"诸牙门亲兵亦咸说此语，一夜传相告，皆遍。或谓会："可尽杀牙门骑督以上。"会犹豫未决。十八日日中，烈军兵与烈儿雷鼓出门，诸军兵不期皆鼓噪出，曾无督促之者，而争先赴城。时方给与姜维铠杖，白外有匈匈声，似失火，有顷，白兵走向城。会惊，谓维曰："兵来似欲作恶，当云何？"维曰："但当击之耳。"会遣兵悉杀所闭诸牙门郡守，内人共举机以柱门，兵斫门，不能破。斯须，门外倚梯登城，或烧城屋，蚁附乱进，矢下如雨，牙门、郡守各缘屋出，与其卒兵相得。姜维率会左右战，手杀五六人，众既格斩维，争赴杀会。会时年四十，将士死者数百人。

初，艾为太尉，会为司徒，皆持节、都督诸军如故，咸未受命而毙。

【译文】

钟会心怀鬼胎，因为邓艾受朝廷的圣旨，行事专断，于是秘密告状，说邓艾要反叛。

于是朝廷下令用囚车关押邓艾，送回京城。

司马昭怕邓艾不服命令，命令钟会进军成都，监军卫瓘打前阵，拿着司马昭亲笔书写的命令通告邓艾的部下，邓艾的军队都放下武器，于是押邓艾进囚车。

钟会最怕的是邓艾。

邓艾被押后，钟会马上赶到成都，统率大军，威震西蜀。自认为功名天下无比，不愿再屈居人下。加之猛将精兵都控制在自己手中，于是举兵反叛。

他想派姜维等统率西蜀将兵出斜谷，自己统率大军随从在后，到了长安以后，下令骑兵走陆道，步兵走水道，顺着渭水入黄河，估计五天就可以抵达孟津，与骑兵在洛阳会师，一朝可拥有天下。

钟会得到司马昭的信，信上说："我担心邓艾不服命令，今派遣中护军贾充率步兵和骑兵万余人入斜谷，驻扎在乐城。我亲自率十万大军驻扎在长安。我们不久就可以相见了。"

钟会看完信后，大惊失色地对亲信说：

"仅仅抓获邓艾，司马昭知道我一人完全可以胜任，这次来的军队如此众多，一定发现我有反叛之心，我们应当迅速出发。如果顺利，可以得天下。如果不顺，退回西蜀，还可以学刘备偏安一隅。自从淮南之战以来，我从未失策，已远近闻名。我这样功高名盛的情况，哪能有好的归宿呢？"

钟会在景元五年（264）正月十五日来到成都。

第二天，召请护军、郡守、牙门骑督以上的将士以及西蜀的旧官，在蜀国朝堂为魏明帝郭皇后发丧。并假借皇太后遗命，说让钟会起兵废掉司马昭，并假借诏书显示给前来的人，让他们表示意见，并把诸将议论表示同意的话写在板上，作为凭证，委派亲信率领各路军队。

他所请来的各位官吏都被关在益州各官府中，城门、房门都关得牢牢的，派兵严加看守。

钟会部下帐下督丘建原来属胡烈旧属，胡烈把他推荐给司马昭。钟会召他跟随自己征蜀，对他很器重。

丘建同情胡烈被独关一室，对钟会说，应派一名亲信为胡烈端饭倒水，诸将也应按例备一员侍从。

胡烈编造谎言告诉亲信侍从，又给儿子写信，说："丘建秘密传递消息说，钟会已挖好大坑，准备了几千根白棒，想请所有其他部队的兵士，给他们戴上白帢（一种帽子），并授以散将官，然后一个个用棍棒打死，埋在坑中。"

很多牙门将的亲兵都传说此事，一夜之间众牙门都知道这个消息了。

有人对钟会说："应把牙门骑督以上的官吏全都杀死。"钟会犹豫不决。

十八日中午，胡烈部下与胡烈的儿子出门敲鼓，其他各路将士不约而同都出来击鼓，也没有人统领，争先恐后地拥向城门。

当时刚给姜维铠甲兵器，说外面有喧扰之声，好像着火了。过了不久，说有士兵拥向城门，钟会很惊讶，问姜维："这些兵看来想要捣乱，怎么办？"姜维说："只有杀掉他们。"

钟会派兵把关押在屋内的牙门郡守全部杀死。

这时屋内有人拿着桌子顶门。士兵撞门，还是不能打开。

过了片刻，门外有人架梯登上城门，有的烧屋子，秩序混乱不堪，箭如雨下。

那些还没有被杀的牙门、郡守冲出屋子，与其部下会合，姜维领着钟会左冲右杀，杀死五六人，经过一番格斗，姜维被杀，众人又一拥而上，杀死钟会。

那年，钟会四十岁。

当时将士死伤好几百人。

当初，邓艾为太尉，钟会为司徒，两人都持节、都督诸军事，结果都未被朝廷处死，却在内讧中丧生。

【评点】

钟会（225—264），字士季，魏将，太傅钟繇之子，钟毓之弟。

关于他的逸事，我们已经在前面分期分批地说了很多，包括他和钟毓小时候调皮，偷他爹的酒喝，钟毓乖乖地拜一拜，他拜都不拜，说："偷，哪得行礼？"包括他和钟毓面见天子，钟毓吓得满脸是汗，说"战战惶惶，汗出如浆"，他一点汗都不出，皇帝问他，他骗人家说："战战栗栗，汗不敢出。"

也包括他想和入了狱的大名士夏侯玄套近乎，结果人家不吃他这一套，他拉人家的手，人家把他的手拿开，请他放尊重些；他想请大名士嵇康看他写的文章，隔着墙头撂进去，然后扭头就跑；他去看嵇康，结果人家自管打铁，他站得无趣要走，人家问了一句："何所闻而来，何所见而去？"他回了一句："闻所闻而来，见所见而去。"

也包括他进言，嵇康被斩；他进言，邓艾被囚。

等等。

这小子聪明。小时候即头角峥嵘，所谓“少敏惠夙成。中护军蒋济著论，谓‘观其眸子，足以知人’。会年五岁，繇遣见济，济甚异之，曰：‘非常人也’”。

就是说，钟会少年时聪慧敏捷异常。中护军蒋济著书，认为“观察某人的瞳仁，完全可以知他的为人”。钟会五岁时，钟繇带着他去见蒋济，蒋济认为钟会很不一般，说：“这个孩子不同寻常。”

光聪明不能成事，钟会学习是很刻苦的，历来都是辛勤的汗水浇灌出成功的鲜花，钟会也不例外。“博学精练名理，以夜续昼，由是获声誉。”

既聪明，又刻苦，换来的前程似锦。大概是没有吃过什么苦、受过什么罪，所以把聪明皆露于外。

《世说新语》把他和一干名士并列而论曰：

“裴令公目夏侯太初：‘肃肃如入廊庙中，不修敬而人自敬。’一曰：‘如入宗庙，琅琅但见礼乐器。’‘见钟士季，如观武库，但睹矛戟。见傅兰硕，江梲靡所不有。见山巨源，如登山临下，幽然深远。’”

意思是中书令裴楷评论夏侯太初说：“好像进入朝廷一样恭恭敬敬的，人们无心加强敬意，却自然会肃然起敬。”另一种说法是：“好像进入宗庙之中，只看见礼器和乐器琳琅满目。”

又评论说：“看见钟会，好像参观武器库，矛戟森森，全是兵器。看见傅兰硕，像是一片汪洋，浩浩荡荡，无所不有。看见山巨源，好像登上山顶往下看，幽深得很。”

有一回司马昭跟钟会开玩笑，跟陈骞、陈泰坐一辆车，经过钟会家的门前，叫他也出来，一起坐车去玩。结果不等他出来，就让车夫赶着车跑了。钟会出来只看见马蹄子扬起的一溜儿烟。

等钟会到了他们约定的地点，这仨人早到了，还嘲笑他：“你说你呀，跟人约好一块儿走，怎么那么慢！我们都到了好久了，盼你盼得望眼欲穿你也不来。”

钟会那个气呀，眼珠子一转：陈骞他爹叫陈矫，司马昭他爹叫司马懿，陈泰他爹叫陈群，爷爷叫陈寔（音实），有了！

于是他回答说：“矫然懿实，何必同群！”

那表面的意思是什么呢？“像我这么有美好的德行，实干才华又如此矫然出众的人，为什么一定要和人合群！”

其实内里，把陈骞的爹、司马昭的爹、陈泰的爹和爷爷，不管是谐音，还是实字，全都给带出来了，叫他们小小吃上一瘪。

司马昭也不白给，好哇，你把我们的长辈全都给直呼其名出来了，你爹不是叫钟繇吗？于是他就问：“那你说皋繇是什么样的人哪？”

皋繇是舜时代的法官，这个“繇”字和钟会的爹的名字同字同音，司马昭又给他报复回来了。

钟会明里夸皋繇，暗里夸自己爹：

“这个人哪，虽然在上比不上尧帝和舜帝，在下比不上周公和孔子，那也是一个时代的有美好德行的人哪！”

这则逸事也是出自《世说新语》：

“晋文帝与二陈共车，过唤钟会同载，即驶车委去。比出，已远。既至，因嘲之曰：‘与人期行，何以迟迟？望卿遥遥不至。’会答曰：‘矫然懿实，何必同群！’帝复问会：‘皋繇何如人？’答曰：‘上不及尧、舜，下不逮周、孔，亦一时之懿士。’”

钟会的机智一览无余，果然如是矛戟，显露于外。

他爹钟繇的书法写得好，他的书法也写得好。南朝的庾肩吾的《书品论》里把钟会定在上之下品。

隋朝的僧人智果写的《梁武帝评书》里面，写到梁武帝是这样品评自古至今的大书法家的书法的：

> 王右军书，字势雄强，如龙跳天门，虎卧凤阁，故历代宝之，永以为训；
>
> 蔡邕书，骨气洞达，爽爽如有神力；
>
> ……
>
> 钟司徒书，字有十二种，意外巧妙，绝伦多奇；
>
> 崔子玉书，如危峰阻日，孤松单枝；
>
> ……
>
> 梁鹄书，如龙威虎震，剑拔弩张；
>
> 张伯英书，如武帝爱道，凭虚欲仙；
>
> 钟繇书，如云鹤游天，群鸿戏海，行间茂密，实亦难过耶。

右军之后，钟繇之前，钟司徒者，即钟繇的儿子钟会也。

不过书法只是他的业余爱好，他的正业却是带兵打仗兼玩政治。

诸葛诞反，司马昭伐寿春，东吴大将全琮的儿子全怿，孙子全静，从侄全端、全翩、全缉等都率兵来解救诸葛诞。而全怿哥哥的儿子全辉、全仪留在建业（南京），和家里人争吵，携老母及家丁数十人渡江归附司马昭。于是钟会就出奇计，秘密替全辉、全仪写信，派全辉、全仪的亲信拿着信到城内报告全怿等，说东吴的人因为全怿等不能将诸葛诞等寿春的部队从包围中解救出来，所以要把各位将领的家属全杀死，所以他们才投奔的司马昭。

全怿等害怕，只得将他们管辖的东城门打开，出来投降。

正是因为这些人的投降，才大大削弱了诸葛诞的力量，从而攻破寿春。

攻破寿春，钟会出谋划策最多，因此越来越得到司马昭的宠信。当时人管他叫张良。

大军撤还后，升为太仆，但他坚决拒绝。后以中郎官身份在大将军府任记室，为司马昭的心腹。

因为讨伐诸葛诞有功，钟会被封为陈侯，反复辞让。

皇帝下诏说："钟会参与军事，出谋划策，料敌制胜，有贡献谋略的功绩，但不受封赏，言辞意旨，恳切诚实，前后屡次推让封赏，志向不能改变。那些从不因功自傲的人，古来为人尊重。现还是尊重钟会的志向，成全他的美德。"

把他升迁为司隶校尉，虽在外任，但朝廷大小事，官吏任免权，钟会无不插手。也是，他如果不插手，嵇康说不定真的能够像他自己憧憬和向往的那样，活够百年，悠游卒岁呢。

一个人才能大了，野心也就会水涨船高。钟会即是一个典型的例证。

有人问，姜维和钟会如果策反成功会怎样？

能怎样呢？

钟会独揽大军，拥兵二十万，又一向心气高傲，能乖乖听姜维的调度吗？

姜维又能乖乖地屈居钟会之下吗？

这两个人的内讧是不是仍旧会搞得热火朝天？

假如说两个人不内讧，不打仗，司马昭被破，大魏灭，晋也不立，天下再度四分五裂，于是，是不是又会出现一次七国争雄、三国争胜的轮回？

历史就是这么奇妙，好像怎么走，都只有一条路的结局……

卷二十三 《三国志·魏书二十九方技传》

第一节　神医华佗

【原文】

佗之绝技，凡此类也。然本作士人，以医见业，意常自悔，后太祖亲理，得病笃重，使佗专视。佗曰："此近难济，恒事攻治，可延岁月。"佗久远家思归，因曰："当得家书，方欲暂还耳。"到家，辞以妻病，数乞期不反。太祖累书呼，又敕郡县发遣。佗恃能厌食事，犹不上道。太祖大怒，使人往检。若妻信病，赐小豆四十斛，宽假限日；若其虚诈，便收送之。于是传付许狱，考验首服。荀彧请曰："佗术实工，人命所县，宜含宥之。"太祖曰："不忧，天下当无此鼠辈耶？"遂考竟佗。佗临死，出一卷书与狱吏，曰："此可以活人。"吏畏法不受，佗亦不强，索火烧之。佗死后，太祖头风未除。太祖曰："佗能愈此。小人养吾病，欲以自重，然吾不杀此子，亦终当不为我断此根原耳。"及后爱子仓舒病因，太祖叹曰："吾悔杀华佗，令此儿强死也。"

【译文】

华佗的绝技，都像上面所说的。

然而他本想作为士人，后来把行医当作职业，常常后悔。

曹操亲自处理国家大事，得了重病，让华佗诊治。

华佗说："这种病不是短时间能治好的，应长期治疗，可以延寿。"

华佗离开家乡已经很久了，思乡心切，因此说："刚才得到家信，想要回家看看。"

回到家后，借口妻子病重，好几次请假不愿回来。曹操反复写信，又派官吏催促，华佗仍不上路。他觉得自己有专长，厌恶为人役使。

曹操大怒，又派人前去探视，如果华佗的妻子确实有病，赐给小豆四十斛，并放宽假日；如果华佗撒谎，就把他抓起来。

结果华佗被关押起来，让他认罪。

荀彧为华佗求情说："华佗身怀绝技，能解救人命，应当宽容他。"

曹操说："不怕。难道像华佗之辈，天下会没有吗？"

竟将华佗拷打至死。

华佗临死时，拿出一卷书递给看管监狱的人，说："这书教你怎么救活人。"狱吏害怕受牵连，不敢接受。华佗也不勉强，一把火把书烧了。

华佗死后，曹操的头痛病没法除去。

曹操说："只有华佗能治好我的病。那小子想要凭借给我治病的机会抬高自己。就是我不杀了他，他也不会给我除去病根的。"

后来他的爱子仓舒病重，曹操感叹说："我后悔杀了华佗，结果害得我儿子也死了。"

【评点】

华佗的故事说不完。

其中最有名的就是给关公刮骨疗毒。

语出《三国演义》第七十五回：

众将见公不肯退兵，疮又不痊，只得四方访问名医。忽一日，有人从江东驾小舟而来，直至寨前。小校引见关平。平视其人：方巾阔服，臂挽青囊；自言姓名，乃沛国谯郡人，姓华，名佗，字元化。因闻关将军乃天下英雄，今中毒箭，特来医治。平曰："莫非昔日医东吴周泰者乎？"佗曰："然。"平大喜，即与众将同引华佗入帐见关公。

时关公本是臂疼，恐慢军心，无可消遣，正与马良弈棋；闻有医者至，即召入。礼毕，赐坐。茶罢，佗请臂视之。公袒下衣袍，伸臂令佗看视。佗曰："此乃弩箭所伤，其中有乌头之药，直透入骨；若不早治，此臂无用矣。"公曰："用何物治之？"佗曰："某自有治法，但恐君侯惧耳。"公笑曰："吾视死如归，有何惧哉？"佗曰："当于静处立一标柱，上钉大环，请君侯将臂穿于环中，以绳系之，然后以被蒙其首。吾用尖刀割开皮肉，直至于骨，刮去骨上箭毒，用药敷之，以线缝其口，方可无事。但恐君侯惧耳。”公笑曰：“如此，容易！何用柱环？”令设酒席相待。

公饮数杯酒毕，一面仍与马良弈棋，伸臂令佗割之。佗取尖刀在手，令一小校捧一大盆于臂下接血。佗曰：“某便下手，君侯勿惊。”公曰：“任汝医治，吾岂比世间俗子惧痛者耶！”佗乃下刀，割开皮肉，直至于骨，骨上已青；佗用刀刮骨，悉悉有声。帐上帐下见者，皆掩面失色。公饮酒食肉，谈笑弈棋，全无痛苦之色。须臾，血流盈盆。佗刮尽其毒，敷上药，以线缝之。公大笑而起，谓众将曰：“此臂伸舒如故，并无痛矣。先生真神医也！”佗曰：“某为医一生，未尝见此。君侯真天神也！”后人有诗曰：“治病须分内外科，世间妙艺苦无多。神威罕及惟关将，圣手能医说华佗。”

关公箭疮既愈，设席款谢华佗。佗曰：“君侯箭疮虽治，然须爱护。切勿怒气伤触。过百日后，平复如旧矣。”关公以金百两酬之。佗曰：“某闻君侯高义，特来医治，岂望报乎！”坚辞不受，留药一帖，以敷疮口，辞别而去。

可惜是个假的。

第一，《三国演义》说关羽伤右臂，而《三国志·关羽传》里则是说关公“尝（曾）为流矢所中，贯其左臂”，伤的是“左臂”，方向错了。

第二，《三国演义》说华佗为关羽刮骨疗毒，《三国志》里只说是无名氏为关羽刮骨疗毒，而在为华佗写的传记里面，对此没有丝毫记载。

第三，华佗说自己是“沛国谯郡人”，在安徽省的西北，关公打樊城，樊城在湖北的西北，隔省相望，千里之遥，怎么来得及救箭毒呢？

第四，关公是蜀国人，江东却是吴国的地盘，华佗从江东驾小舟而来，飘飘若仙不假，不过重重关卡，怎么个来法？

第五，华佗可是麻沸散的发明者，他要给关羽刮骨，让他喝一碗麻沸散，就不知不觉间什么都解决了，为什么还要让关羽竖根柱子，柱子上安铁环，把胳膊套进铁环里，起个固定作用，然后他来刮骨？

第六，关公打这一仗是在建安二十四年（219），华佗早在十一年前（建安十三年，即公元 208 年）就被曹操打死了。

为什么罗贯中要把无名氏干的事安在华佗头上呢？

实在是因为华佗太有名了。

忍不住要把所有的光环都套给他。

华佗（约 145？—208），字元化，沛国谯人，一名旉，和董奉、张仲景并称为“建安三神医”。不过，他的年岁是后人考证出来的，存疑。按这说法，他不到六十岁就死了，可是《后汉书·华佗传》里说他“年且百岁，而犹有壮容，时人以为仙”。

董奉也是大大的有名，少年学医，信奉道教，济世救人。他治病不取钱财，只要病好的人在山里栽杏树，重病而愈者栽五棵，轻病而愈者栽一棵，结果数年之后，杏万株，花开日蔚如云霞。杏熟即换米谷，所得米谷又赈灾济贫。后人给名医题匾，爱题“杏林妙手”“杏林春暖”，即由此也。

张仲景也大大的有名，广泛收集医方，写出传世巨著《伤寒杂病论》，成为中医临床的基本原则，张仲景本人被称为“医圣”。

华佗和他们并驾齐驱，而有关他的传说最多。

说他精通药方，治病的时候，配药只要几种，不像庸医给你好几大包。

又十分熟悉剂量，俗称“一抓准”，就是不论是需要二两半钱，一抓就准，称都不用称。

如果病人喝药，那就熬一两服药就好了；如果病人需要针灸，那就针灸一两处穴位，每一处针上七八次也就好了。

如果是长了肿瘤，需要开刀的，那就喝麻沸散，病人喝了就麻醉了，就跟现在的打麻醉针是一样的。

那要是肠子出了问题呢？好办，把肠子割开呗，洗洗干净，敷上膏药，缝上伤口，四五天就能见好，不知不觉地，一个月左右就完全好了。

他看病还有损招。

比如说吧，有一个郡守得病了，他替他看，看了知道这个人不需要吃药，只要让他大怒一场就能好。这个人估计是处身官场，身不由己，平时对下属要顾及形象，对上司要笑脸巴结，所以有了积郁也不敢发，给憋的。现代人也是一样，怒气积郁日久，必有病痛。

于是，华佗就跟他说，哎呀你的病不好治啊，不好治不好治……郡守吓坏了，先生你一定要救救我呀，来呀，给先生拿银子！

银子拿了，华佗还是摇头，说哎呀你的病不好治啊，确实不好治不好治……郡守一看，来呀，再给先生多拿些银子！

一回，两回，三回，四回，收了人家好多的银子啊，就是拖延着不肯治，然后趁人不注意丢下郡守跑了，跑了还不算，还留下一封信，把郡守大骂了一顿。

把郡守给气的！来人，给我去杀了这个欺世盗名的王八羔子破庸医！

派去的人刚出门，就叫郡守的儿子给拦下来了，不许他们去。华佗早把情况跟他说了，所以他是知道内情的，于是和华佗合着伙地气他爹。

郡守真给气得要死要活了，哇哇地吐了几升黑血，好了。

神吧？

华佗有个徒弟叫吴普的，官宦之子，养尊处优，肩不能担，手不能提，有一回华佗带着他出去采药，回来就病倒了。华佗一摸脉，啥事都没有，就是累的。

华佗就教他："人体需要不断地运动，但一定不能过度。人体运动，食物中的养分能得到消化，血脉通畅，所以不会得病，就好像门总是开关，门枢不会腐烂。"

为了让他运动，还教会了他一套自创的五禽戏。

所谓的五禽戏，就是现代名词中的仿生学，模仿动物的动作来做运动。

五禽指虎、鹿、熊、猿、鸟。按照老虎的动作来锻炼四肢——老虎四肢伸展的时候，跑得那么快，动作又是多么的流畅、和谐；按照鹿的动作来锻炼脖子——鹿的脖子长啊，柔韧度又高，就是为的前后左右全方位都能够照料，老虎来了好跑；按熊的动作锻炼腰椎——熊膀大腰圆，腰力强劲，你模仿着它，嘿嘿哈嘿，这一辈子都不用担心得腰椎间盘突出了；按鸟飞翔的动作来锻炼胸腔——鸟展翅高翔，把胸脯子挺得高高的，一气儿飞上云霄，如果练好了，那肺活量可是大大的！

果然，吴普按照师父教的方法，每有一点不舒服，或是身体憋屈了，就伸曲跳跃，展合扑跌，做上一遍，结果身体变强，吃嘛嘛香！

然后他再把这套动作教给别人，于是，在那个"人到七十古来稀"的年代，好多人都活成百岁老人了。

华佗还有一个徒弟叫樊阿，擅长扎针，他向华佗求的是食疗方，就是吃了能够强身健体的方子。

华佗也给了他。药方叫作"漆叶青黏散"，具体配方如下：

漆叶末一升，青黏末十四两，坚持服用，可去寄生虫（古代人吃的东西不够卫生，去寄生虫那是必须的），利五脏，健身，乌发。

樊阿听从师父的话，活了一百多岁呢。

漆叶到处都有，青黏也不难寻，就长在丰县、许县、彭城、朝歌等地方，谁都可以采，谁都能拿来配。华佗不藏私，就是拿它来益人。

写到这里想起清代纪晓岚的《阅微草堂笔记》里讲的一个故事：

"歙人蒋紫垣，流寓献县程家庄，以医为业。有解砒毒方，用之即痊。然必邀取重资，不满所欲，则坐视其死。一日暴卒，见梦于居亭主人曰：'吾以耽利之故，误人九命矣。死者诉于冥司，冥司判我九世服砒死，今将赴转轮，赂鬼卒得来见君，特以方奉授。君能持以活一人，则我少受一世业报也。'言讫，泣涕而去。曰：'吾悔晚矣！'其方以防风一两研为末，水调服之而已，无他秘药也。"

就是说，歙县有一个人叫蒋紫垣，他客居在献县程家庄，行医为生。

他有一张解砒霜之毒的方子，十分灵验，但是一定要拿很多很多的钱来买，如果拿不出来，他就看着人死也无动于衷。

结果有一天，他突然死了，给寓所主人托梦，说自己因为贪利，耽误九条人命，结果自己被阎王爷判下九辈子都服砒霜而死。

现在他是贿赂了鬼卒，把这个药方白白奉送给寓所主人，请寓所主人替他治病，每治好一人，他就可以少受一世的报应。

而这个方子是什么呢？毫不出奇，就是最平常的药材防风一两，研末调服，仅此而已。

“子不语怪力乱神”，所以后面的情节不论，但是这个人的这种做法之恶劣，就能够反衬出华佗的妙手仁心来了！

这样一个人，若是生逢太平年代，不定造福多少人群，但是生逢乱世，一生济世救人，自己却不得善终，被曹操活活打死。

曹操有一种赌棍脾气，你不让我痛快，我指定让你痛快不了，至于让你痛快不了以后我会不会也痛快不了，这个先赌一把再说——你怎么就知道我会痛快不了呢？

结果他把他的爱子曹冲的命给赌进去了。

可惜了华佗的《青囊经》。

华佗被害至今已经一千多年，但他在老百姓的口口相传里好像永远都活着，永远都是一副背着药囊济世救人的模样，花白的发髻，花白的山羊胡，清癯癯的一张脸。

江苏徐州有华佗纪念墓，沛县有华祖庙，庙里有一副对联，兹录于此：

“医者刳腹，实别开岐圣门庭，谁知狱吏庸才，致使遗书归一炬；

士贵洁身，岂屑侍奸雄左右，独憾史臣曲笔，反将厌事谤千秋。”

第二节　神算管辂

【原文】

馆陶令诸葛原迁新兴太守，辂往祖饯之，宾客并会。原自起取燕卵、蜂窠、蜘蛛著器中，使射覆。卦成，辂曰：“第一物，含气须变，依乎宇堂，雄雌以形，翅翼舒张，此燕卵也。第二物，家室倒悬，门户众多，藏精育毒，得秋乃化，此蜂窠也。第三物，觳觫长足，吐丝成罗，寻网求食，利在昏夜，此蜘蛛也。”举坐惊喜。

【译文】

馆陶县令诸葛原升任新兴太守，管辂前往送行。

客人都到了。

诸葛原亲自取下燕子蛋、蜂窝和蜘蛛等物放在容器中，让客人猜射。

卦成，管辂说："第一物，含气就变，在房梁上居住，雌雄不同，翅膀舒展，这是燕子蛋。

"第二物，它的窝悬挂，门窗极多，收藏宝物但同时又有毒，秋天出液，这是蜂窝。

"第三物，长足吐丝，靠网捕捉猎物，在晚上最有利，这是蜘蛛。"

在座的人无不惊叹不止。

【评点】

各行各业都有祖师爷，所谓"三百六十行，无祖不立"。

比方说关羽关二爷就当了典当、香烛、蚕、丝织、糕点业的祖师爷；农业奉后稷为土地神；裁缝业尊奉轩辕氏；蚕丝业尊奉嫘祖；酿酒业不用说，当然是杜康；堪舆业的祖师爷是鬼谷子；印刷业的祖师爷是仓颉，仓颉造字嘛；木匠的祖师爷更不用说，鲁班，鼎鼎大名的，就连竹匠、木匠、泥瓦匠，都把他拽过去当祖师爷了；铁匠、铜匠、银匠的祖师爷是太上老君，还记得他把孙猴子塞进八卦炉子里炼吗？人家是炼丹的行家。

孔子是教育界的祖师爷；商业的祖师爷有的供奉赵公元帅，有的供奉范蠡；豆腐业的祖师爷是淮南王刘安，因为他本来是想熬丹制药的，结果无意用黄豆和盐卤把水豆腐给做出来了；中医业的祖师爷是扁鹊，因为他创立了"望、闻、问、切"四诊术；民间医业又尊华佗为祖师爷，这个不解释；药铺则把李时珍当祖师爷，因为他著《本草纲目》。

唱戏的尊唐玄宗李隆基为祖师爷，因为这位皇帝爷召集歌舞艺人和宫女在梨园学艺，还时常自己跑去客串，所以后世称唱戏的为"梨园子弟"。他当然就是梨园子弟的当之无愧的祖师爷。

织布业尊奉的不是祖师爷，是祖师奶奶，黄道婆。这个历史书本上有，她流落崖州，学会纺织技术，回乡改革，推广轧花、纺车和织机技术，影响深远。

评书业的祖师爷是明末的说书艺人柳敬亭。

其他的还有：画画的尊吴道子为祖师爷；烧窑的尊女娲娘娘为祖师奶奶，女娲炼石补天嘛，那肯定是要烧窑的；打鱼的奉姜太公为祖师爷，因为他直钩钓鱼钓王侯；茶业的祖师爷是陆羽，现在茶道盛行，这个不可不知；糕饼业的祖师爷居然是诸葛亮，有趣吧，因为他率军征蛮，凯旋途经泸水，猖神阻道，有待人头祭祀，诸葛亮改用牛马肉做馅，外包面粉做成馒头来替代祭祀，包子，就这么发明出来了；绦带业的祖师爷竟然是哪吒，因为他抽过龙筋，给他老爹束甲……

易中天在《品三国》里说得更有趣：

"强盗以宋江为祖师爷，小偷以时迁为祖师爷，编织业以刘备为祖师爷，屠宰业以张飞为祖师爷……奇怪的是剃头匠以关羽为祖师爷，关羽没有剃过头啊，而且东汉的时候我们中国人是不兴剃头的，是留全发的。那么想来想去的一点联系，无非是剃头匠和关帝爷手上都有一把刀嘛，但是关羽的刀是杀头的，不是剃头的。我就想起来清代有一个剃头匠在门口贴出一副对联来，倒是蛮像关羽的口气，怎么说呢：'问天下头颅几许，看老夫手段如何！'我不知道有人敢去剃头不？"

算命卜卦的，就把管辂当祖师爷。

管辂（209—256），字公明，魏国术士，而且是个有文化的术士，著有《周易通灵诀》二卷、《周易通灵要诀》一卷、《破躁经》一卷、《占箕》一卷，留下了宝贵的文化遗产。

神算这种东西，有的时候确实挺神的。

还记得甄妃死的时候吗？曹丕和一个算卦的术士坐着说话，说我昨晚梦见一股青气直冲云霄，这个人说，主天下当有贵女子冤死。此时曹丕派去赐死甄妃的使者正在路上飞奔，曹丕大悔，令人急追，晚矣。

这个人叫周宣，也是一个有名的术士，在《三国志》里占了一席之地，《三国志》里的原文如下：

"文帝问宣曰：'吾梦殿屋两瓦堕地，化为双鸳鸯，此何谓也？'宣对曰：'后宫当有暴死者。'帝曰：'吾诈卿耳！'宣对曰：'夫梦者意耳，苟以形言，便占吉凶。'言未毕，而黄门令奏宫人相杀。无几，帝复问曰：'我昨夜梦青气自地属天。'宣对曰：'天下当有贵女子冤死。'是时，帝已遣使赐甄后玺书，闻宣言而悔之，遣人追使者不及。"

后面还有：

"尝有问宣曰：'吾昨夜梦见刍狗，其占何也？'宣答曰：'君欲得美食耳！'有顷，出行，果遇丰膳。后又问宣曰：'昨夜复梦见刍狗，何也？'宣曰：'君欲堕车折脚，宜戒慎之。'顷之，果如宣言。后又问宣：'昨夜复梦见刍狗，何也？'宣曰：'君家失火，当善护之。'俄遂火起。语宣曰：'前后三时，皆不梦也。聊试君耳，何以皆验邪？’宣对曰：‘此神灵动君使言，故与真梦无异也。’又问宣曰：‘三梦刍狗而其占不同，何也？’宣曰：‘刍狗者，祭神之物。故君始梦，当得余食也。祭祀既讫，则刍狗为车所轹，故中梦当堕车折脚也。刍狗既车轹之后，必载以为樵，故后梦忧失火也。’宣之叙梦，凡此类也。”

就是说，有人问周宣：“我昨夜梦见一只小狗，这是什么征兆？”

周宣说：“您要得到美味佳肴了。”

不久，他出去办事，果然遇上一顿美餐。

后来他又问周宣：“我昨夜又梦见小狗，是什么意思？”

周宣说：“您恐怕要从车上掉下来，折断脚脖子，应当小心。”

不久，果然应验。

后来这人又问周宣：“我昨夜又梦见小狗，是什么原因？”

周宣说：“您家要失火，应小心保护。”不久果然着火。

后来这人对周宣说：“我三四天所说的梦，都不是梦，不过想试试您的占术，为什么都灵验了呢？”

周宣说：“这是有神灵在督促您讲话，所以和真梦差不多。”

他又问周宣：“我说三次梦见小狗，为什么每次占卜不同？”

周宣说：“狗是祭神之物，所以您第一次梦见它，会得到好吃的。祭祀完了以后，小狗要被车轧死，所以您会从车上掉下来摔断脚。小狗被轧死后，一定用柳条筐装起来，所以您最后一个梦与失火有关。”

周宣占梦，大都像这样，十有八九都能言中。

所以说，这种东西确实比较神奇，当然也不排除史书作者故意夸大其词，以显得笔下人物神乎其神。

相比起周宣，管辂的神算更神。

说是有一天，时任吏部尚书的何晏请管辂去给他算命，当时在座的还有邓飏。

何晏问他，说我这几天连续几次梦见十几只苍蝇落在鼻子上，怎么挥赶都不肯飞，这是什么征候呀？

管辂没有直接给他解梦，反而把话题荡了开去，开始说鸟：

“飞号鸟是天下的贱鸟，它们在林间吃桑葚，则鸣唱怀念善人的好音。”然后由鸟及人，说到自己：

“我虽然像飞号鸟一样卑贱，可是，我的心不是草木做的，无知无觉，面对着大人您，我怎么敢不进忠言。”

他的忠言是什么呢？是给何晏进谏。他说：

“从前有八元、八凯为虞舜效力，尽忠尽职，周公辅佐成王，常常夜以继日，所以能平抚各地，举国安宁。这些都是遵循正道，顺应天意，不是卜筮所能宣明的。而今您掌握重权，身居高位，势如雷电，但真正能感念您的德行的很少，很多人是惧怕您，除非您小心谨慎，多行仁义。鼻子，属艮，这是天庭中的高山。若高而不危，才能长守富贵。而今青蝇臭恶都云集其上了。位高之人，跌得也狠。不能不考虑物极必反、盛极必衰的道理。”

总之，就是要何晏谦卑、守礼，这样一来，就可以位至三公，青蝇也就可以驱散了。

其实说了半天，等于什么都没有说。

旁边坐的邓飏不服气，说他：“你这是老生常谈。”

管辂对他也不客气，说：

“老书生看见不读书的人，常谈的人看见不谈的人。”那意思是你还不如我呢，你连常谈的道理都不懂。

何晏倒是对他彬彬有礼，说过了年咱们再聚，其实就是送客。

于是他就打道回府了。

回去以后把这事原原本本跟他舅舅说，他舅舅一听就急了，说你怎么能这么说话呢？这不是得罪人吗？你是不是觉得自己了不起呀，敢大模大样地教训两个大官！

这时候，才见出管辂的神算，他说：

“和死人说话，有什么可怕的！邓飏行步，筋不束骨，脉不制肉，起立倾倚，若无手足，这是鬼躁之相，将为风所收；何晏神情，魂不守舍，血不华色，精爽烟浮，容若槁木，这是鬼幽之相，将为火所烧。”

舅舅气得要死，大骂：骄狂！荒谬！拂袖而去，气跑了。

结果过年之后，司马懿发动政变，诛杀曹爽、何晏、邓飏等人，夷灭三族。

舅舅这才服了气。

老生常谈的话，那必然是有道理，才会常常谈，如果何晏和邓飏能够把老生常谈当回事，也不会下场如此可悲。说到底，命运就算一半是天定，还有一半是掌握在自己的手里呢。

管辂不但能言公卿大臣的休咎，还能言一国之休咎。

“辂随军西行，过毌丘俭墓下，倚树哀吟，精神不乐。人问其故，辂曰：‘林木虽茂，无形可久；碑诔虽美，无后可守。玄武藏头，苍龙无足，白虎衔尸，朱雀悲哭，四危以备，法当灭族。不过二载，其应至矣。’卒如其言。”（《三国志》）

什么意思呢？就是说，管辂随军西行，路过毌丘俭墓，靠着树哀叹不已，情绪极为低沉。

别人问是什么原因，管辂说：

“林木虽然繁茂，但不会长久；碑诔虽然很美，但是没有后人看守。玄武藏头，苍龙无足，白虎衔尸，朱雀悲鸣，四种危害已经具备，按理当是国家必亡无疑。不过两年，就会应验。”

果真不出所料。

他不但能预言别人的死期，还能预言自己的死期。

正元二年（255）他的弟弟管辰问他：

“大将军对你很好，你期望自己能富贵吗？”

管辂长叹道：

“我对自己有充分的了解。上天赐给我聪明才智，却不让我长寿。恐怕四十七八岁，看不见女儿出嫁、儿子娶媳妇就死了。如果能闯过来，想做洛阳县令，一定会使当地风俗淳美，路途上看不见逃荒之人。但恐怕要到太山去治理鬼了，不会统治活的人。怎么办呢？”

管辰问他为什么这么说，他就指着自己让弟弟看：

“你看我，额头上无生骨，眼睛里无守精，鼻子上无梁柱，脚下无根，背部无三甲，腹部无三壬。这些都是不能长寿的征兆。我的本命年是寅年，又在月食之夜出生。天命有自己的运动规律，不能回避，只是多数人不知道其中的道理罢了。我一生中给数百个快死的人占卜过，基本上没有差错。”

结果真让他算对了，当年八月，任少府丞，第二年二月就死了，享年四十八岁。

《三国演义》里同样也有管辂的一席之地。

曹操让他占卜天下之事，管辂就占卜说：“三八纵横，黄猪遇虎；定军之南，伤折一股。”

曹操又让他占卜帝业长短，管辂就占卜说：“狮子宫中，以安神位；王道鼎新，子孙极贵。”

曹操听不明白，就让他说详细点，管辂不肯，说：“茫茫天数，不可预知。待后自验。”

曹操想封他为官，让他当太史，他也不肯，说：“命薄相穷，不称此职，不敢受也。”

曹操问他为什么，他回答：“辂额无主骨，眼无守睛；鼻无梁柱，脚无天根；背无三甲，腹无三壬：只可泰山治鬼，不能治生人也。”

曹操一听，心痒痒，问他：“那你相我怎么样呀？”

管辂说：“位极人臣，又何必相？”

再问，管辂就光是笑，不说话——也是，你让他怎么说啊！说你的子孙想要秉承你的遗志，篡汉自立，说你以后会被追封为魏武帝？当时可是大汉天下呢，这不是自找的杀头吗？

曹操又让他遍相文武官僚，管辂也耍滑头：“皆治世之臣也。”

反正是曹操问什么，他都不肯有一说一、有二说二。实在是这个政治话题太敏感、太敏感。

还有一回，曹操让他占卜东吴和西蜀，管辂就卜了一卦，说：

“东吴主亡一大将，西蜀有兵犯界。”

曹操不信，结果真有人来报：“东吴陆口守将鲁肃身故。”一个正经八百的大将啊！

曹操大惊，马上派人往汉中探听蜀国的消息，结果没几天，就飞报说刘备派张飞和马超进犯。

曹操怒了，打算亲自上阵带兵，再入汉中，让管辂再给他占卜一卦，管辂这回说实话了：“大王未可妄动，来春许都必有火灾。”

这回曹操不敢不信了，真就不敢乱动，在邺郡乖乖待着……

这，就是一个算命先生的传奇经历。

不过，说到底，我们还是要记住，命运掌握在自己的手里。如果你想成才，那么你就努力；如果你想成功，那么你就用心；如果你想强身健体，那么早睡早起准没错；如果你想家庭和睦，一生平安，那么就要奉公守法，谨慎克己。

不论怎样，管辂终究是个奇人，还是引用罗贯中的《三国演义》里的诗来为他做一个结语吧：

平原神卜管公明，能算南辰北斗星。八卦幽微通鬼窍，六爻玄奥究天庭。

预知相法应无寿，自觉心源极有灵。可惜当年奇异术，后人无复授遗经。

纪连海评点三国志

（修订版）（下）

纪连海 著

中国出版集团 现代出版社

卷二十四 《三国志·蜀书一　刘二牧传》

刘璋：一个当不了王者的仁者

【原文】

明年，先主至葭萌，还兵南向，所在皆克。十九年，进围成都数十日，城中尚有精兵三万人，谷帛支一年，吏民咸欲死战。璋言："父子在州二十余年，无恩德以加百姓。百姓攻战三年，肌膏草野者，以璋故也，何心能安！"遂开城出降，群下莫不流涕。

【译文】

第二年，刘备军至葭萌，还军向南进攻刘璋，一路节节取胜。

建安十九年（214），刘备进军围困成都数十日，此时成都城内仍有精兵三万，食用物资足可支持一年，城中官民都决心与刘备决一死战。

但刘璋说："我父子领有益州二十多年，对百姓没有施加什么恩德。现在百姓受攻战三年之累，抛尸草野，都因为我刘璋所致，我于心何安啊！"

于是开城投降，部下无不流泪。

【评点】

刘备三顾茅庐，问计于诸葛亮，诸葛亮一出"隆中对"，把刘璋钉死在"暗弱"的耻辱柱上：

"自董卓以来，豪杰并起，跨州连郡者不可胜数。曹操比于袁绍，则名微而众寡。然操遂能克绍，以弱为强者，非惟天时，抑亦人谋也。今操已拥百万之众，挟天子而令诸侯，此诚不可与争锋。孙权据有江东，已历三世，国险而民附，贤能为之用，此可以为援而不可图也。荆州北据汉、沔，利尽南海，东连吴会，西通巴、蜀，此用武之国，而其主不能守，此殆天所以资将军，将军岂有意乎？益州险塞，沃野千里，天府之土，高祖因之以成帝业。刘璋暗弱，张鲁在北，民殷国富而不知存恤，智能之士思得明君。将军既帝室之胄，信义著于四海，总揽英雄，思贤如渴，若跨有荆、益，保其岩阻，西和诸戎，南抚夷越，外结好孙权，内修政理；天下有变，则命一上将将荆州之军以向宛、洛，将军身率益州之众出于秦川，百姓孰敢不箪食壶浆以迎将军者乎？诚如是，则霸业可成，汉室可兴矣。”

诸葛亮的话说得冠冕堂皇，翻译成大白话其实就是这样：

曹操兵多将广，挟天子而令诸侯，不能惹；孙权占据天险，树大根深，不好惹；只有荆州这块地盘，你要从刘表手里把它抢过来；益州这块肥肉，刘璋不行，暗弱，叼不住，你要把它吃掉。这样，你就能当皇帝了。

就这么简单。

于是，千古以来，人们对于刘璋的印象，就是一只昏聩无能、任宰任割的肥羊。

那么，刘璋真的暗弱吗？他到底是怎样的一个人呢？

如果刘璋真的暗弱无能，不能让老百姓安居乐业，那么在这么动乱的政治大局势下，他怎么能让他治下的益州民殷国富呢？

如果刘璋真的暗弱无能，不能统领手下，让人心服口服，使自己的地方割据政权风雨飘摇，就像小孩搭的纸房子，指头一推就倒，那为什么刘备在攻打益州的时候，足足花了三年时间呢？而且到最后，不是刘备高歌奏凯进益州，是刘璋自己主动束手，出城投降，他才进了益州，要不然的话，还得再打一年。

刘璋（？—220），字季玉，江夏竟陵人，原来在长安当奉车都尉，当时的益州牧是他爹刘焉，也就是儿子当京官，老爹是地方大员。有人弹劾刘焉“僭拟乘舆器服”，也就是说，刘焉坐的车子、用的器皿、穿的衣裳违了制，目无君上。这在当时是个大罪。

曹操提倡节俭，不准妇女穿得花里胡哨的，要朴素。结果有一天看见曹植的老婆——崔琰的侄女，自己的儿媳妇——穿了一双绣花的鞋子，违制，大怒，马上下令赐死。就这么严厉。如果有老百姓敢穿明黄色的衣裳，违制；如果老百姓的衣裳上敢描龙绣凤，违制。轻者赐死、处斩，重者夷三族、夷九族。

朝廷对刘焉倒没有这么严厉，估计想严厉也严厉不起来，古代的益州就是现在的四川一带，山险谷深，想派大军征讨都困难，于是就把刘璋派去教训老爹，让他以后注意些。结果刘焉干脆就把刘璋留在身边，不让回去了。

另一种来自《典略》的说法则是刘焉想把儿子刘璋召回身边在先，于是刘璋才向朝廷上书，要回家省亲。刘焉有三个儿子都在中央供职。刘范任左中郎将，刘诞任治书御史，刘璋任奉车都尉。刘焉不让另两个儿子回来，而让刘璋回来，显然刘璋更得他爹的欢喜和信任，谁愿意把一个无能之辈的逆子留在身边添恶心呢？而中央之所以肯放刘璋回来，可能是觉得这个年轻人忠厚老实，像小绵羊，就是回去也闹不起大风浪，所以放行。

总之，他是回来了。

刘璋回来不久，他爹就一病呜呼。刘璋于是继领益州牧。

他任益州牧的时候，施行仁政，没有发动过什么大规模的战争，别的地方烽火连天，这里的老百姓还能有地可种、有饭可吃，这还不算标准的安居乐业吗？

刘璋领益州牧之后，张鲁对他多次挑衅，刘璋气坏了，杀了他的母亲和弟弟，于是两个人成为仇敌。

曹操攻打荆州，又想接着攻打张鲁。刘璋想和曹操攀交情，可是张松因为曹操怠慢了他，就鼓动刘璋不要理曹操，要敞开大门迎接刘备，怎么说你们也是同宗兄弟，一家子，关系近着呢。再说刘备现在又没有地盘，可怜巴巴的，你把他迎过来，让他辅助你，你岂不是如虎添翼了！

其实张松打的算盘根本不像他嘴巴说的这么漂亮，一面倒地帮主公，倒是想要让刘备乘虚而入，好取而代之。

可惜，虽然有人苦谏刘璋，他却不听，一心看着这个同宗兄弟好，真就开开心心地把刘备迎了进来。这个隆重劲儿："璋率步骑三万余人，车乘帐幔，精光曜日，往就与会；先主所将将士，更相之适，欢饮百余日。"

步兵、骑兵，都是精兵，三万多人啊，那得是多大的场面。华丽的车子，华丽的帐幔映着日光。刘备和刘璋还有他们的部下们，吃啊，喝啊，一气吃喝了三个多月！

然后，刘璋把兵也给他，粮也给他，要什么给他什么，帮助他攻打张鲁。

结果呢，张松和法正这俩货又劝刘备掉转矛头打刘璋。

于是刘备就听了，采纳了。刘璋是没有吞刘备的心的，可是刘备有吞刘璋的心啊！诸葛亮的"隆中对"不是早就给他划下道道了吗？

于是刘备就开始打刘璋了。

刘璋其实当时也不缺兵，也不缺粮，再打一年也不成问题。而且官兵也都愿意跟着他死战——这个人是能够服人的。可是刘璋却主动投降了，因为心疼老百姓辗转沟壑，不得安居。

于是，刘备入城。财物，取之，印绶，取之。益州城，我的了。

有人估计刘璋之所以肯开门出降，是因为他本来就没有当皇帝的雄心，能安保一方就安保一方，不能安保一方的时候，这一方不要也罢；而刘璋之所以敢开门出降，是因为他拿准了刘备不会把他这个同宗兄弟怎么样。刘备再怎么是个白眼狼，他不是曹操，一般来说，还是不大会翻脸不认人的——对待吕布的时候除外，实在是吕布这个家伙太让人放心不下了；他更不是董卓，那个拿人命当草芥，连干儿子都敢拿戟掷的家伙。

果然，刘璋最后是病死的，而不是被明砍、被暗杀、被药毒、被送空饭盒……

刘璋被刘备迁于南郡公安，后来孙权和刘备交情坏了，荆州又被孙权攻破，刘璋又成了孙权的卒子，重新被任命为益州牧，卒于秭归。

刘璋生错了时代，若是和平年代，他是一方大员，一位仁者；而在战乱年代，他的仁慈成了暗弱，于是他就“杯具”地变成了人人得而欺之的肥羊。

美国军事家克劳维茨的一个著名的军事理论就是：“进攻是最好的防御。”苏联的斯大林也有一句名言是：“最好的防线就要把它建立在敌人的国土上。”这两句话其实是一个意思，那就是如果想要乱世自保，你最好是四处扩大地盘，而不是保守着自家的一亩三分地就算完。因为你不打别人，别人难保不会来打你；你不想吃别人，别人难保不想吞吃你。最好的防御法则就是在别人打你之前，你先把他打倒在地；别人想吃你之前，你先把他给吃进肚里。

刘璋没有学过这种理论，所以他败了。

刘备从诸葛亮那里把这种理论学到手了，于是，就把刘璋当肥羊吃掉了。最后刘备还落了一个仁主之名，刘璋还落了一个暗弱之名。自古以来，胜者王侯败者贼，诚哉斯言。

刘璋是一个仁者，却永远也当不了一个王者。

卷二十五 《三国志·蜀书二　先主传》

第一节　穷人家的孩子早立志

【原文】

先主少孤，与母贩履织席为业。舍东南角篱上有桑树生高五丈余，遥望见童童如小车盖，往来者皆怪此树非凡，或谓当出贵人。先主少时，与宗中诸小儿于树下戏，言："吾必当乘此羽葆盖车。"

【译文】

先主少年失父，与母亲靠贩草鞋织芦席为生计。

在他家庭院东南角的篱笆墙边上，长有一棵桑树，树高五丈有余，远远望去，枝繁叶茂形同车盖，过往行人都觉得此树长得非同一般，有人预言这户人家要出贵人。

先主儿时与族中小孩们在树下玩耍，曾逗趣说："我长大了一定会乘坐这个羽盖车。"

【评点】

刘备家里穷。

只说是他和母亲"贩履织席为业"，他爹没露面，应该是早死了，撇下孤儿寡母，艰难度日。卖也不是卖丝织的鞋子，就是想卖，他母亲能做，那本钱也得要银子。所以卖的是草鞋，织的是芦席，原料不花钱，好找，当然卖得也便宜，家里也就过得穷。

现代人孤儿寡母如果当母亲的有一份工资挣着，日子尚能紧巴巴地过得去；可是古代如果是孤儿寡母，当母亲的能去哪里挣工资，那就只能喝稀粥吃咸菜；逢上战乱年代，就连稀粥咸菜也吃不上，糠菜当半年甚至一年的粮。

所以说刘备他爹不负责任，早早撇下他们撒手西归——开个玩笑。事实上，刘备他爹给他留下了一份偌大的无形资产，那就是汉室宗亲。《三国演义》里刘备动不动就说自己是中山靖王之后，中山靖王是谁呢？

他是西汉景帝的庶子，凭这资历，想当皇帝一般是不可能的，小老婆生的儿子，不是正根正苗，但是当个王绰绰有余，毕竟是皇家血脉。于是他就在前元三年被他爹封为中山王。

这家伙在历史上也是有点名气的。

汉武帝刚刚即位的时候，“七国之乱”刚刚过去，就是七个诸侯国叛乱，被汉景帝平定，众大臣还对此记忆犹新，因而防微杜渐，动不动就对各诸侯王百般挑剔，有一毛毛一丝丝的过失就得告一状给皇帝。诸侯王，难啊！

建元三年，刘胜和别的几个诸侯王一起到长安朝见弟弟汉武帝，汉武帝请他们吃饭，旁边还有乐队奏乐助兴。

结果刘胜一听见音乐，哭了。

汉武帝问他你怎么啦？他说我难过，我忠君爱国，兢兢业业，可是国相他们老是对我吹毛求疵，动不动就告状，进谗言，呜呜呜……

——看来他的后世子孙刘备的好哭，是有遗传基因的。

汉武帝心软，就跟手下官员们讲，诸侯王也是王，你们要放尊重些，不要动不动就欺负人家。

一时之间，刘胜被誉为“汉之英藩”。就是说他有英气，别人不敢诉的苦他敢诉，别人不敢讲的话他敢讲。

他凭着这一点，在历史上留下了一笔。

刘胜当了一辈子诸侯王，光儿子就生了一百二十多个。

汉武帝也不愿意让各个诸侯王坐大，他的大臣也不愿意看着各个诸侯王坐大，就想出一个损招，就是准许诸侯王把自己的封地分给儿子们，由国家封他们为列侯，其实就是把一个大面包撕成好多块小面包，一人手里抱一块，这样一来，力量就分散了，诸侯想造反也困难。刘胜有二十个儿子分期分批被封为列侯。

只是不幸的是，汉武帝元鼎五年（前 112），有十一个儿子在进献给宗庙用于祭祀祖先的黄金里弄虚作假，被革除爵位，侯也当不成了，当然家也就慢慢败了。其中就有一个儿子叫刘贞的，在涿县繁衍，就有了刘备的爷爷刘雄、刘备的爹刘弘，也就有了穷孩子刘备。

刘胜给他的实际的好处没见着，日子还得穷着过。有人说他为什么不去找皇帝去呀，皇帝还能不管他吗？《红楼梦》里王熙凤有一句话说得好，叫作“朝廷还有三门子穷亲戚”，民间也有一种说法，叫“皇帝还有三门草鞋亲”，那意思就是怎么看顾得到，当皇帝的亲戚也受穷的多的是。你当人人都能封王封侯吗？别说别的，就是刘备想进皇宫的门，他拿得出给太监的见面礼吗？阎王好见，小鬼难缠着呢。

不过，刘胜给了他大大的政治资本，长大之后起兵，就叫义兵，以后立蜀为帝，就叫恢复我大汉宗室。有一出京戏叫《甘露寺》，里面有一段唱词脍炙人口，就是这么唱的：“劝千岁杀字休出口，老臣与主说从头：刘备本是中山靖王的后，汉帝玄孙一脉流……”

而同时，刘胜也给了他一个大大的政治野心，那就是像刘备这个小孩子在少不更事的时候就讲的，有朝一日，我也要乘这样的华盖车。（因为我有资格，我是皇帝的后人！）

要不怎么说从小要立志呢，立了志向，就好比一生有了方向，行动有了灯塔，以后冲着这个目标走就是了，看着遥远，不定怎么七弯八拐地就到了。

第二节　刘备是个“大耳贼”

【原文】

先主不甚乐读书，喜狗马、音乐、美衣服。身长七尺五寸，垂手下膝，顾自见其耳。少语言，善下人，喜怒不形于色。好交结豪侠，年少争附之。

【译文】

先主不太喜爱读书，反倒喜欢走狗跑马、听音乐、美服饰。

他身高七尺五寸，双手过膝，转头能看到自己的耳朵。

他平时沉默寡言，善待下人，不轻易表现出自己的喜怒，并喜欢结交豪侠之士，不少年轻人都争相归附，为其所用。

【评点】

这段话虽短，含金量非常高。

它把刘备的兴趣爱好、脾气性格、面貌身材、语言特点、行为特征、人望高低，写了个面面俱到。

刘备这人喜欢享受生活。

换句话说，就是刘备这个人，俗。

你看，读书雅吧，他不爱读书。

他爱的就是那些个斗鸡走狗的把戏。

音乐当然也雅，不过我想他就是听也不大听那些正儿八经的音乐比如交响乐什么的，爱也是爱流行歌曲。

穿衣服也讲究好看、漂亮。不像人家嵇康，就把自己打扮成一打铁的模样。

长得怪。

《三国演义》里边也有对刘备哥儿仨的身高描写：刘备“身高七尺五寸”，张飞“身高八尺”，关羽身高达“九尺”。若按现在的标准算，刘备不到一米七三，张飞则一米八四还多，关羽不得了，高两米零七。

刘备如果把手垂下来的话，都能超过自己的膝盖，和长臂猿有一拼。脑袋不动，只转转眼珠，向左转，能看见自己的左耳；向右转，能看见自己的右耳。耳朵大，所以吕布才叫他“大耳儿”，曹操也叫过他“大耳贼”，这个成了他的特征了。

人说耳大有福，他的耳大已经超乎常理，所以是个格外有福气的。

刘备最大的优点是话少。

民间有一个说法叫“话少为贵”。话少了，心眼活动就多了，不会把精力都浪费在喷唾沫星子上，有的没的乱说一气。

当然了，话少不等于当哑巴，上指天下指地中间再指指你自己，而是把话说到点子上，平时没事就可以留出精力来给自己观察世相、活动思想。

如果上升到命运角度的话，话少的好处就更大了，《易经·系辞》里就有这样的说法：“吉人之辞寡，躁人之辞多。”

什么意思呢？就是说，贤能吉祥的人，话少；浮躁不安的人，话多。

《世说新语》里记载了一条王家三兄弟的故事：

“王黄门兄弟三人俱诣谢公，子猷、子重多说俗事，子敬寒温而已。既出，坐客问谢公：‘向三贤孰愈？’谢公曰：‘小者最胜。’客曰：‘何以知之？’谢公曰：‘吉人之辞寡，躁人之辞多，推此知之。’”

王黄门，就是王羲之的第五个儿子王徽之，官至黄门侍郎，因此称他为“王黄门”。

子重指的是王羲之的第六个儿子王操之，字子重。

子敬指的是王羲之的第七个儿子王献之，字子敬。

这哥儿仨，老五、老六、老七，结伴到谢公那里去做客，老五和老六就是说些家长里短什么的，老七就是寒暄几句，然后就坐在那里，默不作声地听他们讲。

三个人走后，席间就有客人问谢公：“刚刚这三位贤人，谁更强一些呢？”

谢公说：“小的最高明。”

客人又问：“为什么这么说，您是怎么知道的？”

谢公说：“吉人之辞寡，躁人之辞多，推此知之。”

刘备的话也少，也在吉人之列。

人们历来对喋喋不休的人都很反感。钱锺书先生在《围城》里写到了一对夫妻，有一次方鸿渐他们聚会，这两个人也在座，不幸方鸿渐还紧挨着他们坐在一起：

“沈太太生得怪样，打扮得妖气。她眼睛下两个黑袋，像圆壳行军热水瓶，想是储蓄着多情的热泪，嘴唇涂的浓胭脂给唾沫带进了嘴，把暗黄崎岖的牙齿染道红痕，血淋淋的像侦探小说里谋杀案的线索，说话常有‘Tiens！’‘O la，la！’那些法文慨叹，把自己身躯扭摆出媚态柔姿。她身体动一下，那气味又添了新的一阵。鸿渐恨不能告诉她，话用嘴说就够了，小心别把身体一扭两段。沈先生下唇肥厚倒垂，一望而知是个说话多而快像嘴里在泻肚子下痢的人。他在讲他怎样向法国人作战事宣传，怎样博得不少人对中国的同情：‘南京撤退以后，他们都说中国完了。我对他们说：欧洲大战的时候，你们政府不是也迁都离开巴黎吗？可是你们是最后的胜利者。’‘他们没有话讲，唉，他们没有话讲。’鸿渐想政府可以迁都，自己倒不能换座位。”

你看钱先生把说话又多又快的人比成什么？嘴里在泻肚子，拉痢疾，有多么损！

所以我们做人也要注意，当说的话当然是必说的，而可说可不说的，可以不说；说了没用的，就不要说；说了有害的，那就打死也不能说。总之，把平时要说的话事先在肚里过一遍，删繁就简三秋树，才能在做人上领异标新二月花。

而且刘备这个人喜怒不形于色，这个是一手大本事。

阮籍喜怒不形于色，于是他得善终。嵇康有一说一，有二说二，于是被斩。战乱年代，自然要步步小心。即使是在和平年代，和人打交道的时候，也要讲究一个城府，这个并不意味着心地阴险，只是人际关系需要我们时时地自我克制，才能彼此相处润滑，不生毛刺，不滞涩。

可以说，刘备在做人上，是比较成功的。所以虽然他不爱说话，但他并不孤独。这个人对人好，所以人家也就爱围着他转。他心胸大气，那些豪侠也就喜欢依附他。

如果不是这样的话，关羽和张飞也不会对他死心塌地，诸葛亮也不会助他鼎足三分。“性格决定命运”这句话，又在他身上得到鲜明的体现。

刘备的得人心，已经从这时候初见端倪。

他十五岁的时候，他的母亲就命他外出游学。就是一边游历，一边学习。读万卷书，行万里路嘛！他就跟着同族的刘德然和辽西人公孙瓒一道认同郡人、前九江太守卢植当老师。

估计他家赤贫，就是出门的盘费什么的，筹措起来都困难。史书上记了一笔，说是刘德然的爹经常资助他，就拿他跟刘德然一个待遇，就是跟亲儿子一样。

刘德然的妈当然不乐意啦，又不是一家子，凭什么啥好东西都给他？

她老公说你懂什么，咱的家族里出这么个人才，以后肯定有大出息的，咱不好好待他怎么行。

公孙瓒也是大大的有名，汉末群雄，他是其中之一，汉末献帝时代占据幽州的大军阀。这个人年龄肯定比刘备大得多，地位也高得多，可是居然跟刘备的交情很深很厚，刘备待他以兄长之礼。

那些长辈们都对他很好，更遑论年轻人啦！当然是争相归附，以能为他做事为荣。

那么，他待人怎么个好法呢？

据说后来，刘备立了好几回战功，就受命代理平原县的县令，后来又兼任平原国相。可是有一个叫刘平的本郡人，觉得刘备这个人也没有什么大本事，凭什么要受他管？所以就派了一个刺客去行刺。结果刺客去见刘备，刘备又不知道此人要杀他，就待他好得不行。结果刺客实在是下不了手，就实话实说，我是来杀你的如何如何，然后告辞，走了。

当然他不是只偶然性地待这一个人好，于是就偶然性地擦着死亡的边缘掠身而过，也就是说，他之所以没被刺杀，不是幸运，而是他的行事做人到了一定境界。《魏书》曰：“是时人民饥馑，屯聚钞暴。备外御寇难，内丰财施，士之下者，必与同席而坐，同簋而食，无所简择。众多归焉。”就是说，当时老百姓缺吃少穿，有钱的就囤积居奇，搞得民不聊生，饿殍遍野。而刘备呢？在外抵御贼寇，在内广施财物，那些个连士都不如的人，就是一般人，他也跟他们同席而坐，同篮而食——簋就是古时的食篮，就是你们吃什么我也吃什么，也不挑人，也不挑食。于是大家都归附他。

俗谓之得人心者得天下，他又有得天下之志，又得人心到这个地步，所以后来鼎足三分，蜀据其一就不奇怪了。

第三节　老虎不发威也不是病猫

【原文】

灵帝末，黄巾起，州郡各举义兵，先主率其属从校尉邹靖讨黄巾贼有功，除安喜尉。督邮以公事到县，先主求谒，不通，直入缚督邮，杖二百，解绶系其颈着马柳，弃官亡命。

【译文】

汉灵帝末年，黄巾军起，各州郡纷纷组织“义兵”，先主带领自己的队伍跟随校尉邹靖征讨黄巾军有功，被委任为安喜县县尉。

督邮因公差来到安喜县，先主上门求见，受阻门外，先主径直闯入，将督邮捆起，痛杖二百，并将印绶解下来套住他的脖子绑在拴马桩上，然后弃官而逃。

【评点】

《三国演义》里有一出戏非常有名，就是“张飞怒鞭督邮”，说的是刘备征讨黄巾军，立有军功，被封安喜县尉。刘备就遣散跟着他的兵卒，只带着二十来人和关羽、张飞来上任。

他这个县尉当得好，对老百姓秋毫无犯，老百姓都对他感恩戴德的。

结果还没干几个月，朝廷就下诏书清理这些个因为军功当了官的人。

然后督邮就来了——奉朝廷命，清理他们。那么黑暗污浊的政治环境，贪污受贿十分正常，督邮肯定发了不少洋财。谁不想被清理的，就给他多多地送银子呗。有那不想送银子的，送不起银子的，肯定就要被他上报朝廷，扫地出门了。

这种高高在上的感觉太好了，督邮见了刘备也是高傲得不行，刘备这个人对人一向谦敬，自己觉不出什么来，把他身后侍立的关羽和张飞气得够呛。

督邮坐着，刘备站着，督邮问他什么出身啊，刘备说我是中山靖王之后，剿黄巾有功，才当上今天这个官。

督邮大喝一声：胡扯，撒谎，你诈称皇亲，虚报功绩，朝廷就是要淘汰你这种滥官污吏。

“刘备喏喏连声而退。”就是刘备一边说着“是是是，好好好”，一边躬身告退。

督邮满心等着刘备给他行贿，结果等不来，气得怒火中烧，第二天就把县吏叫过去，勒令他要说刘备为害百姓。刘备听到这个消息，几回想找到督邮说好话，门房都不让他进去。

张飞本来就挺生气，这下子更生气：

“却说张飞饮了数杯闷酒，乘马从馆驿前过，见五六十个老人，皆在门前痛哭。飞问其故，众老人答曰：‘督邮逼勒县吏，欲害刘公；我等皆来苦告，不得放入，反遭把门人赶打！’张飞大怒，睁圆环眼，咬碎钢牙，滚鞍下马，径入馆驿，把门人那里阻挡得住，直奔后堂，见督邮正坐厅上，将县吏绑倒在地。飞大喝：‘害民贼！认得我吗？’督邮未及开言，早被张飞揪住头发，扯出馆驿，直到县前马桩上缚住；攀下柳条，去督邮两腿上着力鞭打，一连打折柳条十数枝。”

这里面有个细节，就是“将县吏绑倒在地”，什么意思？肯定是逼着县吏诬告刘备害民，县吏不从，因而被绑呗。

这一下打得解恨。

刘备听说，赶紧去劝，张飞一见更来劲儿，非要把他打死。督邮这时候也不眼睛长在脑瓜顶上了，对着刘备苦苦求饶，刘备仁慈，就命令张飞住手。

然后关羽也建议他不当这个小破官了，杀了督邮，弃官归乡，别图远大之计。

刘备听一半不听一半，听一半就是不当这个小破官了，不听一半就是没杀督邮，只是把印挂在这家伙的脖子上，然后跑了。

这个故事里面的刘备写得真是十分之良善，十分之仁义，十分之克制，都被欺负成这个样子了，张飞替他出气，他都心中不忍，命令张飞住手。

而在《三国志》里，怒鞭督邮的主角就不是张飞了，而是刘备。

大致情由如上所述，大略不差，也是刘备疑心自己也在被遣散淘汰之列，数次来找负责此事的督邮，结果督邮装病不肯见，于是“备恨之”，回他的治所，传齐手下人等，强行入门，诈称“我被上司密令，要捉拿督邮”。这时候督邮正在床上躺着呢，绑着他就跑，将出县界，把印绶解下来挂这家伙脖子上，然后把他绑树上，可不是拿柳条抽，而是“鞭杖百余下”，就是拿鞭子和棍子抽了百余下，而且“欲杀之”。要不是督邮苦苦哀求，真就呜呼于此。

语出“其后州郡被诏书，其有军功为长吏者，当沙汰之，备疑在遣中。督邮至县，当遣备，备素知之。闻督邮在传舍，备欲求见督邮，督邮称疾不肯见备，备恨之，因还治，将吏卒更诣传舍，突入门，言‘我被府君密教收督邮’。遂就床缚之，将出到界，自解其绶以系督邮颈，缚之著树，鞭杖百余下，欲杀之。督邮求哀，乃释去之”。

可见，刘备这家伙不是没脾气，只是轻易不发作而已，一旦发作起来，也如猛虎直欲择人而噬。恰好比一句俗语：老虎不发威，也不要把它当病猫待。

说起来，刘备这辈子逃跑的次数都数不清，这只不过是其中微乎其微的一回。而这一回，也拉开了他走上血雨腥风的争霸路的序幕。

第四节 陶谦三让徐州

【原文】

曹公征徐州，徐州牧陶谦遣使告急于田楷，楷与先主俱救之。时先主自有兵千余人及幽州乌丸杂胡骑，又略得饥民数千人。既到，谦以丹杨兵四千益先主，先主遂去楷归谦。谦表先主为豫州刺史，屯小沛。谦病笃，谓别驾麋竺曰：“非刘备不能安此州也。”谦死，竺率州人迎先主，先主未敢当。下邳陈登谓先主曰：“今汉室陵迟，海内倾覆，立功立事，在于今日。彼州殷富，户口百万，欲屈使君抚临州事。”先主曰：“袁公路近在寿春，此君四世五公，海内所归，君可以州与之。”登曰：“公路骄豪，非治乱之主。今欲为使君合步骑十万，上可以匡主济民，成五霸之业，下可以割地守境，书功于竹帛。若使君不见听许，登亦未敢听使君也。”北海相孔融谓先主曰：“袁公路岂忧国忘家者邪？冢中枯骨，何足介意。今日之事，百姓与能，天与不取，悔不可追。”先主遂领徐州。

【译文】

曹操征讨徐州，徐州牧陶谦派遣使者向田楷告急，田楷与先主一道领兵援救。

当时先主自己的兵卒有一千多人，再加上幽州乌丸一些少数民族的骑兵，以及从饥民中抓伕数千人。

赶到徐州后，陶谦又调拨四千丹杨兵给他，于是他离开田楷归附陶谦。

陶谦上表举荐先主为豫州刺史，驻扎小沛。

陶谦病重，对州别驾麋竺说：“没有刘备，本州是不得安定的。”

陶谦死后，麋竺即率州内人众迎请先主，先主谦而不受，下邳人陈登对他说：

“当今汉朝衰颓，天下大乱，建功立业，即在今日。徐州乃殷实富庶之地，人口百万，唯愿您委屈低就掌管州事。”

先主说：“袁公路近在寿春，他家四代五公卿，天下人心仰归，您可以把州事托付他。”

陈登说：“袁公路骄横自负，不是治理乱世的人才。现在大家计划为您招募十万步、骑兵，这样进可匡扶朝廷、安民济世，建树五霸功业；退可割地称雄，功垂青史。如果您不答应我们的请求，那么我陈登也就难以接受您的意见了。”

北海国相孔融对先主说：

“袁公路岂是一位忧国忘家之人！他不过是坟墓中的枯骨，不值一提。当今时势，百姓拥戴贤能者为主，对上天之赐辞而不受，将来后悔可就来不及了啊！”

于是先主接管了徐州。

【评点】

陶谦（132—194），字恭祖，丹杨人。汉末群雄之一，官至安东将军、徐州牧，封溧阳侯。

这人小时候也是个不良少年，放浪不羁，游戏无度。后来不知怎么改了脾气，变得好学上进，既成人也成才，一路为官，都“在官清白，无以纠举”。须知那是汉末年代，豺狼当道，狐鬼横行，他能做到这个地步，已经是很难得了。

他在担任徐州刺史期间，北面的青州、兖州黄巾军搅得境内大乱，他的治下却太平无事，“百姓殷盛，谷米封赡，流民多归之”。

没想到却横行祸端，变异突起。

曹操占了兖州，就派人到琅琊郡接他爹曹嵩，曹嵩就带着全家四十多口人，拉着全部家当，投奔儿子来了。

当这一伙人路经徐州的时候，陶谦亲自出城，热情迎接，备细款待，派人护送。被派去护送的人叫张铠，所谓清酒红人面，财帛动人心，一见这好几十辆车子上都装着金银财宝、绫罗绸缎，早红了眼，半夜里把曹嵩一家子杀了个干净，抢了人家的全部家当，撒丫子跑了——有的时候，真的让你不得不相信，人在做，天在看，曹操当初因一时心疑，屠灭吕伯奢满门，如今他也遭受了丧亲之痛。

只不过他屠了吕伯奢家，吕家一门平民，无处报冤，别人杀了他父亲，他却是手握重兵，可以报这番血海深仇。

但是仇人已跑，逃之夭夭，到哪里去找？

不过，张铠等人虽然跑了，你陶谦还在，你是他的上司，你是这徐州的地方之主，你难辞其咎！

于是，初平四年，曹操就亲率大军，杀奔徐州，袁绍还派兵助战。曹操率领的“青州军”，就是过去被陶谦赶出去的青州、徐州黄巾军的余党混编，这下子可真成了名副其实的“还乡团”。

旧恨新仇，来势汹汹。

这件事对于陶谦来说，真的是“闭门家中坐，祸从天上来”。急提兵迎战，可是根本不能阻挡这股仇恨的洪流，倒被杀得大破，逃离彭城，退到东海的郯城据守。

可怜他能逃，老百姓往哪里逃？因他治下安定，无数流民都来依附，这下子遭了大难，所过之处，鸡犬不留，直杀得尸横遍野，泗水为之不流。

陶谦向青州刺史田楷求救，当时刘备任平原相，两个人都带兵来救，可惜刘备手下兵少，陶谦拨了丹杨的兵马四千给刘备，助他杀敌。

兴平元年（194）二月，曹操带的军粮吃完了，估计怒气也发泄得差不多了，终于退兵。陶谦就上表奏请刘备为豫州刺史，屯小沛。

经此一番大战与大难，再看治下民不聊生，墟无人烟，陶谦身心俱疲，不想干了，想让权，把这个徐州牧让刘备来当。

刘备不肯。

估计他当时也没有要吞并天下之心，势单力孤，能自保就不错了。在这种情况下，人是很不容易有自信的。

此为第二让。

在此之前据说还有一让，就是刘备率军冲进重围支援陶谦的时候，陶谦说干脆，你来当徐州牧吧，也让刘备给拒绝了，估计他当时得吓了一大跳。不过就是来解个围、助个威，怎么就要当徐州刺史了？我可没那个野心啊！

第三让不是陶谦亲自让，是陶谦病重，临终遗言：“非刘备不能安此州也。”人之将死，不是顾念家人，不是顾念财物，而是顾念一州安危，陶谦确实是个好官。

刘备依然不肯。此时的他脸皮很薄，也很谦逊，而且这谦逊里面也很少有作秀的成分，他就是觉得自己才疏力微，不能胜任。

可是陶谦已死，他是最合适的人选，于是劝说他的人轮番上阵，而且都是重量级的。

第一个是麋竺（一说糜竺）。

这是徐州的一个大财主，大商人，世代经营垦殖，光家中下人等，还有依附在他门上的食客都有近万人，那得是多大的家业。现在说亿万富翁不稀罕，那个时候，一个亿万富翁绝对是稀罕物。他就是一个亿万富翁。

这样的豪门缙绅，任何一个当官的都不敢小瞧，财富和政治从来都是密不可分。陶谦并不是本地人，所以就辟他为别驾从事，那意思拉个赞助啊，打个秋风啊什么的也方便，有什么事，这个地头蛇出面也能摆平。这个人后来成了刘备的大舅子，把妹妹嫁给了刘玄德，即后来的糜夫人。

陶谦病死后，就是他率众奉迎刘备掌管徐州，刘备不肯答应。

接着又有了陈登的登门。

陈登，字元龙，下邳人，学识渊博，智谋过人，二十五岁就当上了东阳县的县长。

这个年轻的县长虽然性格上相当的桀骜不驯，不过却十分负责任地体察民情，恤老怜贫，老百姓对他十分敬重。后来他就被徐州牧提拔为典农校尉，我估计就是省农业厅的厅长一类的官，总之就是主管一州农业生产。

他也不怕苦，不怕累，不是坐在办公室里瞎指挥，而是亲自下田，走东奔西，考察徐州的田地和土壤情况，开发水利，发展农灌，使得那么一个战乱频仍、灾荒连年的年代，徐州的农业还是很出成绩的，“秔稻丰积”。

前面说到陶谦在任时，徐州“百姓殷盛，谷米封赡，流民多归之”，陈登功不可没。

这次在糜竺以本地人民代表的身份劝进刘备未果后，他又以政府官员的身份继续出马劝说。

刘备说袁公（指袁绍）就在寿春，离咱们这儿这么近，他们家四代出了五个公卿，治理一个徐州还不是手到擒来，把州事托付给他吧，他比我有能力、有经验。

陈登不肯，先否了袁绍，说袁绍这个人骄横自负，不是治理乱世的人才，然后以利诱人，说我们可以给你招兵买马，这样你进可以保皇上，退可以当诸侯。

这么一说，刘备的心思就活动了。

然后，又有一个更大的名人趁热打铁。这个人就是孔融。那个著名的“让梨”的典故，即出自他。现代人恶搞“孔融让梨”，说孔融之所以让那个大梨，自己吃那个小的，可能是那个大梨不如小梨甜；也可能是他爸爸妈妈在一边看着，所以他要故意表现自己的宽宏大量；也可能是那个大梨生了虫子了……总之，就是我们这些精明的现代人啊，以现代人之心度古人之腹，以小人之心度君子之腹……

他是东汉鼎鼎大名的文学家，“建安七子”之首，孔子的二十世孙，哪一个名头都响亮得吓人。这下子，富商、官员、文学家，劝说刘备的人中间，这几大要素都齐了。

孔融的意思和陈登一样，先否定袁绍，说他不是忧国忘家的人——也是，一个人家境优越了，就很难能够设身处地为老百姓着想了，所谓“赤日炎炎似火烧，野田禾稻半枯焦。农夫心内如汤煮，公子王孙把扇摇”，不是说这些公子王孙故意想要看老百姓的笑话，他们就是家境优越，不识稼穑辛苦。

还有晋惠帝司马衷，天下灾荒，百姓饿死，他居然傻乎乎地问：“他们为什么不吃肉粥啊？（何不食肉糜？）”

所以孔融说得对，袁绍的确不是一个能够忧国忘家的人，而且也没有能力，看着光鲜威风，不过是冢中枯骨。然后，也从煽动刘备的野心入手，告诉他，只要你贤能，老百姓就拥戴你，以后你的前途大大的！天予不取，到时候后悔可就来不及了。

于是刘备的心思被说活动了，接管了徐州。

刘备鞭打督邮，不过是忍不下一时之愤怒，而且自己也在被淘汰之列，所以干脆一不做二不休，辞官了事，以后走一步说一步，未必当时就有吞并天下的大志；而现在，经过这一系列事件的发生、变化，还有这几位人物的劝说，他的心中恐怕真的就有了什么想法。

什么想法呢？

当然是大展宏图，于乱世里拥有一方自己的天地。

于是，下面他在占荆州的时候，脸皮可就厚多了，心也就黑多了。

第五节　荆州风云

【原文】

琮左右及荆州人多归先主。比到当阳，众十余万，辎重数千两，日行十余里，别遣关羽乘船数百艘，使会江陵。或谓先主曰：“宜速行保江陵，今虽拥大众，被甲者少，若曹公兵至，何以拒之？”先主曰：“夫济大事必以人为本，今人归吾，吾何忍弃去！”

曹公以江陵有军实，恐先主据之，乃释辎重，轻军到襄阳。闻先主已过，曹公将精骑五千急追之，一日一夜行三百余里，及于当阳之长坂。先主弃妻子，与诸葛亮、张飞、赵云等数十骑走，曹公大获其人众辎重。先主斜趋汉津，适与羽船会，得济沔，遇表长子江夏太守琦众万余人，与俱到夏口。先主遣诸葛亮自结于孙权，权遣周瑜、程普等水军数万，与先主并力，与曹公战于赤壁，大破之，焚其舟船。先主与吴军水陆并进，追到南郡，时又疾疫，北军多死，曹公引归。

【译文】

刘琮的下属及荆州人士有很多归附先主。

到当阳县时，追随他的人就达十多万，粮草物资装了几千车，每天只能行进十几里，于是他派关羽另率几百艘船从水路行进，约定在江陵会合。

有人劝先主："应当全速前进去保江陵，现在虽说人众甚多，但能作战者很少，如果曹操的大军追上，我们怎么抵抗呢？"

先主说："成就大业以取得天下人心为本，现在人们主动归随我们，我怎可忍心抛下他们而去！"

曹操考虑到江陵囤积大批军用物资，唯恐先主抢先占据，便放弃粮草辎重，轻装急行赶到襄阳。

听说先主已经过去，曹操亲率五千精锐骑兵急速追击，一昼夜行进三百余里，至当阳县长坂时即追上先主。

先主丢下妻子儿女，与诸葛亮、张飞、赵云等数十人乘马前奔，曹操夺取了他的大批人马辎重。

先主抄近路奔赴汉津，恰好与关羽的船队相逢，故得以渡过沔水，半道又相遇到刘表长子江夏太守刘琦所率的万余人马，于是大家一道奔赴夏口。

先主派遣诸葛亮去和孙权联络结盟，孙权派周瑜、程普等水军数万人，与先主会合，在赤壁与曹操大战一场，大败曹军，烧毁曹军战船。

先主与东吴军队水陆并进，一直追击到南郡，彼时正流行瘟疫，曹军死亡甚众，曹操只好撤军返还。

【评点】

荆州是个香饽饽。

对魏、对蜀、对吴，无不如此。

孔明在《隆中对》里直接就讲："荆州北据汉、沔，利尽南海，东连吴会，西通巴、蜀，此用武之地，而非其主不能守……天下有变，则命一上将将荆州之军以向宛、洛。"

若是站在魏的立场，荆州能威胁宛、洛，它又怎能置之不理。

对于吴国来讲，夺了荆州，然后"全据长江以守，以待天下之变"也是大方针。

总之，荆州很香，谁都想伸嘴。

刘备投奔刘表后，刘表对他还是很不错的，以礼厚待，就是不重用，让他也相当的没脾气。不过他也没有闲着，自来的会做人，有声望，来到荆州，跟刘表的长子刘琦之间把关系打得很铁，又和荆州名士来往密切，然后他又玩了一手“火烧博望坡”。说的是汉献帝建安十三年七月，曹操命令手下两员大将夏侯惇和于禁率领大军进攻荆州的新野，刘表就让刘备去抵挡他们一下子。对方来势汹汹，刘备势不能敌，就假装逃跑，还把东西扔得一地都是，看起来是慌不择路的样子。夏侯惇他们就轻敌，率军追击，结果被刘备预设的伏兵打得大败亏输，又被一把火烧得颜面全无。

于是，大家都知道荆州有一个刘备刘皇叔。换句话说，人脉有了。

可惜，志不能遂。他到目前仍旧只是一只蛰伏期的虫子。要兵无兵，要粮无粮，有的只是一身隔了多少代的皇族后裔的血。《蜀书·先主传》注引《九州春秋》里记载：“备住荆州数年，尝于表坐起至厕，见髀里肉生，慨然流涕。还坐，表怪问备，备曰：‘吾常身不离鞍，髀肉皆消。今不复骑，髀里肉生。日月若驰，老将至矣，而功业不建，是以悲耳。’”

就是说，刘备在荆州一住数年，去厕所的时候，看见自己的腰上的游泳圈，哭了。刘表问他哭什么，他说我常年征战，不离马鞍，腰身劲瘦，如今整天养尊处优，吃吃喝喝，我的腰上都生了厚肥肉了！光景过得忒快，我也很快就老了，可是还没有建立功业啊！呜呜呜。

一声“髀里肉生”，实在是他志不得遂的哀鸣。

然后，刘表又死了。

他的受宠的小儿子刘琮继承他的家业，不知道脑子哪根筋搭错了，居然还投降了曹操。刘备和曹操是死对头啊！不过我们也要理解刘琮，曹操和刘备比，哪个更强大？一个托名汉家丞相，手握何止千军万马；一个依栖在自己老爸的门下，要兵无兵，要马无马。所以刘琮就降曹了。

刘备最后一个才知道，他知道是因为他挨打了！

孔衍作的《汉魏春秋》说：

“刘琮乞降，不敢告备。备亦不知，久之乃觉，遣所亲问琮。琮令宋忠诣备宣旨。是时曹公在宛，备乃大惊骇，谓忠曰：‘卿诸人作事如此，不早相语，今祸至方告我，不亦太剧乎！’引刀向忠曰：‘今断卿头，不足以解忿，亦耻大丈夫临别复杀卿辈！’遣忠去，乃呼部曲议。或劝备劫将琮及荆州吏士径南到江陵，备答曰：‘刘荆州临亡托我以孤遗，背信自济，吾所不为，死何面目以见刘荆州乎！’”

也就是说，刘琮是瞒着刘备向曹操乞降的，刘备也不知道，过了很久才知道，派人去问刘琮有没有这回事，刘琮这才派宋忠当使者，向刘备宣旨如何如何。当时曹操都已经派人马到了宛城了，刘备大惊："你们这群人做事怎么这样！咋不早点告诉我！现在大祸临头了才肯说，太过分了！"

然后拔刀要杀宋忠泄愤，不过还是控制住了："现在我就是杀了你我也消不了气，大丈夫走都走了还杀你们这群人，也不是我之所为，滚！"于是宋忠滚了，刘备才紧急召集手下商议对策。

就有人（其实是诸葛亮）劝他干脆把刘琮和荆州的官吏士人都劫到江陵去得了。刘备说刘表刘荆州临死的时候托我照顾他儿子，我总不能背信弃义，以谋私利，这样我死了怎么见刘表我那刘荆州啊？

所以他就准备自己带着人逃了。

结果见到刘琮的时候，刘琮心虚，都不敢看他。不过这家伙还是降了，被曹操封为青州刺史。

然后一群刘琮的手下都跟着刘备一起逃。可见这个人是多么得人心了。当时时势，到处都是豺狼凶神，遇见一位宽厚待人的，就跟见了佛祖差不多。

这一群人跟着他，人们都是有从众心理的，再加上曹操这家伙杀徐州人为父报仇杀得太狠，所以好比凶神，人人都怕他，见一个人跟就所有人跟，一路上攒聚了十多万人，又都带着行李辎重，走得好比爬，蜗牛都能赶上他。

刘备派二弟关羽走水路到江陵会合，可是他一天只能走十几里，这要走到猴年马月？

有人就劝他："扔下这些人吧！要被他们拖累死了！"

刘备不肯，因为不忍心。

然后曹操就在当阳追上刘备了。

就是在这儿，刘备不肯扔下那些跟随他的人，关键时刻，把老婆孩子给扔了，一个人带着诸葛亮、张飞、赵云等人骑马往前奔。要不是赵云杀了个七进七出，把阿斗救出来，就没有后来的蜀后主刘禅。

就是在这里，大财主麋竺的妹妹麋夫人为了不连累赵云，投了井。

此后就是会合关羽，会合刘表的大儿子刘琦，然后派诸葛亮去到东吴，舌战群儒，和东吴结盟，来了个火烧赤壁，把曹操杀得大败。若不是关羽念旧情，放走曹操，三分天下的战局殊是难料。

曹操退去，刘备还是没有取荆州，而是把荆州给了刘表的大儿子刘琦。

后来刘琦病死，刘备才顺应民望，当了荆州牧。

其实，如果刘琦不是凑巧死掉了，而是他的势力越发展越大，到最后，恐怕刘备仍旧会处在一个比较尴尬的地位，受尊敬，不受重用。毕竟天底下没有几个人胆子大到敢驾驭一条能挟风雷激闪电的龙，所以肯定他还是要马无马，要兵无兵，困在浅滩，当他的一个挂名无实权的刘皇叔。

所以说，历史的大走向，有的时候就是靠一些偶然的小事件。

此后就是孙权和刘备玩心眼。

眼看着刘备的势力有点越来越大的意思，孙权就想再拉近一点关系，把妹妹嫁给刘备，他成了刘备的大舅子。不过，这种婚姻没有什么实际意义，其精髓就是俩字：政治；其实质就是两虎相争，你想吃了我，我想吃了你。

于是孙权就说了，咱们一起联兵攻打蜀地吧，其实他心里的小算盘很精，这么一打蜀地，刘备的荆州离蜀地近，肯定要当先锋，打头阵。赢了呢，蜀地就成了自己的了，就是刘备想占，到时候自己兵精将广，打刘备还是没问题的；要是输了呢，那也是刘备输，输了力量就小了，被自己一口吞掉，刘备还做梦呢。

刘备也有智囊团，有人建议答应孙权，有人建议作壁上观，就是你去打吧，我口头上支持你，不过我这里刚刚占了南方四郡，打的都是硬仗，士兵需要休整，我就不出兵啦。

这么一来，也有理，也有据，孙权也说不出什么来，可是要他出兵吧，他肯定不敢从咱们这儿经过到蜀地——不怕咱们给他敲闷棍啊！这样有进有退，咱们就能两方得利。

刘备一听，有理。

孙权听刘备一说，丧气。

于是刘备的军队士民得以休养生息。

当然出这个作壁上观的主意的殷观也升了官，当了别驾从事。

历来兵家要地，就是这么倒霉，老是被人争来争去。河枯了可以重新续水，山焦了可以雨来草生，真正没地挪没地跑的就是可怜的老百姓。一出荆州风云，多少平民捐生，真是“宁做太平犬，不做乱离人”……

此后就是刘璋在张松的游说下迎刘备。

事情的原委是这样的：

建安十六年（211），益州牧刘璋打听到曹操要派钟繇率军来汉中讨伐张鲁，他心里害怕。当时担任别驾从事的蜀郡人张松又雪上加霜地吓唬他说：

“曹操兵力强大天下无敌，如果他夺得张鲁的地盘再利用其物资粮草攻取蜀地，就没人能惹得起他了。”

刘璋说那怎么办？

张松说要不这样，刘备刘豫州和您是同宗啊，又跟曹操是敌人，他又善用兵，就请他来打张鲁吧。他一打，张鲁准败，他一败，咱们益州的实力就强大了，曹操来了也不怕。

刘璋一听，是这么个理儿，就派法正领了四千兵马把刘备给迎请来了，为了请刘备光降，还送了那么多的厚礼呀，足有上亿，拿着重金迎狼入室，真是令人无语。

法正这个人，胳膊肘其实是拐向刘备的，他去请刘备，可不是让刘备替刘璋打仗，而是请刘备来灭了刘璋，然后当益州之主。

刘备肯定答应啊，到嘴的肉包子，焉能不吃！于是他就把诸葛亮和关羽留下镇守荆州，自己率兵数万来益州。刘璋还傻乎乎地出城迎接。

想不到张松劝刘璋迎刘备的目的，也不是为刘璋着想，也是为刘备着想，他一看机会来了！干脆啊，法正，你去告诉刘豫州，咱们干脆在会合的时候，杀了刘璋得了。

刘备的想法这回可不是一味讲仁讲义，说一些“人家迎请我来，我怎么好杀了人家”的大道理，而是说大事不可操之过急，那意思留着刘璋慢慢地宰，反正他也跑不了。(“此大事也，不可仓卒。”)

刘璋啊，真是个实诚人，人家在算计着谋他的性命，夺他的益州，他还推举刘备代理大司马，兼任司隶校尉。刘备既然暂时不打算杀他，也就投桃报李，推举刘璋代理镇西大将军，兼任益州牧。货换货，两家乐，一对亲亲热热的好兄弟……

然后，刘璋就给刘备增补兵员，让他攻打张鲁。这下子刘备发财了，各路兵马聚结三万多，车马兵械粮草物资一概不缺。大打一仗的硬本钱有了。

刘璋回成都去了，准备高枕无忧，听着刘备兄弟能够高唱凯歌还。

可是刘备北上葭萌，没有马上对着张鲁开弓放箭，而是广施恩德，笼络人心。这一手他最会了！

第二年，曹操打孙权，孙权请刘备救援，刘备是孙权的妹婿，理当助阵，就跟刘璋讲:“曹操征吴，东吴十分危急。孙氏与我本为唇齿关系，而且乐进正与关羽在青泥相持，现在如不前往救援关羽，乐进定获全胜，进而转头侵犯益州，其忧患可比张鲁大多了。张鲁不过是一个割据一方的贼寇，不必过于担忧。”

说白了就是不打张鲁了，要救关羽。还跟刘璋继续要兵要粮，他要一万，刘璋只给他四千。别的物资也是一概减半。想来刘璋也是不痛快，把你请来叫你打张鲁，我等啊等啊，你也没动静，现在好容易有动静了，原来不是替我益州解决心腹大患，而是跟我要粮草救你的二弟跟东吴，真是!

张松不是一直在玩无间道吗？这下看刘备要拔兵而去，就写信阻止，说是：“现在大事眼看即将成功，怎么可以舍之而去？”

不幸这封信叫张松的哥哥看见了，害怕祸及自身，就向刘璋告发了他。这下子弟弟死了，起码不会族灭吧!

刘璋一听原来张松是个白眼狼，逮！杀!

这下子，刘璋和刘备就算是翻脸了。刘璋下令守关将领的文书不要再送达刘备，刘备大怒，召刘璋的白水关督军杨怀前来，责其无礼，将他斩首。又令黄忠、卓膺领兵进击刘璋。

其实说白了，就是刘璋给了刘备一个名正言顺地打他的借口。

就这样，刘备率军直奔关中，扣押了益州的将领和士卒的妻子儿女，拿他们当人质，然后率军和黄忠、卓膺等向涪县进发，占据涪县城。

刘璋派刘王贵、冷苞、张任、邓贤等到涪县抵御刘备，全被击败，只得退守绵竹。

刘璋加派李严督管绵竹各军，结果呢，又一条白眼狼横空出世，李严也率众投降了刘备。

这下子刘备的兵力越来越强，分派各将平定下属郡县，诸葛亮、张飞、赵云等领兵溯江而上，平定白帝、江州、江阳，只留关羽镇守荆州。

然后开始围攻雒县，守城的是刘璋的儿子刘循，被围攻将近一年，建安十九年（214）夏天，刘备攻破雒城，又进军围攻成都，几十天后，刘璋出城投降。

于是，蜀地归了刘备，刘备的大业定矣。

这个地方，物产富饶，百姓安居，只要他拿出那套笼络人心的本事，不愁当地的老百姓对他不服服帖帖，大呼英明。

于是，他大摆筵席，犒赏士卒，取蜀城金银分赐给将士，将谷物、布帛发放原主。

此后，刘备兼任了益州牧，以诸葛亮为辅佐，法正为谋士，关羽、张飞、马超为武将，许靖、麋竺、简雍为幕僚，其他如董和、黄权、李严等原是刘璋授用的官员，吴懿、费观等又是刘璋的姻亲，彭羕又为刘璋所排挤，刘巴为过去遭忌恨之人，刘备均安排在显要的职位上，使他们充分发挥自己的才能。

说句良心话，刘备确实会用人。他这么一来，所有的立志建一番功业的人，一见面没有别的话，都是努力呀，要对得起咱们的领导刘备同志……

第六节　刘备登基

【原文】

太傅许靖、安汉将军麋竺、军师将军诸葛亮、太常赖恭、光禄勋黄柱、少府王谋等上言："曹丕篡弑，湮灭汉室，窃据神器，劫迫忠良，酷烈无道。人鬼忿毒，咸思刘氏。今上无天子，海内惶惶，靡所式仰。群下前后上书者八百余人，咸称述符瑞，图、谶明征。间黄龙见武阳赤水，九日乃去。《孝经援神契》曰'德至渊泉则黄龙见'，龙者，君之象也。《易》乾九五'飞龙在天'，大王当龙升，登帝位也。又前关羽围樊、襄阳，襄阳男子张嘉、王休献玉玺，玺潜汉水，伏于渊泉，晖景烛耀，灵光彻天。夫汉者，高祖本所起定天下之国号也，大王袭先帝轨迹，亦兴于汉中也。今天子玉玺神光先见，玺出襄阳，汉水之末，明大王承其下流，授与大王以天子之位，瑞命符应，非人力所致。昔周有乌鱼之瑞，咸曰休哉。二祖受命，《图》《书》先著，以为征验。今上天告祥，群儒英俊，并进河、洛，孔子谶、记，咸悉具至。伏惟大王出自孝景皇帝中山靖王之胄，本支百世，乾祇降祚，圣姿硕茂，神武在躬，仁覆积德，爱人好士，是以四方归心焉。考省《灵图》，启发谶、纬，神明之表，名讳昭著。宜即帝位，以纂二祖，绍嗣昭穆，天下幸甚。臣等谨与博士许慈、议郎孟光，建立礼仪，择令辰，上尊号。"即皇帝位于成都武担之南。

【译文】

太傅许靖、安汉将军麋竺、军师将军诸葛亮、太常赖恭、光禄勋黄柱、少府王谋等上奏说：

"曹丕篡位弑君，毁灭汉室，窃夺国家政权，胁迫忠良之士，残忍无道，人怒天怨，民心思念刘氏重有天下。

"现在国家无主，全国人心惶惶，无所仰瞻。臣民上书者前后计八百之多，纷纷报告描述祥瑞的征象，图、谶亦应验甚明。

"如今上天降下吉兆，儒士英才纷纷进献《河图》《洛书》的秘密及孔子阐释的图谶真义，应验的征兆全都出现。

"大王是孝景皇帝之子中山靖王的后裔，嫡系庶出百代相传，天地降福，姿容伟岸高大，神明英武，仁深德重，礼贤下士，故而赢得天下归心。

"考究《灵图》，阐发谶、纬，神明显示的名号昭然若揭。理应马上登临皇位，继承高祖、世祖创下的伟业，续传宗庙位秩，对天下百姓则是幸事。

"为臣等谨与博士许慈、议郎孟光，拟定登基礼仪，选择吉日良辰，为您奉上尊号。"

于是先主在成都武担山南即位登基。

【评点】

刘备当皇帝，看起来好像是被迫之举，却不过大家的盛情美意，哎呀，我就勉为其难地答应了吧，之类之类。不过回顾曹丕要篡汉，得假模假样地三推四推，说自己才不胜任啊，说自己能力低微啊，如何如何。而刘备当皇帝，其实也是他自己心里愿意……

对于刘备不屈不挠地想要扩大自己的地盘和基业，《三国志》的作者这样评的：

“先主之弘毅宽厚，知人待士，盖有高祖之风，英雄之器焉。及其举国托孤于诸葛亮，而心神无贰，诚君臣之至公，古今之盛轨也。机权干略，不逮魏武，是以基宇亦狭。然折而不挠，终不为下者，抑揆彼之量必不容己，非唯竞利，且以避害云尔。”

翻译过来就是：

先主恢宏果毅，性情宽厚，知人善任，礼贤下士，颇有汉高祖刘邦之风度，怀英雄豪杰之器量。至于他把整个国家和辅佐太子的大事全权托付诸葛亮，而不存半点疑心，君臣实在都为正直无私至极之人，可谓古往今来最佳楷模。

先主在机权谋略方面不及魏武帝曹操，是故所得疆域版图也较为狭小。但他百折不挠，始终不甘居于曹操之下，还因为他揣摩到曹操的气量难以容忍他，并非专是为了争夺名利，也是为了避免遭受迫害啊！

其中关键的一点就是他为什么越变越强大，不是他自来的野心万丈，而是他不甘居人下，想要尽心竭力追求他的个人价值的实现，于是能力越来越强，能力越强，所遭遇的对手也就越强。曹操这么强大，怎么可能容忍这么一个猛虎存在？刘备为怕曹操吃掉他，所以就被事态逼的，想自守、自耕、自种、自吃都不行了，必须要和曹操一样强大，才能自保；最好是比曹操强大，能把曹操吃掉，这样自己就彻底安全了。

说白了，他之所以能够当上皇帝，得感谢他的对手。

我们要想成就一番事业，既不要抱怨对手的出现，也不要害怕对手的强大，对手的出现，于你很可能是良机，而非灾难，端看你怎么看。

总的来说，刘备确实是一个人物，遇弱而弱，遇强愈强。

看老版的电视连续剧《三国演义》，那首《桃园结义》如此激荡人心：

“这一拜，春风得意遇知音，桃花也含笑映祭台；

“这一拜，保国安邦志慷慨，建国立业展雄才；

“这一拜，忠肝义胆，患难相随誓不分开；

“这一拜，生死不改，天地日月壮我情怀……

“长矛在手，刀剑生辉，看我弟兄，迎着烽烟大步来……”

感谢刘备和他的出生入死的兄弟们，给后人演了一出荡气回肠的英雄戏。

卷二十六 《三国志·蜀书三　后主传》

扶不起来的阿斗

【原文】

六年夏，魏大兴徒众，命征西将军邓艾、镇西将军钟会、雍州刺史诸葛绪数道并攻。于是遣左右车骑将军张翼、廖化，辅国大将军董厥等拒之。大赦。改元为炎兴。冬，邓艾破卫将军诸葛瞻于绵竹。用光禄大夫谯周策，降于艾，奉书曰："限分江、汉，遇值深远，阶缘蜀土，斗绝一隅，干运犯冒，渐苒历载，遂与京畿攸隔万里。每惟黄初中，文皇帝命虎牙将军鲜于辅，宣温密之诏，申三好之恩，开示门户，大义炳然，而否德暗弱，窃贪遗绪，俯仰累纪，未率大教。天威既震，人鬼归能之数，怖骇王师，神武所次，敢不革面，顺以从命！辄敕群帅投戈释甲，官府努藏一无所毁。百姓布野，余粮栖亩，以俟后来之惠，全元元之命。伏惟大魏布德施化，宰辅伊、周，含覆藏疾。谨遣私署侍中张绍、光禄大夫谯周、驸马都尉邓良奉赍印绶，请命告诚，敬输忠款，存亡敕赐，惟所裁之。舆榇在近，不复缕陈。"是日，北地王谌伤国之亡，先杀妻子，次以自杀。

【译文】

景耀六年（263）夏，魏国大举进兵，魏主命令征西将军邓艾、镇西将军钟会、雍州刺史诸葛绪分兵数路攻打蜀国。

后主于是调派左右车骑将军张翼、廖化，辅国大将军董厥等前去抗击。

后主大赦天下，改年号为炎兴。

冬天，邓艾击败驻守绵竹的蜀卫将军诸葛瞻。

后主接受光禄大夫谯周的建议，向邓艾投降，上降书说：

“因遭江、汉二水所阻，相遇水远山高，凭据狭小蜀地，负隅反抗，逆天运犯天威，随着岁月推移而渐与京都隔绝于万里之域。

“每每忆及黄初年间，魏文皇帝派遣虎牙将军鲜于辅来蜀，宣示言辞温诚之诏，申明三善之恩，广开归顺之门，大义炳然，而鄙人德行低劣、不明大体，贪受先人所创的微薄功业，挣扎抗拒多年，不服国家教化。

“天威既经震怒，人鬼顺归有时，恐惧天朝雄师，神威所到之处，怎敢不革面洗心，顺从天命！现即谕令各军将领抛戈解甲，官府国库一丝不毁，百姓列队郊野，所有粮食留于田地，以待天朝赐惠，保全百姓生命。

“俯首思虑大魏广布仁德普施圣教，有伊尹、周公那样的贤相良臣辅佐，恩泽广被天下。

“谨派属员侍中张绍、光禄大夫谯周、驸马都尉邓良奉交印绶，恭请指命，献忠输诚，存亡生杀，全凭将军裁决。

“在下即将载棺材前来请罪，余不赘述。”

同日，北地王刘谌痛伤亡国之耻，先杀死妻子儿女，再自杀身亡。

【评点】

爸爸刘备，豪杰；妈妈甘氏，美女；他，废物点心。

就这么一位人物，还是他妈妈夜梦仰吞北斗而怀孕，才有了“阿斗”这个小名。

可见人命这种东西，有的时候真是让人无语，有人雄才大略，一生蹇滞；有人庸碌无用，却无比顺遂。

阿斗乱军阵里被刘备扔下，又被赵云抢回，裹在襁褓里睡得天塌不惊；后被老爹那长胳膊“摔”在地上，别人受不受惊不知道，他铁定是不会受惊，照样睡得贼香。

此后刘备和诸葛亮以及群臣如何殚精竭虑呀，如何扩大地盘，如何联吴抗曹，如何防备曹魏吞并，如何斗智，如何斗勇，大将们怎样出阵杀敌，大臣们怎样合纵连横，和他全然没有关系，翻遍《三国志》，根本没有一毛毛一些些他的影子。

他爹死，托孤诸葛亮，然后他又把相父活活累死。

就这么一个人，刘备死了，诸葛亮死了，他还在蜀地过了三十年的皇帝的好日子，全托着山高地远，敌人进攻不便，大臣们拼死力保。但是眼见得人才凋零，一个接着一个地死去，青黄不接，司马昭也把刀磨得更锋利，于是，亡国就无日矣。

说起来，这其实也未必不是“立长立嫡”惹的祸。他的兄弟刘永和刘理未必比他不能干呀，可是因为不是长子，没有资格当皇帝，就让这么一个菜瓜当了一国之君。

其实刘备白帝城托孤的时候，是让诸葛亮辅佐刘禅、刘永、刘理哥儿仨一起振兴蜀汉，是诸葛孔明把长子刘禅立为帝，当时他不过是一个十六七岁的小毛孩子，根本离不了人。别的英雄豪杰十几岁就能建功立业了，他当上了皇帝，诸葛孔明在成都，建兴三年，南王孟获起兵十万造反，诸葛跟刘禅说了如此如此，这般这般，那意思要领兵远行，征讨孟获，刘禅说什么："相父，你可不能走啊！"

诸葛孔明说："为什么呀？"

刘禅说北有曹丕，东有孙权，人家害怕。

对着这样的皇帝，诸葛亮能咋办？又不能不走，又不能训他胆小怕事，只能温言安慰，说不怕不怕，阳平关有马超呢，白帝城有李严呢，有他们在，曹丕和孙权欺负不到你的头上来，啊？乖！

刘禅这才心不甘情不愿，嘴巴噘得堪比拴驴桩，说，哦，那好吧。

活脱脱还是那个乱军阵里被人死命保护的奶娃娃。

这么一个人，雄才，没有，大略，没有，志向，没有，那他的人生还剩下什么？当然就是吃吃喝喝，玩玩乐乐。国家就是这么给他玩丢了的。

《汉晋春秋》载，刘禅要听谯周的话投降啦，他儿子刘谌气坏了，说，要是实在理穷力屈，祸患败亡及到自身，那也没办法，应当父子君臣背城一战，为社稷一同捐生赴死，去见我们的先帝——也就是他的爷爷刘备。刘禅才不肯听啊，又不是好事，是让送命啊。于是当天他派人送走皇帝的玺绶，刘谌就在昭烈庙大哭一场，先杀妻子，然后自杀。左右从人无不为之哭泣。

他投降了，姜维的兵拔刀砍石，激愤无比；他投降了，他的儿子北地王刘谌不堪亡国之辱，先杀妻子，然后自杀。阿斗要有他儿子一半的烈性，也不会让"阿斗"这个名字成为一个钉在耻辱柱上的名词。

他投降了，乖乖当敌人封他的安乐公，复国？做梦都不会去想！

有一天，司马昭请他去赴宴，这家伙根本就不是个好玩意儿，就是本着刺激蜀国降君降臣的目的来的。先是奏魏乐，蜀国的降官把头低了一片，这份耻辱！结果阿斗高兴！他才不管这是哪儿的音乐呢，他就是喜欢听，听得津津有味。司马昭一看刺激不到他，命人换奏蜀乐，这下子，刺激更大了，蜀国的降官听着故国之音，想着寸土已无，个个下泪，阿斗照样听得津津有味。

司马昭一看这人属树皮的，针扎无效，就冲他捅刀子，问他："安乐公啊，你肯定很想念蜀国吧？"

没想到阿斗这块木头，傻兮兮地说："不想啊。这里这么快乐，我想蜀国干什么！（此间乐，不思蜀也。）”这就是成语“乐不思蜀”的由来。真是没出息到家，没心肝到家，没自尊到家，没脑子到家。

也让人暗地里笑话到家。

这下子，司马昭铁定放心啊，这家伙绝对不会造反，就冲这德行，一个字：傻！

也是，他要是不傻，能替诸葛亮分忧，诸葛亮不至于活活累死。他要是不傻，能保蜀地平安，不至于蜀国灭亡。他要是不傻，怎么会被后人嘲作“扶不起的阿斗”呢？

司马昭就对着贾充笑话他，说哎呀，我都没想到刘禅糊涂到这个地步了呀！就是诸葛亮再世也帮不了他，何况姜维？

贾充回答得也妙，说他要不是这么糊涂这么傻，您怎么能把他吃掉呢？

后来，郤正知道了刘禅的表现，就教他，说您可不能这么说呀，会被人笑话咱没心肝的，下回他要再问，您就哭，一边哭一边说：“先人的坟墓都葬在蜀地呢，我怎么能不惦念，我是日日夜夜时时刻刻都在思念着蜀国呀！”

后来司马昭果然再问，他就果然照猫画虎地回答，估计哭也哭不出来，就那么闭上眼硬挤，把脸憋成个丑柿子。

司马昭奇怪了，说这话怎么这么像郤正的口气呢？

这下子他连装哭都忘啦，说，咦，你怎么知道是他教我的？

旁边的人全都笑了……

这个阿斗哦！

说起来，历史上能提及的阿斗的缺弦的事，估计也就是这么一两件，多了便没有了。不是说他一时发昏，说傻话做傻事，或是他突然变聪明了，举动得宜起来，而是身边有一个人提点指导着他，让他能够大面儿上过得去，不跑偏。这个人叫郤正。

郤正（？—278），字令先，河南偃师人，少时父死母嫁，自己一个孤儿过苦日子。家贫好学，博览群书。二十岁就能写文章，给蜀国当官，先当秘书令，后迁郎至令。禀性淡泊，功名利禄无挂于心，就是爱读书。后来居内职，估计就是在内宫任职，和宦官黄皓近距离周旋三十年，没被这个奸邪小人害死，足够幸运，当然，也是他的智慧。

后来刘禅投降了，被迁到洛阳，郤正也就跟着去了，贴身服侍嘛，把老婆孩子都舍了，单身随侍。要不是郤正一言一行、一举一动悉心教导，刘禅还不知道要闹出多少笑话，青史上留下多少笑名与骂名。这就一傻缺！

卷二十七 《三国志·蜀书四
二主妃子传》

甘皇后：薄命怜卿甘作妾

【原文】

先主甘皇后，沛人也。先主临豫州，住小沛，纳以为妾。先主数丧嫡室，常摄内事。随先主于荆州，产后主。值曹公军至，追及先主于当阳长坂，于时困逼，弃后及后主，赖赵云保护，得免于难。

【译文】

先主甘皇后，沛县人。

先主在豫州时，住在小沛，彼时纳甘皇后为妾。

先主几次死去正妻，甘皇后常常主持家政。

她随先主到荆州后，即生下后主刘禅。

正逢曹操军队进攻，甘后避乱至当阳长坂才追上先主，先主面对危急情势，只好抛下甘后与后主而前逃，幸亏赵云舍命保护，甘后母子才免于兵难。

【评点】

甘氏，据说闺名曰梅，生于小沛，在故乡的时候嫁给了刘备为妾，生了刘禅。章武二年被刘备谥为“皇思夫人”，次年儿子刘禅即位，谥她为“昭烈皇后”。

甘夫人给人的印象好像就是个一般人，因为你看在以讲热闹故事为主的《三国演义》里面，以及为人物树碑立传的《三国志》里面，貂蝉是抢手的热门货，着的笔墨最多，投井的糜夫人也被记了一笔，被曹丕冤杀的甄妃也赚了人们一掬同情之泪，唯有她，怎么看怎么平淡，而她的闺名《三国志》里也无载，倒是《汉昭烈皇后墓碑》上记了一笔，可是时隔千年，也同样是没有办法百分之百认定的事。所以说，这个人只好像一笔历史书上淡墨书写的影子。

不过诸葛亮对她的评价不低，“履行修仁，淑慎其身”，就是说，她的操行是美好的，立身是恭敬谨慎的。

甘夫人之所以被纳为妾，那肯定是出身穷家，没有地位，如果再没有一张漂亮的脸蛋，怎么能够被渐成气候的刘备注意到呢？所以估计她是长得很漂亮的。

《太平广记》里有一个小故事，说是“（甘夫人）年至十八，玉质柔肌，态媚容冶。先主致后于白绡帐中，于户外望者，如月下聚雪。河南献玉人，高三尺，乃取玉人致后侧，昼则讲说军谋，夕则拥后而玩玉人。常称玉之所贵，比德君子，况为人形，而可不玩乎？甘后与玉人洁白齐润，观者殆相乱惑。嬖宠者非唯嫉甘后，而亦妒玉人。后常欲琢毁坏之，乃戒先主曰：‘昔子罕不以玉为宝，《春秋》美之，今吴、魏未灭，安以妖玩经怀。凡诬惑生疑，勿复进焉。’先主乃撤玉人像，嬖者皆退。当时君子以甘后为‘神智妇人’。”

就是说，甘夫人这个人长得漂亮，洁白如雪，而且是“月下聚雪”，那得多么美、多么白！怪不得刘备会把一尊三尺玉人放在甘夫人旁边，白天他忙的是排兵布阵，行军打仗，政治权谋，晚上就左边搂着甘夫人，右边搂着玉人。

后人评三国十大美女，她也确实赫然在列。排行如下：

第一名是貂蝉。理由不用问。中国四大美女之一，所谓“沉鱼落雁之容，闭月羞花之貌”。“沉鱼”指的西施，溪边浣纱，鱼儿看见她，都羞得沉到水底下；“落雁”指的王昭君，她出塞弹琵琶，大雁都羞得一头栽在地上；“闭月”就是貂蝉了，她拜月嘛，月亮都扯块云彩挡住自己，觉得没办法和她媲美；“羞花”指的杨贵妃，她赏花去，结果人比花美，花都羞得合拢了朵瓣，低垂了头。

第二名就是嫁给周瑜的小乔。

第三名是大乔，孙策的老婆。所谓“东风不与周郎便，铜雀春深锁二乔”，那意思是如果赤壁之战的时候，老天爷不刮东风，而刮西风，那得胜的就不是周瑜和江东政权了，曹操成了胜利者，那当然大乔小乔姐妹俩也得被曹操这个大色鬼给收编，关进铜雀台里锁起来。

第四名就是邹氏，张济之妻，张绣之婶。曹操好色，把她收编了，结果气得张绣反水，杀得他大败亏输，典韦就是这时候死的。

第五名是甄妃，袁绍的儿媳，袁熙的老婆，后来嫁给曹丕，又被曹丕冤杀。

第六名樊氏，桂阳太守赵范的嫂子。赵子龙取了桂阳，赵范投降，与赵云结拜，又想把貌美寡嫂许配与他，谁知道我这位同乡义薄云天，坚辞不受，斥为乱伦，于是二赵翻脸，美事落空，白马英雄依旧孑然一身，一腔热血，转战四方。

第七名就是甘夫人了。可怜她虽然美如“玉人”，但是刘备这个人却是个视兄弟如手足、视老婆如衣服的角色，而且绝对不像现在的男子汉大豆腐，同样是视兄弟如手足，视老婆如衣服，却是谁动我衣服，我砍他手足；刘备绝对是衣服一件没了再换一件，手足不可或缺。所以甘夫人就只能在随着刘备四处转战的时候，刘备一逃命，她就被丢被扔，不是被曹操抢，就是被吕布抢。且红颜薄命，赤壁之战后不久，大局眼看将定，她却香消玉殒。

第八名就是孙尚香，孙坚的女儿，孙策和孙权的同父异母妹妹，“周郎妙计安天下，赔了夫人又折兵”里面的“夫人”，嫁给刘备，后来又跟刘备“离婚”的孙夫人。她要是不漂亮，也就不至于让雄心万丈的刘备留在东吴，乐不思荆，说什么也不肯回去继续打江山。要不是诸葛亮料事如神，给赵云预留了三个锦囊妙计，这家伙真就得把使命由打江山转为扮情圣。

第九名，步夫人。孙权众多夫人之中最漂亮的一个。

第十名，吴氏，吴懿的妹妹，刘璋的儿媳。后来刘备打入成都，就把她娶了当老婆。刘备称帝，吴氏被册封为皇后。

再说回甘夫人。《太平广记》里面说她年轻的时候，有相士给她相面，说“此女后贵，位极宫掖”。这话正史无载，可以听一半不听一半。她的貌美已是如此，至于“数丧嫡室”后“常摄内事”，那就凭的不是她的美貌了，要凭她的度量以及才干。

甘夫人命大，刘备克妻，数丧嫡室，也就是说克死了好几个老婆，却始终克不死她。

但是她的身份始终是妾，也就是小老婆。

唐朝的白居易就写过一首长诗，叫作《井底引银瓶》：

“井底引银瓶，银瓶欲上丝绳绝。石上磨玉簪，玉簪欲成中央折。瓶沉簪折知奈何？似妾今朝与君别。忆昔在家为女时，人言举动有殊姿。婵娟两鬓秋蝉翼，宛转双蛾远山色。笑随戏伴后园中，此时与君未相识。妾弄青梅凭短墙，君骑白马傍垂杨。墙头马上遥相顾，一见知君即断肠。知君断肠共君语，君指南山松柏树。感君松柏化为心，暗合双鬟逐君去。到君家舍五六年，君家大人频有言。聘则为妻奔是妾，不堪主祀奉蘋蘩。终知君家不可住，其奈出门无去处。岂无父母在高堂？亦有亲情满故乡。潜来更不通消息，今日悲羞归不得。为君一日恩，误妾百年身。寄言痴小人家女，慎勿将身轻许人！”

一个好好的女孩，一时头热，随人私奔，结果就当不了正房妻子了，只能给人当小妾。当小妾的人可怜到什么地步呢？平时端茶递水伺候老公和老公的正妻，到年节的时候祭祀祖先，她连端碗捧菜的资格都没有，她上的菜，祖宗们是不吃的！但是后悔有什么用呢？一失足成千古恨啊！

所以，我们说中国古代是“一夫多妻制”，这句话并不是很确切，实际上仍旧是“一夫一妻制”，那些除了正妻之外的小妾们，只是丈夫的一个玩物、一个摆设，可以随便买卖、赠送，当然，也可以随便虐待的，如待猫猫狗狗。要是不幸正妻死了，虽然这个男人姬妾成群，那也得算是打了光棍，有钱有权的，就是钻石王老五，需要另寻别的良家女子娶来为配。要从妾室里面找一个扶正？那就很可能触犯刑律，搞得两口子一起服刑，服完刑还得把这个扶了正的妾给休掉，另外娶妻。

后来制度不那么严格了，但是妾扶正，也得要耗费许多心力。

《儒林外史》里有个妾扶正的例子，你看下她为了在大老婆死后，把自己扶正，下了多大的功夫：

“自此以后，王氏的病，渐渐的重起来；每日四五个医生用药，都是人参附子，总不见效。看看卧床不起，生儿子的妾在旁侍奉汤药，极其殷勤；看他病势不好，夜晚时，抱了孩子在床脚头坐着哭泣，哭了几回。

“那一夜道：‘我而今只求菩萨把我带了去，保佑大娘子好了罢。’王氏道：‘你又痴了！各人的寿数，那个是替得的？’赵氏道：‘不是这样说。我死了值得甚么。大娘若有些长短，他爷少不得又娶个大娘。他爷四十多岁，只得这点骨血；再娶个大娘来，各养的各疼。自古说：‘晚娘的拳头，云里的日头。’这孩子料想不能长大，我也是个死数。不如早些替了大娘去，还保得这孩子一命。’王氏听了，也不答应。赵氏含着眼泪，逐日煨药煨粥，寸步不离。一晚，赵氏出去了一会，不见进来；王氏问丫鬟道：‘赵家的那里去了？’丫鬟道：‘新娘每夜摆个香桌在天井里，哭天求地，他要替奶奶，保佑奶奶就好。今夜看见奶奶病重，所以早些出去拜求。’王氏听了，似信不信。

“次日晚间，赵氏又哭着讲这些话；王氏道：‘何不向你爷说明白，我若死了，就把你扶正，做个填房？’赵氏忙叫请爷进来，把奶奶的话说了。”

这句“忙叫请爷进来，把奶奶的话说了”，真是妙语，这位赵家的“新娘”（做人家妾的人，就是头发白了，也是一个“新娘”）忙来忙去，就是图的这么一个结局。

钱锺书先生在他的《围城》里，借由人物汪先生之口，就讲师、副教授、教授的评定问题设过一个绝妙的譬喻：

"讲师升副教授容易，副教授升教授难上加难……讲师比通房丫头，教授比夫人，副教授呢，等于如夫人……丫头收房做姨太太，是很普通——至少在以前很普通的事；姨太太要扶正做大太太，那是干犯纲常名教，做不得的。"

所谓的通房丫头，就是《红楼梦》里，凤姐的丫头平儿的那个身份，比一般丫头的地位高，但是比姨太太的地位低。她要想当姨太太，也就是由丫头升格为妾，也就是一句话的事；但是，如果她要想把王熙凤取而代之，成为贾琏的嫡妻，也就是正妻，那根本就是不可能。就是凤姐死了，贾琏爱她，她也仍旧得当他的姨太太，贾琏另择一门门当户对的亲事，娶个大老婆回来。

那么，姨太太是个什么地位呢？《红楼梦》里面，贾探春的亲娘就是姨太太，人称赵姨娘，她的亲生儿子和女儿都比她的地位高，一生下来就是主子，要被人伺候的，她却只能当一辈子的奴才。

说到底，刘备就算是池中蛟龙，那也是龙，他是要以最微小的代价换取最庞大的利益的，就算当时风俗和规制允许，他又怎么肯把既无钱、又无权、朝中又无人的平常人家出身的甘夫人给扶正当嫡妻呢？所以，甘夫人的"夫人"称号，并不是我们现在所理解的"老婆大人"的意思，而只不过是高级一点的嫔妃，说白了，仍旧是妾。

她生的儿子刘禅按理说是当不了太子的，假如刘备的那几个大老婆生出了儿子的话。仍以《红楼梦》设喻，贾政的嫡妻是王夫人，金陵豪门王氏之女，她生的儿子就是贾宝玉，宝玉才是贾政这一脉中名正言顺的继承人。贾政的小老婆，也就是妾室有两个，一个是周姨娘，一个是赵姨娘。周姨娘没有儿女，也就没有资格争这些，只是窝在自己的小窝里面不出门，老老实实做人；赵姨娘因为生了一个儿子贾环，所以就梦想着有朝一日自己能够当家做主，于是就勾结一个会邪术的马道婆，要暗算贾宝玉，把他给治死，然后贾环才能够顺理成章地成为贾政的继承人。

那么刘禅呢？这个人虽然无能，但是命好，他爹的几房大太太都没有生儿子，"无嫡立长"，于是，他就成了太子了。

建安元年，徐州的别驾从事麋竺把妹妹嫁给了刘备，这个麋夫人才是正儿八经的嫡妻。

麋夫人死后，建安十四年（209），刘备和孙权联盟，孙权把妹妹嫁给刘备续弦，于是，孙夫人又成了正儿八经的嫡妻。

此时甘夫人恐怕已死，因为对于她的死只有记年，没有月份，所以无考，不过即使活着又能怎样？她仍旧是妾的地位。

按照规矩，妾生的儿子要交给嫡母教养，于是刘禅也让孙夫人抚养起来。后来孙、刘交恶，孙夫人回吴，还差点把这个阿斗给带到东吴去，要不是张飞和赵云勒兵截江，刘备就是登基，也后继乏人。于是，这位孙夫人也就成了过去式。

刘备后来定益州，再娶将军吴懿的妹妹、刘瑁的遗孀吴苋为妻，这位也是嫡妻，可怜的甘夫人哦，到她死，都始终死守着妾的这一身份。古诗有一句“薄命怜卿甘作妾”，就是她一生的写照。

卷二十八 《三国志·蜀书五　诸葛亮传》

第一节　躬耕陇亩

【原文】

亮躬耕陇亩，好为《梁父吟》。身长八尺，每自比于管仲、乐毅，时人莫之许也。惟博陵崔州平、颍川徐庶元直与亮友善，谓为信然。

【译文】

诸葛亮寄住隆中耕种田地为业，喜诵古代忧伤乱世的歌谣《梁父吟》。

诸葛亮身高八尺，常自喻为管仲、乐毅，当时常人都不以为然。

唯有博陵人崔州平、颍川人徐庶与诸葛亮交情笃厚，说他确实具有管、乐的才能。

【评点】

诸葛亮（181—234），字孔明，号卧龙，琅琊人，蜀汉丞相，三国时期杰出的政治家、战略家、发明家、军事家。

他是汉朝司隶校尉诸葛丰的后人，父亲诸葛珪，字君贡，汉朝末年为太山郡郡丞，说起来也是有政治资本的。可惜他也是个苦命的孩子，三岁丧母，八岁丧父，他跟着叔叔诸葛玄过日子。叔叔受袁术委任为豫章郡太守，就带着诸葛亮和他的弟弟诸葛均一同前往任职。

结果东汉朝廷改派朱皓替代诸葛玄，诸葛玄无路可去，因为和刘表交情好，就前往荆州投奔刘表，把家安在了南阳郡的邓县，在襄阳城西二十里，号曰隆中。

建安二年（197），诸葛玄也一病而死，这个时候汉献帝已经被曹操迎到了许县。诸葛亮此时年仅十六岁，还是个少年，躬耕陇亩之间，一天天长大。平时好念《梁父吟》，还把自己比作管仲和乐毅。

管仲是谁?

史称管子，春秋时期著名的政治家、军事家，被称为“春秋第一相”，辅佐齐桓公成为春秋时期的第一霸主。

乐毅呢?战国后期杰出的军事家，辅佐燕昭王振兴燕国，中山灵寿人，公元前284年，统率燕国等五国联军攻打齐国，连下七十余城!

一般来讲，中国人是喜欢谦虚的民族，喜欢别人谦虚，也喜欢自己谦虚，所以要把对方的儿子叫“令郎”，对方的女儿叫“令爱”，对方的爹叫“令尊”，对方的娘叫“令堂”，对方的哥哥弟弟当然就是“令兄”“令弟”了。“令”，就是美好的意思，那意思是您的美好的儿子，您的美好的女儿，您的美好的爹，您的美好的娘，您的美好的哥哥，您的美好的弟弟；轮到自己的身上，则儿子叫“犬子”“小犬”，女儿叫“小女”，父亲母亲当然不能“犬”啊“犬”地乱叫，就称“家严”“家慈”，因为严父慈母嘛，所以“家严”就是我家的父亲，“家慈”就是我家的母亲。称对方为“君”，称自己为“鄙人”，如此等等。

如果有人反其道而行之，把自己比作伟人，那不得了，那就叫狂妄，就叫不知道自己吃几碗干饭，就叫不知道自己几斤几两，是会被人鄙视的。

所以诸葛亮就被人鄙视了。

唯有崔州平和徐庶不鄙视他，因为交情深，所以知道得多，晓得这个人不是空口说大话的，是真有管仲和乐毅那样的才干。

羽毛相同的鸟才能一起飞，崔州平也不是寻常人物，荆州名士。徐庶更不是寻常人物。本名徐福，少年好武，一腔热血，行侠仗义，好以仁侠自居——其实是幼稚。直到杀人逃跑被抓，因闭口不说姓名，侥幸脱险，改名单福出逃，此后算是活明白了，不再拿刀动剑，做那一人敌，而是遍访名师，攻读学业，终成一代名士。投刘备，刘备待之以上宾之礼，赞其有“王佐之才”。徐庶说我算什么，诸葛孔明才是天下奇才。这才有后来的刘备三顾茅庐，诸葛亮早定天下三分。

后来徐庶的老娘被掳到曹营，他以孝义，不得不离开刘备，加入曹操阵营，只是从此不肯说话，不为曹操设谋。我们现在说某个人玩沉默，就会说这个歇后语:“徐庶进曹营——一言不发。”

所以说，世界上不必所有人都理解你，都懂得你、有那么一两个人理解和懂得就够了。

《魏略》记载：

“亮在荆州，以建安初与颍川石广元、徐元直，汝南孟公威等俱游学，三人务于精熟，而亮独观其大略。每晨夜从容，常抱膝长啸，而谓三人曰：‘卿三人仕进可至刺史郡守也。’三人问其所至，亮但笑而不言。”

四个人交朋友，求学，三个人但求甚解，诸葛亮不求甚解。

易中天对他的种地和读书进行了精到的分析：

“诸葛亮到底是谋生还是雅兴现在我们弄不清楚了，但是我可以肯定一条，不管是出于哪一个原因，诸葛亮种地的时候一定十分认真，因为诸葛亮这个人有一个很大的优点是我非常敬佩他的，就是做事情一丝不苟，这个是很值得我们学习的。而且他当了丞相以后事必躬亲，所有的事情他都是亲力亲为，我怀疑这是他在隆中种地的时候就养成的习惯。但是另一方面，诸葛亮读书却很马虎，《三国志》的说法是‘观其大略’，就是说诸葛亮的朋友们读书都非常认真，字字推敲，诸葛亮拿来一看，一目十行，观其大略，相当于后来陶渊明说的‘好读书，不求甚解’。这其实是会读书，观其大略就是能够掌握精髓，不求甚解就是善于抓住要害，这叫作会读书，而且在我看来，一个人只要不是做学问的，读书就应该像诸葛亮和陶渊明说的那样观其大略、不求甚解，不要去咬文嚼字，不要去抠那些很小很细的小问题，这正如一个要得天下的人不会计较一城一池的得失，诸葛亮就是这样一个大气的人。”

你想想，清晨无事，四外俱寂，唯鸟鸣啾啾而已；夜来繁星满天，秋虫吟唱，此时诸葛亮抱膝长啸，一抒胸臆，个中意味，唯天知、地知、鸟知、云知、虫知，以及他自己知。

所以他评他的三个朋友，如果当官，可当到刺史、郡守，一方大员。他自己呢，“亮但笑而不言”。

他的大志，可足为人道哉！

因有大志，所以娶老婆都不看貌，看才。

裴松之注释《三国志》里面引《襄阳记》曰：

“黄承彦者，高爽开列，为沔南名士，谓诸葛孔明曰：‘闻君择妇，身有丑女，黄头黑色，而才堪相配。’孔明许，即载送之。时人以为笑乐，乡里为之谚曰：‘莫作孔明择妇，正得阿承丑女。’”

说是黄承彦这个人为人豪爽，也是个名士，听诸葛亮说要找老婆，就毛遂荐女，说我家有个丑姑娘，黄头发，黑面皮，不过才华跟你很匹配。诸葛亮就答应了，于是黄承彦就把女儿给他送来当老婆。结果这下子，被人狠狠笑话了一把，说大家都不要学孔明找老婆啊，找来找去，找了阿承的丑姑娘。

婚礼当在诸葛亮躬耕陇亩这个时间段，刘备三顾茅庐之前。也就是建安二年（197）到建安十二年（207）之间。

大家笑话他，其实就是在为他可惜。

诸葛亮长得帅呀！一米八四的大个儿，饱读诗书，胸有丘壑，志向高远，百年难得一见的奇才，人都说一朵鲜花插在牛粪上，这下子，成了一团牛粪糊在鲜花上了。

于是，就有民间为了替诸葛亮圆面子，编造出来的民间故事，说诸葛亮为什么平时手里老是离不了鹅毛扇呢？原来呀，是这样的：

黄承彦的姑娘黄月英不但不丑，而且是个美人。黄承彦为怕那些求婚的家伙是登徒子，故意把自己的女孩叫作“阿丑”，目的就是吓退他们，然后引真正的慧眼识才之人登门求婚。

黄月英不但能文，而且会武，跟师傅在山上学艺，艺成下山，师傅赠她鹅毛扇，上书二字：“明”“亮”。两个字的中间还有玄机，密密麻麻地藏着如何攻城略地、如何定国安邦的妙计。师傅看来是个半仙，能预知机密，跟她说，你要是见到姓名中有“明”“亮”二字的，这个人就是你的夫君。

这么一来，诸葛亮（字孔明），不就和她是一对绝配了吗？

当然，婚后鹅毛扇也就到了孔明手里，不管春夏秋冬，总是手不停地挥，遇到难题看一看，哦，原来可以这么解决，就跟现代学生打小抄似的。

当然，这都是趣谈。诸葛亮这个大帅哥娶了个丑老婆应该是真的。他之所以娶丑女黄月英，个中缘由，可就复杂了。

他娶了黄月英，黄月英的妈妈是蔡讽的女儿，蔡讽是襄阳地区最大的豪族，蔡讽的另一个女儿嫁给了荆州牧刘表，儿子蔡瑁也权重一时。这么一来，诸葛亮就有了一个荆州地区最高行政长官当姨父，有了荆州地区大员当舅舅。

所以，他之所以肯娶，一方面，他是拿心眼看人的，不是拿俗眼看人的。俗眼看人，只看人的形貌美丑，心眼看人，却看人的德行才干。他拿心眼看黄月英，就看到了这个丑姑娘那非同一般的美好之处。另一方面，他娶了黄月英，也就有了一个对自己施展胸襟和抱负极有利的关系网。

这两个方面，到底哪个才是他娶丑女的原因，我们不得而知。总之，那个年代的男人就算真的不是爱情至上，视女人如罗衣，那也会看重才华品行，就像罗衣的质地紧密不紧密、柔软不柔软。哪怕这两个原因兼而有之，我也宁可相信前六后四，而不是五五开。

总之，就在他躬耕陇亩的这段时间，他算是在方方面面把出山的准备都做好了。

学识，备足了。

才干，备足了。

远见，备足了。

朋友，有了，都不是一般人。

老婆，有了，也不是一般人。

关系网，有了，更不是一般人。

只要时机一到，他这条卧龙，就可以乘风而起啸傲人间了。

第二节　三顾茅庐

【原文】

时先主屯新野。徐庶见先主，先主器之，谓先主曰:“诸葛孔明者，卧龙也，将军岂愿见之乎？”先主曰:“君与俱来。”庶曰:“此人可就见，不可屈致也。将军宜枉驾顾之。”由是先主遂诣亮，凡三往，乃见。

【译文】

其时刘备正驻军新野县。

徐庶谒见刘备，刘备对他十分器重，徐庶对刘备说:“诸葛孔明这人，是卧龙啊！将军想不想见见他？”

刘备说:“你陪他一道来吧！”

徐庶说:“此人只能拜访他，不可随便召他来。将军您应该屈尊去看望他才好。”

于是刘备亲自前往拜访诸葛亮，一连去了三次，才得以相见。

【评点】

诸葛亮是大才，大才的本事不仅是识人，而且是自识，也就是有自知之明。

有自知之明的人是了不得的人，他既不会掂不清斤两地自卑，也不会掂不清斤两地自傲，他很知道自己适合做什么，从而容易确立自己的行动目标与方案。

诸葛亮知道自己适合做贤相，辅佐人君打天下，而不适合做那个打天下登基当皇帝的人，所以他就静静地蜗居山中，一边长啸山林，忧国忧民，一边给自己挑选称心合意的大老板，在乱世辅佐他安天下。

那么，应该选谁呢？

刘表？选他看起来蛮合适，因为有这么铁的关系摆在这里。可是，他不肯，刘表太差了，不会用人，自己到了他那里，也是珍珠蒙尘，说不定还会被他一刀咔嚓了。

曹操呢？这个人看起来很合适，可是，树大招风，人的势力大了，也招人才，人才多了，自己就不值钱了。而且这个人太丑了，又矬又黑，根本不像个当皇帝的料，虽然说不能以貌取人——诸葛亮娶老婆就没有以貌取人嘛——可是，在那个社会的大环境下，士族那么讲究穿衣打扮，风度翩翩，诸葛亮恐怕也会受影响，觉得还是不去理这个家伙为好，于是，曹操这方面他也就不考虑了。

孙权这边看上去也行，可是，实际上也不行。左有张昭，右有周瑜，还有鲁肃，谋臣武士都有，且人家张昭和周瑜还跟孙权关系铁得很，是干兄弟，自己去了，地位也尴尬。

这个时候，刘备还弱得像颗蛋，谁都能捏碎他。虽然有关羽和张飞辅佐，可是两个人都是武将，能打仗，不能出主意；虽然也有别的谋士辅佐，又格局太小，打不开局面。可是这颗蛋却又是在孵化中，因为有了一点点兵马，也有了一点点人望，而且还有一点点龙血龙脉，就算算不上龙子龙孙，那也是龙尾巴上的蜻蜓，沾得上贵气，如果他敢想，就有帝王之份。

诸葛亮也许早注意到他了，也对这个人做了一番考量，觉得他适合做自己的老板。但是，一直隐忍不发，没有毛遂自荐。为什么？因为通常自荐会显得自己不值钱啊，中国人崇尚的是谦虚嘛！但是他不自荐，不等于别人不荐他。诸葛亮的朋友是干什么使的？那就是用来替他搭台子唱戏的。

所以，徐庶临走，就向刘备推荐诸葛亮了。

果不其然，刘备真对诸葛亮存轻视的态度，要让这条卧龙出谷，主动来见自己。所以对于这样的“准主人”，那是一定要杀杀他的傲气的，要不然他就掂量不出来诸葛亮有几斤几两，说不定拿定盘星当烧火棍。

所以，徐庶说要让他亲自拜访，诸葛亮就让他去一次访不着，再去一次访不着，到第三次，态度隆重了，沐浴更衣了，恭敬谨慎了，才让他访着了。

这下子，看你还敢对一介农夫存轻视之心。

可以说，罗贯中对于诸葛亮和他的朋友们的一番苦心十分明了，所以就敷衍出一出精妙的“三顾茅庐”的大戏，唱得既回环曲折，又层次分明，处处都把卧龙往云端里升。

徐庶去了曹营，刘备要去拜见诸葛亮，还没有去，已有一人来访，原来是司马徽。

司马徽是一个真正的隐士，所谓“缄默固守”，甘愿躬耕度日。也是生逢乱世，是以口不言人非，虽有知人之明，却是谁问他你看我怎么样啊，他都只回答三个字“好、好、好”，所以人称“好好先生”。少年庞统秉性纯朴，声名不显，十八岁的时候拜见司马徽，司马徽盛赞他是“江南第一名士”，由此庞统才声名大显。

建安十二年（207），刘备在荆州求访名士，对司马徽礼敬有加，亲自拜见。司马徽不肯出山，对他说：“儒生俗士，岂识时务。识时务者在于俊杰。此间自有卧龙、凤雏。”“卧龙乃诸葛孔明，凤雏乃庞士元。”

有他这句话，刘备更是死心塌地要去寻那诸葛亮。

可惜司马徽次年即病逝。他一生未仕，是个活得十分清楚明白的人。

这个情节在《三国演义》里，是这样演绎的：

“玄德曰：‘元直（徐庶）临行，荐南阳诸葛亮，其人若何？’徽笑曰：‘元直欲去，自去便了，何又惹他出来呕心血也？’玄德曰：‘先生何出此言？’徽曰：‘孔明与博陵崔州平、颍川石广元、汝南孟公威与徐元直四人为密友。此四人务于精纯，惟孔明独观其大略。尝抱膝长吟，而指四人曰：‘公等仕进可至刺史、郡守。’众问孔明之志若何，孔明但笑而不答。每常自比管仲、乐毅，其才不可量也。’玄德曰：‘何颍川之多贤乎！’徽曰：‘昔有殷馗善观天文，尝谓群星聚于颍分，其地必多贤士。’时云长在侧曰：‘某闻管仲、乐毅乃春秋、战国名人，功盖寰宇；孔明自比此二人，毋乃太过？’徽笑曰：‘以吾观之，不当比此二人；我欲另以二人出之。’云长问：‘那二人？’徽曰：‘可比兴周八百年之姜子牙、旺汉四百年之张子房也。’众皆愕然。徽下阶相辞欲行，玄德留之不住。徽出门仰天大笑曰：‘卧龙虽得其主，不得其时，惜哉！’言罢，飘然而去。”

一句“得其主不得其时”，其实就已经注定了诸葛亮一生的悲剧命运。人的悲剧分为性格悲剧和命运悲剧，诸葛亮就是典型的命运悲剧。得遇明主，却时势与造化弄人。

他把诸葛亮比作姜子牙和张良，更惹得刘备心痒痒。

于是，一访卧龙去也。

结果没访着，人家游山去了。

倒是见着了崔州平，崔州平主张他不要劳驾诸葛亮出来补缀乾坤，恐不易为，徒费心力。刘备哪里肯听。

二访卧龙，时值隆冬，路遇颍川石广元、汝南孟公威，皆卧龙朋友，言谈不俗，形貌高古。让他对诸葛亮更为期待。

待到茅庐，一少年拥炉抱膝，歌曰：“凤翱翔于千仞兮，非梧不栖；士伏处于一方兮，非主不依。乐躬耕于陇亩兮，吾爱吾庐；聊寄傲于琴书兮，以待天时。”他以为这便是诸葛亮呢，结果又不是，是他的弟弟诸葛均。

诸葛亮呢？

与崔州平相约，闲游去也。

正留了一封书信，要打道回府，又见一人骑驴踏雪而来，又吟一诗：

“一夜北风寒，万里彤云厚。长空雪乱飘，改尽江山旧。仰面观火虚，疑是玉龙斗。纷纷鳞甲飞，顷刻遍宇宙。骑驴过小桥，独叹梅花瘦！”

刘备滚鞍下马，向前施礼，惹得那人慌忙下驴答礼。结果又不是。是诸葛亮的老丈人黄承彦。一个两个三个四个的都是这么有才，一个两个三个四个的都不是卧龙。

真是吊人胃口啊吊人胃口。

到第三回，刘备就更郑重了，还请人卜了吉期，斋戒了三日，还沐了一个浴、更了一个衣，然后再往。关羽和张飞不乐意——早就不乐意，张飞说我把那村夫绑来见你！结果刘备还骂了他一顿，让他不要去，我和二弟一起去。张飞说那不行，你们去我也去——跟小孩子过家家似的，聚堆儿。刘备说那你去了不许无礼。于是同去。

结果去了诸葛亮倒是在家，却是昼寝未起——大白天睡觉。刘备还不敢打扰，就在旁边乖乖侍立。张飞又气坏了，要一把火烧了他的茅草屋子。幸亏关羽比他理智，再三劝住，要不然诸葛亮就变成炭烤卧龙了。

刘备一气儿侍立了起码一个多时辰，诸葛亮才悠然而醒，口中吟诗曰：“大梦谁先觉？平生我自知，草堂春睡足，窗外日迟迟。”

完了问一句：“有俗客来吗？”这要是气量小的，早拂袖跷靴而去：谁是俗客？你才俗客，你全家都是俗客！

刘备气量大，仍旧拱立阶下。

童子报曰：“刘皇叔在此，立候多时。”

诸葛亮没有倒踏鞋子冲出来握住刘皇叔的手摇啊摇，说哎呀你咋来了也不叫醒我呀如何如何，而是叱骂童子：“何不早报！尚容更衣。”然后摇啊摇晃啊晃，摇摇晃晃到后堂去了。这一去，又是半晌。

然后方才整衣出迎。

这谱摆的。虽然《三国演义》里演义的成分很多，但是“先主遂诣亮，凡三往，乃见”却是实打实的，真的。确实是诸葛亮摆谱来着。

越摆谱，越显得自己有价值。可是纵观诸葛亮一生，此后并没有这么摆过谱，他已经认定了刘皇叔就是他要找的人，那么，就让他痛痛快快地摆一回谱吧，因为此后一生鞠躬尽瘁，呕心沥血，皆为此人啊！

可是，就这一个“三顾茅庐”也有人提出异议，按照《魏略》和《九州春秋》的说法，是诸葛亮主动上门的。

《魏略》曰：

刘备屯于樊城。是时曹公方定河北，亮知荆州次当受敌，而刘表性缓，不晓军事。亮乃北行见备，备与亮非旧，又以其年少，以诸生意待之。坐集既毕，众宾皆去，而亮独留，备亦不问其所欲言。备性好结毦，时适有人以髦牛尾与备者，备因手自结之。亮乃进曰：“明将军当复有远志，但结毦而已邪！”备知亮非常人也，乃投毦而答曰：“是何言与！我聊以忘忧耳。”亮遂言曰：“将军度刘镇南孰与曹公邪？”备曰：“不及。”亮又曰：“将军自度何如也？”备曰：“亦不如。”曰：“今皆不及，而将军之众不过数千人，以此待敌，得无非计乎！”备曰：“我亦愁之，当若之何？”亮曰：“今荆州非少人也，而著籍者寡，平居发调，则人心不悦；可语镇南，令国中凡有游户，皆使自实，因录以益众可也。”备从其计，故众遂强。备由此知亮有英略，乃以上客礼之。九州春秋所言亦如之。

就是说，刘备屯兵樊城，曹操方定河北，马上就要攻取荆州，刘表是个慢性子，又不懂军事，刘备懂军事，可是刘表又不重用他，也不采纳他的计谋，所以荆州危矣。于是诸葛亮就北上去见刘备。

刘备又不认识他，又觉得他太年轻，就当平常的人才一样对待，坐一起吃顿饭拉倒。结果吃完饭，大家散了，诸葛亮不走。

刘备心里烦，也不问他有什么要说的，就拿根牦牛尾巴在那儿编工艺品（一个大男人，好这个，感觉就像男人织毛衣，怪怪的）。诸葛亮说将军您当有远大志向，难道就是在这儿玩玩牦牛尾巴吗？刘备说这什么话！我不过是玩这个排遣一下忧闷。

诸葛亮一听就知道他忧在何处，就问，你觉得刘表能和曹操比吗？刘备说，比不过。

诸葛亮再问：你觉得你能和曹操比吗？刘备说，也不行。

诸葛亮说，你明明知道比不过，还在这里拿几千人马等敌人大举进攻，就没准备别的主意？

刘备说我也愁啊，可是怎么办嘛！

诸葛亮说，我们荆州不是人少，是现在流民户多，上户口的少，你让他们把户口都上上，然后该交税的要交税，该出工的要出工，该服役的要服役，这不就强大了吗？

刘备一听，是这个道理，从其计，于是兵马也有了，人手也够用了，荆州逐渐强大起来了。诸葛亮也就被待以上宾之礼了。

末了还跟了一句，《九州春秋》说的也是这个意思。

那么，到底孰是孰非呢？

到底是刘备访的诸葛亮，还是诸葛亮往就的刘备？

诸葛亮的《出师表》怎么说的？

“臣本布衣，躬耕于南阳，苟全性命于乱世，不求闻达于诸侯。先帝不以臣卑鄙，猥自枉屈，三顾臣于草庐之中，咨臣以当世之事，由是感激，遂许先帝以驱驰。”

就是说，我本来是一介平民，在南阳当农民，乱世里只求自命，不求闻达，先帝（刘备死了，所以指先帝）不介意我地位卑下，大驾光临，来了三回，问我时势，我感激他的看重，知恩图报，所以答应他为他效力。

只要你不能认定《出师表》是伪作，那么，孰是孰非的问题，也就好解决了。

不论怎样猜想，怎样论证，怎样推演，刘备的三顾茅庐是真的，诸葛亮的隆中定计，也是真的。

第三节　隆中对

【原文】

因屏人曰：“汉室倾颓，奸臣窃命，主上蒙尘。孤不度德量力，欲信大义于天下，而智术浅短，遂用猖獗，至于今日。然志犹未已，君谓计将安出？”

亮答曰：“自董卓以来，豪杰并起，跨州连郡者不可胜数。曹操比于袁绍，则名微而众寡，然操遂能克绍，以弱为强者，非惟天时，抑亦人谋也。今操已拥百万之众，挟天子而令诸侯，此诚不可与争锋。孙权据有江东，已历三世，国险而民附，贤能为之用，此可以为援而不可图也。荆州北据汉沔，利尽南海，东连吴会，西通巴蜀，此用武之国，而其主不能守，此殆天所以资将军，将军岂有意乎？益州险塞，沃野千里，天府之土，高祖因之以成帝业。刘璋暗弱，张鲁在北，民殷国富而不知存恤，智能之士思得明君。将军既帝室之胄，信义著于四海，总揽英雄，思贤如渴，若跨有荆益，保其岩阻，西和诸戎，南抚夷越，外结好孙权，内修政理；天下有变，则命一上将将荆州之军以向宛、洛，将军身率益州之众出于秦川，百姓孰敢不箪食壶浆以迎将军者乎？诚如是，则霸业可成，汉室可兴矣。”先主曰：“善！”于是与亮情好日密。关羽、张飞等不悦，先主解之曰：“孤之有孔明，犹鱼之有水也。愿诸君勿复言。”羽、飞乃止。

【译文】

刘备屏退随从，对诸葛亮说：

“汉室朝纲倾颓，奸臣窃取国权，皇上风尘避乱。鄙人自不量力量德，企图为天下伸张正义，苦于自己智术浅短，因而屡遭挫折，以致今日这种地步。但我初衷不改、志向未泯，您说我该如何做才好？”

诸葛亮回答说：“自董卓窃权以来，天下豪杰纷起，割州据郡之人比比皆是。

“曹操相较袁绍，名望低而兵势弱，但曹操却能打败袁绍，转弱为强，这不仅是时机有利，而且还得力于人的谋略。

“现在曹操已拥兵百万，挟持天子借其名义而号令诸侯，对他决不能直接与之争强斗胜。

“孙权占据江东，经营达三代之久，地势险要，民心归附，贤能之士都愿为之效力，对他只能联络用作外援，不可打主意吞并。

“荆州地方，北有汉沔二水用作险据，南可直收南海物产以资利用，东向相连吴郡、会稽，西进可入巴蜀之地，这是兵家必争的战略要地，可是当今荆州的主人却无能力守住它，这可是上天特意安排来资助将军的礼物，将军有意夺取荆州吗？

“益州地势险要，沃野千里，乃天府之国，从前汉高祖就是凭借这块地方而成就帝业。刘璋懦弱昏庸，北边又有张鲁的威胁，虽说民丰国富，但他不知爱护体恤，智谋才干之士都希望得到一位贤明的君主。

“将军您不仅是汉朝皇室的后裔，而且信义闻名天下，广纳天下英雄，如饥似渴地盼有贤能人才，如果占据荆、益二州，凭险据守，西部与戎族各部和好，南面对夷越各族实行安抚政策，对外与孙权和好结盟，对内革新政治修德施仁，天下一旦发生变故，即派上将一员统率荆州士卒进军宛城、洛阳一带，将军您则亲自率领益州军马出兵秦川，百姓岂能不箪食壶浆来迎接将军呢？

“如果真能这么做，那么霸业成功有日，汉王朝复兴有望了。”

刘备说：“太好了！”

于是与诸葛亮情谊与日俱增。

关羽、张飞等对此颇为不满，刘备向他们解释说：“我得到了孔明犹如鱼儿有了水，请你们不要再说了。”

关羽、张飞这才不再议论了。

【评点】

刘备把人都给屏退了，就是说，把所有跟随的闲杂人等都遣退到了外面守候，关羽和张飞估计也都没在身边，只留下了自己和诸葛亮，然后进行了一番密谈。

刘备先给这次的谈话盖了一个帽：

“汉室倾颓，奸臣窃命，主上蒙尘。孤不度德量力，欲信大义于天下，而智术浅短，遂用猖獗，至于今日。然志犹未已，君谓计将安出？”

这两句话，一方面是亮明自己的身份，以刘氏皇家天下的宗室后代的身份来说的，非常之冠冕堂皇，忧国忧民；另一方面是说自己虽然能力不够，但是决心是有的，诚意也有，所以，请先生能帮我出主意、拿办法。

微妙的是，诸葛亮的回答，略过了第一个方面，也就是说，没有给他这个套话再穿个靴子，自己也来一套忧国忧民、冠冕堂皇的套话，而是直接就给刘备出主意、定计策。

这说明诸葛亮是一个相当务实的人，我们现在开各种各样的会议，都容易务虚，容易从极大处着手，而无处着眼，也无心着眼，只夸夸其谈，而不真砍实干。在这一方面，可以向诸葛亮学习学习。

他说：“自董卓以来，豪杰并起，跨州连郡者不可胜数。”

也就是说，自从董卓作乱以后，各路诸侯一哄而起，你抢一块地盘，我抢一块地盘，这么一个大形势下，咱们也得做到能够跨州连郡，有自己的地盘，才能成事。至于成什么事，你是兴王室，还是自己当皇帝，那就是有了地盘以后的事了。没有地盘，一切都是零。地盘才是那个决定大局的“1”。

然后又拿曹操作比，给刘备树立信心：

“曹操比于袁绍，则名微而众寡，然操遂能克绍，以弱为强者，非惟天时，抑亦人谋也。”

曹操和袁绍比起来，曹操名微而众寡，就是说，名气没有袁绍大，兵马也没有袁绍多，结果居然叫曹操把袁绍干掉了。之所以能够以弱胜强，不仅仅靠的是运气呀，也是靠的人的谋划。说白了，他就是在鼓励刘备，事在人为。所谓“成事在天，谋事在人”嘛！

那么，怎么个谋法呢？

下面就是诸葛亮替刘备“谋”的内容，非常实际，非常有料，非常有用。

第一，曹操太厉害，咱不跟他争。

他说得对。北方的冀州、青州、幽州、并州，原来都是袁绍的地盘，只有兖州、豫州、徐州三州是曹操的地盘，现在曹操把袁绍一灭，把他的地盘一吃，这么大一块蛋糕就都姓了曹了。你还不能打他的主意，因为他不但兵多将广，“拥百万之众”，而且还玩得很绝，“挟天子而令诸侯”。说白了，就是说，曹操是打着正义的旗帜来谋自己的私利。所以，正面交锋不是智者所为。

第二，孙权的江东这块地盘，咱也不能动。

因为孙权有福气，他的江东已经靠他爹和他哥哥呕心沥血地经营，根基很稳固了，而他自己又很能干，江东的地理条件又很险要，老百姓在那里可以安居乐业，人才也都纷纷往那儿跑，过去之后还能够得到重用。天时、地利、人和都有了，所以也不能吃掉，只能想办法让他成为自己的强援，自己却不能把它当成敌手。

既然这样，那怎么办？

还有哪些地方可以让刘备打主意、动心思去谋求呢？

地方是有的。第一个地方就是荆州。地方险要，兵家必争，英雄用武之地也。偏偏这个地盘的主人又守不住，“此殆天所以资将军，将军岂有意乎？”

这个话问得好隐晦呀，这大概是老天爷拿来资助将军的吧，将军您大概也有这个意思吧？

我们不要忘了，荆州刘表是诸葛亮的老婆的姨夫，他就是再那啥，也不能撺掇刘备把姨夫给做了，所以只能说得这么隐晦。荆州可以拿下，但是不能自己动兵去拿，而要等着自己送上门来。“等”是个关键词，换句话说，荆州只能巧取，不能豪夺。不过不要紧，这块地盘迟早是你的。

刘备哪还能不有意？这么好的地方，老天爷要给他，他做梦都得笑醒！

而事实证明，诸葛亮说的是对的。

第二个地方就是益州。沃野千里，物产丰富，易守难攻。偏偏这个地方的主人也守不住，所谓“刘璋暗弱”，也不是个好领导，那些个有本事有智慧的人都想着能够有一个明君管理、统治这个地方，使用他们的才干。这地方，也是老天爷要送给你的。怎么办，你要不要？

这俩问题根本就没见刘备回答，因为根本没有必要回答。

天予不取，反取其祸。说白了就是不要白不要，给你你不要，反会把祸招。

那么，这俩地方拿下之后，怎么办呢？

刘将军啊，您的声望那是“信义著于四海”，您的身份则是“帝室之胄”，您又“总揽英雄，思贤如渴”，再有了稳固的根据地，这就算是有了一个属于您自己的独立王国了。

然后整修内务，外联孙权，一旦天下有变，“命一上将将荆州之军以向宛、洛，将军身率益州之众出于秦川”，就是一路大军进攻洛阳，一路大军进攻西安，那个时候，天底下的老百姓不夹道欢迎才怪。这么一来，您的霸业不就成功了？您这位汉室之胄不就可以重新复兴汉室了？

当然，在以后的事态发展中，我们只看到了魏、蜀、吴三国相争，三国并立，三足成鼎，没看到后来诸葛亮谋划的刘备天下定鼎，这个没有办法，正像前面司马徽说的，得其主不得其时。

时也，运也，命也。

总之，大势已定，以后就是按步实施的事了。刘备以前缺的就是一个大纲、一个走向，现在诸葛亮给他把这个大问题解决了，怪不得刘备会非常高兴地称“善”！

此后两个人交情就非常好了，好到关羽和张飞吃醋的地步。从这一点上，也可以推想当初刘备和诸葛亮隆中对，屏退众人，也把这哥儿俩屏到屋外去了，要是也与会旁听，听到诸葛亮的雄才伟略，估计对这个书生也就不这么小看了。

刘备把自己比作鱼，把诸葛亮比作水，一方面，是这俩人的交情之好（比我们现代人谈恋爱还好，现代人重实际，谈恋爱都谈得掺上真金白银，鱼水之欢还不如说是真金白银之欢，财富地位之欢），另一方面，也说明诸葛亮对于刘备的整个事业的重要性。没有水，鱼就死了！

其时，距离曹操和蛰伏的潜龙刘备青梅煮酒已经八年。八年间，曹操势力日盛，刘备东躲西藏；八年后，曹操的最得力的谋士郭嘉去世，刘备却得了卧龙。命运，向刘备缓缓张开了青眼……

第四节　上屋抽梯

【原文】

刘表长子琦，亦深器亮。表受后妻之言，爱少子琮，不悦于琦。琦每欲与亮谋自安之术，亮辄拒塞，未与处画。琦乃将亮游观后园，共上高楼，饮宴之间，令人去梯，因谓亮曰：“今日上不至天，下不至地，言出子口，入于吾耳，可以言未？”亮答曰：“君不见申生在内而危，重耳在外而安乎？”琦意感悟，阴规出计。会黄祖死，得出，遂为江夏太守。

【译文】

刘表长子刘琦，也十分器重诸葛亮。

刘表听信后妻的话，偏爱小儿子刘琮，不喜欢刘琦。

刘琦常常想与诸葛亮商拟保全自己的办法，但诸葛亮总是加以拒绝，不替他谋划。

于是刘琦请诸葛亮游览自家的后园，一同登上高楼，饮酒中途，他派人将楼梯抽走，然后对诸葛亮说："现在上不着天，下不着地，从您口中出来的话，只进入我的耳中，可以指教一下吧？"

诸葛亮说："您没有看到晋公子申生留在宫内遭受谋害，而重耳逃亡在外却得到安全吗？"

刘琦茅塞顿开，于是便私下策划外出襄阳。

时逢黄祖死去，刘琦借机脱身，出任江夏太守。

【评点】

三十六计里，最为脍炙人口的是"走为上计"，其实就是打不过，逃！

三十六计里面还有一计，叫作"上屋抽梯"，是刘表的长子刘琦"暗算"诸葛亮时使用的一计。

当然说"暗算"是夸张，其实就是刘琦使计向诸葛亮问计。

当时的情形是这样的：

刘表有两个儿子，大儿子刘琦，小儿子刘琮。这两个儿子都是刘表的前妻生的，刘表喜欢大儿子，刘表的后妻喜欢小儿子——因为她把她的娘家侄女许配给刘琮了。刘表的后妻就是诸葛亮的老婆黄月英的亲姨。

这么一亲上加亲，蔡氏背后代表的这个蔡氏集团，就是荆州地方豪门士族的集团，就站在了刘琮的一边，刘琦就显得势力单危。

本来是长幼有序，立长立嫡，结果刘琮的这些关系网里面的人都去到刘表跟前说刘琦的坏话了，刘表又耳根子软，别人说啥他信啥，结果他就开始不待见大儿子，宠爱小儿子。

刘琦就十分紧张——他不能不紧张。平民小户的偏宠偏爱那只不过是给那宠爱的吃点好东西、用点好东西，分家的时候分一处好房子；但是刘表这样的地位，那如果偏宠偏爱的话，不但是废长立幼的事，弄得不好长子小命不保。

所以，他就向诸葛亮问计。

诸葛亮多大的智慧，这么点子小事，真不够他发挥。

可是他却不肯。

诸葛亮的架势也很难拿捏。刘琦和刘琮都叫他姐夫，他帮谁合适？他的妻姨母是偏向刘琮的，他帮着刘琦出主意，那还不得罪老婆的娘家人？再说了，他现在既然是刘备的人，而刘备现在又是刘表的人，他也就是妻姨父帐下的人，而妻姨父刘表又是偏爱幼子，他一出主意，那肯定连刘表也得罪了。

所以最好的原则就是不偏不倚，谁也不理。任凭刘琮那帮人闹得欢，他冷眼看，反正他知道刘表没有大本事，刘琮也没有大本事，荆州迟早也得归了刘备。

刘琦为自己的性命起见，就想出一个主意。

请诸葛亮喝酒。先请他到园子里，再请他到楼上，到了楼上，自然是屏退众人，命人把梯子撤了，这下子，诸葛亮又不会武功，想下都下不去了。然后刘琦再哀求诸葛亮，跪下，拉着他的衣服，求他出个保命良策。这计策你说出来，我听进去，旁边没有第三只耳朵第三张嘴。所以，就请你说吧，救救我吧。

诸葛亮就说了，说什么呢？说故事。

故事发生在春秋时期。

晋献公的妃子骊姬想谋害晋献公的两个儿子：申生和重耳。申生是太子，重耳是公子。骊姬想让晋献公立亲生儿子奚齐为太子。

重耳聪明，知道骊姬没安好心，就逃亡到了国外，让她抓不着。

申生这个人厚道，太厚道了，不肯走，要孝顺和侍奉他爹。

有一天，申生派人给晋献公送了一些吃的东西，那自然是珍稀美味啊，不然怎么会送给爹吃。结果骊姬这个女人就给他把东西换了，换成有毒的。然后晋献公要吃的时候，骊姬就说，这饮食是从外面送来的，不保险，还是让人试试毒吧。

晋献公对骊姬言听计从，就命人尝菜，结果一尝，这人死了，晋献公大怒，大骂申生不孝，阴谋杀父夺位，决定要杀了这个逆子。申生听了，也不申辩，事实上也申辩不清，干脆自刎身亡。

重耳后来回国，成了晋文公。

于是诸葛亮对刘琦说："申生在内而亡，重耳在外而安。"

然后，他就没有再深讲，也没有办法再深讲下去。

刘琦也很聪明，马上明白了诸葛亮话里的意思，正好，江夏太守黄祖被孙权杀了，刘琦就去找他爹，说我去做江夏太守吧。刘表批准，刘琦就带了一万人到了夏口，避开了后母，让她鞭长莫及，终于免遭陷害。

这就是"上屋抽梯"的原始意思。

当然，用在用兵打仗上，也就是说，先给敌人安放好“梯子”，也就是故意给敌人一些方便的甜头吃吃，然后等敌人“上楼”，也就是钻进自己已经布好的口袋里，然后把梯子一拆，就可以围歼之。

至于安什么样的梯子，那就因人而异了。如果敌人贪婪，那就利诱；如果对方骄慢，那就示弱；如果对方莽撞，那就埋伏。总之，梯子千变万化，却只有一个目的，诱你上楼，然后揍你。

诸葛亮大才，经天纬地，他初出茅庐的第一计却既不经天，亦不纬地，而是轻描淡写间，帮着人家解决了一番家务事。不过刘琦不是带走了一万人吗？这一万人，就在后来的赤壁之战中，当了刘备一半的本钱：他总共只有两万人，一万是关羽的水军，一万就是刘琦带走的军队。

第五节　舌战群儒

【原文】

先主至于夏口，亮曰：“事急矣，请奉命求救于孙将军。”时权拥军在柴桑，观望成败，亮说权曰：“海内大乱，将军起兵据有江东，刘豫州亦收众汉南，与曹操并争天下。今操芟夷大难，略已平矣，遂破荆州，威震四海。英雄无所用武，故豫州遁逃至此。将军量力而处之：若能以吴、越之众与中国抗衡，不如早与之绝；若不能当，何不案兵束甲，北面而事之！今将军外托服从之名，而内怀犹豫之计，事急而不断，祸至无日矣！”权曰：“苟如君言，刘豫州何不遂事之乎？”亮曰：“田横，齐之壮士耳，犹守义不辱，况刘豫州王室之胄，英才盖世，众士慕仰，若水之归海，若事之不济，此乃天也，安能复为之下乎！”权勃然曰：“吾不能举全吴之地，十万之众，受制于人。吾计决矣！非刘豫州莫可以当曹操者，然豫州新败之后，安能抗此难乎？”亮曰：“豫州军虽败于长阪，今战士还者及关羽水军精甲万人，刘琦合江夏战士亦不下万人。曹操之众，远来疲弊，闻追豫州，轻骑一日一夜行三百余里，此所谓‘强弩之末，势不能穿鲁缟’者也。故兵法忌之，曰‘必蹶上将军’。且北方之人，不习水战；又荆州之民附操者，逼兵势耳，非心服也。今将军诚能命猛将统兵数万，与豫州协规同力，破操军必矣。操军破，必北还，如此则荆、吴之势强，鼎足之形成矣。成败之机，在于今日。”权大悦，即遣周瑜、程普、鲁肃等水军三万，随亮诣先主，并力拒曹公。曹公败于赤壁，引军归邺。先主遂收江南，以亮为军师中郎将，使督零陵、桂阳、长沙三郡，调其赋税，以充军实。

【译文】

刘备行至夏口，诸葛亮说："现在形势危急，请将军派我前往东吴向孙权将军求援。"

这时孙权正率军屯集在柴桑，在一旁坐观曹、刘战局的胜负，诸葛亮前往劝喻孙权说：

"天下大乱，将军您起兵拥有江东，刘豫州也在汉南招集兵马，共同与曹操争夺天下。

"现在曹操平定内患，基本上稳定了北方，接着进军南取荆州，威势震慑天下。

"英雄无用武之地，故此刘豫州避逃到这里。

"希望将军您能根据自己的力量来考虑对策：如果能起用东吴的军队与中原的曹军相抗衡，就应该及早与曹操断绝关系；假若不能与之相抗衡，何不就此搁下武器、解除盔甲，向对方俯首称臣呢！

"现在您表面上说服从曹操，内心里又犹豫不决，情势危急而不当机立断，大祸即在眼前啊！"

孙权说："假如情况如你所说，刘豫州怎么不投降曹操？"

诸葛亮说："田横，不过是齐国一个壮士，尚且坚守节操而不投降受辱，何况刘豫州乃大汉皇室的后裔，英才盖世，群士仰慕，犹如众水归海。如果功业不能成功，此乃天意所定，岂可再做曹操的下属！"

孙权勃然大怒说：

"我决不能拿整个东吴的土地和十万的军队去受他人控制。我的主意已经打定！你说除刘豫州外便无人抵挡曹操，可是刘豫州最近刚被打败，又怎能抵挡住如此强敌呢？"

诸葛亮说："刘豫州的军队虽在长阪战败，但现在陆续归还的兵卒加上关羽的水军仍有上万人马；刘琦集合起的江夏兵卒亦不下万人。

"曹操的兵马远道奔驰而来，疲惫不堪，听说他们为了追赶刘豫州，轻骑一昼夜行走三百多里，这就是常言所道'强弓发出的箭，在射程之末连鲁地的薄绢都不能穿透'，所以用兵之法忌讳这种作战，并说'必会招致主将失败'，况且北方人不适应水战；另外荆州百姓归附曹操，实为兵势所迫，并非心甘情愿。

"现在将军真正能派出猛将统率数万兵马，与刘豫州协力同心，一定能将曹军击败。

"曹操一败，必然退归北方，这样荆州、东吴的势力就强大起来，三分天下的局面也就形成了。成败的时机，在于今日的选择。"

孙权闻言大喜，即派周瑜、程普、鲁肃等率水军三万，随诸葛亮赶赴刘备那里，协力抗击曹操。

曹操在赤壁战败后，领军退归邺城。

刘备于是占有江南之地，任命诸葛亮为军师中郎将，派他督守零陵、桂阳、长沙三郡，征调三郡的赋税，以之补充军需。

【评点】

无论是在《三国志》里，还是在《三国演义》里，诸葛亮过江东都是一场好戏。只不过《三国志》里记载得简略，好比一棵树落光了叶子，只剩下树干和枝干；而《三国演义》里演绎得丰满、生动、高潮迭起，好比是盛夏的阔叶杨，满身的大叶子，风一吹哗啦啦响。

在《三国志》里面，诸葛亮没有舌战群儒，直接就是用激将法激孙权联蜀抗曹。而在《三国演义》里面，我们却领略了一个舌如刀锋、辩才无碍的诸葛形象。

曹军带领八十万大军南伐，如果蜀和吴不联合起来，就会被曹操分头吃掉。而当时吴国诸将，却都主张降曹，不撄其锋，因为惹不起。所以孙权在犹豫。

这个时候，蜀国失败和胜利的天平就取决于江东对于曹操的是战是降，对于蜀国的是分是联。

也就是说，砝码是江东，是孙权。

在这种时刻，出使东吴是必要的，但是，使者却冒着极大的风险。一旦东吴决定降曹，铁定是要把使者斩首讨好曹操。但是诸葛亮去了。一方面，这家伙不怕死——大丈夫建功立业，焉能怕死哉！另一方面，他也对自己有充分的信心，知道自己死不了，因为他不但有一个睿智的脑子，还有一张锋锐的利嘴，就是东吴降曹决心已定，他也有本事从这中间硬咬开一个口子，把联合抗曹的理念给他们灌输进去。说白了，就是一句俗话：艺高人胆大是也。

下面我们来领略一下诸葛亮在《三国演义》里的舌辩功夫。虽然是演义性质，也能展现他的风采。

他到了东吴，东吴一干人等衣冠楚楚，严阵以待。张昭首先向他发难，说我听说您先生是自比管、乐是吧？那怎么您没有跟刘豫州之前，刘豫州尚且纵横寰宇，割据城池；自从你跟了他，他却是"曹兵一出，弃甲抛戈，望风而窜；上不能报刘表以安庶民，下不能辅孤子而据疆土；乃弃新野，走樊城，败当阳，奔夏口，无容身之地：是豫州既得先生之后，反不如其初也”。人家管仲、乐毅，是你这样当的吗？

孔明说，鹏飞万里，其志向那些低飞的群鸟懂什么（其实就是陈胜说的“燕雀安知鸿鹄之志”），把张昭给比成燕子和麻雀了。就好比说吧，人得了重病，要喝稀粥，用性宽和的药，慢慢调理得他腑脏调和，然后才让他吃肉，才给他下猛药，这样才能除病根。要是一开始就吃肉大补，猛药施治，病能好得了才怪。

就好比说我主刘豫州吧，他寄住刘表那里，兵员不满千人，大将只有关羽、张飞、赵云，就好比一个人身染重病。新野又人少粮稀，“甲兵不完，城郭不固，军不经练，粮不继日”，就这情况下，我还指挥着军队火攻博望坡，又水攻白河，吓得夏侯惇和曹仁之辈心惊胆裂——就是管仲和乐毅用兵，也不过如此吧？

再说了，寡不敌众，胜败乃军家常事，昔日咱高祖皇帝（注：指刘邦）跟项羽打仗，那不是败了再败？然后在垓下一战成功，这难道不是韩信的良谋吗？他辅佐高祖皇帝那么久，也不是老打胜仗啊！

“盖国家大计，社稷安危，是有主谋。非比夸辩之徒，虚誉欺人：坐议立谈，无人可及；临机应变，百无一能。诚为天下笑耳！”

这夸辩之徒，可不就是暗刺的张昭吗？可怜张昭居然无话可答。

然后虞翻忍不住了，大声问：“今曹公兵屯百万，将列千员，龙骧虎视，平吞江夏，公以为何如？”

孔明说，我们刘豫州率领几千仁义之师，怎么能敌得过百万残暴之众？退守江夏，以待其时，可不是要投降曹操。可不像江东的某些人，明明自己的地盘兵精粮足，又有长江天险，还要说服他的主子屈膝降贼，不顾天下耻笑。这么论起来，我们刘豫州，是真不怕曹操这个老奸贼的！

结果又戳到了虞翻的肺眼子上——他也是力劝孙权降曹的人员之一啊！

然后又一个人问了，说孔明啊，你是想要效仿苏秦、张仪的利舌，来游说我们东吴的吧？

孔明一看，原来是步骘，就说：您甭瞧不起苏秦和张仪这俩人，人家说起来是辩士，靠一张舌头说话，你却不知道这俩人也是豪杰。“苏秦佩六国相印，张仪两次相秦，皆有匡扶人国之谋，非比畏强凌弱、惧刀避剑之人也。君等闻曹操虚发诈伪之词，便畏惧请降，敢笑苏秦、张仪乎？”这下子，把步骘也给臊得默默无语。

底下薛综又问：“孔明先生，你觉得曹操是个什么样的人啊？”

孔明说当然是汉贼啊，这还用问吗？

薛综说不对，你说的不对。汉传世至今，天数将终。现在人家曹公（他可不敢说曹贼，万一降曹，曹操就成了自己的主公了）已经占有了三分之二的天下，人们都把心转向了他。刘豫州不识时务，一定要跟他争，不是以卵击石吗？不败才怪。

孔明气坏了，当然也是抓住了薛综话里的大把柄，所以厉声说道：你怎么敢说这么无父无君的话！人生天地间，忠孝是根本。你既然是汉臣，见到那不臣之人，应该发誓一起诛灭他，这才是为臣之道。现在“曹操祖宗叨食汉禄，不思报效，反怀篡逆之心，天下之所共愤；公乃以天数归之，真无父无君之人也！不足与语！请勿复言！”

说得这家伙满面羞惭，不能对答。

然后，一个名士出马了，就是怀橘之陆绩。说是他六岁那年，在九江见到袁术，袁术就让人拿橘子给他吃。橘子是稀罕物，他吃了不算，还往怀里揣了三个。结果告辞的时候，好死不死的，这橘子还从怀里掉出来了。袁术笑话他：“陆郎啊，你做客还往怀里揣橘子，想干吗呀？”结果陆绩说：“这橘子挺甜的，我想拿回去让我娘吃。”袁术一听，说：“陆郎这么年幼却这么有孝心，长大必然成才啊！”

这孩子长大后，成了孙权阵营的人。现在就是他说话了，说就算曹操这人不地道，挟天子以令诸侯，可是他也是相国曹参之后，正根正苗；刘豫州虽然号称是中山靖王的后代，可是又没有资料查考，眼下不过就是个卖草鞋的。他又怎么能和曹操抗衡呢？

孔明说陆郎啊，你坐好，听我说句话：曹操既是曹相国之后，那他家就是汉臣了。现在他做的事，专权肆横，欺凌君父，不但是欺君，而且是灭祖。他不但是汉室的乱臣，也是曹氏一族的贼子。哪像我们刘豫州，堂堂帝胄，就连当今皇帝也给他按谱赐爵，你怎么能说他没有证据可以查考呢？再说了，我们汉高祖起身之前，不过也就是一介亭长，最终拥有天下，卖草鞋又有什么可耻辱的？“公小儿之见，不足与高士共语！”堵得陆绩也说不出话。

眼看着一个个人在孔明的一张利嘴面前噼里啪啦倒下，还有人不知死，上前挑衅：孔明说的话都是强词夺理，咱不理他。我且请问孔明先生您读的是何经典？

孔明看一眼，是严畯，也不客气地说：寻章摘句读死书，那是腐儒才干的事，凭这个怎么能兴邦立事？你看古代的伊尹、子牙、张良、陈平、邓禹、耿弇这些人，都有匡扶宇宙的大才，你能说出他们生平读什么书吗？“岂亦效书生，区区于笔砚之间，数黑论黄，舞文弄墨而已乎？”严畯低头丧气而不能对。

又有一个叫程德枢的人，大声说：你就爱说大话，未必有真才学，恐怕正是读书人笑话的那种人！

孔明说：读书人也有君子和小人的分别。“君子之儒，忠君爱国，守正恶邪，务使泽及当时，名留后世。若夫小人之儒，惟务雕虫，专工翰墨，青春作赋，皓首穷经；笔下虽有千言，胸中实无一策。且如扬雄以文章名世，而屈身事莽，不免投阁而死，此所谓小人之儒也；虽日赋万言，亦何取哉！”

……真是你有来言，我有去语，你赠我香芍药，我赠你水蜜桃，你赠我匕首，我赠你毒箭，好一场刀光剑影不见血的交锋！

下面，我们再来看正史《三国志》中，诸葛亮怎么说服孙权的：

他上来就说曹操厉害，然后苦口婆心劝孙权：

您要是想战，那就利利索索斩断跟曹操的联系，不要拖泥带水；如果觉得打不赢，那就痛痛快快投降曹操，一切合着您自己的力量办。最忌讳的就是当断不断，反受其乱。

孙权一听，哦，你还撺掇我降曹啊？那你们家的刘备刘玄德怎么不降曹啊？

诸葛亮一听，有门儿，你这话问得太对了，太合我口味了，我太知道怎么回答了！

人家田横一介壮士都能不畏强权，我们刘豫州好歹也是大汉后裔，英才盖世，贤才望风而附，我们就算打不赢也不降，义不受辱！

那意思就是，孙权啊，您老人家不是我们大汉子民啊，您也没有我们刘豫州这份英才，您手下也没有那么多贤人，所以，您还是及早投降了吧！

把孙权气坏了：一个区区的要兵无兵、要人无人、要地盘无地盘的刘备都能这么强横，我江东比他强多了，好歹还有大片土地和十万精兵，我决不能受曹操的辖制！

他是把态度明确表示出来了，可是，就算不降曹，曹操号称八十万精兵，这个拒曹的仗可怎么打呢？

诸葛亮早就想好了对策，前面这番话都是铺垫，就为的把这份计策新鲜热辣地出炉。如果一开始就拿出来，彼时孙权决心未定，他就不会看重，反而会横挑鼻子竖挑眼，就跟小孩的逆反心理一样。现在火候到了，他当然不会藏私：

刘备兵力还有一万，刘琦的兵力也有一万，加起来就是两万。言下之意孙权的兵力又有十万。

曹操虽然号称大军八十万，可是远道奔袭，疲惫不堪，别说一个人当两个人使，恐怕两个人也当不了一个人使，此是一方面；另一方面，曹操的军队里都是北人，不利水土，不善水战，所谓不得地利，咱们却是在自家门口作战，行军打仗方面便宜占尽；再说了，荆州虽然降曹，可是老百姓对他并没有好感（还记得曹操屠徐州吗？凶神啊，人们心里怕是怕，绝不会爱），所以他也不占人和。

这么一来，蜀、吴联军，打败曹操，把他赶回北方，荆州的力量也大了，东吴也保住了，鼎足三分，不用担心曹操吃掉你们了。这样难道不好？

其实孙权正担心的就是降曹之后的事，众臣降曹，都好办，可以加官，可以晋爵，至不济亦可保命；孙权是江东之主，降了曹，曹操能容得下他在自己的卧榻之侧鼾睡？他还不定落个什么样的悲惨下场。而按照诸葛亮的分析，如此在理，如果拼一拼能够拼得保全江东，甚至扩大势力，这岂不是天大的好事一桩！

所以，蜀、吴联盟就在诸葛亮的出使之下，完成了。

如果说《隆中对》里面，诸葛亮提到的鼎足三分只是一个远景规划，那么，现在，他作为推动这个规划实现的实施者，做出了最大的贡献。

此后就是火烧赤壁，曹操败走华容道，天下就此三分。

至于脍炙人口的借东风、草船借箭，未必不是罗贯中演绎出来的场景，结果惹得鲁迅先生说诸葛亮“多智近妖”。诸葛妖不是一个“妖人”，而是一个真真正正的国士，足智多谋，立身清正，令人崇敬。

第六节　白帝城托孤

【原文】

章武三年春，先主于永安病笃，召亮于成都，属以后事，谓亮曰：“君才十倍曹丕，必能安国，终定大事。若嗣子可辅，辅之；如其不才，君可自取。”亮涕泣曰：“臣敢竭股肱之力，效忠贞之节，继之以死！”先主又为诏敕后主曰：“汝与丞相从事，事之如父。”建兴元年，封亮武乡侯，开府治事。顷之，又领益州牧。政事无巨细，咸决于亮。

【译文】

章武三年（223）春，刘备在永安病危，将诸葛亮从成都召来，托付后事。

他对诸葛亮说：“你的才干胜过曹丕十倍，一定能安定国家，完成统一大业。如果刘禅可以辅佐，你就辅佐他；如果他无才能，您就取而代之吧。”

诸葛亮痛哭回言：“臣愿竭尽心力辅佐太子，献出自己的忠诚节操，鞠躬尽瘁，死而后已！”

刘备又诏告刘禅：“你与诸葛丞相共掌国事，一定要像对待父亲那样对待他。”

建兴元年（223），刘禅封诸葛亮为武乡侯，设立丞相府署，让诸葛亮自选僚属，全权处理国事。

不久，又让诸葛亮兼任益州牧。

朝中政事无巨细，都由诸葛亮一人裁决。

【评点】

还记得司马徽说他“诸葛亮得其主不得其时”吗？

现在，他的主人也要去世了。

此后只有他一个人，扶着一个不谙世事的阿斗，走完人生中剩下的风霜雨雪。

刘备和他，腹心之托，名为君臣，实为兄弟，比亲兄弟还亲，因为亲兄弟也有可能因利诈欺作伪，而他对诸葛亮和诸葛亮对他，却是彼此放心，情好日密，好比一人。

做君臣做到这个份上，羡煞旁人；做朋友做到这个份儿上，羡煞旁人；做兄弟做到这个份儿上，羡煞旁人。

可是，当一个要死，另一个就好比孤雁，就是旁人穿越千年，看着这生离死别的一幕，心里也疼。

其时曹操已死，曹丕受禅，刘备嘱托后事，说的却是诸葛亮十倍之才于曹丕，如若刘禅可辅，那就辅之，如果不能辅，那就你来取而代之吧。

有人说刘备是欲擒故纵之计，怕的是诸葛亮在他死后反水，废禅自立，所以干脆事先拿话堵死，逼诸葛亮当场表态。可是就我的理解，这两个人的交情，至于玩这种心机？再说了，诸葛亮是谁？玩心机的祖宗，水晶心肝玻璃人，你说这话是真情还是假意，他能看个十成十。所以，不必；再说了，这两个人的情分，从来就是你重用我，我忠于你，名为君臣，实则兄弟，有必要玩这种虚招子？

所以，刘备是实打实地如此说，诸葛亮也知道他说的是实打实，所以才会哭着表态，要竭忠尽力，辅佐幼主。自此以后，他就是刘禅的相父，事无巨细，咸决于己。换句话说，就是诸葛亮从此大权在握，独揽朝纲。

若是换一个有野心的人，也早废禅自立。可是他却始终一片忠心可昭日月，用他自己日后的实际行动，为自己的一片忠肝义胆，做了最好的注释。

当然，若是换一个比刘禅更有想法、更有本事的后主，恐怕也会从诸葛亮手里把大权夺过来。这一对君臣，一个暗弱单纯，无猜无忌，一个有威严有谋略，又没有异心，于是就一个放权得放心，一个用权得用心，二者皆共一心，仍旧是羡煞旁人。

第七节 《出师表》

【原文】

臣本布衣，躬耕于南阳，苟全性命于乱世，不求闻达于诸侯。先帝不以臣卑鄙，猥自枉屈，三顾臣于草庐之中，咨臣以当世之事，由是感激，遂许先帝以驱驰。后值倾覆，受任于败军之际，奉命于危难之间，尔来二十有一年矣。先帝知臣谨慎，故临崩寄臣以大事也。受命以来，夙夜忧叹，恐托付不效，以伤先帝之明，故五月渡泸，深入不毛。今南方已定，兵甲已足，当奖率三军，北定中原，庶竭驽钝，攘除奸凶，兴复汉室，还于旧都。此臣所以报先帝，而忠陛下之职分也。

【译文】

臣下本是普通百姓，自己耕食于南阳，只求在乱世中苟全性命，不求在诸侯手下做官扬名。

先帝不嫌臣下卑贱浅陋，屈驾亲谒，三顾茅庐求访微臣，向臣下询问天下大事，臣因此感激不已，便答允为先帝奔走效劳。

后来遇上军事失利，臣受任于败军之际、奉命于危难之间，至今已是二十一年了。

先帝深知臣为事谨慎，所以在临终前将国家大事托付给臣。

臣自接受遗命以来，日夜愁虑叹息，唯恐所托之事不能收到成效，以致损伤先帝知人之明，因而五月渡过泸水，率军深入不毛之地。

如今南方已被平定，兵力战具准备充足，应该鼓励督领全军，北定中原，竭尽自己的平庸才能，铲除凶险奸恶的敌人，兴复汉室，使国都能返迁洛阳。

这即是臣下用来报答先帝、效忠陛下的职责！

【评点】

千年《出师表》，忠靖老臣心。

“表”，古代向帝王上书言事的一种特殊文体，有所陈述、请求、建议时使用。

刘勰在《文心雕龙》里说:“章以谢恩，奏以按劾，表以陈情，议以执异。”也就是说，“表”本身就是向皇帝剖明心迹的文章，即使不去晓之以理，也必然动之以情。

这篇《出师表》，就是诸葛亮临出征前，对蜀汉天子的一片拳拳之心、眷眷之情。

刘备死了，弱主刘禅即位，诸葛亮呕心沥血，内治内政，外治外患。公元226年五月，魏文帝曹丕死，同年七月，孙权征江夏围石阳，不克而还，诸葛亮毅然决定出征讨伐曹魏。

可是自己要走了，国都中就留下了刘禅这么一个傻孩子。诸葛亮是不走可惜了这次绝好的机会;走又实在放心不下，就像一个备操心的父母一样，挂肚牵肠，其心慌慌。

所以他才在临行之前上书后主，恳切劝勉刘禅要广开言路、严明赏罚、亲贤远佞、兴复汉室;同时也剖肝沥胆，表明心迹，将以身许国，鞠躬尽瘁，死而后已。

“臣受命之日，寝不安席，食不甘味。”区区十三字，把一个蜀汉丞相的“鞠躬尽瘁”表现得淋漓尽致。

诸葛亮称得上是一个完人。

他倾心辅佐刘备，刘备去世，又倾心辅佐刘备不成器的后代刘禅，皆因要报答先帝对他的知遇之恩。一个“忠”字昭日月，一个“义”字薄云天。篡权？没有;夺位？没有;逼帝禅位？没有;挑拨主上？没有……统统没有，一概没有。干干净净，君臣关系清洁如雪。不是刘禅做人好，而是诸葛亮做人好，好在送到手的肉馒头他都不要。

所谓言为心声，因为他做人好，所以一丝丝一缕缕都表现在这篇《出师表》里面，字字恳切，句句真诚，在在叮嘱，处处叮咛，一切的一切，都只见他以国事为重，无有诈伪，只见真诚。

南宋诗人陆游有诗曰:

早岁哪知世事艰，中原北望气如山。
楼船夜雪瓜洲渡，铁马秋风大散关。
塞上长城空自许，镜中衰鬓已先斑。
出师一表真名世，千载谁堪伯仲间。

不堪伯仲间的不是文采，是那份黄金打造的24K真心。

在这篇《出师表》里面，有一个很重要的词:谨慎(“先帝知臣谨慎”)。

20世纪70年代末，有一次，病榻上的毛泽东召见元帅叶剑英，对他说:“诸葛一生惟谨慎，吕端大事不糊涂。”

吕端这个人也是个大大的名人，字易直，北宋幽州人，一代名相。宋太宗想任用吕端为相，有人说吕端这个人“糊涂”。太宗说：“端小事糊涂，大事不糊涂。”

吕端任宰相时已经是六十岁的老人，当宰相后，办事持重稳当，公道廉洁，深得好评，太宗后悔对吕端起用太晚。

吕端小事糊涂的事例应该很多，所谓的糊涂，其实就是一种大度吧。据说他身在相位时，遭人陷害，被削职还乡。结果他回家后，一群官吏和豪绅都巴结他，参拜他，给他送礼。他说我已经不当官啦，被革职啦！结果这群人立马脸色就变了，拿上礼物就走。

结果刚走出门口，就来了圣旨，让他官复原职。这一来，这群势利眼的地方豪绅和官员们可就难堪了，磨磨蹭蹭，走到他的跟前，这个那个，支吾不清。这个说相爷我刚才急着走不是因为您被削职为民啊，是我家有急事；另一个说对对，我家也有急事；又一个说，我是急着上厕所……吕端呵呵一笑，毫不追究。

于是，“宰相肚里能撑船”的俗语就传开了。

吕端在大事上，是绝对不肯这么糊里糊涂的。

有一回，宋太宗问吕端，汉唐以降，有过封乳母为夫人的先例，现在我应该怎么办呢？

吕端可没有糊里糊涂地说圣上您想怎样就怎样，这是您的家事，如何如何。而是正色说，汉朝唐朝这样做，都是事出有因，但是法无定法，礼无定制。那意思是皇上要想按仪制办事的话，那就一定慎重。

宋太宗立真宗为太子，结果他病情严重时，一些内侍和大臣却有了别的想法。有一个叫王继恩的内侍，联络参知政事李昌龄等人，密谋另立太子。

太宗驾崩，皇后命王继恩召见吕端，吕端敏锐觉察出了不对劲，马上就叫手下把王继恩锁在自己府中，他自己急奔朝廷。皇后问他怎么办，他说当然按先帝说的办！

真宗继位，首次登殿，垂帘接见群臣。吕端率众臣晋见，却立而不拜。皇后问他怎么回事，他请把帘子卷起来，让太子坐在正位上，让百官看清楚再拜。其实是怕拜错了人，到时候已经山呼过万岁，想改都不好改。

待到吕端真的看清是真宗无误，才跪拜山呼。

可见这个人的心思之缜密，毫无小事面前的糊涂模样。

那么，诸葛亮的谨慎，又体现在哪里呢？

就拿《三国演义》中演义出来的故事来说吧。他到江东舌战群儒，在场所有的江东名士的底细都被他摸了个底儿掉，这就叫不打无准备之仗，能说不谨慎？

打仗之前，分派任务，排兵布阵，跟诸员大将安排你到哪儿去打埋伏，你到哪儿去诱敌，你到哪儿去截击，这种种的地形图，他都烂熟于心了。如果不谨慎，何至于此呢？

还有他那名传千古的“锦囊妙计”，如果不是他事先就考虑到所有可能发生的变故，又何至于会提前拿出应对措施？这种谨慎，更是让人瞠目。

我们再回到历史上那个真实的诸葛亮身上。诸葛亮北伐撤兵，司马懿纵马查看蜀军大营，发现即使是小细节也都考虑得十分周详，司马懿摇头自叹不如，曰：“真奇才也。”

因为他谨慎，所以刘备委托他以大事。

因为他谨慎，所以他在朝运筹帷幄，出兵算无遗策。

且看《三国演义》里面，马谡自告奋勇守街亭，诸葛亮不放心，又把王平叫来吩咐：“下寨必当要道之处。”还有，“安营既毕，便画四至八道地理形状图本来我看。”这还不谨慎？又怕街亭危险，还事先埋伏了魏延和高翔两路人马以为接应。

可惜，他谨慎，别人不谨慎……

第八节 《失空斩》

【原文】

六年春，扬声由斜谷道取郿，使赵云、邓芝为疑军，据箕谷，魏大将军曹真举众拒之。亮身率诸军攻祁山，戎陈整齐，赏罚肃而号令明，南安、天水、安定三郡叛魏应亮，关中响震。魏明帝西镇长安，命张郃拒亮，亮使马谡督诸军在前，与郃战于街亭。谡违亮节度，举动失宜，大为郃所破。亮拔西县千余家，还于汉中，戮谡以谢众。上疏曰：“臣以弱才，叨窃非据，亲秉旄钺以厉三军，不能训章明法，临事而惧，至有街亭违命之阙，箕谷不戒之失，咎皆在臣授任无方。臣明不知人，恤事多暗，《春秋》责帅，臣职是当。请自贬三等，以督厥咎。”于是以亮为右将军，行丞相事，所总统如前。

【译文】

建兴六年（228）春，诸葛亮扬言要从斜谷道攻取郿县，并派遣赵云、邓芝率军为疑兵，占据箕谷虚张声势，魏国大将军曹真领兵前来抗击。

诸葛亮亲自统率各军前攻祁山，军容整齐，赏惩肃严，号令分明，南安、天水、安定三郡叛魏归蜀，一时间整个关中地区震动惊惧。

魏明帝御驾西进坐镇长安，命令张郃率军抵御诸葛亮，诸葛亮派遣马谡督率各军前行，与张郃大战于街亭。

由于马谡违背了诸葛亮的作战部署，进军布阵失策，被张郃大败。

诸葛亮迁移西县百姓千余户，退军汉中，处死马谡，向全军承认错误，并向后主上奏说：

“臣下以浅薄的才能，担当了不能胜任的职务，亲自领受君令和所赐锦旗斧钺以激励三军，却未能按照规章、严明军纪，面临大事而犹豫决策，以致发生了街亭违背军令的错误，箕谷发兵失于处事不谨慎，其责任都由于为臣用人不当。臣下既无知人之明，考虑问题又多有糊涂之处，依据《春秋》军事失利先罚主帅的典则，此次战争失误的主要责任在臣。自请降职三级，以罚过错。”

于是后主改任诸葛亮为右将军，代行丞相事，仍如以前一样总管全国军政。

【评点】

京剧有一出戏，叫作《失空斩》，它的全称应该是《失街亭、空城计、斩马谡》。

这一连串的故事发生在诸葛亮一出祁山的时候。

按照《三国演义》的说法，诸葛亮一共六出祁山，北上伐魏，以谋统一，但是时也、势也，运也，命也，一次也没有成功。

一出祁山是在罗汉建兴六年（228）春天。此时刘备已死，阿斗傻缺，他又要为刘备的这个儿子扩大基业，又不放心把天下交到这个傻孩子的手里独自操持，是以写下一篇《出师表》，在在告诫，句句叮咛，哪个人可用，哪些人可靠，写得清清楚楚、明明白白。

然后，他就开始摆出架势来，令赵云等人在斜谷攻打郿城，以作疑兵，吸引魏军的注意力，自己则率主力向祁山方向进攻。

《魏略》里说：“始，国家以蜀中惟有刘备。备既死，数岁寂然无声，是以略无备预；而卒闻亮出，朝野恐惧，陇右、祁山尤甚，故三郡同时应亮。”

刚开始的时候，国家（指的是魏国）都以为蜀中只有刘备这一个人支撑，刘备死都死了，好几年蜀国阒无声迹，大家都以为这个小国都快要断气，根本一点都没有防御它的准备。结果猛一下子听到诸葛亮出山，吓得朝野恐惧，陇右（陇即甘肃，祁山就在甘肃境内）、祁山尤其吓得厉害，所以就有三郡同时背叛魏国，投降诸葛亮。姜维就是在此时收服的。

这样的威望，着实是无人能及。

当时魏国是明帝即位，命令大将张郃应战。这边诸葛亮则派马谡带兵。结果这个马谡给坏了诸葛亮的大事。

在《三国演义》里面，马谡自告奋勇守街亭，马谡还笑话诸葛亮过于谨慎小心，自恃地僻，魏兵不敢来，王平让他在五路总口下寨，伐木为栅，他也不听，非得要在山上屯军。

王平不同意："今若弃此要路，屯兵于山上，倘魏兵骤至，四面围定，将何策保之？"

马谡固执己见，一定要效仿孙子的"置之死地而后生"，说是魏兵一旦绝了我军汲水之道，蜀兵不拼死力战才怪。

还哈哈大笑："吾素读兵书，丞相诸事尚问于我，汝奈何相阻耶！"活脱就是一三国版的赵括。

结果就因为他执意山上扎营，果然大败亏输，街亭丢失。若不是诸葛亮预先埋伏下的两彪人马接应，魏延和王平都得死在乱军阵前。

眼看着司马懿乘胜追击，马上就到眼前，诸葛亮被逼无奈，使出一招空城计。且看京剧里诸葛亮在高高的城门楼子上铮铮然抚琴，悠悠然吟诗，城门口两个老卒坐着打瞌睡，城门洞开，里面兵马一个也无。司马懿带领大军杀到，诸葛亮还热情欢迎他进来坐坐，听我弹弹琴。这段唱词脍炙人口的程度令人震惊：

"我正在城楼观山景，耳听得城外乱纷纷，旌旗招展空翻影，却原来是司马发来的兵。

"我也曾差人去打听，打听得司马领兵往西行，一来是马谡无谋少才能，二来是将帅不和失街亭，你连得三城多侥幸，贪而无厌你又夺我西城。

"诸葛亮在敌楼把驾等，等候了司马到此谈谈心，西城的街道打扫净，预备着司马好屯兵，诸葛亮无有别的敬，早预备下羊羔美酒犒赏你的三军。

"既到此就该把城进，为什么犹豫不定，进退两难为的是何情？左右琴童人两个，我是又无有埋伏又无有兵。

"你莫要胡思乱想心不定，你就来来来请上城来听我抚琴。"

愣是吓得他说什么也不敢往前进，挥手退兵。到半路醒过谜来挥师往前捉诸葛，结果诸葛亮早撒丫子溜得远远的，再也追不上了！

可是看着他是潇洒，谁知道他的手心里捏着一把冷汗啊！真像网上一首打油诗写的：

"诸葛一生唯谨慎，马谡大意失街亭。司马雄锐难抵挡，唉！孔明无奈唱空城。"

等他收拾了这个烂摊子，这一出祁山也就完戏了，不成功，天水、南安、安定三郡又叛汉附魏。

不过，这个“空城计”的故事显然是经不起推敲的，也就是说，是罗贯中给诸葛亮“演义”出来的戏份。

街亭之役，魏方的主帅是张郃，司马懿在哪里呢？《资治通鉴》载：“(就在街亭之战爆发的)太和二年春，正月，司马懿攻新城，旬有六日，拔之，斩孟达。申仪久在魏兴，擅承制刻印，多所假授，懿召而执之，归于洛阳。”也就是说，诸葛亮率军和张郃在街亭打仗的时候，司马懿远在千里之外的洛阳呢。

不过，这个计谋着实精彩，它实际上打的是心理战，故意示敌以空虚，使敌人疑而又疑，不敢前进，是以排危解难。在《三国演义》里，诸葛亮的性格特征也是和“谨慎”二字紧密贴合，但是在空城计里，却是冒死大胆出此奇计，既是被逼无奈，同时也显示了他的善打心理战的智慧。

王平跟着诸葛亮也学了不少的东西，所以在这次马谡失了街亭之后，他也唱了一出空城计。他只领着一千人，却面对着五万精锐，大军溃散，无险可依，极度被动，只要稍微一露出点心虚的态势，就是人家砧板上的肉和鱼。

所以他就一边击鼓，一边徐徐而退，一边退，一边收合诸营里面打散的兵丁，让他们也加入进来，于是队伍越滚越大，气势越来越足，让张郃觉得这根本不是败退，而是伏兵之计，也是不敢追。所以说，跟着诸葛亮能学出真本事。

可惜马谡这个三国的赵括却成了反面教材，不虚心，一味胡来，虽然说大丈夫不惜生死，可是两军阵前为国捐躯，与行军帐里违律枭首，那可是天差地别。

诸葛亮收拾了危局，回过头来就开始收拾马谡。

读《三国演义》之书，觉得马谡该斩，看《失空斩》之戏，觉得马谡该斩。可是诸葛亮斩马谡的时候，是挥泪的，也就是说，是一边哭着一边下命令的，他也不愿意，但军令不可违。

其实，马谡不仅仅是个好吹牛皮的空谈家，也确实是个人才，史称其“才器过人，好论军计”，《三国演义》里也说他深为诸葛亮器重，诸葛亮有事都要问他。

建兴三年(225)春天，诸葛亮率大军南征，深入不毛之地——我们现在把“不毛”理解成光滑的脑袋不长毛，贫瘠的土地不长草，事实上，“不毛”却是现在缅甸北境“八莫”的音译，就是说诸葛亮南征到了这个地方，讨伐雍闿、孟获，马谡是参军，建议诸葛亮攻心为上，诸葛亮采纳他的意见，先打败了雍闿的军队，再七擒七纵孟获，乱事始定。

他被斩时，三十九岁，在《三国志·马谡传》里，裴注引《襄阳记》说：

“谡临终与亮书曰：‘明公视谡犹子，谡视明公犹父，愿深惟殛鲧兴禹之义，使平生之交不亏于此，谡虽死无恨于黄壤也。’于时十万之众为之垂涕。亮自临祭，待其遗孤若平生。”

就是说，马谡临终，给诸葛亮一封信，说您看待我如同亲生之子，我看待您如同亲生父亲。希望您能够贯彻杀鲧而用禹的大义，使你我的平生之交不亏于此，那么我就是死了，也在九泉之下含笑无恨也。当时十万大军为之流泪。他死之后，诸葛亮亲临致祭，好生抚育他的遗孤。

诸葛亮也是难做人。既要坚持法纪，又得顾念人情，使两两无负，何其难哉！

戏剧里面，诸葛亮唱："见马谡只哭得珠泪洒，啊，我心中好似乱刀扎。"然后念白："是你未曾出兵，当着满营将官，你先立下军令状……若不将你正法，叫山人何以服众……"

此时决心已下，诸葛亮心中难过，长声叫"马谡——"

马谡颤声应："丞相——"大约他此时也抱着一丝生的希望吧！

诸葛亮再叫："幼常（马谡的字）。"

马谡再应："武乡侯。"

然后二人同声饮泣，一个叫"参谋——"，一个叫"丞相——"。

马谡自知不免，将手中镣铐搓得丁零当啷作响，一副困兽模样，诸葛亮简洁下令："来！斩！"

马谡下去，诸葛亮又转身急令："召回来！"

马谡大喜跪拜，谢丞相不斩之恩。

却原来不是不斩，是替他安排他身故之后，老母奉养的后事，好让他放心而去。

然后两个人再相对而叫，一个叫"马谡"，一个叫"丞相"，一个叫"幼常"，一个叫"武乡侯"，一个叫"参谋"，一个叫"丞相"……

总之，马谡是斩了。

诸葛亮也落了一个"用人不明"之讥。因为据说刘备临死前，不但托孤，而且还特地点明马谡此人不堪大用，诸葛亮却不肯听，致失街亭，导致一出祁山之败，大局之失。

诸葛亮也知道自己的失误，是以为严明军纪，自请连降三级。刘禅准其奏本，却仍令他总督国事。

此后就是二出祁山。也就是这一年的冬天，乘陆逊在石亭打败曹休的机会，出散关，包围陈仓，结果攻打了二十多天也没拿下，魏的援军也赶到，他不得已又退回汉中。

第三次出祁山北伐，是在建兴七年，进攻武都和阴平，占了这两郡，留兵据守，自己率部回师。

第四次出祁山，是建兴九年，蜀军包围了祁山，魏军统帅司马懿迎击，诸葛亮准备决战。结果司马懿这家伙狡猾狡猾的，知道蜀军远道而来，肯定带不了多少粮食，干脆凭险坚守，骂死不出战。诸葛亮想退兵诱敌吧，司马懿赶是赶你，但是你不要停，你一停，他也停，说什么也不上钩。

这时候李严又脑抽了，来个假传圣旨，说是刘禅要求退兵，诸葛亮只得班师，算得上无功而返。不过在归途伏兵击杀魏名将张郃，也算搂草打兔子，捎了一把脚。

五出祁山是在十二年春，对阵的还是司马懿。就是在这一次，诸葛亮积劳成疾，溘然长逝。

所以说，葛亮出师北伐一共五次，不是六次，而真正出兵祁山只有两次；还有一次是魏军进攻汉中，而不是诸葛亮主动出击。不过后人给他概括成了“六出祁山”。

无论是出师几次，历时总共七年，说他没有出兵打仗的才能也好，说是老天爷不保佑他也好，总之，诸葛亮苦心谋划却师劳功微，最终命丧五丈原。

第九节　秋风五丈原

【原文】

九年，亮复出祁山，以木牛运，粮尽退军，与魏将张郃交战，射杀郃。十二年春，亮悉大众由斜谷出，以流马运，据武功五丈原，与司马宣王对于渭南。亮每患粮不继，使己志不申，是以分兵屯田，为久驻之基。耕者杂于渭滨居民之间，而百姓安堵，军无私焉。相持百余日。其年八月，亮疾病，卒于军，时年五十四。及军退，宣王案行其营垒处所，曰：“天下奇才也！”

【译文】

建兴九年（231），诸葛亮再次兵出祁山，用木牛运送物资，粮尽退军。

与魏将张郃交战，张郃被蜀军射死。

建兴十二年（234）春，诸葛亮统率全军从斜谷出兵，用流马作为运输工具，进军占据武功县五丈原，魏军主将司马懿与之对垒相持于渭南。

诸葛亮常常担心粮草接济不上，而使自己志愿不得实现，于是将部队分作两部分，一部分就地开荒耕种，作为长期驻扎的基础。

耕垦的兵卒杂居在渭河附近的百姓中间，百姓生活安定，军卒所种不谋私。

蜀、魏两军相持一百多天。

当年八月，诸葛亮患疾逝于军中，年仅五十四岁。

待蜀军撤走，司马懿一一巡视蜀军的驻扎营地，叹道：“孔明真是天下奇才啊！”

【评点】

建兴九年，诸葛亮四出祁山，以木牛运粮。“木牛流马”，我们光听过，没见过。据《诸葛亮文集》里记载，木牛流马的做法如下：

“木牛者，方腹曲头，一脚四足，头入领中，舌著于腹。载多而行少，宜可大用，不可小使；特行者数十里，群行者二十里也。曲者为牛头，双者为牛脚，横者为牛领，转者为牛足，覆者为牛背，方者为牛腹，垂者为牛舌，曲者为牛肋，刻者为牛齿，立者为牛角，细者为牛鞅，摄者为牛鞦轴。牛仰双辕，人行六尺，牛行四步。载一岁粮，日行二十里，而人不大劳。”

流马的尺寸及做法如下：

“流马尺寸之数，肋长三尺五寸，广三寸，厚二寸二分，左右同。前轴孔分墨去头四寸，径中二寸。前脚孔分墨二寸，去前轴孔四寸五分，广一寸。前杠孔去前脚孔分墨二寸七分，孔长二寸，广一寸。后轴孔去前杠分墨一尺五分，大小与前同。后脚孔分墨去后轴孔三寸五分，大小与前同。后杠孔去后脚孔分墨二寸七分，后载剋去后杠孔分墨四寸五分。前杠长一尺八寸，广二寸，厚一寸五分。后杠与等版方囊二枚，厚八分，长二尺七寸，高一尺六寸五分，广一尺六寸，每枚受米二斛三斗。从上杠孔去肋下七寸，前后同。上杠孔去下杠孔分墨一尺三寸，孔长一寸五分，广七分，八孔同。前后四脚，广二寸，厚一寸五分。形制如象，靬长四寸，径面四寸三分。孔径中三脚杠，长二尺一寸，广一寸五分，厚一寸四分，同杠耳。”

有兴趣者可以做来试试啊！

不过这一战没有用到流马，只用到木牛。说到底他是率军远征，再用木牛也是粮草不继，粮尽只好退兵。

不过他在退兵的时候搂草打兔子，捎带脚把魏军大将张郃报销了。

张郃这个人非常了不起，是曹操的“五子良将”之一，一生胜仗无数，深谙韬略。想当初他曾是冀州牧韩馥的人，袁绍取冀州，他率兵归袁绍；在袁绍帐下，和曹操打官渡之战，屡有良计，惜不被采纳。后张郃率军归曹操，曹操对他十分重用，逢山开路，遇水架桥。曹操死后，也同样为曹丕重用，官至征西车骑将军。

诸葛亮四出祁山，还是他迎击诸葛，再次败之。诸葛亮退守祁山，张郃追到木门谷，和蜀军交战，结果飞箭射中右膝，阵亡。

《三国演义》是如此演义的：

张郃领命，引兵火速望前追赶。行到三十余里，忽然背后一声喊起，树林内闪出一彪军，为首大将，横刀勒马大叫曰："贼将引兵那里去！"郃回头视之，乃魏延也。郃大怒，回马交锋。不十合，延诈败而走。

郃又追赶三十余里，勒马回顾，全无伏兵，又策马前追。方转过山坡，忽喊声大起，一彪军闪出，为首大将，乃关兴也，横刀勒马大叫曰："张郃休赶！有吾在此！"郃就拍马交锋。不十合，兴拨马便走。

郃随后追之。赶到一密林内，郃心疑，令人四下哨探，并无伏兵；于是放心又赶。不想魏延却抄在前面；郃又与战十余合，延又败走。郃奋怒追来，又被关兴抄在前面，截住去路。郃大怒，拍马交锋，战有十合，蜀兵尽弃衣甲什物等件，塞满道路，魏军皆下马争取。

延、兴二将，轮流交战，张郃奋勇追赶。看看天晚，赶到木门道口，魏延拨回马，高声大骂曰："张郃逆贼！吾不与汝相拒，汝只顾赶来，吾今与汝决一死战！"郃十分愤怒，挺枪骤马，直取魏延。延挥刀来迎。战不十合，延大败，尽弃衣甲、头盔，匹马引败兵望木门道中而走。

张郃杀得性起，又见魏延大败而逃，乃骤马赶来。此时天色昏黑，一声炮响，山上火光冲天，大石乱柴滚将下来，阻截去路。郃大惊曰："我中计矣！"急回马时，背后已被木石塞满了归路，中间只有一段空地，两边皆是峭壁，郃进退无路。忽一声梆子响，两下万弩齐发，将张郃并百余个部将，皆射死于木门道中。

堂堂名将，就这么给射死了。

此后便是建安十二年，诸葛亮五出祁山。

这次诸葛亮施行屯田，虽然有流马运粮，仍旧担心粮草接济不上——这是诸葛亮谨慎的又一铁证。军民并行无犯，但是毕竟不是自己的地盘，仍旧以速战速决为上。可惜司马懿不配合，就是坚守不出。

《汉晋春秋》载："亮自至，数挑战。宣王亦表固请战。使卫尉辛毗持节以制之。姜维谓亮曰：'辛佐治仗节而到，贼不复出矣。'亮曰：'彼本无战情，所以固请战者，以示武于其众耳。将在军，君命有所不受，苟能制吾，岂千里而请战邪！'"

就是说，诸葛亮老是挑战，所谓的挑战，那就是骂战，派那大嗓门的，高喉咙的，大肺活量的能出口成章，骂人百八十句不带重样也不带喘气的，兵士们，齐集阵前，高声叫骂，直骂得对方血气上涌，挺枪而上，于是就中了圈套了。

虽然司马懿不中这圈套，不肯战，可是他手底下的大将受不了，要求出战，于是他也装模作样地向皇帝上表，请求出战——皇帝也配合，一道命令下来，不许出战！得，司马懿就有话说了：不是我不想战啊诸位，是皇帝不让咱们战啊，所以，乖乖待着吧啊！

这点小心计姜维看不透，诸葛亮一眼就看透了。

可是他看透了也没有办法。实在不行了，就亲自上阵，给司马懿找了一套女人的衣服，还有一封信，派人送去。信上说："仲达既为大将，统领中原之众，不思披坚执锐，以决雌雄，乃甘窟守土巢，谨避刀箭，与妇人又何异哉！今遣人送巾帼素衣至，如不出战，可再拜而受之。倘耻心未泯，犹有男子胸襟，早与批回，依期赴敌。"

司马懿气的。那个时代，女人是没有丝毫地位的，是被人十分瞧不起的，我们现在说一个男人"娘娘腔"尚且是骂人的话，更何况那个时候！

司马懿看毕，心中大怒，可是怒归怒，却没有拍案而起，说"孔明辱我太甚，来呀，列队，出战"！而是干干地假笑一声："孔明这家伙，把我当妇人了啊！"然后他居然把这衣裳收下了，还命令好好地招待来使。

结果这个使者给说错了话，惹得司马懿更不出战了。

《魏氏春秋》记载：

"亮使至，问其寝食及其事之烦简，不问戎事。使对曰：'诸葛公夙兴夜寐，罚二十以上，皆亲揽焉；所啖食不至数升。'宣王曰：'亮将死矣。'"

就是说，诸葛亮的使者来后，司马懿不问他的军情诸事，估计问也问不出来，单是关切备至地问你们家诸葛先生吃得好吗？睡得好吗？还那么操心劳力吗？哎呀，还是让他多歇歇嘛！

使臣上当了，说："我们家诸葛大人，睡得晚，起得早，有军棍二十以上的刑罚，他都要亲自过问，却只吃一点点的饭。"

司马懿一听，笑了——肯定笑啊，诸葛亮快死了。

古时候没有人权保护法，估计有也对诸葛亮没用，他担的使命过重，生生把自己累死了——过劳死。我们还记得有关他手持的鹅毛扇的说法吗？说是上面有排兵布阵的奥妙；其实，还有另一种说法，说是他之所以五冬六夏不离扇，是因为体虚汗下，内火虚盛。

《三国演义》里面，诸葛亮多智近妖，曾经尝试着为自己续命，点燃七星灯，七盏大灯，周围环绕四十九盏小灯，七日内主灯不灭，可寿增一纪，就是多活十二年。

他自己亲身祝拜，言辞恳切，椎心泣血：

"亮生于乱世，甘老林泉；承昭烈皇帝三顾之恩，托孤之重，不敢不竭犬马之劳，誓讨国贼。不意将星欲坠，阳寿将终。谨书尺素，上告穹苍：伏望天慈，俯垂鉴听，曲延臣算，使得上报君恩，下救民命，克复旧物，永延汉祀。非敢妄祈，实由情切。”

然后这边乞着命，那边他还抱病理事，吐血不止。“日则计议军机，夜则步罡踏斗。”

结果祈禳六夜，眼看功成，魏延入帐报事，竟把主灯踏灭。

孔明死定了。

死前，他把平生所学，内有“八务、七戒、六恐、五惧之法”，都传授给姜维，把造连弩的方法也传给了姜维。在在叮咛，切切嘱咐，又出锦囊秘计，应对魏延将来之反。又派人上表后主，申述别情，然后“孔明强支病体，令左右扶上小车，出寨遍观各营；自觉秋风吹面，彻骨生寒，乃长叹曰：‘再不能临阵讨贼矣！悠悠苍天，曷此其极！’”

好一句“秋风吹面，彻骨生寒”，此时诸葛亮才不过五十四岁，身体已经虚耗到如此，令人读之悲恸不已。

死前遗言，蒋公琰可继其位，之后费文伟可继之，之后……便没了。

孔明在尚且勉强支撑，孔明去，蜀运不久矣。

公元 234 年 10 月 8 日，是夜，天愁地惨，月色无光，孔明黯然归天。

网上一文，说得风趣，也评得沉痛，兹录于此：

“看到电视上那灯灭之时，我想起了 burnout 一字。我们说一个人工作操劳过度，用词就是 burnout……三国的人物有很多稀奇古怪的死法，比如夏侯杰被张飞喝死，周瑜被诸葛亮气死，王朗被诸葛亮骂死，所有这些死法今日估计都不多发生了，唯独诸葛亮这样被耗死（burnout）的五丈原故事，可能还会重演。诸葛亮英雄一世，却被自己的才华和自信所累，导致如此人生悲剧，岂不可惜。”

此时我们再来看司马徽的那句话：

“徽笑曰：‘元直欲去，自去便了，何又惹他出来呕心血也？’”读来别有一番沉痛的深意。

诸葛亮死了，蜀军退兵，司马懿巡视蜀中营地，叹说他是天下奇才。司马懿看到了什么我们不得而知，但是必定是安排得井井有条，哪怕连厨房和厕所这样的地方也都事无巨细安排妥当，而这一切都是孔明之力。他操的心，是常人的几倍、几十倍，甚至几百倍。

而诸葛亮死后还对司马懿狠狠摆了一道。

《汉晋春秋》里说：

“杨仪等整军而出，百姓奔告宣王，宣王追焉。姜维令仪反旗鸣鼓，若将向宣王者，宣王乃退，不敢逼。于是仪结陈而去，入谷然后发丧。宣王之退也，百姓为之谚曰：‘死诸葛走生仲达。’或以告宣王，宣王曰：‘吾能料生，不便料死也。’”

就是说，诸葛亮死了，杨仪等人整军撤退，老百姓就跑去告诉司马懿，司马懿就带兵去追。结果他一追到，姜维马上就命令杨仪把旗帜掉个头，敲响战鼓，看起来好像要向司马懿进攻的样子。司马懿一惊：坏了，我中计了，诸葛亮诈死，引我交战呢！赶紧撤退。然后杨仪他们从从容容地离去，进入山谷，司马懿肯定追不上了，才大举哀声，为丞相发丧。

结果司马懿这么一退，就给老百姓的饭桌上添了笑料，就此民间多了一句谚语，叫作“死诸葛走生仲达”，意思就是死诸葛亮吓走了活司马懿。

有人报告宣王司马懿说诸葛亮真死了啊！司马懿长叹一声：“我能料生，不能料死啊！”而诸葛亮连他身后事都谋划得算无遗策。

这件事让罗贯中演义起来，那就更是既好看又热闹：

“司马师、司马昭在后催军；懿自引军当先，追到山脚下，望见蜀兵不远，乃奋力追赶。忽然山后一声炮响，喊声大震，只见蜀兵俱回旗返鼓，树影中飘出中军大旗，上书一行大字曰：‘汉丞相武乡侯诸葛亮’。懿大惊失色。定睛看时，只见中军数十员上将，拥出一辆四轮车来；车上端坐孔明：纶巾羽扇，鹤氅皂绦。懿大惊曰：‘孔明尚在！吾轻入重地，堕其计矣！’急勒回马便走。背后姜维大叫：‘贼将休走！你中了我丞相之计也！’魏兵魂飞魄散，弃甲丢盔，抛戈撇戟，各逃性命，自相践踏，死者无数。司马懿奔走了五十余里，背后两员魏将赶上，扯住马嚼环叫曰：‘都督勿惊。’懿用手摸头曰：‘我有头否？’二将曰：‘都督休怕，蜀兵去远了。’……后人有诗叹曰：‘长星半夜落天枢，奔走还疑亮未殂。关外至今人冷笑，头颅犹问有和无！’”

第十节　君子之行

【原文】

初，亮自表后主曰：“成都有桑八百株，薄田十五顷，子弟衣食，自有余饶。至于臣在外任，无别调度，随身衣食，悉仰于官，不别治生，以长尺寸。若臣死之日，不使内有余帛，外有赢财，以负陛下。”及卒，如其所言。

【译文】

当初，诸葛亮曾向后主表明自己心愿：

“臣在成都有桑树八百棵，薄田十五顷，子孙们的日常衣食费用已有宽余。至于臣在外任职，没有额外的花费安排，随身衣服饮食全有国家供应，无须再置其他产业来增添家财。待臣离开人世时，不让家有多余衣物，外有多余钱财，使自己辜负陛下的恩宠和信任。”

及至去世，果如前言。

【评点】

诸葛亮死了，川中震痛，最震痛的当是刘禅，因为他折的不只是股肱，就好像又一回死了父亲。

诸葛亮遗言命令部下将自己葬在汉中定军山，依山势修建坟墓，墓穴仅能容纳下棺材，穿平时的衣服入殓，不必用其他器物殉葬。

后主刘禅下诏祭奠诸葛亮说：

“惟君体资文武，明睿笃诚，受遗托孤，匡辅朕躬，继绝兴微，志存靖乱；爰整六师，无岁不征，神武赫然，威镇八荒，将建殊功于季汉，参伊、周之巨勋。如何不吊，事临垂克，遘疾陨丧！朕用伤悼，肝心若裂。夫崇德序功，纪行命谥，所以光昭将来，刊载不朽。今使使持节左中郎将杜琼，赠君丞相武乡侯印绶，谥君为忠武侯。魂而有灵，嘉兹宠荣。呜呼哀哉！呜呼哀哉！”

翻译过来就是：

“您天生兼备文、武的才干，英明睿智忠厚诚实，受先帝托孤遗命，尽心力辅佐寡人，使衰微待绝的汉室复兴，立志平定天下战乱，整治六军，岁岁出战，英武盖世，威震天下，将为蜀汉建成伟大功业，所取勋绩有如伊尹、周公。

“为何有此不幸，大业即将功成，您却染疾归天！朕痛悼您的逝世，心肝欲裂。

“推崇您的德行，论评您的功勋，根据您生前事迹追封谥号，让您的精神传扬天下，英名永垂史册。

“现在特派持使节左中郎将杜琼，赠给您丞相武乡侯印绶，追谥您为忠武侯。

“英魂有知，对此亦感宠荣。

“悲痛至极！悲痛至极！”

人死盖棺论定，诸葛亮一生，是无限才华喷涌而出的一生，是殚竭耗损心力的一生。

“亮性长于巧思，损益连弩，木牛流马，皆出其意；推演兵法，作八陈图，咸得其要云。”

就是说，诸葛亮天生擅长巧思，曾构思并指导改进弓弩使之连射，制造木牛流马作为运输工具；他推演兵法，设计八卦阵图，无不深得要领。

木牛流马前面已说，八务、七戒、六恐、五惧，条章亦交代姜维。

他的连弩，如《魏氏春秋》所言，“以铁为矢，矢长八寸，一弩十矢俱发”。

至于八阵图，所谓的八阵，指的是天、地、风、云、龙、虎、鸟、蛇，八阵图就是聚细石成堆，纵横棋布。按遁甲分成生、伤、休、杜、景、死、惊、开八门，各高五尺，变化万端，可挡十万精兵。

诸葛亮的八阵法在唐代失传，但是诸葛亮曾经垒石作八阵图，留下三处八阵图的事物遗迹：一是在鱼腹江边沙石滩上。北魏郦道元记载：“江水又东径诸葛亮图垒南。石碛平旷，望兼川陆，有亮所造八阵图，东跨故垒，皆垒细石为之。自垒西去聚，石八行，行间相去二丈，因曰八阵既成，自今行师，庶不覆败，皆图兵势行藏之权，自后深识者，所不能了。今夏水漂荡，岁月消损，高处可二三尺，下处磨灭殆尽。”

第二处在汉中定军山以东的高平旧垒。《水经注》说：“山东名高平，是亮宿营处。钟士季征蜀，枉驾设祠营东，即八阵图也，遗基略在，崩褫难识。”

第三处在新都弥牟镇（今属成都）。

那年刘备让诸葛亮驻守成都，他带兵和东吴打仗，结果被东吴大将陆逊火烧八百里连营，仓皇回逃。陆逊人马团团包围白帝城，诸葛亮远在千里之外的成都，赶救不及，刘备慌急无措。

有一天，陆逊正率军围攻，八阵图那里传来一片喊杀声。他以为是刘备的援军，结果迎过去一看，却只是乱石堆。回去再战，背后杀声又起。就这样来回往返，搞得他人困马乏，士兵疑神疑鬼。

陆逊问附近的一个老人是怎么回事，老人告诉他这是当年诸葛亮特意摆下，用来对付犯境吴兵的八阵图。

陆逊不信，提兵破阵，冲进乱石堆，刚进去的时候丽日当顶，甫一进阵，昏天黑地，他想跑出去，结果左跑出不了阵，右跑也出不了阵，好容易见前面一星灯光，一个人影，赶紧追了过去，人影导引，他才出阵，出阵一看，仍旧丽日晴天，刚才困他的八个阵法又成了一堆堆平常的黄沙乱石。而那个引他出阵的人，就是刚才和他说话的老人。

此老人不是别人，是诸葛亮的老丈人黄承彦是也。

陆逊折挫了锐气，领兵回吴。

这就是有关八阵图的传说。

杜甫有诗《八阵图》:“功盖三分国，名成八阵图。江流石不转，遗恨失吞吴。”

此外，馒头也是诸葛亮发明的。诸葛亮平定孟获，班师回朝，过泸水的时候，按习俗需要拿四十九个人头祭祀，诸葛亮不忍无故杀生，就用面粉合面裹以肉做成人头状顶替人头用以祭祀。“馒头”原来是指顶替用来祭祀的俘虏蛮夷的头，所以是称为“蛮头”，后来就成了现在沿用的馒头。而诸葛亮时期的馒头，应当是我们现在吃的包子。

孔明灯也是诸葛亮发明的。说的是当年他被司马懿围困，无法派兵出城求救，算准风向之后，制成会飘浮的纸灯笼，系上求救的讯息，其后果然脱险，这就是孔明灯。现在每到正月十五、十六两天，仰头上看，夜晚的天空都会飘浮着一盏盏的孔明灯，载着美好的祈愿飞上青天。

诸葛亮还会书法，篆书、八分、草书都写得很好。

南朝梁陶弘景所著《刀剑录》记载:“蜀章武元年辛丑（221），采金牛山铁，铸八铁剑，各长三尺六寸……并是孔明书作风角处所。”

虞荔《古鼎录》记载:“诸葛亮杀王双，还定军山，铸一鼎，埋于汉川，其文曰:定军鼎。又作八阵鼎，沉永安水中，皆大篆书。”

“先主章武二年（222），于汉川铸一鼎，名克汉鼎，置丙穴中，八分书……又铸一鼎于成都武担山，名受禅鼎;又铸一鼎于剑山口，名剑山鼎。并小篆书，皆武侯迹。”

“章武三年（223）义作二鼎，一与鲁王，文曰‘富贵昌，宜侯王’;一与梁王，文曰‘大吉祥，宜公王’，并古隶书，高三尺，皆武侯迹。”

北宋时周越所著《古今法书苑》也记载:“蜀先主尝作三鼎，皆武侯篆隶八分，极其工妙。”。

宋徽宗宣和内府的《宣和书谱》记载:诸葛亮“善画，亦喜作草字，虽不以书称，世得其遗迹，必珍玩之”。

南宋陈思《书小史》记载:诸葛亮“善其篆隶八分，今法帖中有‘玄漠太极，混合阴阳’等字，殊工”。

诸葛亮画也画得好。唐朝张彦远在《历代名画记》中写道:“诸葛武侯父子皆长于画。”

他还在他的《论画》一书里，说:“今分为三古以定贵贱，以汉、魏三国为上古，则赵岐、刘褒、蔡邕、张衡、曹髦、杨修、桓范、徐邈、曹不兴、诸葛亮之流是也。”

他记载说当时一些近代画家如阎立本、吴道子等人绘画作品，“屏风一片值金二万，坎者售一万五千”“一扇值金一万”。而汉魏三国画家的作品，在唐代已是“有国有家之重宝”“为希代之珍”。

当然了，诸葛亮的画作也就是重宝与希珍了。

东晋常璩《华阳国志》记载：“南中，其俗征巫鬼，好诅盟，投石结草，官常以诅盟要之。诸葛亮乃为夷作图谱，先画天地日月君长城府，次画神龙，龙生夷及牛马驼羊。后画部主吏，乘马幡盖，巡行安恤。又画夷牵牛负酒赍金宝诣之之象，以赐夷，夷甚重之。”

诸葛亮还工音律。

除了《三国志》所载“好为《梁父吟》”之外，习凿齿《襄阳耆旧记》载：“襄阳有孔明故宅……宅西面山临水，孔明常登之，鼓瑟为《梁父吟》，因名此山为乐山。”

《中兴书目》记载：“《琴经》一卷，诸葛亮撰述制琴之始及七弦之音，十三徽取象之意。”

谢希夷《琴论》也记有：“诸葛亮作《梁父吟》。”

《舆地志》记载：“定军山武侯庙内有石琴一，拂之，声甚清越，相传武侯所遗。”

我们通常夸一个人，说他琴棋书画无所不精，已经是了不得的大才能，可是诸葛亮对这些无所不精，我们却统统印象不深；如果我们面对着一个发明家，会心生崇敬，可是我们提起诸葛亮的这些发明，却好像只是末余的一些枝节。

因为对于别人来说了不起的一些头衔，比如音乐家呀，书法家呀，发明家呀，作家呀，等等，于他都算不得什么。他的安邦定国的大才能盖住了这些小才能；而他的静以修身、俭以养德，鞠躬尽瘁、死而后已的大德行，又盖住了他的大才能。

这才是千古以来，诸葛亮的传说最多、诸葛亮的名声最盛的最根本原因。

“夫君子之行，静以修身，俭以养德。非淡泊无以明志，非宁静无以致远。夫学须静也，才须学也。非学无以广才，非志无以成学。淫慢则不能励精，险躁则不能冶性。年与时驰，意与日去，遂成枯落，多不接世，悲守穷庐，将复何及！”

除了《出师表》，就是这篇短短的《诫子书》传诵千年。

《诫子书》，诸葛亮临终前写给八岁的儿子诸葛瞻的一封家书。他四十六岁方得子，儿子幼小，自己已经呕尽心血而亡。这份依依不舍的沉痛，化为谆谆的训诫，倾注在这篇《诫子书》里。

他不是那光会说漂亮话的父亲，他把人做到哪里，话才说到哪里，他说静以修身，我们就看不到他的浮躁权术之气、轻佻阴险之气；他也搞政治，但是他是政治家，不是政治掮客，他不玩政治，不通过玩政治谋求自己的利益；他说俭以养德，我们就看不到他穿得奢侈豪华，吃的山珍海味，住的高房大屋。一个堂堂的蜀汉丞相，生时不置私产，死后家无余财。这样的人，怎能不让人钦敬?

他说非淡泊无以明志，非宁静无以致远，他说学以广才，志以成学，他说的，后人凡是想成才的，想做人的，都谨遵无违。不是遵他说的话，而是遵他讲的道理，因为他是依着这样的道理，才成就了这样的人物。

他爱儿子，不像有些高官，为儿子谋产置业，为儿子铺展前程，他给儿子的是谆谆教诲，是精神财富。他留给后人的，除了无数的传说、传奇，也是这样一份以人生历练为基准的、以做事成人为目标的厚重的精神财富：

品德高尚、德才兼备的人，是依靠内心安静精力集中来修养身心的，是依靠俭朴的作风来培养品德的。

不看清世俗的名利就不能明确自己的志向，不身心宁静就不能实现远大的理想。

学习必须专心致志，增长才干必须刻苦学习。

不努力学习就不能增长才智，不明确志向就不能在学习上获得成就。

过度享乐和怠惰散漫就不能奋发向上，轻浮急躁就不能陶冶性情。

年华随着光阴流逝，意志随着岁月消磨，最后对社会没有任何用处，徒有一个空虚的心灵，悲伤叹息，又怎么来得及呢?

再多交代几句。

诸葛亮的大哥诸葛瑾在吴国权倾朝野，其子诸葛恪不能保家，权倾一时却死于政变，东吴的诸葛家族被满门抄斩。

诸葛亮的堂弟诸葛诞追随曹操，后遭司马氏打击，其家族也被杀光。

诸葛亮的儿子诸葛瞻自小聪慧，长大后从低级军官做起，一直升到他父亲曾担任过的军师将军。后来官至卫将军，一度执掌蜀国朝政。魏国大将邓艾伐蜀，诸葛瞻率军抵抗，拒魏诱降，战死绵竹。

诸葛瞻的长子诸葛尚年仅十七岁，同样战死沙场。

诸葛瞻的次子诸葛京不够服兵役的年龄，幸存。

晋朝统一三国，诸葛京被新朝廷征召为官吏，出任过关中地区郿县的县令，且把这个地方治理得很好。当年他爷爷诸葛亮多次想攻打郿县都未能如愿，他这个小孙子成了这里的县令，却不是蜀国的郿县县令。历史真爱开玩笑。

诸葛京后来继续升迁，最后官至江州刺史……从此，史书上就不再有有关诸葛京的后人的记载。

再说一个传说。

说是诸葛亮临死前对他的后代说：

“我死后，你们中有一个将来会遇到杀身大祸。到那时，你们把房子拆了，在墙里面有一个纸包，有补救的办法。”诸葛亮的锦囊妙计真是使上瘾了，临死还要玩一把，这回还玩得比较玄，得拆房子才行。

诸葛亮死后，司马炎当了皇帝。当他知道他的手下有一员将军是诸葛亮的后代的时候，就使坏，想治他一下。于是有一天，司马炎找借口把这将军定了死罪。然后问这个将军，说：“你爷爷（指诸葛亮）神机妙算，他都不知道你现在会被我杀头吗？”

这个将军说家祖父确实算到了会有这一天，所以预留对策，如此如此，这般这般。

司马炎半信不信，命人真把这房子拆了，果然有一纸包，纸包里面一封信，信皮上写着四个字“遇皇而开”，意思当然是见到皇帝才能打开。

司马炎就打开了，里面写着“读信后返三步”。司马炎就照他说的，离开他的龙案，往后退了三步。结果刚刚站稳，就听“咔嚓”一声，房梁上掉下一块玉，把桌椅砸碎。司马炎吓得出了一身冷汗，正当彼时彼刻，他若不后退，那砸的就是他的脑袋瓜子了。

他把信反过来一看，背面还写着一句话：“我救你一命，请你留我后代一命。”

诸葛亮神算如此，估计不大确切，且传说语焉不详，就只能当作一个市井传奇谈谈讲讲。但是，他对于后世子孙的关怀，却是一片深情，可昭日月。

第十一节　一个孤独的人

【原文】

评曰：诸葛亮之为相国也，抚百姓，示仪轨，约官职，从权制，开诚心，布公道；尽忠益时者虽仇必赏，犯法怠慢者虽亲必罚，服罪输情者虽重必释，游辞巧饰者虽轻必戮；善无微而不赏，恶无纤而不贬；庶事精练，物理其本，循名责实，虚伪不齿；终于邦域之内，咸畏而爱之，刑政虽峻而无怨者，以其用心平而劝戒明也。可谓识治之良才，管、萧之亚匹矣。然连年动众，未能成功，盖应变将略，非其所长欤！

【译文】

史官评论说：

诸葛亮担任宰相，抚恤百姓，揭示法规，精简官职，权事制宜，诚心待人，公正无私。

凡是尽忠职守、有益时事的人，即使是仇人也必定会奖赏；凡是触犯法令、懈怠傲慢的人，即使是亲人也必定会处罚。

坦诚认罪、传布真情的人，即使犯了重罪也必定会开释；说话浮夸、巧辩文过的人，即使只是犯了轻罪也必定会杀戮。

无论多么小的善行，没有不奖赏的；不论多么细的恶行，没有不贬抑的。

处理事务非常精明干练，管理事情着重在它的根本，依照官名来要求他尽到实职，对于虚伪造假的人不予录用。

最后全国的百姓，大家都敬畏他、爱戴他；刑法政令虽然严厉，却没有人怨恨他，因为他用心公平而且劝诫明白。

他真可以称得上是明白治道的好人才，和管仲、萧何是同一类的人。

然而他连年劳师动众，都未能成功，大概临机应变，做大将的策略，并非他所擅长的吧。

【评点】

诸葛亮北伐，六出祁山，第一次做了大量的准备，却因为错用马谡，失守街亭，被迫后退。

第二次粮草不够，撤退。

第三次只获得两个小郡，只能算是小胜。

第四次不是他出师北伐，是兴兵防御，因为曹魏分三路进攻汉中。结果连日下雨，路毁难行，魏军后退，攻的和守的没打成。

第五次诸葛亮用木牛流马，仍旧是粮草不济，退兵，虽杀死张郃，战略上仍旧失败了。

第六次出斜谷到五丈原，被司马懿活活拖死。

六次北伐，总的来说战果平平，没有实现他的宏图大业。

论用兵，他没有项羽破釜沉舟的魄力，也缺少韩信暗度陈仓的奇计险谋，所以陈寿评价他“应变将略，非其所长”，这话也算说得公道。

但是我们看一个人，通常的观念就是尚德不尚才，是以对诸葛亮的评价仍旧很高，非常之高。

《三国志》的作者评他：

“亮少有逸群之才，英霸之器，身长八尺，容貌甚伟，时人异焉……及备殂没，嗣子幼弱，事无巨细，亮皆专之。于是外连东吴，内平南越，立法施度，整理戎旅，工械技巧，物究其极，科教严明，赏罚必信，无恶不惩，无善不显，至于吏不容奸，人怀自厉，道不拾遗，强不侵弱，风化肃然也。”

就是说，诸葛亮年轻时就显露出超群才华、英雄气概，他身长八尺，容貌伟岸，当时的仁人志士都对他甚为看重……待刘备去世，其子刘禅继位，年少无知，政事无论大小，全由诸葛亮裁断。于是他对外与东吴连好结盟，对内平定南部诸郡，颁定法律制度，整治全国军队，所制机械极其精巧，法令严正赏罚分明，作恶者无人不受惩处，为善者无人不被表彰，终于使全国做到官吏不敢违法犯纪，人人奋求上进，道不拾遗，强不凌弱，民风淳厚，秩序井然。

又评他：

“青龙二年春，亮帅众出武功，分兵屯田，为久驻之基。其秋病卒，黎庶追思，以为口实。至今梁、益之民，咨述亮者，言犹在耳，虽甘棠之咏召公，郑人之歌子产，无以远譬也。孟轲有云：‘以逸道使民，虽劳不怨；以生道杀人，虽死不忿。’信矣！”

就是说，魏明帝青龙二年（234）春，诸葛亮率军出武功，分派兵卒开荒屯田，作为长久驻军的基础。

这年秋天他就因病去世，百姓追忆怀念他，把他的功绩作为谈话的材料。

直到今天，梁州、益州的百姓赞述诸葛亮的话仍能听到，即使《甘棠》颂扬召公、郑人歌颂子产，也不可与此种情形相比。

孟子说过：“用最终目的在于让百姓享受安乐的措施来役使百姓，即使劳苦人们也不会口出怨言；用最终目的在于使百姓幸福生存的手段来伤害性命，即使人被杀死他也不会心存愤恨。”此言可信啊！

再评他：

“论者或怪亮文彩不艳，而过于丁宁周至。臣愚以为咎繇大贤也，周公圣人也，考之尚书，咎繇之谟略而雅，周公之诰烦而悉。何则？咎繇与舜、禹共谈，周公与群下矢誓故也。亮所与言，尽众人凡士，故其文指不得及远也。然其声教遗言，皆经事综物，公诚之心，形于文墨，足以知其人之意理，而有补于当世。”

这里不但是评了，还替诸葛亮争辩。

说是有的评论者认为诸葛亮文辞华彩不够，而过于啰唆详尽。臣则认为皋陶是大贤人，周公是大圣人，但考察《尚书》所载文字，其中“皋陶谟”中皋陶之言简略典雅，“周公诰”中周公之文繁复尽详，为什么他们也不一致呢？因为皋陶在与舜、禹交谈，周公在同下属们一起发誓。诸葛亮所谈话的对象，尽是普通的士兵百姓，所以他不必追求华丽深奥的文辞。然而他的著作文字，都是他亲身经历事情或亲手处理事务的经验之谈，其公正诚实的精神跃然纸上，因此通过这些文字可知他的思想主张，对当今世事有着补益借鉴的价值。

然后《三国志》的作者又援引袁子的话，继续评：

袁子曰：或问诸葛亮何如人也？

袁子曰：张飞、关羽与刘备俱起，爪牙腹心之臣，而武人也。晚得诸葛亮，因以为佐相，而群臣悦服，刘备足信、亮足重故也。及其受六尺之孤，摄一国之政，事凡庸之君，专权而不失礼，行君事而国人不疑，如此即以为君臣百姓之心欣戴之矣。行法严而国人悦服，用民尽其力而下不怨。及其兵出入如宾，行不寇，刍荛者不猎，如在国中。其用兵也，止如山，进退如风，兵出之日，天下震动，而人心不忧。亮死至今数十年，国人歌思，如周人之思召公也，孔子曰“雍也可使南面”，诸葛亮有焉。

这是一问一答的一个对话。

有人问：诸葛亮是个什么样的人啊？

于是袁子回答说：张飞、关羽和刘备一同起事，是刘备的爪牙腹心之臣，武人；后来得到诸葛亮，让他成为自己的佐相，而手下群臣莫不心悦诚服，这是刘备给予了诸葛亮足够的信任，而诸葛亮也十足值得看重的原因。

等到他受刘备遗命嘱托，辅佐那个不懂事的小孩子，总揽一国的政事，国君凡庸，他却既专权又不失于大礼，既行一个君主才能行的杀伐决断之事，而百姓又对他绝对信任，毫不心疑，他得到了君心、臣心、百姓之心。

他行法度严厉而百姓悦服，用民力而百姓尽力却不抱怨。而他带兵出入，如同宾客进门，沿途丝毫也不骚扰百姓，如在自己的国家一样。

他用兵，令行禁止，进退如风，兵出之日，普天下的人们都感到震动，大为受惊，而百姓的心里却丝毫也不忧虑，并不携眷逃难，因为知道他秋毫无犯，绝不大肆掳掠。

诸葛亮死后到现在已经有几十年，国人歌颂他、思念他，如同周朝的人思念召公。孔子说：“冉雍这个人，德行够，可以让他南面去做官治理国家。”用在诸葛亮身上，是很合适的啊！

贾诩评他：“诸葛亮善治国。”

杨戏的《季汉辅臣赞》中赞他：“忠武英高，献策江滨，攀吴连蜀，权我世真。受遗阿衡，整武齐文，敷陈德教，理物移风，贤愚竞心，佥忘其身。诞静邦内，四裔以绥，屡临敌庭，实耀其威，研精大国，恨于未夷。”

司马炎表示遗憾：“善哉，使我得此人以自辅，岂有今日之劳乎！”

康熙帝评：“诸葛亮云：鞠躬尽瘁，死而后已。为人臣者，惟诸葛亮能如此耳。”

王维新评：“两汉以来无双士，三代而后第一人。”三代：夏、商、周三个朝代。

意为诸葛亮的才能和品德可与三代的贤人（伊尹、吕尚、傅说等）相比。

唐代孙樵评："武侯死殆五百载，迄今梁汉之民，歌道遗烈，庙而祭者如在，其爱于民如此而久也。"

李白诗评："汉道昔云季，群雄方战争。霸图各未立，割据资豪英。赤伏起颓运，卧龙得孔明。当其南阳时，陇亩躬自耕。鱼水三顾合，风云四海生。"

白居易诗评："先生晦迹卧山林，三顾那逢圣主寻。鱼到南阳方得水，龙飞天汉便为霖。托孤既尽殷勤礼，报国还倾忠义心。前后出师遗表在，令人一览泪沾襟。"

陆游诗评："早岁那知世事艰，中原北望气如山。楼船夜雪瓜洲渡，铁马秋风大散关。塞上长城空自许，镜中衰鬓已先斑！出师一表真名世，千载谁堪伯仲间！"

东晋常璩评："治国以礼民无怨声，不滥用私刑，没尚有余泣。"

隋朝王通："若诸葛亮不死，则礼乐大兴。"

《唐文粹》中记录尚驰在《诸葛武侯庙碑铭序》所说："至今官书庙食，成不刊之典，一山之内，每有风行草动，状带威神，若岁大旱，邦人祷之，能为云为雨，是谓存与没人皆福利，生死古今一也。死而不朽，反贵于生。"

吕温在《诸葛武侯庙记》中说："大勋未集，天夺其魄。至诚无忘，炳在日月，烈气不散。长为雷雨。"

唐诗人杜甫除了《八阵图》，还有好多诗赞他，其中《蜀相》中的"三顾频烦天下计，两朝开济老臣心。出师未捷身先死，长使英雄泪满襟"，读之使人泪满襟。

易中天评他："'鞠躬尽瘁，死而后已'八个字仍然足以代表他的精神，他确实是一个鞠躬尽瘁、死而后已的人，是一个非常负责任的人，这也是他英年早逝的原因之一，实实在在地讲是累死的……曹操是一个可爱的奸雄。诸葛亮则是一个备受推崇，其实却不被真正理解的孤独的人。"

卷二十九 《三国志·蜀书六 关张马黄赵传》

第一节 “武圣人”是怎么炼成的

【原文】

关羽字云长，本字长生，河东解人也。亡命奔涿郡。先主于乡里合徒众，而羽与张飞为之御侮。先主为平原相，以羽、飞为别部司马，分统部曲。先主与二人寝则同床，恩若兄弟。而稠人广坐，侍立终日，随先主周旋，不避艰险。

【译文】

关羽，字云长，原字长生，河东郡解县人。

因战乱逃亡到涿郡。

刘备在家乡招集兵马，关羽和张飞担任他的护卫。

刘备任平原国国相后，任关羽、张飞为别部司马，分管所辖军队。

刘备与关、张二人连睡觉都同一张床，亲如同胞兄弟。

关、张二人在大庭广众之中，整日侍立在刘备身旁，跟随刘备对敌作战，从不惧避艰险。

【评点】

《三国演义》里面，有脍炙人口的一场戏，就是刘、关、张桃园三结义。

此事正史无载，且对于关羽和张飞的来历也没有做一个明确的解说，只是提到一句“先主于乡里合徒众，而羽与张飞为之御侮”。但是罗贯中却发挥了自己充分的想象力，分别赋予张飞和关羽不同的职业。

说的是刘焉发榜招军，刘备年已二十八岁，自觉年老，慨然长叹。此时张飞出现，身长八尺，豹头环眼，燕颔虎须，声若巨雷，势如奔马，责问他身为大丈夫，不为国家出力，为什么要长叹！然后就俩人开始喝酒。

正喝酒间，“见一大汉，推着一辆车子，到店门首歇了，入店坐下，便唤酒保：‘快斟酒来吃，我待赶入城去投军。’”

所谓提篮挑担推车之人，能有什么架势和地位，不过就是一介平民，却是长得不俗，“身长九尺，髯长二尺；面如重枣，唇若涂脂；丹凤眼，卧蚕眉，相貌堂堂，威风凛凛”。两米有零的大个儿，即使在那个彪悍的年代，也够惊人。相貌也属于独一份儿，非常惹眼。

于是这三个人就桃园结拜，焚香盟誓：“念刘备、关羽、张飞，虽然异姓，既结为兄弟，则同心协力，救困扶危；上报国家，下安黎庶。不求同年同月同日生，只愿同年同月同日死。皇天后土，实鉴此心，背义忘恩，天人共戮！”

虽然是演义的，虽然未必实有其事，但是，却仍旧让人心驰而神往之。

此后，就是这二人追随刘备，水里水里来，火里火里去，做成一世不离不弃的好兄弟。

汉献帝建安五年（200），曹操击刘备，刘备败逃，关羽“落到”曹操的手里。《三国演义》里说关羽本不肯降，曹操阵营里的张辽劝之，说你不降则死，可是现在死了就是白死，不如先降了再说，慢慢打听你那大哥的音信。再说了，城中还有你的二位嫂子呢，你死了，她们怎么办？

关羽一听，是这么个理儿，于是和曹操约法三章：第一，降汉不降曹——曹操说这个容易，我就是汉，汉就是我嘛（奸雄本色表露无遗）。第二，二位嫂夫人好好赡养，上下人等不许过去骚扰——我估计这话是说给曹操听的，这个家伙是个色鬼，刘备的老婆也是佳人，怕他乱打歪主意。曹操也说没问题，相比得员大将，不去乱偷嘴吃是小意思。第三是一打听到刘备的消息，不管千里万里，必定请辞赶去——曹操不乐意了，那我养你有什么用？

这个时候，张辽说话了：关羽留恋刘备，是因为刘备待他好，那丞相您待他更好，他不就不走了吗？

曹操一听，待他好啊？这个好办！

于是关羽就降曹了。

曹操高兴，捡了一个大宝贝。

就这，他还冒坏水，班师还朝的路上，晚上安歇馆驿，曹操还想让关羽乱君臣之礼，故意说哎呀房间不够啦，只好你跟玄德的二位夫人挤一挤——他准知道关羽肯定会护着这二位夫人，不许自己手下的人近身，所以才敢这么胡扯。

结果到了那儿一看，关羽一晚上没有进房，秉烛立于户外，充当门神爷。这下子他服了，又服又敬。

回许昌，他又拨给关羽一套大宅子，关羽又把内宅给二位夫人，外宅自己住，内外互不交通，把守分外严密。

曹操表汉帝，将关羽封为偏将军，然后喝酒请他上座，送他绫罗绸缎，送他金银器皿，送他金珠宝贝。这些他都不稀罕，但是硬退了礼节上也说不过去，就交给二位夫人收着。曹操还给他送美女，结果他也都送给二位夫人当侍婢。

曹操对他，三日一小宴，五日一大宴，还送他锦囊盛胡子（胡子太长了，需要保养），还送他吕布的赤兔马，这回关羽高兴了，拜谢之——此前金珠美女他都不谢，这回拜谢，是因为他有了这匹快马，以后就可以骑上马找刘备去。把曹操后悔的。

曹操待他的好他都记着，有机会是会报恩的。可是曹操并不想让他报恩，因为他报完了恩就要走了。全忠尽义即如此士。

但是报恩的机会还是撞到关羽眼前来了。

那就是斩颜良、诛文丑。

他们都是袁绍的人。颜良做先锋攻白马，袁绍这人的不纳贤言在这方面暴露得一览无余，因为沮授向他进言，说颜良这个人性情狭隘，虽然骁勇，不能独自担当大任，但是袁绍不听，说我的上将，哪是你们能料得到的！

然后颜良不愧他骁将的气质，连杀曹操两员大将。

起初关羽请战，曹操不许，怕他报完恩就撒丫子飞。但是到了这个阵势，非关羽不能克颜良也。

关羽果然不负众望。明明山下颜良排的阵势，“旗帜鲜明，枪刀森布，严整有威”，他看人家如“土鸡瓦犬”；颜良于麾盖之下，绣袍金甲，持刀立马，关羽说人家是“插标卖首”，就是插上草标叫卖自己的大好头颅。

他说他愿去万军中取其首级，张辽吓一跳，让他不要乱说话：“军中无戏言，云长不可忽也。”

结果关公“奋然上马，倒提青龙刀，跑下山来”，人家冲阵杀敌是高举武器，他倒拖着武器往前冲，若是平常人，就叫傻，搁他身上，就叫艺高人胆大。

且看他通红着一张脸庞，细长的凤目睁得圆圆的，蚕眉怒竖起来，把山下颜良督率的河北军冲得如同波开浪裂，纷纷躲避，然后这匹给力的赤兔马哦，旋风一般冲到颜良面前，不等这家伙问话“来将何人”，关公早把他手起一刀，刺于马下；然后他的动作就像被按了快进键，大家可以想象一下：“忽地下马，割了颜良首级，拴于马项之下，飞身上马，提刀出阵”，就是杀人枭首，动作一气呵成，然后又撒丫子溜之乎也，挥一挥衣袖，扬起一路烟尘。

把曹操惊的，“将军真神人也！”这时候关羽还自谦呢，哎呀我这算什么！我兄弟张翼德，“于百万军中取上将之头，如探囊取物”，曹操就左右告诫他的手下，以后你们遇见张翼德不许轻敌，听见了没！这还不算，他还拿笔让写到袍襟底下，就像随身带个记事本。只是不知道他是让众将写在他们各自的袍襟底下，还是他让人写在他的袍襟底下。

此一报恩也。

后来又对阵袁绍手下的文丑，文丑河北名将，猛得很，箭射张辽，斗败徐晃。然后见着两米多的关云长提刀飞马而来，他自己先就气势上输了，让马绕着河沿子跑。关公骑的可是赤兔马，那多牛啊，一下子就赶上了，一刀结果之。

此二报恩也。

京剧《甘露寺》里孙权用美人计招刘备，想杀他，乔阁老劝他：

“劝千岁杀字休出口，老臣与主说从头。刘备本是那中山靖王的后，景帝玄孙一脉留。他有个二弟汉寿亭侯，青龙偃月神鬼皆愁。白马坡前斩颜良，延津诛文丑，在古城曾斩过老蔡阳的头……”

那汉寿亭侯，就是说的关公这位英雄好汉。

汉寿亭侯，就是他斩颜良之后封的。

恩也报了，义也全了，他也知道了刘备的下落，就要张罗着回到兄长身边了。

曹操一看鸭子要飞了，当然要想办法拦了。

怎么拦？

不见！

就是说，关公要拜辞曹操，向承大恩，如今不拜而别，关羽也做不出来，当面拜辞吧，曹操给他悬了一面回避牌。把关羽郁闷得不行。

再去，还是回避。

又去，又是回避。

去几次，曹操就给他回避几次。

他的行李车马也准备好了，曹操原赐的东西也都打包留下，不带走分毫，旧日跟随的仆役人等也都整装待发，可是曹操就是不见他！

于是他留书一封，就此去也。

这封信的内容如下：

“羽少事皇叔，誓同生死；皇天后土，实闻斯言。前者下邳失守，所请三事，已蒙恩诺。今探知故主现在袁绍军中，回思昔日之盟，岂容违背？新恩虽厚，旧义难忘。兹特奉书告辞，伏惟照察。其有余恩未报，愿以俟之异日。”

大家还记得他跟刘、张二人结义时盟的誓吗？关羽为什么称为武圣人？因为他着实是一个尽忠全义之人啊！是以“新恩虽厚，旧义难忘”。

不过他也给曹操留了一个尾巴：“其有余恩未报，愿以俟之异日。”就是你的恩我还没有报完，以后来日有机会再报。

就这么一句话，华容道曹操保得一命。真是人在做，天在看，曹操杀伯奢全家，他的全家也遭屠戮；曹操厚待关羽，关羽也救他一命。

此后就是挂印封金，过五关，斩六将，千里走单骑，护着二位夫人，找他哥哥刘玄德去也。

这里面还有一个传说故事，说是他临走之时，用朱墨——就是红墨，画了一幅“风雨竹诗图”，画中藏诗：“不谢东君意，丹青独立名。莫嫌孤叶淡，终久不凋零。”然后才挂印封金，去寻刘备。

此时玄德尚未逢诸葛（诸葛亮还小呢，不足二十岁），关云长已是为了全个兄弟“义”字，做出这番惊动天地的大事业。所以后来诸葛出现，他和张飞不以为然，也是有资格的、有道理的。一般人还真插不进这铁三角里面。所幸卧龙不是一般人。

罗贯中演绎出这么一段荡气回肠的传奇还不算，还为关公献诗颂赞：

挂印封金辞汉相，寻兄遥望远途还。马骑赤兔行千里，刀偃青龙出五关。

忠义慨然冲宇宙，英雄从此震江山。独行斩将应无敌，今古留题翰墨间。

自然，这是演义笔法，正史中只寥寥几笔，就交代了一个人历经的腥风血雨。此前我们还提到过关羽向曹操要求要娶一女子为妻，曹操却横刀夺爱。就算历史上实有其事，又对关羽“武圣人”的名号能有什么妨碍？他不花心，而英雄美人本来就是历史烟尘中软化铁血的一出旖旎传奇。是以罗贯中将此情节故意略过不提，其实是有些多虑。

圣人也是人，是人就有虚荣心。

想当初刘备访诸葛，关羽和张飞就不乐意，觉得诸葛亮分走了大哥给他们的重视和关心。

刘备西进平定益州，授权关羽督掌荆州大政。

关羽听说马超归降刘备，关羽特地写信去问，马超这个人怎么样啊？武艺高不高？能力强不强？

诸葛亮绝对是一个称职的干政工的料，善于做人的思想工作。他一看就知道关羽这是怎么回事，好胜啊！如果大夸马超一顿，肯定把关羽的劲头激起来，搞不好以后得来个窝里斗。可是如果不夸，马超的能力也确实是很强。

所以诸葛亮是夸而不夸，不夸而夸，两个人都夸。夸马超是黥布、彭越那一流的人物，跟张飞有得一拼，但是跟您没得比，您多么的超凡出众、卓尔不群！

关羽一听，高兴了，来来来，大家都看看，看诸葛丞相居然这么说我，这让我怎么好意思，我怎么敢当，哈哈哈……

其实他一点也没有什么不好意思，嘿嘿。

语出《三国志》：

“先主西定益州，拜羽董督荆州事。羽闻马超来降，旧非故人，羽书与诸葛亮，问超人才可谁比类。亮知羽护前，乃答之曰：‘孟起兼资文武，雄烈过人，一世之杰，黥、彭之徒，当与益德并驱争先，犹未及髯之绝伦逸群也。’羽美须髯，故亮谓之髯。羽省书大悦，以示宾客。”

不过从他拿信遍示群僚，也可以看出另一个意思，那就是，他以前也许是看不起诸葛亮的，不过现在，他确定一定以及肯定地，对诸葛亮无比的重视，乃至从他口中说出的赏识之语，让关羽兴奋异常，深有荣焉。

我一直觉得，无论是《三国演义》中的华佗也罢，还是《三国志》中的无名氏医生也罢，给关公刮骨疗毒是确有此事，关公割炙饮酒，言笑自若也是确有其事。可是，关公真的不怕疼吗？

都是爹生娘养，痛神经这个东西，有的人可能敏感，有的人可能不敏感，不过再不敏感，都把骨头给露出来了，拿小刀窸窸窣窣地刮，不疼才怪！

他不是不疼，他是觉得我一堂堂武将，叫疼实在有损形象，所以干脆就硬忍着不叫痛。换句话说，此时他未必就没有虚荣心。

通常我们说起“虚荣心”来，好像这是一个贬义词，觉得是人追求虚名虚利才搞的玩意儿，起的这么一个心意。可是如果虚荣心用得好，它也能起到正面的作用。有的人因为怕被人瞧不起，虚荣心作祟，结果努力学习，到最后学业有成，虚荣心就结出了好果子。

据说一个学生不好好学习，成绩很差，一个老师说我看你这辈子也不会有大出息！这个学生一听急了，说你怎么知道我这辈子没有大出息，我偏就给你出息一把让你看！然后他拼命读书，头悬梁锥刺股，到最后成了博士，出国留学，回国讲学，想到这个老师当年的话，他不再有恨，只有感谢，因为没有这个老师的这番刺激，他也就没有这股子虚荣心“作怪”，也就没有今天的成绩。

所以，一把利剑在庸人手里也只能砍砍瓜切切菜，一把菜刀到了勇士手里也能杀敌。虚荣心这个东西，端看你怎么看、怎么用。关羽把虚荣心用在了这里，必定能够鼓舞士气。而如果你把虚荣心用在比吃比穿，那铁定没戏。

历史上有关关公的戏很多，其中就有一出《走麦城》。关公的走麦城和拿破仑的滑铁卢同义，都是英雄一世，落得个失败的悲剧结局。

说的是关公擒于禁，斩庞德，吓得曹操不行，怕他提兵直逼许都，所以都想着迁都了。

这时候司马懿进谏阻止，给他出主意，派人去东吴联合孙权，共同打关羽。

孙权正因为关云长气势逼人觉得不爽，还不答应自己替儿子求婚，气得不行，马上就答应下来打荆州。

吕蒙受孙权之命攻打荆州，却是沿江都有烽火台，荆州军马也都有防备，无处下嘴，闷闷不乐，躺下装病。

陆逊来了，明知道他没病，也劝他干脆装病辞职算了。底下攻打荆州的任务就是陆逊的事了。

其实这时候打的就是心理战，让关羽放松防备，一看是一个名不见经传的家伙掌事，必定心中轻视。而且陆逊也是深通心理战的高手，又派人送信给关羽把他大大地吹捧了一番，这下子关羽更没警惕心了，荆州防备松懈，兵力调往樊城去也。

大家还记得他特地去信问诸葛亮马超何如人也这回事吗？诸葛亮夸说马超可比张飞，却比不上美髯公你。他美得把信遍示群僚。所以说，虚荣心害死人啊！

然后孙权就得了空子，吕蒙也不装病了，领大都督职，起兵攻打荆州。

这回打荆州真是容易得很，几乎就是不伤一兵一卒，因为使的是诈，把战船给伪装成商船，把精兵给假扮成商人，烽火台的守兵就把他们给放过去了。当夜二更，烽火台被占，拿下荆州。

平时关羽可能确实是比较傲慢的，所以关键时刻他的人际关系就不给力。公安的守将士仁见荆州已失，就到荆州投降，还劝得麋竺的弟弟麋芳也一起投降。后人把这个叫士仁的人给加了一个姓，成了“傅士仁”，就跟《红楼梦》里的“卜世仁”一样，都是“不是人”的意思。

曹将徐晃知道东吴攻下了荆州，也按早就计划好的战略趁火打劫，攻下偃城、四冢。关平逃回去告诉他爹关羽荆州已失，关羽还不相信呢。

此时他正在将养箭伤，徐晃率兵杀到。

其实他在曹营的时候，除了张辽，就是徐晃和他的交情最好，可是事到临头，仍是各为其主。

《蜀记》记载：

“羽与晃宿相爱，遥共语，但说平生，不及军事。须臾，晃下马宣令：‘得关云长头，赏金千斤。’羽惊怖，谓晃曰：‘大兄，是何言邪！’晃曰：‘此国之事耳。’”

就是说，徐晃下马宣令悬赏，关云长头值千两黄金，关羽是铁血英雄，寻常事何能吓得倒他，此时却大惊失色，叫着徐晃说大哥，你说的什么话！徐晃说没办法兄弟，这是国事啊！

心酸。

关羽与徐晃大战八十回合，曹仁和徐晃两下夹击，关羽兵败而走，结果探马果然报告说荆州失陷，公安守将、南郡守将投敌，气得关羽昏倒在地。醒过来后，就一面派人前往成都求救，一面整兵夺荆州。

他一边走一边和吴军交战，走到一个山谷，被四面包围。关平劝关羽到麦城驻扎下来，然后派廖化去求援。

上庸守将是刘封和孟达，刘封听了廖化的哭诉后，想前去解救关羽，但孟达却不肯，不但不肯，还说关羽这不好那不好，刘封一听，算了，拉倒吧。

廖化一看没戏，只好往成都去搬兵。

关羽如今是一头困在笼中的猛虎，东吴派诸葛瑾来劝降，他也不肯，宁为玉碎，不为瓦全。

吕蒙定计，三面攻打麦城，只空出北门，就好比张了一个大口袋，等着关羽往里钻。

关羽果然钻了进去，然后被活捉。

活捉了关羽，孙权就陷入了两难之局。杀了吧，不舍得，不杀吧，猛虎留着必然噬人。

到最后仍旧是杀了。杀了之后，他又面临着一个两难之局，明明是我东吴杀了关羽，可是却不能要这份功劳，还得把这份荣耀送给曹操，要不然的话，刘备闻知，怎肯甘休？必定倾一国之力，和他死磕到底！

于是，孙权就听了张昭的话，把关羽的首级送给曹操了。曹操心里明镜似的，都是玩权术玩成了精的家伙，既然你给我送了过来，那好办，以珍贵的沉香木为躯，葬之以王侯之礼。

这出嫁祸之戏，就这么被曹操轻而易举地化解了。

不过，在《三国演义》里，还有余韵未歇。

他的赤兔马，不食草料，死了。

麦城守将王甫听说关羽被杀，大叫一声，堕城而死。

周仓自刎而亡。

守将都没了，麦城当然也归了东吴。

那吕蒙呢？被关公来了个灵魂附体，大骂孙权一顿，然后七窍流血而死。

到他的首级送到曹操面前，“操开匣视之，见关公面如平日。操笑曰：‘云长公别来无恙！’言未讫，只见关公口开目动，须发皆张，操惊倒。众官急救，良久方醒，顾谓众官曰：‘关将军真天神也！’”

哪怕是演绎出来的情节，这样的关公，也够给力。

而刘备呢？他这个“四人帮”，诸葛亮为其头颅，他自己是身躯，关羽和张飞各为股肱，如今却折了一枝，不吃不喝，终日痛哭，眼中泣血。

有人说关羽这个人太高傲了、太傲慢了、太麻烦了，刘备是想借刀杀人，所以才不去救关云长。

这是说的哪里话来？

为杀一个人，舍掉一座荆州吗？

为杀一个人，刘备能算到那么多的偶然因素吗？

水淹于禁七军，他料想不到；麋芳和士仁的投敌，不是刘备所愿意的事；吕蒙白衣渡江，玩间谍战，那也不是他能料到的呀！他怎么会知道，江东军队那么容易就把关羽的大后方给占领了？

再说了，“兄弟”这两个字，是白白说说的吗？

我们以今人之心度古人之腹，有的时候实在是度得有点过分。

古人的“二桃杀三士”，放在现今看来，纯粹就是小儿科的闹剧，试问人怎么可能会因为一个桃子吃不到嘴，就自杀，不要自己的小命呢？可是古人就干得出来。

是的，关羽太高傲了，他的人缘也不怎么好，而且关羽不死，吴、魏不安，所以诸般因素凑在一起，他是非死不可。用《三国志》作者的话来说，就是：“关羽、张飞皆称万人之敌，为世虎臣。羽报效曹公，飞义释严颜，并有国士之风。然羽刚而自矜，飞暴而无恩，以短取败，理数之常也。”但是，他的死和刘备无关。

也许我们可以念念叨叨地说什么“朋友是用来出卖的”之类的屁话，可是，刘、关、张这三兄弟，还有诸葛亮的全忠大义、呕心沥血，却完完全全是个反证。它证明了古人的热血和单纯，也证明了我们有的时候，的的确确会出出种种小人之心……

关公死了，成神成圣。

人们敬的是他的忠、他的义、他的精神。

关羽由北宋徽宗在崇宁元年（1102）封为忠惠公开始，一路受封，一路飙升，直到清宣宗道光八年（1828），被封为“忠义神武灵佑仁勇威显关圣大帝”。

随着关羽地位变得显赫，关羽更被尊称为“武王”“武圣人”，与孔子并肩而立。孔子被称为“文圣人”，关羽被称为“武圣人”。

华夏大地，山西常平有关帝庙，河南洛阳有关林，湖北当阳有关陵，荆州有关帝庙，河南许昌有霸陵桥关帝庙……

他甚至被各行各业拉来抢去，争着当成祖师爷。易中天对此的解说非常风趣：

“关羽现在变成财神爷。你看我们现在很多的企业里面，民营企业，或者是个体商贩他的家里面都供者关羽的像。这个关羽是一个军事将领，你说他是战神这个话还说得过去，他怎么是财神呢？是不是意味着所有的财都是抢来的？而且依我看，关羽总有一天会变成爱神，会供奉在婚姻介绍所。为什么呢？因为关羽这个人对爱情追求也是很执着的，当时刘备带着他都投奔曹操，曹操是和吕布作战。战前关羽就提了一个要求，说曹公我可以英勇奋战，但是打下吕布以后，有一个女人你要把他嫁给我。曹操说好，刘备也去帮着说，然后到了决战前夕，这个关羽又去提醒曹操，那你说话要算数的，我们打赢了以后那个女人你一定要嫁给我的。曹操说不对啊，这个关羽怎么就认准了这个人，我去看看，曹操一看，哎呀，国色天香啊，我曹某人还是近水楼台先得月吧。结果弄得关羽非常的郁闷。”

他的名声之大，可不仅仅是横跨东南亚。

台湾地区百姓有为关公设香案、立牌位、挂圣像的习俗。

美国有一个“龙岗总会”，拜关公为祖。

泰国也拜关公，日本也拜关公。

美国一位大学教授 Davidk Jordan 说：“我尊敬你们的这一位大神，他应该得到所有人的尊敬。他的仁、义、智、勇直到现在仍有意义，仁就是爱心，义就是信誉，智就是文化，勇就是不怕困难。上帝的子民如果都像你们的关公一样，我们的世界就会变得更加美好。”

这么说吧，只要有华人在的地方，就有关羽的祭台。

只要有华人在的地方，就有关公戏。

关公的脸谱是红脸，以示忠勇，勾丹凤眼，加大髯口，专称“关公髯”。为表示尊敬，特意在脸谱上加一黑点或一条金线，称作“破脸”，代表演的虽然是他，但是却不敢完全模仿他。

旧时演关公戏，主角规矩多得很，前十天就要斋戒沐浴，出场前先给关帝像烧香叩头，并且在后台杀鸡祭拜；演《走麦城》，更要台上台下烧香、点烛。演关公的角色勾了脸谱、着了装，旁边的人就不可对他有不敬之色、轻慢之词。

清朝皇宫演戏，关公出场，皇帝、皇后、妃子，都得离座走几步，然后才能坐下看戏，以示敬意。

之所以得后人万千钦敬，皆因为他“义不负心泰山重，忠不顾死何言轻。桃园金兰誓，弟兄山海盟。早把这九尺身躯青龙偃月，付与苍生”。

第二节　猛张飞的悲剧结局

【原文】

张飞字益德，涿郡人也，少与关羽俱事先主。羽年长数岁，飞兄事之。先主从曹公破吕布，随还许，曹公拜飞为中郎将。先主背曹公依袁绍、刘表。表卒，曹公入荆州，先主奔江南。曹公追之，一日一夜，及于当阳之长阪。先主闻曹公卒至，弃妻子走，使飞将二十骑拒后。飞据水断桥，瞋目横矛曰："身是张益德也，可来共决死！"敌皆无敢近者，故遂得免。

【译文】

张飞，字益德，涿郡人，年轻时与关羽一道侍奉刘备。

关羽比张飞年长几岁，故张飞把关羽当作兄长侍奉。

刘备跟从曹操击败吕布后，随曹操返回许都，曹操任命张飞为中郎将。

刘备脱离曹操先后投靠袁绍、刘表。

刘表死后，曹操进军荆州，刘备逃往江南。

曹操率兵追击，急行一日一夜，在当阳县长阪追上刘备。

刘备闻知曹操突然赶到，抛下妻子儿女自己逃跑，并令张飞率领二十名骑兵断后。

张飞守住河岸、拆毁河桥，怒目圆睁，手执长矛大叫："我是张益德，谁敢前来与我决一死战？"曹军无人敢近，故刘备等得以逃脱。

【评点】

张飞（？—221），字益德（在《三国演义》和《华阳国志》里，他是字翼德），刘备的拜把兄弟，蜀汉猛将，官至车骑将军，封西乡侯。

他和刘备、关羽的相识与结拜经过此不赘述，值得一提的是《三国演义》里面，罗贯中对他的外貌描写："身长八尺，豹头环眼，燕颔虎须，声若巨雷，势如奔马。"

戏台上的张飞是黑脸大汉，电视里的张飞肌肉虬结，民间谚语里的张飞是"张飞穿针——大眼瞪小眼”“张飞吃豆芽——小菜一碟”，总体上给人的感觉就是刚猛、勇力、粗线条。

可事实上，张飞会画画，想不到吧？

而且他善画的居然是美人，这个，更想不到吧？

据说张飞还颇有文采。打败张郃后，率部巡游真多山，写下了《真多山游记》：

“王方平采药此山，重子歌玉泸山涧。雪，住宿方行。”

寥寥十九字，言简而意深，可比“环滁皆山也”。

这个，尤其想不到吧？

而且，他的两个女儿，都嫁给了刘禅，当了皇后。女肖其父，张飞的面貌，也不会差到哪里去吧？要不然以刘禅那懦弱的性格，再拿这俩豹头环眼的丫头当老婆，半夜还不得活活给吓醒了！

再者说，张飞不但工画，而且善书，就是练书法，还写得很好。在那个年代，识一箩筐字就可以称得上秀才，他着实算得上文化素养很高的一个小名流。

所以，才有人对张飞的面貌提出异议，因为在四川一带的出土文物中显示张飞不但不丑不凶不剽悍，而且很可能面如美玉，是个美男子。因为一些三国时期的雕像中，张飞竟然连一根胡子都没有，面如满月，神态温柔。

所以，张飞可能是最被脸谱化的一个。因为作战勇猛，于是就被想当然地当成一个粗豪的汉子了。

写到这里想起一个人来，北朝时的兰陵王。

他是北齐名将，名字叫高长恭，封地在兰陵，所以人们叫他兰陵王。

这个人很勇敢，非常勇敢，北齐和北周打仗，在芒山一场恶战，他率铁骑五百，杀敌无数，然后金墉城下被团团围住。守城的北齐军看他戴着一个凶恶狰狞的面具，实在不知道他是哪边的人，正在犹豫，他一把摘下面具，面具下隐藏的脸哦，是那样的美！守军一看是我们的兰陵王，群情激愤，万箭齐发，射向北周军队。然后兰陵王带着城下将士继续奋勇杀敌，直杀得北周军队大败而归。

这个人之所以戴一副面具，没别的意思，就是怕自己太漂亮，镇不住人。史书上也说他白得像个美女。

可是，长得像个美女，未必就像个美女一样的娇柔啊！

就像张飞，难道就不允许人家也貌柔心壮了？

兰陵王之美，史书有载；张飞的面貌长得怎样，可就全靠一个字：猜。

无论怎样，他的作战勇猛，是绝对和兰陵王有一拼的。还是用京剧《甘露寺》里的唱段来说明问题：

“他三弟翼德威风有，丈八蛇矛惯取咽喉（老头一边唱还一边做长枪刺咽喉状），鞭打督邮他气冲牛斗，虎牢关前战温侯，当阳桥前一声吼，喝断了桥梁水倒流。”

这“当阳桥前一声吼”，就是这段引文中发生的故事，这里面没有演义成分，所以不如《三国演义》里叙述得热闹：

“却说文聘引军追赵云至长坂桥，只见张飞倒竖虎须，圆睁环眼，手绰蛇矛，立马桥上，又见桥东树林之后，尘头大起，疑有伏后，便勒住马，不敢近前。俄而曹仁、李典、夏侯惇、夏侯渊、乐进、张辽、张郃、许褚等都至。见飞怒目横矛，立马于桥上，又恐是诸葛孔明之计，都不敢近前。扎住阵脚，一字儿摆在桥西，使人飞报曹操。操闻知，急上马，从阵后来。张飞睁圆环眼，隐隐见后军青罗伞盖、旄钺旌旗来到，料得是曹操心疑，亲自来看。飞乃厉声大喝曰：‘我乃燕人张翼德也！谁敢与我决一死战？’声如巨雷。曹军闻之，尽皆股栗。曹操急令去其伞盖，回顾左右曰：‘我向曾闻云长言：翼德于百万军中，取上将之首，如探囊取物。今日相逢，不可轻敌。’言未已，张飞睁目又喝曰：‘燕人张翼德在此！谁敢来决死战？’曹操见张飞如此气概，颇有退心。飞望见曹操后军阵脚移动，乃挺矛又喝曰：‘战又不战，退又不退，却是何故！’喊声未绝，曹操身边夏侯杰惊得肝胆碎裂，撞到了马下。操便回马而走。于是诸军众将一齐望西奔走。正是：黄口孺子，怎闻霹雳之声；病体樵夫，难听虎豹之吼。一时弃枪落盔者，不计其数，人如潮涌，马似山崩，自相践踏。后人有诗赞曰：‘长坂桥头杀气生，横枪立马眼圆睁。一声好似轰雷震，独退曹家百万兵。’”

一个字：牛！

通常我们总爱把张飞和《水浒传》里的李逵相提并论，觉得二人皆属一类。可是事实上，两个人却是天差地别。

无论是文化素养，还是武功才干，都不在一个档次。

李逵吃鱼，那是连骨头带刺带肉一起往嘴里填，淋淋漓漓满手满桌子的汁水，估计张飞不会这么吃——他也不怕卡了嗓子。

张飞的武功是超一流的，战吕布都没问题，李逵被燕青摔得躺地上说什么也不肯爬起来。

张飞的计谋不可小觑，说他喝断了当阳桥那是夸张，可是他让手下把马尾巴绑上干树枝，在林里往来驰骋，伪装成伏兵很多的样子，吓得曹操不敢前进，这确实是真的。李逵就是手持两把板斧往来冲杀，连军士带平民，凡是沾着他的锋刃的，统统砍死。计谋？没有。他就是一个地狱使者。

不论从哪个角度来看，张飞都是个英雄，也着实地识英雄、重英雄。

刘备平定江南各郡，任张飞为宜都太守、征虏将军，封爵新亭侯，后又调守南郡。刘备西进益州，后还攻刘璋，张飞与诸葛亮等溯江而上，分兵平定沿江各郡、县。

张飞到江州，击败刘璋的部将巴郡太守严颜，并活捉了严颜。

张飞怒斥严颜："我大军已到，你为何不及早投降而斗胆抗拒？"

严颜回说："你等兴兵无名，侵夺我益州，我们益州只有断头将军，没有投降将军。"

张飞大怒，喝令手下兵卒将严颜推出去砍头，严颜面色不变，对张飞说："砍头就砍头，发什么火呢！"

张飞对严颜的勇气甚为敬佩，当即下令释放，并把他作为客人礼待。

（《三国志》："至江州，破璋将巴郡太守严颜，生获颜。飞呵颜曰：'大军至，何以不降而敢拒战？'颜答曰：'卿等无状，侵夺我州，我州但有断头将军，无有降将军也。'飞怒，令左右牵去斫头，颜色不变，曰：'斫头便斫头，何为怒邪！'飞壮而释之，引为宾客。"）

不过，他的脾气，也着实太过暴烈。关羽脾气也不好，这俩人却有一个很明显的差别，关羽是"羽善待卒伍而骄于士大夫"，就是说对普通士兵好，而对地位高的士大夫骄慢——结果最后他却被这些地位高的家伙们给挤兑死了；张飞是"飞爱敬君子而不恤小人"，就是说，张飞是对于英雄和君子既爱且敬，爱敬那些有本事的人，但是对于小人物却不知道体恤——结果最后他是被这些小人物暗杀的。

刘备对于张飞的这种"不恤小人"的做法也颇为忧虑，时常告诫，说你既然待下严苛，动不动就鞭打那些个士兵，那你打了之后就不要再让他们在你身边当差，不然会自取祸端。

刘备忧虑得很对。我们时常见到电视剧里面，尤其是清宫戏，里面常有当太监的、当宫女的，受了责罚之后，捂着被打的屁股一瘸一拐进来磕个头，谢个恩，抹抹泪，照旧当差，端茶递水——实在是没常识。

《宫女谈往录》是一部纪实体的文学作品，一个伺候过慈禧太后的宫女回忆她在慈禧身边的日日夜夜，她就说，一旦挨过责罚的宫女，你就再也看不见她了，没有打过罚过之后照旧当差的道理——就是怕心中怀恨，对主子不利。

结果张飞这个人心粗，想不到这一层，于是就真的惹祸上身了。

《三国演义》里写关羽死后情形：

"张飞在阆中，闻知关公被东吴所害，旦夕号泣，血湿衣襟。诸将以酒解劝，酒醉，怒气愈加。帐上帐下，但有犯者即鞭挞之；多有鞭死者。每日望南切齿睁目怒恨，放声痛哭不已。"

兄弟三人桃园结义，此后共同举事，日则同行，夜则同止，而关羽死于非命，令他如何不切齿痛恨。

"张飞回到阆中，下令军中：限三日内制办白旗白甲，三军挂孝伐吴。次日，帐下两员末将范疆、张达，入帐告曰：‘白旗白甲，一时无措，须宽限方可。’飞大怒曰：‘吾急欲报仇，恨不明日便到逆贼之境，汝安敢违我将令！’叱武士缚于树上，各鞭背五十。鞭毕，以手指之曰：‘来日俱要完备！若违了限，即杀汝二人示众！’打得二人满口出血。回到营中商议，范疆曰：‘今日受了刑责，着我等如何办得？其人性暴如火，倘来日不完，你我皆被杀矣！’张达曰：‘比如他杀我，不如我杀他。’疆曰：‘怎奈不得近前。’达曰：‘我两个若不当死，则他醉于床上；若是当死，则他不醉。’……初更时分，各藏短刀，密入帐中，诈言欲禀机密重事，直至床前。原来张飞每睡不合眼；当夜寝于帐中，二贼见他须竖目张，本不敢动手。因闻鼻息如雷，方敢近前，以短刀刺入飞腹。飞大叫一声而亡。时年五十五岁。”

而《三国志》里面，张飞的帐下部将张达、范强杀害了张飞，并割下他的首级，顺江而下投奔孙权。张飞军营都督上表飞报刘备，刘备一听就知道怎么回事，说一声：“噫，飞死矣！”

刘备戎马征战，世情百态比张飞看得明白，对张飞的做事一向忧虑挂念，可见对这个三弟着实上心，不枉了与他结拜一场。

关羽骄慢大人物，死在了大人物的手里；张飞苛待小人物，死在了小人物的手里。就像《三国志》的作者评的：“关羽、张飞皆称万人之敌，为世虎臣。羽报效曹公，飞义释严颜，并有国士之风。然羽刚而自矜，飞暴而无恩，以短取败，理数之常也。”

总的来说，无论是傲上还是慢下，都不好，都有弊端，关键时刻都容易丧生失命，怪不得古人会说谦柔是立身之本，又说过柔则靡，过刚易折。只有刚柔相济，方成大器。

第三节　老骥伏枥，壮心不已的老将黄忠

【原文】

黄忠字汉升，南阳人也。荆州牧刘表以为中郎将，与表从子磐共守长沙攸县。及曹公克荆州，假行裨将军，仍就故任，统属长沙守韩玄。先主南定诸郡，忠遂委质，随从入蜀。自葭萌受任，还攻刘璋，忠常先登陷陈，勇毅冠三军。益州既定，拜为讨虏将军。建安二十四年，于汉中定军山击夏侯渊。渊众甚精，忠推锋必进，劝率士卒，金鼓振天，欢声动谷，一战斩渊，渊军大败。迁征西将军。是岁，先

主为汉中王，欲用忠为后将军，诸葛亮说先主曰：“忠之名望，素非关、马之伦也。而今便令同列。马、张在近，亲见其功，尚可喻指；关遥闻之，恐必不悦，得无不可乎！”先主曰：“吾自当解之。”遂与羽等齐位，赐爵关内侯。明年卒，追谥刚侯。

【译文】

黄忠，字汉升，南阳郡人。

荆州牧刘表任命他为中郎将，黄忠与刘表的侄子刘磐共同镇守长沙郡攸县。

曹操攻占荆州后，黄忠受命代行裨将军之职，仍留在原来任所，统属于长沙太守韩玄。

刘备平定南方各郡，黄忠归顺刘备，后又随刘备进军蜀地。

黄忠在葭萌接受任命，回攻刘璋，黄忠常常身先士卒冲锋陷阵，勇猛果毅为三军之首。

平定益州后，被任命为讨虏将军。

建安二十四年（219），黄忠在汉中定军山攻战夏侯渊。

夏侯渊所率乃曹军精锐之旅，黄忠率所部奋力向前推进，他激励士卒，金鼓震天，呐喊声响彻山谷，一战即杀夏侯渊，夏侯渊军被打得大败。

黄忠被晋升为征西将军。

当年，刘备为汉中王，打算起用黄忠为后将军，诸葛亮劝刘备说：“黄忠的名望一向未能与关羽、马超等人相提并论，如今让他与关、马等平起平坐，马超、张飞现在附近，都目睹黄忠的战功，还可以对他们加以解释，而关羽远在荆州，知道这件事一定不会高兴，能否取消这项任命？”

刘备说：“我自会给关羽解释的。”

于是黄忠取得了与关羽等人相等的职位，被封爵为关内侯。

第二年黄忠去世，被追谥为“刚侯”。

【评点】

黄忠（？—220），字汉升，南阳人，蜀汉名将，五虎上将之一。

最有名的战绩就是刀劈夏侯渊。《三国志》里只有这么一句：“渊众甚精，忠推锋必进，劝率士卒，金鼓振天，欢声动谷，一战斩渊，渊军大败。”到了《三国演义》里面，就演绎出了长长的一大篇：

说的是黄忠被刘备和诸葛亮共同“算计”，刘备夸黄忠也夸得让他心里不那么是滋味，居然这么说："人皆言将军老矣，惟军师独知将军之能。今果立奇功。但今汉中定军山，乃南郑保障，粮草积聚之所；若得定军山，阳平一路，无足忧矣。将军还敢取定军山否？"

黄忠马上答应，结果孔明还不肯放，说的话更是叫人心里不是滋味："老将军虽然英勇，然夏侯渊非张郃之比也。渊深通韬略，善晓兵机，曹操倚之为西凉藩蔽：先曾屯兵长安，拒马孟起；今又屯兵汉中。操不托他人，而独托渊者，以渊有将才也。今将军虽胜张郃，未卜能胜夏侯渊。吾欲酌量着一人去荆州，替回关将军来，方可敌之。"

黄忠一听这什么话！一个说我老了，问我敢不敢取定军山，一个说我虽然英勇但是比不过夏侯渊，如今我就要你们看看，我不但敢取定军山，而且虽然年纪大，照样比得过夏侯渊！

所以说武将不受激，因血气奋勇，一激就敢拼命，所以他夸下大话："军师言吾老，吾今并不用副将，只将本部兵三千人去，立斩夏侯渊首级，纳于麾下。"

孔明损啊，一请不应，再请不应，三请还是不应，黄忠只是要去，孔明就是不答应。到最后假装无奈答应了，就是要附赠一个条件，带法正同去。因为法正冷静，有智谋，可补黄忠之不足。

等黄忠和法正走了，诸葛亮也说："此老将不着言语激他，虽去不能成功。"

原来这就是他使激将法的本意，就是要把黄忠的所有的潜能都给逼出来才行。

然后诸葛亮再分拨调派人马，让赵云接应，让刘封和孟达为疑兵，如此分拨即定，可见军师这个活儿不好干，这个角色不好当，要想运筹帷幄之中，决胜千里之外，当真要做到算无遗策才行。

再说回到黄忠。

黄忠和法正来到定军山口屯兵，无论怎么挑战，夏侯渊就是不出来，想要进攻吧，又怕中埋伏。好容易曹兵下山搦战，部下陈式出战，还被逮走。法正出主意拔寨前进，步步为营，反客为主，诱夏侯渊来战。夏侯渊果然上当，让夏侯尚带兵出战，结果被黄忠一合而擒，然后交换俘虏。

这俩倒霉的家伙就一身家常衣裳，没盔没甲，一声鼓响，各回各营，结果夏侯尚快到自己家阵门了，被黄忠一箭射中后心，带箭而回。夏侯渊气得拍马就来战黄忠，黄忠刚拉开架势，结果曹营里边居然鸣金收兵，原来押阵官怕山坳里有蜀军埋伏。

夏侯渊也醒过闷儿来，坚守不出，把黄忠的反客为主又逼成了反主为客。

法正出主意，让黄忠占了定军山西面的那座高山，正好对着定军山，法正在山顶，黄忠在山腰。夏侯渊大军一旦杀到，听法正号令，白旗不动红旗动，杀他个以逸待劳。

夏侯渊果然上当，不听张郃的劝，率军出战，结果不管他们怎么骂，黄忠一看法正举的是白旗，就是骂死不出战。到过了午时，曹兵也没力气骂了，连马都不骑了，坐地下歇着去了，法正把红旗一举，霎时间鼓角齐鸣，喊声大震，老将黄忠一马当先，飞驰下山，夏侯渊都没反应过来，就被黄忠"赶到麾盖之下，大喝一声，犹如雷吼。渊未及相迎，黄忠宝刀已落，连头带肩，砍为两段"。

操闻渊死，放声大哭。

黄忠这个人，年轻的时候，未见得有多出众，史书上多不载，倒是老年来活了个老当益壮，让人敬仰。

此后他被封为后将军，与关、张、马、赵同列。别人不说什么，关羽不乐意。

关羽一向是亲下而骄上，傲视同侪，这是他的脾气秉性。他一听自己被拜为前将军，黄忠被拜为后将军，果然就说："大丈夫终不与老卒同列！"就是说，我一堂堂大丈夫，怎么能跟一个老兵为伍！

费诗——就是来向他传诏命的使者，劝他：

"夫立王业者，所用非一。昔萧、曹与高祖少小亲旧，而陈、韩亡命后至，论其班列，韩最居上，未闻萧、曹以为怨也。今汉中王以一时之功，隆崇于汉叔（注：汉叔是黄忠的字），然意之轻重，宁当与君侯齐乎！王与君譬犹一体，同休等戚，祸福共之，愚谓君侯不宜计官号之高下、爵位之多少也。仆一介之使，衔命之臣，君侯不受拜，如是便还，但相谓惜此举动，恐有后悔耳！"

意思就是说，建立王业的人，用人向来是不拘一格。当年萧何、曹参和汉高祖刘邦从小就交情好，而陈平和韩信却是后来的，可是论他们做的官，韩信最高，也没听说萧何和曹参有什么怨言呀！

现在咱们的汉中王因为黄忠一时的功劳，就显得好像特别对他恩宠有加似的，可是比起在他心目中谁占的地位重，黄忠怎么能跟您比呀您说是吧！

汉中王和您那就好似是连体婴，哭一起哭，笑一起笑，有福同享，有祸同当。我觉得您吧，还是不应该计较官号的高下、爵位的多少，要不然就失了您的大将之风了。

我不过就是一介信差，受王之命，您接受也好，不接受也好，本来跟我也没什么关系，可是我怕的是您如果这样做了，以后后悔的会是您啊！

然后关羽就醒过味来了，"大感悟，即受拜"。

这一点在《三国演义》里也有表现，不过有一点差别。语出第七十三回：

云长问曰："汉中王封我何爵？"诗曰："'五虎大将'之首。"云长问："哪五虎将？"诗曰："关、张、马、赵、黄是也。"云长怒曰："翼德吾弟也；孟起世代名家；

子龙久随吾兄，即吾弟也；位与吾相并，可也。黄忠何等人，敢与吾同列？大丈夫终不与老卒为伍！”遂不肯受印。

有人把这理解为关羽的骄慢，目中无人，有人则把此理解为他是在为赵云叫屈。

因为起事之初，是关羽和张飞担任着保护刘备的职责，而后来赵云投刘备后，刘备当时孤身一人，在袁绍阵营里栖身，关羽和张飞都不在身边（关羽正被曹操三天一小宴、五天一大宴，上马金、下马银地讨好着呢），就只有赵云，担负起保护刘备的千斤重担。

此后赵云就一直是侍卫长的职责，在战场上杀敌立功的机会少了，刘备的安全才是第一位的。后来刘备出征益州，赵云留在荆州，保护孙夫人（其实也是监视她，她要抱着阿斗回江东，就是赵云勒马截江，给把少主拦了下来）。诸葛亮西征的时候，孙夫人已经回了吴，他又跟随诸葛亮，保护蜀汉的第一头脑。

所以，关羽很可能不乐意与黄忠同列，而希望能够让赵云担任后将军。其实就是诸葛亮也不大赞同刘备把黄忠封为后将军的决定，只不过刘备不听。因为黄忠是降将，封了他，更能笼络那些择贤主而仕的官员们的心。说到底，其实就是一切从政治需要出发。

于是后人推测，费诗的那段劝关羽的话，也很可能是刘备教的，那意思不论升不升官，升多大的官，咱兄弟间的情分，是别人取代不了的。

不论怎样，老将黄忠奋斗一生，终获殊荣，也算是对他戎马冲杀的奖赏。次年病故，此时关羽还在，没被东吴算计丢命。

结果这事放在《三国演义》里，又被修改了结局，说是他在公元222年，跟着刘备征讨东吴，不服老，坚持出战，在和吴将潘璋打仗的时候中了吴忠埋伏，被流箭射中，箭疮痛裂而逝。

自古道瓦罐不离井口破，大将难免阵前亡，大概罗贯中觉得黄忠的死法不够勇烈，特地给他做了如此的演绎和安排。

第四节　常胜将军赵子龙

【原文】

赵云字子龙，常山真定人也。本属公孙瓒，瓒遣先主为田楷拒袁绍，云遂随从，为先主主骑。及先主为曹公所追于当阳长阪，弃妻子南走，云身抱弱子，即后主也，保护甘夫人，即后主母也，皆得免难。迁为牙门将军。

【译文】

赵云，字子龙，常山真定县人。

他本是公孙瓒的部下，公孙瓒派刘备与田楷共同抗击袁绍，赵云随同前往，为刘备掌管骑兵。

当刘备被曹操追逼至当阳长阪时，刘备舍弃妻儿向南逃走，赵云身抱刘备的幼子，即后主刘禅，保护甘夫人，即刘禅的母亲，舍命拼杀使他们母子幸免于难。

后赵云被升迁为牙门将军。

【评点】

赵云（？—229），字子龙，常山真定人，我的同乡，毛泽东说过一句名言："正定是个好地方，那里出了个赵子龙。"现在我的家乡不但有赵云庙，广场还矗立着白袍将军的英俊石像，跨马拄枪，颇合他"身高八尺，姿颜雄伟"的帅哥形象。

他起初是公孙瓒的人，后来和刘备投契，是以跟随刘备。

《三国志平话》为元代新安虞氏所刊，是目前已知最早的三国故事小说。赵云在《三国志平话》中登场时为袁绍之将，当时刘备失了徐州，又和关羽、张飞失散，打算向袁谭借兵征讨曹操，袁谭又老是迟迟不能下决定，因此他心中烦闷，晚上归馆，带酒口念短歌一首：

天下大乱兮，黄巾遍地；四海皇皇兮，贼若蚁。曹操无端兮，有意为君；

献帝无力兮，全无靠倚。我合有志兮，复兴刘氏。袁谭无仁兮，叹息不已！

他刚念完，西廊下就有一将应声而和：

我有长剑，则空挥叹息。朝内不正，则贼若蛟虬。壮士潜隐，则风雷未遂。

欲兴干戈，则朝廷有倚。英雄相遇，则扶持刘邦。斩除曹贼，与君一体！

这个人，就是常山赵子龙。

《三国志》对于他长坂坡救阿斗只有寥寥两行字：

“及先主为曹公所追于当阳长阪，弃妻子南走，云身抱弱子，即后主也，保护甘夫人，即后主母也，皆得免难。”

而在《三国演义》里面，罗贯中用生花妙笔，展开丰富的想象力，把一个白马英雄的形象活生生立于人前。

其背景就是曹操大军杀到，刘备败退，逃命不迭，一时间天愁地惨，日月无光，百姓被曹军砍瓜切菜，刘备人马也被冲得七零八散，赵云亦不知下落。

俄而糜芳面带数箭，踉跄而来，说是赵子龙投曹操去了。

要说刘备此人，在关键时刻是个仁厚长者，知人之明甚于平人，一听这个凶信不是急眼，骂赵云白眼狼，而是叱糜芳胡说八道：“子龙是我故交，安肯反乎？”

张飞这时候对赵云也是不信任的，也来添把火：“他今见我等势穷力尽，或者反投曹操，以图富贵耳！”

其实他这话说得确实有道理，那么一个乱世，那样一个年代，有几个人还认“信义”这两个字？能拿勇力换功名，那还不是投了东家降西家，投了南家降北家，君不见吕布乎？

可是玄德仍旧斩钉截铁：“子龙从我于患难，心如铁石，非富贵所能动摇也。”

燕赵多慷慨悲歌之士，子龙即是此中一员，也许被人骂脑子不会拐弯，却是只要认准了是朋友的，就一力帮扶，认准了是责任的，就一力承担，从来心里就没有“背叛”这根弦。

糜芳和张飞见刘备不信，还继续添柴，一个说：“我亲见他投西北去了。”一个说：“待我亲自寻他去。若撞见时，一枪刺死！”

刘备给予了赵云无限的信任，仍旧叫他们不许胡乱疑心：“休错疑了。岂不见你二兄诛颜良、文丑之事乎？子龙此去，必有事故。吾料子龙必不弃我也。”

赵子龙也果然没有弃他。

他之所以没有到玄德身边，一方面是被曹军杀散，另一方面他想的是肩上所负的责任：“主公将甘、糜二夫人与小主人阿斗，托付在我身上；今日军中失散，有何面目去见主人？不如去决一死战，好歹要寻主母与小主人下落！”

他这心里话里有两层意思：第一层意思，寻着两位夫人和阿斗，然后交与刘备；第二层意思，若寻不着两位夫人和阿斗，那就死战到底吧。

他遇到受伤的简雍，遣他先归报刘备，也是这样说的：“我上天入地，好歹寻主母与小主人来。如寻不见，死在沙场上也！”

此后情形大家就都知道了，寻着了甘夫人，交与张飞送还刘备，自己又拍马冲回，继续寻找糜夫人和阿斗去也。

一路冲杀，所带的几个从骑已被杀光，剩他孤身一人，他却无半点退心。待他找到抱着阿斗啼哭的糜夫人，要把马让给糜夫人，他步行死战，保她冲出重围。糜夫人不肯，投井而死，赵云无奈，“解开勒甲绦，放下掩心镜，将阿斗抱护在怀，绰枪上马”。

此后便是一番好杀：

“早有一将，引一队步军至，乃曹洪部将晏明也，持三尖两刃刀来战赵云。不三合，被赵云一枪刺倒，杀散众军，冲开一条路。正走间，前面又一枝军马拦路。当先一员大将，旗号分明，大书河间张郃。云更不答话，挺枪便战。约十余合，云不敢恋战，夺路而走。背后张郃赶来，云加鞭而行，不想趷跶一声，连马和人，颠入土坑之内。张郃挺枪来刺，忽然一道红光，从土坑中滚起，那匹马平空一跃，跳出坑外。后人有诗曰：‘红光罩体困龙飞，征马冲开长坂围。四十二年真命主，将军因得显神威。’张郃见了，大惊而退。

“赵云纵马正走，背后忽有二将大叫：‘赵云休走！’前面又有二将，使两般军器，截住去路：后面赶的是马延、张𫖮，前面阻的是焦触、张南，都是袁绍手下降将。赵云力战四将，曹军一齐拥至。云乃拔青釭剑乱砍，手起处，衣甲平过，血如涌泉。杀退众军将，直透重围。

“却说曹操在景山顶上，望见一将，所到之处，威不可当，急问左右是谁。曹洪飞马下山大叫曰：‘军中战将可留姓名！’云应声曰：‘吾乃常山赵子龙也！’曹洪回报曹操。操曰：‘真虎将也！吾当生致之。’遂令飞马传报各处：‘如赵云到，不许放冷箭，只要捉活的。’因此赵云得脱此难；此亦阿斗之福所致也。这一场杀：赵云怀抱后主，直透重围，砍倒大旗两面，夺槊三条；前后枪刺剑砍，杀死曹营名将五十余员。后人有诗曰：‘血染征袍透甲红，当阳谁敢与争锋！古来冲阵扶危主，只有常山赵子龙。’”

千难万险，得归旧主，赵云也哭，刘备也哭。赵云生怕阿斗这小子这会子死了，怎么一点动静也没有，结果解开一看，睡得香着呢。小心翼翼，双手抱起来，递给刘备，刘备这家伙接过来往地上一摔！嘴里还骂着：“为你这毛孩子，差点折损我一员大将！”

这假动作做的，就是仗着自己手长胳膊长嘛，孩子指定摔不死，但是赵云之心却被他笼了个实打实。所以后世就流传了一个歇后语，叫作“刘备摔孩子——收买人心”。

此后，赵云和阿斗之间，仍有渊源未了。

转眼阿斗长到七岁，刘备娶了孙权的妹子，是为孙夫人。孙权诈称母病，诓妹还吴，孙夫人抱着阿斗就要走——她是刘备的嫡妻，抚养阿斗是她的责任，结果赵云本来就受刘备之命掌管内事——因为孙夫人自幼好武，骄横豪纵，带着吴国的兵吏们纵横不法，没有一个约束他们的人不行，而“先主以云严重，必能整齐，特任掌内事”，就是说，刘备认为赵云严肃庄重，必定能够约束人，所以才让他掌管内事的。这时候一听孙夫人自己走也便罢了，居然还要抱走阿斗，那怎么行！

《三国演义》这样演绎：

“赵云弃马执枪，跳上渔船。只两人驾船前来，望着夫人所坐大船追赶。周善教军士放箭。赵云以枪拨之，箭皆纷纷落水。离大船悬隔丈余，吴兵用枪乱刺。赵云弃枪在小船上，掣所佩青釭剑在手，分开枪搠，望吴船涌身一跳，早登大船。吴兵尽皆惊倒。赵云入舱中，见夫人抱阿斗于怀中，喝赵云曰：‘何故无礼！’云插剑声喏曰：‘主母欲何往？何故不令军师知会？’夫人曰：‘我母亲病在危笃，无暇报知。’云曰：‘主母探病，何故带小主人去？’夫人曰：‘阿斗是吾子，留在荆州，无人看觑。’云曰：‘主母差矣。主人一生，只有这点骨血，小将在当阳长坂坡百万军中救出，今日夫人却欲抱将去，是何道理？’夫人怒曰：‘量汝只是帐下一武夫，安敢管我家事！’云曰：‘夫人要去便去，只留下小主人。’夫人喝曰：‘汝半路辄入船中，必有反意！’云曰：‘若不留下小主人，纵然万死，亦不敢放夫人去。’夫人喝侍婢向前揪捽，被赵云推倒，就怀中夺了阿斗，抱出船头上。欲要傍岸，又无帮手；欲要行凶，又恐碍于道理：进退不得。夫人喝侍婢夺阿斗，赵云一手抱定阿斗，一手仗剑，人不敢近。……”

此后就是张飞也听说孙夫人回吴，前来接应，二人截下阿斗，才有了蜀后主刘禅。

虽然孙夫人说他是一介武夫，但是赵云可不光是武学勇猛，而且胆大心细。

在一个早期流传的故事中，说的是有一回诸葛亮命令赵云率军去攻取一座城池，诸葛亮一向是个操心的模范，事无巨细，算无遗策，连赵云的军队何时出发，何时吃饭，何时行军，何时攻城都排了一个计划表，赵云只需要按表行事。

结果赵云出发了，诸葛亮才发现事情大条了！

那条河正涨潮呢，要按原定计划行军的话，整个军事行动就功亏一篑了。

他正急得不行，结果赵云却传来喜讯，城池已破。原来赵云事先知道河水会涨潮，还没出发就让士兵准备好舟筏。这种细心的劲头，怪不得他会是不折不扣的常胜将军。

而且，在做人方面，他的持重与谨慎也让人敬佩万分。

《云别传》记载这样一件事，说的是他跟随刘备平定江南，封为偏将军，做了桂阳太守，代替了赵范。赵范就说我有一个寡嫂，国色天香，许配给你为妻吧。赵云拒绝，说不行，咱们都姓赵，你的哥哥就是我的哥哥，你的嫂子就是我的嫂子，我怎么能娶自己的嫂子为妻呢？

有人就劝他不要那么傻，又不是姓赵就有血亲，赵云却说："赵范这个人是被迫投降，他的心思什么样谁也不知道，天底下有不少好女，何必非要娶他的寡嫂呢？"

后来赵范果然逃走，赵云没有受到他一丝一毫的牵累。若是当初美色当前，头脑一热，后来他就是跳进黄河也洗不清。

刘备的军队曾俘获夏侯惇的部下夏侯兰，夏侯兰是赵云的同乡，赵云知道他明于律法，就推荐他为军正，但不安排他为自己属下，可谓十分谨慎。

蜀军街亭失利，各处损兵折将，武器配备、粮草辎重损失无算，唯有赵云亲自断后，他手下的兵将和军用物资之类都没有什么太大的损失。诸葛亮想把军队剩余的东西都奖赐给赵云和他帐下将士，赵云不肯接受，说是蜀军兵败受赏，道理说不过去。诸葛亮赞其德行。

巴蜀初定的时候，刘备想大分战利品，就是把巴蜀的房屋啊、田地啊，都赐给有功的将士。赵云劝阻刘备不要这么干，田地交给百姓去种，房宅还给百姓去住，这样才能得民心。

所以他既得君主之心，亦得百姓之心，人服其德。

建兴六年（228），他跟随诸葛亮进攻关中，分兵抵拒曹真的主力，寡不敌众，退回汉中。第二年去世，这位一身都是胆的英雄，于乱世中算是得了善终。

关于他的死，民间流传着一个有趣的传说：

说是赵云戎马一生，从未受过一点伤，流过一滴血，有一天，他正在家里洗澡，他老婆帮他搓背，发现他全身上下真是一点疤痕都没有，十分好奇，问他：

"你南征北战，那么多年，从来没有负过伤？"

赵云骄傲地说："那当然了。我身经百战，杀敌无算，还没有哪个人能有这个本事叫我受一点伤、流一点血哩！"

他老婆一听，你等着，就偷偷跑到外屋，在针线笸箩里拈了一根绣花针，然后来到赵云身边，在他胳膊上轻轻一扎，嘴里还说着："谁说没人有本事叫你受点伤流点血？我就有这本事！"

结果没想到赵云一看一滴血珠子冒出手臂，顿时肌肉僵硬，呼吸困难，活活吓死了。

呜呼哀哉……

姑妄听之，聊博一笑耳。

可惜的是，赵云在世时升迁一直很慢。一方面，他出身布衣，不是名门望族；

另一方面，他懂军事，却不懂政治。刘备平定益州，欲大行封赏，谁都不说话，只有赵云进谏：

“益州人民，屡遭兵火，田宅皆空；今当归还百姓，令安居夏业，民心方定，不宜夺之为私赏也。”

话说得堂堂正正，他自己不得好处是因为他自己不想，却是把那蜀汉的满朝文武得罪了一个干净，毕竟不是所有的人都是抱一腔为国为民之心，学成文武艺，货与帝王家，然后呢？好讨得封赏啊！

这么一个单枪匹马，又没有野心的英雄，平时又为官清廉，养不起家将爪牙与腹心，那肯定是人微言轻。是以一生任劳任怨，只得死后追封。

《云别传》载后主诏曰：

“云昔从先帝，功积既著。朕以幼冲，涉涂艰难，赖恃忠顺，济于危险。夫谥所以叙元勋也，外议云宜谥。”

就是说，刘禅追叙了赵云救自己的往事，认为赵云应该被追谥封号。于是姜维等人商量，“柔贤慈惠曰顺，执事有班曰平，克定祸乱曰平，应谥云曰顺平侯”。

央视《三国演义》有歌一篇，对赵子龙专门颂赞：

“虽未谱金兰，前生信有缘，忠勇付汉室，情义比桃园。匹马单枪出重围，英风锐气敌胆寒，一袭征袍鲜血染，当阳常志此心丹，子龙将军世无双，五虎上将威名传。”

卷三十 《三国志·蜀书七 庞统法正传》

第一节 凤雏庞统

【原文】

先主领荆州，统以从事守耒阳令，在县不治，免官。吴将鲁肃遗先主书曰：“庞士元非百里才也，使处治中、别驾之任，始当展其骥足耳。”诸葛亮亦言之于先主，先主见与善谭，大器之，以为治中从事。亲待亚于诸葛亮，遂与亮并为军师中郎将。亮留镇荆州。统随从入蜀。

【译文】

刘备兼任荆州牧后，庞统以州从事身份代行耒阳县令，因不理县政，被免除官职。

东吴将领鲁肃写信对刘备说：“庞士元不是一个治理百里小县的人才，让他担任治中、别驾之类的职务，才能让他施展高才。”

诸葛亮也向刘备提过此类建议，于是刘备召见庞统做一番深谈，由是十分器重庞统，任命他为治中从事。

刘备对庞统的亲密信任仅次于诸葛亮，庞统由是与诸葛亮一同担任军师中郎将。

诸葛亮留守荆州。

庞统随从刘备领兵入蜀。

【评点】

庞统（179—214），字士元，号凤雏，汉时荆州襄阳人。刘备的重要谋士，才智与诸葛亮齐名，不幸被流矢所中而亡，时年三十六岁，英年早逝。

庞统这个人长得丑。世人以貌取人者多，所以长得丑的人从来不占便宜。不像诸葛亮，不但有逸群之才，就是超出众人的才干，而且还有英霸之气，就是英伟王霸之气，身高八尺，一看就让人知道此人不俗，不可小视。

所以庞统明明才干是和诸葛亮不相上下的，但是却走到哪里都被人轻视。

其实他小时候就被人轻视，所谓“少时朴钝，未有识者”。就是说，他小的时候朴拙愚钝，一看傻乎乎的，一点也不聪明外露，就没有人觉得他是个人才。

唯有颍川司马徽——大家还记得这个人吗？就是他说诸葛亮“得其主不得其时”的，这个人一向有识人之明，庞统二十岁那年去见他，司马徽正在树上采桑叶，就让庞统坐在树下，两个人谈啊谈啊，说啊说啊，一直从白天说到了晚上。

就是从这儿开始，司马徽才觉得这个人着实是个人才，于是把他称作“南州士之冠冕”，因其是襄阳人，就是中国南方人。就是说，这个人在司马徽的眼里，是中国南方那些士人的冠冕，也就是首领、标志性人物。

从他称扬之后，庞统的名气才渐渐大了起来。这种做法有点类似于现代社会的“抬轿”和炒作，就是找个名人抬一抬，于是这个人也就附了骥尾，出了名了。只不过现在的抬轿里九成是假，一成是真，炒作更是把黄豆炒成金豆子，十成里难得有一成是真，而古代人实在，实在是因为这个人真的好，才会说他好，是真诚的抬轿。

事实证明，庞统这个人的见识确实是卓异的。他可以说是最早的赏识教育的推行者。

本郡后来把他任命为功曹，他不但自己注重人伦道德，养老抚幼尽心尽力，夸起别人来也是不遗余力，甚至是言过其实。做过一分好事的，被他夸作十分；做了一回好人的，被他夸成大大的好人。

别人就说你能不能别这样，这个人根本不值得你这么夸，你看他如何如何，怎样怎样……罗列一大堆这人的罪状。

庞统说，我这样做是有道理的。你看啊，现在天下大乱，正道不振，歪门邪道横行，好人越来越少，坏人越来越多。我把这些做得虽然不够，但是也做了一点好事、当过一回好人的人猛夸一顿，别人一看，尽起仿效之心；而他自己也知道自己尚有许多不足，但是受到了肯定，必定也会向着这个好的方向继续努力，这样难道不好吗？我立了十个这样的标杆，就算有五个人不合标准，被刷下去，可是不还剩下五个人当标杆吗？这么一来，既可以鼓励自己，又可以鼓励他人，好事啊！

语出《三国志》:“后郡命为功曹。性好人伦，勤于长养。每所称述，多过其才，时人怪而问之，统答曰：‘当今天下大乱，雅道陵迟，善人少而恶人多。方欲兴风俗，长道业，不美其谭即声名不足慕企，不足慕企而为善者少矣。今拔十失五，犹得其半，而可以崇迈世教，使有志者自励，不亦可乎？’”

庞统说得很对，做得也很对，是着着实实的忧国忧民之举。若非心怀天下，必不至如此。

可惜，再怎么做，他刚开始的时候，仍旧是不受重用。

没办法，实在是貌不惊人。

那是一个格外讲究长相、风度、气质、门阀的时代，那是一个谁长得好谁就占便宜的时代，就连曹操因为自己长得又矬又丑还自卑得很，使者来，他让崔琰替他接待，他自己扮侍卫。翻开《世说新语》，里面说到人的容止、相貌、气度的，占长长的一大篇。又怎么能怪这些割据天下的诸侯也以貌取人，不能免俗呢？

最初庞统是在东吴，可惜孙权不肯重用他。照《三国演义》里的描述，蒋干自告奋勇要渡江说服周瑜归曹，结果来到东吴，周瑜早知其意，拿腔拿调，把他摆了一道，哄得曹操误杀蔡瑁、张允；后来他又渡江，周瑜这回又给他布了个局，把他送在山背后的小庵中独住，待破了曹操，再送他过江。

结果他一去住啊，就把曹操的煞神引来了。

原来旁边有草屋数椽，一个人挂剑灯前，诵孙、吴兵书。这个人就是庞统，自言周瑜自恃才高，不能容物，故而隐居。

蒋干一听，送上门来的凤雏先生，大喜，引他连夜下山，飞棹投江北去也。

然后庞统见了曹操，献了连船之计，说是心疼曹兵北人，不惯水战，这么一连，如履平地，战斗力提高数倍。

曹操大喜，依计行事——不是他警惕性不高，实在是庞统这“凤雏”的名声太大，一时得见，大喜失智。另外，曹操这个人尤其好慕虚荣，喜欢听好听话，庞统对他的大营大加评论，说什么“傍山依林，前后顾盼，出入有门，进退曲折，虽孙、吴再生，穰苴复出，亦不过此矣”；水寨又“向南分二十四座门，皆有艨艟战舰，列为城郭，中藏小船，往来有巷，起伏有序”，庞统夸他用兵名不虚传不说，还指着江南说：“周郎，周郎，克期必亡！”

这一下哄得曹操高兴，一高兴，就什么都忘了。庞统给他挖个坑，他就乖乖往里跳。所以说，满招损，谦受益，谦虚使人进步，骄傲使人落后啊！

庞统虽立此大功，但是孙权仍不肯重用他。后来周瑜病死，诸葛亮吊孝，卧龙此时已经龙翔九天，凤雏如今仍困守鸡笼。诸葛亮就给他写了一封推荐信，嘱咐他："吾料孙仲谋必不能重用足下。稍有不如意，可来荆州共扶玄德。此人宽仁厚德，必不负公平生之所学。"

我们不得不佩服诸葛雅量。此人和他齐名天下，他却不怕庞统抢了他这条卧龙的风头，一心一意为刘备的事业着想。

除了诸葛亮之外，鲁肃的做法也令人肃然起敬。他是孙权帐下大将，特荐庞统，孙权一见此人"浓眉掀鼻，黑面短髯，形容古怪，心中不喜"。粗眉毛，翻鼻孔，黑脸蛋，短胡须，估计谁见了也不喜欢。

孙权又问他你的才学和周公瑾比起来如何呀，庞统说我平生所学和公瑾大不相同。孙权一听，更不乐意，周瑜是他的好兄弟，如今斯人已逝，想找个能代替他的能力和地位的人，结果庞统连美公子周瑜的外貌之十分之一都比不及，又夸大话说他跟周瑜学的不是一回事，那意思就是他的才能盖过周瑜，马上就鼻子里出冷气，说先生先退下吧，等用得着的时候，我再请您。那意思就是你给我起开，不用你！

鲁肃问孙权为什么不用庞统啊，孙权说这个人是个狂士。鲁肃说赤壁之战，就是这个人献计曹操，诱曹操上当，立了第一功的。这事主公您也知道啊！孙权说嘿，这是曹操自己想要把船钉起来，和这个家伙有什么关系？"吾誓不用之。"这话说得多绝！

鲁肃没脾气，只得出来，先是道歉，然后写信也把他推荐给刘备。

说起来，我们读曹魏正史，曹操明杀、暗杀多少手下智士、勇士，刘备手下的这些人，无论是文是武，绝大多数不是上阵战死，就是心血耗尽过劳死，要不然就是老死床箦之间，刘备这个人比起曹操来，确实算得上是宽厚待人的。

可惜，就是他，也看不起庞统。原来还是嫌人家长得丑，不但丑，而且还狂，见了刘备，长揖不拜——可是诸葛亮别说见他而不拜了，人家躺着他站着，人家睡着他看着，他就差给人家磕头下拜了。可见人长得帅就是沾光啊，而且见诸葛亮之前，已经事先见过他的弟弟、他的朋友、他的老丈人，预先做了铺垫，一层高过一层去，让刘备的景仰之心越来越浓，越来越重，只恨不得马上就把诸葛亮打包带回军营，好好给自己当军师。

所以说，庞统吃亏就吃亏在第一长得不帅，第二性子太高傲了。他明明是有诸葛亮和鲁肃的推荐信的，这两位重量级的人物写的推荐信，相信只要一拿出来，刘备绝对会改容相敬。偏偏他又不肯，想凭自己的真材实料。

结果他这么一高傲，刘备就把他给发配到耒阳县当县令去了。

于是就接上了正史《三国志》中的这段话。

他到了这个地方，天天啥也不干，光喝酒，“一应钱粮词讼，并不理会”。刘备一听，气得骂他：“竖儒焉敢乱吾法度！”竖儒是很厉害的骂人话，儒就是儒生的意思，“竖子”就是“这小子”，“竖儒”就是“这个破书生”。直到目前，庞统在他的眼里，还是一个没价值的、没才学的、干不成事的破书生哩！

正史中没有记载刘备派张飞巡视耒阳的事，《三国演义》里倒是敷衍出这么一段来，还十分活泼生动：

“张飞领了言语，与孙乾前至耒阳县。军民官吏，皆出郭迎接，独不见县令。飞问曰：‘县令何在？’同僚覆曰：‘庞县令自到任及今，将百余日，县中之事，并不理问，每日饮酒，自旦及夜，只在醉乡。今日宿酒未醒，犹卧不起。’张飞大怒，欲擒之。孙乾曰：‘庞士元乃高明之人，未可轻忽。且到县问之。如果于理不当，治罪未晚。’飞乃入县，正厅上坐定，教县令来见。统衣冠不整，扶醉而出。飞怒曰：‘吾兄以汝为人，令作县宰，汝焉敢尽废县事！’统笑曰：‘将军以吾废了县中何事？’飞曰：‘汝到任百余日，终日在醉乡，安得不废政事？’统曰：‘量百里小县，些小公事，何难决断！将军少坐，待我发落。’随即唤公吏，将百余日所积公务，都取来剖断。吏皆纷然赍抱案卷上厅，诉词被告人等，环跪阶下。统手中批判，口中发落，耳内听词，曲直分明，并无分毫差错。民皆叩首拜伏。”

这人的才干，看来管理这么一个小县，确实是屈了。再添上十个八个县的，估计也不够他发挥的。张飞马上改容相敬，还自告奋勇要替他在刘备面前极力举荐。庞统这才拿出鲁肃的荐书，荐书上写着庞统不是百里之才，要让他当大官，才能发挥他的大才干，千万不要犯以貌取人的毛病。可惜刘备此前把这两条都给犯了。

到了这个地步，庞统依然高傲的性子不改，并不拿出诸葛亮的书信，说瞧瞧，这是你们家军师替我写的荐书如何如何，还是诸葛亮回来后，先问起庞统的事来，然后夸他非百里之才，胸中之学，胜自己十倍，又问自己的推荐信庞统给你看了没有，刘备这才知道还有这回事。

这下子，庞统马上就升官了，拜为副军师中郎将，与孔明共赞方略，就是和诸葛亮平起平坐。这是多么大的殊荣啊！

所以说，庞统这一手玩得也挺厉害，所谓先抑后扬是也。在和人打交道的时候，如果一味地扯别人的大旗做自己的虎皮，很可能会被别人吹毛求疵，觉得此人也不过如此；如果一开始低调一些，然后逐渐显示自己的能力，别人会觉得此人深不可测，值得敬畏。不过，要想这么玩，你必得保证你自己有真才实学，否则再怎么也玩不出花样来。

庞统被刘备重用后，给他献了一条非常重要的计策，就是夺益州。

益州牧刘璋在涪城会见刘备，庞统向刘备献计说：“乘今天晤会之机，可将刘璋抓住，这样将军不需劳师动众即可坐得益州。”

刘备不同意，他不同意的原因不是说刘璋是我一家子，所以我不能取，而是说：“刚入别国，恩德威信尚未建立，这种事是不能做的。”

刘璋返还成都，刘备承担起替刘璋北上征讨汉中张鲁的使命，庞统再次劝说刘备：

“暗中选派精兵，昼夜兼程急行，抄小道袭击成都。刘璋既缺乏领兵作战的才干，又素来没有预防戒备，我方大军突然赶到，一举便能夺得成都，这是上策。杨怀、高沛，乃刘璋手下的名将，他们倚仗手中的强大兵力，据守白水关，听说他们曾几次写信劝说刘璋，要刘璋把您打发回荆州。将军未到达白水关时，先派人去告知他们，就说荆州形势危急，准备回军救援，同时下令我军将士整理行装，佯装即将撤还的样子。杨、高二人既钦佩将军的英名，又高兴您撤离益州，估计他们一定会轻装前来拜送将军，将军可乘机下令将他们捉拿，进而进关收编他们的军队，迅即挥军攻打成都，这是中策。退回白帝城，联络荆州兵马入蜀，然后慢慢设法一步步攻占益州，这是下策。如果犹豫不决而滞留此地，必然陷入严重的困境，切不可如此长久拖延啊！”

你看，庞统为取一个益州，给刘备献了三条计策，分别为上策、中策、下策。刘备采纳庞统所说的中策，随即用计斩杀杨怀、高沛，回军进攻成都，所过郡县纷纷被攻克。

刘备其实是很想很想夺得益州的，如今得了益州了，就原形毕露了，高兴得大摆筵宴，席上庆功，还跟庞统说：

“今日聚会，可真快乐。”

结果益州明明是他献计夺取的，如何这厮居然又跑出来煞风景了，说：“攻占别人的国土却认为是件乐事，这不是仁义之师所为啊！”

刘备已经喝醉，故此大怒说：“武王伐纣，前歌后舞，难道不是仁义之师吗？你的话很不得当，应该马上给我离席出去！”于是庞统转眼间即退席而出。

写到这里，想起曹操来。

曹操屯兵赤壁，也是聚众喝酒，“操已醉，乃取槊立于船头上，以酒奠于江中，满饮三爵，横槊谓诸将曰：‘我持此槊，破黄巾、擒吕布、灭袁术、收袁绍，深入塞北，直抵辽东，纵横天下：颇不负大丈夫之志也。今对此景，甚有慷慨。吾当作歌，汝等和之。’歌曰：‘对酒当歌，人生几何：譬如朝露，去日苦多。慨当以慷，忧思难忘；何以解忧，惟有杜康。青青子衿，悠悠我心；但为君故，沉吟至今。呦呦鹿鸣，食野之苹；我有嘉宾，鼓瑟吹笙。皎皎如月，何时可辍？忧从中来，不可断绝！越陌度阡，枉用相存；契阔谈宴，心念旧恩。月明星稀，乌鹊南飞；绕树三匝，无枝可依。山不厌高，水不厌深；周公吐哺，天下归心。’歌罢，众和之，共皆欢笑。

“忽座间一人进曰：‘大军相当之际，将士用命之时，丞相何故出此不吉之言？’操视之，乃扬州刺史，沛国相人，姓刘，名馥，字元颖。馥起自合淝，创立州治，聚逃散之民，立学校，广屯田，兴治教，久事曹操，多立功绩。当下操横槊问曰：‘吾言有何不吉？’馥曰：‘月明星稀，乌鹊南飞；绕树三匝，无枝可依。此不吉之言也。’操大怒曰：‘汝安敢败吾兴！’手起一槊，刺死刘馥。”

所以说，刘备这人算是宽厚待人的，不过就是把庞统赶出去而已，而且还很快就后悔了，又忙派人请庞统回来。

庞统也着实的有性格，回到席间，对刘备不理不睬也不道歉，只管像开始那样吃喝。刘备面子上有点挂不住，问他：“刚才的谈论，究竟是谁不对？”庞统回答：“咱们君臣都有错。”刘备听后大笑，筵席上气氛仍像开始时一样热闹欢乐。

庞统未投刘备时，身在东吴，献一计坑了曹操；如今投了刘备，为了蜀汉，献一计取了益州。他的才干如同画卷，正在徐徐展开，惜其过短，命运之剑已经图穷匕现，他很快就迎来了他命运的终点。

在《三国演义》里面，罗贯中把庞统的死法也蒙上一层玄幻的色彩。说的是刘备和庞统统兵攻打西川，留守荆州的诸葛亮忽然派马良送信，说是夜观天象，又卜了一卦，主将帅身上多凶少吉，切宜谨慎。

结果庞统却来了个以小人之心度君子之腹，说这是孔明怕我立了头功啊，所以才写这么一封信阻拦，不听他的，主公啊，我也懂天文术数，我也看了星相，也算了一卦，算就的您该得西川，没有凶事，只管放心。

刘备于是继续前进。前面马上就要到雒城，大路可取东门，小路可取西门。庞统说我走小路，您走大路，咱们齐头并进。刘备说还是不要，“吾夜梦一神人，手执铁棒击吾右臂，觉来犹自臂疼。此行莫非不佳”。

庞统此时是王八吃秤砣，铁了心，说做个梦罢了，没什么可疑心的！

于是继续前行。

结果庞统的马忽然看差了，把庞统给掀下马来。刘备一看这不行，“临阵眼生，误人性命。吾所骑白马，性极驯熟，军师可骑，万无一失。劣马吾自乘之”。这个主子当的，着实是没说的，庞统深谢，口出不吉：“深感主公厚恩，虽万死亦不能报也。”

结果这一下子，他就真的万死了。

他骑着刘备的白马，被雒城守将侦探到，说是一大将骑白马，那肯定是刘备呀！于是守将排兵布阵，如此如此。

偏偏好巧不巧的，“庞统迤逦前进，抬头见两山逼窄，树木丛杂；又值夏末秋初，枝叶茂盛。庞统心下甚疑，勒住马问：‘此处是何地？’数内有新降军士，指道：‘此处地名落凤坡。’庞统惊曰：‘吾道号凤雏，此处名落凤坡，不利于吾。’令后军疾退。只听山坡前一声炮响，箭如飞蝗，只望骑白马者射来。可怜庞统竟死于乱箭之下”。

他死的这年才三十六岁，功建一半，业建一半，真是死得心不甘、情不愿。

先是东南有童谣云：“一凤并一龙，相将到蜀中。才到半路里，凤死落坡东。风送雨，雨随风，隆汉兴时蜀道通，蜀道通时只有龙。”

有的时候，童谣啊、民谚啊这种东西，确实是玄而又玄。当初董卓死之前，也有童谣曰：“千里草，何青青，十日卜，不得生。”

想当初刘璋听到刘玄德袭取了涪水关，聚文武，议退兵之策，有人向他推荐一个异人，知生死贵贱，让他问问休咎。这个异人写下八句言语：“左龙右凤，飞入西川。雏凤坠地，卧龙升天。一得一失，天数当然。见机而作，勿丧九泉。”

庞统依他自己的言语，万死以报深恩，捐了一条性命。刘备悲痛，追赐他为关内侯，谥靖侯，亲自为他挑选墓地，后来庞统所葬之处就命名为落凤坡。

时人好清议，就是好议论人行事做人如何如何，怎样怎样，庞统议论起人来，颇有独到之处。当初周瑜死，庞统扶送周瑜灵柩到东吴，吴人都听说过他的大名，到他要走的时候，一干名士都去找他，有陆绩、顾劭、全琮等。

庞统评陆绩和顾劭：“陆子可谓驽马有逸足之力，顾子可谓驽牛能负重致远也。”

于是有人就问他：你的意思是说，陆先生比顾先生更胜一筹吗？

结果他回答说：“驽马虽精，所致一人耳。驽牛一日行三百里，所致岂一人之重哉！”

就是马虽好，也不过能驮载一人，那牛拉车，车上可不止是拉的一个人啊！意思就是牛比马所起的作用更大、更实用。

顾劭跟庞统晚上同卧，问他，我和你比起来怎么样？

庞统说：“陶冶世俗，甄综人物，吾不及卿；论帝王之秘策，揽倚伏之要最，吾似有一日之长。”劭安其言而亲之。

就是说，如果比起陶冶世俗，甄鉴人物，我不如你；不过，如果要论起定国安邦的帝王之策呀，我比你可是强那么一点点。

顾劭觉得他说得对，就对他很亲近。

庞统还说全综：“卿好施慕名，有似汝南樊子昭。虽智力不多，亦一时之佳也。”就是说，“您乐善好施敬慕美名，颇类汝南樊子昭。虽然智力一般，但也称得上是一时俊秀！”

然后这些人和庞统相约，天下太平之后，共同品评四海之士。

可惜言犹在耳，斯人已逝，庞统没有活到天下太平，而是死于乱箭之下，可惜了他那安邦定国的非凡才华。

陆游写诗悼曰：

士元死千载，凄恻过遗祠。海内常难合，天心岂易知。

英雄千古恨，父老岁时思。苍藓无情极，秋来满断碑。

第二节　法正：一个有缺点的聪明人

【原文】

以正为蜀郡太守、扬武将军，外统都畿，内为谋主。一餐之德，睚眦之怨，无不报复，擅杀毁伤己者数人。或谓诸葛亮曰："法正于蜀郡太纵横，将军宜启主公，抑其威福。"亮答曰："主公之在公安也，北畏曹公之强，东惮孙权之逼，近则惧孙夫人生变于肘腋之下；当斯之时，进退狼跋，法孝直为之辅翼，令翻然翱翔，不可复制，如何禁止法正使不得行其意邪！"初，孙权以妹妻先主，妹才捷刚猛，有诸兄之风，侍婢百余人，皆亲执刀侍立，先主每入，衷心常凛凛；亮又知先主雅爱信正，故言如此。

【译文】

任命法正为蜀郡太守、扬武将军，在外统领都城及京郊地区，在内则为刘备的主要谋臣。

法正胸襟褊狭，一饭之德，小小怨隙，无不回报，并擅自处死几个毁谤过他的人。

有人对诸葛亮说："法正在蜀郡太横行了，将军您应禀告主公，对他的作威作福的行为加以约制。"

诸葛亮回答说："主公在公安时，害怕北面曹操强盛，担心东面孙权威逼，身边又恐惧孙夫人生变，当时的情景真是进退两难狼狈不堪。法孝直成为主公的辅佐后，使主公展翅飞腾，不再受人抑制，如今怎么能禁止法正不由自己的意气办事呢？"

当初，孙权将妹妹许配给刘备为妻，孙权妹妹才思敏捷、性情刚猛，大有她几位兄长的性格气度，在她身旁总是侍立着一百多名持刀的侍婢，刘备每次进她的房间，心中都恐惧不安。

诸葛亮又明知刘备十分信任喜爱法正，故此才这么讲。

【评点】

法正（176—220），字孝直，右扶风郡郿人，刘备的谋士。出身很好，祖父法真，东汉末年名士，他的父亲法衍也当过高官。

这是个有缺点的聪明人。

不聪明当不了谋士。

有缺点成不了圣人。

所以他始终不及诸葛亮之为人崇仰，如目神圣。

这个人的缺点就在于心胸狭隘、不能容人。

但是他有一个最大的优点，就是士为知己者用，一旦有人收服了他，他就会百分之二百的忠诚。

当初他在刘璋那里的时候，刘璋没能收服他。

东汉末年，天下大乱，饥荒频仍，法正和同郡好友孟达一起入蜀，因为蜀当时地富民强，能吃得上饭。可惜刘璋不善用人，过了很久，法正才混上了一个新都县令，之后又任命他为军议校尉，于他的大才大志很不相称。

他不但是怀才不遇，而且这个人的个性本身就有问题，一个心胸狭窄、睚眦必报的人，人们能对他好到哪里去？遭诽谤也正常。他又不是圣人，焉得对此不苦恼？

正巧，当时的益州别驾张松和他是好朋友，也是觉得刘璋不能成大事——刘璋这个主子当到这个份儿上，也真算是“暗弱”得很。

其时，他对刘备也并不看好，或者说，眼里根本没有刘备这么个人。但是命运就是左推右推，把他推到刘备的身边。

建安十三年（208），张松出使曹操，回来后就劝刘璋，让他跟曹操断绝来往，和刘备搞好关系。不久，曹操赤壁大败，刘备势力也大起来，刘璋就真的想跟刘备搞好关系了，于是问何人能够出使，张松就举荐了法正。

法正一开始还不乐意，后来不得已前去，结果一去就受到了春风化雨般的接待。刘备一向就善于笼络人心，且自己久居人下，对于那些壮志未遂之人的心志揣摩精熟，专门擅长收这种人的心，于是“以恩意接纳，尽其殷勤之欢”。

法正此时觉得自己好比久渴遇井水，久旱逢甘霖，这是一个多么好的人啊！于是，他就转向了。

本来他对刘璋就看不上，现在和好友张松密谋，开始胳膊肘往外拐，向着刘备出主意。

刘璋出粮出钱让他替自己办事，他却拿着钱粮暗向刘备，刘璋够悲催。没办法，士子之心，如不能完全笼络过来，直欲化身猛虎，择主而噬也。

机会很快就来了。

建安十六年（211），刘璋听说曹操打算征讨张鲁，他就害怕，怕曹操得了汉中，就会兼并他的益州，于是就想找人当帮手。张松马上乘虚而入，力劝刘璋迎刘备入蜀。法正不是当过一回使者了吗？这回轻车熟路，继续干他那使者的老本行，出使刘备去也。

这回，他就是真心实意想扳倒刘璋，以益州奉使君了，所以献策曰：

“阁下是老天爷降下的英才，刘璋这个人没有当明主的能力，所以，您应该以张松做内应，夺了他的益州。益州富庶，不缺钱粮，重重山险，旁人又难以进犯，我们内不缺粮草，外依托山险，成就大业不是易如反掌吗？”

这一点早在刘备和诸葛亮“隆中对”的时候，诸葛亮就给他说过了，可以说，荆州和益州，一直就在刘备政权的谋划之中。本来无由取益，现在法正和张松一倒戈，机会就来了。

刘备这才率军入蜀的。

亏得刘璋待他那么好，他也假意答应刘璋北伐以拒曹操麾下的张鲁。结果这个节骨眼儿上，因为事情败露，张松却被杀了。刘备可算有了一个好理由，向成都进军，攻打刘璋。

其实，刘璋不至于这么快就失败，因为有个叫郑度的人向他进谏，要坚壁清野，拖也能拖垮刘备。也是，到时候，能收的粮食都收了，野外光秃一片，老百姓家的粮食也全都上缴，刘备的军队要粮无粮，要草无草，不败才怪。

不过，刘璋这个人是个爱民的州牧，就像法正说的，他不会采纳这个损害百姓的计策的。果然，刘备白担心了，刘璋不但没有听从这个建议，还把郑度给罢免了。

刘璋狠不下心来害民，刘备可狠得下心来害他。尤以法正为辅佐，就更如虎噬兔，口不留情。

刘备占了益州，在法正的进谏下，迎娶了刘璋的前寡嫂，如今的刘璋旧将吴壹的老婆吴氏，这倒不是因为他好色，而是因为他需要和蜀中的大族豪强们搞好关系。有什么关系比这种关系更铁的呢？

刚开始他还不肯，因为他毕竟和刘璋死去的哥哥刘瑁是同族嘛！结果法正是这么说的："论其亲疏，何与晋文之于子圉乎？"

这里面有个典故，说的是晋文公重耳逃难的时候，逃到秦国，曾经娶了亲侄子晋怀公子圉的老婆怀嬴。法正的意思是，论起来亲疏来，您和刘瑁，能比得过晋文公和他的亲侄子吗？

刘备这才下决心纳吴氏为夫人。

此后法正在受赏赐的时候，和诸葛亮、关羽、张飞同列，都是黄金各五百斤，白银千斤，钱五千万，锦千匹，是最高等额。法正还升了官，被任命为蜀郡太守，当了扬武将军。

他可能在这个地方心灵受的伤太重了，以前人家对他好的，哪怕就是让他吃过一顿饭，他也报恩，这本没有话说，做人就当如此，所谓滴水之恩当涌泉相报；可是有那说过他一句半句坏话的，他也找个由头给杀掉，那是真正的睚眦必报。这样的性格，说好听点是恩怨分明，说得不好听点，就是心胸狭窄，不会做人，不会做"大人"。

和他比起来，诸葛亮就着实有大境界了。

有人劝诸葛亮，请他上表刘备，让刘备好好说说法正，不要当官当得这么没品。诸葛亮是怎么做的呢？他深情追述了法正当年的功绩，然后对他采取了宽容态度。

当然，诸葛亮的这种听之任之的做法也颇受非议，孙盛就说："夫威福自下，亡家害国之道，刑纵于宠，毁政乱理之源，安可以功臣而极其陵肆，嬖幸而藉其国柄者哉？故颠颉虽勤，不免违命之刑，杨干虽亲，犹加乱行之戮，夫岂不爱，王宪故也。诸葛氏之言，于是乎失政刑矣。"

意思就是，作威作福，亡家害国，受宠乱刑，毁政乱理，就算是功臣，你也不能乱来。诸葛亮这话说的，违反了一个当政执刑者的原则啊！

可是事实上，就算他不想宽容也没办法，因为法正深得刘备宠信，说了也是白说，反倒惹得刘备不快，法正反感。俩谋士搞起内讧、窝里反，那还不得大损战斗力？

光从诸葛亮的近忧远虑，这个人就比法正强得不是一星半点。

法正也确实当得起刘备对他的宠爱和信任，对刘备出谋划策尽心竭力。

建安二十二年（217），法正劝刘备：

"曹操一战就降伏张鲁，平定汉中，但他没有乘此破竹之势而进取巴、蜀，却留下夏侯渊、张郃镇守汉中，自己率军北还，这样做并非他智谋不行、兵力不足，必定是自己内部有忧患迫使他这样。现在分析夏侯渊、张郃的才干谋略，并无比我国将帅高明之处，如果我们举兵征伐，一定能取得成功。取胜之后，可以在那里大力发展生产，广积粮食，寻找时机出兵进击。这样上可以消灭敌寇、安辅汉室；中可以蚕食占取雒、凉二州，开拓疆土；下可以固守险要，为长远割据一方之计。这大概是上天有意给我们良机，机不可失！”

刘备十分赞同法正的计策，于是率领诸将领兵挺进汉中，法正也随同前往。

建安二十四年（219），正月，刘备从阳平关南渡沔水，在定军山、兴势山山麓扎营，和夏侯渊部对峙。

当时夏侯渊（字妙才）驻守南线据点走马谷，张郃驻守东线据点广石。法正就献计，来一个声东击西，让刘备率一万多精兵趁夜轮番进攻广石，张郃抵挡不住，向夏侯渊要求增援。夏侯渊就把精兵拨了一半去支援张郃，他自己继续固守南线。

结果刘备就来了一个偷袭走马谷，一把火烧了曹军阵地前的防卫工事鹿角，夏侯渊就亲率四百名士兵出营救火，修补鹿角，法正一看机不可失，时不再来，马上建议全力进攻夏侯渊。

刘备知道法正对于军事的精熟才干，马上听从，命老将黄忠居高临下擂鼓突袭，夏侯渊猝不及防，被黄忠杀死。

曹操正领兵西征乌丸，听到法正这一计策，说："我本来算定刘玄德想不到这步棋，一定是人家教他的。"

曹操对刘备也知之深矣。

此后，曹操带兵亲征，虽然兵力呈压倒性优势，可是刘备根本不和他打，耗也耗得死他。没办法，曹操不得已回军，刘备这才占据了汉中，当上了汉中王。法正也受封成了尚书令、护军将军。

刘备这家伙也是个热血汉子，有一回跟曹军作战，形势相当不利，应当三十六计，走为上计，结果他就是不肯，也没人敢让他撤，怕他一怒之下拔剑把进谏之人砍了。

当时箭如雨下，刘备倾危，法正急中生智，直直地走到刘备前面，替他挡箭雨。刘备一看，赶紧喊他："孝直避箭！"

法正回答："连明公你也冒着箭雨飞石，不顾生死，何况是我？"

犟脾气碰上犟脾气，刘备搞了个没脾气，只好说好好好，咱们一起撤退。（先主与曹公争，势有不便，宜退，而先主大怒不肯退，无敢谏者。矢下如雨，正乃往当先主前，先主云："孝直避箭。"正曰："明公亲当矢石，况小人乎？"先主乃曰："孝直，吾与汝俱去。"遂退。）

要不是法正不顾命地来这么一出，刘备能不能当得上蜀汉之主还真是未知。

至此，法正算是走到了他人生的顶点，也是终点。因为第二年他就因病去世，时年四十五岁。

刘备为他哭了好几天，所谓"流涕者累日"。法正被追谥为"翼侯"，他的儿子法邈被赐爵为关内侯，官至奉车都尉、汉阳太守。

法正和诸葛亮同为谋士，法正还比诸葛亮年长四岁。两个人兴趣爱好不同，却是都出于公义。诸葛亮的职能好比一国之总理，使后方政务清平、兵精粮足是他的任务；法正的职能就是谋主，随军东征西讨，想办法出主意。两个人一内一外，一守一攻，紧密合作，取长补短。而且诸葛亮自己就是个出谋划策的祖宗，却时时惊奇于法正的智术谋略。

法正之死，不独是他自己的损失，更是刘备和蜀汉的大损失。

刘备称帝后，准备东征孙权为关羽报仇雪耻，许多大臣都进行劝谏阻止，但刘备一概不听。结果就是换来自己的惨败，退驻白帝城，并且送了自己的命。诸葛亮叹息说："法孝直如果在世，一定能劝阻主上，使他不进兵东吴，即使进兵东吴，也不会遭到如此惨败。"（"法孝直若在，则能制主上，令不东行；就复东行，必不倾危矣。"）

《三国志》的作者认为法正这个人品行不那么好，有点类似于魏国的程昱和郭嘉。（"诸葛亮与正，虽好尚不同，以公义相取。法正着见成败，有奇画策算，然不以德素称也。拟之魏臣，统其荀彧之仲叔，正其程、郭之俦俪邪？"）

这么想起来，确实类似，程昱脾气急，容易和人结怨；郭嘉绝顶聪明，却是行为不检点。这三个人对自己所属阵营皆有奇功，却是在性格和操守方面都有缺陷。

《华阳国志》里还记载曹操说的话："吾收奸雄略尽，独不得法正邪？"

说起来，要按不拘一格用人才的用人标准来论的话，法正确实应该是被曹操收拢了去，为之效力，却是阴错阳差归了刘备，成了曹操的劲敌。可见哪怕人再怎样的性格有瑕疵，也愿意有一个英明仁德的君主可为之效力。曹操和刘备比起来，确实太奸了。

有人说法正这样才像个"人"，因为是人就有优缺点，金无足赤，人无完人嘛！诸葛亮那人太完美的，都不像"人"了，像一尊神。我倒觉得，诸葛亮也是一个"人"，只不过他是一个大写的人。世界本来就是由各种各样的生物、各种各样的人组成的，都抹平了没意思，只有花红柳绿才是花花乾坤。

卷三十一 《三国志·蜀书九 董刘马陈董吕传》

第一节　董和与董允：上阵父子兵

千古名篇《出师表》，不但将诸葛亮一片忠君爱国之心如皎皎明月，昭示天下，文中提到的几位人物，也如明亮的星辰，在历史的天空洒下一片清辉。

这里面就有一个叫董允的。

《出师表》原文如下：

“侍中、侍郎郭攸之、费祎、董允等，此皆良实，志虑忠纯，是以先帝简拔以遗陛下：愚以为宫中之事，事无大小，悉以咨之，然后施行，必得裨补阙漏，有所广益。”

我们先不说董允，先说其父董和。

【原文】

董和字幼宰，南郡枝江人也，其先本巴郡江州人。汉末，和率宗族西迁，益州牧刘璋以为牛鞞、江原长、成都令。蜀土富实，时俗奢侈，货殖之家，侯服玉食，婚姻葬送，倾家竭产。和躬率以俭，恶衣蔬食，防遏逾僭，为之轨制，所在皆移风变善，畏而不犯。然县界豪强惮和严法，说璋转和为巴东属国都尉。吏民老弱相携乞留和者数千人，璋听留二年，还迁益州太守，其清约如前。与蛮夷从事，务推诚心，南土爱而信之。

【译文】

董和，字幼宰，南郡枝江人，他的祖上本是巴郡江州人。

汉朝末年，董和率领家族西迁，益州牧刘璋任他为牛鞞、江原县县长、成都县县令。

蜀地物产丰富，当时风气盛行奢侈，经商之家，穿戴如同王侯，饮食玉液琼浆，婚娶丧葬之事，几乎倾尽家财来铺张办理。

董和以自身节俭为大家做出表率，粗衣素食，防止衣食住行有超越自家社会身份之处，处处以符合礼制为行为准则，于是当地奢侈之风大为改变，大家都心存畏惧而不敢冒犯。

于是县里一些豪强因害怕董和的严法，鼓动刘璋调董和为巴东属国都尉。

想不到县中吏员和民众扶老携幼挽留董和者达几千人，刘璋只好让董和再留任二年，然后转升为益州太守，他在太守任上仍与过去一样清约节俭。

他与周围少数民族打交道时，总是以诚心相待，故此深受南方少数民族的信任和爱戴。

【评点】

董和此人，生卒年不详，之所以青史留名，既不是因为运筹帷幄，也不是因为赫赫战功，却是清廉俭约、立身清正，所以才备受爱戴。

刘璋还是益州牧的时候，虽然这个人暗弱，不善用人，但是依托益州的地理优势，这个地方的物阜民丰是别的地方望尘莫及的。有钱了，就会乱花、瞎花，不知道怎么花地胡花八花。尤其是经商的，更是银钱手中过，吃珍馐，着绫罗。儿婚女嫁，丧葬大事，均是浪费铺张得很。说到这里，想起我们现在的社会风气，在饭店里吃饭，很多人都喜欢搞铺张、讲排场，生怕被人说小气，于是叫上满满一大桌子菜，到最后吃不了，嘴一抹走人，不以浪费为耻，反以打包为耻。如果有人打包，别的人说不定还会腹诽此人小气，爱占小便宜。殊不知，每天浪费的饭菜，能养活多少吃不起饭的贫民——这个世界上，不是所有人都像我们一样饱食无忧啊！

古人也早有训诫，所谓“长将有时思无时，莫将无时思有时”“一粥一饭，当思来之不易；半丝半缕，恒念物力维艰”。可惜不是所有人都能够想得到这一层意思，但是别人想不到，董和想到了，他就在自己的能力范围之内，着布衣，吃粗食，躬行节俭，以为榜样，匡正风气。因为他行得正，所以大家都畏惧，于是收敛了好些。

但是收敛归收敛，有的豪强富户，有银子花不出去，憋得难受，就鼓动刘璋把他调走。

人在任上时被巴结不稀罕，要走时被献万民伞，民众牵衣扯襟不让走，这就非崇高威望不能做到。他就做到了这个份儿上，也得到了这个崇高待遇。

后来升官，当了益州太守，还是和过去一样，而且和少数民族打交道以诚相待，也同样受少数民族民众的信任与爱戴。

这个人的行事如同光风霁月，值得称道。

后来，刘备取了益州，平定蜀地后，就征召董和为掌军中郎将，和军师将军诸葛亮并署左将军大司马府事，出谋划策，两个人共事欢洽，交情深厚。

董和在刘备手下当官，也不改“小气”习惯。

有一回，他的儿子董允和费祎一块去参加许靖之子的葬礼，董和也照他平时的俭约习惯，给了他们一辆简陋的车驾，大概就是别人坐马车，这俩人坐驴车的待遇吧。董允觉得丢脸，神色不安，费祎却处之泰然。董和还评论说，费祎德行要比儿子董允好——他也不想想，年轻人好虚荣，很正常嘛！

要说起来，董和居官食禄也二十余载，对外治理安抚边疆少数民族，在内参与军国大事，到他死的时候，家里竟然没有能够值一石粮食的私财。其清廉如此。

诸葛亮后来做丞相，告诫部下说：

“参加国家工作，就要集中众人的智慧和忠心。如果计较区区小事，就会难以相互通报信息，给各项工作带来损失。能够互通情报，如同丢弃破鞋而获得珠玉；然而人心苦于不能除尽这些小事，只有徐元直处理此类问题不糊涂。再是董幼宰在朝中任职七年，遇上不顺之事、不周之处，哪怕往返十次也来启告。如能做到徐元直的十分之一，像董幼宰那样勤恳职事、忠于国家，那么我的过失就会少多了！”

他又说：“过去我与崔州平初交，常常听到他对我的得失发出评论；后来与徐元直相交，总是受到他的启发诱导；先前与董幼宰共事，他总是言无不尽；后来与胡伟度在一起，常常听到他进谏之言。我虽然资性鄙陋执拗，不能完全采纳他们的意见，但与这四个人始终友好相处，这也足以证明他们不怀疑直言的益处。”

诸葛亮就是如此深切地怀念董和。

下面我们再说到董允。

有这样一个父亲言传身教，董允也出落得英才大略，他官至侍中兼尚书令，与诸葛亮、蒋琬、费祎并列为“四英”。

【原文】

董允字休昭，掌军中郎将和之子也。先主立太子，允以选为舍人，徙洗马。后主袭位，迁黄门侍郎。丞相亮将北征，住汉中，虑后主富于春秋，朱紫难别，以允秉心公亮，欲任以宫省之事。上疏曰："侍中郭攸之、费祎，侍郎董允等，先帝简拔以遗陛下，至于斟酌规益，进尽忠言，则其任也。愚以为宫中之事，事无大小，悉以咨之，必能裨补阙漏，有所广益。若无兴德之言，则戮允等以彰其慢。"亮寻请祎为参军，允迁为侍中，领虎贲中郎将，统宿卫亲兵。攸之性素和顺，备员而已。献纳之任，允皆专之矣。允处事为防制，甚尽匡救之理。后主常欲采择以充后宫，允以为古者天子后妃之数不过十二，今嫔嫱已具，不宜增益，终执不听。后主益严惮之。尚书令蒋琬领益州刺史，上疏以让费祎及允，又表"允内侍历年，翼赞王室，宜赐爵土以褒勋劳"。允固辞不受。后主渐长大，爱宦人黄皓。皓便辟佞慧，欲自容入。允常上则正色匡主，下则数责于皓。皓畏允，不敢为非。终允之世，皓位不过黄门丞。

【译文】

董允，字休昭，掌军中郎将董和的儿子。

刘备册封太子，董允被选为舍人，升洗马。

后主刘禅继承皇位后，董允被升为黄门侍郎。

丞相诸葛亮将北征曹魏，住在汉中，担心后主刘禅年轻，不辨好坏是非，考虑到董允公正无私、襟怀坦白，打算让他担任宫中辅佐之职。

诸葛亮上疏说："侍中郭攸之、费祎，侍郎董允等，都是先帝择选出来留给陛下的良臣，至于斟酌可否，尽忠进谏，都是他们的职责。

"我认为宫内之事，不论大小，都应咨询他们，这样定能做到堵塞漏溢，收取成效。

"如果没有忠诚善良的言论，则斩杀董允等以惩戒他们的怠慢。"

诸葛亮不久即请任命费祎为参军，升董允为侍中，领虎贲中郎将，统辖御中亲兵。

郭攸之性格素来和顺，故不过挂名而已。向皇帝进言劝谏的任务，董允几乎全包下了。

董允处理问题为了防患于未然，竭尽匡救之理。

刘禅常想采选美女填充后宫，董允认为古代天子的后妃人数不超过十二名，现今后主的嫔嫱人数已够，不宜再有所加，始终坚持不听从命令。

后主刘禅对他更加敬惧。

尚书令蒋琬任益州刺史时，上奏要让位给费祎和董允，又表彰“董允任职宫中多年，辅佐王室，应当赐爵加封来嘉奖他的功劳”。

董允坚辞不受。

刘禅渐渐长成，宠信宦官黄皓。

黄皓便阿谀献媚，处心积虑往上爬。

董允常常对上则正色批评皇上，对下则严厉斥责黄皓。

黄皓害怕董允，不敢为非作歹。

董允在世之日，黄皓的官位一直不过黄门丞。

【评点】

诸葛亮率军出征，董允和费祎等人留守后方，起的就是定心丸的作用，定内事，以安亮心。而诸葛亮去世后，董允也没有辜负他的期望，一直制约着这个糊涂的后主，让他的行为不那么出轨跑偏。如果没有他的严防死守，阿斗早给自己娶了一后宫的老婆，又把宦官早早就宠信上了天，蜀国说不定得早亡好几年。

当然，说实话，也得亏后主软弱，要是换一个凶残厉害的，恐怕董允还没匡正皇上呢，自己先被砍了脑袋；不过，就算他要被砍脑袋，估计照旧初衷不改。

董允曾和尚书令费祎、中典军胡济等约好游宴，车马已经备好，正巧郎中襄阳人董恢前来向董允请教。

董恢年轻官小，见董允准备出门，稍停片刻便起身告辞，董允不让他走，说：“本来我之所以外出者，是想与朋友们游玩闲谈，现在您已屈尊来访，刚要展开深谈阔论，放弃这样的谈话，到那边去喝酒闲聊，那就太不像话了。”

于是下令解开车马，费祎等人也停车不去了。他坚守正道、礼贤下士，都像上面那样。

公元 243 年，董允被加封为辅国将军。公元 244 年，大司马蒋琬病重，不能处理国事，朝廷就任命尚书令费祎为大将军，代理军国大事；而董允以侍中的身份兼任尚书令，当费祎的助手。公元 246 年，董允逝世。

他很幸运，乱世得了善终；却是蜀国不幸，后继乏人。

他死之后，蜀国百姓因黄皓乱政，都怀念他这颗定盘星。

而他在《三国志》这本正史里面，也占了一个极为特殊的地位。因为《三国志》

的作传习惯，是把子孙后辈像串糖葫芦一样串一串，或是提葡萄一样，揪起根带一片，也就是把子孙后辈的事迹在父兄长辈的后面略记一笔足矣；而董允是极少数能够和父亲分开，各立各传的人，所谓“子不系父，可别载姓”。

第二节　马良和马谡：打虎亲兄弟

【原文】

马良字季常，襄阳宜城人也。兄弟五人，并有才名，乡里为之谚曰：“马氏五常，白眉最良。”良眉中有白毛，故以称之。先主领荆州，辟为从事。及先主入蜀，诸葛亮亦从后往，良留荆州，与亮书曰：“闻雒城已拔，此天祚也。尊兄应期赞世，配业光国，魄兆见矣。夫变用雅虑，审贵垂明，于以简才，宜适其时。若乃和光悦远，迈德天壤，使时闲于听，世服于道，齐高妙之音，正郑、卫之声，并利于事，无相夺伦，此乃管弦之至，牙、旷之调也。虽非钟期，敢不击节！”

【译文】

马良，字季常，襄阳宜城人。

他兄弟五人，都有才华名气，乡里为他们编有谚语说：“马家五常，白眉最良。”马良眉中有白毛，故此人们这样称呼他。

刘备兼任荆州牧，便征召马良为州从事。

待刘备入蜀，诸葛亮也随后跟从前去，马良留守荆州，写信给诸葛亮说：

“听说雒城已被我们攻下，这是上天的福佑；尊兄您适应时势把握时机，辅佐光大邦国之业，智慧的光芒已经显露。

“能灵活地运转思维，审察事理明断，实非易事，为此须当适时地选取贤才。

“如能远瞩高瞻，仁德通达天际，使时人能集中注意力聆听其言，举世服从于其道，以高妙之音乐，纠正郑、卫之淫声，有利于各项事业，不起相互之间的干扰，这才是管弦演奏的绝技，俞伯牙、师旷的调谐。

“我虽然不是钟子期之辈，却也得为之击节叫好！”

【评点】

马良是谁我们也许不知道，但是马谡我们知道。

马谡是马良的兄弟。

马良兄弟五个，都有名气，却以马良的名气更大、更好。他的眉毛里面有白毛，所以人呼其为“白眉马良”，又编谚语说“马氏五常，白眉最良”。

看他的字“季常”就知道，他在弟兄五个里面，排行第四。而且，他的前三个哥哥，应该分别叫马伯常、马仲常、马叔常，因为古人取字排行，是按照以下顺序：伯、仲、叔、季。

有人问，古人多子多孙，如果儿子多，超过四个，怎么取字？

司马懿家弟兄多，一共有八个。他字仲达，很显然，是老二；上有司马朗，字伯达，下有司马孚，字叔达；司马馗，字季达。下面的老五、老六、老七、老八分别为：司马恂，字显达；司马进，字惠达；司马通，字雅达；司马敏，字幼达。也就是说，从第五个开始，就不再有硬性规定了。

马谡字幼常，显然，他是马家兄弟中最小的，老五。

马良也积年为官，历任从事、左将军掾、侍中。和诸葛亮的关系很好，这可以从上面的这段引文中看得出来。

他称诸葛亮为尊兄，且建议他选贤任能，做好干部间的协调工作，语气还很亲热。

很少见别人给诸葛亮写信，称其为“尊兄”的，所以《三国志》的作者猜测他或者是和诸葛亮结为兄弟，或者是有亲戚关系，诸葛亮年长，所以称其为兄。

当然，这也只是一种推测而已，如果当成一般的敬称似乎也没有什么不对。

他在《三国演义》里，也露过好几鼻子。第五十二回“诸葛亮智辞鲁肃　赵子龙计取桂阳”里，刘玄德自得荆州、南郡、襄阳，心中大喜，商议久远之计。然后一个叫伊籍的人上前献策，让他访荆州贤士以问计。贤士者谁？马良是也。

“马良至，玄德优礼相待，请问保守荆襄之策。良曰：‘荆襄四面受敌之地，恐不可久守；可令公子刘琦于此养病，招谕旧人以守之，就表奏公子为荆州刺史，以安民心。然后南征武陵、长沙、桂阳、零陵四郡，积收钱粮，以为根本。此久远之计也。’玄德大喜，遂问：‘四郡当先取何郡？’良曰：‘湘江之西，零陵最近，可先取之；次取武陵。然后湘江之东取桂阳；长沙为后。’玄德遂用马良为从事，伊籍副之。”

在庞统殒命落风坡之前，他还当过一回诸葛亮的信使：

“玄德设宴管待彭羕，忽报荆州诸葛亮军师特遣马良奉书至此。玄德召入问之。马良礼毕曰：‘荆州平安，不劳主公忧念。’遂呈上军师书信。玄德拆书观之，略曰：‘亮夜算太乙数，今年岁次癸巳，罡星在西方；又观乾象，太白临于雒城之分：主将帅身上多凶少吉。切宜谨慎。’”

然后庞统死后，刘备卡在涪州，进退两难，诸葛亮本是镇守荆州，此时也向关羽交割印绶，自去领兵救主公去也。临去之前，特意安排一票人辅佐关羽同守荆州，马良赫然在列，且是文官之首：

“孔明遂与了印绶，令文官马良、伊籍、向朗、糜竺，武将糜芳、廖化、关平、周仓，一班儿辅佐云长，同守荆州。”

刘备取了益州，厚赏下属，马良、马谡哥儿俩俱在受赏之列。

关公刮毒疗毒的时候，他喝酒吃肉，弈棋谈笑，面无惧色，和他下棋的人是谁？就是马良呀！

关公走麦城，遣使求救于备，这使者，就是马良和伊籍二人。

关羽死后，刘备伤痛，倾一国之兵，亲征伐吴，为关羽报仇，给他掌理文书的，就是马良和陈震二人。

张飞也被害了，孙权听说刘备伐吴，把这两个杀张飞的凶手绑起送来，以求息兵，马良也谏：“仇人尽戳，其恨可雪矣。吴大夫程秉到此，欲还荆州，送回夫人，永结盟好，共图灭魏，伏候圣旨。”

可惜刘备不听。

孙权起用陆逊，马良说这个人“虽东吴一书生，然年幼多才，深有谋略；前袭荆州，皆系此人之诡计”。

刘备大怒，一边骂着“竖子诡计”，一边要“擒之”，马良进谏：“陆逊之才，不亚周郎，未可轻敌。”结果刘备又不听：“朕用兵老矣，岂反不如一黄口孺子耶！”

人一摆老资格就容易失败，此话信矣。

刘备使人骂战，“逊令塞耳休听，不许出迎”。马良再次进谏：“陆逊深有谋略。今陛下远来攻战，自春历夏；彼之不出，欲待我军之变也。愿陛下察之。”刘备还是不听：“彼有何谋？但怯敌耳。向者数败，今安敢再出！”

这时候又有先锋来奏，说是天气炎热，士兵们屯聚之地离水又远，深为不便。刘备就命令各营都移到山林茂盛，近溪傍涧之地，等着到了秋天再打。

眼看着刘备是越来越出败招了，马良心里着急，再次进谏：“我军若动，倘吴兵骤至，如之奈何？”

刘备说：“朕令吴班引万余弱兵，近吴寨平地屯住；朕亲选八千精兵，伏于山谷之中。若陆逊知朕移营，必乘势来击，却令吴班诈败；逊若追来，朕引兵突出，断其归路，小子可擒矣。”

这时候，那跟着刘备亲征的文武百官都乱拍马屁：“陛下神机妙算，诸臣不及也！”唯有马良仍旧抗声进谏：“近闻诸葛丞相在东川点看各处隘口，恐魏兵入寇。陛下何不将各营移居之地，画成图本，问于丞相？”

刘备此时已经完全被仇恨烧坏了脑子，说“朕亦颇知兵法，何必又问丞相？”

马良还是不肯放过他，挑战他的耐心，给他逆毛捋：“古云兼听则明，偏听则蔽。望陛下察之。”

刘备不愧是待人宽厚，就这样也没有把他砍了，而是让了一步，说：“卿可自去各营，画成四至八道图本，亲到东川去问丞相。如有不便，可急来报知。”马良这算终于达到了一点目的，才领命而去。估计他去的时候，也是抹了一把冷汗的。老虎头上捉虱子啊！

然后他入川见孔明，呈图本，诸葛亮一见就叫苦：谁给出的这馊主意，把这人赶紧砍了！马良一说这是刘备的主意，诸葛亮也没脾气，只苦叹一声：“汉朝气数休矣！”因为“包原隰险阻而结营，此兵家之大忌。倘彼用火攻，何以解救？又，岂有连营七百里而可拒敌乎？祸不远矣！”

然后他让马良赶紧去见天子，改营地，马良是个有思想的人，多问了一句：要是现在吴兵已经取胜了怎么办？诸葛亮说陆逊就是胜了也不敢来追，成都应该没事。马良还接着问：“这是为什么呢？（逊何故不追？）”孔明说怕魏兵揍他的后背。“主上若有失，当投白帝城避之。吾入川时，已伏下十万兵在鱼腹浦矣。”

马良大惊之余，打破砂锅问到底：“某于鱼腹浦往来数次，未尝见一卒，丞相何作此诈语？”

孔明曰：“后来必见，不劳多问。”（其实就是孔明排摆下的八阵图。）

马良得到了自己想要的答案，才火速投御营，找刘备。刘备果然已败矣。

刘备退守白帝城，急怒攻心，一病不起，给诸葛亮交托后事，言未及马良，却说到了马良之弟，说此人志大才疏，不可重用。诸葛亮聪明一世，糊涂一时，用了马谡，导致街亭之失。此是后话。

《三国演义》里，没有交代马良是怎样的死法，只说在诸葛亮攻打南蛮之前，马谡素袍白衣进见，就是为他哥哥马良戴的孝。而在《三国志》里，则是说“会先主败绩于夷陵，良亦遇害”。

总之，这个人看起来心智十分清明，说他一个“良”字，完全可以胜任。

至于其弟马谡，他在历史上反而超过了他哥哥的名气，一出《失街亭》，把马谡钉死在“志大才疏”的耻辱柱上。

【原文】

良弟谡，字幼常，以荆州从事随先主入蜀，除绵竹成都令、越巂太守。才器过人，好论军计，丞相诸葛亮深加器异。先主临薨谓亮曰："马谡言过其实，不可大用，君其察之！"亮犹谓不然，以谡为参军，每引见谈论，自昼达夜。

建兴六年，亮出军向祁山，时有宿将魏延、吴壹等，论者皆言以为宜令为先锋，而亮违众拔谡，统大众在前，与魏将张郃战于街亭，为郃所破，士卒离散。亮进无所据，退军还汉中。谡下狱物故，亮为之流涕。良死时年三十六，谡年三十九。

【译文】

马良的弟弟马谡，字幼常，以荆州从事的身份跟随刘备入蜀，担任绵竹、成都县令和越巂太守。

他才气器量超过常人，喜好谈论兵法，丞相诸葛亮深加器重、另眼相看。

刘备临死前对诸葛亮说："马谡言过其实，不可大用，你要审慎。"诸葛亮对这话不大在意，任命马谡为参军，每次与马谡见面交谈兵法，总是一天到晚。

建兴六年（228），诸葛亮出兵前往祁山，当时有久经战场的老将魏延、吴壹等，议论者都说应该以这些人为先锋，而诸葛亮违背众人意见提拔马谡，统领大军在前，与魏国大将张郃在街亭交战，被张郃打败，士兵败逃四散。

诸葛亮进军没有落脚据点，只得撤兵退到汉中。

马谡被捕下狱，被处死刑，诸葛亮流泪将他斩首。

马良死时三十六岁，马谡死时三十九岁。

【评点】

诸葛亮一生英明谨慎，大概只出了一次昏招，就是让马谡守街亭。

而马谡一生虽然不够谨慎，也足够英明，大概只出了一次昏招，就是在街亭错扎大营。

结果就是诸葛亮功亏一篑，马谡身死命殒。

说到马谡的英明，他之所以得到诸葛亮的青睐，是完全有原因的。

《襄阳记》里记载：

“建兴三年，亮征南中，谡送之数十里。亮曰：‘虽共谋之历年，今可更惠良规。’”

就是说，诸葛亮要征南蛮的少数民族了，马谡送他送了几十里地，可见二人交情密切。而且诸葛亮还向他问计：“咱俩虽然一年到头一同谋划大事，现在还得请你再次给我提好建议。”

马谡就回答说：

“南中恃其险远，不服久矣，虽今日破之，明日复反耳。今公方倾国北伐以事强贼。彼知官势内虚，其叛亦速。若殄尽遗类以除后患，既非仁者之情，且又不可仓卒也。夫用兵之道，攻心为上，攻城为下，心战为上，兵战为下，愿公服其心而已。”

说白了，就是光凭打，是打不赢的，前脚刚打赢，后脚他又反，制不住。要想真的让他们不反，那就得攻其心，收服了他们的心，他们心服口服，才能不反。

诸葛亮就是采纳了他的计策，来了个七擒孟获，才收服了蛮夷之众。“终亮之世，南方不敢复反”。

所以说，马谡此人谈论起兵法作战来，确实是头头是道，有见地。

可惜事到临头就犯晕。

还是《襄阳记》记载，说马谡临终给诸葛亮写信，让他善待自己的孩子，“使平生之交不亏于此，谡虽死无恨于黄壤也”。这话说得相当的亲密，和诸葛亮是“平生之交”啊！

诸葛亮果然善待他的遗孤，如同他还在一样。

蒋琬后来对他的做法提出质疑，说天下未定，却把那有智慧的、能出妙计的人给杀了，岂不可惜吗？

诸葛亮就流泪回答：“不是我想杀，孙武为什么能够制胜于天下，就是因为他用法分明，该赏则赏，当罚则罚。要是把军法给抛到一边，还怎么讨伐贼寇呢？”（“孙武所以能制胜于天下者，用法明也。是以杨干乱法，魏绛戮其仆。四海分裂，兵交方始，若复废法，何用讨贼邪！”）

也就是说，出于私人情分，他是真不愿意杀，而出于公义，不杀又不足以服众。他的心里也是痛苦万分的。

习凿齿评论他的这种做法，很不以为然：

“诸葛亮之不能兼上国也，岂不宜哉！夫晋人规林父之后济，故废法而收功；楚成暗得臣之益己，故杀之以重败。今蜀僻陋一方，才少上国，而杀其俊杰，退收驽下之用，明法胜才，不师三败之道，将以成业，不亦难乎！且先主诫谡之不可大用，岂不谓其非才也？亮受诫而不获奉承，明谡之难废也。为天下宰匠，欲大收物之力，而不量才节任，随器付业；知之大过，则违明主之诫，裁之失中，即杀有益之人，难乎其可与言智者也。”

诸葛亮不听刘备的告诫，重用了马谡，导致街亭之失，是他一生的污点；马谡不听诸葛亮的告诫，错用了战术，导致街亭之失，也是他一生的污点。

总的来说，马良和马谡，弟兄二人，都为了蜀汉大业丧身殒命，所谓“打虎不离亲兄弟，上阵还须父子兵”，这一对兄弟，也由此而正史留名。

卷三十二 《三国志·蜀书十 刘彭廖李刘魏杨传》

第一节 不肯“夹着尾巴做人”的彭羕

【原文】

羕闻当远出，私情不悦，往诣马超。超问羕曰：“卿才具秀拔，主公相待至重，谓卿当与孔明、孝直诸人齐足并驱，宁当外授小郡，失人本望乎？”羕曰：“老革荒悖，可复道邪！”又谓超曰：“卿为其外，我为其内，天下不足定也。”超羁旅归国，常怀危惧，闻羕言大惊，默然不答。羕退，具表羕辞，于是收羕付有司。

羕于狱中与诸葛亮书曰：“仆昔有事于诸侯，以为曹操暴虐，孙权无道，振威暗弱，其惟主公有霸王之器，可与兴业致治，故乃翻然有轻举之志。会公来西，仆因法孝直自衒鬻，庞统斟酌其间，遂得诣公于葭萌，指掌而谭，论治世之务，讲霸王之义，建取益州之策，公亦宿虑明定，即相然赞，遂举事焉。仆于故州不免凡庸，忧于罪罔，得遭风云激矢之中，求君得君，志行名显，从布衣之中擢为国士，盗窃茂才。分子之厚，谁复过此？羕一朝狂悖，自求菹醢，为不忠不义之鬼乎！先民有言，左手据天下之图，右手刎咽喉，愚夫不为也。况仆颇别菽麦者哉！所以有怨望意者，不自度量，苟以为首兴事业，而有投江阳之论，不解主公之意，意卒感激，颇以被酒，侻失‘老’语。此仆之下愚薄虑所致，主公实未老也。且夫立业，岂在老少，西伯九十，宁有衰志，负我慈父，罪有百死。至于内外之言，欲使孟起立功北州，戮力主公，共讨曹操耳，宁敢有他志邪？孟起说之是也，但不分别其间，痛人心耳。昔每与庞统共相誓约，庶托足下末踪，尽心于主公之业，追名古人，载勋竹帛。统不幸而死，仆败以取祸。自我堕之，将复谁怨！足下，当世伊、吕也，宜善与主公计事，济其大猷。天明地察，神祇有灵，复何言哉！贵使足下明仆本心耳。行矣努力，自爱，自爱！”羕竟诛死，时年三十七。

【译文】

彭羕听说调他远出任职，私下心里很不高兴，便去会见马超。

马超向彭羕说：“您的才干超群拔萃，主公对您器重看待，说您可与诸葛亮、法孝直等人并驾齐驱，怎会让您外任小郡，使人失望呢？”

彭羕说：“这个老兵痞子，荒唐无理，还有什么可说！”

又对马超说：“您为外官，我为内应，天下不会平定不了。”

马超长期为寄身之人，归顺蜀国后常心怀危惧之感，听到彭羕说出这种话大吃一惊，默不作声。

彭羕走后，马超便将彭羕的话写成报告，于是彭羕被逮捕囚禁。

彭羕在狱中写信给诸葛亮说：

“我过去与各路诸侯打过交道，认为曹操残暴狂虐，孙权不行正义，刘璋昏庸懦弱，唯有主公有霸王的资质，可与他开创大业治理天下，故此才翻然改志做出飞升之变。

“正赶上主公前来西土，我因受到法孝直的夸奖和推荐，庞统也在中间参谋，于是才能在葭萌与主公相见，握手交谈，评论治理国家的急务，讲述霸王功业的道理，筹划进取益州的策略，您亦对此事原先有过深虑和明确计划，赞同我的意见，于是进兵举事。

“我在州里往日不过平庸之辈，经常担忧获罪受冤，幸好赶上风云变幻兵戈交侵的年月，找到了自己希望和爱戴的君主，志向得以施展，名声由此显赫，从普通百姓之中被提升为国家大臣，窃居茂才之位。

“主公将爱子之情分施于我，这种厚恩谁能超越？

“彭羕我一时狂妄，自己找死，将成为不忠不义之鬼！祖先们有言，左手握有天下蓝图，右手拿刀自刎咽喉，傻子也不会这么做，况且我还能够分得清豆子和麦子呢。

“之所以有些怨言，是自己不自量力，轻率地认为自己有首义的功绩，反被送往江阳，如此言语，是不理解主公的用意，心里有所激动，贪饮了几杯酒，故脱口失言‘老’字。

“这是我的愚昧浅薄所招致，主公实际也非‘老’。

“况且开创帝业，岂有老少之分，周文王年至九十，也无衰老之志，我有负慈父般的主公，真是罪有百死。

“至于‘内外’之说，是想使马超建功业于北州，全力效忠主公，共同讨伐曹操罢了，岂敢有非分想法？孟起说的是真话，但他没有分别其中真实含义，太让人痛心了。

“从前我常和庞统共同发誓相约，希望追随您的足迹，尽心致力于主公的事业，追求古贤名声，为了青史留名。庞统不幸而死，我却身败取祸。自我失足毁灭，还能怨谁呢？

“您是当代伊尹、吕望，应当好好与主公共计大事，帮助他完成大业。天地明察，神祇有灵，还有什么可说啊！只是衷心希望您能理解我的真心本意。愿您努力奋斗，保重，保重！”

彭羕终被处死，时年三十七岁。

【评点】

性格决定命运，这句话在彭羕身上再次得到了验证。

同时得到验证的，还有“夹着尾巴做人”的道理。

彭羕（184—220），字永年，广汉人。东汉末年官吏，先后仕于刘璋、刘备。

他在刘璋手底下当官的时候当不好，在刘备的手底下当官的时候也当不好。

这个人明明有才气，就是当不好官，做不好人，搞到最后连人都做不成了，做了一名刀下鬼。其原因，就在于他的狂悖处世。

当初他在刘璋手底下做官的时候，当的不过是书佐类的小官，大概就是由于狂傲的缘故，被众人在州牧刘璋那里毁谤，刘璋这人善言听不听也罢，这种话还是很能听得进去的，于是就把他剃了光头罚做苦役。

这下子他连小官也当不成了。

后来刘备入蜀，沿江北上。

彭羕既是有才，便求功名之心不死，想要结交游说刘备，于是就去找庞统。

他根本不认识人家，一点旧交也没有。去的时候，人家还有座上客呢，他就径直跑到人家的榻上一躺，大模大样地跟庞统讲：“客人走后，我跟您好好聊聊啊！”

庞统这人也是礼贤下士的好材料，会完客，回头就坐到彭羕跟前，想跟他深谈——估计这家伙这时候还大模大样地在人家的榻上躺着呢。结果彭羕居然说不忙，不忙，先把你家的好东西端上来，我吃了再讲。

于是庞统又给此人奉酒奉饭，边吃边谈，后来又留他住下，第二天又谈。越谈越觉得此人是个人才，就叫上法正，一道举荐彭羕。法正此前就对彭羕很了解，所以就两个人一起替他说好话，刘备也觉得这个人异于寻常，就多次让彭羕传达军令行动，指导教授诸位将领，他的工作很合刘备心意，对他的赏识和待遇日益加厚。

我估计，他就是一个传令官兼军中教师的角色，定谋决策轮不上他。不过，他也把刘备交派的任务完成得很好就是了，所以成都平定，刘备兼任益州牧，彭羕也升了官，被提拔为治中从事。

这家伙凭着一双赤手空拳，给自己挣来这么大的官位，而且看起来以后还有更大的升职空间，这下子得意忘形啦，尾巴翘得高高的，鼻孔杵到天上。

诸葛亮一生平心定性，治人以理以法，虽然有个人的好恶感情，但是却很少挟私情报复某个人。但是对于彭羕，他却着实看不上——想当初诸葛亮不过就是一介躬耕草民，如今总揽一国政事，也没像他这么形色嚣然嘛！

所以他就多次向刘备秘密进言，要刘备小心这个人，说他心大志高，难保以后会做出什么事——说到底不是为私怨，还是为公事。

刘备对于诸葛亮是何等的敬重、何等的信任，然后对彭羕冷眼旁观，觉得诸葛亮说得有道理，于是就对彭羕稍加疏远，其实所谓的疏远，他还是照旧当他的官，不过就是外调，不在刘备身边而已。

若是他此时能够在心里敲响警钟，以后检点言行，一切都还来得及。结果他却跑到马超那里乱发牢骚，这一发就要了命。

虽然他在牢里反复申明自己没有反意，甚至掰开揉碎地解释自己当初说那话的意思，但是，当君主的，当辅政大臣的，又怎么会相信？一旦有威胁到自己天下社稷的事和人，必定会宁可错杀一千，也不放过一个。

所以，彭羕必死无疑。

可笑的是他好像一开始并不知道自己究竟错在哪里，汲汲于一个“老”字的解释，好像他把对刘备的侮辱看作头等大事。其实以刘备的胸怀，到处被人骂织席贩履的小儿、大耳贼，估计对这么一个字也不会这么认真计较下去——他又不是曹操那家伙，表面上不计较，暗地里玩阴的，别人叫他一句“曹阿瞒”，他就一边呵呵笑，一边纵容属下把那人给杀死。

彭羕之死，死在骄狂，是如假包换的性格悲剧。

说起来，法正这个人也有很大的性格缺陷，但是诸葛亮却没有在刘备面前说法正的坏话，当别人劝他向刘备进言的时候，他反而对那人解释法正立下的功绩，那是因为法正确有安邦定国之才，蜀汉的发展、壮大、兴盛离不了此人的辅佐。

而彭羕要德无德，要才无才，既不能定国安邦，又不能表率群伦，所以，将他放到外任也没有什么不对。至于有人推测说诸葛亮这样做是杀鸡吓猴，让法正以后也要小心，我觉得是有些想多了。

至于为什么彭羕被杀，法正没有什么表示，或者他有表示，而史传无载，或者是他虽然性格有缺陷，心胸比较狭隘，但是量事还是很清的，知道彭羕口出反语，已是无法洗白，没必要再白白搭上自己。

“祸从口出”，着实是一条真理！

第二节 “牢骚太盛防肠断”的廖立

【原文】

立本意，自谓才名宜为诸葛亮之贰，而更游散在李严等下，常怀怏怏。后丞相掾李邵、蒋琬至，立计曰：“军当远出，卿诸人好谛其事。昔先帝不取汉中，走与吴人争南三郡，卒以三郡与吴人，徒劳役吏士，无益而还。既亡汉中，使夏侯渊、张郃深入于巴，几丧一州。后至汉中，使关侯身死无孑遗，上庸覆败，徒失一方。是羽怙恃勇名，作军无法，直以意突耳，故前后数丧师众也。如向朗、文恭，凡俗之人耳。恭作治中无纲纪；朗昔奉马良兄弟，谓为圣人，今作长史，素能合道。中郎郭演长，从人者耳，不足与经大事，而作侍中。今弱世也，欲任此三人，为不然也。王连流俗，苟作掊克，使百姓疲弊，以致今日。”邵、琬具白其言于诸葛亮。亮表立曰：“长水校尉廖立，坐自贵大，臧否群士，公言国家不任贤达而任俗吏，又言万人率者皆小子也；诽谤先帝，疵毁众臣。人有言国家兵众简练，部伍分明者，立举头视屋，愤咤作色曰：‘何足言！’凡如是者不可胜数。羊之乱群，犹能为害，况立托在大位，中人以下识真伪邪？”于是废立为民，徙汶山郡。立躬率妻子耕殖自守，闻诸葛亮卒，垂泣叹曰：“吾终为左衽矣！”后监军姜维率偏军经汶山、诣立，称立意气不衰，言论自若。立遂终徙所。妻子还蜀。

【译文】

廖立的个人本来想法，自认为才能名气应当在诸葛亮之次，但实际上却游散在李严等人的位次下，所以心中常怏怏不乐。

后来丞相掾李邵、蒋琬到他治所来，廖立为他们献计说：

“军队应当远征，你们几位又擅长谋划军事。过去先主不取汉中，而前去与东吴争夺南方三郡，结果还是被吴人夺去，白白地劳累军士，无功而归。

“后失掉汉中，使夏侯渊、张郃深入巴地，几乎丢失整个州。

“后到汉中，又使关羽死后连骨头都收不回来，上庸又遭惨败，白白丢失一方土地。

“这是关羽仗恃自己的勇威声名，带兵作战无方，主观臆断任性所致，故此前后几次丧师失众。

“如向朗、文恭，都是平庸之辈。文恭任职治中毫无章法。向朗过去信奉马良兄弟，吹嘘他们是圣人，现在任职长史，一向善于和稀泥。中郎郭演长，是盲目随别人打转转的人，不可与他共谋大事，却让他当上了侍中。

“如今处在衰微之世，要任用这三个人，确实不当。王连乃流俗之人，一旦聚敛贪狠，使百姓困苦不堪，以致闹到今天这种地步。”

李邵、蒋琬把这些话全告诉了诸葛亮。

诸葛亮写了一份弹劾廖立的奏章，说：

“长水校尉廖立，坐井自大，贬论广大朝士，公然指责国家不任贤达之士而用平庸之人，又说万军统率者都是些不中用的浑小子；诽谤先帝，诋毁群臣。

“当有人说到国家军队简练、建制分明时，廖立傲慢地仰着脸望着屋顶，勃然变色叱责那人说：‘有什么可称道的！’

“诸如此类情况不可胜举。

“一羊乱群，何况廖立官任高职，中层社会以下谁能分辨他的真伪？”

于是下诏废廖立为平民，流放汶山郡。

廖立便老老实实地带着全家人在那里耕养自给，听说诸葛亮去世，他双泪长流叹息说：“我这辈子就只能穿左衽的衣裳，当野人了啊！”

后来监军姜维率领偏师经过汶山，前去看望廖立，称赞他意气不减当年，言谈自若。

廖立于是老死流放之地，妻小返回蜀地。

【评点】

廖立，又一个心高气傲、祸从口出的典型人物。

这个人在刘备活着的时候，还是颇受刘备重用以及诸葛亮青睐的。

刘备兼任荆州牧时，征召廖立为州从事，当时他不到三十岁，就被提升为长沙太守了。

刘备入蜀，诸葛亮镇守荆州地方，孙权派遣使者与诸葛亮进行友好交往，顺便问到蜀国士人中都有谁与他一起治政，诸葛亮回答说：“庞统、廖立，都是楚地优秀人才，他们能同我一起共兴治国大业。”

建安二十年（215），孙权派吕蒙暗地袭取荆州南部三郡，廖立脱身逃出，也不管诸葛亮他们怎么样了，就这样径自逃归刘备身边。

刘备一向赏识和礼待他，故没有过于责备，让他做了巴郡太守。

建安二十四年（219），刘备为汉中王，征召廖立为侍中。

后主刘禅继帝位后，廖立被调任长水校尉。

就是从这时候开始，他觉得自己受亏待了，觉得当初自己是能够和诸葛亮相提并论的，如今却被李严他们给压了一头。这下子，他肚皮中的酸气就开始咕嘟咕嘟往外冒，大肆批评时政，什么刘备不对啦，关羽不对啦，向朗、文恭、郭演长这三根葱不该受重用啦，如何如何……

李邵、蒋琬是诸葛亮的死忠，一听这话，臧否先主、臧否关羽、臧否群臣、臧否后主以及诸葛亮——诸葛亮执掌大权嘛，如何用人都是他的事情，当然要报告诸葛亮。

诸葛亮对他没有私仇，但是却绝对不能容许他这么口无遮拦，“畅所欲言”，因为他官高位显，让不明真相的人民群众听了去，那还不都得当了真？国家的威严、主上和百官的威信还能留存几分？

于是他就被诸葛亮上表弹劾，继而流放了。

有人说诸葛此举是为弄权，的确，他是在弄权，因为他大权在手，称得上“权臣”二字。不过，他手中的权是为忠于蜀汉政权，而不是颠覆蜀汉政权，所以他是权臣，但是是权忠，而非权奸。

廖立这下子知道自己错了，说得过火了，于是就老老实实地带着一家子在流放地汶山郡种地——汶山郡当时是羌族的地盘，他这等于被发配边疆。他的心里打的主意是自己表现好了，诸葛亮有朝一日还能起用自己。谁想到他没有等到这一天，诸葛亮即心力交瘁，率军出征时病死五丈原。

所以，诸葛亮的死，既是一国之悲剧，也是廖立的悲剧，他才会涕泪长流，说：“我这辈子就只能穿左衽的衣裳，当野人了啊！”

所谓的衽，就是衣襟的意思，汉人的服饰是右衽，就是穿的大襟衣裳，衣襟向右掩，而少数民族的大襟衣裳，则是衣襟向左掩。而且按照古代汉人的习惯，人死之后，穿的衣服才是左衽。

孔子就曾经赞扬管仲，说：“微管仲，吾其被发左衽矣。”意思就是，如果没有管仲，我就要被异族统治，像他们一样披散着头发，穿大襟开在左边的衣服了。

他还有一句名言：“吾不左衽。”就是立场坚定地表示：我不穿左边开襟的衣服，我不当异族。

廖立这里的意思，就是再也得不到起用，只能在这偏远流放之地，披头散发，穿左边开襟的衣服，当一个蛮族人，和死了没什么两样。

虽然后来姜维去看他，称赞他意气不堕，可是终究他也只能老死乡间，前半生意气飞扬，后半生萧索了一腔壮志。

廖立是个有造化的人，他遇到的是诸葛亮，而不是曹操，所以他发牢骚也只不过遭贬；但是他又不够十分有造化，诸葛亮的胸怀没有他想象中的那么阔大，没有写诗去开导和安慰他，而是上奏表断送了他的万丈豪情。

不过他对诸葛亮没有恨，因为诸葛亮不是因一己之私判他流刑，如果诸葛亮不死，他说不定真有起复的机会，毕竟是数言之失，既没叛国，也没谋逆。看起来好像他的悲剧在于时运不济，可是，如果他当初能够谨慎做人，郑重立身，不轻佻，不乱发议论，又何至于此?

所以，说到底，廖立的悲剧，仍旧是性格悲剧。

第三节　文过饰非的李平

【原文】

九年春，亮军祁山，平催督运事。秋夏之际，值天霖雨，运粮不继，平遣参军狐忠、督军成籓喻指，呼亮来还；亮承以退军。平闻军退，乃更阳惊，说:“军粮饶足，何以便归！”欲以解己不办之责，显亮不进之愆也。又表后主，说:“军伪退，欲以诱贼与战。”亮具出其前后手笔书疏本末，平违错章灼。平辞穷情竭，首谢罪负。于是亮表平曰:“自先帝崩后，平所在治家，尚为小惠，安身求名，无忧国之事。臣当北出，欲得平兵以镇汉中，平穷难纵横，无有来意，而求以五郡为巴州刺史。去年臣欲西征，欲令平主督汉中，平说司马懿等开府辟召。臣知平鄙情，欲因行之际逼臣取利也，是以表平子丰督主江州，隆崇其遇，以取一时之务。平至之日，都委诸事，群臣上下皆怪臣待平之厚也。正以大事未定，汉室倾危，伐平之短，莫若褒之。然谓平情在于荣利而已，不意平心颠倒乃尔。若事稽留，将致祸败，是臣不敏，言多增咎。”乃废平为民，徙梓潼郡。十二年，平闻亮卒，发病死。平常冀亮当自补复，策后人不能，故以激愤也。

【译文】

建兴九年（231）春，诸葛亮出兵祁山，李平负责督运粮草。

夏秋之季，正逢阴雨连绵，粮草运输供应不上，李平派参军狐忠、督军成藩传话给诸葛亮，让他撤军，诸葛亮得到信后答应退兵。

李平听说军队已撤退，于是又故作惊讶，说："军粮充裕，怎么又退军呢？"用意在于解脱自己督办粮草不力的责任，显出诸葛亮延误战机的错误。

他又上奏后主，说："军队伪装撤退，其实是用来引诱敌人好与其决战。"

诸葛亮便将李平的前后书疏原本手迹递上去，李平的错误和矛盾一下子暴露无遗。

李平词穷理屈，只得叩头认罪。

于是诸葛亮上奏弹劾李平说：

"自从先帝驾崩，李平的心思全想着家庭，尚且搞些小恩小惠，只想平稳处世求名，全不忧虑国家大事。为臣北往出兵，希望让他带兵前往镇守汉中，李平再三借口推辞，并无前来汉中之意，反而想把五郡连并起来，自己做巴州刺史。

"去年为臣打算西征，想让李平主管镇守汉中，李平却说司马懿等在那边开府招聘人士做大官。为臣心里明白李平鄙陋心理，是想借我临行之机逼我给他一些利益，于是为臣上表奏任他的儿子李丰主管江州事宜，给他如此的破格待遇，本想解决一时的急务。

"李平上任后，为臣将大小事权全部委付于他，朝廷上下都奇怪我为什么这样厚待李平。正是因为国家大事未定，汉室倾危，与其揭批李平之短处，不如对他褒扬鼓励。

"只是认为李平本性不过是为了得到一些荣誉、利益而已，哪料到他竟然存有颠倒是非之心，以致如此。

"如果这种人和事任其存在下去，必将导致国家的祸败。这是为臣愚暗，说多了徒增愧疚之情。"

于是废李平为民，流放梓潼郡。

建兴十二年（234），李平听说诸葛亮去世，于是发病而死。

李平生前常企望诸葛亮会起用他，考虑到以后的人不可能再用他，故此激愤发病。

【评点】

李严（？—234），后改名李平，字正方，南阳人，蜀汉重臣。刘备临终托孤的两个顾命大臣，一个是诸葛亮，另一个就是李严，刘备特命他辅佐诸葛亮来辅佐幼子阿斗。虽然他的地位在诸葛亮之下，但是比别人却是高出一大截。

这个人是很有能力的。

他年轻的时候，在荆州牧刘表手下当官，就以才干知名。

曹操进入荆州，李严西往奔蜀，又被益州牧刘璋任用为成都县令，仍以能干知名。

建安十八年（213）刘璋任命李严代为护军，在绵竹一带抵抗刘备。结果他率众投降了刘备，然后在刘备的手下又节节高升。刚开始被任命为裨将军，平定成都后又被任命为犍为太守、兴业将军。

建安二十三年（218），盗贼马秦、高胜等起兵作乱，队伍数万，李严根本不等刘备在汉中发来大军，就带着本郡的五千名士兵前往讨伐，杀马秦，斩高胜，驱散其众。

后来，少数民族首领高定派兵围攻新道县，李严也急速出兵，前往救援，贼兵大败而逃。

基于他的勇力和才干，李严被升任辅汉将军、兼任原郡郡守如前。

章武二年（222），刘备征召李严进永安宫，任命他为尚书令。

章武三年（223），刘备病重，李严与诸葛亮一道受遗诏辅佐少主刘禅；以李严为中都护，统管内外军事，留下镇守永安。

建兴元年（223），李严被后主刘禅封为都乡侯、假节，加光禄勋。

建兴四年（226），李严转任为前将军……

一路写来，都是赫赫功勋。

这个人什么时候开始改变的呢？

为什么在他为诸葛亮出征负责后方事务的时候，出了这样的昏招？然后又文过饰非？

这一切在诸葛亮给刘禅上的表中，都揭露得清清楚楚：

刚开始的时候，这个人勇悍刚壮，但是随着他的官位越来越高，到了刘备托孤的时候，他的地位和声望差不多达到了最高点，于是，他不再想着开拓事业，而是想着处处求稳，好保下自己打下的这片个人的基业。当然，如果可能的话，自己盘子里的蛋糕，当然是越大越好。

当他这样想的时候，私心也就越来越重。

就像易中天在《品三国》里评论的：

"同为顾命的李严在很多方面都比不上诸葛亮。比方说，诸葛亮拥有自己的行政机关和官僚系统（开府治事），李严就没有；诸葛亮兼任地方官员（领益州牧），李严也不能。再加上一个在朝，一个在外，李严很明显地被比下去了。这当然会引起不平。于是李严就想，你这个正的顾命大臣可以兼任州牧，我这个副的就不能当个刺史？"

于是，他就在移防江州以后，提出以江州为中心划出五个郡，另外成立一个巴州，他来当巴州刺史。

被诸葛亮给否了。

不爽啊不爽。

又过了几年，他又提出一个要求，要开府。因为人家曹魏文帝曹丕遗诏辅佐魏明帝曹叡的四个顾命大臣都是开府的。曹真啊、陈群啊、曹休啊、司马懿啊，都开府。于是他这个理由就显得很正当了，自己和诸葛亮都是顾命大臣啊，诸葛亮也开府，自己为什么不能开府呢？

结果，又被诸葛亮给否了。

当然，诸葛亮也给了他补偿，就是表荐李严的儿子李丰为江州都督。

于是，我们看到的后来的李严就是这么个形象了：身为顾命大臣，没见他殚精竭虑保卫国家，也没见他呕心沥血经营国家，老是见他争权夺利，以权谋私，而且还非常不择手段——他在提出要合并五郡，自己当巴州刺史的时候，正是诸葛亮为了北伐，要调他的兵马进驻汉中以为保障的时候，结果这家伙提出这么个要求，就算不说他趁火打劫，也得说他是在讨价还价。

到了建兴八年（230），诸葛亮准备西出祁山，打算让李严镇守汉中，这家伙又说什么司马懿也开府，这人也开府，那人也开府，那意思你要给我开府，我就干，要不让我开府，爷爷我就不干！这就不是讨价还价了，分明就是敲诈勒索。

李严这个人的性情也不好。在诸葛亮的《弹李严表》里就引乡谚说："难可狎，李鳞甲。"就是说这个人身上生有鳞甲，轻易不可冒犯，连接近最好也不要。再加上这种跑官要官的作风，跟历朝历代的官场习气一脉相承，于国无益，于民无望，这样的苗头本来就当见到一个掐死一个，诸葛亮却一直对他纵容，又是什么意思呢？

说到底，诸葛亮的想法是顾全大局：大事未定，不能擅动顾命大臣，与其批评他，不如鼓励他；与他揭露他，不如褒扬他。对外开疆拓土打天下，对内就要保稳定、求和谐。

结果这家伙执迷不悟，自己未尽职尽责，造成粮草供应不上，擅自让诸葛亮撤兵，然后又文过饰非，怨怪诸葛亮：咦，你怎么回来了呀！

把诸葛亮给气的！

他后面的这种种做法，就像一个想办法糊弄大人的小孩子，撒了一个谎，然后就再撒第二个、第三个，想把第一个谎给圆上，问题是，谎越撒越大，你几曾见过能真正圆得过去的谎呢？

于是他就把自己给套进去了。

诸葛亮还是宽厚，只是把他削职为民。若是搁在别人，或是曹操，或是司马懿，或是孙权，或是周瑜，说不定早把他给推出去咔嚓了。

也有人说，是诸葛亮太过专权了，所以才把李严逼到这个地步，处心积虑跑官要官的。可是，我们来想一想，假如诸葛亮不专权，而是放权，把第一顾命大臣的位置让给李严，把所有的权力都集中于李严之手，蜀国又会怎样？

我们再来想一想，假如诸葛亮是第二顾命大臣，李严一直就是第一顾命大臣，以诸葛亮的脾气秉性，思想境界，他又会不会想要当巴州太守，想要开府，在误了粮草押运的工作之后，想办法文过饰非，把过错往别人的身上推？

这么一想，我觉得诸葛亮面对着李严和廖立这样的人，说实话，专权得对。他专权但不擅权，事事为蜀国大业着想，还是那句话，是权忠，而非权奸。

所以即使是李严被诸葛亮弹劾罢免，他也不恨诸葛亮。而且此人功名之心不死，一直等着诸葛亮起用自己，可惜也没有等到这个日子。公元234年，诸葛亮病逝，李严也激愤之下一病而死。

按道理来说，无论对于廖立，还是对于李严，诸葛亮死了，都该额手称庆才对：迫害自己的人死了，以后自己就能够沉冤得雪，重新振翅高飞！

但是这两个人，一个哭，一个病，即使不为国家大义着想，为个人的际遇考虑，也觉得诸葛亮死得太早了，太不是时候了，太不为他人着想了。因为诸葛亮如果活着，自己还是有被起用的机会的，诸葛亮死了，接替他的后人们既没有他那样的胸襟，也没有他那样的气度，自己就这辈子完蛋了，再也不能壮志得酬了。

事实证明，他们的忧虑是对的。李严病死，不得见后事；而廖立却是老死乡间，终生未被起用。

习凿齿对此评论说：

“昔管仲夺伯氏骈邑三百，没齿而无怨言，圣人以为难。诸葛亮之使廖立垂泣，李平致死，岂徒无怨言而已哉！夫水至平而邪者取法，镜至明而丑者无怒，水镜之所以能穷物而无怨者，以其无私也。水镜无私，犹以免谤，况大人君子怀乐生之心，流矜恕之德，法行于不可不用，刑加乎自犯之罪，爵之而非私，诛之而不怒，天下有不服者乎！诸葛亮于是可谓能用刑矣，自秦、汉以来未之有也。”

管仲，春秋时期齐国人，辅佐齐桓公成为春秋第一霸主。他当政的时候，剥夺了齐国另一大夫伯氏骈邑三百——不是没入私产，而是收为公有。

伯氏一家从此没有了生活来源，生活穷困，只能粗茶淡饭，却一直到死都没有怨恨过管仲。可见管仲此举合乎仁德，还有他做人备受敬重。

习凿齿不但把诸葛亮比于管仲，甚至认为比管仲更强。

他把诸葛亮比作水镜，水是公平的（你见过在风平浪静的时候，水面坑坑洼洼的吗？），再邪恶的人也会以此取法；镜是反映一个人的真实容貌的，再丑陋的人也不会怨恨它。

诸葛亮行事施法，就像水一样公平，像镜子一样真实，一切都透明、公正、公平、公开，又怎么会不让人心服口服呢？

第四节　一对互终生死的冤家：魏延和杨仪

【原文】

延每随亮出，辄欲请兵万人，与亮异道会于潼关，如韩信故事，亮制而不许。延常谓亮为怯，叹恨己才用之不尽。延既善养士卒，勇猛过人，又性矜高，当时皆避下之。唯杨仪不假借延，延以为至忿，有如水火。十二年，亮出北谷口，延为前锋。出亮营十里，延梦头上生角，以问占梦赵直，直诈延曰："夫麒麟有角而不用，此不战而贼欲自破之象也。"退而告人曰："角之为字，刀下用也；头上用刀，其凶甚矣。"

【译文】

魏延每次随诸葛亮出兵，都想请求单独率领一万人马，与诸葛亮分兵两路进发而会师潼关，像从前韩信所为，诸葛亮总是制止不允。

魏延常以为诸葛亮胆小，叹恨自己的才能没有得到充分的发挥。

魏延既善于养兵，又勇猛过人，加上性格矜持高傲，当时大家都对他敬而远之。

唯有杨仪对他不宽容、不让步，魏延对此十分仇恨，二人关系有如水火。

建兴十二年（234），诸葛亮出兵北谷口，以魏延为先锋。

他距诸葛亮营地十里扎寨，晚上梦见自己头上生角，于是他问善占梦的赵直，赵直骗他说："麒麟有角但它不用角，这是不战敌人自破的征兆。"

退下后他却告诉别人说："'角'这个字，刀下加用；头上用刀，这是很可怕的凶相！”

【评点】

魏延（？—234），字文长，义阳人。蜀汉大将。一个脑后长“反骨”的人。

魏延在《三国演义》中的一出场，就好像预示着他日后的凶相：

魏延起初投刘备不着，投了韩玄，韩玄怪他傲慢少礼，不肯重用。黄忠原也是韩玄部下，在和刘备麾下的关羽交战的时候，为报关羽不杀之恩，一箭只射断他的盔缨，结果被韩玄怀疑通敌，绑出要斩，被魏延救下，然后魏延带人杀死韩玄，投刘备来也。

“云长引魏延来见，孔明喝令刀斧手推下斩之。玄德惊问孔明曰：‘魏延乃有功无罪之人，军师何故欲杀之？’孔明曰：‘食其禄而杀其主，是不忠也；居其土而献其地，是不义也。吾观魏延脑后有反骨，久后必反，故先斩之，以绝祸根。’玄德曰：‘若斩此人，恐降者人人自危。望军师恕之。’孔明指魏延曰：‘吾今饶汝性命。汝可尽忠报主，勿生异心，若生异心，我好歹取汝首级。’魏延诺诺连声而退。”

其实他的“反骨”正史无载，是被罗贯中给演义出来的。不过这个人的雄壮倒是令刘备啧啧称叹。

他率领他的私人武装跟随刘备入蜀后，屡立战功，被任命为牙门将军。

刘备自立为汉中王，把治所迁到成都，需要一位重要将领镇守汉川，大家都议论一定是张飞，张飞也心想必定是自己，结果刘备提拔了魏延。

他任命魏延为督汉中镇远将军，领汉中太守。这可令全军无不大跌眼镜。

而事实证明，刘备如此任命，是有他的道理的。有一回，刘备大宴群臣，问魏延道：“现在对你委以重任，你作何打算？”

魏延回答说：“若曹操带领天下兵马前来，请让我为大王您去抗击他；如果是其他将领带领十万人马前来，请让我为大王您把他们吃掉！”（“若曹操举天下而来，请为大王拒之；偏将十万之众至，请为大王吞之。”）

刘备闻言叫好，众人也都觉得他出言豪壮。

这么一个人，出言豪壮，肯定胆气豪壮，甚至在素性谨慎的诸葛亮眼里，可以说是莽撞。所以他献的计策“子午谷之计”，才不被诸葛亮采用。于是他就觉得诸葛亮胆小怕事，说不定心里十分瞧不起。

不过诸葛亮心胸如海，不会和他计较。他平时恃勇高傲，众将惹不起躲得起，唯有一个杨仪，对他既看不上，也不做出看得上的样子；他也对杨仪看不上，也更不会做出看得上的样子，于是两个人虽在同一阵营，却处得势同水火，令诸葛亮也十分头疼。

说起来，杨仪也是一个人才："亮数出军，仪常规画分部，筹度粮谷，不稽思虑，斯须便了。军戎节度，取办于仪。"

就是说，诸葛亮多次出军，杨仪总是帮他制订规划，筹措粮草，做事不用过多地考虑，很快就利索地处理完毕。军中礼节制度，都由杨仪安排和检查。

这两个人，一个才干傲人，一个骁勇无二，"亮深惜仪之才干，凭魏延之骁勇，常恨二人之不平，不忍有所偏废也"。

说起来，这两个人的性格都有缺陷，一个矜持傲慢，一个急躁褊狭，所以两个人才势同水火，互不相容。

最终魏延被杨仪所杀，而杨仪又间接死于魏延之手。

在《三国志》和《三国演义》里面都记载了魏延被杀前，他做的一个怪梦，梦见头上生角。只不过区别在《三国演义》里面，是在诸葛亮死后；在《三国志》里，则是诸葛亮还活着的时候，当然，也离死不远矣，因为时间就是建兴十二年（234），诸葛亮死的那一年。

当时人们迷信，找人占梦，卜者告诉他是好事，麒麟头上生角嘛，主敌人不战而败。结果这家伙出门就跟人说，这个梦凶得很，凶得很，因为头上生角，乃是头上用刀之相。

当然这一切魏延不知。

他还不知道的是，诸葛亮此时病重，早已经和属下们安排好退兵之计，与会人等有长史杨仪、司马费祎、护军姜维，没有魏延。

他们商量的退军安排是让魏延断后，姜维次之。同时诸葛亮也考虑到魏延一心往前冲，不爱听别人的话，对自己也是不那么尊重，所以也决定了：若魏延不服从军令，便弃他不顾，军队照常行动。

事实证明，诸葛亮知人若神，魏延的反应也被诸葛亮完全料定：

诸葛亮病逝后，秘不发丧，杨仪令费祎前去探听魏延的口气。

魏延说：

"丞相虽然死了，我还在嘛，府中的亲属和官员可发丧还葬，我自然应当率领各军去进击敌人，怎么可以因为死了一个人而耽搁国家大事呢？再说我魏延是何等人，岂能受杨仪的指派，做断后的将军！"

一方面自恃英勇豪壮，另一方面以个人恩怨为上，于是就注定了他的悲剧结局。

他这样说了之后，就要筹划部署留下来之后的行动安排，让费祎也一同参与，写出文告，然后共同署名，告知手下各位将领。

费祎是诸葛亮的死忠，事先他们已经拿出一个定准的意见，如果魏延不撤兵，就不理他，所以此时当然不肯跟魏延一起出文告了。于是就骗魏延："我应该回去把您的意见跟杨长史说明，长史是文官，不懂军事，一定不会反对您的意见。"

魏延没多想，就打发他回去，估计魏延是想着，诸葛亮一死，自己就是老大，别人当然要听自己的，一商量准成。

结果费祎是一出营门打马就跑，就像被五百只鬼追着似的，魏延一看就知道坏菜，费祎肯定不会按照自己说的来办。眼看着他屁股后头腾起一溜儿烟尘渐渐远去，赶也来不及，就派人去观察杨仪他们的动静，结果一看，这些人正拔营撤退呢，撂下他不管了！

把魏延给气的，趁着杨仪还没有发令撤军，自己来了个先下手为强，率先带领手下的部队直接南归，走就走吧，还走过一处栈道，烧毁一处栈道，分明就是堵得杨仪他们回不来。

杨仪他们没辙，就得劈山开道，艰辛万分。

这两个人的斗争就达到了白热化的地步，魏延、杨仪各自上表控告对方叛变，一天之内，文书都先后传递到了朝廷。

刘禅就此事问侍中董允、留府长史蒋琬，蒋、董二人都保证杨仪而怀疑魏延。估计就是诸葛亮在，也一样会保证杨仪而怀疑魏延。

杨仪等劈山开道，昼夜兼行，随魏延之后到达，结果却发现魏延摆出的是对敌的架势，占据南谷口，派兵阻击。

杨仪等人命何平在前抵御魏延，何平斥责魏延先到的行动说："丞相归天，尸骨未寒，你们这些人竟敢如此行动！"

魏延的兵士也是诸葛亮的兵士啊，诸葛亮的善用兵善治兵大家有目共睹，蜀人奉之若神，如今一抬出刚刚逝去的诸葛亮的名号，这些兵士怎么可能还有战心，不听魏延指挥，部队全都散去。

魏延只能与他的儿子等寥寥几个人逃往汉中。杨仪派马岱追杀魏延，马岱砍下魏延的脑袋交给杨仪，杨仪起身用脚踏踩魏延的头说："庸奴！还能干坏事吗？"

于是诛杀魏延三族。

这件事在《三国演义》里，更被说得热闹万分，诸葛亮的锦囊妙计再次隆重登场：

"却说魏延烧断栈道，屯兵南谷，把住隘口，自以为得计；不想杨仪、姜维星夜引兵抄到南谷之后。仪恐汉中有失，令先锋何平引三千兵先行。仪同姜维等引兵扶柩望汉中而来。

"且说何平引兵径到南谷之后，擂鼓呐喊。哨马飞报魏延，说杨仪令先锋何平引兵自槎山小路抄来搦战。延大怒，急披挂上马，提刀引兵来迎。两阵对圆，何平出马大骂曰：'反贼魏延安在？'延亦骂曰：'汝助杨仪造反，何敢骂我！'平叱曰：'丞相新亡，骨肉未寒，汝焉敢造反！'乃扬鞭指川兵曰：'汝等军士，皆是西川之人，川中多有父母妻子，兄弟亲朋；丞相在日，不曾薄待汝等，今不可助反贼，宜各回家乡，听候赏赐。'众军闻言，大喊一声，散去大半。延大怒，挥刀纵马，直取何平。平挺枪来迎。战不数合，平诈败而走，延随后赶来。众军弓弩齐发，延拨马而回。见众军纷纷溃散，延转怒，拍马赶上，杀了数人，却只止遏不住；只有马岱所领三百人不动，延谓岱曰：'公真心助我，事成之后，决不相负。'遂与马岱追杀何平。平引兵飞奔而去。魏延收聚残军，与马岱商议曰：'我等投魏，若何？'岱曰：'将军之言，不智甚也。大丈夫何不自图霸业，乃轻屈膝于人耶？吾观将军智勇足备，两川之士，谁敢抵敌？吾誓同将军先取汉中，随后进攻西川。'

"延大喜，遂同马岱引兵直取南郑。姜维在南郑城上，见魏延、马岱耀武扬威，蜂拥而来。维急令拽起吊桥。延、岱二人大叫：'早降！'姜维令人请杨仪商议曰：'魏延勇猛，更兼马岱相助，虽然军少，何计退之？'仪曰：'丞相临终，遗一锦囊，嘱曰：若魏延造反，临阵对敌之时，方可开拆，便有斩魏延之计。今当取出一看。'遂出锦囊拆封看时，题曰：'待与魏延对敌，马上方许拆开。'维大喜曰：'既丞相有戒约，长史可收执。吾先引兵出城，列为阵势，公可便来。'姜维披挂上马，绰枪在手，引三千军，开了城门，一齐冲出，鼓声大震，排成阵势。维挺枪立马于门旗之下，高声大骂曰：'反贼魏延！丞相不曾亏你，今日如何背反？'延横刀勒马而言曰：'伯约，不干你事。只教杨仪来！'仪在门旗影里，拆开锦囊视之，如此如此。仪大喜，轻骑而出，立马阵前，手指魏延而笑曰：'丞相在日，知汝久后必反，教我提备，今果应其言。汝敢在马上连叫三声谁敢杀我，便是真大丈夫，吾就献汉中城池与汝。'延大笑曰：'杨仪匹夫听着！若孔明在日，吾尚惧他三分；他今已亡，天下谁敢敌我？休道连叫三声，便叫三万声，亦有何难！'遂提刀按辔，于马上大叫曰：'谁敢杀我？'一声未毕，脑后一人厉声而应曰：'吾敢杀汝！'手起刀落，斩魏延于马下。众皆骇然。斩魏延者，乃马岱也。原来孔明临终之时，授马岱以密计，只待魏延喊叫时，便出其不意斩之；当日，杨仪读罢锦囊计策，已知伏下马岱在彼，故依计而行，果然杀了魏延。后人有诗曰：'诸葛先机识魏延，已知日后反西川。锦囊遗计人难料，却见成功在马前。'"

也就是说，在诸葛亮的临死排布之下，马岱玩了一手漂亮的无间道。

不过，按正史来论，世人所说的魏延之"反"，其实并不是想叛国投魏，否则他不会不往北去，而南行返蜀。他的本意就是要杀掉仇人杨仪和那些和他不睦的将领们。

魏延的能力有目共睹，当时诸葛亮死后，若说有谁能够接替他，如果就此做一个民意测验的话，估计魏延的呼应最高。而魏延也觉得非自己不行，所以他也不会想放弃这个施展雄才的机会，去背叛蜀国的。（“原延意不北降魏而南还者，但欲除杀仪等。平日诸将素不同，冀时论必当以代亮。本指如此。不便背叛。”）

可惜，身为大将，没有为国事捐躯，却为私仇殒命。

《三国志》的作者在做出魏延不反的推测之后，又举了《魏略》中的另一种说法。

《魏略》曰：

“诸葛亮病，谓延等云：‘我之死后，但谨自守，慎勿复来也。’令延摄行己事，密持丧去。延遂匿之，行至褒口，乃发丧。亮长史杨仪宿与延不和，见延摄行军事，惧为所害，乃张言延欲举众北附，遂率其众攻延。延本无此心，不战军走，追而杀之。臣松之以为此盖敌国传闻之言，不得与本传争审。”

就是说，诸葛亮病重的时候，安排后事，是有魏延在场的，而且他还是主要角色。诸葛亮跟他们说：“我死之后，你们要谨慎守卫国家，不要再来了。”然后命令魏延代行自己的职务，不可公开自己的丧信，秘密离开。魏延很听他的话，把丧信一直隐匿到了褒口，才大行发丧举哀。

这事他一直都没有什么做得不对的地方，不过诸葛亮的长史杨仪一向跟魏延不和，见魏延摄行军事，大权在握，害怕为他所害，所以才大肆张扬，诬蔑魏延打算带领军队向北投降魏国，于是就率领军队攻打魏延。魏延本来就没有反心，也没有同室操戈的兴趣，所以不战而走，被追上杀掉了。

然后为《三国志》作注的裴松之又自言说：这不过就是敌对国家的传闻，和本传是没有资格争准确性的。

裴松之考虑得对，以魏延的性格来说，第一，他不可能那么听诸葛亮的话，他一向觉得诸葛亮胆小怕事，心里十分瞧不起；第二，他不可能以大局为重，不战而走，他是那肯吃亏的人吗？！

所以，《三国志》正史中的魏延行事做人应当是最可信的。一个人的性格可以铸就他一生的行动轨迹，几乎也可以注定一个人的结局。

当然，通过杨仪和魏延的争斗，我们也可以看得出杨仪这个人的性格缺陷，偏执尖锐，不肯容人。这一点让他吃亏不小，最终他也死在了这种脾气上面。

你看吧，诸葛亮死后，他领兵安全撤退，没有被魏军包了饺子，功劳大吧？

他又杀了反贼魏延，功劳也大吧？

他想着，怎么着丞相死后，也该我来替他执掌政事了吧？难道还有人能比我更能干吗？为此他还踌躇满志地请人算了一卦，结果算卦的结果是“家人”二字，于是他默然不悦。我想，这“家人”二字，肯定不是我们理想的一家人的意思，而是困守在家的人。难怪他会那么不高兴。

事实证明，这个卦算得还挺准。诸葛亮在日，就器重杨仪的才干，头疼他的性格，而很中意蒋琬，所以蒋琬就当了尚书令、益州刺史。杨仪被拜为中军师，没有兵卒，没有手下，就是哪有活儿他就干干，没有活儿他就歇着，一个补缺的角色。（“亮平生密指，以仪性狷狭，意在蒋琬，琬遂为尚书令、益州刺史。仪至，拜为中军师，无所统领，从容而已。”）

这可把他气坏了！

若比资历，他比蒋琬资历老；若论才干，他比蒋琬才干强，结果现在蒋琬得了重用，自己成了闲人！

他也不想想，是谁让他成了现在这样子。不是诸葛亮，不是魏延，恰恰是他自己。正因为不善反思，所以他觉得是朝廷亏待了他，言谈话语间噗噗地往外冒酸气，动不动就斥责别人，叹息自己时运不济，搞得大家对他敬而远之——他的资历又老，得罪又得罪不起，谁愿意杵到他面前听他乱发牢骚呢？万一他说出什么大有干碍的话来，不就连自己一起涮进去了？

只有后军师费祎时不时对他慰劳看望，开解一番，他又不领情，陈谷子烂芝麻地乱捣熟，还说什么：“以前丞相去世时，我如果举兵前就魏氏，今日处世怎会落魄到这种田地呢！真是令人追悔莫及。”

还记得彭羕向马超发牢骚，马超告发的事吗？那不是一个言论自由的年代啊！你的心是红是黑别人不知道，别人看的就是你的一言一行。你敢把话说到这个地步，那忠于蜀国的人怎么可能容得下你？

就算想要私瞒不报，为了他自己的个人安全、身家性命着想，也不可能不举报你——一旦被别人告发出来，然后你再交代某年某月某日我和费祎还说过这话，结果费祎隐瞒不报，那费祎还活不活了？

所以费祎便秘密地将这些话向上奏报。

其结果就是建兴十三年（235），诸葛亮去世的次年，杨仪被废为平民，流放到汉嘉郡。

至此，诸葛亮的左膀右臂，一个被杀，一个流徙。若诸葛亮在日，二人虽然不睦，却始终有个定盘星，现在没有人能够再镇得住他们，于是他们就丧失理智，搞到如此地步。

杨仪就是被流放了还死性不改，再次上书诽谤，语气措辞激烈，于是朝廷派人下到郡中捉拿他。杨仪自杀，也落得一个身死魂灭的结局。他的妻儿老小回到蜀地。

试想若是他没有诛杀魏延，此后也就不会以诛杀反贼的功臣自居，也就不会有冲天的牢骚酸气，可能也不至于丧生失命。所以说，他也可以说是间接地死于魏延之手。

这一对冤家，真是互终生死。

第五节　因打老婆而掉脑袋的刘琰

【原文】

十二年正月，琰妻胡氏入贺太后，太后令特留胡氏，经月乃出。胡氏有美色，琰疑其与后主有私，呼五百挞胡，至于以履搏面，而后弃遣。胡具以告言琰，琰坐下狱。有司议曰：“卒非挞妻之人，面非受履之地。”琰竟弃市。自是大臣妻母朝庆遂绝。

【译文】

建兴十二年（234）正月，刘琰妻子胡氏入宫给太后庆贺，太后下令特地留胡氏，一个多月才回家。

胡氏颇有姿色，刘琰怀疑她在宫期间与后主刘禅有私情，招呼兵卒一大群拷打胡氏，甚至用军靴去打胡氏的脸，然后将她休弃遣送回娘家。

胡氏便入朝告发刘琰的行径，刘琰坐罪入狱，有关衙门批语说：“兵卒不是用来指使打老婆的人，人的脸面不是鞋踏脚践之地。”刘琰竟由此被处死并抛尸街头。

自此以后再不准许大臣的妻母入宫朝贺。

【评点】

刘琰这个人，说实话，在蜀汉政权的建国历史中，在叱咤风云的诸多人物里，他十分不突出，甚至可以说平庸。身为高官，却未建寸功。

不过他的资历很老就是了。刘备做豫州牧的时候，刘琰就跟着刘备混了，又能写又能说，还跟刘备连了家谱，所以他也就算成了汉室宗亲，如果刘备是一条龙的尾巴的话，那他好歹也算得上趴在龙尾上的一只蜻蜓，所以刘备就让他当了自己的贴身秘书，平时写写文书，待待来宾，跟着刘备视察视察什么的。

蜀汉立，论功行赏，刘琰身为文官，没有在战场上栉风沐雨、浴血冲杀，也没有献过奇计、夺过敌城，不过还是被封固陵太守，把守蜀汉政权的东大门——这绝对是刘备的心腹之臣才能待的要地。

后来刘备死，刘禅即位，他调回成都统领御林军，官至“卫尉中军师后将军”，并“迁车骑将军”。“卫尉”属九卿之列，朝廷重臣，车骑将军这个官衔以前张飞当过，现在则是他来当，可见宠眷不衰。同时他还受封都乡侯，诸葛亮则是武乡侯，二者仅一字之差，可见刘琰地位之高，“班位每亚李严”。李严是仅次于诸葛亮的托孤重臣，那么他就是蜀汉群臣中的三号人物。

不过这个人既不手握重权，又不手握重兵，平时不过就是跟着丞相诸葛亮高谈阔论——别的他也不会呀！用权，他不会，用兵，他不会，他会的就是俩字：一个“写”、一个“说”。

当然，想来他的说，也不过就是丞相说什么，他也跟着说什么，丞相说一句话，他再敷衍成一百句……

这个人是非常懂得享受生活的，坐的车，拉车的马，穿的衣，用的饰品，住的房子，吃的东西，喝的饮料（酒也算饮料），那都是非常奢侈的。侍婢几十个，个个都能吹拉弹唱，那时代的女人们“无才便是德”，他倒是让这些侍婢们都一个个学会熟读《鲁灵光殿赋》。也就是说，他不仅创建了一个私人的声乐团，还创建了一个私人的朗诵团，随时拉出来就能即兴演奏或者朗诵一番。一个个面目姣好，一个个身材曼妙，一个个声调婉转，那是怎样的一番景象呀！这个家伙太懂得享受了！

建兴九年（231），诸葛亮率蜀汉大军，倾全蜀之力，第四次出征伐魏，司马懿是魏军的最高指挥官，两者对决，诸葛亮想速战速决，司马懿说死就是不出战，耗到蜀汉军粮吃尽，撤出战场，同时搂草打兔子，在木门道设伏射杀魏大将张郃。

既然刘琰是车骑将军，那么他也随军出征。撤回汉中，必然要开一次总结会，以总结此次行动的经验教训——开会不仅是今人的习惯，还是古人的传统嘛。大概就是在这么一次总结会上，刘琰和魏延吵了起来，史书说他“言语虚诞”，但是没有具体说他怎么个虚诞法，估计左不过就是摆摆老资格，端端臭架子，甩甩臭脸子，说说大话怪话，鼻孔里喷喷冷气。诸葛亮持身极正，自然对此看不上，魏延又是冲杀在前的大将，所以他就把刘琰狠狠地批评了一顿。

俗话说“官大一级压死人”，而诸葛亮在蜀汉群臣的心目中，那就不是大一级的官了，那简直就是神一般的存在，诸葛亮对刘琰的批评使刘琰如坐针毡，寝食难安，特地写信致歉：

“琰禀性空虚，本薄操行，加有酒荒之病，自先帝以来，纷纭之论，殆将倾覆。颇蒙明公本其一心在国，原其身中秽垢，扶持全济，致其禄位，以至今日。间者迷醉，言有违错，慈恩含忍，不致之于理，使得全完，保育性命。虽必克己责躬，改过投死，以誓神灵；无所用命，则靡寄颜。”

翻译过来就是：

“我天性讲求虚空，本来不大检点自己的德行，加之贪酒嗜饮的毛病，自跟随先帝以来，种种奇谈怪论，险将危及朝运。

“多蒙明公您看在我一心为国的分儿上，原谅我身上的诸多秽垢缺点，提携扶助，使我得到今日的官位俸禄。

“我整天迷醉散漫，言语多有过错，您仁慈恩惠包涵忍让，不要与我计较这些，使我得以保全身体性命。

“我一定谨慎从事自我责励，改过自新，向神灵起誓；如不能继续为国效命，则无脸寄住人生。”

总之，就是认错＋表决心。

诸葛亮到底宽容，念其是老同僚，虽无寸功，亦无过犯，就没有处罚他，只是打发他回成都，不要再在军队里面待着了。

刘琰自觉失了诸葛亮的欢心，这已经是沉重的打击，又被赶回成都，让他更觉得没脸，所以就此变得精神恍惚，举止失常——谁说男人心理承受力强的？看刘琰，多脆弱！

问题是，他的脆弱不是伤害自己，而是伤害别人，伤害他的枕边人——他的老婆。

他的老婆是个美女，就因为在宫里多住了些日子，被他怀疑与刘禅有私，玩了一起家暴。

他这家暴玩大发了，不是他自己打老婆，是叫一大群人打老婆，这个“呼(卒)五百挞胡”，是说让士卒打自己的老婆五百下，还是叫来五百个士卒打老婆呢？语焉不详，难考。不过，这种行为太气人了，既捕风捉影，又不顾自家的尊严和妻子的体面，所以他最后受斩也活该。

有人说他倒霉，因为打老婆而掉脑袋，他一点也不倒霉，打老婆打到这份境界，古往今来，他是头一份儿；有人说他老婆告状告得不对，夫妻哪有隔夜仇哩？这样的说法更是片面，打老婆就是对的，老婆告状就是错的？老婆手下又没有精兵强将，又没力气自己拿着擀面杖揍得他满地找牙，不告状，活活被屈死？怎么想的，真是！凡是这么想的，都去面壁。

不过，说起来，刘琰之所以后来行为做事大失常态，不是因为他和魏延吵架，而是因为他被诸葛亮批评了。诸葛亮的威信已经到了这个地步，不劳惩戒，几句话就能让一个人荒疏失态。真是神都不如他有威力……

卷三十三 《三国志·蜀书十二
杜周杜许孟来尹李谯郤传》

“芳兰生门”的张裕

【原文】

裕又私语人曰：“岁在庚子，天下当易代，刘氏祚尽矣。主公得益州，九年之后，寅卯之间当失之。”人密白其言。初，先主与刘璋会涪时，裕为璋从事，侍坐。其人饶须，先主嘲之曰：“昔吾居涿县，特多毛姓，东西南北皆诸毛也，涿令称曰‘诸毛绕涿居乎’！”裕即答曰：“昔有作上党潞长，迁为涿令者，去官还家，时人与书，欲署潞则失涿，欲署涿则失潞，乃署曰‘潞涿君’。”先主无须，故裕以此及之。先主常衔其不逊，加忿其漏言，乃显裕谏争汉中不验，下狱，将诛之。诸葛亮表请其罪，先主答曰：“芳兰生门，不得不锄。”裕遂弃市。后魏氏之立，先主之薨，皆如裕所刻。又晓相术，每举镜视面，自知刑死，未尝不扑之于地也。

【译文】

张裕还私下对人说过：“庚子之年，天下当改朝换代，刘氏王朝国祚到了尽头。主公取得益州，九年之后，在壬寅、癸卯之间一定会失去它。”

有人将此话密报刘备。

起初，刘备与刘璋在涪县会见时，张裕为刘璋的从事，陪同在座。

张裕胡须很多，刘备开玩笑说：“过去我住在涿县时，那里姓毛的特别多，东西南北都是毛，涿县县令于是说‘诸毛环绕涿县而居啊’！”

张裕当即回言："过去有个人做上党郡潞县县长，转升为涿县县令，辞官回家后，当时有人给他写信，想署称他潞长则失其涿令，想署称他涿令则失其潞长，于是题称为'潞涿君'。"刘备无须，故此张裕以此反讥。

刘备常怀恨张裕出言不逊，加上愤恨他泄露天机，于是宣布张裕劝谏争夺汉中一事不得应验，将他投进监狱，打算杀掉他。

诸葛亮上表请求宽恕张裕罪过，刘备回答说："芳草、兰花丛生门庭，不得不铲除。"张裕于是被杀弃尸于市。

后来曹魏立国、刘备之死，都与张裕所说的时间相合。

张裕还善于相面术，每举镜看自己面相，自知将来受刑而死，于是常将镜子摔在地上。

【评点】

天下三分，天下的异人术士也三分，魏也有，蜀也有，吴也有。

蜀国有好几个。

比如周群。

周群，字仲直，巴西郡阆中人。

他的父亲周舒，字叔布，年少时从广汉人杨厚学习术数，名望仅次于董扶、任安。多次受到征召，但他始终不应。当时有人问周舒："《春秋谶》有言'代汉者，当涂高'，这是什么意思？"周舒说："'当涂高'，即魏国。"

乡中学者私下传播他的言论。

周群从小就学于父亲，专心于占验天算之术。他在庭院中造了一座小楼，家中富裕，故养蓄很多奴仆，常令家奴轮流在楼上值班，观看天色灾变。

刚一发现云气，值班者即告知周群，周群马上亲自上楼观看，不论早晚日夜。

所以凡有气候变异，周群都能亲眼观视，由是他的预言往往得到应验。

刘备打算与曹操争夺汉中，询问周群，周群回答说："能得其地，但不得其民；如果分兵出征，一定不利，务必警惕慎重！"

当时州后部司马蜀郡人张裕也通晓占候之术，而且才干超过周群，他劝谏刘备说："千万不能争汉中，出军一定不利。"

后来刘备不采纳张裕的意见，结果确实得到了汉中之地却没有得到那里的百姓，派出的将军吴兰、雷铜等人进军武都，都死在那里未能生还，一切都如周群所料。

于是周群被举荐为茂才。

王嘉《拾遗记》一书还记载，周群不光擅长天象，还精于"推步"，继承了落下闳的天文历算之术。蜀人尊称落下闳为“前贤”，尊称他为“后贤”。

他死之后，他的儿子周巨又继承了他的能力，也成为一名通晓天文地理的天文学家。

所以，周舒、周群、周巨一家三代，都是天文学方面的专家。当然，那个时候不叫专家，叫“术士”。

所谓的“术士”，被正统人士目为奇技淫巧、小奇小技，当然在政治上不会有什么施展的余地。所以这一家三代也就最终籍籍无名，只在《三国志》等史书里留下一个小小的片段。

在《三国志》里留名的术士有好几位。

比如杜琼。

杜琼，字伯瑜，蜀郡成都人。他年少时从任安学习，精究任氏术技。刘璋时期被征召为州从事。

刘备平定益州，兼任益州牧，任命杜琼为州议曹从事。后主刘禅继位，杜琼被任为谏议大夫，升为左中郎将、大鸿胪、太常。

杜琼为人性格静默少语，常闭门自守，不问世事。蒋琬、费祎等都很器重他。

杜琼虽说学问精深，当初他从不对天象的吉凶发表什么评说。

后辈儒家学者如谯周常向他求教术数的道理，杜琼回答说：

“想要明白这种方术很难，须得自己亲身观察，仅看事物的外表，不能令人相信。早晚日夜地劳苦，然后才能知其底细，但又担心泄露天机，所以不如不知。故此我不再观察天象了。”

所以说，杜琼是个很聪明的人。与其费尽心机知道天机，然后再因为掌握了天机又会情不自禁泄露，最后招致祸患，那还不如不知道哩。

有人说我知道了，但是我不说不就行了吗？说这话的人忘了“国王长对驴耳朵”的故事。一个人想要保守秘密，太难了。国王长对驴耳朵，凡是知道这个秘密的人都要被杀掉，于是那个人得知这个秘密后，为了不被杀掉，但是又憋得难受，就挖个坑，冲着坑喊：“国王长对驴耳朵！”喊完了，心满意足地走了。结果这个坑知道了这个秘密，它也憋得难受，它就自己在那儿发声：“国王长对驴耳朵，国王长对驴耳朵……”

结果就是坑被填了，那个冲着坑喊“国王长对驴耳朵”的人也被杀了头了，秘密最终也没守住。

所以，最好的遵守秘密的方法，就是，不、知、道！

不过，杜琼还是没有完全地做到什么也不说，打死也不说，否则大家也就不会知道他是一个异能术士了。谯周比杜琼生的时间晚，算是杜琼的学生，经常跟杜琼讨教，杜琼兴致上来，就会给他解答问题。既然解答问题，那就是关于命理术数的秘密了。

比如谯周就问为什么当初周舒会说“代汉者，当涂高”的“当涂高”指的是“魏”，杜琼说，很简单啊，魏，是观阙的名称，正对着道路又高又大，那不就是“当涂高”吗？那“当涂高”不就指的魏国吗？

谯周没听明白，杜琼进一步给他解释“古时候命名之官职不称‘曹’，始从汉代以来，命名官职都称‘曹’，低级官员称作‘属曹’，吏卒称作‘侍曹’，这大概是天意吧！”确实，经他这么一解释，代汉者，可不就是“曹魏”？

杜琼活了八十多岁，寿终正寝，一门绝学未传子女，所以也就后继无人。

不过谯周从他的这一番解说“当涂高”的高论中得其精要，然后借题发挥，触类旁通，说什么：

“《春秋传》记载晋穆侯给太子起名叫仇，弟弟叫成师。师服说：‘真奇怪啊，国君这样为儿子取名！和睦的夫妻叫作妃，不和睦的夫妻叫作仇，如今国君给太子取名叫仇，弟弟叫成师，已经预兆着祸乱了，哥哥恐怕要被废弃吧？’后来事情果然像师服所预言的那样。

“还有汉灵帝给他的两个儿子取名叫史侯、董侯，他们被立为皇帝，后来又都被免为诸侯，这和师服所说的很相似。

“先主的名讳是备，它的释义是‘具’，后主的名讳是禅，它的释义是‘授’，就像是说刘氏国运已经完备，应该传授给别人了；其寓意远远超过了穆侯、灵帝给儿子取的名字。”

后来刘禅即位，太监黄皓玩弄权柄，景耀五年，宫中大树无故自折，谯周就在柱子上写“众而大，期之会；具而授，若何复”，翻译过来就是：“众多而且高大，如期会集，完备了就该传授给别人，怎么能再立呢？”

他的意思就是说：“曹”是“众”义，“魏”是“大”义，众而且大，天下恐怕应该会集在曹氏手中了。完备了（指刘备）就该授予别人（指刘禅，禅，就是禅让的意思，禅位给别人），怎么能再有人立为皇帝呢？

蜀国灭亡，大家都说，看吧看吧，谯周先生的预言应验了，真灵啊真灵。

所以，谯周也算是蜀国的一个异能人士。不过谯周自己倒不觉得自己有什么异能，他的说法是：“这些虽然是我自己推演出来的，但是有所依循，是依照杜君的话加以推广罢了，我实在没有什么神奇独到的特殊才能。”

事实上，是谯周说服刘禅投降曹魏的。

景耀六年（263）冬，魏国大将军邓艾攻占江由，长驱直入。而蜀国本以为敌军不会马上攻来，未做守城的准备，等到听说邓艾已进入阴平，百姓慌乱骚动，纷纷逃避山林，严禁不止。

后主刘禅召集群臣讨论对策，无人能想出妙计。

有人认为蜀国与吴国本为友盟，可以投靠吴国；有人认为南中七郡，高山险阻，容易守御，可以南奔。

只有谯周认为：

“自古以来，没有寄依别国而做天子的事，现在如果投奔吴国，一定要臣服吴国。而国家的政治和自然界一样，大的能吞并小的，这是自然规律。由此可见，魏国能够吞并吴国，而吴国却不能吞并魏国，这是很明白的事。

“与其向小国称臣，不如向大国称臣；与其遭受两次屈辱，不如忍受一次屈辱。再说如果投奔南中，应该早做准备，才能有所凭依。现在大敌当前，灭亡在即，底下的人心，不能保证没有坏变，恐怕出发之日，就会发生不测之变，还能等到您到南中吗？”

大臣中有人反诘谯周说：“现在邓艾不远了，假如他不接受你的投降怎么办？”

谯周说：“如今东吴还没有归附魏国，形势迫使邓艾不得不受降，受降之后不得不礼遇。如果陛下降魏，魏国不封陛下的爵位土地，谯周自当请命亲到魏国首都，用古人的道义为您力争。”

众人没有谁能驳倒谯周的主张。

于是，刘禅投降，蜀国灭亡。

以上所列的几个人，不论周群，不论杜琼，不论谯周，都得享天年。唯有一个人最倒霉，是被刘备给杀了的。

这个人就是张裕。

我发现这三国的三位大帝，都不端着，不绷架子。曹操也爱和群臣们哈哈地笑，孙权爱灌大臣们酒，他喝高了还亲自下去给他们倒，刘备也爱开玩笑。有一回他就和张裕开玩笑，估计人家脸上长着络腮胡，所以就说人家“诸毛绕涿居”，这个后人有种种猜测，有一种猜测最损，不过也最贴切，说的是和“涿”同音的一个字，意思就是肛门，那诸毛绕涿居不就是一堆毛围着一个肛门吗？刘备当时是被刘璋迎过去帮忙的，是客将，跟人家主将刘璋的从事张裕开这种玩笑，窃以为真是极不庄重。

当然，张裕也不吃亏就是了，还了他一个“璐涿君”，意思就是“露琢君”，这不就给反击回去了吗？你说我是一堆毛围着一个肛门，那你的脸上没有毛，不就成了光屁股眼了？

刘备当时肯定不能拿他怎么样，不过后来封了汉中王，就想起这个碴儿来了。

其实这还是次要的，最主要的，就是张裕窥得天机之后管不住嘴，私下里跟人说什么天下要改朝换代呀，刘氏王朝的国运到头了呀，他难道不知道人是爱传小话的吗？这话传到刘备耳朵里，可真把他给气坏了，所以，干脆一杀了之，诸葛亮求情都没求下来。

不过，张裕那么通晓天机，当初和刘备打照面的时候，难道就没有推算出来此人以后会是蜀汉天子？还是他虽然推算出来此人是蜀汉天子，但是仍旧管不住自己的个性和嘴？我估计是后者。很多人的悲剧，都是绕不开自己的个性，管不住自己的嘴。

后来，刘备那句“芳兰生门，不得不锄”就成了名言，说的就是你这个人再好，如同芳香的兰草，但是长得不是地方，长在我的大门口，阻挡我走路，那我也得把你给除掉。唐朝张九龄死前一年遗诗《悲秋兰》，就是用的此典：

“幸得不锄去，孤苗守旧根。无心羡旨蓄，岂欲近名园。

遇赏宁充佩，为生莫碍门。幽林芳意在，非是为人论。”

所以，有才智的人，一定要看清楚自己的位置，不要生在别人家的大门口啊，既是芳兰，幽谷才是你应该吸取日精月华、吐露芳香的所在。

卷三十四 《三国志·蜀书十四
蒋琬费祎姜维传》

第一节 沉静安定的蒋琬

【原文】

亮卒，以琬为尚书令，俄而加行都护，假节，领益州刺史，迁大将军，录尚书事，封安阳亭侯。时新丧元帅，远近危悚。琬出类拔萃，处群僚之右，既无戚容，又无喜色，神守举止，有如平日，由是众望渐服。

【译文】

诸葛亮去世，朝廷任命蒋琬为尚书令，很快又加升都护，假节，兼任益州刺史，升为大将军，录尚书事，封安阳亭侯。

当时元帅诸葛亮刚死，远近的人都忧心忡忡。

蒋琬才干出类拔萃，处在百官之首，既无悲戚表情，又无欢悦声色，神态举止，一如既往，由是大家心底渐渐佩服。

【评点】

蒋琬（？—246，注：据《祁东县志》载，蒋琬（168—246年），零陵湘乡人，蜀汉著名的政治家、军事家，官至大司马、安阳亭侯。初随刘备入蜀，诸葛亮卒后封大将军，辅佐刘禅，主持朝政，统兵御魏。采取闭关息民政策，国力大增。

这个人青年时期就已经很有名气，二十岁上就和他的表弟刘敏成为当地名人。

后来，他以州书佐的身份跟随刘备入蜀，升为广都县县长。不过有一次刘备外出视察，视察到他的广都县的时候，正好撞见他不理公务，酩酊大醉，气坏了，要杀了他。军师诸葛亮替他求情，话说得很好、很大：

“蒋琬，乃社稷栋梁之材，其才干不止于治理一个百里的小县。他为政以安民为本，不以表面文章夸饰，希望主公深加考察。”（“蒋琬，社稷之器，非百里之才也。其为政以安民为本，不以修饰为先，原主公重加察之。”）

就是说，第一，蒋琬不是一个治理百里小县的小人才，而是扶保社稷的栋梁之才；第二，他为政不搞那些敲锣打鼓、张灯结彩的面子工程，而是以让百姓安居乐业为根本。

虽然诸葛亮替蒋琬说了这么重要的好话，刘备还是心中愤怒，不过给诸葛亮面子，不杀他了，免官。

他被免官去职之后，就做了一个很恐怖的怪梦，梦见一个牛头在门前，血流满地，他心里厌恶，叫占梦的赵直来替他占占是吉是凶——我们前面提到魏延做梦头上长角，请人占卜，那个替他占卜，口称吉祥，背地里却说此梦大凶的人，就是赵直，也算是蜀国的一个神算子。

结果赵直说：“所谓见血之事，是事情已有分明。牛角和鼻子，是‘公’字之象，您的职官一定达到三公，此乃大吉的征兆。”他说对了，蒋琬后来果然备受荣宠，位至三公。

在占梦后不久，蒋琬就被起用，任命为什邡县县令。

刘备登基称帝为汉中王后，蒋琬又入朝为尚书郎。

建兴元年（223），丞相诸葛亮创置相府，征召蒋琬为东曹掾，被荐举茂才，蒋琬坚持让给刘邕、阴化、庞延、廖淳。

诸葛亮在教令中回复说：“想到您离乡背亲，为百姓奔走，大家既不安于内心，又确实使远近之人不理解您的本意，故此您应该显示您因功绩而受荐举，以表明这种选举的清贵与慎重。”

然后升蒋琬为参军。

建兴五年（227），诸葛亮驻守汉中，蒋琬与长史张裔统领留府事宜。

建兴八年（230），蒋琬替代张裔为长史，升任为抚军将军。

诸葛亮多次带兵出外，蒋琬常常以足够的粮饷与兵力供应前线。

诸葛亮常说：“公琰的志向在于忠正清雅报效国家，他是辅佐我一道共同完成统一大业之人。”他还秘密上表后主刘禅说：“为臣若不幸去世，后事应托付蒋琬。”

而事实也证明，诸葛亮所托得人。蒋琬在他死后，果然主持起了大局，而且还主持得十分出色。而之所以出色，除了他的才干之外，更重要的却是他的做人。

东曹掾杨戏性格素来简略，蒋琬同他谈话，他有时不应不答。有人想在蒋琬面前诬陷他，便对蒋琬说："您与杨戏讲话而他不搭理，其傲慢上级，不是太过分了吗？"

蒋琬回答说："各人心性不一样，就像人的容貌有差异，当面应承背后非议，这是古人告诫人们注意之事。杨戏想要赞成我，但不是他的本心，想要不赞成我，又怕暴露我的不是，所以默然不应，这正是他的诚实之处啊！"

此其一。

另外，督农杨敏曾经毁谤过蒋琬说："做事昏昏然，确实不如前人。"有人以此话告诉蒋琬，主管官员请求让他们去推究其事治罪杨敏，蒋琬说："我确实不如前人，有什么可推究杨敏的呢？"

主管官员再次陈说而蒋琬不允推究，主管官员则请蒋琬去责问杨敏说他昏昏糊糊的情状。蒋琬说："若不如前人，则处事不合理，处事不合理，则昏昏糊糊。还有什么好问的呢？"

后来杨敏犯罪坐监，大家都担心他必死无疑，而蒋琬心中不存成见，故杨敏得以免除重罪。

此其二。

然后《三国志》中又加了一句"其好恶存道，皆此类也"，意思就是蒋琬的好恶爱憎合乎道义，都像这样。

就是说，这个人不是只对这一两个人宽怀大度，而是一向如此，对谁都如此，什么时候都如此。这就很难得了。非公正不能办，非清明不能办，非大度不能办。可以说，蒋琬做人确实做到了很高的境界，他是以"静气"来治理国家，不以一人之好恶搅扰得邦国不安，人心动乱。魏延和杨仪与他比起来，确实是泥云之别；就是那为了讨好他而污蔑别人的人，为了讨好他而毁谤别人的人，和他比起来，也是泥云之别。

这说明，诸葛亮确实有识人之明。

当初诸葛亮在时，在看准了蒋琬的为人后，确实是对他有意栽培的。

建安二十四年（219），刘备当上汉中王，把蒋琬调入中央任尚书郎。

建兴元年（223），后主刘禅即位，丞相诸葛亮又让他进入丞相府为东曹掾，主管二千石长吏的升迁。

建兴五年（227），诸葛亮离开成都，屯兵汉中，为北伐做准备，又让已经升为参军的蒋琬和长史张裔主持丞相府的一切事务。诸葛不独用兵谨慎，用人也谨慎，他敢对蒋琬诸人放手，那必是经过一番考察，觉得这些人值得信任。

建兴八年（230），蒋琬又代替张裔成为长史，于是，他就成了丞相府的最高副手了。

这个人最典型的一个特点就是做人很静、很稳，胜不骄败不馁。有的人狗肚子里盛不了二两油，有的人半瓶醋乱晃荡，蒋琬不然。他就是负这么大的责任也没有丝毫的骄矜，而是把诸葛亮的谨慎负责学了个十成十。

一方面，他为北伐做后勤筹备工作，筹粮啊，组织运输啊，补充兵源啊，讲武训练啊，一手抓；另一方面，他又谨慎小心地、有理有据有节地处理往来公文，让丞相府的运转良好，实在为诸葛亮分忧不少，怪不得诸葛亮会多次深有感触地说："蒋公琬忠心耿耿，雅量宽和，实在是我复兴汉室的好帮手。"

经过多年的悉心培养，蒋琬终于当上了诸葛亮的接班人。

诸葛亮猝然病逝，外有强敌压境，内有大臣不和，蒋琬却"方整有威重，咸承诸葛亮之成规，因循而不革，是以边境无虞，邦家和一"。

事实上，就是求稳定、促发展。

对于蜀汉而言，诸葛亮无异于定盘星，如今星落人殒，蜀汉自上而下，由官至民，无不心有不安，觉得前途未定。此时荣登台辅的蒋琬的安静与镇定给了他们很大的信心。

而他也知道，蜀汉偏安一隅，人才日少，禁不起大风大浪、大起大落，所以他就忠诚地执行诸葛亮的既定政策，不擅改擅动，目的就是让蜀国能够有一个稳定的局面。总之就是以安民为本。

另外，诸葛亮赏识的人，他也继续赏识有加，重加使用，比如杨戏，比如谯周，比如杜琼，比如王平，比如姜维，比如董允，比如费祎……

蒋琬也想达成已故丞相没有达成的心愿，实现北伐大计，可是秦川遥远，道路艰难，木牛流马尚且无法解决粮草辎重的运输问题，到了他的这一代，这个问题仍旧是北伐的死穴。于是他想改变战略，多造船只，从水路袭击曹魏。可惜公元246年病卒于军，又一个壮志未竟，心愿未成。

刘禅追封他为恭侯，葬于涪，魏将钟会破蜀之后，还特意至涪扫墓致祭。

蒋琬的一生，是志向远大的一生，却非志大才疏的一生；是忠诚正派的一生，而非奸狡自私的一生；是勤恳发奋的一生，而非投机取巧的一生。而他志向远大，诸葛亮能提供给他一个施展的舞台；他忠诚正派，诸葛亮能让他的忠诚正派有用武之地；他勤恳发愤，诸葛亮能看到他的勤恳发奋。他有了诸葛亮，就有了一生的辉煌；诸葛亮有了他，免除了最大的后顾之忧：无人可用。

世上已经有了一个诸葛亮，注定不会再有第二个诸葛亮，但是蒋琬虽逊于他，却是忠诚执行着他的政治决策和军事命令，他和蒋琬，一个前辈，一个后生，也算达成了一种较为完美的续递与传承。

第二节　忠诚聪明的费祎

【原文】

（费祎）与汝南许叔龙、南郡董允齐名。时许靖丧子，允与祎欲共会其葬所。允白父和请车，和遣开后鹿车给之。允有难载之色，祎便从前先上。及至丧所，诸葛亮及诸贵人悉集，车乘甚鲜，允犹神色未泰，而祎晏然自若。持车人还，和问之，知其如此，乃谓允曰："吾常疑汝于文伟优劣未别也，而今而后，吾意了矣。"

【译文】

费祎与汝南人许叔龙、南郡人董允齐名。

这时许靖的儿子死了，董允和费祎打算一道去参加葬礼。

董允向他父亲董和说要一辆车子，他父亲便给他们派了一辆后面开门的鹿车。

董允有不愿坐这种车子的意思，费祎却率先登上去。

等到达葬地，诸葛亮等显贵人物都到了场，车辆装饰很漂亮，董允下车后表现出很不好意思的神色，而费祎却神态晏然自若。

赶车的人返回后，董和向他询问自己儿子的表现，知道了他们两个的不同，于是对董允说："我常常认为你与费文伟的才器气质差不多，现在我全明白了。"

【评点】

费祎，字文伟，江夏鄳县人。少孤，古时候的人，宗族观念看得很重，父亲死了，父亲的兄弟们一般都会自觉承担起责任，所以他就跟着堂伯父或是堂叔父费伯仁一起生活。

费伯仁的姑姑就是益州牧刘璋的母亲，刘璋派使者迎接费伯仁，于是费祎也就跟着一起入了益州。后来刘备夺了刘璋的益州，费祎也就留在此地。

费祎渐渐长大，和汝南人许叔龙、南郡人董允齐名。然后就有了他和董允一起乘坐鹿车出席葬礼，董允之父品评二人优劣的故事。那么，鹿车是什么车呢？它就是古代的一种小独轮车，又叫"轱辘车"。《太平御览》引汉代应劭的《风俗通》说：

“鹿车，窄小裁容一鹿也。”

宋代陆游在诗里也说：“游山尚有平生意，试为闲寻一鹿车。”

虽然车小，但是挤一挤的话，也是能坐两个人的，就是憋屈得慌。《资治通鉴》里就说“燕主儁征幽州刺史乙逸为左光禄大夫。逸夫妇共载鹿车”。

想想看，一辆小独轮车，载着两个大才子，来到了人家的门前，结果来来往往，全都是豪华大马车，就好比说现在你骑着丁零当啷，除了铃铛不响哪儿都响的破自行车来到了人家门前，结果别人全都开的宝马……那什么感觉？稍微有点虚荣心的小青年都受不了，所以董允就非常不自然、非常不自在；而反观费祎呢，却行若无事的样子，很舒服，很坦然。这样一来，果然从做人的气度和境界上，两个人确实差出了一截。

当然，我们也要理解年轻人的那点小小的虚荣心，其实董允也是一个很了不起的人。刘备立阿斗为太子后，费祎和董允都是舍人，升为庶子。

不过，从这件事上，的确可以看出费祎这个人很踏实、很实在。

他可能就是因为这一点，所以备受诸葛亮重视和重用。后主刘禅即位后，任费祎为黄门侍郎。丞相诸葛亮南征返回，百官都到十里外去迎接他，这些人年岁和官位都比费祎高，诸葛亮却特地让费祎与他同坐一辆车，即使此前大家对他有轻视之心，从此也都对他刮目相看。

而他也当得起诸葛亮的青眼。

诸葛亮刚从南方征战回来，而且他身为丞相，一国之事一肩担当，也不合适再去亲身出使东吴，就任命费祎为昭信校尉，替他出使。

于是费祎也就遇到了诸葛亮当年的局面，一群人群起而攻之啊，带头的就是孙权。这家伙性格不仅诙谐滑稽，且幽默得无所拘束，诸葛恪、羊衜等都才学渊博，果断善辩，辩锋屡起、诘难纷至，费祎不像诸葛亮言辞流畅尖锐，把人辩得满面通红，哑口无言，但是却有他自己的风格，辞和语顺、义旨笃实，据理答难，其结果就是他也没有被辩下去，也没有失了蜀汉的面子。

说的是有一回，孙权设食招待蜀使费祎，招待之前先给他的群臣下话：“蜀国使臣来的时候，你们只管吃自己的，不许起来迎接。”

不久费祎到了，孙权停下手中的筷子，去迎接他，孙权的一帮手下却不理不睬，只顾刨饭。

费祎就出言一半夸一半讽：“有凤凰飞来了，麒麟懂得吐哺停食，奈何驴骡无知，只是伏食如故。”那就是在夸自己是凤凰，孙权是麒麟，他的手下是一帮驴骡呀！

诸葛恪不是个好相与的，就回答：

“我们种植梧桐，是要等凤凰来的。结果来的是一群燕雀不说，竟然也敢自称凤凰。我们干吗不打弹弓把它们赶回它们的老家去呢？”

费祎就不吃饭了，索笔作一篇麦赋，诸葛恪也申请自己作一篇磨赋，做好一看，互相称善。算是打平。

不过，费祎毕竟不是诸葛亮，有时候是会被难住的。有一回，孙权大醉，问费祎道：“杨仪、魏延，皆为牧竖小人。二人虽常有鸣吠之益于时务，但既已任之，其势必不得为轻，若一朝无诸葛亮，二人必为祸乱矣。你们这样糊涂，不知防虑于此，如何为将来打算呢？”

看来这两个人的内斗都传到东吴的耳朵里了。

费祎就愣住了，不知道怎么回答。还是他带的副使董恢替他回答，说：“杨仪、魏延之不协纯起于私忿而已，二人并无黥布、韩信等难御之心。如今正要扫除强贼，混一国内，功以才成，业由才广，若果舍此不任，辄尔防其后患，那不就等于害怕风波而废其舟楫吗？这并非长计。”

不过，费祎这个人仍旧比一般人反应快。

《祎别传》里说孙权在招待费祎的时候，老是给他另斟好酒，估计是好酒性烈，不掺水。然后看费祎喝醉了，就问他国事，并且谈论当世的要务，一边谈论一边问难，其实就是欺负醉鬼。

结果费祎很清醒地告诉他自己醉了，需要回去醒酒，然后回去了就开始一条一条地撰写回答孙权的问难，事事有条有理，一点遗漏的地方都没有。就像没缝的鸡蛋，让孙权想钻都没办法钻。（“孙权每别酌好酒以饮祎，视其已醉，然后问以国事，并论当世之务，辞难累至。祎辄辞以醉，退而撰次所问，事事条答，无所遗失。”）

孙权也待见这样实在的本事人，所以对他十分器重，费祎还没从东吴离开呢，他就开始充满失望和惦念地展望未来了：“你是天下有德才的人，必当成为蜀国的辅佐大臣，恐怕再也不能常来我们东吴了。”

还是出自《祎别传》：“权乃以手中常所执宝刀赠之，祎答曰：‘臣以不才，何以堪明命？然刀所以讨不庭、禁暴乱者也，但原大王勉建功业，同奖汉室，臣虽暗弱，终不负东顾。’”

意思就是孙权待见他，就要把手里常拿的宝刀赠送给他，他不肯要，说我这么不才的人，哪里担当得起明公您这样的青睐呢？再说了，刀啊，它是用来征讨篡逆、禁止暴乱的，但愿大王您勉力建功立业，同奖汉室，这样我虽然十分暗昧软弱，但最终也算没有辜负了我出使东吴的一片辛劳与苦心。

费祎返归蜀国后，被升为侍中。

诸葛亮率军北往驻守汉中，请费祎做参军。

费祎因为奉命出使办事符合皇帝旨意，故常被派使吴国。

建兴八年（230），他被调任中护军，后又调任司马。

魏延和杨仪这一对冤家，他们是见面就吵，就跟乌眼鸡一样。魏延是个武将，杨仪是个文人，魏延有时候就拿刀冲着杨仪比画恐吓，气得杨仪涕泪横流的。

这时候，费祎就开始充当和事佬，坐在他们中间，掰开了揉碎了地劝解，劝了东面劝西面，劝喻着，开导着，评判着他们的是非，开解着他们的怨怒，让他们两个继续好好干活。所以说，在诸葛亮活着的时候，能够发挥魏、杨两人的才能，这都是费祎补救调解的功劳。

诸葛亮死后，魏延对费祎是很信任的，费祎去探知他的真实想法，他就和盘托出，要不顾丞相遗命，继续打仗，还要出公告，两个人署名。费祎见事不妙，托词逃跑。

然后魏延被诛杀。

杨仪对费祎也是相当信任，觉得自己不被重用，所以就把一肚子的牢骚都向费祎发出来，然后费祎秉着对蜀汉大业的忠诚，如实汇报，杨仪自杀。

我们不能说费祎是枉费了这两个人对他的信任，在面对个人的信任与国家的忠诚的时候，他选取的是后者。

费祎在代蒋琬为尚书令的时候，是这么处理公事的："于时军国多事，公务烦猥。"每当他读公文书札的时候，抬眼扫那么一眼，就知道说的是什么，那种速度一般人拍马也赶不上，而且还过目不忘。

他的聪明甚至到了一心好几用的地步，"常以朝晡听事，其间接纳宾客，饮食嬉戏，加之博弈，每尽人之欢，事亦不废"。就是说，他在裁决政事的时候，又接纳宾客，又吃东西玩耍，还跟人下棋，来他这里的客人都被打发得高高兴兴，他自己的公事也一点都没有荒废。

董允代费祎当尚书令，也想学费祎的言行，结果一心多用没多久就认输了，公事积了一大堆处理不完。他就慨叹："人才力相县若此甚远，此非吾之所及也。听事终日，犹有不暇尔。"（"人的才能力量相差这么多呀，费祎的这种玩法我实在是干不来，我就是一天到晚地处理政务，都顾不过来！"）

他这个人"雅性谦素，家不积财。儿子皆令布衣素食，出入不从车骑，无异凡人"。和有些一人当官，鸡犬升天的家伙们比起来，境界一个在天上，一个在地下。

公元 253 年，蜀后主延熙十六年春正月，汉寿举行岁首大会，魏降人郭循也在座。费祎喝醉了，没防备，被这家伙手刃致死，追谥敬侯。

说到底费祎老实，过于相信这些新依附来的降将。张嶷曾经写信警示过他："昔日岑彭率师，来歙杖节，然皆见害于刺客，如今明将军位尊权重，应宜鉴知前事，稍为警惕。"可惜，没起到作用。

又一个为蜀汉大计殚精竭虑的忠臣去世。蜀汉的人才日渐凋零，如同枯叶委地。

至于郭循为什么刺杀费祎，有三种说法：一是忠于他的大魏，一是被蒋琬指使，一是被姜维指使。没有真凭实据，全部存疑。我不想以今人之心度古人之腹，怕自己的小人之心气得古人再死一回。

自从诸葛亮频繁北伐，蜀汉国力耗尽之后，蒋琬当政的十三年，费祎当政的六年，都是以休养生息为主，没有再大规模地用兵。要是按现在的时髦词汇来说，诸葛亮是鹰派，这二位就是鸽派。

鸽派代表人物去世，新上任的姜维又是一个鹰派，再次兴兵伐魏，于是刚刚积蓄起来的一点国力又被消耗殆尽。一个没有国力的国家，就好比衰弱的老人，一阵风都能刮倒。整个蜀汉大业就此如同落日衔山，气息奄奄。

第三节　大志未申的姜维

【原文】

会与维书曰："公侯以文武之德，怀迈世之略，功济巴、汉，声畅华夏，远近莫不归名。每惟畴昔，尝同大化，吴札、郑乔，能喻斯好。"维不答书，列营守险。会不能克，粮运县远，将议还归。

而邓艾自阴平由景谷道傍入，遂破诸葛瞻于绵竹。后主请降于艾，艾前据成都。维等初闻瞻破，或闻后主欲固守成都，或闻欲东入吴，或闻欲南入建宁，于是引军由广汉、郪道以审虚实。寻被后主敕令，乃投戈放甲，诣会于涪军前，将士咸怒，拔刀斫石。

【译文】

钟会致姜维书信说：

"公侯您文武全才，超世谋略，功扬巴、蜀，声播华夏，远近无不推崇。每每思念以往，我们同朝共沐大魏教化，吴季札、郑子产的友谊，可用来比喻我们之间的关系。"

姜维并不复信，而是布置各军扎营守险。

钟会进攻不下，加之粮草运输路程遥远，便计划撤军。

而此时邓艾从阴平由景谷道小路进入蜀境，在绵竹战败诸葛瞻。

后主刘禅向邓艾请降，邓艾进驻成都。

姜维等一开始听说诸葛瞻战败，又有传说说后主准备死守成都，也有传说说后主打算东往吴国，还有传说说后主要南往建宁，于是姜维退兵到广汉、郪县一带，在途中查明情况虚实。

不久后主下令，姜维方放下武器，解除铠甲，到涪县钟会军前投降。

将士们都十分愤怒，拔刀砍石。

【评点】

姜维（202—264），字伯约，天水冀县人。蜀汉著名军事家、军事统帅。诸葛亮北伐精神的忠实继承者，新一代鹰派代表人物。

钟会之所以会写信给姜维，跟他攀关系，说什么同沐大魏教化，是因为姜维原本是曹魏天水郡的中郎将，后来降蜀。

这也是个苦命的孩子，幼年丧父——父亲姜冏曾是天水郡功曹，时逢羌、戎少数民族叛乱，他挺身护卫郡守，死在战场，所以姜维算是烈士遗孤。和寡母一起生活，喜好郑玄的经学。

他长大后，出仕任本郡上计掾，州里征召他为州从事。曹魏政府追念其父功绩，安排他为中郎天水郡参军。

他在曹魏当官当得好好的，却被戏剧性地逼反了。

建兴六年（228），蜀汉丞相诸葛亮出师祁山，当时天水郡太守外出巡视，带着姜维和功曹梁绪、主簿尹赏、主记梁虔等一同随行。

诸葛亮威名太大，大军将到还没到，曹魏各县就纷纷叛魏降蜀，天水郡的太守就害怕了，左看右看，老觉得这几个随行的官员怀有二心，怕他们把自己的脑袋割下来送给诸葛亮当见面礼、敲门砖，吓得连夜逃亡，去把守上邽。

姜维等人发觉的时候，太守早撒丫子跑远了，等他们赶到上邽城门外的时候，城门紧闭，太守根本不放他们进城。

这些人再往回返到冀县吧，冀县也不收留他们。

怎么办？只好降蜀了。用一个字来形容姜维降蜀的经过，就是他爹的那个名字，叫作“冏”……

不过，姜维降蜀，诸葛亮非常高兴，征用姜维为仓曹掾，官加奉义将军，封当阳亭侯，当时姜维的年纪不过二十七岁。

诸葛亮还给留府理事的长史张裔和参军蒋琬写信，信上说：

“姜伯约对自己的职任忠心勤奋，思考问题详细周密，考察他的德行，即使李绍和马良等也不及他。此人的确为凉州的上等士人。”

又说：“应先交给他五六千禁中兵卒。姜伯约非常敏于军事，既有胆略勇义，又精通用兵之道。此人忠心于大汉，而且才力过人，将军事大权交给他，宜派他进宫朝见主上。”

姜维此人确实心有大志，他奉母至孝，后来在降蜀的过程中，兵荒马乱的，和他的母亲失散了。《孙盛杂记》记载：“初，姜维诣亮，与母相失，复得母书，令求当归。维曰：‘良田百顷，不在一亩，但有远志，不在当归也。’”当归和远志都是中药的名字，姜维的母亲给他写信，让他寻求当归这味药材，其实就是让他还离蜀归魏；结果他回信却说我只有远志这味药，没有当归，就是说他要留在蜀国一展远大志向，不想归魏了。

《傅子》也说：“维为人好立功名，阴养死士，不修布衣之业。”就是说他喜欢功名之事，偷偷养死士——就是那些为自己的主子执行突击或暗杀任务，卖命不顾生死的人物；而对于平常人等的追求不感兴趣。平常人追求什么呢？无非是吃美食，穿好衣，住大房子，开小汽车——对古人来说就是驾大马车。这些他都不稀罕。

可能正是由于有着常人难以理解的追求吧，所以他的所作所为就显得为常人难以理解了，就像郤正写文章专门评论姜维时所说的：

“姜伯约据上将之重，处群臣之右，宅舍弊薄，资财无余，侧室无妾媵之亵，后庭无声乐之娱，衣服取供，舆马取备，饮食节制，不奢不约，官给费用，随手消尽；察其所以然者，非以激贪厉浊，抑情自割也，直谓如是为足，不在多求。凡人之谈，常誉成毁败，扶高抑下，咸以姜维投厝无所，身死宗灭，以是贬削，不复料擿，异乎《春秋》褒贬之义矣。如姜维之乐学不倦，清素节约，自一时之仪表也。”

意思就是：

“姜伯约居上将之显位，处群臣之首列，住室简陋，家无余财，侧室无侍妾之欢，后庭无音乐之娱，衣服仅求够用，车马仅求乘用，节俭饮食，不华不奢，公家所给费用，随时用尽不留。

分析他这样做的原因，并非为了激励贪浊者抑制情欲，限制自己，只是满足于现有条件，而无过多要求。

人们谈论古今人物，常常赞扬成功者而贬低失败者，赞誉高位者而贬抑在下者，都认为姜维错投蜀国最后身死家灭，因此贬损他，而不进行具体分析，这与《春秋》褒贬人物的义旨极不相同。像姜维这样好学不倦、清廉朴素，应为一代之楷模。”

可见，一个人的精神境界追求越高，对于物质方面的需求越低。

可惜，他时运不济，阿斗软弱得扶不起来。

景耀六年（263），姜维上表给后主刘禅说：

“听说钟会在关中整军练兵，企图进取我国，应该同时派遣张翼和廖化督率各军，分守阳安关口、阴平桥头，以防患于未然。”

阿斗宠信宦官黄皓，黄皓又迷信鬼神巫术，告诉他没事，放心，敌人打不过来，于是对于这样深谋远虑的军事建议，阿斗果然置之不理。在别的大臣们都不知道，没有交付廷议的情况下，这次的军事防御计划就流产了。

呜呼。

直到后来敌人的大举进攻由推想变成现实，钟会都要进攻骆谷，邓艾就要进入沓中，阿斗才派遣右车骑将军廖化前往沓中援助姜维，派左车骑将军张翼、辅国大将军董厥等，前往阳安关口作为各边防营寨的外援。

可惜回天乏力，一个多月后，姜维被邓艾击败，退守阴平。

钟会攻打包围汉、乐二城，另派将领进攻关口，蒋舒开城投降，傅佥奋战阵亡。钟会攻打乐城，未攻下，听说关口已经攻下，便率军长驱直往。

张翼、董厥刚到汉寿，姜维、廖化也舍弃阴平退到那里，正与张、董会合，都退保剑阁抵抗钟会。

于是才有了钟会给姜维的劝降信。

姜维斗志不颓，对抗钟会，钟会打不下来，计划撤军。问题是邓艾此时长驱直入，后主刘禅降之。主子都降了，还有什么办法？只好也降。

将士愤怒，拔刀砍石，真是有心杀贼，却回天无力。

晋代的干宝在《晋纪》里记载：

“会谓维曰：‘来何迟也？’维正色流涕曰：‘今日见此为速矣！’会甚奇之。”

就是说，钟会奸兮兮地问姜维：“怎么来这么晚呀？”那意思是你早就该降啦，和我大魏叫板，纯粹就是石头上摔鸡蛋！姜维不吃他这一套，虽是降将，却甚有骨气，说：就是今天见你，也是太快了！那意思就是要不是主上已降，我且得和你大战下去，想让我投降，没门儿！

于是钟会就对这个人感到很惊奇。降将哪个不是志气颓堕，叩首认罪？哪有投降还投降得这么硬气的！

而且姜维人降心不降，阿斗都乐不思蜀了，他还梦想着能够恢复汉室，于是怂恿钟会一同反叛，结果两个人都被杀。汉室复兴的最后一丝希望，也如蛛丝随风飘荡，莫知所踪……

陆游《剑门感蜀亡事》诗云：

“自惜英雄有屈伸，危机应变亦逡巡。

阴平穹寇非难御，如此江山空负人。”

姜维善用兵，却不是一个单纯的武人，和他的老师诸葛亮一样，是文武兼备的类型。《魏晋文学史》说他：

“如姜维《蒲元别传》，上承刘向，下启魏晋，于志人小说领域别开生面。”

姜维的这篇文章描述了一个善锻刀的奇人：

“君性多奇思，得之天然，鼻类之事出若神，不尝见锻功，忽于斜谷为诸葛亮铸刀三千口。熔金造器，特异常法。刀成，白言汉水钝弱，不任淬用，蜀江爽烈，是谓大金之元精，天分其野，乃命人于成都取之。有一人前至，君以淬刀，言杂涪水，不可用。取水者犹捍言不杂，君以刀画水，云‘杂八升，何故言不杂？’取水者方叩首伏，云实于涪津渡负倒覆水，惧怖，遂以涪水八升益之。于是咸共惊服，称为神妙。刀成，以竹筒密内铁珠满其中，举刀断之，应手灵落，若剃生刍，故称绝当世，因曰神刀。今之屈耳环者，是其遗范也。”

说是这个人打造刀器，不用汉水，要用蜀水，因为汉水钝弱，蜀江爽烈。

让人去成都蜀江取水，有一个取水的人先回来，蒲元就用它来淬刀，一淬就说，这不是纯粹的蜀江之水，里面还杂着涪水。

那取水的人还嘴硬，说哪有！他就以刀画水，说杂了八升，还说不杂？这个取水的人才服了气，跪着磕头，说确实是在过涪水津渡的时候，失脚滑倒，水也洒了，他害怕被治罪，所以就往水罐里灌了八升水加进去。

都神到这地步了，当然咸共惊服，称为神妙。这么讲究的人锻出来的刀，当然也是绝世神刀。

赵云已逝，别的死去的将军都有了谥号，唯赵云一直没有谥号，景耀四年（261），时任大将军的姜维力主赐谥：

“云昔从先帝，劳绩既著，经营天下，遵奉法度，功效可书。当阳之役，义贯金石。忠以卫上，君念其赏；礼以厚下，臣忘其死。死者有知，足以不朽；生者感恩，足以殒身。谨案《谥法》：‘柔贤慈惠曰顺，执事有班曰平，克定祸乱曰平。’应谥云曰‘顺平’矣。”

子龙泉下有知，也当知感吧。

卷三十五 《三国志·蜀书十五 邓张宗杨传》

喜欢实话实说的邓芝

【原文】

芝为将军二十余年，赏罚明断，善恤卒伍。身之衣食资仰于官，不苟素俭，然终不治私产，妻子不免饥寒，死之日家无余财。性刚简，不饰意气，不得士类之和。于时人少所敬贵，唯器异姜维云。

【译文】

邓芝任大将军二十余年，赏罚分明，抚爱军士，自身的衣食都靠公家供应，生活朴素俭节，终生不积蓄产业，家属也不免连带受饥寒，去世时家中没有任何过剩的财产。

他性格刚强质朴，不掩饰自己的情绪，因而与同僚们关系很不和谐。

当时的人很少有受他敬重者，唯独器重姜维。

【评点】

邓芝（？—251），字伯苗，义阳新野人，蜀汉重要朝臣。官至车骑将军，假节。

这个人有一个很明显的性格特征，就是敢说话，敢说实话，心里怎么想，嘴里就怎么说，说好听点叫正直，说不好听点就叫简单，要是骂他的人呢，得说他傻。

刘备在永安去世，丞相诸葛亮生怕孙权对蜀国来个趁火打劫，毕竟刘备是伐吴不利而去世，两家由盟国因为荆州一地和关羽一人，早撕破脸成了敌国。

这时候，邓芝就去见诸葛亮了，说："现在后主年幼，刚刚即位，应该派大使前往东吴与其重新和好。"

是为其敢说话。

诸葛亮一见他来，心头一亮，说我早就想派人出使东吴了，就是老找不着合适的人，现在可算找到了。

邓芝还问：是谁呀？

诸葛亮呵呵一笑说，就是你啊！

可见诸葛亮对他是信任的。

而他也没有辜负诸葛亮的信任，也不推托，就受命跑到东吴去了。

结果孙权不见他，晾着他。

邓芝胆子也大，你不见我，那我就要求你见我呗，反正来也不能空跑一趟不是。所以他就请求孙权召见，说："我今天来也是为了吴国，可不仅仅为我们蜀国啊！"

孙权一听，勾起了好奇心，说好吧，那就让他进来吧。

于是邓芝就见到了吴王。孙权倒是也不说假话，就直接跟邓芝讲：我倒是真的挺想跟蜀国和亲来着，可是蜀主年纪忒小了，蜀国那么弱，魏国那么强，可以被随便地欺负，连自保都做不到，我和亲来干什么呀？多一个人被魏国欺负啊？和蜀国联合还不如和魏国联合呢！

邓芝就针对他的话，有条有理地回答了：

"吴、蜀二国据有四州土地，大王您是当世英雄，诸葛亮也是一代人杰。蜀有重重天险可以御守，吴有三江阻隔可为屏障，将这两个长处合起来，共为唇齿之邦，进可并吞天下，退可鼎足三分，这是很自然的道理。

"大王您如今如果去投靠魏国，魏国必定首先要求您去朝拜，继而想要您的太子进朝做人质，如果您不从命，他们就有了借口进兵前来讨伐，那样蜀国也必定会随势顺流而见机行事。这样一来，江南的江山恐怕不再为大王的国土了！"

总之，就是两个弱国相加，就成了强国，能够共同抵御魏国；如果你去和魏国联合，魏强吴弱，人家要你低头朝拜，你就得拜；人家要你的太子当人质，你就得送。不拜不送，那就得挨打。你挨打了，我们蜀国肯定不会去给你助拳啊，又不是盟国，只有看着你挨打。那个时候，你后悔也来不及喽……

孙权权衡半天，不得不承认邓芝说得有道理。

所以，就跟魏国绝了交，和蜀国重新结了盟，还派张温回访，就跟走亲戚似的，你来我往。

既是你来我往，蜀国当然也会再派使者出使东吴。邓芝已经去过一次了，熟了，这回又派他去了。然后孙权就拉着他憧憬将来美好的愿景：“如果天下太平了，二主分治天下，该是多么令人高兴的事！”

这个时候，就见出邓芝的实话实说的品质来了。他说哪里呀！天无二日，地无二主，咱两家联合着把魏国灭了之后，那就轮得上咱两家开打了。

谁也不知道天命会把天下赐给谁，那当君主的，就去好好地施行仁政；为臣子的，就好好地尽自己的忠心；做将领的，就击鼓鼓舞士气，争战不是平息，而是刚刚开始。

这话说得多直率，偏偏却投了孙权的脾气，这家伙哈哈大笑，说：“您果然诚实！”（“君之诚款，乃当尔邪！”）

后来他还给诸葛亮写信夸邓芝，说丁厷这个人浅薄艳饰，阴险不诚，能够使咱们两国和合结好的，就只有邓芝一个人啊！

这就是邓芝。

如果是放在现在，他就是央视“实话实说”的活招牌。

可能就是这个人太爱说实话了，也太爱说直话了，所以就不大合那些满肚子弯弯绕的读书的士人的脾气，觉得这家伙忒粗忒直，所以就不肯和他结交。当然他对这些人也没有什么好印象。秀才和兵之间，那就是天敌。

邓芝还很高傲，当时蜀国也是群星璀璨，各有所长，他倒是大多看不上眼，唯独很器重姜维。

也幸亏蜀政清明，所以这样的脾气性格，他居然也能够当将军二十多年——邓芝年少入蜀，不过当时没有得到重用，后来他就请一个叫张裕的人相面，那个人说得很准，说他晚年一定能够封侯拜将——他不但拜了将，而且还当将军当得非常之好，一心为公，搞到最后老婆孩子竟然忍饥受寒。

《三国志》的作者称他“坚贞简亮，临官忘家”，单凭这一点，他也值得敬重。

关于邓芝之死，《华阳国志》里记载了这么一件事，说是他出征涪陵，看见山上有只黑猿。武将嘛，平时就喜欢打个猎什么的，就张弓搭箭，一箭正中。结果黑猿并不就死，求生的本能让它挣扎着给自己治疗，拔了箭，把木叶卷起来塞住创口。

邓芝一见，仰天长叹：“唉，我违背了生物的天性，所以我也是该死的时候了。”

还有一种说法是说他看到猿妈妈抱着猿宝宝在树上玩，他一箭射去，猿妈妈中箭，猿宝宝就赶紧给妈妈疗伤，拔出箭，拿树叶卷巴卷巴塞住汩汩流血的伤口。

邓芝一见，仰天长叹，投弓入水，话是一样的话，说是自己违背了生物的天性，所以快死了。

果然，三年后，卒。

所以说，要爱护环境呀，要尊重生物的天性，人家没有惹你，你就不要擅自剥夺人家的性命，也不要擅自害得人家母子生死永隔。要不然，说不定就会那啥……

卷三十六《三国志·吴书一
孙破虏讨逆传》

第一节　乱世英雄孙坚

【原文】

坚移屯梁东，大为卓军所攻，坚与数十骑溃围而出。坚常著赤罽帻，乃脱帻令亲近将祖茂著之。卓骑争逐茂，故坚从间道得免。茂困迫，下马，以帻冠冢间烧柱，因伏草中。卓骑望见，围绕数重，定近觉是柱，乃去。坚复相收兵，合战于阳人，大破卓军，枭其都督华雄等。是时，或间坚于术，术怀疑，不运军粮。阳人去鲁阳百余里，坚夜驰见术，画地计较，曰："所以出身不顾，上为国家讨贼，下慰将军家门之私仇。坚与卓非有骨肉之怨也，而将军受谮润之言，还相嫌疑！"术踧踖，即调发军粮。坚还屯。卓惮坚猛壮，乃遣将军李傕等来求和亲，令坚列疏子弟任刺史、郡守者，许表用之。坚曰："卓逆天无道，荡覆王室，今不夷汝三族，县示四海，则吾死不瞑目，岂将与乃和亲邪？"复进军大谷，拒雒九十里。

【译文】

孙坚移军驻扎梁郡东，受到了董卓军队的猛烈攻击，孙坚与几十个骑兵突围而去，孙坚经常戴着红色包头巾，这时便脱下头巾令亲近将领祖茂戴上。

董卓的骑兵争着追赶祖茂，所以孙坚拣小路逃脱。

祖茂被追得走投无路，于是下马把头巾放在坟墓间的烧柱上，自己潜伏在草丛中。董卓骑兵望见，便将烧柱包围了好几层，等到走近看时，才发现是根柱子，于是离去。

孙坚再收集自己的军队，在阳人这个地方与董卓军队交战，将董卓军队打得大败，并将其都督华雄等斩首。

这时，有人在袁术面前拨弄孙坚的是非，袁术对孙坚起了疑心，便不给他送运军粮。

阳人距鲁阳一百多里地，孙坚连夜驰见袁术，他用刀划着地对袁术说："我所以如此献身不顾，上为国家讨伐逆贼，下为将军报家门私仇。我孙坚与董卓并无刻骨仇恨，而将军您却听信小人拨弄之言，居然对我起怀疑！"

袁术对孙坚顿时恭敬起来，并很不自在，当即调发军粮。

孙坚返回驻地。

董卓害怕孙坚勇猛激壮，于是派将军李傕等前来请求孙坚和亲，让孙坚列出要任刺史、郡守的子弟的名单，答允上表任用他们。

孙坚说："董卓大逆不道，荡覆王室，如今不诛其三族，示众全国，我死也不瞑目，难道还要与他和亲吗？"再次进兵大谷关，直抵洛阳九十里外之地。

【评点】

孙坚（155—191），字文台，吴郡富春人。大军事家孙武的后裔，东汉末期地方军阀，著名将领。因官至破虏将军，又称"孙破虏"。其子孙权即为孙吴的开国皇帝。孙权建国后，追谥孙坚为武烈皇帝。

孙坚不是一般人。

孙坚家世世代代都居于吴郡富春，那个地方有他们家的祖坟，据《吴书》记载，他家的祖坟上面好几回都发光，有五色云气，直冲到天上去，还横向里蔓延好几里。这还不是一两个人见到，而是一个人发现之后，就一传十十传百，好多人都过去看，而且都看见了。所以邻里父老乡亲就说这不是凡气呀，孙家要大兴了。

到孙坚的娘怀着孙坚的时候，更做了一个怪梦，梦见肠子出来了，绕吴昌门一周。醒了之后就十分害怕——那是，没有谁梦见自己肚破肠出还欢喜雀跃的。她就跟邻居的一个老婆子讲，结果这个老婆子反而给她安慰，说你怎么就知道这不是吉兆呢？

事实也证明，老婆子误打误撞说对了，因为孙坚出生了。

孙坚长得就很不一般，性情又十分阔达，好奇节，就是说不是一个循规蹈矩的人。

在乱世里，一味地谨小慎微、循规蹈矩也不是好事。因为群魔乱舞的舞台，也恰是群雄争胜的天地。

孙坚年少的时候，他的这种好奇节的脾性就显露了个十成十：

十七岁那年，他与父亲一同坐船到钱塘，正碰上海盗胡玉等，从匏里上岸抢掠商人钱财后，在岸上明目张胆地分赃——世道有多乱就可以知道了。来往行人都不敢靠近，过路船只也不敢前行。

孙坚就跟他爹讲："这些强盗可以捉拿住，请让我去干。"他的父亲担心他，就说："这种事不是你能干得了的。"

孙坚受不住激，拿起刀就上了岸，然后就用手东指西指，远远看去，就好像在说："你们这队，往左边走；你们这边，往右边走，分头包抄，打强盗！"可能嘴里还得配上几句台词，好演得像些。（"坚行操刀上岸，以手东西指麾，若分部人兵以罗遮贼状。"）

他演得真的很像，反正做贼的人都心虚，看见他比比画画地就情不自禁往那方面想，吓得赶紧扔掉抢来的钱财，四散逃跑。

孙坚就一个人，当然不会犯傻去赶人多的大部队，但是欺负一个落单的没问题，手里又有刀，追上一个，砍下脑袋，提着就回来了。那个年代的人，确实凶悍，一个十七岁的少年就敢追着砍人。

不但他的父亲对此大为惊讶，从此孙坚就算出了名了，连官府都知道了，州府就召他为假尉。

这件事可以看出孙坚的胆子不是一般的肥。

孙坚的胆子大不是白吹的，有一回，董卓差点就死在他的手里。

边章、韩遂在凉州作乱，中郎将董卓征御无功。中平三年（186），朝廷派司空张温代行车骑将军职权，西往讨伐边章等。张温上表请派孙坚参与军事，屯守长安。

张温以皇帝的诏书来召见董卓，那就等于是皇帝亲临，按说应该是连滚带爬地赶过来，生怕误了时辰才对，可是董卓何许人也，皇帝在他手里不过就是搓圆捏扁的软柿子，这个诏书也就等于废纸，所以董卓过了好久才来见张温。

张温责备董卓，董卓回话也就很不客气。孙坚当时也在座，就向前与张温耳语：

"董卓不害怕自己有罪反而出言狂妄，应当以不按时应召前来之罪，按军法杀掉他。"

张温说："董卓一向在陇、蜀一带享有威名，现在杀掉他，西进讨伐没有依靠了。"

孙坚说："您亲领皇家军队，威震天下，还依赖什么董卓？看董卓今天的谈话，并不想听您的，轻上无礼，是第一条罪状。

"边章、韩遂胡作非为已一年多，应当及时进讨，而董卓反说不可，沮丧军心，疑惑将士，是第二条罪状。

“董卓接受重任而毫无战功，召其前来又滞缓不前，反倒狂妄自傲，是第三条罪状。

“古代名将，带兵临阵，无不果断地斩处违犯军纪者，来显扬威严，故此有了穰苴斩庄贾、魏绛杀杨干的事。

“现在您对董卓留情，不立即斩杀，如此必然使军威受到损亏。”

他在这里用了两个典故：

一个是穰苴斩庄贾。

齐景公任命田穰苴为将，带兵阻击晋燕的军队，而且还让自己的亲信庄贾做监军。军队第二天午正在军营大门口集合，穰苴把这个时间安排已经提前通知了庄贾，结果第二天，穰苴早早就来到军营了，单等时辰一到，军队就整装出发。等啊等啊，却总也等不来监军庄贾。

穰苴派人去催吧，一次不来，两次不来，三次不来，一直到傍晚了，庄贾才来了，还喝得醉醺醺的，酒气喷得三丈远。穰苴问他怎么现在才来，不知道大军都在等他一人吗？！结果庄贾轻飘飘地说，嗐，亲朋好友知道我要出发了，都要为我饯行一下，我不得应酬应酬嘛！

穰苴气得火冒三丈，你身为监军，却不顾国家大事，把军队出征当儿戏，只顾你这点私人面子人情小事！庄贾掏掏耳朵，根本不理他这回事，心想我是国君宠臣，你能把我怎么样？我吃个酒你也要来管，真是狗拿耗子，多管闲事。

当时可是全军将士都看着哪，如果此时穰苴不能立威，以后可就难以服众了。于是他心一横，叫来了军法官，问：身为监军，无故拖延时间，按军法该当何罪？军法官说：“当斩。”

好，有这句话就行了！来，给我把庄贾按军法处置！

这一下，庄贾吓慌了，连忙叫手下飞报景公，景公赶紧派人传令暂且饶庄贾一次，命令也到了，庄贾也被斩了，脑袋都被割下来示众了。这下子全军将士可真服了，堂堂监军都被主帅杀头，自己有几条小命够违反军令的呢？

我们通常俗话说“军令如山”，就是指的军令严明，一声令下，说进攻就能够排山一般进攻，说撤退就能倒海一般撤退的壮观景象，但是这种严明的军纪，绝对是要主帅自身严正，才能做到的。穰苴做到了。

这还不算，穰苴一看景公派来的传令者飞马闯军营（要救人，时间宝贵，不闯不行啊），他一不做，二不休，杀一个也是杀，杀俩也是杀，叫来军法官再问军营跑马该当何罪，军法官把心一横，又说俩字：“当斩。”

好，那就接着斩！

众将一看不能让他这么干了，不然的话，军队不能出征不说，主帅的命也保不住，一起劝他放那家伙一马，毕竟那是国君的使者啊！穰苴说死罪可免，活罪难逃，来呀，给我毁了他的马车，杀了他拉车的马，以示惩罚！

你说，这样的指挥官，他手下的兵打起仗来，那还不是嗷嗷叫的！

第二个典故，是魏绛杀杨干。

晋悼公三年（前570），悼公去鸡泽主持会盟，军队行进到曲梁的时候，他的弟弟杨干乘的马车不听号令，冲出了仪仗队，一时间鸡飞狗跳，军队的阵列大乱。至于为什么不听号令，是马的眼神岔了，还是杨干玩弄特权，要来一手跑酷，这个就不得而知了。反正是魏绛生气了，说这么重要的场合，杨干这么干，肯定会让诸侯国笑话咱晋国治军不严，必须依法治罪。可是怎么治罪呢？马车又不是杨干自己赶着的，于是他就把杨干的马夫斩首示众。

俗话说打狗还得看主人，魏绛这么一来，第一得罪的是杨干，第二得罪的就是晋悼公。悼公想你杀杨干的马夫，那就是在侮辱杨干，你侮辱杨干，那就是在侮辱我，你侮辱我，就是损害我的声望，你损害我的声望，那我就留你不得，所以，我就要把你杀了。

如果这事成了的话，那就真成了一出“一个车夫引出的血案”那样的笑料了。

但是对于当事人来说，这可一点也不是笑料，魏绛杀了杨干的马夫，就上书陈述行刑的理由，说“军师不武，执事不敬，罪莫大焉”，然后也没把自己择出来，而是自揽祸端，说是身为司马，我治军不严，军纪松弛，应负重要的责任，所以，我要以死谢过。

然后他就拔剑要自杀，被大臣拦住，让他别急着死，听听咱国君怎么说啊！

结果晋悼公看完他的书信，鞋也顾不上穿就跑出来了，向魏绛道歉，说是寡人错怪了您，您可不要再死了，您死了，我的错就更大了，如何如何。然后还摆酒席请魏绛吃饭，安慰他，鼓励他，委他以重任。果然是君明而臣忠啊！

孙坚举这俩人的例子，就是要说服张温斩董卓以立军威，结果张温不愧他的名字“温”，这温吞劲儿，说什么也下不了决心，又怕孙坚在自己耳边窃窃私语时间长了，董卓发觉，就把孙坚打发走，让他暂时先回大营。孙坚只好走了。

边章、韩遂听说大兵压境，其党徒纷纷离散，都请求投降。军队班师后，朝廷议事大臣们认为军队并未与敌交战，不能判功论赏，然而他们听说孙坚指陈董卓三大罪状，劝张温斩杀董卓，无不叹息。

叹息什么？如果张温能够像孙权这么有魄力，就没有以后的董卓大乱朝纲、祸乱国家的灾难了。

孙坚这回没有能够杀了董卓，日后终究是和董卓来了个刀兵相见。

当时董卓在洛阳造乱，袁绍和曹操他们就组成关东联军，讨伐董卓，孙坚也起兵讨卓，可是他的地位不高，所以就投靠了袁术，成了袁术的一员战将。他当战将一点都不亏，这家伙一提起打仗就兴奋，这一点从他十七岁就看出来了。

关东联军组成以后，没见立过什么功绩，整天就是喝酒啊闲谈啊，只有两个人是真的打过董卓的。一个就是曹操，一个就是孙坚。曹操失败了，孙坚却一路上杀了好多人，打到了洛阳跟前，杀了董卓手下的华雄。《三国演义》里说关公温酒斩华雄，其实不是，杀华雄的是孙坚。

孙坚这个人不但胆儿大，而且还非常冷静。有一回，他设宴给去豫州治所催办军粮的长史公仇设宴饯行，在鲁阳城的东门外边搭帐篷，来了不少大臣。当然周围还有他的士兵们。偏偏这个时候，董卓好死不死地派了几万人来打鲁阳城，先头部队的几十个骑兵马蹄嘚嘚，已经杀到近前。对于在地上的人来说，骑兵无异于拿着镰刀收割性命的死神，只要此时孙坚面上一慌，他们就举着大刀迎面砍上。

孙坚一听探马报说董卓的先头骑兵已经到了，他就下令：不许慌，都给我坐着。旁人汗如雨下，他却坐得稳稳当当。然后眼看着董卓的骑兵越聚越多，他这才慢慢地离开座位，带着众位将官大臣回了城。

回了城他才说："我刚才不是吓得动不了，是不能动，我一乱动，军心大乱，士兵们一乱挤乱踩，你们就进不了城了。"

搞笑的是，董卓的骑兵来到了城门前，看见孙坚的士兵们排列整齐，刀兵闪闪，一副胸有成竹，就等你丫送上门来给我砍的景象，居然一箭没放，回去了……

于是孙坚就更加出名了。

不过，他也差点让董卓把他给杀了。若非命祖茂着自己的装束，玩一手李代桃僵，他就交待在那儿了。

而且，在征讨董卓的时候，他面临着一个很严重的问题：得不到上司袁术的信任。

为什么不信任？

袁术这个家伙不大气，乱怀疑人。《江表传》说，有的人对袁术说："坚若得洛，不可复制，此为除狼而得虎也。"就是说，如果孙坚攻打下了洛阳城，那咱们就制不住他了，这岂不是刚除掉了董卓这匹狼，又把孙坚给培养成了吃人的大老虎吗？所以袁术就扣押孙坚的军粮。

孙坚不是轻易肯受制于人的人，得到这个消息，连夜跑了一百里去见袁术，跟他摆事实，讲道理。《江表传》载坚语："大勋垂捷而军粮不继，此吴起所以叹泣于西河，乐毅所以遗恨于垂成也。原将军深思之。"然后袁术被他说得不好意思，就把军粮给了他。

这头摆平了，那边董卓也服了软，要跟孙坚和亲。孙坚很有原则地拒绝了。这下子董卓真害怕了，挟持上皇帝和文武百官，一把火焚了洛阳，跑到西安。这都是孙坚给吓的。

所以说，孙坚是当之无愧的乱世英雄。

初平二年（191），袁术派孙坚征讨荆州，攻打刘表。刘表派黄祖迎战，孙坚打败了黄祖，乘胜追击，渡汉水，围襄阳。刘表闭门不战，派黄祖乘夜出城调集兵士。黄祖带兵归来，孙坚又跟黄祖大战一场，又把黄祖打败。他热血一涌，忘了“穷寇莫追”的兵法要略，人家逃都逃了，他还拼命去追，被黄祖的部将从竹林间发射暗箭，中箭身死。

他就是“瓦罐不离井口破，大将难免阵前亡”的黑典型……

第二节　太刚易折的孙策

【原文】

建安五年，曹公与袁绍相拒于官渡，策阴欲袭许，迎汉帝，密治兵，部署诸将。未发，会为故吴郡太守许贡客所杀。先是，策杀贡，贡小子与客亡匿江边。策单骑出，卒与客遇，客击伤策。创甚，请张昭等谓曰：“中国方乱，夫以吴、越之众，三江之固，足以观成败。公等善相吾弟！”呼权佩以印绶，谓曰：“举江东之众，决机于两陈之间，与天下争衡，卿不如我；举贤任能，各尽其心，以保江东，我不知卿。”至夜卒，时年二十六。

【译文】

建安五年（200），曹操与袁绍在官渡对垒相持，孙策暗中盘算袭击许昌，迎取汉献帝，便秘密整顿军队、部署将领。

还未行动，他就被过去的吴郡太守许贡的门客所杀害。

起先，孙策杀许贡，许贡的小儿子与门客逃亡隐居在长江边。

这次孙策单身匹马外出，猝然与许贡的门客相遇，门客击伤了他。

孙策伤势甚重，就请张昭等前来说：

“中原正在大乱之中，凭我们吴、越的兵众，三江的险固，足以观其虎斗成败。你们要好好帮助我弟！”

又招呼孙权，将印绶交与他，对他说：

“率领江东兵众，决战两阵之间，横行争衡天下，你不如我；但举贤任能，使其各尽其心，用以保守江东，我不如你。”到夜间孙策便死去，时年二十六岁。

【评点】

孙策（175—200），字伯符，吴郡富春人。孙坚长子，孙权长兄，江东军阀，吴国的奠基者之一。孙权称帝后，追谥孙策为长沙桓王。

孙策接过孙坚手里的重担的时候，才不过十八岁。这个人长得十分漂亮，又爱说爱笑，性格十分讨喜，而且很能接受别人的意见和建议，也能用人之长，这样的话，就非常得人心了。

按《三国志》中的说法，就是“策为人，美姿颜，好笑语，性阔达听受，善于用人，是以士民见者，莫不尽心，乐为致死”。瞧瞧，不论是当官的，还是为民的，对他都不是尽心尽力的问题了，而是乐于为他而死。

这么一个大宝贝，当然是人人都愿意他是自己的，所以在《三国志》里面，就有这么一个记载：

“太傅马日磾杖节安集关东，在寿春以礼辟策，表拜怀义校尉，术大将乔蕤、张勋皆倾心敬焉。术常叹曰：‘使术有子如孙郎，死复何恨！’”

当时孙策和周瑜交情好，俩人又都生得好，于是就被人分别称为孙郎、周郎，用现在的说法，就是姓孙的帅哥、姓周的帅哥。

而且这个姓孙的大帅哥还不是绣花枕头一包草，而是能上阵打仗的，非常骁勇，于是就有了一个外号曰“小霸王”。

历史上的“霸王”几乎是一个专有名词，就是指的项羽，力能扛鼎，大家给他起这外号的意思就是他跟项羽有一拼，一样的骁勇。

不过，就性格而言，估计孙策的性格比项羽的性格可爱多了。项羽这家伙勇壮豪气，但是不够讨人喜欢，因为高高在上；不像孙策，人长得帅，又未开言先带笑，非常亲和，也非常亲民。《江表传》载：

“策时年少，虽有位号，而士民皆呼为孙郎。百姓闻孙郎至，皆失魂魄；长吏委城郭，窜伏山草。及至，军士奉令，不敢虏略，鸡犬菜茹，一无所犯，民乃大悦，竞以牛酒诣军。刘繇既走，策入曲阿劳赐将士，遣将陈宝诣阜陵迎母及弟。发恩布令，告诸县：‘其刘繇、笮融等故乡部曲来降首者，一无所问；乐从军者，一身行，复除门户；不乐者，勿强也。’旬日之间，四面云集，得见兵二万余人，马千余匹，威震江东，形势转盛。”

就是说，孙策当时年轻，虽然也有地位、有称号，但是大家给他起了个昵称，都叫他“孙郎”，老百姓一听说孙郎来了，都丧魂失魄，因为久闻他骁勇的大名，生怕他烧杀掳掠;那些当官的，做吏的，官也不当了，吏也不当了，城郭也不要了，都跑到山上林深草密的地方躲着去了。

结果孙策来了之后是怎么做的呢？他手底下的军士们尊奉他的命令，秋毫无犯，也不杀人家的鸡，也不屠人家的狗，连人家菜园子里的菜也不擅拔一根，简直就是上演了一场古代版的“军民鱼水情”。这下子老百姓高兴了，比赛似的杀牛送酒劳军。

他是征讨刘繇和笮融的，刘繇他们逃跑了，他就发布公告，凡是这两个人的老乡和部下来自首投降的，一概不问罪。还想当兵的，继续当兵，不想当兵的，也不勉强。结果他这么一来，兵员不但没有减少，还反而多了两万多，马也多了一千多匹，真的是威震江东。

可以说，孙策这个人，是心胸阔大，能容人，会用人的。这一点小霸王比正宗的楚霸王可强太多了。项羽勇悍专断，手下就一个谋士范增，他还不用，如果听了范增的话，鸿门宴上杀了刘邦，何至于后来会被刘邦逼得垓下悲歌，自刎乌江？孙策手下的人才比项羽多，有一些老人儿，比如程普、黄盖，是他爹给他留下的人才资产；有一些人是他自己吸附过来的，比如周瑜啊，张昭啊，等等。

易中天在《品三国》中，还说了一点有关张昭与孙策的逸事：

“张昭是一个很有文采的人，很能干的人，而且写得一笔好字，所以张昭到了孙策那里，孙策让他当秘书长，把军务政务都交给张昭。所以当时甚至到这种程度，就是北方的那些文人、士大夫、那些名士都只知道江东有一个张昭，不知道江东有一个孙策，给江东写信总是把这些功劳都归于张昭。张昭接到信他就紧张啊，这个事情怎么办呢？我把这些信给他看，好像我在炫耀自己，我不吭气瞒着孙策那我更加说不清楚了，好像我有个人野心，很为难。

“孙策知道了以后哈哈大笑，孙策说：你们知不知道齐桓公啊？齐桓公当年是把所有的军务政务都交给管仲啊，而且称管仲为仲父，就是叔叔，手下的人到齐桓公那请示工作，齐桓公说你去问我叔；再来请示工作，他说你去问我叔。旁边就有一个人说齐桓公了，一则告仲父，二则告仲父，为君其易乎？你有什么事你就问管仲，有什么事问管仲，你这个国君也当得太容易了吧？齐桓公说什么呢，这个当国君说容易也容易，说难也难，没有仲父之前我是很难的，有了仲父以后我就不困难了。他说国君有难有易，有劳也有逸，劳在什么呢？劳在找人，国君辛苦在什么地方？辛苦在寻找人才，一旦找到了人才他就安逸了。孙策把这个故事讲了以后对周围的人，也对张昭说：‘一则仲父，二则仲父，而桓公为霸者宗，今子布贤，我能用之，其功名独不在我乎？’所以齐桓公成就了霸业，张昭就是我的仲父啊，张昭就是我的管仲啊，我有了张昭难道我就没有功劳吗？难道我就没有名声吗？哈哈大笑，非常大气，非常聪明。”

易中天说得对，孙策这么做，的确是大气的、聪明的。

纵览一部人类文明史，有多少立了大功的人无缘无故掉了脑袋的？不是别的，就是因为功高震主、功高盖主。所以有的大臣知道自己官高位显，为了担心皇帝疑心自己谋反，干脆把自己家的院墙推倒，把大门敞开，让老百姓随便在里面出出进进，这样一来，自己拼着一家人的隐私权不要，也就保证了一切行动都暴露在老百姓和皇帝派来的监视者的眼皮子底下，家族性命也就算可以保全了；有的大臣知道自己官高位显，也是出于同样的担心，就故意地贪污啊、纳贿啊，霸占老百姓的房屋田产啊，不是为了贪财，而是故意往自己脸上抹黑，好让皇帝放心：你看，我这么一个声名狼藉的家伙，别说不敢造反，就是敢造反，那老百姓也恨我恨得牙痒痒，不会振臂一呼，群起响应的，所以，就请您放心吧；还有的大臣呢，就整天喝酒，不离醉乡，一个天天醉得晕头转向的人，哪还有精神去筹划谋反大业呀，是吧？所以皇帝也就可以放心了……

而跟着孙策干的人，就没有这方面的顾虑了，甩开膀子干吧，因为跟了一个名主啊！

而孙策这么做，可不是说他年老才悟出了做人的道理，所以才这么做的——他也没有活到年老；所以，他是少年英雄。这“少年英雄”四个字，于别人就是作战骁勇，不怕死，不怕困难，不怕牺牲，而于他而言，还有另外一层含义，就是胸襟阔大，有用人之气度，有容人之雅量。

还得用到易中天的《品三国》里面，孙策和太史慈的渊源：

“太史慈原来是刘繇的部下，而刘繇是和孙策打仗的。有一次他们狭路相逢，孙策这边带了十三个人，太史慈只有一个人，那你敢跟我单打、单挑吗？单打独练，行啊！两个人就打起来了，短兵相接的时候，就发展到近乎肉搏，这个时候孙策手快，一把把太史慈背上的戟拔下来了，太史慈也手快，一把就把孙策的头盔拿下来了，他们有过这样一段遭遇，当然后来大部队来了以后两个人就分开了。那么在后来的一次战斗中太史慈做了孙策的俘虏，那么孙策听说太史慈被俘了以后，就走上前去亲自为太史慈松绑，然后拉着他的手说：太史兄弟，我们又见面了，我问你个问题，如果我做了你的俘虏会怎么样？太史慈说：那就不好说了，那可不一定。孙策就笑：行了，行了，我们也不要打了，我们合作吧，共计大事。那么从此太史慈就成为孙策手下的一员战将，太史慈他是一个英雄啊，就连曹操都是非常想得到太史慈的，当时曹操给太史慈寄了个包裹，太史慈打开一看，里面装了一味中药，大家猜猜是什么药？当归，就是该回来了，但是太史慈一直跟着孙策，后来又辅佐孙权。”

孙策也是有雄心的。英雄英雄，没有雄心怎么能叫英雄呢？

曹操挟天子以令诸侯，他看得眼热，也想要来这么一手。而且这不独是他眼热跟风的问题，他如果不想当皇帝也就罢了，如果想当皇帝的话，摆明了这是一条捷径啊！汉家天子握在自己手里，那可是超大把的尚方宝剑，想杀谁杀谁，谁不听就杀了谁，直到所有的势力都牢牢握在自己手里，这天下不就渐渐全归了自己了？

所以他就想袭击许都，把天子迎到自己的地盘上。

问题就在于，还没来得及进行部署安排呢，他就死于非命。

公子登筵，既醉且饱，壮士临阵，不死带伤。他如果是死在战场上，那不叫死于非命，但是他没有死在战场上，而是在打猎的时候，被人刺杀的。

刺杀他的人是被他杀了的许贡的门客。

孙策这个人好是好，但是金无足赤，人无完人，他也是有缺点的。他的缺点就是好面子、爱虚荣。

据《吴录》记载，当时有一个叫高岱的人，水平很高，尤对《左传》很精通。孙策对《左传》也很有兴趣，所以就想和他谈谈讲讲。奇怪的是，这个时候，有个人跳了出来，先对孙策说：“高岱这个人只觉得将军您是个武夫，没有文学方面的才能，所以您看吧，如果要是您和他论起来，他老是说不知道不知道的，那就是我说对了。”然后又回过头对高岱说：“孙将军这个人啊，特别厌恶能胜过自己的人，所以他问什么，你就都说不知道，这样他就高兴了。你要是一和他辩起来呀，就危险了！”真不知道这个人出于什么目的，干这种损人不利己的事，看来小人什么时候都不缺啊！

于是高岱就信以为真，孙权问他什么，他都说不知道；于是孙权也信以为真，高岱说不知道不知道，他就觉得是在轻蔑他。于是孙策就把高岱给关起来了。高岱的朋友，还有当时的人们都露天静坐为他求情，孙策登楼一看，嚯，好几里的路上都被静坐请愿的人们给填满了！

他想这还了得，这人也太得人心了！干脆就把高岱杀了。据后人猜测，如果没有人为高岱求情的话，说不定孙策还不会杀了高岱呢。实在是孙郎平时老是受人拥戴，被人欢呼，乍一见有人比自己还受欢迎，所以自尊心受不了。

反正高岱是冤死的，被杀的时候，才三十岁多一点。

后来，孙策还因为同样的原因，杀过一个道士。这个道士叫于吉，挺有本事的，能制作符水给人治病，是一个半仙一样的人物。孙策曾经在城门楼上大宴宾客，于吉来了，诸宾客三分之二都下楼迎拜他，那掌管宾客礼仪的人怎么叫喊让他们回来都不听。孙策一看，此人比自己的威风还大，于是就下令把于吉给绑了。

仙师一被绑，吴人着了忙，那些于吉的崇拜者就打发自己的老娘老婆去见孙策的母亲，请她出面营救于吉。孙策的母亲就去替于吉求情，说："于先生也是在帮助咱们的军队作福，医护将士，不能杀。"孙策说："这个家伙会作妖，能蛊惑人心，老远的就让我手下的将领们不顾君臣之礼，扔下我不管，下楼去拜他，这么个人不可不除。"

众将一看走内线政策无效，于是就联名替于吉求情，孙策根本不听，连催快斩。

于是，于吉也就被冤杀了。

这是《江表传》里记载的故事，而在《搜神记》里，是这么记载的：

孙策打算渡江袭击许都，和于吉一起走。当时大旱，孙策就催将士们努力让船快开，或者亲自上阵督军，结果看见那些将士们都围着于吉，求他施雨，孙策就怒了："我难道还不如一个于吉吗？你们都去跟着他？"于是就把于吉抓起来。

然后，他就把于吉训斥一顿，然后让人绑着他撂在地上让太阳曝晒，让他求雨，要是能够感动老天爷让它日中下雨，就放了你，不然就杀掉。

结果不一会儿的工夫，"云气上蒸，肤寸而合，比至日中，大雨总至，溪涧盈溢"。

众将士高兴啊，这下于吉有救了，于是就纷纷过去安慰他。这么一来，反而让于吉死得更快了——孙策本来不爽的就是于吉比自己更受欢迎嘛！所以不顾诺言，把于吉杀掉。

所以说，年轻人确实是虚荣的。一个手无寸铁的年轻人虚荣不过就是往脸上贴贴金，说说大话，一个手握大权的年轻人好起虚荣来，那可是以人命为代价的。不光以别人的命为代价，还以他自己的命为代价。

许贡的门客之所以杀孙策，是因为孙策杀了许贡；孙策之所以杀许贡，是因为许贡在朝廷面前说了孙策的坏话。许贡是吴郡太守，上书朝廷，说孙策这样的人不能任由他在外边为非作歹，应当把他召到京城监控起来。于是孙策就把许贡杀了。然后孙策出去打猎的时候，许贡的门人就杀了孙策。

在《三国演义》里，对这一幕场景罗贯中是这样演绎的：

"一日，孙策引军会猎于丹徒之西山，赶起一大鹿，策纵马上山逐之。正赶之间，只见树林之内有三个人持枪带弓而立。策勒马问曰：'汝等何人？'答曰：'乃韩当军士也。在此射鹿。'策方举辔欲行，一人拈枪望策左腿便刺。策大惊，急取佩剑从马上砍去，剑刃忽坠，止存剑靶在手。一人早拈弓搭箭射来，正中孙策面颊。策就拔面上箭，取弓回射放箭之人，应弦而倒。那二人举枪向孙策乱搠，大叫曰：'我等是许贡家客，特来为主人报仇！'策别无器械，只以弓拒之，且拒且走。

二人死战不退。策身被数枪，马亦带伤。正危急之时，程普引数人至。孙策大叫：'杀贼！'程普引众齐上，将许贡家客砍为肉泥。看孙策时，血流满面，被伤至重，乃以刀割袍，裹其伤处，救回吴会养病。"

既是养病，可见孙策不是当时就死，而按照《吴历》的说法，这病是能治的，只是需要好自养护，一百天里不能动。

这个时候，孙策拿面镜子就照，你想想，一支箭射到脸上，那脸还能看嘛！他又一向是个爱美的小伙子，这下子急怒攻心，说我的脸都这样啦，破了相啦，还能够建功立业吗？哎呀呀，气死我啦！！捶着桌子大发脾气，创伤崩裂，当天夜里就死了。

这是一种说法。

而《搜神记》里的说法就玄幻得多，说是他杀了于吉之后，一独自待着的时候，就好像看见于吉在左右，本来精神已经很紧张了；后来脸上中箭，拿镜子照的时候，于吉又在镜子里蹦出来了。他还以为于吉在自己的身后，回头看看，没有；再转过头来，于吉又在镜子里冲他招手笑。再看，还是没有；再照，又有了……他一把把镜子扔出老远，声嘶力竭地大叫，脸上的创伤崩裂，一会儿就死了。

这个世界上，也许别人没有预料到孙策应该怎么死，不过有一个人是预料到的，这个人就是曹操手下的谋士郭嘉。当时孙策转斗千里，把江东都划为自己的势力范围，然后他还要渡江北上袭击许都，曹操手下的人听了都害怕，郭嘉就说：

"策新并江东，所诛皆英豪雄杰，能得人死力者也。然策轻而无备，虽有百万之众，无异于独行中原也。若刺客伏起，一人之敌耳。以吾观之，必死于匹夫之手。"

事实证明，他料对了。

而孙策临死，挑选孙权当了自己的继承人。如果他自己不死的话，他是要带兵扫平中原，以成霸业的；而他要死了，他给弟弟孙权制定的政策则是举贤任能，以保江东。因为他临死前的英明决策，所以才有了天下三分，吴占一分。

孙策英气杰济，猛锐冠世，览奇取异，志陵中夏，他仅用了几年时间，便开拓出了会稽、吴郡、丹阳、豫章、庐江、庐陵六郡，招揽了大批人才，为他身后的东吴开国奠定了扎实的基础。他是创业领袖，惜其不是命运不济，而是太刚易折。

卷三十七 《三国志·吴书二　吴主传》

第一节　有福之人不用忙

【原文】

孙权字仲谋。兄策既定诸郡，时权年十五，以为阳羡长。郡察孝廉，州举茂才，行奉义校尉。汉以策远修职贡，遣使者刘琬加锡命。琬语人曰：“吾观孙氏兄弟虽各才秀明达，然皆禄祚不终，惟中弟孝廉，形貌奇伟，骨体不恒，有大贵之表，年又最寿，尔试识之。”

【译文】

孙权，字仲谋。

他的哥哥孙策平定江东诸郡时，他时年十五岁，被任命为阳羡县县长。

曾被郡里察举为孝廉，州里推荐为茂才（秀才），代理奉义校尉。

汉朝廷考虑到孙策远在江东，还能够尽臣子的职责交纳贡物，于是派遣使者刘琬赐给他爵位、官服。

刘琬对人说：“我看孙家兄弟们虽说个个才华出众、深明事理，但都富贵不终、寿命不永，只有老二孙权孝廉，体态相貌奇伟，不同于凡人，有大贵之相，寿命又最长，你们可以待以后看我的话得到应验。”

【评点】

大家还记得辛弃疾的那篇诗词名篇吗？《南乡子·登京口北固亭有怀》：

何处望神州？满眼风光北固楼。千古兴亡多少事？悠悠。不尽长江滚滚流。

年少万兜鍪，坐断东南战未休。天下英雄谁敌手？曹刘。生子当如孙仲谋。

这个孙仲谋，就是指的孙权。

东吴太祖大皇帝，生于公元182年，殁于公元252年，字仲谋。孙坚之子，孙策之弟。这家伙比一般人都见过大世面，自幼就跟着哥哥孙策平定江东，十八岁的时候孙策去世，把他立为继承人。

“生子当如孙仲谋”是奸雄曹操说的话。

《三国志》载：“十八年正月，曹公攻濡须，权与相拒月余。曹公望权军，叹其齐肃，乃退。”然后裴松之加注《吴历》曰：“……权行五六里，回还作鼓吹。公见舟船器仗军伍整肃，喟然叹曰：‘生子当如孙仲谋，刘景升儿子若豚犬耳。’”

他夸一个骂一个，夸孙仲谋好，顺便把刘表的儿子比成小猪小狗崽子。

这个意思放在《三国演义》里，就是这么演绎的：

“且说曹操大军至濡须，先差曹洪领三万铁甲马军，哨至江边。回报云：‘遥望沿江一带，旗幡无数，不知兵聚何处。’操放心不下，自领兵前进，就濡须口排开军阵。操领百余人上山坡，遥望战船，各分队伍，依次排列。旗分五色，兵器鲜明。当中大船上青罗伞下，坐着孙权。左右文武，侍立两边。操以鞭指曰：‘生子当如孙仲谋！若刘景升儿子，豚犬耳！’”

而且《三国演义》里说孙权是碧眼紫髯，就是绿眼睛，紫胡须，看起来不像中原人嘛！其实孙权的这种长相正史无载，完全可以当成演义来看，就是罗贯中先生想要凸显孙权和其他人的不同。

不过孙权这个人能干是真的，十五岁就当了阳羡县的县长，就算他有他哥孙策罩着，如果是樵夙包笨蛋，这也是不可能的呀！

《江表传》记载：“坚为下邳丞时，权生，方颐大口，目有精光，坚异之，以为有贵象。及坚亡，策起事江东，权常随从。性度弘朗，仁而多断，好侠养士，始有知名，侔于父兄矣。每参同计谋，策甚奇之，自以为不及也。每请会宾客，常顾权曰：‘此诸君，汝之将也。’”

就是说，孙坚当下邳丞的时候，孙权出生，虽然不是什么碧眼紫髯，不过长得方下巴，大嘴叉，眼睛里精光烁烁，一看就不是一凡人，孙坚觉得这个儿子有贵相。

等孙坚死后，孙策起事江东，就常常带着孙权这个弟弟一道南征北战，东讨西杀。估计也是把他带在身边方便考察的意思，如果是这样的话，那孙策就不止带孙权一个弟弟了，也会把别的兄弟带在身边的。结果这么一来，就有了比较了。

孙权性格气度恢宏爽朗，既仁慈又不黏黏糊糊，相当有决断，而且有侠气，能养士，也就是能让人为己所用，名声渐起，和他爹、他哥差不多。每次一起参加战略战术的研讨的时候，都能够说得有理有据，孙策对这个弟弟很惊奇，觉得自己赶不上他。一请客的时候，就会对孙权说："这在座的诸位贤德有才的先生，可都是你手下的将领。"其实，孙策想得长远，他这话的意思也就是在隐晦地点明自己如果死了的话，继承人就是孙权了。

孙策死，孙权果然接班，十八岁就成了江东之主。有人说他有福气，因为他爹和他哥已经替他打下了现成的基业，还留了一大批忠心耿耿辅佐他的人。

不过，他这个班接的，可真是战战兢兢。

先是，他年岁太小，十八岁，怎么服众？按古人的标准，二十而冠，也就是到二十岁才算是成年人，而且气力也没有长圆，体格也没有变壮，冠是冠了，只能算是"弱冠"，他连弱冠也算不上，还是个刚长喉结、刚变声的毛孩子。若是搁现在，还正在课堂上闷头学习，不知道大白菜多少钱一斤，不知道父母干活挣钱有多辛苦呢。他却要挑起这么大一个担子来，稍微胆子小的人，就得吓得腿软。

再者说，孙策是死了，给他留下大片江东基业，但是江东的世族并不服他，天下大乱，士人流亡，那些有知识的，占据了上层建筑和意识形态的人们也不服他，都只是在那儿观望。

孙策死的时候，袁绍和曹操正在官渡大战呢，这俩人都有并吞天下之心，谁赢了都好，下一步准定得掉过头来想办法吃掉他的江东。

内忧外患年岁小，这个有福气的接班人也不好当。

不过，再怎么说，他也是有福气的对不对？刘备堂堂的刘汉宗亲，跟个要饭的似的，这边屋檐下待待，那边屋檐下待待；曹操倒是不用要饭，跟个劫道的似的，这边抢抢，那边抢抢；孙权是有福之人不用忙，孙坚如果长命百岁吧，轮不到孙策出头；孙策长命百岁吧，轮不到孙权出头；结果这俩人都早早死了，于是孙权才能够在群雄并起的年代脱颖而出。

第二节　一个好汉两个帮

【原文】

五年，策薨，以事授权，权哭未及息。策长史张昭谓权曰："孝廉，此宁哭时邪？且周公立法而伯禽不师，非欲违父，时不得行也。况今奸宄竞逐，豺狼满道，乃欲哀亲戚，顾礼制，是犹开门而揖盗，未可以为仁也。"乃改易权服，扶令上马，使出巡军。

【译文】

建安五年（200），孙策去世，把军政大事托付给孙权，孙权痛哭不已。

孙策的长史张昭对孙权说："孝廉，这是哭的时候吗？即使周公所订立的丧礼，他的儿子伯禽也没有遵守，并非他想违逆父训，只是由于当时的形势不得已而已。况且如今奸诈犯上的人竞相角逐，豺狼当道，你却要发泄个人的悲痛，顾念礼制，不啻在打开门户，招引盗贼，这样做并不能说是仁啊！"

于是改换孙权所穿的丧服，扶他上马，外出巡察军营。

【评点】

孙策死了，孙权年幼，没了主心骨就知道哭，一个十几岁的孩子，爹也死了，哥哥也死了，丢下这么大一个摊子，狗咬刺猬无处下嘴，你让他怎么办？

可是，他哭便哭了，脑瓜停摆，就忽略了稳定军心这回事了。大军最怕没有主心骨，而且又前狼后虎，军心一散，被人吃掉是很轻易的事呀！

想当初刘邦和项羽打仗，项羽把刘邦的老爹给绑起来，逼刘邦投降，说你要不投降就把你老子给煮了；结果刘邦跟他要流氓，说咱们是结过义的，我爹就是你爹，你要是煮你爹别忘了分我一碗肉汤。把项羽气得没脾气，只好把刘邦的爹给关起来。

项羽不死心，还妄图发挥他的骑士精神。他说天下大乱已经多年，都是因为我俩争斗不休。如今咱们来个上阵单挑，一决雌雄，死的死了，活的成王，救百姓于水火之中。

刘邦才不干："吾愿斗智，不愿斗力。"

他多聪明啊。项羽力能扛鼎，吃饱了撑的才和他对阵。

项羽遇见这种软硬不吃、油盐不进的家伙，也只能徒呼奈何，令三位勇士上前挑战。结果刘邦手下神箭手楼烦一箭一个，全给射死了——项羽也是，这不给人往上送靶子吗？

项羽又怒了。跃马横枪，来到阵前。楼烦照常举箭想射，结果项羽一声大喝！这声喝兵风雷之势，直吓得楼烦哆哆嗦嗦回到营中，箭自然是射不下去了。项羽一指刘邦："我跟你斗三个回合。你胜了，我就收兵回去！"

这下子，楚军气势大涨，刘邦一看不出去不行了，要不然自己这边的军威就没了，于是来到阵前。

别误会，他不是来开打的。他是来气项羽的。

他开始历数项羽的罪证：

“寡人始与你俱受怀王之命，约定先入关者王之，你恃强负约，王我于蜀、汉，此罪一也；你矫杀卿子冠军，劫其兵而自尊，此罪二也；你救赵之后，当还报怀王，你却擅劫诸侯兵入关，与寡人争功，此罪三也；怀王约定入秦后不许暴掠，你抢夺民间，烧秦宫室，掘始皇帝冢，私收其财物自与，此罪四也；秦王子婴既降，罪不及死，竟为强杀，此罪五也；秦子弟二十万已降，为你坑杀之新安，却王其降将于关内，此罪六也；你王亲信诸将于善地，而徙逐其故主，令臣下争先判逆，此罪七也；你逐义帝出彭城而自都之，夺韩王地，并王梁、楚，多以自予，此罪八也；义帝为逐，已是不平，你又使人阴弑主于江南，抛尸江中，此罪九也；夫为人臣而弑其主，杀已降之君臣，迁功者，王罪人，为政不平，主约不信，大逆无道，为天下之不容，此罪十也。”

说白了，就是说项羽啊，你这人，说话不算话，目无君王，擅持勇力，暴掠无道，滥杀无辜，残暴无度，煽动叛乱，多行不义，阴谋逐利，实乃罪大恶极！

然后开始总结陈词：“吾以义兵从诸侯而诛残贼，使刑余罪人击杀暴君，汝何苦乃与寡人挑战？不如早降谢罪，以慰天下父老！”意即你早就该死，还居然跟我挑战？快快找根绳自家上吊去，天下百姓都等着哪。

把项羽气的，本来挺爱面子、挺自我感觉良好的一人，叫他给扒的，一点自尊都没了，跟光屁屁猴有什么两样？眼冒金星，命令：给我射！

早埋伏好的弓弩手乱箭齐发，一时箭如急雨，刘邦没防备这一手，见势不妙，拨马想逃，却早有一箭正射胸上。刘邦翻身落马，却不仰天而倒，而是抬起一只脚，摸了摸，哎哟呼痛，说格老子的，贼兵射中老子的大脚趾。

众将赶紧救他回来，退了有一箭之地，脱出射箭的范围，然后刘邦强忍箭伤，拿袍子掩住流血的胸口，重新上马，命令军士骂项羽：“汉王说你暗箭伤人，不是好汉，懒得跟你讲，回营去了。”然后汉王引众而回。

项羽先见汉王落马，心里还高兴，以为偷袭成功，想要领兵突进，却又见汉王重新上马，心里叫着可惜，不敢轻动，只好引军而回。

论斗勇力，刘邦不如项羽；论斗心眼，项羽还真得再修炼几世。中箭急痛，刘邦都能佯作无恙，稳住项羽。说刘邦会用人，其实只是一个方面，他的机智一点都不输于任何人。

刘邦回营，一进辕门就支持不住了，翻身落马，张良、陈平等身边近人把汉王忙扶入帐中，唤军医来治。所幸箭头无毒，只是疼不可当。却又怕将士知道自己伤重，动摇军心，更怕有人报与项羽知道，项羽真的来攻，听从张良的建议，乘车往来巡察，众将士一看主帅无恙，尽皆放心，军心稳定。

你看，刘邦就懂这个道理，或者说就算他不懂这个道理，但是他的谋士懂这个道理。

现在是孙权或者是不懂，或者是光顾着悲痛，忽略了这个道理，但是孙策给孙权遗留下的不光是一大片江东地盘，而且还有人才。孙策手下的长史张昭关键时刻就说话了，好言好语说你不能哭了，你要老这么哭，让底下的军士们怎么办？那些个如狼似虎的敌人还不得乘虚而入？

按照周礼，亲人去世，守孝三年，是不能征战的，不然不合礼节。可是周公定了这个周礼，周公的长子，鲁公伯禽却没有遵从。当时有徐戎造反，伯禽就不哭了，率军征讨，来为大王分忧。这不是他不懂事、不懂礼节、不尊重他爹，而是时也势也，具体情况需要具体分析也。孙权现在也是这个样子，孙策死了，按说应该不问政事，一心守丧尽哀，可是这么下去，就要被人吃掉了。所以不能这么办。

然后他就让孙权换掉孝服，亲自扶孙权上马，摆开仪仗，精神抖擞，去巡视三军。三军将士一看，旧主子去世了，新主子又起来了，咱们的主心骨没有倒，于是这定心丸吃下去，军心就定了。

所以说，关键时刻，一个忠臣谋士，真是主子的主心骨，所起的作用顶得上一个加强师。

孙权巡营之后，张昭作为孙策的老臣，地位也高，就“率群僚立而辅之”，就是恭恭敬敬地站在两边，辅佐孙策的这个幼弟。

除了他之后，还有周瑜，他是孙策的挑担，孙策娶大乔，周瑜娶小乔，他的地位是十分高的，现在，他从外地赶回来，带头行臣子之礼，就是不再拿自己当大哥，不再拿孙权当弟弟，而是把孙权当主子，把自己当臣子，别人一看周瑜尚且如此，自己还有什么好奓刺的？所以也就乖乖地以臣礼事孙权了。

所以说，孙权能够崛起，这两个人功不可没。通常我们说一个好汉三个帮，用在孙权身上，最困难的时候，是一个好汉两个帮，最终帮得他功业昭彰。

第三节　有时不妨装装傻

【原文】

备进住夏口，使诸葛亮诣权，权遣周瑜、程普等行。是时曹公新得表众，形势甚盛，诸议者皆望风畏惧，多劝权迎之。惟瑜、肃执拒之议，意与权同。瑜、普为左右督，各领万人，与备俱进，遇于赤壁，大破曹公军。

【译文】

刘备进驻夏口，派诸葛亮去拜谒孙权，孙权派遣周瑜、程普等率军前往。

当时，曹操新得刘表的军马，声势浩大，孙权的谋士们都闻讯深感畏惧，不少人劝孙权迎降曹操。

只有周瑜、鲁肃坚持抗击曹操的主张，意见与孙权相合。

周瑜、程普为左、右都督，各自领兵一万人，与刘备一起进军，在赤壁与曹军相遇，大败曹操军队。

【评点】

曹操挟天子以令诸侯，这就要打着皇帝的旗号要跟孙权交手。其实也不是真的想交手，最好能把孙权吓走，所以他给孙权的信里说是“治水军八十万众，方与将军会猎于吴”。孙权没把这封信偷偷瞒下，自己消化，而是遍示群臣，来来来大家都看看。

什么意思？他肯定不是闲得无聊，他很精明，是想观察一下众位大臣的反应，看哪些人主战，哪些人主降。

实际上，就他个人而言，他是主战派的。虽然孙策去世前交代他要以守为主，但是，这个“守”字，要看你怎么理解。你缩在自己的地盘上，紧闭大门，这也叫守，是防御型的守。如果你出兵跟人打，这也叫守，是一种进攻型的守。

好比说你守着一块大蛋糕，然后有人看上了你的一个蛋糕角，抢走了，吃掉了，你怎么办？是去抢回来，顺便也捎带着抢回别人的一块蛋糕角，还是就守着这剩下的蛋糕继续按兵不动？

孙权是主张以进攻来防御的，就是为了不被别人抢走自己的蛋糕，那就干脆自己出马抢别人的蛋糕。但是他没有把自己的想法一开始就摆明面上，而是用这封信“引蛇出洞”，听听大家的想法。

结果是大家果然分成了两派：一派以张昭为首，主张固守；一派以周瑜和鲁肃为首，主张进攻。

就在争吵不休，孙权也不明着表态的时候，诸葛亮来了，来游说孙权，面对强势的曹操，来个孙刘联合，打他丫的！

《三国演义》里面把这场戏描写得十分热闹，东吴群臣在诸葛亮的滔滔辩才之下纷纷趴下卧倒，于是孙权就被煽动得要打曹操，还砍下一个桌子角，以此表示决心：谁再反对我打曹操的，等同此角！

其实，是战还是不战，是联合还是不联合，主动权都既不在刘备也不在诸葛亮，就是在孙权。刘备当时已经因为当阳兵败，损兵折将，能用的人马加起来不过两万，就算曹操报的大军数量有水分，那四五十万也应该是有的，这几十万对两万，不用打，一人一脚，踩也把刘备踩平了。

但是孙权一直不表态，他表态是在什么时候呢？是在他手下的大臣们争的争吵的吵，一个个脸红脖子粗，把自己的立场都亮明在桌面上的时候，他才表态的。等他表态，周瑜才知道，原来孙权已经替他把精兵三万都准备好了，粮草辎重、武器配备、运输工具，全都准备好了。

为什么要这么做呢？如果他一开始就说：你们大伙谁都别说，都听我的，我要战！然后开始一一分派任务，你去干这个，你去干那个……那要是人家心里不服怎么办？心里不服气，就会表现在行动上，那行动就会不积极，抗曹啊，生死关头，行动不积极不是给东吴作死嘛！

现在看起来好像是被这些主战派的家伙牵着鼻子走，其实际就是：是你们自己要打，好，我就让你们打，你们可得给我打好了，打胜了，别让我失望噢！

这就是为人君者的一种很装傻的用人策略。装傻，但有效。

其结果就是孙刘联军大破曹。

第四节　只俯身，不低头

【原文】

遣都尉赵咨使魏。魏帝问曰："吴王何等主也？"咨对曰："聪明仁智，雄略之主也。"帝问其状，咨曰："纳鲁肃于凡品，是其聪也；拔吕蒙于行陈，是其明也；获于禁而不害，是其仁也；取荆州而兵不血刃，是其智也；据三州虎视于天下，是其雄也；屈身于陛下，是其略也。"

【译文】

（孙权）派遣都尉赵咨出使魏国。

魏文帝曹丕问赵咨:“吴王是怎样的君主?”

赵咨回答说:“他是聪明仁智、雄才大略的君主。”

曹丕问其具体情形，赵咨回答说:

“从普通阶层中起用鲁肃，是他的聪明;在一般兵士中提拔吕蒙，是他的明智;俘获于禁而不杀，是他的仁慈;攻取荆州而兵不血刃，是他的智慧;占领三州之地而虎视天下，是他的雄才;屈身称臣于您，是他的谋略。”

【评点】

孙权这个人硬气。

但是不是盲硬，他是腰弯得下去，头抬得起来。

曹丕逼汉帝禅位，然后自己当皇帝，他怎么办?他不称帝，他上表称臣。因为他明白自己的实力不够称帝。

后来刘备也称了帝了，他还是不称帝，还是乖乖当汉臣，不对，现在应该是魏臣。

魏和蜀两家打得热火朝天，一会儿这家胜了，一会儿那家胜了;一会儿这家势力强过那家，一会儿那家势力强过这家。孙权呢，就把自己的江东给变得像秤砣似的，在这两家之间找平衡。如果魏国势力强大了，他就跟蜀国联盟;如果蜀国势力强大了，他又跑去向魏国递橄榄枝，总之，就是要维持一个三足鼎立的局面。因为他知道，如果不这样做的话，而是谁强他就去趋附谁，帮着谁打另一家，那另一家灭了，他的东吴也就离灭亡不远了。“卧榻之侧，岂容他人鼾睡”，是宋朝皇帝赵匡胤的名言，不过这种精髓早在三国的时候，就被孙权给理解得透透的。

曹魏强大的时候比较多，所以孙权对曹魏弯腰的时候也就比较多，可是弯腰归弯腰，那不能弯得屁股朝天的;而且他的腰是弯下去了，但是脸却是扬得高高的，要不然，赵咨也不会有这个胆子去明明白白地告诉曹丕，我家主公对您称臣只是策略。

在这里我们不议论赵咨的辩才，当然他说的话也是极其给力的，那还是因为孙权这个人做事做得给力。

有一回他上书魏文帝曹丕，语气很谦卑地请罪，说是我犯的罪如果实在太大，那就这样吧，我把您赏赐给我的土地和百姓都还给您，然后您就让我寄身交州，以了余生吧。

曹丕对他回信说:

“您生在天下大乱之世，本就有纵横天下的大志，却降低身份奉侍魏国，享有现在的封赏。

“自您被册封为吴王以来，奉献的贡品不绝于路。讨伐刘备的功业，国家仰仗您取得成功。

“如果做人反复无常，古人视之为可耻之事。朕与您之间，君臣的名分已经确定，难道乐意劳苦军队远征江、汉吗？

“朝廷的议论，做君主的也不得独断专行，三公上奏您的过失，都是有根有据的。朕以不贤明之识，虽有曾母投杼的疑惑，但还是希望他们所言不可信，并以此为国家幸事。

“故此先派使者来犒劳您，再遣尚书、侍中来与您重修前盟发誓，与您商定送太子为人质一事。您却借口推辞，不打算让太子前来，众议颇为奇怪。

“又让前都尉浩周劝您送太子来，那实际是朝臣们共同商定的计划，以此来试探您的诚意，您果然借口推辞，对外援引隗嚣送子入质而最终背叛为例，对内则自喻窦融，虽不送子入质却做到坚忠不渝。

“时势不同，人心各异。浩周返朝后，口说手指地为您说情，越发让议事的大臣们明确对您的诸多嫌疑，您所谓始终奉侍朝廷的保证，没有任何依据，故此我勉强同意了大臣们的建议。现在看了您的上表，诚恳深刻，令人内心感慨，伤感动容。

“我即日下诏，命令各路军队深挖战壕高筑壁垒，不可轻举妄进。如果您一定要表示自己的忠节，解除大家对您的嫌疑，孙登早上来朝为人质，晚上我就下令所有军队撤返。我所说的话，其中诚意如长江一样不可改流！”

好长的一篇话啊，其实就是一个意思：你把你儿子孙登给我送过来当人质，我就不打你。

孙权怎么做的呢？他改了年号，沿着长江布兵坚守，朋友来了有美酒，要是那豺狼来了招呼它的就是猎枪。送我儿子给你当人质？没门儿！

这就是孙权。

第五节　孙权称帝

【原文】

黄龙元年春，公卿百司皆劝权正尊号。夏四月，夏口、武昌并言黄龙、凤凰见。丙申，南郊即皇帝位，是日大赦，改年。追尊父破虏将军坚为武烈皇帝，母吴氏为武烈皇后，兄讨逆将军策为长沙桓王。吴王太子登为皇太子。将吏皆进爵加赏。初，兴平中，吴中童谣曰："黄金车，班兰耳，闿昌门，出天子。"

【译文】

黄龙元年（229）春，东吴公卿百官都进劝孙权正式称帝。

夏四月，夏口、武昌都传言有黄龙、凤凰出现。

十三日，孙权在南郊正式登基为帝，当日大赦，改年号。

追谥父亲破虏将军孙坚为武烈皇帝，母亲吴氏为武烈皇后，哥哥讨逆将军孙策为长沙桓王。

立吴王太子孙登为皇太子。

将军官吏都晋爵加赏。

当初，汉献帝兴平年间，吴中有童谣："黄金车，班兰耳，闿昌门，出天子。"

【评点】

公元229年，孙权终于称帝了。

曹丕220年称帝，刘备221年称帝，他比他们晚了好几年。他未必不见着他们称帝自己眼热，但是他却一直按兵不动，是因为他很沉得住气，一直到曹丕死了、刘备死了，他才称帝。曹丕死之后，继位的是曹叡，曹丕已经比不上曹操，曹叡也比不上曹丕，这个人对于自己就没有那么大的威胁；刘备死了，阿斗继位，这家伙就是个二傻子，更没威胁。虽然有诸葛亮主持大局，但是诸葛亮最大的对手仍是曹魏，屡次出兵也是伐魏，对自己是采取联盟的策略。这个时候称帝是最稳妥的，时机最好的，最不容易横生变故的。

果然，他称帝，蜀国派使臣前来恭贺，他就来了个划分势力范围："六月，蜀遣卫尉陈震庆权践位。权乃参分天下，豫、青、徐、幽属吴，兖、冀、并、凉属蜀。其司州之土，以函谷关为界。"就是说，豫州、青州、徐州、幽州归东吴，兖州、冀州、并州、凉州归蜀汉，当中还有个司州，一家一半，以函谷关为界。说白了，不是三足鼎立了，而是两腿并立。

而且他还跟蜀汉郑重其事地结盟，制定盟约：

"天降祸患，汉室皇统失序，叛逆贼臣乘机篡取国家大权，其乱起自董卓，终于曹操，他们穷凶极恶，播乱天下，致使中国四分五裂，普天之下，失丧纲纪，人神共怨同痛，没有止境。

“及至曹操之子曹丕，逆贼遗丑，作恶累累，篡窃皇位。而曹叡乃微不足道的小妖孽，重蹈曹丕恶迹，倚仗兵力窃据汉土，至今尚未伏法就诛。

“古有共工作乱而尧帝兴师，三苗违法而虞舜征讨。如今消灭曹叡，擒拿他的党徒，不是蜀、吴两国，还有谁能承担？讨恶除暴，一定要声讨他们的罪行，应该先分割他们的疆土，使士人百姓的思想，有所归向。

“故此《春秋》记载晋文公伐卫，首先将卫国土地分给宋国，就是这个道理。

“况且古人建立伟大功业，一定要先结盟发誓，所以《周礼》中有司盟之官，《尚书》中有诰、誓之文。

“蜀汉与东吴，虽然信义出于内心，但分割魏国的土地，应当先有盟约。

“诸葛亮丞相德行威望远近闻名，他辅翼蜀汉皇帝，在外主持军国大政，道义诚信感动神鬼天地，再结同盟，加深约誓，使东吴、西蜀两国军民都知道结盟大事。

“故此立祭坛杀牺牲，昭告神明，再歃血加盟书于牺牲上，藏副本于天府。

“上天高高在上倾听下界人情，神灵的威力帮助诚心得到实现。

“司慎司盟，各位神灵，无不光临受祭。

“自今日蜀、吴两国结盟之后，勠力齐心，共讨魏贼，济危助难，祸福同当，好恶相共，不可二心。

“如果有人侵害蜀国，则吴国前去讨伐他；如果有人侵害吴国，则蜀国前往讨伐他。

“两国各自守好自己的封土，互不侵犯。

“盟约所定，传之后代，始终如一。

“凡是各项盟约，都按盟书所记。

“诚信之言不求文辞艳丽，实是出自彼此友好之心。

“如果有谁背弃盟约，首先招致祸乱，怀有二心制造不和，亵渎天命，神明的上帝就会讨伐他、督察他，山川诸神就会诛灭他、纠正他，使他丧失军队和人民，帝位不得久长善终。

“伟大的神灵，请您明察吧！”

盟约够深情、够严正、够坚决的吧？可是，如果蜀汉大兴的话，你猜孙权怎么办？当初他把妹妹嫁给刘备，他都当了刘备的大舅哥啦，还不是照样说翻脸就翻脸！所以，政治家的宣言，你不是要听一半不听一半，而是要听一少半不听一大半才行。再大的天命、上帝、神明，都得为他的政治目的服务，冠冕堂皇的后面，是一张计算天平的脸……

第六节　小人如蠹奸如虫

【原文】

初，权信任校事吕壹，壹性苛惨，用法深刻。太子登数谏，权不纳，大臣由是莫敢言。后壹奸罪发露伏诛，权引咎责躬，乃使中书郎袁礼告谢诸大将，因问时事所当损益。礼还，复有诏责数诸葛瑾、步骘、朱然、吕岱等曰："袁礼还，云与子瑜、子山、义封、定公相见，并以时事当有所先后，各自以不掌民事，不肯便有所陈，悉推之伯言、承明。伯言、承明见礼，泣涕恳恻，辞旨辛苦，至乃怀执危怖，有不自安之心。闻此怅然，深自刻怪。何者？夫惟圣人能无过行，明者能自见耳。人之举措，何能悉中，独当已有以伤拒众意，忽不自觉，故诸君有嫌难耳；不尔，何缘乃至于此乎？自孤兴军五十年，所役赋凡百皆出于民。天下未定，孽类犹存，士民勤苦，诚所贯知。然劳百姓，事不得已耳。与诸君从事，自少至长，发有二色，以谓表里足以明露，公私分计，足用相保。尽言直谏，所望诸君；拾遗补阙，孤亦望之。昔卫武公年过志壮，勤求辅弼，每独叹责。且布衣韦带，相与交结，分成好合，尚污垢不异。今日诸君与孤从事，虽君臣义存，犹谓骨肉不复是过。荣福喜戚，相与共之。忠不匿情，智无遗计，事统是非，诸君岂得从容而已哉！同船济水，将谁与易？齐桓诸侯之霸者耳，有善管子未尝不叹，有过未尝不谏，谏而不得，终谏不止。今孤自省无桓公之德，而诸君谏诤未出于口，仍执嫌难。以此言之，孤于齐桓良优，未知诸君于管子何如耳？久不相见，因事当笑。共定大业，整齐天下，当复有谁？凡百事要所当损益，乐闻异计，匡所不逮。"

【译文】

起初，孙权信任校事吕壹，吕壹本性苛刻残忍，执法严酷。

太子孙登屡次进谏，孙权都不采纳，大臣们于是都不敢进言。

后来吕壹奸邪的罪行败露被处死，孙权自我批评承认错误，于是派中书郎袁礼代自己向各位大将致歉，借机向大家询问政事应该做些什么样的变革。

袁礼回来后，孙权又下诏书责备诸葛瑾、步骘、朱然、吕岱等说："袁礼回来，说他已与子瑜、子山、义封、定公见过面，并就时事先后征询了大家的意见，但每个人都以自己不负责管理民政事宜为借口，不肯陈述自己的意见，把责任全都推给伯言、承明。

“伯言、承明见到袁礼，伤心流泪言辞悲切，以至于怀有恐惧的心理，内心极不自安。

“我听到这些以后，十分失望，心里深感奇怪。

“为什么呢？我想圣人不可能没有过失，只是聪明者能够自己省察而已。

“人的举止，怎能完全正确适中，自以为是而拒绝他人意见，起因于轻率不自觉，故此各位尚有猜疑责难。

“否则，怎么会到如此境地呢？自寡人用兵历五十年，服役纳税全部出自百姓。

“天下尚未平定，敌仇仍然存在，军民十分勤苦，我确实清楚明白。

“然而过分劳累百姓，这也是实在不得已而已。

“与各位共事，从少年到壮老，头发都花白了，可说是对各自内心与行为互相间都非常清楚，不论从公从私，都足以能相互信任。

“你们对我尽言直谏，这是我对你们的希望，指出不足弥补过失，这也是我期望你们做到的。

“从前卫武公年迈志壮，勤恳地寻求辅佐大臣，每每独自叹息自责。

“况且普通平民相交，也因以情分、志趣相投，分成好合，尚不因处于艰难困苦中而变心。

“如今你们与我共事，虽说存在君臣的名分，但实际上骨肉至亲也不过如此。

“荣辱喜悲，大家共享，忠诚不隐瞒自己真情，智虑不收藏自己谋略，对事物的是非求得一致，你们难道还能悠闲不顾吗？同舟共渡，谁还跟谁互相推诿呢？齐桓公是诸侯的霸主，管仲对他是有善行无不赞叹，有过错无不规谏，规谏未被采纳，他就进谏不止。

“如今孤明白自己并没有齐桓公的德行，而你们却谏诤之言不出于口，反在心中存着猜疑与责难。

“以此看来，我倒比齐桓公好多了，而你们与管仲相比又怎样啊？久不相见，对这类事应觉得可笑。

“共同建立大业，统一天下，还有谁来担当呢？凡事都应有所变革改进，任何意见我都乐于接受，用来纠正我做得不够的地方。”

【评点】

吕壹是个小人，校事是个破官，偏偏孙权就让吕壹这个小人当了这么一个破官，搞得朝政大乱，群臣侧目。

所谓的校事，其实就是特务。看哪个官员大臣说了什么不该说的话，做了什么不该做的事，不需要经过上表、起诉的程序，直接报告给皇帝就中，有点类似于明朝的东厂、清朝的密探。只不过到了那些后来的朝代，这些特务更厉害就是了，成立机构，拨付活动资金，招募人员，哪个官在卧室里和老婆小妾说两句小话，吃饭的时候端了什么样的碗，都能给你打听出来，报告上去！

校事制度是曹操创立的。

曹操是个奸雄，整天算计别人，就怕被别人暗算，于是设立这种制度，替他监视大臣。

孙权早年间没搞过这套，就像易中天所说的，他用人以情，他的手下和他打成一片，好比是热血忠诚的兄弟连。问题是他越来越大，越来越老，人到中年，心也越来越奸，就越来越向曹操的方向靠拢，于是他也搞了个校事，让吕壹来负责这个事。

这个职位那就是天生的小人培训中心，人的心里有什么阴暗面，比如无中生有啊，挟私报复啊，谁得罪了我，我看谁不顺眼，只要轻轻下两句话就能给他点厉害尝尝，想想看，这是多么大的诱惑！所以吕壹此前怎么样不知道，当了这么个校事后，“渐作威福，深文巧诋，排陷无辜，毁短大臣，纤介必闻”（《资治通鉴》）。说白了，就是像疯狗一样，逮谁咬谁。

太子孙登屡次进谏，奈何孙权不听，太子地位这么尊贵，说话都不顶用，大臣们更说了没用，也就不敢再说，都怕他，又看不上他，斜着眼睛看他。可是没用，小人得志，扬扬得意，觉得自己了不起，跟个大气球似的，称不出自己几斤几两重哩。

被他咬过的计有：

丞相顾雍。

他是文官之首，首当其冲，拿下他，自己才好立威嘛！校事一般还是不怎么敢惹武将的，武将性子烈，涵养低，惹急了他，一刀咔嚓了你！

所以吕壹就“益白丞相顾雍过失，吴主怒，诘责雍”。

吕壹这么做的目的是什么呢？就是把顾雍整垮，换一个他看得顺眼的当丞相。可能是因为顾雍这个人人望高，他嫉妒；也可能是顾雍不听他的话，不巴结他。反正小人的心思最难猜，你不知道什么时候就能得罪了他，让他对你衔恨刺骨。

反正他是在孙权耳朵边叨叨顾雍的过失啊、错处啊，孙权正为自己设立这么一个制度自鸣得意呢，当然要为自己的这条狗撑腰，所以就质问丞相、责骂丞相，后来甚至说你离我远点，我不想看见你。搞得丞相这么大个官，没法上朝，只好在家里窝着。

若不是他坚强啊，再加上心胸宽广，气也气死了。好在他撑到了吕壹倒台的那一天。

而降在他头上的无妄之灾后来是怎么消除的呢？说起来，还是谢谢吕壹。吕壹不是想换一个丞相吗？黄门侍郎谢厷就问他："若此公免退，谁当代之？"

吕壹没说话。

谢厷再问："得无潘太常得之乎？"就是说，你是要潘太常代替他喽？

吕壹过了好久，说："你说得差不多吧。"（"君语近之也。"）

谢厷说傻呀你，潘太常正恨你恨得咬牙切齿呢，就是道路太远，你不在他身边，他抓不着碴儿。现在你还让他去当丞相，他当了丞相，第一个就得对付你。"壹大惧，遂解散雍事。"

就这么搞笑。

国之栋梁，社稷股肱，竟然决于一个小人之手，翻手为云，覆手为雨，真不知道年轻时候英明睿智的孙权，现在到底是怎么回事。怪不得后人会推测孙权是得了老年痴呆。不过现在他可没有痴呆，他正值中年，离痴呆还早，但是心却是越来越狠、越来越冷、越来越硬。

江夏太守刁嘉。

吕壹在孙权跟前下小话儿，说刁嘉谤讪国政，孙权就怒了，把刁嘉给关到大牢里，问他有没有这回事。

人是社会型的动物，平时左串右连，不定谁和谁就会说句话，谁和谁就会在一起共过事，谁和谁就打过交道，刁嘉下了狱，受他牵连的人不在少数，绝大多数都是软骨头，一怕吕壹弄权，二怕孙权盲信，于是调查取证的人问刁嘉是不是谤讪过国政啊，他们就说是是是，有有有，听说过听说过。

只有是仪这个人，始终坚持实际情况，说他在别人面前说过没说过我不知道，反正我没听见他说过。这下子他惨了，被打呀！一边打肯定还得一边问："你说不说实话！你说不说实话！"

吓得"群臣为之屏息"。一方面是害怕，另一方面是深深的、深深的同情吧。

他被打也嘴硬不改，说刀都架到我脖子上啦，我还敢不说实话吗？要是刁嘉真的说过这话，我还替他隐瞒着，赔上我一条命不说，让我成为大吴的不忠之臣，这我也做不来呀！问题是我真的没听他说过呀！

孙权这才算不追究了，把他放了，刁嘉这事也就算了。

可是吕壹呢？没有下文。他诬陷了人，但是没有罪。不是没有罪，是没有被究罪。照旧当他的校事，照样像条疯狗一样乱咬人。

左将军朱据。

朱据是孙权的三女儿孙鲁育的老公，孙权是他的老丈人。按说这样的关系应该能够助他免祸才对，可是不然。吕壹疯了，谁都咬。孙权傻了，吕壹咬谁他都信。

嘉禾五年（236），东吴铸造大钱，一枚大钱相当于五百枚五铢钱。朝廷拨给朱据部曲三万缗大钱，却被工人王遂趁机弄虚作假贪污了。

他贪污了不要紧，这笔钱的下落就被吕壹怀疑是朱据克扣私吞了，这是大罪呀，于是就把朱据手下的主管财务的官员活生生打死了，想要问出朱据的罪状，结果也没有问出来。

朱据可怜手下枉死，为其买棺厚敛，正愁抓不着朱据把柄的吕壹一看，这不明摆着朱据是做贼心虚嘛！肯定是他私吞公款！

吕壹就向孙权报告，孙权就回过头来责问朱据，朱据又没办法证明自己的清白，干脆“藉草待罪”，就是也不睡床了，也不上朝了，也不吃好饭了，就睡在一堆乱蓬蓬的干草上面，拿自己当个囚徒看待了。也就是说他已经做好被冤死的决心和准备了。身为一个皇亲国戚，朝不保夕到如此，怎不令人心寒。

要不是几个月后，典军吏刘助发现这笔钱的真实下落，上报孙权，朱据不被冤杀，也得被活活气死。

孙权为此感叹：“朱据见枉，况吏民乎？”就是说，朱据身为国家重臣，又是皇亲国戚，竟然都被如此冤枉，更何况一般的官员百姓呢？

于是吕壹的好运就算走到了头，孙权下令彻查他造成的冤案，查他的人就是被他陷害过的顾雍。但是顾雍却没有替他妄织罪名，而是一板一眼，按律而审，完全显示了一位国家大员的胸襟风范。

不过，再怎么审，吕壹也是非死不可。不独他犯下的罪行当死，而且孙权也要让他死，他不死，群臣之心不安。

于是，吕壹就死了。死也是一刀斩之，没有用痛恨他的大臣们出的主意，什么严刑啊，极刑啊，车裂啊，火焚啊，等等。他造的孽一刀下去，已经还清，至于在历史上留下一个怎样的骂名，都不再与他有关，而孙权下面的表演，也就与他无关了。

孙权不是擅长做姿态吗？和蜀汉是一会儿变一个脸，明明是亲戚的，转眼就能打起来；和曹魏也是，明明弯着腰称臣的，但是又扬着脸。现在，吕壹死了，但是，有脑子的人都知道吕壹是孙权给纵容成这个样子的，孙权之所以设置这么个校事的职位，就是不信任这些大臣们，所以大臣和孙权的关系，想也不会马上就像当初刚创业的时候融洽无间。

换句话说，就是心寒了。

所以孙权下面的引咎自责啊，下诏勉励大臣啊，其实，都是他做出的另一番姿态，表示我和你们亲如一家，我又不是圣人，犯错也是很正常的嘛！我犯了错，你们要帮我指出来呀！我这个人，是很能接纳意见的（问题是，他连错误的意见也很能接纳）……

而事实证明，孙权的疑心病确实是越来越重了，做事也确实是越来越昏庸了，离以前那个热血青年的形象越来越远。

群臣在他这里找不到什么安全感，他的儿子们在他这里也找不到安全感。

孙权七个儿子，第一个叫孙登，就是曹丕想要拿走当人质的那个人，三十三岁去世，算是得了一个善终。次子孙虑死得更早，二十岁，也算善终。三子孙和，是孙权继孙登之后立的第二个太子。四子孙霸被封鲁王。可是太子和鲁王在待遇上没有什么区别，搞得太子也立不起威，鲁王也低不下头，两个人玩内讧玩得不亦乐乎，其结果就是孙和被废了，孙霸被杀了，两个儿子就这么造完了。

至于五子孙奋、六子孙休、七子孙亮，这个就不是孙权在世时候的事了，不过他们的结局也都不好。孙奋被孙和的儿子，也就是他的侄子孙皓给杀了；孙亮在孙权死后当了皇帝，结果被废，又被六哥孙休给杀掉。孙休接着当东吴的第三任皇帝，他算是善终，他的皇后和俩儿子被侄子孙皓给杀了。

这份乱劲的。不过再乱也和孙权无关了。他死了。终于太元二年（252），享年七十一岁，应了当初汉使者刘琬的那句话："有大贵之表，年又最寿。"（大哥孙策，英年早逝；三弟孙翊被妫览、戴员所杀，终年二十岁，英年早逝；四弟孙匡卒年二十余，英年早逝；还有一个同父异母弟弟孙朗，被孙权囚禁终生。）

《三国志》的作者对他是这样评价的：

"孙权屈身忍辱，任才尚计，有句践之奇英，人之杰矣。故能自擅江表，成鼎峙之业。然性多嫌忌，果于杀戮，暨臻末年，弥以滋甚。至于谗说殄行，胤嗣废毙，岂所谓贻厥孙谋以燕翼子者哉？其后叶陵迟，遂致覆国，未必不由此也。"

就是说孙权识大体，可以忍辱负重，能任用人才为自己计谋，像越王勾践那样奇特，是英雄中的佼佼者。所以他能控制江东，能成就与其他势力鼎足的基业。但孙权性格多嫌疑猜忌，轻率随便地杀戮，此后愈演愈烈，以至于谗言四起，污蔑横行，连太子都被废除后杀害，这难道就是孙权给将来作为江东和南京之主的子孙千秋万代的谋划吗？至于他的后代们自相残杀，导致吴国倾覆，未必不是由于这个原因啊！

卷三十八 《三国志·吴书三　三嗣主传》

东吴的末代皇帝——孙皓

【原文】

初，皓每宴会群臣，无不咸令沈醉。置黄门郎十人，特不与酒，侍立终日，为司过之吏。宴罢之后，各奏其阙失，迕视之咎，谬言之愆，罔有不举。大者即加威刑，小者辄以为罪。后宫数千，而采择无已。又激水入宫，宫人有不合意者，辄杀流之。或剥人之面，或凿人之眼。岑昏险谀贵幸，致位九列，好兴功役，众所患苦。是以上下离心，莫为皓尽力，盖积恶已极，不复堪命故也。

【译文】

当初，孙皓每次设筵宴会群臣，没有一次不强令他们全都喝醉。

孙皓设置黄门郎十人，特地不给他们酒喝，让他们整天侍立，专门作为检查群臣醉酒过失的官员。

宴会结束后，让每位官员都奏上大臣们的过失，眼神不敬者，言语不尊者，没有一个不受到检举。

大的过失立即施加严刑，小的过失即被记为罪过。

后宫已有美女数千，而孙皓还不断地选拔民间女子入宫，又引急流入宫院内，遇有不合意的宫女，即将其杀死并让尸体顺流漂走。

或者剥去人的面皮，或者挖去人的双眼。

岑昏因奸险阿谀而深受宠幸，官位高至九卿，他好兴动劳役，国人深受其苦。

由是上下离心，没有人为孙皓尽力，这是由于孙皓已积恶到极点，全国人已不能再忍受他的驱使。

【评点】

孙权晚年变得昏庸，朝政已经不稳，他死后，东吴更是天下大乱，他的后代们为了争这一个皇位打作一团。

孙权的七个儿子，下场都不大好。

大儿子孙登是第一任太子，三十三岁去世，虽然寿不永，但也算善终。

二儿子孙虑二十岁去世，虽然寿夭，也算善终。

三儿子孙和当了第二任太子，和四儿子鲁王孙霸闹得不可开交，结果孙和被废，孙霸被杀。

第五个儿子孙奋被侄子孙皓所杀。

第六个儿子孙休当了孙权之后的第三任皇帝，算是善终，不过他杀了他的七弟孙亮。

第七个儿子孙亮才是孙权之后的第二任皇帝，十岁登基，十六岁被权臣所废，然后被孙休所杀。

他的七个儿子就这么都交待了，那么，东吴的皇帝宝座谁来坐呢？就轮到了废太子孙和的儿子孙皓。

孙皓真是孙权的好孙子啊，孙坚、孙策、孙权苦心孤诣打天下，最后把家业交到他手里，他给败光了。而且他还杀了他六叔孙休老婆的两个堂弟。他那废太子爹孙和活着没当上皇帝，被他追谥为文皇帝。

易中天对此的总结是：父亲杀儿子，哥哥杀弟弟，侄儿杀叔叔，宗室杀皇族。反正就是一条，姓孙的杀姓孙的。标标准准，如假包换的骨肉相残。

孙皓（242—284），字元宗，吴国末代皇帝，沉溺酒色，专于杀戮，昏庸暴虐。公元280年投降西晋，被封归命侯。

这家伙刚开始的时候，还是蛮懂得低调的道理的。

孙休当了皇帝后，遣送他到封地。西湖人景养给孙皓看相说他要大贵，孙皓心内暗喜而不敢泄露。

孙休命短，三十岁即去世。他临死的时候，病重到不能说话了，但是还能写字，就手书召丞相濮阳兴，令太子孙湾拜见，托孤给濮阳兴。孙湾当时十五岁。濮阳兴当时答应得好好的，一转身就跟左将军张布商量好了，一唱一和，说服孙休的朱皇后，不立孙湾为帝了，立孙皓为帝，理由是国际和国内局势都挺动荡，蜀国刚刚灭亡，而且交阯又叛离吴国，吴国全国人都震惊害怕，十分希望有一位年纪较长的英明君主。而左典万彧过去担任过乌程县县令，跟孙皓关系很好，老是在这俩人面前夸孙皓聪慧有才断事明智，可与长沙桓王孙策相比，而且又好学，又遵守法度。所以，为国家社稷着想，咱们立孙皓吧！

朱皇后是个妇道人家，说："我一个寡妇家，哪里考虑到社稷大事，只要不使吴国灭亡，宗庙祭祀有依靠就行。"

于是孙皓就走了狗屎运了。二十三岁当了皇帝。好大一个大馅儿饼掉脑袋上，砸得他直发蒙。

刚开始他还是相当地夹着尾巴做人，可惜登基大典一过，马上就露了原形。

元兴元年（264）八月，孙皓任上大将军施绩、大将军丁奉为左右大司马，张布为骠骑将军，加授侍中，所有官员都升级加赏，官职保持不变。

九月，贬太后朱氏为景皇后，追谥父亲孙和为文皇帝，尊奉母亲何氏为太后。

孙皓就属于那种狗肚子里盛不了二两油的类型，不得志装孙子，一得志当大爷，粗暴骄横，多忌讳，好酒色，大小官员无不失望，最失望的就是濮阳兴和张布。

他们可能私下里没管住嘴，议论过什么，比如说后悔立了他呀如何如何，怎样怎样，于是被人进谗言，于是这两人前脚刚辅立了新帝，后脚就被新帝诛杀，这间隔还不满一年。

孙皓的倒行逆施简直说不完，他有一回，拉着他的母亲、老婆还有后宫里的好几千号人，从牛渚走陆路，往西走，说是"青盖入洛阳，以顺天命"。其实就是长途旅游。结果遇上大雪，车根本走不动，他倒是不怕，柔毯暖被，热茶热饭，那些苦命的士兵穿着寒冷的铁甲，拿着武器，一百个人拉一辆车，冻得要死。气得当兵的都说："要是遇到敌人，我们就投降！"

孙皓听见这么说，才算罢休，打道回宫。

既有昏君，就必有奸臣。孙皓宠幸一个叫张俶的家伙，这个人是孙皓的车夫的儿子，素来品行就不好，结果他不知怎么就看着张俶这么顺眼，一次两次三次地提拔他，一路把他提拔当了司直中郎将，还封了侯。张俶的老爹知道自己的儿子是什么德行，就给孙皓上表，说要是您用张俶为司直中郎将啊，如果他犯了罪，恳求您不要让我和他连坐。

孙皓就答应了。

然后张俶果然就横行不轨，对人们大肆诬陷，动不动就关监狱，然后让你拿钱，不拿钱就杀人。老百姓被他剥削得场光地净，他自己一气娶了三十多个小老婆。

到最后众奸并发，他被车裂了。可是他那老爹可怜的，当初白跟孙皓求了半天情，到最后还是跟着连坐，一起被车裂。

在这个昏君当政之下，也有的人会平白无故走好运。比方说有一个叫黄皓的工匠，家里长出了鬼目菜，依附攀缘枣树，长一丈多，茎半径四寸，叶厚三分；又有一个叫吴平的工匠，家里长出了买菜，高四尺，叶厚三分，像枇杷形状，顶宽一尺八寸，茎半径五寸，两边生绿色叶子。

宫廷图书馆官员查考画图，称鬼目菜为芝草，买菜为平虑草。于是孙皓任黄皓为侍芝郎，吴平为平虑郎，并都授以银印及青绶带。

本无尺寸之功，就因为家里长了一棵草，自己就得了一个官，稀奇吧？

像这么一个皇帝，怎么会把军国大事放在心上呢？

当时曹魏已不存在，那片地盘是司马氏的晋朝天下。晋武帝司马炎一直对东吴虎视眈眈呢。

西晋的益州刺史王浚好几年前就为了攻打东吴，在益州造了大批舰船，造船削下的木屑沿长江顺流而下，一路漂到东吴，地方官很警醒，根据这些破木片子就猜出了西晋想干什么，赶紧上报朝廷，问题是孙皓这家伙根本不理。地方官没办法，就拿大粗铁链子把长江沿线的战略要地都给拦起来，还造了不少一丈多长的铁锥，沉入江里，希望能够在西晋的战船经过的时候，给它来个透心凉。

公元 279 年 11 月，司马炎派出六路大军，二十万人从不同的地方出发，齐头并进，平定东吴。晋军一路攻城略地，王浚不知道怎么就知道了东吴官员的部署，他也有法子治，造了好几十个大木筏子在前面开路，铁锥都扎到了木筏上，然后把绳子一松，顺流远去也，一点作用没起上；至于大铁链子，他们也有办法，土法炼钢铁也都是用木柴的，晋军就造了好多大火把，每个都有几十丈长，船遇铁索，火把点燃，架不住柴多火把大，铁链子也被烧熔断掉，也没起上作用。

火把没起上作用，不要紧；铁索横江，没起上作用也不要紧，最应该起上作用的是人，人定胜天，人是最有机动性和应变力的，只要人死战到底，还有转圜余地。问题是孙皓太不得人心了，东吴军队里的士兵谁也不肯给他卖命，纷纷逃走。

到了此时，他还有什么办法？

孙皓走投无路，向晋军投降。晋帝下诏："孙皓穷途无路前来归降，前次诏书答允他予以不死，现在他垂手前来，我对他仍然十分怜悯，赐他归命侯的称号。再赐他衣服车辆，田三十顷，每年给五千斛粮食，五十万钱，五百匹绢，五百斤丝绵。"

孙皓的太子孙瑾被任为中郎，其他几位曾被封王的儿子，都任为郎中。

太康五年（284），孙皓死在洛阳。

唐代诗人刘禹锡诗里写：

"王浚楼船下益州，金陵王气黯然收。千寻铁锁沉江底，一片降幡出石头。"

真是悲哀。

我们现代人赴宴，如果有人量浅不能饮酒，会央求以茶代酒，或者主人体谅，主动请他以茶代酒。这个即源自孙皓。

他大宴群臣，规定座客至少饮酒七升，管你是不是连喝带洒，反正必须喝完，并且还要翻杯亮盏，说："干！"

可是韦曜酒量着实不行，别人喝七升，他只能喝二升，孙皓也知道他不行，怕他在群豪共饮的场面上出洋相，就悄悄地给他茶水，让他代酒来喝，于是这个过酒关的法子就这么传承下来。

这算是孙皓这个煞风景的东吴末代皇帝留下的唯一一点和"雅"字沾边的事了，兹记于此。

此外还有几则关于他的逸事，说的是他投降西晋后，到了洛阳，倒仍是志气不倒。

晋武司马炎为孙皓举行了正式的受降大会。在宫里会见时对他说："朕设此座待你很久。"孙皓也不吃亏，说："我在南方，也设此座以等待陛下。"

这时武帝的宠臣贾充就问难孙皓："听说你在东吴凿人的眼睛，剥人的脸皮，这是什么样的刑罚呀？"

孙皓马上就把球踢回去了："人臣有弑杀自己君主的，以及奸恶不忠的，就加用此刑啊！"

贾充本来曹魏之臣，如今降晋，这下子直戳他的心肝，让他哑口无言。

据《世说新语》载：晋武帝有一次在宴会上问孙皓："听说你们南方人好作《尔汝歌》，你能作一首让我听听吗？"孙皓不假思索，举起酒杯就口占一绝：

"昔与汝为邻，今与汝为臣。上汝一杯酒，令汝寿万春！"

面前是皇上，他就满口"你"呀"你"的，偏偏晋武帝又憋气，还说不出什么来，是他让孙皓作的嘛！（"晋武帝问孙皓：'闻南人好作尔汝歌，颇能为不？'皓正饮酒，因举觞劝帝而言曰：'昔与汝为邻，今与汝为臣。上汝一杯酒，令汝寿万春！'帝悔之。"）

孙皓也是个有才的，可惜无德，残忍嗜杀，取亡之道，他灭也灭得好，若他不灭，不定天下更有多少人遭殃。

卷三十九 《三国志·吴书四 刘繇太史慈士燮传》

死不逢时的太史慈

【原文】

扬州刺史刘繇与慈同郡，慈自辽东还，未与相见，暂渡江到曲阿见繇，未去，会孙策至。或劝繇可以慈为大将军，繇曰："我若用子义，许子将不当笑我邪？"但使慈侦视轻重。时独与一骑卒遇策。策从骑十三，皆韩当、宋谦、黄盖辈也。慈便前斗，正与策对。策刺慈马，而揽得慈项上手戟，慈亦得策兜鍪。会两家兵骑并各来赴，于是解散。

慈当与繇俱奔豫章，而遁于芜湖，亡入山中，称丹杨太守。是时，策已平定宣城以东，惟泾以西六县未服。慈因进住泾县，立屯府，大为山越所附。策躬自攻讨，遂见囚执。策即解缚，捉其手曰："宁识神亭时邪？若卿尔时得我云何？"慈曰："未可量也。"策大笑曰："今日之事，当与卿共之。"

【译文】

扬州刺史刘繇与太史慈是同郡人，太史慈从辽东回来，未能与他相见，不久渡江到曲阿见到刘繇，尚未离去，适逢孙策率军前来。

有人劝刘繇可以用太史慈为大将军，刘繇说："如果我用太史慈，许劭不就讥笑我吗？"只派太史慈去侦察孙策的兵力如何。

当时太史慈只带一个骑兵与孙策猝然相遇。

孙策的随从有十三人，都是韩当、宋谦、黄盖一流的将领。

太史慈便冲上去挑战，正与孙策相对。

孙策刺太史慈的坐骑，夺走太史慈插在身背后的手戟，太史慈也得到了孙策的头盔。

正好两边的步、骑大队人马都赶来，于是各自罢手散开。

太史慈本当同刘繇一道逃往豫章，可是他悄悄前往芜湖，藏在山中，自称丹杨太守。

这时，孙策军队已平定宣城以东地区，只剩下泾县以西六县没有归服。

太史慈因而进驻泾县，设立屯府，招来大量的山越夷民前来归附。

孙策亲自率军前来攻打，于是太史慈被擒获。

孙策当即给他松绑，握住他的手说："还记得在神亭的时候吗？如果你当时抓住我，该会怎么处置？"

太史慈说："很难说我会怎么处置。"

孙策放声大笑说："今日国家大事，我当与你共同为之。"

【评点】

太史慈（166—206），字子义，东莱黄县人，东吴大将。

三国烟云，英雄辈出，太史慈也占一席之地。

他身高七尺七，也是一条身高将近一米八的大汉，刚开始的时候，只不过是一个小吏，就是我们现在的政府部门的小公务员，年轻腿快，专门往来送函件。

这样的工作本来很难崭露头角、出人头地，但是太史慈硬是凭着他的聪明才智替长官把难事摆平。

事情是这样的：他所效力的郡府和州府闹矛盾，谁是谁非未得区别，先上报者就处于有利地位。这是汉代的法律，听上去挺荒唐。

这时州里的奏章已送走，郡太守担心自己落后，便寻求可放心委派的人。太史慈当时二十一岁，郡太守便挑选了他。

他上路后日夜兼程，到达洛阳，到那负责接纳上奏的公车门口，看到州里派来送奏章的小官正在请求通报，太史慈问他："你想通报奏章？"

那人答："正是。"

太史慈说："奏章在哪里？"

那人答："在车上。"

太史慈说："奏章的签署没有什么不对的地方吧？拿来看看。"

那人怎么会想得到这是东莱郡派来的人呢，就给他把奏章拿来了。

太史慈奸得狠，怀里早藏好小刀子了，夺过奏章就是一通砍砍砍。

那人急得乱蹦，大叫大嚷："来人呀！有人砍坏了我的奏章！"

太史慈说别叫别叫！把他连拉带拽弄到车子中间，藏起来，悄悄对他说："你看吧，要是你不把奏章给我，我也不能砍坏它呀，所以，我有罪，你也跑不了，咱俩是一根绳上拴的蚂蚱了，同吉同凶，同祸同福，我倒霉，也得捎上你。要不这样，咱们悄悄地跑了算了，起码保住一条小命，不会被砍头啊！"

那位小官说："我跑还说得过去，因为我失了职；你已经完成你的任务啦，为你的郡里把我的奏章弄坏啦，目的达到啦，还逃跑个什么劲！"

太史慈回答说："起初我受郡里派遣，那就是来看看你们的奏章报上去了没，结果我给玩大发了，把你们的奏章给砍个稀巴烂，万一回去之后被我们老板谴责迁怒怎么办？我的小命也不够这么算计的。所以干脆，也跟你一块逃跑算了。"

那小官一听，是这么个理儿，于是当天俩人就哥儿俩好地一块撒丫子跑了。

谁知道那小官是跑了，越跑越远，太史慈却跑出了城，又悄悄转回来了，不定怎么找的借口，好比说老弟你先走一步，我先去如个厕之类的，然后抹头又跑回来，把他那郡里的奏章再递上去。

州里听说他们派出去的使者被太史慈搞的这出乌龙，就赶紧另派一个人送奏章，可惜也晚了。

于是，上级主管官员因奏章内容有矛盾而未再受理，州里因理短而受害。

太史慈由是出了名，当然，他的大名也上了州里的黑名单。

他担心受其坑害，就躲避到辽东。

北海相孔融听说这件事后认为太史慈是个奇才，心怀敬意，就多次派人问候太史慈的母亲，并送去不少东西。

当时孔融因为黄巾军攻州掠府，出兵驻守都昌，被起义军管亥所包围。

太史慈从辽东回来，他母亲对他说："你与孔北海从未见过面，从你避走之后，他对我一直体恤殷勤，胜过故交老友，现在他受到贼兵包围，你当速去救助。"

太史慈在家停留仅三天，即一人步行到都昌。

此时包围得还不十分严密，太史慈等到夜间，乘人不备进去见孔融，请求孔融派兵随他出城砍杀。孔融不听，想等待外面的援兵来解救，但一直未见救兵，而包围一天比一天紧逼。

孔融想向平原相刘备告急，城里人没有办法冲出，太史慈主动请求派他去。

孔融说："如今贼兵包围得十分严密，大家都认为不能出去，你的决心虽然很大，恐怕实在困难！"

太史慈回答：

“过去您倾意善待我的老母亲，她感激恩遇，特让我来奔救您的急难，她本来认为我有可取的地方，来了必定有益。现在大家都说不行，如果我也附和说不行，这难道就是您爱护照顾的道义、老母让我前来的目的吗？事情已十分迫急，希望您不要再犹豫了！”

孔融于是答应他的请求。

这个时候，又一次显出太史慈的机智。

他收拾好行装，早早地吃了饭，等到天明，便带上箭囊提着弓弩上马，令两名骑兵跟随在后，各做一个箭靶子拿在手上，打开城门径直出去。

外面包围的人都很惊骇，如临大敌，步兵、骑兵错杂冲出。结果眼前的一切让他们大跌眼镜。

太史慈策马来到城下的壕沟内，插好随从所拿的两个靶子，然后跃出壕沟射靶，射完后，径直进入城门。

嗐，原来是一个人闲着没事干，在练箭。

第二天早晨又是这样，城外包围的人有的站起来，有的趴卧着，太史慈再插好靶，射完后又进城去。

第三天早晨还是这样，城外的包围者再没有站起来，太史慈于是用鞭猛抽马直向包围圈冲去，杀了他们一个出其不意！

等到起义军明白过来时，他已突围而去，且射死了好几个人，都是应弦倒地，故此无人敢追赶他。

太史慈于是到了平原，对刘备说：

“我是东莱的小百姓，与孔北海并非骨肉至亲，也不是同乡故旧，只是因为相互仰慕名声志趣相投而友好，有分灾共难的情义。

如今管亥暴乱，孔融被围，孤军困窘无援，危在旦夕。考虑到您有仁义之名，能够救人于急难之中，故此孔北海极为仰慕，延颈以望，仰仗于您，才让我冒着枪林刀丛，突破重围，从万死之中将自己托付给您，只有您才能救他活命。”

刘备严肃地回答说：“孔北海知道这人间还有我刘备在啊！”

当即派精兵三千跟随太史慈前去救助。

起义军听说救兵已到，撤围逃散而去。

孔融得以解围后，更加认为太史慈是个奇才而加以敬重，说：“您是我的年少朋友。”

事情结束后，太史慈回家禀告母亲，母亲说：“我很高兴你能这样报答孔北海。”

由此可见，太史慈是个重信义的人。在这里我也要赞美一下他的母亲，老人家明知道太史慈去救孔融必会蹈险地，但仍旧让儿子去，儿子回来后，她心里肯定是担惊受怕了许多时日，但是却不表露出来，而是肯定他这样的做法。有这样一个深明大义的母亲，才会有这么一个单骑突围的孤胆英雄。

不知道什么原因，太史慈好像不怎么待见刘备，虽然他为了孔融向刘备求过援，但是，当刘备请他留下来的时候，他却推托说："有扬州刺史刘繇，与慈同郡，有书来唤，不敢不去。容图再见。"

然后他就果然投奔刘繇去了，一方面因为是同乡，比较亲近，老乡见老乡，两眼泪汪汪嘛！另一方面，据说他的老婆是刘繇的女儿，这一点就存疑了。总的来说，他是更愿意投奔刘繇的，可惜，在刘繇手下，他却没有受到重用。明明有人推荐太史慈当大将的，刘繇却害怕许劭笑话他。

许劭是东汉末年著名的人物评论家。我们评论人物就叫说是非论长短，是挺无聊的一件事，但是他却每个月都要对当时的人物进行一次品评，人称"月旦评"，都评成专业人士了，就像现在的报纸和杂志的人物评论专栏作者一样。刘繇就因为怕这家伙笑话，不肯重用太史慈，只让他去搞侦察。

搞侦察的，作用好比尖刀，那是要孤身犯险的，结果太史慈还真犯了险了，和孙策觌面遭逢。他这边就他带着一个侦察兵，孙策那边是好几员大将。两下里打起来，他跟孙策乒乒乓乓，这个夺了那个的武器，那个摘了这个的头盔，不分胜负，半斤八两。双方大军赶到，各自撤兵回营。

到他被孙策抓到的时候，就算是不打不相识了，这家伙硬气得很，现在我落到你手里了，随你处置，当初要是你落在我的手里，估计我也不会饶你。偏偏孙策人称小霸王，也英雄得很，硬气得很，豪气得很，这下子投了脾气，哈哈大笑，约他共打天下。两个人成就了一段英雄惜英雄的佳话。

太史慈是相当傲气的一个人，有恩必报，是以冒死救孔融；现在他觉得和孙策投了脾气，自己跟了一个英明的主公，所以就要为孙策出力，说："刘君新破，士卒离心。某欲自往收拾余众，以助明公。不识能相信否？"

就是说，刘繇的军队刚被击败，士兵们和他离心离德，我想自己亲自跑一趟，把那些剩余的兵卒全都招揽过来，给你增强兵力，你相信我吗？

孙策豪气，说这正是我想让你做的！现在咱们约好，明天中午，希望你能回来。

太史慈走了，底下孙策这些将领们开始八婆，纷纷议论，说太史慈这回肯定走了就不回来了。你也说我也说，就孙策坚持自己的看法："子义乃信义之士，必不背我。"大家伙谁也不信他。

第二天，这群人也是的，早早地在营门口立了根竹竿，专等太阳爬上来，看到正中午的时候，太史慈到不到。

结果正正当当的日中，太史慈领着一千多人到了——我估计他能把时候估计得这么准，和他当通信员不无关系。通信员啊，那是不能误时辰的，这是职业特点。

为什么孙策能当帅，别的大将只能当将？因为他们不会看人。他们只看到了太史慈的虎虎将气，却没有看到太史慈的英勇背后的那副忠肝义胆，也就是只看到了表皮，没看到内里。而孙策却是把太史慈的内里也看了进去，他看这员虎将，是他的一个意气相投的知己。

自从到了孙策手下，太史慈大显神威。

他天生的胳膊长，这样的人一般善射，理由很简单，能拉得开弓嘛！当然刘备除外。刘备的胳膊长只擅长摔孩子——可以摔不死。

他曾跟随孙策征讨麻保一带贼寇。

贼兵在军营里缘楼上咒骂，手扶着楼的横梁，太史慈就引弓搭箭，一箭穿透那人的手并钉在梁上，包围的上万名兵士无人不称好。

随着他的名气越来越大，曹操也就看上他了，给他送来一封信，是个小匣子，打开一看，里头没有纸，只是一味中药材——当归。

意思是让他回来吧，到我这里来。

太史慈没理他。

后来孙策英年早逝，孙策死的时候，太史慈没在他的身边，因为刘表有一个侄子叫刘磐的，相当之骁勇，多次侵扰吴地，太史慈就领命抵御刘磐。

抵御刘磐的结果就是吓得刘磐竟然从此不敢冒头了，于是孙权掌权后就干脆让他一应管理南方事务。

建安十一年（206），太史慈去世。死因无考，肯定不是阵前被杀，也不是主上治罪，否则史书应有记载，所以他应当是病亡。此时距离赤壁大战只有两年。

可惜。

若是他能活到赤壁大战，将会有更加光辉灿烂的故事记载。

《吴书》曰："慈临亡，叹息曰：'丈夫生世，当带七尺之剑，以升天子之阶。今所志未从，奈何而死乎！'权甚悼惜之。"

真是死不瞑目，死不逢时。

罗贯中看来也是可惜这么一员虎将过早去世，所以在他的《三国演义》里，就让他真的活到了赤壁之战。蒋干劝降，周瑜命太史慈监酒，不许谈军事，搞得蒋干一肚皮话倒不出来；周瑜打黄盖，抡起板子往黄盖身上盖的，就是太史慈。结果这家伙打太狠了，大家都心疼，就诸葛亮不心疼，摇着鹅毛扇在一边吃酒看戏。

太史慈最终的结局被他安排死在乱箭之下：

"太史慈见城门大开，只道内变，挺枪纵马先入。城上一声炮响，乱箭射下，太史慈急退，身中数箭。背后李典、乐进杀出，吴兵折其大半，乘势直赶到寨前。陆逊，董袭杀出，救了太史慈。曹兵自回。孙权见太史慈身带重伤，愈加伤感。张昭请权罢兵。权从之，遂收兵下船，回南徐润州。比及屯住军马，太史慈病重；权使张昭等问安，太史慈大叫曰：‘大丈夫生于乱世，当带三尺剑立不世之功；今所志未遂，奈何死乎！’言讫而亡，年四十一岁。”

读来更让人有下泪的冲动。

宋人洪迈在《容斋随笔》中写道：“三国当汉、魏之际，英雄虎争，一时豪杰志义之士，礌礌落落，皆非后人所能冀，然太史慈者尤为可称。”

的确，三国猛将，灿若晨星，关羽、张飞、赵云、吕布、典韦……皆是一时豪杰志义之士。大家，除了记得他们之外，还记得这么一个“信义笃烈，有古人之风”（陈寿语）的太史慈吗?

卷四十 《三国志·吴书七 张顾诸葛步传》

第一节 刚硬的张昭

【原文】

初，权当置丞相，众议归昭。权曰:“方今多事，职统者责重，非所以优之也。”后孙邵卒，百寮复举昭，权曰:“孤岂为子布有爱乎？领丞相事烦，而此公性刚，所言不从，怨咎将兴，非所以益之也。”乃用顾雍。

【译文】

当初，孙权决定设置丞相，大家都认为张昭适合。

孙权说:“如今天下多乱，执掌一国工作的人责任重大，其职位并非用作优待人的东西。”

后来孙邵去世，百官又共同推举张昭，孙权说:“孤人岂是对子布吝啬呢，只是考虑到丞相的事务繁杂，而他性情刚烈，他的话要是没有被听从采纳，就会产生怨愤诘难，这对他并无益处。”

于是起用顾雍。

【评点】

张昭(156—236)，字子布，徐州彭城人。吴国重臣，官至辅吴将军，谥曰文侯。

张昭至刚，属钢筋的，就是说他又钢又筋，既刚硬又一根筋。

年轻的时候他就这样。

他很聪明，又爱学习，又喜欢写字，就是书法，还博览群书，挺有名气的。长大成年，被举荐为孝廉，顾名思义，就是既孝顺父母又做人廉明的人，结果他不去。

后来刺史陶谦看这个确实是个人才，就举荐他为茂才，就是推荐他当秀才，他也不去。陶谦当时也算个人物的，汉末群雄之一，张昭就那么不把人家放在眼里，结果陶谦怒了，把他抓起来——能够动用国家力量就是方便。要不是一个叫赵昱的人竭力营救，他就脱不了身了。

事实上，这个人就是脾气刚硬，不爱干的事情就是不干，他对陶谦倒确实没什么意见。

陶谦死后，张昭还专门写了一篇祭文来悼念他。其文曰：

“猗欤使君，君侯将军，膺秉懿德，允武允文，体足刚直，守以温仁。令舒及卢，遗爱于民；牧幽暨徐，甘棠是均。憬憬夷、貊，赖侯以清；蠢蠢妖寇，匪侯不宁。唯帝念绩，爵命以章，既牧且侯，启土溧阳。遂升上将，受号安东，将平世难，社稷是崇。降年不永，奄忽殂薨，丧覆失恃，民知困穷。曾不旬日，五郡溃崩，哀我人斯，将谁仰凭？追思靡及，仰叫皇穹。呜呼哀哉！”

他刚硬，孙策人称小霸王，爱打架，爱打仗，相当的豪放，于是这两个人就投了脾气了。

汉末群雄蜂起，天下大乱，张昭本来是徐州人，家乡人跑到扬州避难，他也跟着南渡长江。孙策创业，正在用人之际，得了张昭，高兴得很，《吴书》上说：“吾方有事四方，以士人贤者上，吾于子不得轻矣。”并待以师友之礼，就是亦师亦友，不拿他当个下属看。这还不算，还升堂拜母。堂就是人家的后堂，那不是一般人能进的地方，因为有女眷在后面生活呢，男女可是楚河汉界，授受不亲的！但是张昭就能进孙策家后堂，孙策还把他的母亲请出来让张昭拜见，其实就是不拿他当外人，就算没有血缘关系，也是拜把子兄弟。

既然这么亲近，张昭又这么有才，孙策当然是对他大加重用，国家大事，军政大事，都让他管。这么一来，北方的人就只知有张昭，不知有孙策了。那些北方的士大夫给张昭写信，也是说子布兄啊，江东事业之所以能够蒸蒸日上，全都是因为你的功劳啊如何如何。

这就搞得张昭很尴尬了。

不跟孙策汇报吧，孙策得说：你隐瞒这些溢美之词，是真想把打天下的功劳都归到你身上，是吧？你想造反啊？

跟孙策汇报吧，孙策得想：你告诉我这些什么意思？让我知道你有多么受人欢迎是吧？想翘尾巴？想要待遇？想争功劳？你想造反啊？

猪八戒照镜子，里外不是人。

他就很郁闷。

后来孙策知道这事，跟他料想中的哪一种反应都不一样，而是哈哈大笑：

“古代管仲为齐国国相，人家开口仲父、闭口仲父，而齐桓公则称霸诸侯为天下所尊崇。如今子布甚贤，我能重用，他的功名难道不为我所有吗？”（“昔管仲相齐，一则仲父，二则仲父，而桓公为霸者宗。今子布贤，我能用之，其功名独不在我乎！”）

你看，孙策活得多明白呀，这个人多豪爽、多大气。

身为一个领导者，看起来好像被一群人围着，有事属下服其劳，他袖着手什么也不用干，可是他却是最难的，难就难在用人。用谁，为什么，用这个人干什么，怎么样才能发挥他的长处、避过他的短处，这都是领导艺术。

用人是门大学问，如同下棋，一步走对，全盘都活。你看曾国藩，一天散步归来，在客厅外头看见三个人，都是李鸿章荐来的。他二话不说，立马派活儿。左边那位，忠厚，叫他干后勤。中间那位，阳奉阴违，两面三刀，别给他派重活儿，怕他贪污受贿，吃里爬外。右边那位不得了，重用他。

李鸿章吓一跳：我还没介绍呢，怎么这老家伙什么都知道？曾国藩说：原因很简单，左边那位一见我过来，吓得头都不敢抬，胆小，老实，就是叫他守一座金山他也不敢搞贪污。中间那位看见我恭恭敬敬的，我刚一走过去他就开始贼眉鼠眼，到处乱看，一看就不是个好鸟。右边那位，我这么大一个人物来了，他动都不动，昂首挺胸的，嗯，不错，是大将之才。

果然，后边那位，就是后来清政府改台湾府为行省，它的巡抚——刘铭传。

用人出问题的，一步错，步步错。诸葛亮用马谡，失了一个小小的街亭也就罢了，关键在于它的严重后果，就像毛宗岗在第九十五回评中所说的：“南安不得不弃，安定不得不捐，天水不得不委，箕谷之兵不得不撤，西城之饷不得不收。遂使向之擒夏侯、斩崔谅、杀杨陵、取上邽、袭冀县、骂王朗、破曹真者，其功都付之乌有……”怪不得诸葛亮挥泪斩马谡，不斩不行，不光是他立了军令状的问题，这小子坏了蜀国大事！

刘表基业大吧？他不会用人，所以他就不行。孙策年纪轻轻创业，他会用人，所以张昭这个豪横的汉子就对他死心塌地、鞠躬尽瘁。就算他死了，张昭承担托孤之重，对孙权也是死心塌地、鞠躬尽瘁。

《吴历》记载，孙策临终对张昭说：“若仲谋不任事者，君便自取之。正复不克捷，缓步西归，亦无所虑。”意思就是说，孙权如果干不成事的话，这江东基业，你就自己取了吧，就算咱在江东待不下去，你以后慢慢地再回到江西，也保你无虑一世。

你看，就跟刘备跟诸葛亮托孤似的，是生死之交啊！

张昭当然不肯。

孙权因为悲伤而没有过问政事，张昭就对他说：

“作为国家继承人，重要的是能继承先辈遗业，使之昌大兴隆，以建成伟大的功业。如今天下动荡不安，盗贼占山蜂起，孝廉您怎么能卧床哀伤，与常人那样去放纵个人的感情呢？”

于是他亲自将孙权扶上马，侍卫随后列队而出，这才使众人心里感到有所归靠。

张昭又成为孙权的长史，与从前接受同样的职位。

然后，他的刚硬的个性脾气就在孙权的面前表露得一览无余了。对孙权不像对主子，倒像是严兄对弱弟，甚至是老叔对小侄，管啊，教啊，反正是不让孙权由着性子来。

孙权好打虎。那时候老虎可不是国家保护动物，可能还是挺多的，他孙权围猎的苑囿里，他有一回骑着马射老虎，老虎急了，猛扑一把，竟然前爪子抓住他的马鞍。

这有多险！

要是传出去说东吴的孙权没死在敌人手里，叫老虎咬死了，还不够丢人的！所以张昭气得够呛，变颜变色，上前就训：

“将军您何须这样做！为人君者，是说要能驾驭英雄、驱使群贤，岂是说在原野奔驰追逐，与猛兽比武较量！如果万一有个好歹而受天下取笑该怎么办？”

孙权挺不好意思的，说我年轻啊，考虑问题不像您那么深远，实在是惭愧，惭愧。

然后嘴上道歉，死不悔改。

就跟现在的小青年迷恋网游，大人怎么劝他都不听一样。

他让人给他专门做了一辆射虎车，其实就是一个大笼子，挺坚固的，笼子上开一个方方的洞，他坐在车里边，有人替他驾着车，他就从孔里边朝外射箭。那可全是猛兽啊，被追得急了眼就回过头向他的车子发起冲锋，大爪子大脑袋都冲到他前来了，那个方洞上连个盖板也没有，他就坐在里边哈哈大笑，拿手打人家的大头。

张昭劝啊，劝啊，劝得都没力气了，他很乖地笑笑，转过身又去打猎去了……

一个倚老卖老，孙策是你哥，我跟孙策是哥们儿，我就也是你哥，所以我就得管着你；一个倚小卖小，我就是这样，你能怎么着？事实证明，张昭还真不能把他怎么着……

不过，虽然不能把主上怎么着，给主上甩甩脸子，张昭还是真的敢。

孙权到武昌，登临钓台，如今大伙一块喝酒，君臣同乐嘛！年少豪情，看谁不肯喝就拿水泼，说今天一醉方休啊！谁不喝醉也不行！

张昭二话不说，沉着脸子就出去了，我就不喝！一个人气鼓鼓在车里坐着。

一会儿孙权就派人请他来了，把他请进去后，孙权说哎呀，大家高兴高兴嘛，您干吗发这么大的火？

张昭张嘴就说，目标直指这不懂事的臭孩子："从前商纣王做酒糟山、美酒池，喝酒通宵达旦，他也是说大家高兴高兴，乐和乐和。"言下之意是，商纣王就是这么乐和乐和着给把国乐和亡了的。

孙权惭愧了，不说话了。一会儿摆摆手，算了，大家散了吧！

他在孙权面前刚正直言，在外国使者面前，也是绝对的威风八面。

孙权这个人不是会变脸、能弯腰吗？他不急着当皇帝，而是曹丕当皇帝，他上表称臣，于是魏黄初二年（221），曹丕就派使者邢贞任命孙权为吴王。

邢贞也是也摆摆谱，都进了宫门了，还不下车。

张昭就上前跟邢贞叫板："礼节没有不恭敬这一条，故此法律也没有不施行这一点。而你胆敢妄自尊大，难道是认为江南人寡势弱，连一把用来执法行刑的小刀子也没有吗？"

这小子给灭了威风，生怕丢了小命，屁滚尿流就从车上下来了。这回东吴威风不堕，全赖张昭之力了。

然而，真到了孙权设置丞相的时候，大家都觉得凭着张昭的个人能力和威望，丞相之位一定是他的时候，孙权却偏不给他了。一次不给，给了一个名不见经传的人；第二次还是不给，而是给了顾雍。说话道理冠冕堂皇，但是内里却是很耐琢磨的。

他为什么不肯让张昭当丞相，难道真的是为了张昭的身体着想吗？怕他气坏了自个儿？

恐怕不然。

丞相，总揽一国政事，大权在握，一人之下，万人之上。张昭不当丞相还管东管西，管着自己不许喝大酒，不许打猎，那要是当了丞相，岂不是更要管得自己没好日子过了？

再者，要说孙权一点都不忌恨张昭，也是不对的。

大家还记得赤壁之战之前，东吴分成两派：一派主战，一派主降，吵得不可开交，诸葛亮来江东舌战群儒的事吗？

主战派的，以周瑜、鲁肃为首；主降派的，就是以张昭为首。诸葛亮来战群儒，战的就是张昭他们这一帮主降派的。

在《三国演义》里面，首当其冲向诸葛亮发难的，就是张昭。说我听说您先生是自比管、乐是吧？那怎么您没有跟刘豫州之前，刘豫州尚且纵横寰宇，割据城池；自从你跟了他，他却是“曹兵一出，弃甲抛戈，望风而窜；上不能报刘表以安庶民，下不能辅孤子而据疆土；乃弃新野，走樊城，败当阳，奔夏口，无容身之地：是豫州既得先生之后，反不如其初也”。人家管仲、乐毅，是你这样当的吗？

孔明说鹏飞万里，他的志向，那些个低飞的群鸟懂什么！（其实就是陈胜说的“燕雀安知鸿鹄之志”，把张昭给比成燕子和麻雀了。）就好比说吧，人得了重病，要喝稀粥，用性宽和的药，慢慢调理得他腑脏调和，然后才让他吃肉，才给他下猛药，这样才能除病根。要是一开始就吃肉大补，猛药施治，病能好得了才怪。

就好比说我主刘豫州吧，他寄住刘表那里，兵员不满千人，大将只有关羽、张飞、赵云，就好比一个人身染了重病。新野又人少粮稀，“甲兵不完，城郭不固，军不经练，粮不继日”，就这情况下，我还指挥着军队火攻博望坡，又水攻白河，吓得夏侯惇和曹仁之辈心惊胆战——就是管仲和乐毅用兵，也不过如此吧？

再说了，寡不敌众，胜败乃兵家常事，昔日咱高祖皇帝（注：指刘邦）跟项羽打仗，还不是败了再败？然后在垓下一战成功，这难道不是韩信的良谋吗？他辅佐高祖皇帝那么久，也不是老打胜仗啊！

“盖国家大计，社稷安危，是有主谋。非比夸辩之徒，虚誉欺人：坐议立谈，无人可及；临机应变，百无一能。诚为天下笑耳！”

这夸辩之徒，可不就是暗刺的张昭吗？张昭这么刚硬的人，居然无话可答了。

此后就是好一通大辩论，到最后孙权被诸葛亮激得拔剑砍桌子角，说战！战定了！谁再敢说降，等同此桌！

事实上，孙权本身就是倾向于战的。他是站在周瑜和鲁肃这一边的。他考虑的是：你们都可以降，你们降了之后可以封官晋爵，我可是江东之主啊，我降了，能有好果子吃吗？曹操会容得下旁人在他的卧榻之侧鼾睡吗？

孙权是这么想的，只是一直沉住气没有说，一直等着大家把态表完了，他才顺着诸葛亮的话做出被激得做出对战决定的样子来。用俩字说，就是装傻。他很善于装傻。

就在这场戏中，他对张昭也挺失望了，张昭平时多严厉峻烈的一个人啊，怎么到这时候只想着投降呢？只为自己的身家性命着想呢！

这也是后人对于张昭的疑问。张昭是贪生怕死之辈吗？是胆小自私的人吗？为什么他要降呢？

事实上，我倒觉得，张昭既不贪生怕死，也不胆小自私，他之所以主降，是因为他没有周瑜和鲁肃那样的战略眼光，他看不到这种以弱对强中的胜算，他以为是输定了、败定了。既然这样，那干脆降了，东吴还免遭兵火。也许他就是这么想的，但是他在孙权那里留下的印象可就差多了。

以至于后来孙权当上皇帝后，大宴宾客，要为周瑜庆功——他是打胜赤壁之战的大功臣啊！张昭刚要举起笏板向他颂圣（张昭也不是整天板着张棺材脸看这也不好，瞧那也不对，管孙权跟管三孙子似的，毕竟人家才是皇帝不是？），结果孙权没给他面子，而是说，张公啊，如果要是当初听了你的话投降的话，我现在不但坐不上这位子，而且还在要饭吃哪。

张昭俯伏在地，汗流满面。

语出《江表传》："权既即尊位，请会百官，归功周瑜。昭举笏欲褒赞功德，未及言，权曰：'如张公之计，今已乞食矣。'昭大惭，伏地流汗。"

虽然孙权给张昭弄了一回大大的难堪，而且也不让他当丞相，不让他抓权，但是张昭的忠心不变，脾气也不变。上朝的时候，老是那么雄壮严厉，义形于色，咄咄逼人。敢说实话，敢说真话，也敢说直话，说得孙权生气了，不知道是他不让张昭入朝觐见，你给我在家里待着吧；还是张昭自己气坏了，不肯入朝觐见，老臣我就在家里待着了。反正有一阵子，张昭不上朝了。

就是在这期间，蜀国派使者来了，凡是当使者的，都是嘴皮子利索的，这一番夸，把蜀国的大臣夸得德行之高尚，天上少有，地上无双。结果吴国没有一个人出面把他顶回去，孙权就想起张昭来了。当初张昭不是给魏国的使臣一个下马威吗？如果他在的话，肯定也不会让蜀国的使臣在这里大放厥词的。

于是第二天孙权就派人去慰劳张昭，并乘机请张昭进见。

这算是给了张昭一个台阶下。既然这个当了皇帝的小兄弟又想起他这个老哥哥来了，那就去见吧。再说老不见，也怪想的。

于是张昭就去见孙权。孙权招待他，他就离席向孙权赔罪致歉，孙权跪下阻止了他。

结果张昭这份死硬脾气的，还是不改。坐下就翻旧账：

"过去太后、桓王不把老臣托付给陛下，而将陛下托付给老臣，故此老臣想尽臣子的节操，来报答这般厚恩，使自己在死之后，有可为人称道之处。但我见识思虑浅短，违逆陛下圣明的意旨，自己认为死后必将尸骸永远丢弃在沟壑中，不料又蒙召见，得以报效陛下于朝廷。然而我这颗愚暗的心用来服务国家，志在忠贞不移，死而后已。假如说要我改变思想，以求得世间的尊荣和陛下的欢心，这一点微臣是绝对做不到的！"

孙权能说什么？张昭已经说得很明白了，过去你娘、你哥是把你托付给了我，不是把我托付给了你，所以咱俩谁管谁？肯定不是你管我，肯定是要我管你。我管你，就难免惹你不待见，但是我也不能因为你不待见我，我就放手不去管。这一点我万万做不到。你就是给我再大的尊荣，我也不能光说好听话来讨你的欢心。

这话说的，真是，活脱脱就是一个老大哥训小弟兄。孙权都没话说了，于是向他深表歉意。

说实话，孙权虽说年轻时热血忠勇，越大越专权，越老越昏庸，但是，他对于张昭始终没有太过分。若是换个人，比如曹操父子，张昭不定死了多少回了，不是被直接砍头，就是被借刀杀人。比如项羽，那也是活活气死的命。范增不是被项羽给气得要死，也没有落个好下场吗？当然，若是他当阿斗的辅政大臣那倒好说了，可是他也要被阿斗气死了，那就是伺候一个白痴啊，只有诸葛亮才能有那份耐心。

后来就出了公孙渊这档子事。

公孙渊向孙权上表称臣，孙权就要派张弥和许晏到辽东封公孙渊为燕王，张昭就不肯，进谏，说："公孙渊是背叛了魏国，怕魏国派兵打他，所以才远道找咱们当靠山。他向我国称臣不是他的本意，那他要是改了主意，接着称臣于魏，咱们的两个使者就回不来了。吴国会被天下人笑话的。"

他说得很有道理。堂堂吴国，去封人家当王，结果人家不但不肯当你的王，还杀了你的使臣，肯定会被人笑话，大损威严。

孙权不听张昭的，和张昭争辩；张昭又不听孙权的，更加来劲地和孙权争辩。把孙权给气的，都忍不住要动刀子了，劈了他得了，手按着刀，说："吴国的官员士人进宫则向我拜谒，出宫则向您致礼。孤对您的敬重，也算到了顶，而您却屡次在大庭广众中反驳孤，孤真担心自己会做出失策的事。"

那意思就是说在宫里我为大，出了门你为大，我对你的敬重也够了，你居然一点面子都不给，你别逼我野蛮啊！

唉，孙权不是商纣王啊，要不然十个张昭也撂在那儿回不了家吃饭了。

张昭根本不怕他这一套，继续说："为臣虽说知道自己的话不会被采用，而每每竭尽愚忠，确是因为太后临终之时，将老臣叫到床前，遗诏顾命的话语总在我的耳边啊！"

说着就哭了，热泪横流；孙权能怎么样？都把自己的老妈抬出来了，把刀扔了，和张昭相对而泣。

不过孙权对于张昭，采取的始终是一种耍赖皮的态度，你说我，我是承认错误，坚决不改，反正你也不能把我怎么样——当然，我也不能把你怎么样。我又不能杀了你这个顾命大臣。

所以孙权最终还是派张弥、许晏去了辽东。

这回可把张昭气坏了。你这孩子咋就说什么都不听呢！干脆，我病了，不上朝了！

结果又把孙权气坏了：你说病就病，说不上朝就不上朝，敢情你说什么就是什么啊！你不上朝也成，来人，给我把他家大门用土堆死，让他别说上朝了，哪儿都不能去，连街都不能上，也不许人来客往地拜访。

张昭一看，不愧属钢筋的，脑门子上青筋蹦出两条：来人，给我把大门里面用土堆死，皇上不让我出门，那我就不出门，在家里闷死了算。

这老哥儿俩较劲的时候，张昭的明识远见就显示出来了，公孙渊果然不接受孙权给他的封号，也果然杀害了张弥和许晏，果然东吴为天下笑。

孙权这回算是又服了一回软。

我们前面就说过孙权是一个能屈能伸的人，对外是这样，对魏、对蜀都这样；而且孙权还很善于变脸，一会儿和人好得不行，转个脸来就成仇人，和人打成一团。结果他在内部也是这样，也能屈能伸能变脸。他对张昭来了一通硬的了，结果发现硬的不行；而事实证明张昭也说对了，所以他又服软了，多次派人慰问张昭并赔不是。

张昭呢，根本没有借坡下驴那一说，就是坚决不起床。

孙权有一回有什么事，路过张昭的家门口，喊他出来，他居然说老臣病重呢，起不了床，皇上您自便吧。

孙权真是火气攻心，我好歹是个皇帝，这点面子都不给？来呀，给我放火烧他家大门！那个谁？说你呢，让你烧他家大门，谁让你点他家房子了？光烧门就行了啊！吓唬吓唬他。

结果张昭怎么办？他躺在炕上，吩咐人，来呀，给我把屋里的门窗关严实喽。皇上要烧死我，那我就成全他，烧死了算。

这事闹的。

孙权再一次被搞得没脾气，派人把火灭了，也不走，就那么在门外边站着。

张昭的家里人一看不是事，哪有皇帝在门外罚站的？几个儿子硬把老爷子给扶起来，放到孙权的车上，孙权把他带到宫中，然后做了深刻、细致、到位的自我批评和自我检讨。

张昭没有办法了，只好继续上朝觐见。

这场闹剧又以刚硬的张昭略胜一筹收场。

常言说，上有所好，下必甚焉。这句话再引申一下，就是上有所畏，下必惮之。

张昭这个人脾气也硬，长相也庄严端重，十分威风。孙权经常被他驳面子，都驳得习以为常了，也不觉得有什么不好意思的，就经常跟人说：“孤与张公谈话，不敢信口开河。”

结果他这么一来，整个国家就没一个不怕张昭的。

张昭八十一岁，于嘉禾五年（236）去世。

在那个乱世争雄的年代，人人都殚精竭虑，很少有能够如此长寿的人。或者夭于刀兵，或者死于耗竭，或者被阴谋暗算。张昭后期虽然未受重用，不能总揽政事，只能闭门著书，但是算是正儿八经地得了善终。估计他在不能当丞相的比较郁闷的状态中能活这么大岁数，跟他的脾气直，有话就说，不积郁在心，情绪排解比较快有关系。所以说要想长寿，就不要把什么情绪都闷在心里，跟闷火烧开锅一样，会把一个人活活给郁闷死的。

张昭临死遗嘱，缣布束发，素棺常服入殓。奇怪得很，像这种对国家、对社稷立了大功的人，对于自己死后的待遇要求都很低，都是要求低调，再低调。他们的精神境界已经提升到了实现个人价值与扶保社稷上面，对于这种个人的奢华呀、享受呀、死后的哀荣呀，就看得很淡很淡了。

孙权亲自素服吊唁，谥其为“文侯”。

张昭的长子张承已被封侯，张昭的爵位就由小儿子张休继承。

总的来说，一门荣宠。

第二节　沉默的顾雍

【原文】

久之，吕壹、秦博为中书，典校诸官府及州郡文书。壹等因此渐作威福，遂造作榷酤障管之利，举罪纠奸，纤介必闻，重以深案丑诬，毁短大臣，排陷无辜，雍等皆见举白，用被谴让。后壹奸罪发露，收系廷尉。雍往断狱，壹以囚见，雍和颜色，问其辞状，临出，又谓壹曰：“君意得无欲有所道？”壹叩头无言。时尚书郎怀叙面詈辱壹，雍责叙曰：“官有正法，何至于此！”

【译文】

过了一个时期，吕壹、秦博为中书，主管审核各官府及州郡上报的文书。

吕壹等因此逐渐作威作福，于是开始建置机构卖酒、关隘征税牟取暴利，检举他人罪过，细微的小事也上报朝廷，再加重案情进行诬陷，毁谤大臣，排斥陷害无辜之人，顾雍等人都曾受到他们的举报告发，并因此遭到谴责。

后来吕壹邪恶罪行暴露，收押在廷尉府中。

顾雍前往审理此案，吕壹以囚犯身份见顾雍，顾雍和颜悦色，问他诉讼言辞。

临走时，又对吕壹说："你心里还有什么想说的吗？"吕壹只是叩头无话可说。

当时尚书郎怀叙当面斥骂羞辱吕壹，顾雍批评他说："官府有明确的法令，何必如此呢？"

【评点】

顾雍（168—243），字元叹，吴郡吴县人。孙吴丞相、政治家。

顾雍也算出身江南的名门望族，他的曾祖父顾奉当过颍川太守。不过他的名字"雍"不是他父母起的，是老师赠的。他的老师叫蔡邕，他跟着蔡邕学琴学书，蔡邕因为待见他，所以就给他起名顾雍，和自己的名字字异而音同。（语出《江表传》："雍从伯喈学，专一清静，敏而易教。伯喈贵异之，谓曰：'卿必成致，今以吾名与卿。'故雍与伯喈同名。"）

而且，据《吴录》的说法，"雍字元叹，言为蔡雍之所叹，因以为字焉"。也就是说，就连他的字，也是因为老师对他啧啧称叹，所以就叫了这个字的。可见老师对他的前景看好与当下器重。

蔡邕不是一般人，这个我们前面就已经说过了，他的女儿蔡文姬是个才女，就是因为系出名门，她的父亲蔡邕是个大大的才子。琴也好，书也好，这个毋庸再言。

能受蔡邕赐名，又能被蔡邕称叹，那顾雍也不是一般人。他非同一般的地方是这个人虽然聪明至极，却又简静异常，学习非常专一，艺业日益精进。

既然蔡邕是个才子，那么顾雍也就是一个才子了。他不但受老师的器重，也受当朝当政者的器重。州郡都上表举荐他，他成年就当了合肥县县长，后来转任娄县县长、曲阿县县长、上虞县县长。当然，他也没有辜负了大家对他的期望，每一处都做出了政绩，而不是尸位素餐。

孙权兼任会稽太守，不在郡府就任，以顾雍为郡丞，代理太守职任，讨除贼寇，郡内安定平静，官民都归服他。

几年后，他入朝任左司马。

这个人的修养高、境界高，已经低调到了让人觉得不可思议的地步。孙权为吴王时，顾雍逐步升任为大理奉常，兼任尚书令，封爵阳遂乡侯，封侯后回到官邸。他家里的人根本不知道，还是后来听别人说的，这才大吃一惊。

写到这里想起《儒林外史》里的一个叫匡超人的读书人，未曾发迹时何等的寒窘，等到做了官，那又是何等的张扬：

他的老婆死了，他吩咐他的哥哥：

“……方才老爹说的，他是个诰命夫人，到家请会画的替他追个像，把凤冠补服画起来，逢时遇节，供在家里，叫小女儿烧香，他的魂灵也欢喜。就是那年我做了家去与娘的那件补服，若本家亲戚们家请酒，叫娘也穿起来，显得与众人不同。哥将来在家，也要叫人称呼‘老爷’，凡事立起体统来，不可自己倒了架子。我将来有了地方，少不得连哥嫂都接到任上同享荣华的。”

瞧瞧，这是什么差别，一个是珠穆朗玛峰，一个是马里亚纳大海沟。

因为他能干又低调，所以孙权也很待见他。“黄武四年，迎母于吴。既至，权临贺之，亲拜其母于庭，公卿大臣毕会，后太子又往庆焉。”

就是说，黄武四年（225），顾雍到吴郡迎来母亲。母亲来到后，孙权亲自前往庆贺，并在厅堂上向他母亲行拜礼。公卿大臣们全来聚会，后来太子又前往庆贺，真是给足了顾雍面子。

顾雍为人从不饮酒，沉默寡言，举止得当。孙权曾感叹地说：“顾君不言，言必在理。”

到饮宴欢乐之时，左右的人都怕酒后言行有失而被顾雍见怪，故此不敢放纵尽情。孙权又说：“顾公在座，人不敢乐。”

据说当孙权带着他的一帮臣子们一起喝大酒发酒疯的时候，顾雍干什么呢？这下子他跟着蔡老师学的本事就用得上了，他拿笔把同僚们的酒后表现一一都给记录下来，等他们酒醒了，再一一念给他们听。酒前端端正正，酒后显露原形，这下子把这些衣冠中人给窘的，以后他在座的时候，就再也不敢喝大酒了。

他就是这样让人敬畏。

这一年，顾雍被改任为太常，晋封醴陵侯，替代孙邵为丞相，兼管尚书事。他所选择任用的文武官吏都能各尽所能，心无不适之意。

他常到民间察访征询，遇上有政务上应采用的地方，就当即秘密呈报。如能被采纳施行，则归功于主上，如果未被采纳，则永远不泄露其中情况。孙权由此十分敬重他。

然而他在朝廷上有所陈述与建议，言辞表情虽然恭顺，但所坚持的原则正直不屈。

孙权曾咨询朝政得失，张昭趁时将自己收集到的意见陈述出来，颇以为法令太严、刑罚过重，应该有所减损。孙权听了不作声。他回头问顾雍："您认为怎样？"顾雍回答说："我所听到的情况，也像张昭说的那样。"于是孙权才讨论讼狱减轻刑罚。

所以说，顾雍是十分内向的，性格四平八稳，估计他平时也很少说说笑笑，就是十分简静的一个人。既简静，又讲原则；既讲原则，又不疾言厉色，像张昭似的。所以就给人感觉十分的稳重可靠，而且也对他十分好奇，因为他不是把他的心里话和盘托出来让大家看，而是让你猜，就跟猜谜语似的。人们都有好奇心嘛，于是就猜了个不亦乐乎了。

《江表传》就说："灌常令中书郎诣雍，有所咨访。若合雍意，事可施行，即与相反覆，究而论之，为设酒食。如不合意，雍即正色改容，默然不言，无所施设，即退告。"

就是说，孙权常常让中书郎去带着问题拜见顾雍，如果要是合了顾雍的意思，事情可以施行的话，顾雍就会和他反复推究、讨论，给他摆酒摆饭招待他。如果不合顾雍的意思，顾雍也不说话，就那么坐着，酒也不见，饭也不见，中书郎一看，告退，回去禀告，于是就知道这事不成。孙权说："顾公欢悦，是事合宜也；其不言者，是事未平也，孤当重思之。"

你看，顾雍就是这么的被敬重、被信任。

军国大事，政策可不可行，如果不是面见孙权的话，他就一句多的话也不说，肯定不在下面瞎发议论。谨慎持重如此。

所以他当得了东吴的丞相，因为他看似软，实则有弹性；看似有弹性，实则讲原则；看似是面团，实则是一块挺有风度、挺有内涵的面筋。

他也生了个好儿子顾劭，小时候和他的舅舅陆绩齐名，被庞统评价为"驽牛能负重致远"——之所以被比成"驽牛"，估计也就是行事谦虚谨慎而低调，和他爹差不多，家风嘛，当爹的以身作则，他当然也就有样学样。

孙权把他大哥孙策的女儿许配给了顾劭。据说顾劭死的时候，顾雍得知消息时，他的属下们正高高兴兴地下棋。为了不扫大家的兴，他强忍心中的悲痛，等着他们把棋下完……

顾劭有两个儿子，顾承、顾谭。问题就出在这个顾谭的身上。

《江表传》曰："权嫁从女，女顾氏甥，故请雍父子及孙谭，谭时为选曹尚书，见任贵重。是日，权极欢。谭醉酒，三起舞，舞不知止。雍内怒之。明日，召谭，诃责之曰：‘君王以含垢为德，臣下以恭谨为节。昔萧何、吴汉并有大功，何每见高帝，似不能言；汉奉光武，亦信恪勤。汝之于国，宁有汗马之劳、可书之事邪？但阶门户之资，遂见宠任耳，何有舞不复知止？虽为酒后，亦由恃恩忘敬，谦虚不足。损吾家者必尔也。’因背向壁卧，谭立过一时，乃见遣。”

就是说，有一回，孙权出嫁一个内侄女，这个内侄女也是顾氏的外孙女，于是婚宴上，当然也就会宴请顾家的人。

顾雍父子和孙子顾谭一起到场。当时顾雍父子俱任高位，这个孙子的官位也不低，时任选曹尚书，也是实权派。

孙权就是个爱杯中物的家伙，逢着这样的场合，他还不是鼓动着大家伙照死了喝，于是全都喝呀喝的，就把顾谭给喝多了，喝醉了，开始跳舞了，谁拉也拉不住。

把顾雍给气的，这个人脾气不是没有，不过就是涵养好，善克制罢了，就含着一腔怒火，等着孙子酒醒了再说。

第二天，顾谭酒醒了，顾雍把他叫过来，当面斥责：

“君王以忍辱负重为德，臣下以恭敬谨慎为节。当年人家萧何、吴汉都立过大功，见了高祖皇帝的时候，都唯唯诺诺，就像不会说话一样，处处都显得自己战战兢兢，受宠若惊，从来不敢翘尾巴。你看你，你对国家立过什么汗马功劳？你有什么资格跳舞跳得得意忘形？你以为酒后就有担待了？你还是恃宠生骄，恃恩忘敬，谦虚不足，以后迟早得败坏了咱们的家族！”

估计是顾雍在家里也是安静惯了，很少发脾气的，所以发这一回脾气，就十分有功效。人常说隔辈亲，爷爷和孙子，大多数时候都是爷爷像孙子，孙子像爷爷，不过那都是平时，现在顾谭可是真害怕了，爷爷脸冲墙躺着，不理他了，他就乖乖地悔过，罚站俩钟头。最后顾雍看不过去了，让他走，他才敢走。

估计这一回就长记性了。

你看，顾雍根本不用动家法呀，抡鸡毛掸子呀，撅着山羊胡子喘着粗气地表演雷霆之怒，只这么说几句，孙子就怕得要死了。可见，越有威望的人越安静，越安静的人，发一回脾气越见效果。

至于在对待曾经陷害过他的吕壹的时候，则充分显现了他做人的风度。

他不嘲笑。哈哈！你也有今天！

他不挟怨。哼哼！你当初怎么整我的？

他不报复。嘿嘿！这回，等着瞧吧……

他就那么公平公正地、四平八稳地、安安静静地，把这只害国的蠹虫给办了，办得吴国人心服口服，也办得后人口服心服。

什么叫宰相肚里能撑船？这就是。

所以说，如果说三国名相诸葛亮若是认第二，就没人敢认第一的话，那么，三国名相顾雍若是认第三，就没人敢认第二。

这荣誉是历史给他的，却也是他自己挣来的。

第三节　委婉的诸葛瑾

【原文】

诸葛瑾字子瑜，琅邪阳都人也。汉末避乱江东。值孙策卒，孙权姊婿曲阿弘咨见而异之，荐之于权，与鲁肃等并见宾待，后为权长史，转中司马。建安二十年，权遣瑾使蜀通好刘备，与其弟亮俱公会相见，退无私面。

【译文】

诸葛瑾，字子瑜，琅玡郡阳都人。

汉朝末年他避乱江东。

正值孙策去世，孙权的姐夫曲阿人弘咨见诸葛瑾非同一般人，将他推荐给孙权，与鲁肃等一同被作为宾客礼待，诸葛瑾后来为孙权的长史，转任中司马。

建安二十年（215），孙权派遣诸葛瑾出使蜀国与刘备结好，诸葛瑾与弟弟诸葛亮都以公事相见，公事之后没有任何私人的会见。

【评点】

诸葛瑾（174—241），字子瑜，琅玡阳都人。东吴大臣，诸葛亮之兄，诸葛恪之父。胸怀宽广，温厚诚信，深得孙权信赖。孙权称帝后，诸葛瑾官至大将军，领豫州牧。

他和诸葛亮是亲兄弟，比诸葛亮大好几岁。诸葛亮还躬耕陇亩的时候，他就已经为东吴效力了。所以说两个人分开得比较早。但是可能是因为血缘关系，两个人有着一个非常明显的共同点，就是谨慎。

诸葛亮的谨慎众所周知，所谓“诸葛一生惟谨慎，吕端大事不糊涂”。诸葛瑾的谨慎也不逊其弟。

所以一方面各为其主，另一方面也是出于谨慎，所以两个人公干之余，退无私交。

不知道为什么，读到“退无私面”的时候，心里泛起一丝酸楚。大丈夫处身乱世，又各在不同的阵营，就是这样被政治阻断了亲情。

以前读过一篇外国小说，说的是一队人埋伏在一个山坳里面，被一个骑到山顶上的骑兵发现。但是这队人并没有发现有人发现了他们，是这个骑兵身后的一个人发现了，于是举枪瞄准，把这个骑兵打得滚鞍落马，死于非命。一个非常标准的“螳螂捕蝉，黄雀在后”的故事，问题是，这个开枪的人在确认这个敌人死后，泪流满面，痛哭失声——因为他亲自开枪打死了他的父亲。

相比起来，诸葛亮和诸葛瑾两兄弟都是文人，不用操戈上阵，也就避免了这样流泪互战的惨剧，也算是一种不幸中的幸运。

其实，这不过是两个人至为谨慎，就算是偶尔不谨慎一下，退有私面也没有什么，不但刘备对诸葛亮是好比鱼对于水的信任，孙权对于诸葛瑾的信任也是好花对春风的信任。

夷陵之战，要不是诸葛瑾得罪了人，就是有小人无事生非献殷勤，就在孙权面前告状，说诸葛瑾和诸葛亮有来往，他里通外国，他是叛徒，如何如何。

这事还是出于《江表传》：“瑾之在南郡，人有密谗瑾者。此语颇流闻于外。”当时陆逊能替诸葛瑾做担保，说他没这回事，但是光他说不行，得有孙权来辟谣，所以他就给孙权上表。

孙权就说：“子瑜与孤从事积年，恩如骨肉，深相明究，其为人非道不行，非义不言。玄德昔遣孔明至吴，孤尝语子瑜曰：‘卿与孔明同产，且弟随兄，于义为顺，何以不留孔明？孔明若留从卿者，孤当以书解玄德，意自随人耳。’子瑜答孤言：‘弟亮以失身于人，委质定分，义无二心。弟之不留，犹瑾之不往也。’其言足贯神明。今岂当有此乎？孤前得妄语文疏，即封示子瑜，并手笔与子瑜，即得其报，论天下君臣大节，一定之分。孤与子瑜，可谓神交，非外言所间也。知卿意至，辄封来表，以示子瑜，使知卿意。”

好长的一篇话，就是专为替诸葛瑾洗清的。他说诸葛子瑜和我打了这么多年的老伙计，就跟亲兄弟一样亲，我知道他，他也知道我。这个人做人，是不合正道的事不干，不合公义的话不说。当年刘备派孔明来吴国，我想让他挖孔明的墙脚来着，可是他却说，我兄弟诸葛亮对蜀国肯定没有二心，他的不肯留在咱们吴国，就跟我不肯去他们蜀国一样。你说他说这样的话，又怎么肯现在私自里通蜀国？我原先就收到诬蔑他的文疏啦，当即就把这文疏密封好交给了子瑜，并且亲自写信给他。结果马上就得了他的信，对我论天下君臣大节，一定之分。你看，我和他真是神交啊（很可能是孙权的信发出的同时，收到了诸葛瑾的信），这岂是外人几句话就能离间得了的？你也把我的这封信给子瑜看，让他也知道你的这番好意吧！

这么长的一番话，在正史《三国志》里面，浓缩成了：“孤与子瑜有死生不易之誓，子瑜之不负孤，犹孤之不负子瑜也。”

无论话简话繁，这对君臣之间的彼此信任，同样令人动容。

诸葛瑾和诸葛亮两兄弟，都是话把式，把语言修炼得格外精深。诸葛亮对人说话善激，诸葛瑾对人说话善曲。

还记得诸葛亮激老将黄忠吗？激得黄忠勇冠三军，那么一把年纪立下大大的战功。

他还激过关羽，激过张飞，激过赵云，激过周瑜，反正落在他的算计中的人，无不受激。

比如在攻打桂阳的时候，诸葛亮不问谁领兵去，而是问谁敢领兵去。

身为大将，当然不能“不敢”，于是赵云和张飞都跳出来了。两个人开争。诸葛亮让抓阄，赵云抓到，张飞不干，说我更勇敢，我只要三千人就中。赵云一看，那我也只要三千人，并且我还愿意立军令状。这下子，诸葛亮就让赵云签下军令状出发了。

很快，赵云不负众望，攻下了桂阳。

到打武陵了，诸葛亮跟张飞讲，赵云敢立军令状，带三千人去打，而且还打胜了，你敢不敢？这下子张飞也中圈套了，毫不犹豫地签下军令状，带兵出发。

结果张飞把武陵也打下来了。

诸葛瑾干的不是调兵遣将的活，他最多的时候，是面对着他家的主公，出主意，拿办法，甚至还要做主公的思想工作。所以，工作的对象不同，他说话的方式也就不会一样。

张昭面对孙权的时候，倚老卖老，是不讲方式方法的，就一个字：直。顾雍在面对孙权的时候，是讲方式方法的，他的方法也就一个字：默。到了诸葛瑾这里，在面对孙权的时候，也同样讲方式方法，他的方式方法也是一个字：曲。

怎么个曲法呢？

诸葛瑾同孙权不论谈话、劝谏，从不急迫直言，只是稍微表示出自己的倾向，大略道出自己的意图，点到为止。

如有与孙权心意不合时，他便放弃正在进行的内容而转向其他的话题，渐渐地再借其他事情从头开始，以对同类事情的看法求得孙权的赞同，于是孙权的思想也往往得到开通。

吴郡太守朱治，是举荐孙权为孝廉的将领，孙权曾对他有怨望的地方，只因平时对他很敬重，难于亲自启齿责备他，故而心内愤怨无法排解。

诸葛瑾揣摩到其中的缘故，又不敢公开明白地说出口。

于是自求用孙权的意思来自问，这样他就在孙权面前写信，广泛地阐明事物的常理，借题用自己的思想迂回地推测分析孙权的内心活动。

写完后，他将信呈交孙权，孙权看后很高兴，笑着说："我的疙瘩让你给解开了。颜渊之德，是要人更为亲爱，应该就是这个意思吧！"

孙权又责备过校尉殷模，所定罪名令人难料。很多大臣为殷模求情，孙权更加愤怒，与求情人们反复论争，只有诸葛瑾默不作声。

孙权说："子瑜怎么不说话？"

诸葛瑾离开坐席说："臣下与殷模等因遭受故土沦陷，生灵灭绝。离弃祖坟，携老带幼，披荆斩棘，前来归顺圣明的教化，在流亡贱人中，蒙主公生身养命之福，不能自我互相督责砥砺，以报答万分之一的恩德，致使殷模辜负圣上的恩惠，自我陷入罪恶之中。为臣认罪尚来不及，确实不敢说什么。"

孙权听后很为伤感，于是说："我特为您而赦免他。"

所以说，诸葛瑾这人，就好像是一条皮筋，韧韧的，弯曲度、柔软度都很高，但却能够弯弯曲曲地达到他的目的。

孙权赞赏他能"使人加亲"。

吴国的直臣虞翻也佩服他，写信称道："诸葛敦仁，则天活物，比蒙清论，有以保分。"

诸葛瑾的一生，也是为东吴效力殚精竭虑的一生。

他跟随孙权讨伐关羽，被封为宣城侯，以绥南将军的身份接替吕蒙兼任南郡太守，驻守公安。

刘备因为东吴杀了关羽，于是东伐吴国，孙权求和，诸葛瑾给刘备去信说：

"陡然听说您的大军从白帝城开发，有人担心您的议事大臣会认为吴王侵夺此州，杀害关羽，怨深祸大，不当答应和解，这种思想认识只是从小处用心，没有从大局考虑。我试为陛下分析此事的轻重大小。陛下如能抑制威势，消减愤怒，姑且审查一下我的意见，主意就可立即确定，不需再咨询各位大臣。

"陛下同关羽之亲能比得上同汉朝先皇之亲吗？荆州的大小能比上整个国家吗？对曹操和孙权都应仇恨，谁应放在第一位？如果审察权衡这些，做出决定就易如反掌。"

他和刘备说话，其实也是谆谆劝导，而不是直通通地说我认为你很蠢，我的意思应当怎样、如何如何。但是他的立场很明确，就是在为东吴着想的，劝说刘备不要攻打东吴，与其打我们，不如去打曹操啊！

就是这时候，有人说诸葛瑾和蜀汉暗通款曲，另派亲信给刘备报信的，也就是在这时候，孙权才说出了这句相交至深的名言：

“孤与子瑜有死生不易之誓，子瑜之不负孤，犹孤之不负子瑜也。”

孙权后来登基当了皇帝，任命诸葛瑾为大将军、左都护，兼职豫州牧。官也大，位也显。

这个时候，孙权已经渐渐昏庸，信任小人了。吕壹被他宠得无法无天，像条疯狗一样四处乱咬。到吕壹被杀之后，孙权还下诏书责备诸葛瑾等人，怎么我有错了你们也不给指出来。

诸葛瑾马上根据具体情况做了答复，话语恭顺而说理明确。总的来说，就是顺着毛捋，在不惹恼上司老板的情况下，把自己的想法表达出来。

所以说诸葛瑾是个很聪明的人。

他也生了一个非常聪明的儿子，叫诸葛恪。这孩子太聪明了。

有一回，孙权大会群臣——这人爱喝酒，爱热闹，动不动就大宴群臣。诸葛瑾脸长，他就在一只驴脸上写上“诸葛子瑜”。诸葛恪见了，跪求用笔，然后添上俩字“之驴”，变成了“诸葛子瑜之驴”。大家哈哈大笑。

孙权问他：“你父亲和你叔叔，哪个更贤明？”

哪有当儿子的不说父亲好的？所以他就回答：“我父亲。”

但是原因却是如下：“我父亲知道择主而事，而叔父不能。”

那意思就是我父亲择了一个明君，我的叔父择的不是明君，这不是暗拍马屁吗？所以孙权就很高兴了，觉得诸葛瑾很了不起了，他儿子更了不起。

不过，诸葛瑾可不认为这种外露的聪明有什么好处。越聪明外露，越名盛当世；越名盛当世，越虚荣心膨胀；越虚荣心膨胀，越掂不清自己几斤几两；越掂不清自己几斤几两，越容易做错事、出昏招。

在那样的时代，处于那样的地位，做错事、出昏着的后果是很可怕的，动不动就是斩首！灭门！抄家！夷族！

所以，诸葛瑾谓其“非保家之子”，深为忧虑哀伤。

事实证明，他忧虑得对。诸葛恪的结局就是被杀，家族夷灭。

《吴书》对诸葛瑾是这样评价的：

“初，瑾为大将军，而弟亮为蜀丞相，二子恪、融皆典戎马，督领将帅，族弟诞又显名于魏，一门三方为冠盖，天下荣之。谨才略虽不及弟，而德行尤纯。妻死不改娶，有所爱妾，生子不举，其笃慎皆如此。”

意思是：当初，诸葛瑾是东吴的大将军，弟弟诸葛亮是蜀国的丞相。诸葛瑾的两个儿子诸葛恪、诸葛融皆典戎马，督领将帅。诸葛瑾的族弟诸葛诞又在魏国享有盛名。可谓一门三方都为高官，荣冠天下。而诸葛瑾呢，才能韬略虽然比不上他的弟弟诸葛亮，但是德行却更加精纯。妻子死后不再续娶，他喜欢的妾侍生了儿子，也不提拔这个儿子，他的实在谨慎都是如此。

可惜，他再实在谨慎，也抵挡不住他的家族被夷灭。

当然，这都是后话。他和他的弟弟诸葛亮都不仅仅是聪明人，都是智者，都能够抓住世道人心运行的规律，于此看到各自的结局。

卷四十一 《三国志·吴书九 周瑜鲁肃吕蒙传》

第一节 周瑜——曲有误，周郎顾

【原文】

时刘备为曹公所破，欲引南渡江，与鲁肃遇于当阳，遂共图计，因进住夏口，遣诸葛亮诣权。权遂遣瑜及程普等与备并力逆曹公，遇于赤壁。时曹公军众已有疾病，初一交战，公军败退，引次江北。瑜等在南岸。瑜部将黄盖曰："今寇众我寡，难与持久。然观操军船舰首尾相接，可烧而走也。"乃取蒙冲斗舰数十艘，实以薪草，膏油灌其中，裹以帷幕，上建牙旗，先书报曹公，欺以欲降。又豫备走舸，各系大船后，因引次俱前。曹公军吏士皆延颈观望，指言盖降。盖放诸船，同时发火。时风盛猛，悉延烧岸上营落。顷之，烟炎张天，人马烧溺死者甚众，军遂败退，还保南郡。

【译文】

当时，刘备被曹操打败，企图南撤渡过长江，与鲁肃在当阳相遇，于是共商抗曹大计。由是刘备也进驻夏口，委派诸葛亮前往拜谒孙权。孙权于是派遣周瑜与程普等与刘备合力迎击曹操，两军相战于赤壁。

这时曹操军队的士卒不少人染有疾病，刚一交战，曹军即败，退兵驻扎长江北岸。

周瑜等驻军长江南岸。

周瑜的部将黄盖说："如今敌众我寡，难以与之进行持久战。然而观察曹军战船全都首尾相接，可以用火攻将其烧毁打败。"

于是周瑜调拨几十艘大船战舰，船内装满柴草，在柴草上浇满油膏，外面罩上帷幕，上面插上牙旗，先让黄盖写信给曹操，欺骗说要前来投降。

又预备一些轻便快捷的小船，分别系在大船的尾后，于是船队依次向前驶去。

曹操军中官兵都伸长脖子在观望，指点船队说黄盖来投降了。

黄盖命解开各小船，将大船同时点火。

当时风势威猛，大火蔓延江北烧到岸上的曹军营寨。

片刻之间，烟火冲天，曹军人马被烧死淹死者不计其数，于是全军败退，返还保守南郡。

【评点】

周瑜（175—210）字公瑾，庐江舒县人。东吴名将，长得帅，所谓"瑜长壮有姿貌"，人称"周郎"。

以貌取人是人类的爱好，潘安人称"潘郎"，孙策人称"孙郎"，周瑜人称"周郎"，放在现代，就是一口一个帅哥地叫：潘帅哥、孙帅哥、周帅哥、帅哥帅哥……

然后再加上苏轼的《念奴娇·赤壁怀古》一出，周帅哥的帅哥形象就更加深入人心：

> 大江东去，浪淘尽、千古风流人物。
> 故垒西边，人道是、三国周郎赤壁。
> 乱石穿空，惊涛拍岸，卷起千堆雪。
> 江山如画，一时多少豪杰！
> 遥想公瑾当年，小乔初嫁了，雄姿英发。
> 羽扇纶巾，谈笑间、樯橹灰飞烟灭。
> 故国神游，多情应笑我、早生华发。
> 人生如梦，一尊还酹江月。

注意，这里的"羽扇纶巾，谈笑间、樯橹灰飞烟灭"，指的是周瑜，摇着羽扇，戴着儒生常戴的青丝头巾，言谈笑语间指挥若定，曹操的无数战船就这么给他烧得灰飞烟灭。

苏东坡的时代，《三国演义》还没有写出来，《三国志》正史中，烧曹操战船的可是周瑜，没有诸葛亮什么事。至于现在人们耳熟能详的“欲破曹公，宜用火攻”，以及诸葛亮借东风的故事，那都是到了明代，罗贯中的演义……

不过黄盖诈降的故事是真的。

那是正史有载的。

但是“周瑜打黄盖——一个愿打，一个愿挨”的歇后语却是发端《三国演义》，在《三国志》里面，黄盖没有挨打。所以说小说家很厉害，能把假事编得像真事，能把假话说得像真话。

在《三国演义》里面，周瑜和黄盖定的这出苦肉计，可是让黄盖吃足了苦头的：

“将黄盖剥了衣服，拖翻在地，打了五十脊杖。众官又复苦苦求免。瑜跃起指盖曰：‘汝敢小觑我耶！且寄下五十棍！再有怠慢，二罪俱罚！’恨声不绝而入帐中。众官扶起黄盖，打得皮开肉绽，鲜血迸流，扶归本寨，昏绝几次。动问之人，无不下泪。”

这里面，黄盖真是挨打挨得可怜，疼得死去活来，足足疼醒又昏过去好几次。周围那些将官们，都是见惯了生死之人，看他这可怜的样子，尚且无不下泪。

周瑜那形象也实在是歇斯底里，颇为不美。

鲁肃嗔坐在一边的诸葛亮不劝，诸葛亮悠悠然摇着羽毛扇，但笑不语，十分高深。

不过，不论黄盖有没有挨这顿打，他确实是诈降曹操，据说还给曹操写了一封诈降信，信的原文如下：

“盖受孙氏厚恩，常为将帅，见遇不薄。然顾天下事有大势，用江东六郡山越之人，以当中国百万之众，众寡不敌，海内所共见也。东方将吏，无有愚智，皆知其不可，惟周瑜、鲁肃偏怀浅戆，意未解耳。今日归命，是其实计。瑜所督领，自易摧破。交锋之日，盖为前部，当因事变化，效命在近。”

大意是说，黄盖我受东吴孙氏的深恩与厚待，其实是不想降你，可是再看看天下大势，我们江东只有六郡，所处唯有山越，用来抵挡你那中国（这里的“中国”是地处中原的意思，不是我们现在所说的“中国”）百万之众，那就是鸽子蛋碰石头蛋，铁定没戏。

谁都知道没戏，周瑜和鲁肃这俩傻子却非说有戏，搞得我是实在没脾气，所以我决定投降了你。周瑜带的兵没啥子好怕的，好破，到咱们对上的那一天，我当前部先锋，会随机应变，给你效命立功哦。

其实他的话曹操未必真信，这家伙属狐狸的，一向多疑、狡诈，不过只要他信一半不信一半，就足够了，因为黄盖烧曹操的战船，求的就是曹操能够在自己的兵士操控着载着硫黄火硝的船向曹操冲过来的时候，他不派人死命放箭就成了。

结果此一计大成，曹操果然没有命人放箭，曹兵也果然都跑出来看稀罕，老天爷也果然成全了吴军，于是赤壁火光熊熊，火烤奸雄，把曹操烧得好像一个秃毛鹌鹑。

《江表传》曰：

“至战日，盖先取轻利舰十舫，载燥荻枯柴积其中，灌以鱼膏，赤幔覆之，建旌旗龙幡于舰上。时东南风急，因以十舰最著前，中江举帆，盖举火白诸校，使众兵齐声大叫曰：‘降焉！’操军人皆出营立观。去北军二里余，同时发火，火烈风猛，往船如箭，飞埃绝烂，烧尽北船，延及岸边营柴。瑜等率轻锐寻继其后，雷鼓大进，北军大坏，曹公退走。”

此一战成就了周瑜的赫赫威名。

结果它的名气太大了，把周瑜别的功劳都给盖过去了：

兴平二年（195）：周瑜帮助孙策攻下横江、当利两处军事要地。同年刘繇败退，周瑜助孙策攻取了丹杨郡。

建安四年（199）：周瑜与孙策攻破皖城，获庐江郡；而后征讨江夏，俘获黄祖所有家眷，黄祖败逃，孙策得江夏郡的一部分；同年，周瑜又助孙策攻下豫章郡，孙策将豫章郡分出一部分，设立庐陵郡。至此，加上孙策之前获得的吴郡、会稽郡，孙策已将江东六郡（吴、会稽、丹杨、庐江、豫章、庐陵）尽收囊中；而这六个郡中，有四个都有周瑜的功劳。

建安十三年（208）：孙权命周瑜征讨江夏，大获全胜，江夏太守黄祖战死。就是在这一年，周瑜又赤壁之战大胜。

建安十四年（209）：周瑜和曹军的大将曹仁、徐晃等相持一年后，攻下江陵，获得南郡。

然后，周瑜在取蜀途中病逝。

此时他正值壮年，若非遭遇死神的镰刀，他还真是没有吃过什么败仗……

人长得帅，又有才，气概又豪迈，还系出名门，还娶了个漂亮老婆，若是这么十全十美还又寿享天年，恐怕老天爷都得忌妒。

说到他的系出名门，他的家族确实是大大的有名。

据范晔《后汉书》记载，周瑜的高祖父周荣，官至尚书令；曾祖父周兴，官至尚书郎。从祖父（周瑜的爷爷的兄弟）周景，官至太尉，并封安阳乡侯；从父周忠（周景之子），官至太尉、录尚书事。到了周景的孙子周晖，就是周瑜的堂兄弟了，年纪轻轻的时候，也做过洛阳令这样的高官，后来不干了，回家了，和族中兄弟大揽门客，反正有的是钱，一大群人驰骋于江淮之间，每次出游，从车达百余乘。就像现在一百多辆小轿车出游一样，那绝对是一景观，也绝对会被记者大肆渲染，登上小报的花边新闻，说不定还会招来纪检委也说不定啊！

由此观之，到了周瑜这一代，其家族势力依然不容小觑。

不过，周瑜的家族虽然有名，那有名的是他的族爷爷族叔叔伯伯和族兄族弟，他这一个支脉倒不出众。

后来，中平六年（189），灵帝驾崩，董卓带兵进洛阳，“专擅朝政，横恣京城”，此时周氏家族里的周忠就在洛阳呢，以周氏家族里的周晖为首的子弟们去救他，被董卓派兵劫杀。

这下子，整个周氏家族里面的青年精英被消灭殆尽，就剩一个十四岁的孩子——周瑜。

若非有此变故，周瑜可能也意识不到自己承担着家族复兴的使命。当此大难，他的使命意识一下子觉醒，整个人似乎一夜之间长大——这不奇怪，大难向来能够促人猛醒。

此时，一位少年英雄孙策在江表地区享有盛名，周瑜就慕名拜访，两位少年英雄，都长得帅，都有才，一下子惺惺惜惺惺——可见男人也都爱漂亮，长得帅就是占便宜。庞统有才，就因为长得寒碜，结果这儿也不重用，那儿也不重用……

孙坚举义兵讨伐董卓，将家眷迁置舒县。

孙策和周瑜两个美少年，就此“义可断金”。周瑜将大路南面一所大宅院让与孙策居住，还常去后堂拜见孙策的母亲，各种生活所需两家共通有无。那啥，就是说，一家买酱油，都是一气儿买两瓶……

周瑜的叔父周尚为丹杨太守，周瑜前往看望，正碰到孙策打算东渡长江，到了历阳，孙策派人送信告知周瑜，周瑜领兵前来迎接孙策。

孙策十分高兴地说：“我得到了你，大事就顺利了。”于是周瑜跟随孙策前往攻打横江、当利，全都攻克。

随即又渡江进击秣陵，打败笮融、薛礼，转而攻下湖孰、江乘，进军曲阿，刘繇逃走，此时孙策的军队已扩展到几万人。

于是他对周瑜说：“我用这支队伍攻取吴、会两郡，平定山越，已经足够了。你还是回军镇守丹杨。”周瑜回到丹杨。

不久，袁术派自己的堂弟袁胤替代周尚为丹杨太守，于是周瑜和周尚都回到寿春。

袁术打算任命周瑜为部将，周瑜分析袁术最终不会有什么大的作为。故此只请求袁术让他担任居巢县县长，目的是打算借道回到江东，袁术同意他的要求。

周瑜于是经居巢回到吴郡。

这年为建安三年（198）。

孙策亲自前来迎接周瑜，授他建威中郎将，当即调拨给他二千兵卒及五十坐骑。

周瑜当时二十四岁，吴郡的人都称呼他“周郎”。

孙策因周瑜恩信声震庐江，便派他外出守备牛渚，后又兼职春谷县县长。

不久，孙策打算攻取荆州，任命周瑜为中护军，兼任江夏太守。

周瑜跟随孙策进军皖城，并攻克之。

当时乔公有两个女儿，都有倾国之色。

孙策自己娶了大乔，周瑜娶了小乔。

这俩人，既是同年的好兄弟，又娶了人家俩亲姐妹。孙策可能生的月份大一些，所以娶了姐姐大乔，周瑜可能生的月份小一些，所以娶了妹妹小乔。

两个都是《三国志》中排名前十的大美女，这下子，周瑜真是锦上添花了。

孙策还跟周瑜开玩笑呢，两人情同兄弟，如今又成了连襟，“策从容戏瑜曰：‘乔公二女虽流离，得吾二人作婿，亦足为欢。’”就是说，乔太公这俩姑娘虽然流离，境遇不佳，不过，能让咱们两人当女婿，也足够她们偷着美的啦。

说起来，古人既然是一夫多妻制，可是史书上明确记载的周瑜的妻妾，就只有小乔一个人。

他又长得帅，又有才，可是竟然连条花边新闻都欠奉，实在对不起热爱八卦的人们。

倒是孙策，他娶了大乔的次年就死掉了，而他的子女可是起码有四个，他肯定除了大乔外，还有别的妻妾；周瑜有二子一女，可是他跟小乔可是生活了十多年的，即使说全部是小乔生的，也很正常。

周瑜唯一能够给人以八卦想象的空间的，只有这么两行字：

“瑜少精意于音乐，虽三爵之后，其有阙误，瑜必知之，知之必顾，故时人谣曰：‘曲有误，周郎顾。’”

周瑜年少时曾精心钻研音乐，即使在饮酒三爵之后，弹奏者有什么差错，他也必定听得出来，听出来就会回头望一望，所以当时有人编出歌谣：“曲有误，周郎顾。”

咱们先来看一下这个“三爵”的酒量是多少：

《周礼·考工记·梓人》载：“梓人为饮器，勺一升，爵一升，觚三升”，那意思就是三爵便是三升，差不多就是四点五公斤，九斤酒啊！

当然，那时候喝的酒的度数很低，差不多都是二十度以下，就算这样，那也不能算小的。

而且，那盛酒的爵，得有多大！

问题是，爵也不过就是一定形制的盛酒容器，它能盛一升，就能造得来盛二升、三升、四升、五升、六升甚至是七升，那跟抱着个酒坛子喝没什么差别啊！

曹丕在《典论·酒诲》里就写："荆州牧刘表，跨有南土，子弟骄贵，并好酒，为三爵，大曰伯雅，次曰中雅，小曰季雅。伯雅受七胜（通升），中雅受六胜，季雅受五胜……"

那万一周瑜喝酒用的爵，是伯雅呢？就算至不济，是季雅？那他喝的三爵酒，就不止三升了。

他都喝了那么多的酒，还有那么好的耳音，那么好的听力，人家弹琴错一个音，他都要回头望一望，那得是多高深的音乐修养！

那要是弹琴的是个仕女，帅哥回头看自己耶！又帅，又有才！心里头还不是小鹿乱撞……

周瑜所处，是个乱世，礼崩乐坏，末世狂欢，没钱的穷死，有钱的乐死，乐也不是雅乐，而是瞎吃、瞎喝、瞎玩、瞎乐。真正懂弦歌的并不多，别看遗留下来的历史记载和文学作品中，这个人也懂音乐，那个人也懂音乐，那都是人中龙凤，非极其出色留不在史页。

他懂音乐，一方面显示出他极好的家庭教养，另一方面也说明这个人的境界雅量高致，非常人之所能及也。

周瑜一向给人的感觉都太刚性了，人霸王项羽还有一个生死情人虞姬呢，被包围的时候，还能歌一阕："力拔山兮气盖世，时不兮骓不逝，骓不逝兮可奈何，虞兮虞兮奈若何"，周瑜则除了娶了一个美女小乔外，就不见他有别的什么花边新闻。

没关系，他没有，爱好八卦的人们也能给他造出来。

从哪儿入手呢？

就从"曲有误，周郎顾"入手吧。

于是，后人的诗啊，词啊，就纷纷向着深情、香艳、离谱处开始招呼：

什么"弦心艳卓女，曲误动周郎"，那周郎是因为曲误而回顾，还是因为这弹琴的女的长得艳才回顾呢？

什么"一管妙清商，纤红玉指长。雪藤新换束，霞锦旋抽囊。并揭声犹远，深含曲未央。坐中知密顾，微笑是周郎"。那周郎给她悄悄地递个眼神、递个微笑，说不定还得微妙地挑一挑眉毛，我的天，这个是不是有点太不正经了？

还有，那暗恋周郎的人，这回可是有了得他青睐的法子了："欲得周郎顾，时时误拂弦。"问题是，她老是这么弹错琴，是会被辞退的。那周郎的魅力，会让多少琴女丢了饭碗，排队被逐出公司大门……

可是，这又怎么能怪得了广大的粉丝呢？实在是他太出众了啊！

什么叫粉丝？粉丝就是拥护你的人，仰慕你的人，想象你的人，幻想你的人，八卦你的人，意淫你的人……

周瑜自然不知道这些，他正一心一意，为孙策和孙权兄弟两个全义尽忠。

孙策活着时，两个人好得好像一个人；孙策死了，周瑜从外地赶回来，对他的弟弟带头行臣礼，表示服从，从此，把孙权一步步扶上吴主霸权的位子。

曹操大军未到，先写信吓唬东吴，东吴诸臣个个争着要降，只有周瑜和鲁肃不肯降。

周瑜说："曹操虽说名为汉相，实为汉贼！将军您以神明威武的雄才，兼有父兄的伟烈功业，割据江东，占地几千里，兵精粮足，英雄乐业，正当横行天下，为汉家铲除奸邪祸患的时候。何况现在是曹操自己前来送死，岂可反向他投降？

"请让我为您分析算计一下：

"假使现在北方局势完全稳定，曹操无后顾之忧，当然可以与我们旷日持久地争夺疆土。但能够与我方在水战中争个胜负吗？现在北方的局势既没有得到稳定，加之马超、韩遂在函谷关之西，成为曹操后方之患。况且舍弃骑兵优势，倚仗所缴获的战船，来与我吴越之地的军队在水战中争雄，本就不是他们中原人的长处。如今又值严寒季节，军马缺乏草料，驱使中原的士兵远道来到南方江湖之上，水土不服，必然生发疾病。

"上述四点，都是用兵大忌，而曹操全然不顾，逆向而行。将军要擒获曹操，现在正是最好时机。我请求率领精兵三万，进驻夏口，保证替您打败曹操。"

于是，才有了火烧赤壁。一代奸雄大败亏输。

事实上，周瑜力主战曹，是冒着极大风险的。打胜了好说，打败了怎么办？自己的同僚十之八九都倾向于降，那个时候还不得露着大牙笑？打败了，对孙权怎么交代？打败了，东吴基业就要被曹操收编，又对已经死去的好哥儿们孙策怎么交代？真是万死也难赎其罪。可是，他仍是主张力战，他不想不战而降；他也不想他降了之后，得高爵厚禄，而孙策的弟弟低眉俯首，以降曹操，然后被明杀或暗杀，直杀或曲杀，或者借刀杀人，或者送空饭盒……

所幸打胜了。

不是所幸打胜了，他是一个出色的军事家、战略家、指挥家，他是以冷静的头脑，基于精密的计算，算中了自己有七八分胜算的。

我们在《三国演义》里听诸葛亮命士兵们嘲讽周瑜"周郎妙计安天下，赔了夫人又折兵"，于是既笑周瑜，又对周瑜的妙计很有印象。事实上，周瑜并没有像诸葛亮或者荀彧那样以谋臣胜，他是一个指挥若定的将军。

其时刘璋正任益州牧，北面有张鲁为寇相侵，周瑜于是到京口拜见孙权，说：

“现在曹操刚受挫折，正担心自己内部发生变乱，未能与您对阵作战。请允许我同奋威将军孙瑜一起进军攻取蜀地，得蜀后再吞并张鲁，然后留奋威在那里固守，以便与马超结援呼应，我再回来与您一起占据襄阳进击曹操，这样攻取北方就有希望了。”

孙权同意此论。

周瑜回到江陵，准备行装，然而路过巴丘时即发病去世，年仅三十六岁。

孙权素服往悼，不只是悼一个部下，更是悼一个兄长。这个哥哥在自己的亲哥哥死后，自己还是一个将军，别的将军和宾客只对自己行一般的礼节的时候，就最先折节俯首，对自己执臣子礼，辅佐自己一步步走到今天。现在大业未定，英雄先行，光暗日月，花落无声。

当周瑜灵柩运还吴郡时，孙权又往芜湖迎接，举办丧事的所有费用，全部供用不缺。后来又颁布谕令：“已故将军周瑜、程普，他们家的田客，都不能要他们纳税服役。”

《三国志》对周瑜的评价是“性度恢廓，大率为得人”，但是后面又加了一句话：“惟与程普不睦。”

为什么呢？《江表传》里说：“普颇以年长，数陵侮瑜。瑜折节容下，终不与校。普后自敬服而亲重之，乃告人曰：‘与周公瑾交，若饮醇醪，不觉自醉。’”

就是说，程普因为自己岁数大，就瞧不起周郎，大约是觉得这是个没什么本事的小白脸。周瑜跟他不计较，非常宽容，程普后来自己就改变看法，既亲近又尊重，而且还告诉别人：“和周公瑾交往，就像饮美酒一样，不知不觉就喝醉了。”

呵呵，周郎风采折人，男女通吃，老少通杀啊！

周瑜死后，他的侄儿周峻，也因为周瑜的元勋之功而被任为偏将军，领兵士一千人。

周峻死后，全琮又上奏请任命周峻的儿子周护为将军。直到这个时候，孙权才表示了一点异议。

孙权说：“过去赶走曹操，夺得荆州，都是公瑾的功劳，我永远不会忘记。开初听说周峻去世，也曾想起用周护，听说周护的秉性行为极坏，用他做官等于在制造祸乱，故此我打消了这个念头。孤怀念公瑾，岂有止境吗？”

确实，他这话说得一点不假。

周瑜死后，他素服举哀。几年后，他为长子孙登（就是那个曹丕要拿去当人质，他说死不给的那个爱子）娶了周瑜的女儿为正妻；又把自己最疼爱的女儿，贵为公主的孙鲁班嫁给周瑜的长子周循。次子周胤也娶了孙家家族的一个女儿，并封都乡侯。周瑜活着为孙家打天下，他死后，孙权把他的子女照顾得妥妥帖帖。

可惜，孙登早逝，周瑜的女儿守寡；长子周循早逝；次子周胤因罪被贬，虽被赦免，却又病亡。打一个不恰当的比方，好比是树倒猢狲散。周氏一门，雄起无日，才子英雄，终成绝响。

《三国志》评他“性度恢廓”，孙权说他“公瑾雄烈”，诸葛瑾、步骘说他“尽节用命，视死如归”，蒋干称他“雅量高致”，西晋的陆机评他“雅达而聪哲”，东晋的袁宏评他“公瑾卓尔，逸志不群”，清代李安溪评他“真英物也”。

真，英物也。

第二节　鲁肃——一个被矮化的高人

【原文】

会权得曹公欲东之问，与诸将议，皆劝权迎之，而肃独不言。权起更衣，肃追于宇下，权知其意，执肃手曰：“卿欲何言？”肃对曰：“向察众人之议，专欲误将军，不足与图大事。今肃可迎操耳，如将军，不可也。何以言之？今肃迎操，操当以肃还付乡党，品其名位，犹不失下曹从事，乘犊车，从吏卒，交游士林，累官故不失州郡也。将军迎操，欲安所归？原早定大计，莫用众人之议也。”权叹息曰：“此诸人持议，甚失孤望；今卿廓开大计，正与孤同，此天以卿赐我也。”

【译文】

当时孙权正得到曹操要东进的信息，就与全体将领们商议。

大家都劝孙权迎接曹操，只有鲁肃一言不发。

孙权起身去更衣，鲁肃追到屋檐下，孙权知道他的意思，握着他的手说：“你想说什么？”

鲁肃回答说：“刚才观察众人议论，都是想让您失误，不足以与他们共谋大事。

“当今我鲁肃可以迎接曹操，对于将军来说却不能。为什么这么讲？如今我迎降曹操，曹操理当送我回到故乡，品评我的声名地位，总还能做个小官，乘牛车，有随从，交游士大夫，慢慢升迁上去，也少不了做个州郡长官。

“而将军您迎降曹操，将把您做如何安置呢？希望您早定大计，再莫听取众人的议论。”

孙权叹息说："这些人的主张，深深让我失望，现在你阐明长远大计，正与我的想法一致，这是上天将你赐给我啊！"

【评点】

鲁肃（172—217），字子敬，临淮东城人，东吴大将。

我们读《三国演义》也好，还是看京剧《借东风》也好，里面的鲁肃形象就是一个老好人。周瑜打黄盖是一个愿打一个愿挨，他也看不出来，还嗔诸葛亮怎么不向周瑜替黄盖求情；他跟刘备要当初借走的荆州，刘备向他一哭他就没辙，哎呀呀你别哭了嘛，这个这个，荆州就再借你们用一阵吧，我走了，不送不送。感觉就像一个啰里啰唆的年过五十的唠叨大叔似的。

事实上，鲁肃没有活到五十岁。

他四十六岁就去世了。

他也不是被人耍得团团转的陀螺，他死之后，不独孙权为其哀悼，就连诸葛亮也为他发丧。

因为他值得。

这个人很豪爽。豪爽到什么程度呢？

他是个大财主。当时，周瑜是居巢县县长，带着几百个人去拜访他，请他资助粮食。他家里有两仓米，一仓米三千斛，他就用手一指，你拿一仓走。

都把周瑜惊着了，没见过这么大方的人。

其实他不单是对周瑜豪爽，是对所有人都豪爽。小时候就死了父亲，跟着奶奶过日子，估计这个奶奶也是个溺爱孙子的奶奶，就任由他卖田卖地，周济穷人，广交朋友。不光是交朋友的事，还一块学着击剑啊、骑射啊，给他招来的这些少年郎们供给衣食，在南山里往来打猎。

他们打猎其实是醉翁之意不在猎，是看着天下将乱，所以讲兵习武，是要摩拳擦掌干一番事业。他们年轻人的做法肯定让年老的人看不惯啊，放着好好的日子不过，成天这么拿枪动棒的，就都说："鲁家要衰败了，才生了这么个狂妄的小子！"

鲁肃的名气大得"四世三公"的袁术都听到耳朵里了，就让他当东城县县长。他看这人成不了大器，就不肯去，带着家族里的一群人，有老弱也有青少年，一共一百多人（一说三百来人），没有战斗力的走在前面，强壮的家伙们都断后，都去居巢投奔周瑜去了——前情在嘛，周瑜也是个侠气男儿，肯定会接纳他，善待他和他的族人的。

在路上，果然州里有追兵赶过来，鲁肃他们也不吓得乱跑，有兵器的举起兵器，有强弓的拉满弓弦，一边跟他们讲道理，说天下大乱，你们追上了我们，立了功也得不到封赏，就是追不上也不会受罚，你们还这么逼我们干什么？一边就把盾牌立到地上，然后拉弓如满月，尽力一射，利箭把盾牌都穿透了。那意思很明白，你们追赶我们是吃力不讨好，说不定还得把小命搭上，所以识相的给我后退。那些追兵也不是傻子，也知道不往枪口上撞，“乃相率还”。

后来周瑜率兵东渡长江，鲁肃也与他同行。

后来，孙策死后，周瑜把他荐给孙权，孙权立即接见了鲁肃，同他谈话后非常高兴。于是，在建安五年（200），鲁肃向孙权献了一条计，这条计堪比诸葛亮的“隆中对”，而它比诸葛亮在建安十二年（207）和刘备的“隆中对”还要早好几年。

具体情形是这样的：

孙权接见了一群宾客，别人告退，鲁肃也跟着告退，孙权却独独把他留下，两个人合榻对饮。就是坐在一张榻上，凭着一张榻几，你一杯我一杯地喝酒。当然不是喝闲酒、喝大酒，是一边喝一边商议大事情。

孙权就说：“当今汉室如大厦即倾，四方纷乱不已，我继承父兄创立的基业，企望建成齐桓、晋文那样的功业。既然您惠顾于我，请问有何良策助我成功？”

鲁肃回答说：

“过去汉高祖耿耿忠心想尊崇义帝而最后无成，这是因为项羽加害义帝。如今曹操，犹如过去项羽，将军您怎么可能成为齐桓公、晋文公呢？以鲁肃私见，汉朝廷已不可复兴，曹操也不可一下子就能除掉。为将军考虑，只有鼎足江东，以观天下形势变幻。

“天下局势如此，据有一方自然也不会招来嫌猜忌恨。为什么呢？因为北方正是多事之秋。您正好趁这种变局，剿除黄祖，进伐刘表，尽力占有长江以南全部地方，然后称帝建号以便进而夺取天下，这有如汉高祖建立大业啊！”

你看，他的建议，其实和诸葛亮的三分天下的主意如出一辙，可见鲁肃那是相当的有远见卓识。诸葛亮一出“隆中对”，奠定了他在蜀汉的谋主的地位；而鲁肃却没有得到相当的待遇，因为当时孙权翅膀还不够硬，心思也不野，所以给他回绝了，说：“我现在尽一方之力，只是希望辅佐汉室而已，你所说的非我所能及。”

不过，虽然他的建议当初没有被孙权采纳，孙权还是对他非常好的。重臣张昭不待见鲁肃，说这个人不够谦虚，年少粗疏，不堪重用，如何如何；孙权对于张昭向来是能耍赖皮就耍赖皮，这件事上也同样，你说你的，我干我的，你不让我亲近鲁肃，我偏就亲近他，还给他母亲衣服、帷帐、日用杂物。原来鲁肃家不是挺阔气的吗，后来被他把田地东卖一块西卖一块，粮食也赠掉了，钱也花掉了。后来更是举家搬迁，老底子差不多折腾光了。现在在孙权的扶助下，又都回来了，以前有多富，现在还有多富。

鲁肃也时时处处为孙权着想。大家都劝着孙权降曹的时候，是他和周瑜两个人对抗这一阵投降风暴。不为别的，是因为投降了曹操之后，大家都有去处，但是孙权无去处。大家都有地方容身，孙权却会落得死无葬身之地。所以孙权非常感动，说“此天以卿助我”。

当然，鲁肃没有说战败了怎么办，孙权也没有去想这个问题。不是不敢想，或是不用想，此战必胜；而是想了也无用。败了自然就是被曹操吃掉，和不战而降的结局一样。不战而降，那就是百分之百地被吃；战一把就好比赌一把，还有百分之五十的胜算，这就是鲁肃比那嚷嚷着投降的群臣高明的地方，也比他们狠的地方。这个人实在是个豪强啊，都是被戏文和《三国演义》给矮化了。

待到赤壁大破曹军，鲁肃先返归吴郡，孙权大张声势请诸将迎接鲁肃。

鲁肃将入殿门拜见孙权，孙权起身行礼，还问鲁肃呢：

“子敬啊，你看我扶鞍下马迎接你，足以表彰你的功劳吧？”那意思，够给你面子了吧？

鲁肃一边急趋而进，就是小碎步地往前跑——那是，面对主子，你还大模大样迈四方步，不是找抽吗，一边说：“非也。”

大家听到这种回答，无不惊愕。这什么话！鲁肃你的脸也忒大了，心也忒不知足了！

就座后，鲁肃才缓缓举起马鞭，说：“我希望您的威德遍及四海、总括九州，完成帝王大业，再用软轮小轿车召见我，这才算显扬我。”

孙权拍手欢笑。

你看，这个时候的孙权，和鲁肃与他“榻上对”的时候，就完全不一样了。这个时候他的眼光也看远了，心胸也更宽大了，野心也更盛了，是真的做起帝王梦来了，以前可是连梦也不敢做的。人都是要成长的。

既然和曹操撕破了脸，那要想生存的话，就得要和刘备联合起来。后来刘备前来京口拜见孙权，请求都督荆州，只有鲁肃劝孙权将荆州借给刘备，以便共同抗击曹操。

曹操听到孙权将土地资救刘备，当时他正在写信，震惊得把笔都掉在地上。为什么震惊，这个就不用多说了吧。

后来，周瑜病危，牵念江东大业，特上奏疏：

“当今天下，正值混乱多事，这正是我日夜忧心的事，愿陛下预先考虑尚未发生的事，然后才想到安逸享受。现在既然与曹操作对，刘备近在公安，边境附近的百姓尚未归附，应当用良将前往驻守镇抚。鲁肃的智谋才略足以胜任，请求起用他来接替我。我死之日，也就没有牵挂的事了。”

孙权当即任命鲁肃为奋武校尉，代替周瑜统领军队。

周瑜部下四千多人、四个县的奉邑，全归属鲁肃。

孙权又任命程普兼任南郡太守。

鲁肃起初驻守江陵，后又顺江移驻陆口，威望与恩德大为传扬，兵众增到一万多人，于是孙权任命他为汉昌太守、偏将军。

建安十九年（214），鲁肃随孙权攻破皖城，转升为横江将军。

刘备平定益州后，孙权要求他归还长沙、零陵、桂阳三郡，刘备不理他这个碴儿。

孙权就派吕蒙率领众军进攻夺取。刘备闻讯，亲自带兵回到公安，派遣关羽争夺三郡。鲁肃驻兵益阳，与关羽相对抗。

鲁肃邀请关羽相见，各自所率兵马都停留在百步之外，只请关羽及众将军单刀赴会。

鲁肃就数落关羽：“我们国家真心诚意将土地借给你们，是因为你们兵败远方而来，无有立足之地。现在已经得到益州，既然没有奉还荆州意思，那么就只求你们归还三郡，而你们还不从命。”也是，忒不地道了。

话还没说完呢，在座就有一人横插一杠子，说：“说到土地，只有仁德之人才能占有，哪来一家永远占住不放的道理。”那意思就是我们占了就占了，那又不是固定就得是你们家的！

鲁肃气得横眉竖目，大声叱喝，就跟老虎发威似的。可见鲁肃根本不是传说中那么老好人。

关羽一看不是事，也怕鲁肃突然发难，拔剑砍了那人怎么办，也就按着刀站起来，说：“这些自然是国家大事，他知道什么！”一边就使眼色，让那人赶快离开，别再摸老虎屁股了。

刘备于是以湘水划界，平分荆州之地，两国就此罢兵。

你看，鲁肃可真不是一个被人欺负的面团，他敢拉下面子来责问关羽，也敢拉下面子来斥责那个多嘴的人，关羽多么豪横啊！因为占地不还，理亏，也不得不赔着好话让那个人走开。

建安二十二年（217），鲁肃四十六岁时去世。

孙权为他举行丧事，又亲自参加他的葬礼。

诸葛亮也为鲁肃举行悼念仪式。

因为他是孙、刘联合的大功臣，孙、刘两家能够存活到现在，三分天下，各占其一，鲁肃居功至伟。

孙权终于称帝了，他登临祭坛的时候，回头对各位大臣说："过去鲁肃常对我说到这件事，可说他真是明白天下大势啊！"

他这时候承认了，鲁肃确实是个高人。

鲁肃死后，孙权评价他是二长一短：

"子敬东来，致达于孤。孤与宴语，便及大略帝王之业，此一快也。

"后孟德因获刘琮之势，张言方率数十万众水步俱下。孤普请诸将，咨问所宜，无适先对，至子布、文表，俱言宜遣使修檄迎之，子敬即驳言不可，劝孤急呼公瑾，付任以众，逆而击之，此二快也。

"且其决计策，意出张苏远矣；后虽劝吾借玄德地，是其一短，不足以损失二长也。"

大略算是把鲁肃一生功过都给概括了。说借荆州是其短，那是鲁肃虽豪强却不奸诈，虽远见却仍忠厚，没想到刘备会要赖皮借走就不肯还。否则，就不是两长一短了，而是三长。

再说，即使刘备不还，这借荆州又算什么"短"呢？不借荆州，刘备无枝可栖，必被曹操吃掉；曹操吃了刘备，又壮大了一圈，回过头就收拾孙权。借了荆州，就算刘备日后不还，三家势力均等，就算蜀、吴单体实力不足以与曹操对抗，两家联合，东吴也可保全。

只不过刘备不还荆州，让东吴人觉得有被欺骗感，心里着实不爽。所以鲁肃一死，孙权就派吕蒙袭取了荆州，孙刘两家彻底掰瓜，被各个击破，相继灭亡。这也反证了鲁肃的战略眼光。

裴松之《三国志注》引《吴书》说，鲁肃为人方严，寡于玩饰，内外节俭，不务俗好。治军严整，禁令必行。虽在军阵，手不释卷。又善言论，能属文辞，思度弘远，有过人之明，周瑜之后，肃为之冠。

这个"冠"字，他当得起。

第三节　吕蒙——士别三日，当刮目相看

【原文】

蒙少不修书传，每陈大事，常口占为笺疏。常以部曲事为江夏太守蔡遗所白，蒙无恨意。及豫章太守顾邵卒，权问所用，辽因荐遗奉职佳吏，权笑曰："君欲为

祁奚耶？”于是用之。甘宁粗暴好杀，既常失蒙意，又时违权令，权怒之，蒙辄陈请：“天下未定，斗将如宁难得，宜容忍之。”权遂厚宁，卒得其用。

【译文】

吕蒙年少时不学习经典书籍，每次陈述大事，常常口述让别人记录后作为奏书。

他曾因自己亲兵的事受到江夏太守蔡遗弹劾，但无怨恨之意。及至豫章太守顾邵去世，孙权问吕蒙用谁接替为好，吕蒙因而举荐蔡遗担当这个职务，并说蔡遗是个好官吏，孙权笑着说：“你想当祁奚啊？”于是任用蔡遗。

甘宁粗暴好杀，既常常令吕蒙不满意，又不时违背孙权的命令，孙权很恼火，吕蒙多次替甘宁求情说：“天下尚未平定，猛将像甘宁那样很难得，应当对他宽容忍耐些。”

孙权于是厚待甘宁，后来尽得其用。

【评点】

吕蒙（178—220），一说他生于公元180年，卒于公元220年；又有一说他生于公元180年，卒于公元221年，不论怎样，都只是活了四十来岁。字子明，汝南富陂人，东吴名将，历任别部司马、平北都尉、横野中郎将、偏将军、庐江太守、汉昌太守、南郡太守。

吕蒙刚开始是个文盲，要写个奏疏什么的都是他说，别人替他写。

文盲到哪儿都受人轻视，所以刚开始的时候，鲁肃也挺瞧不起他。

周瑜死后，鲁肃代之，前往陆口时路过吕蒙的军营。有人说您别用老眼光看待吕将军啦，去拜访他一下吧，他会让你大吃一惊的。

鲁肃就去了。两个人喝酒，吕蒙问他：“您承担这么重大的责任，和关羽做邻居，万一有个什么意外变故的话，有没有提前想好什么应对的策略啊？”

鲁肃漫不经心地说：“到时候再看呗。”其实肚皮里还是瞧不起他。

吕蒙对他的态度浑不在意，说现在吴和蜀虽然是联盟，可是关羽如熊似虎，难保不出什么岔子，怎么能不预先订好计策呢？于是就不管鲁肃听不听，一径说了下去，足足替他说了五种应对的方案。

这下子鲁肃真服了，也不大模大样地坐着了，离席，走到吕蒙身边，拍吕蒙的背，夸奖他：“吕子明啊吕子明，我是真没想到，你的才干谋略这么高啊！”

这还不算，鲁肃又去拜见吕蒙的母亲，既然升堂拜母，那就是把这个小自己好几岁的小兄弟真当成朋友了。

那么，这个当初的文盲，是怎样成为文韬武略的雄才之士的呢?

其实还是来自孙权的督促。

据《江表传》记载，当初，孙权就跟吕蒙和蒋钦说:“你们现在执掌权位，应该广学好问，来增加自己的才能啊。”

吕蒙不乐意，他是武将，不喜欢读书，就推托:“在军里事务这么多，哪有那么多时间和精力来读书。”

孙权说瞧你说的话，我又不是要让你去精读经传当博士的，是让你多涉猎一些东西，以广见闻嘛！你说你事多，你的事能多得过我吗？我小时候可是把《诗》《书》《礼记》《左传》《国语》都读遍了的，就是没读过《易》。从我执掌大权以来，更是通读史书和诸家的兵书，对自己掌权行政有用得很。就说你们俩吧，脑袋瓜子又聪明，一点就通，肯定学得快，怎么能不学呢？你们现在当务之急，是要读孙子、六韬、左传、国语和三史。人家孔子都说啦，整天不吃饭，整晚不睡觉，拼命地想啊想的也没用，不如去学习。你看人家光武帝，整天当兵马之务，还手不释卷；你再看人家曹操，也是说自己老而好学。你们又不老，为什么不自我勉励呢?

孙权这番话，真是苦口婆心。

吕蒙也是个听话的好孩子，真就开始学习了，而且一学就能学得进去，学啊学的，越学越广博，越学越精深，那些老儒生们都自愧不如。

就是在这个时候，鲁肃来见吕蒙的，所以吕蒙就给他一个出乎意料的表现，令他大为赞叹，说兄弟啊，我只说你有武略，可是现在你却学识广博，真不是当初那个吴下阿蒙了啊!

吕蒙就说了，大哥你咋说话呢，士别三日，就应该刮目相待啦……于是“士别三日，当刮目相待”的成语，就一直流传至今。

而吕蒙的好学，也应当成为我们的榜样啊！以前看扁你的人，以后不愁也对你刮目相待的。

好学，此其优点之一也。

吕蒙的第二个优点，就是他的勇猛。武将出身的人，是不会懦弱的，懦弱的人也不会有胆子去当武将冲锋陷阵。

在攻打皖城这件事上，就可以充分显现他的勇武过人。

曹操派遣朱光为庐江太守，驻兵皖城，大力开垦稻田。又令间谍招诱鄱阳贼兵头领，让他们做内应。

吕蒙说:“皖城田地肥沃，如果粮食丰收，他们的兵员就会添增，这样一连几年，曹操的态度就露出来了，应该早点除掉他们。”于是向孙权详细地陈述了情况。

孙权由此亲自征讨皖城，召见各位将领，询问有何计策。吕蒙就推荐甘宁为升城督，在前线督率攻城，吕蒙自己率领精兵紧随其后。凌晨就进攻，吕蒙亲自击鼓，将士们踊跃登城，到早饭时分即攻破皖城。待张辽率军赶至夹石时就听说皖城已被吴军攻破，只好引兵退还。

孙权嘉奖吕蒙的功劳，当即升任吕蒙为庐江太守，所缴获的兵卒车马都分给他，另外加赏寻阳屯田客六百人，属官三十人。

结果吕蒙回到寻阳，不到一年，庐陵的贼寇又闹事，派别人去都不成，不能奏功，孙权怒了，就说："鸷鸟累百，不如一鹗。"又把吕蒙派过去了，结果又大奏全功。

吕蒙的第三个优点，就是心胸宽广。

蔡遗得罪了他，他不但不报复，而且还举荐他。这一点，确实有祁奚之风，难怪孙权会笑着问他："你是要效仿祁奚吗？"

那么，祁奚是谁呢？

祁奚，春秋时晋国人，四朝元老，忠公体国，急公好义，誉满朝野。祁奚老了，想退休，晋悼公问他谁代替你的职位呀？祁奚就举荐了解狐。悼公说解狐可是你的仇敌，祁奚说："国君您问的是谁可以代替我的职位，不是问谁是我的仇人。"

解狐死了，祁奚又推荐祁午以代解狐。晋悼公又说，祁午可是你的儿子。祁奚说："国君您问的是谁可以代替这个职位，不是问谁是我的儿子。"

以后，外举不避仇和内举不避亲的说法就流传开来。

吕蒙未必从心里是拿祁奚当榜样，但是他的做法却暗合了前贤。孙权轻轻巧巧地点出祁奚这个人物，说明孙权也不白给，是个有学问的人。

其结果就是吕蒙荐蔡遗，孙权允了。

在对待甘宁的问题上，吕蒙主张宽放一马，孙权也允了。

看得出来，孙权对于吕蒙，是偏爱的。从他苦口婆心劝吕蒙读书上就可以看得出来了，那哪像是一个东吴最高统治者对下属说的话呀，完全就是一个婆婆妈妈的老夫子口气。

当然孙权对吕蒙寄予厚望，吕蒙也十分争气就是了。吕蒙和陆逊共同谋划，擒获关羽并斩之，除去心腹大患，然后孙权在公安这个地方大会群臣，吕蒙当时可能身体就已经不太好了——按说正是强壮的盛年呢，所以就不想去。孙权说擒获关羽的功劳，可是你的谋划。现在大功告成，庆贺封赏还没有进行，怎么能不出席呢？就给他加了步兵、骑兵，还有吹鼓手，估计就是现在的军乐队，这一路吹吹打打，兵马前导，真是极致风光啊！

可是，常言说得好，乐极生悲。孙权刚把吕蒙任命为南郡太守，封国孱陵侯，赐钱一亿，黄金五百斤。吕蒙坚决不接受黄金和钱，孙权不答应。这君臣俩正拉着锯，封爵令还没有来得及颁发，吕蒙就真的病了。

孙权还在公安呢，就把吕蒙接来安置在自己的内殿，用了千万种药方给他治病，并悬赏国中有能治好吕蒙的疾病者，赐予千金。

有时行医的家伙们给吕蒙针灸，说不定会扎得他跟个刺猬似的，吕蒙不觉得有多疼呢，孙权先替他疼得难过得不行了；有时他想去看看吕蒙的病怎么样了，可是又怕自己去了，吕蒙起来迎接自己啊，陪自己说话啊，会劳累心神。可是又实在惦念，怎么办，干脆，在墙上凿个洞，偷窥。他偷看啊偷看啊，看见吕蒙能吃点东西，他就高兴、就开心，就跟旁边的人有说有笑；看见吕蒙吃不下去东西，就不住地叹气，晚上辗转反侧，夜不能寐。（“时有针加，权为之惨慽，欲数见其颜色，又恐劳动，常穿壁瞻之，见小能下食则喜，顾左右言笑，不然则咄唶，夜不能寐。”）

吕蒙病情有所好转，他就下令大赦，群臣全都上前庆贺。后来吕蒙病情加重，孙权亲自到病榻前探望，命令道士在星辰下为吕蒙祈求延寿。

但是没用，吕蒙死了。终年四十二岁。就死在孙权的内殿。

孙权悲痛异常，也不听歌了，也不看舞了，也不出去游玩了，饭都吃不下去，哪还顾得着干这些……

吕蒙未死之前，把孙权赏赐给自己的金银珠宝等赐物全部交付府库收存，嘱咐主管人员在他死后全数上交，丧事务必简约。孙权听说这些，益发悲痛感动。

《三国演义》说吕蒙是关公附体而死；后人又推测吕蒙是孙权暗害致死。一切全为无据，只能存疑。我们可以想想，这个人以前是不读书的，只打仗，劳动身体，不劳瘁精神。自从孙权教导他要文武兼备，他就每天孜孜不倦。军务之余，所有时间都用来读书、思考，他要把以前荒废的光阴全部补回来，那得消耗多大的精力！

一个人能有多大的精神，能够这样殚精竭虑还寿享天年？诸葛亮也是劳瘁而死。吕蒙劳瘁而死，又有什么奇怪？

人死了，但是他的名字还时时被孙权提起。

孙权在新生代的将领陆逊面前，这样评价周瑜、鲁肃和吕蒙这三位前辈：

“公瑾雄威刚烈，胆略过人，于是打败曹操，开拓荆州，确实难得有接替他的人，现在有你接替了。

“公瑾过去要子敬到江东来，将他推荐给我，我和他饮酒交谈，他就提出了统一天下建立帝王基业的谋略，这是第一件令人快慰之事。后来曹操因为得到刘琮的兵力，扬言要率领数十万兵众水陆共进攻打东吴。我将所有将领召请来，询问如何处置，没人率先提出适当的计策，至于子布、文表，都说应该派人送降书迎接曹操，子敬当即反驳说不可，劝我迅将公瑾召回，委以重任授以军队，前往迎击曹操，这是第二件令人快意之事。况且他的谋划，远远超过张仪、苏秦之计谋。后来他虽然劝我借地刘备，是其一大不是，但不足以损折他的两大长处。周公对人不求全责备，故孤忘其短而敬其长，常将他比作邓禹。

“又子明年少之时，我只以为他不畏劳苦，行事果敢有胆量而已。及至他长成以后，学问增进，思想开通，奇谋异略，可说仅次于公瑾，但言谈议论才气英发不及公瑾。在图谋打败关羽方面，胜过子敬。

“子敬在给我的回信中说：‘帝王的兴起，都有要驱除的敌手，关羽不足以让人担忧。’这是子敬实际上不能办到，表面上说说大话而已，我也宽恕了他，不随意责备。但是他统领军队，没有失损任何营寨，能令行禁止，部下辖区内没有荒于职守的官吏，路无拾遗，他的治理措施也颇为完善。”

总的说来，就是说，周瑜周公瑾后继有人——有陆逊代之。

鲁肃鲁子敬功大于过，“榻上对”足显其深谋，坚持对抗曹操足显其远略，唯让荆州一事他做得不对，可是也不会抵挡前面的两大功劳。

至于对抗关羽，就是吕蒙吕子明优于鲁肃之处了，鲁肃只能说说大话，却拿关羽没脾气，吕蒙却是把关羽给设计生擒活捉了的。吕蒙也是一个仅次于周公瑾的人才，就是比不上周公瑾的英气和潇洒——那是，“羽扇纶巾，谈笑间、樯橹灰飞烟灭”，还有“曲有误，周郎顾”，这份潇洒和才气，真不是谁都能学得来的。不过，吕蒙能从一介赳赳武夫，到最后恶补到文武全才，已经是非常之难能可贵，非常之值得我们学习了。

少而好学，如日出之阳；壮而好学，如日中之光；老而好学，如秉烛之明。活到老，学到老啊，同志们。

卷四十二 《三国志·吴书十程黄韩蒋周陈董甘凌徐潘丁传》

第一节　东吴股肱程普

【原文】

先出诸将，普最年长，时人皆呼程公。性好施与，喜士大夫。周瑜卒，代领南郡太守。权分荆州与刘备，普复还领江夏，迁荡寇将军，卒。权称尊号，追论普功，封子咨为亭侯。

【译文】

吴国早期的将领，以程普年龄最大，当时人们称呼他“程公”。

程普天性乐于施与，喜爱结交士大夫。

周瑜去世后，他接替周瑜兼任南郡太守。

孙权将荆州分让刘备，程普又回到江夏兼任江夏太守，升为荡寇将军，不久去世。

孙权称帝号后，追论程普平生战功，封他的儿子程咨为亭侯。

【评点】

程普字德谋，生卒年不详，右北平土垠人。东汉末年江东孙氏部下名将，历仕孙坚、孙策、孙权三任君主。官至裨将军、江夏太守。

说白了，就是三朝元老。

前面写周瑜的时候，《三国志》的作者说周瑜唯与程普不睦，根儿还是在程普身上，因为他傲慢，看不起这个年轻的小帅哥——其实他自己就是个老帅哥，“有容貌计略，善于应对”。不过后来他也被周瑜的风采折服就是了，也是啊，周瑜再怎么人帅又有才，对于程普这个老将肯定是礼敬有加啊，毕竟能够历任孙坚、孙策、孙权三任君主的很稀缺。程普一看，这个帅哥也挺有器量的嘛，我那么挤对他他都不恼，小伙子挺不赖。

那个乱世的年代，那样冲锋陷阵、杀伐无限的疆场，不是杀别人就是被人杀，还记得《永不磨灭的番号》里的那个九路军首领吗？他手下的弟兄们，不过几年就全死光，只剩他一个光杆司令。程普早年跟着孙坚伐黄巾、讨董卓，他是孙坚手下的头杆枪，比黄盖、韩当、祖茂更有帅才；孙坚死后，又跟着孙策平定江东；孙策死后，又和张昭等老臣共辅孙权，伐山贼，立功勋。既有资历又有战功，命是被人无限羡慕地活得长，被人尊称“程公”，名副其实啊！要以江东的立场来看，那就是硕果仅存的老一辈革命家。

再说回到他对周瑜的傲慢，程普都被人尊为“公”了，那傲慢也是有傲慢的资本的。但是当他一认识到周瑜的为人，马上就出口称赞，说“与周公瑾交，如饮醇醪，不觉自醉”，这份胸襟也令人赞叹。老英雄也是性情中人啊！

周瑜在世时，两个人共为左右都督，共同领军，大破曹操。周瑜去世后，程普代引军赴合淝为孙权助战。后来曹操打算挑拨蜀、吴打仗，表程普为江夏太守。后来程普就坐镇一方，少了随军征伐了。他是死在江夏太守任上的，按《吴书》记载：“普杀叛者数百人，皆使投火，即日病疠，百余日卒。”

东吴的股肱，又折一根。

第二节 智勇双全的黄盖

【原文】

盖姿貌严毅，善于养众，每所征讨，士卒皆争为先。建安中，随周瑜拒曹公于赤壁，建策火攻，语在瑜传。拜武锋中郎将。武陵蛮夷反乱，攻守城邑，乃以盖领太守。时郡兵才五百人，自以不敌，因开城门，贼半入，乃击之，斩首数百，余皆奔走，尽归邑落。诛讨魁帅，附从者赦之。自春讫夏，寇乱尽平，诸幽邃巴、醴、由、诞邑侯君长，皆改操易节，奉礼请见，郡境遂清。后长沙益阳县为山贼所攻，盖又平讨。加偏将军，病卒于官。

【译文】

黄盖外表形象严肃刚毅，善于照顾下属，每次出兵作战，士卒都奋勇争先。

建安时期，黄盖随周瑜在赤壁抗击曹操，献出火攻计策，其策载于《周瑜传》中。

黄盖被任命为武锋中郎将。

武陵少数民族部落造反，攻守城邑，孙权于是任命黄盖兼任武陵太守。

当时武陵郡的兵员仅五百人，考虑到自己手头兵力难抵挡住敌人的进攻。于是大开城门，让叛军人马进入一半后，才突然袭击他们，斩杀敌人数百人，其余全都逃走，回到各自的村落。

黄盖诛杀了这些反叛者的首领，将所有附从的人都赦免不问。

从春到夏，叛乱全都平定，各僻远的地方巴、醴、由、诞的邑侯君长，都改变节操变易品行，捧着礼物求见，武陵郡境内由是太平。

后来长沙郡益阳县遭到山寇攻打，黄盖又去讨伐平定。

孙权加授他偏将军，不久病死在任上。

【评点】

黄盖，字公覆，零陵泉陵人。既是江东名将，亦是江东老将，和程普一样，历任三主，同为“江表之虎臣”。赤壁之战，孙、刘联军得胜，黄盖的诈降曹操当记一大功。就是以此为蓝本，罗贯中演绎出了一出精彩的“苦肉计”。

现实中黄盖有没有经历一次苦肉计不知道，不过，他在赤壁之战中差点死掉是真的。《吴书》记载：“赤壁之役，盖为流矢所中，时寒堕水，为吴军人所得，不知其盖也，置厕床中。盖自强以一声呼韩当，当闻之，曰：‘此公覆声也。’向之垂涕，解易其衣，遂以得生。”

就是说，赤壁大战，一片杀声，黄盖被流箭给射中堕水，那时候天气冷啊，水里面更冷，他就给泡晕了。后来吴军把他当俘虏给钩上来，也不知道是黄盖，就随随便便把他给扔在了“厕床”上。“厕床”，顾名思义，就是厕所里的床，古人也是，居然厕所里还要放床啊，那肯定不是什么豪华雕花大床了。《资治通鉴》里也有一句提到“厕床”的话：“师道与二子伏厕床下。”可见就是四条腿的木床，应当是十分寒酸简陋的。黄盖被当一块破布一样随便这么搁着，要不是他勉力叫一声韩当，要不是韩当恰巧听见，他的命就交待了。

黄盖也不是没身份的人，他是过去的南阳太守黄子廉的后人，后来家族分散，他从故乡迁到了零陵，就此以零陵为家。自小丧父，身逢乱世，吃的苦受的难自然是罄竹难书。家道不是中落，而是已经沦于贫贱，他却不肯把自己当凡庸之辈来看，人最要紧的是不要堕了志气，黄盖即是如此。虽然是打柴为生，却一有空闲时间就学习文化，还研究军事。

他起始当过郡里的小官，被察举为孝廉，征召进公府。孙坚举义兵，黄盖就跟随了他。孙坚南向击败山中草寇，北往打跑董卓，于是任命黄盖为别部司马。

孙坚去世，黄盖先后追随孙策、孙权，披甲转战南北，冒死攻城略地。

山越诸部族不愿归服孙吴，或者有贼寇作乱的县份，总是用黄盖为那里的地方行政长官。他治理这些地方，不光靠刚勇，也是靠智计。而且他也摆过一出小型的“鸿门宴”。

石城县的官吏，特别难以约束管理，黄盖便任命两个掾史，分别主管各部门。

他教导这两个人说：

“我这位县令无什么才能，只是凭武功得官，不是做文官而出名。如今贼寇未被平定，我常有军旅任务，把一应公文处理事务全托付你们两位，你们应当监督检查各个部门，纠正揭发他们的错误。你们在本职范围内，办理或应承事情，若有蒙骗奸欺行为，我不管怎样也不加以鞭抽杖击的处罚，你们只是各自尽力尽心，不要给他们带坏了头。”

开始两个掾史畏惧黄盖威严，日日尽忠职守，久而久之，这些吏员以为黄盖不看文书，渐渐荒疏了公务。

黄盖也不满他们的松懈懒散，不时有所省察，掌握到他们各有不守法的几个事例，于是把县内所有官吏请来，设宴酒肉招待，拿出违法乱纪的事例责问。

两名掾史无话可说，都叩头请罪。

黄盖说：“以前已告诫过你们，最终不会以鞭、杖来惩罚你们，绝不是骗你们的。”

于是杀死这两个人。

全县官吏震惊恐栗。

这就是典型的杀鸡给猴看——而且还是把鸡养肥了，然后再杀给猴看。

既然《三国志》说他“盖当官决断，事无留滞，国人思之”，那他的这种猪养肥了再杀，小辫长了再抓的做法，就说明他不是一个粗鲁莽夫，是个有才能的管理者。

如果“智勇双全”是件外套的话，他能穿得上，身材刚刚好。

黄盖是病死的，算得善终。死时官封偏将军——这是当时的东吴孙权能封的最大官职，因为孙权也只是一个侯。就如周瑜，死时也只封一个偏将。待得孙权称帝，追论黄盖之功，封其子关内侯（“及权践阼，追论其功，赐子柄爵关内侯”）。

第三节 道德楷模蒋钦

【原文】

初，钦屯宣城，尝讨豫章贼。芜湖令徐盛收钦屯吏，表斩之，权以钦在远不许，盛由是自嫌于钦。曹公出濡须，钦与吕蒙持诸军节度。盛常畏钦因事害己，而钦每称其善。盛既服德，论者美焉。

【译文】

起初，蒋钦驻守宣城，曾讨击豫章贼寇。芜湖县县令徐盛收捕到蒋钦手下一名屯守官，上表请求将他处死，孙权考虑到蒋钦在远地领兵而未应允，徐盛由此自认为与蒋钦有了怨恨。

曹操出兵濡须，蒋钦与吕蒙统领节制各军。徐盛常担心蒋钦借故陷害自己，而蒋钦常常称赞徐盛的优点。

徐盛敬服蒋钦的品德，议论者也颇加赞美。

【评点】

蒋钦，东吴名将，九江寿春人。也是东吴老人儿，先跟孙策，后跟孙权。孙权曾进入蒋钦家的后堂，见蒋母使用的是粗布帷帐和素色被子，蒋家妻妾穿着一般布裙。孙权赞叹蒋钦能做到富贵时却坚守约俭，当即命令御府为蒋母制作锦被、改换帷帐，蒋氏妻妾衣服全都用上锦绣绸缎。

他除了廉洁之外，心胸宽广也是一大优点。就如引文所说，他和徐盛两个人，徐盛以为他对自己有了意见，其实他对徐盛确确实实没意见。不光没意见，而且还夸奖徐盛。

孙权是对祁奚的“内举不避亲，外举不避仇”的举贤用人的法则十分感冒的人，所以又拿祁奚这个例子也问蒋钦，语载《江表传》：“权谓钦曰：‘盛前白卿，卿今举盛，欲慕祁奚邪？'”蒋钦对此的回答是:“臣闻公举不挟私怨，盛忠而勤强，有胆略器用，好万人督也。今大事未定，臣当助国求才，岂敢挟私恨以蔽贤乎！”

说白了，关键词是这四个字:“大事未定。”也就是说，革命才进行了一半，这个时候不助国求才，却因私怨搞内讧，大丈夫所不为也。于是孙权就对他非常赏识与夸奖（“权嘉之”)。

而蒋钦的艰苦朴素估计也是出于“大事未定”，以国为家的高尚节操。

那么，如果大事已定了呢？再进一步想，不但孙权三分天下，而是孙权做到了天下归一统，大好河山都姓了孙，那么，蒋钦会让他的老母以及妻妾穿绫罗着绸缎，会因私怨而和徐盛打成一团吗？现在不会，不敢担保以后就不会，人是会变的，环境的安逸格外容易让人放松警惕心，迅速沉沦……

第四节　舍生忘死的周泰

【原文】

曹公出濡须，泰复赴击，曹公退，留督濡须，拜平虏将军。时朱然、徐盛等皆在所部，并不伏也，权特为案行至濡须坞，因会诸将，大为酣乐。权自行酒到泰前，命泰解衣，权手自指其创痕，问以所起。泰辄记昔战斗处以对，毕，使复服，欢宴极夜。其明日，遣使者授以御盖。于是盛等乃伏。

【译文】

曹操出兵濡须，周泰再次赶赴迎击，曹操退兵后，周泰留督濡须坞，被升为平虏将军。

当时朱然、徐盛等都在周泰的部队中，他们都不信服周泰，孙权为此特地到濡须坞巡视，借故宴请各位将领，大家极为欢乐，开怀痛饮，孙权亲自斟酒到周泰面前，叫周泰解开衣服，孙权手指着他身上的累累伤痕，问起各处创伤的原因。

周泰便回忆起以前战斗的各种情形来回答问话，说完后，孙权让他穿好衣服，欢饮通宵。

第二天，孙权派人将自己的御用青丝头巾授予周泰。

于是徐盛等人才完全信服周泰。

【评点】

周泰，字幼平，九江下蔡人。吴国武将。也是一个东吴老人儿，孙策平定江东时即成为东吴的将领，后来跟着孙权。是孙策还活着的时候，孙权就把他给挖墙脚挖过来的。

他的出身一般，在武将里面的地位也比较低，但是打仗不惜命——不惜自己的命，惜孙权的命，多次拼死救过孙权。孙策讨伐六县山贼，孙权驻守宣城，命令士卒实行自卫，兵员不及一千，他心中尚轻忽大意，不修整防御工事，而山越贼寇数千人突然杀来。

孙权刚跨上马背，而贼兵锋锐的刀枪已从左右交叉杀到，有的还砍中了马鞍，众兵卒都自己还未定过神来，唯有周泰奋勇激昂，用身体拼死护卫着孙权，胆量勇气超人，旁边的兵士由于周泰的影响也一齐与敌交战。

贼兵被打退散走后，周泰因身上受了十二处枪伤，半晌才苏醒过来。

这天如果没有周泰，孙权几乎就没命了。

孙策也为弟弟的险境捏一把汗，因此深深感谢周泰，补任他为春谷县县长。

后来他又随孙策进攻皖县，等到讨伐江夏，回师经过豫章时，又被补任为宜春县县长，所任职的县份里的赋税全归他自己所得。也就是说，孙策和孙权弟兄两个对他都很待见。

此后他又跟着孙权讨伐黄祖，和周瑜、程普一道抗击曹操于赤壁，攻打曹仁于南郡。

后来，在建安十八年，孙权给周泰升了官，还升得挺大，平虏将军。就是前线总指挥。朱然和徐盛是他的副手。这俩人不服他。孙权就特意来到濡须口，大摆宴席，款待他的这些部下。他亲自给他们一一斟酒，等斟到周泰这儿的时候，他给玩一回玄的，让周泰脱衣。

周泰愣了，众位将领也愣了。后来周泰就遵命把衣服脱了，然后孙权就指着他身上纵横交错的伤疤，一块一块问是怎么来的，周泰就一一作答，《三国志》里没说孙权哭，但是注引的《江表传》里说孙权哭了，捉着周泰的胳膊，哭得泪流满面，说幼平啊幼平啊，你为我兄弟俩作战勇猛，如壮熊如大虎，不顾惜你自己的性命，这几十道伤疤让你身上的肌肤如同用刀子刻画过一样，我又怎么能不从心里像亲骨肉一样待你，给你兵马重任呢？你是我大吴的功臣！我要和你同荣辱，共休戚。你自己心里不要结着疙瘩，觉得自己出身寒门就自认卑微呀！

这话说给谁听的？就是说给那不服周泰的人听的嘛！这些人听了当然也既敬

佩，又感动，于是，周泰就威重令行了。有那再执拗不听话的，看见周泰戴着孙权赐给他的御用头巾（一说是御用的青罗伞盖），或是顶着孙权赐给他的青罗伞盖，也不敢不服啊！

所以说孙权是有权术的，会当领导，会用人。

周泰凭着他的勇猛挣到了他应得的荣耀。

第五节　甘宁：从流氓到将军

【原文】

宁虽粗猛好杀，然开爽有计略，轻财敬士，能厚养健儿，健儿亦乐为用命。建安二十年，从攻合肥，会疫疾，军旅皆已引出，唯车下虎士千余人，并吕蒙、蒋钦、凌统及宁，从权逍遥津北。张辽觇望知之，即将步骑奄至。宁引弓射敌，与统等死战。宁厉声问鼓吹何以不作，壮气毅然，权尤嘉之。

【译文】

甘宁虽说凶猛鲁莽好杀，但性格开朗并有计谋，轻财敬士，能厚待英勇善战的兵士，这些兵士也乐于为他效命。

建安二十年（215），他跟随孙权攻打合肥，正碰上疾疫流行，军队都已撤出，只有孙权车下虎士一千多人，以及吕蒙、蒋钦、凌统及甘宁，跟随孙权在逍遥津的北岸。

张辽观望后知道吴军的实情，当即率领步、骑兵突袭杀来。

甘宁引弓射敌，与凌统等拼死苦战。

甘宁厉声问军中鼓吹手们为什么不奏军乐，壮气刚毅凛然，孙权特别嘉赏他。

【评点】

甘宁，字兴霸，巴郡临江人，吴国大将。

他的出身可不咋地，说得好听点叫游侠，说得难听点就是小流氓，伙同一帮子小流氓成群结队，携弓带箭，插一脑袋鸟毛，佩一身铃铛，走到哪里都丁零当啷乱响，为害一方。

这样也好，走哪里都拉警报，老百姓一听一片声的铃铛响，就赶紧关门的关门，闭户的闭户，让街的让街，收铺的收铺，因为“锦帆贼”到了（“少有气力，好游侠，招合轻薄少年，为之渠帅；群聚相随，挟持弓弩，负毦带铃，民闻铃声，即知是宁。”）——当时当地老百姓给他起的外号，就冲这个外号，这人也不咋样。

《吴书》更是说他：“其出入，步则陈车骑，水则连轻舟，侍从被文绣，所如光道路，住止常以缯锦维舟，去或割弃，以示奢也。”就是出来进去的，要是走陆路呢，那就车马连成一片，若是走水路呢，那就驾着豪华的快船，估计就类同于现在的快艇。那些侍从们都穿着绸缎衣裳，所到之处洒扫净街，有碍眼的，抢光，赶跑！停住在哪里，那是不用缆绳系船的，是要用缯锦，就是好绸缎啊！走的时候拿刀子一割，就不要了，咱不差钱儿！就这德行。

那些隆重接待他的人，他就跟人家喝酒呀吃肉呀称兄呀道弟呀，那些不理他的人，不管你是官是吏，弟兄们，你们随便抢！

真是，他一个人就跟一群四害一样。

不过他挺聪明的，能读诸子——那个年代，斗大的字识上一箩筐，都得算是个文化人了。建安九年（204），他带着八百健儿依附刘表，热血青年想建功业嘛，可惜刘表此人就是不会用人，没用他。

建安十年（205），又依附黄祖，黄祖也对他爱搭不理，觉得此人平平常常，于是就轻轻慢慢。在这期间，他把凌统的父亲给射杀了，所以和凌统结下了杀父之仇。

后来入江东，周瑜和吕蒙两个重量级的人物推荐，得以见孙权，孙权对他是很赏识的，于是才算得了重用。

此后就是一路连立战功：从攻曹仁于南郡、随镇益阳拒关羽、从攻皖城获朱光、于合肥奋战保孙权等。在濡须更是率百人袭曹营，事后孙权这么夸他：“孟德有张辽，孤有甘兴霸，足可敌矣。”把他和曹操帐下的大将张辽相提并论，说明此人早已经摆脱小流氓的身份，成为战功赫赫的将军，而且还是智勇双全的将军，仗义疏财的将军，深得士卒拥戴和吴主赏识的将军，折冲（常胜）将军。

甘宁大约是在夷陵之战前后病死。有一子甘瑰，因犯罪被徙会稽，不久即死。东晋初期荆州牧镇南大将军甘卓是甘宁的后代，算是继承了甘宁的热血脉。

甘宁的粗猛好杀是有事例为证的。他厨子里的一个仆人犯了错，怕被杀，就逃到吕蒙那儿。吕蒙就把他留下了，也是怕甘宁把这人给杀掉的意思。

直到后来，甘宁带着礼物来拜见吕蒙的母亲，吕蒙才把这人还给甘宁，并且告诉他你别杀他，罚一下就算了。

甘宁表面上答应得挺好，回船上就把这人用箭射死了。然后他脱了衣服，躺在自己的船上，等着吕蒙找他算账。

吕蒙果然气得够呛，击鼓集合兵士，要上船攻杀甘宁。这时候吕蒙的母亲光着脚跑出来了——她在内室炕上端坐，那当然是要脱了鞋袜的，甘宁能够到后堂拜见她，这也说明甘宁和吕蒙的关系之密切，就跟入内室拜见自己的母亲一样。

她说主上待你那么好，如同亲骨肉一样，让你掌管大事，你却要因为个人的愤怒去攻杀甘宁。就算你真把他杀死了，主上不责问你，你自己作为臣子，心里也过意不去呀！

吕蒙一听，算了，挥手遣散兵士们，自己跑到甘宁的船前，笑着招呼他：“兴霸，咱老娘等你吃饭呢，快上来。”

甘宁这家伙看来就是个顺毛驴，吃软不吃硬的主儿，若是吕蒙打他，他可能回打过去；现在一看吕蒙对自己好言相对，他倒流下泪来了，说：“对不起呀老大。”

然后俩人一起回去拜见吕母，喝酒吃饭。

可怜那个厨子了，到最后也没有保住小命。那个年代，真是人如蝼蚁贱。

这个人虽然粗暴，不过非常勇敢。

在南郡攻打曹仁，未能攻破城池，甘宁献计先直接进取夷陵，他率军前往当即拿下了这座城池，于是进城驻守。当时他手下有兵数百人，加上刚俘虏过来的人员，也只刚满一千。曹仁却派出五六千人围攻甘宁。

甘宁被攻打了好几天，敌方架起攻城高楼，从楼上将箭像雨点般射入城内，兵士们都非常害怕，只有甘宁谈笑自若。他派人将情况报告周瑜，周瑜采用吕蒙的计谋，率领诸将前来给甘宁解了围。

他在对抗关羽的时候，竟然令关羽这个武圣人都十分忌惮。

那是在甘宁随鲁肃镇守益阳的时候。

关羽号称有三万兵马，他亲自挑选精锐兵卒五千人，投物堵住上游十多里的浅水地带，说要夜里涉水渡河。鲁肃紧张了，与各位将领商议对策。甘宁当时有兵三百人，就说：“能否再给我增添五百人，我前去对付他，保证关羽一听到我咳嗽，他就不敢渡河，他敢渡，我就敢抓。”

鲁肃果真就挑选了一千人增补进甘宁的队伍，甘宁于是连夜赶至资水上游。关羽听说甘宁到了，就停止渡河行动，就地修造柴木营房，如今那地方就叫作“关羽濑”。

看来真是横的怕愣的，愣的怕不要命的。这一条在战场上同样适用。

他之所以被封“折冲将军”，就是因为他在打皖城的时候，背着大铁索，身先士卒，冒着如雨的剑矢爬城墙，为破城立一大功。

公元 215 年，孙吴的军队在合肥城外的逍遥津和曹操手下大将张辽作战，结果大败，士气受挫。全赖甘宁和凌统、吕蒙、蒋钦等将领死战保护孙权。别的吴军都顾不得击鼓吹号了，甘宁的军队却鼓号大作，士气大振。

所以说，这个人虽然是一身的毛病，但是热血忠勇却是他最大的优点。

他不是和凌统有杀父之仇吗？两个人又都在孙权手下，这事也怪麻烦的。甘宁就常常防备着凌统替父报仇，孙权也命令凌统别记恨甘宁。可是没用，还是演了一出“鸿门宴”。俩人不定怎么就在吕蒙的家里碰了面了，喝酒喝高了，凌统就舞刀，那肯定是“凌统舞刀，意在甘宁”。甘宁又不是傻子，肯定不是坐着挨砍，说你不是能舞刀吗，我也能啊，我能舞双戟。吕蒙一看不是事，说甘宁你再舞得好，也不如我舞得巧，于是就左手刀右手盾，身子一横，把俩人给分开了，要不然非得血溅当场。

孙权这下子也知道凌统杀宁之心不死，干脆，让甘宁带兵徙屯半州，分开了，不许俩人见面。

所以甘宁既没有死在敌人的刀剑之下，也没有死在为父报仇的凌统的刀剑之下，他的结局是病死的，也算幸运。

甘宁的经历告诉我们：不论你曾经怎样的轻薄狂荡，泥足深陷，全身上下都贴满了“小流氓”“大流氓”的标签，只要你选准了一条正确的道路，踏上去，拼过去，自有一个属于你自己的恰恰当当的结局。

卷四十三 《三国志·吴书十一
朱治朱然吕范朱桓传》

第一节 “润物细无声”的朱治

【原文】

权常叹治忧勤王事。性俭约，虽在富贵，车服惟供事。权优异之，自令督军御史典属城文书，治领四县租税而已。然公族子弟及吴四姓多出仕郡，郡吏常以千数，治率数年一遣诣王府，所遣数百人，每岁时献御，权答报过厚。是时丹杨深地，频有奸叛，亦以年向老，思恋土风，自表屯故鄣，镇抚山越。诸父老故人，莫不诣门，治皆引进，与共饮宴，乡党以为荣。在故鄣岁余，还吴。黄武三年卒，在郡三十一年，年六十九。

【译文】

孙权常赞叹朱治为国家事情担忧操劳。

朱治性格节俭约省，虽位于富贵，但车驾官服只用于公事。

孙权对他特别看待，亲自令督军御史掌管朱治封地的公文，朱治只需收四县的租税即可。

然而贵族子弟及吴郡四大家族大多在郡府任职，郡中官员常多至千人，朱治大致数年一次调遣人员进献王府，所遣者有几百人，每年四时进献，孙权的回报特厚。

当时丹杨腹地，常有奸贼叛乱，朱治也因逐渐年老而思恋故土，故上表自请驻守故彰，镇抚山越。

许多父老及乡亲故旧，无不上门进见，朱治把他们全请进家门，与他们一起宴饮，乡亲们以此为荣。

在故彰住了一年余，又回到吴郡。

黄武三年（224），朱治去世，在吴郡三十一年，享年六十九岁。

【评点】

朱治（156—224），字君理，丹杨故鄣人。吴国武将，历仕孙坚、孙策、孙权三代。

朱治是一个地位很特殊的人。

他是三朝元老。当然这一点也不够十分特殊，因为程普、黄盖等人也都是三朝元老。

不过，在三朝元老里面，他的地位最特殊。因为他是江东人。

就像易中天在《品三国》里面所讲的：

“孙权这个集团我们也称之为江东集团，什么叫江东？我们知道长江基本上是由西往东流的，但是在芜湖和南京之间这一段长江偏北流，这一段江段的东西两岸古人就称之为江东和江西，而把现在咱们的湖南省称为江南，也就是说三国时代的江南不是苏州那个地方，是我们现在的湖南。”

孙权等人可不是江东人，孙权家族是“江西”人，所以孙策在临死时，才会跟张昭说，如果孙权不济事的话，你就把这份基业取了吧，然后“缓步西归”，就是慢慢地，咱再把势力重新向西，迁移回咱的老家。

江东的大族一方面是势力很大，另一方面很排外。外来人在江东当官，那日子不会好过。后来，朱治就入主江东心脏地区吴郡，当了吴郡都尉，江东人当江东的官，事就好办得多。即使孙策死去，孙权年幼，有包括张昭、周瑜和朱治这几位有威望的权臣在，孙氏家族中即使有人有点啥想法，也不敢蠢蠢欲动，只能活动活动心眼儿。当然，孙氏家族外面的人，可就保不齐了，真有胆大的，想要趁乱揩油的，叛乱造反的，张昭和周瑜就出外平叛，朱治就在家维稳。双方都功不可没。

孙策活着的时候，对于江东大族就实行过铁血手段，实在是这些豪强们太豪横太强硬了，不铁血不行。但是他这样做也就给孙权日后在江东为了立稳脚跟而吸纳江东士人设置了不小的障碍，血仇在身，怎能交融？

幸亏有朱治在。

他本身就是江东人，出身上自然就和那些江东豪强们自来的亲近；自己又受辟于上公，地位上也和他们不分轩轾，甚至更胜一筹。这些都是他的政治资源，被他充分利用起来，征辟察举，把江东士人通过吸纳、拉拢，纳入孙氏的利益圈。

常言说没有永远的敌人和朋友，只有永远的金钱和利益。此言不虚。他一征辟往往就是上百人甚至数百人，这么多人都得了他代表江东孙氏政权给予的权与钱的实惠，当然也就从心里淡化了那种鄙视和仇恨的心理，最终渐渐地，就为孙氏政权所用。

这就是朱治所起的作用。他没有冲锋陷阵，所以不会身披刀剑，肤如刻画；他没有运筹帷幄，所以不会羽扇纶巾，谈笑间、樯橹灰飞烟灭。但是孙氏政权能够日益发展壮大，朱治起到了虽然看不见、摸不着，但是却如空气、如清水、如润物无声的细雨一般的作用。所以孙权才会对他特别看待，格外感恩。

第二节 “璞玉”朱然

【原文】

然长不盈七尺，气候分明，内行修洁，其所文采，惟施军器，余皆质素。终日钦钦，常在战场，临急胆定，尤过绝人，虽世无事，每朝夕严鼓，兵在营者，咸行装就队，以此玩敌，使不知所备，故出辄有功。诸葛瑾子融、步骘子协，虽各袭任，权特复使然总为大督。又陆逊亦卒，功臣名将存者惟然，莫与比隆。寝疾二年，后渐增笃，权昼为减膳，夜为不寐，中使医药口食之物，相望于道。然每遣使表疾病消息，权辄召见，口自问讯，入赐酒食，出送布帛。自创业功臣疾病，权意之所钟，吕蒙、凌统最重，然其次矣。年六十八，赤乌十二年卒，权素服举哀，为之感恸。

【译文】

朱然身长不足七尺，处事待人是非分明，品行涵养纯美，他的才华只用在军事方面，其他方面均显质朴。

他终日恭谨，常身在战场，临危急之事能大胆镇定，特别超人，虽然没有战事，他也每天早晚庄严击鼓，军营的士卒，全都整装列队，以这种方法迷惑敌人，使敌人不知如何防备，故此出战动辄有功。

诸葛瑾儿子诸葛融、步骘儿子步协，虽各自袭其父亲的职任，孙权特地又让朱然总为大都督。

又陆逊也去世，功臣名将存在世上者只有朱然，无人能比得上他的权势。

朱然卧病二年，后渐渐病情加重，孙权日里为之减食，夜里为之难寐，中间派送医药食物之人相望于道。

朱然每次派人上表报知病情，孙权就召见其人，亲自询问，进来赐赏酒食，出去赠送布帛。

自创业功臣有人患病以来，孙权心中所为关心者，吕蒙、凌统最重，其次就是朱然。

赤乌十二年（249），朱然六十八岁去世，孙权身着丧服哀悼，为之伤感悲痛。

【评点】

朱然（182—249），字义封，丹阳故鄣人。本为朱治的姐姐的儿子，原姓施，后来被舅舅朱治收养，改姓朱。

和他的养父朱治，属于老子英雄儿好汉。

虎威将军吕蒙病重，孙权问他说："您如病重不起，谁能接替？"吕蒙回答说："朱然胆识操守超越常人有余，我认为他可接任。"吕蒙去世，孙权赐朱然假节，镇守江陵。

黄武元年（222），刘备统率大军进攻宜都，朱然督率五千人与陆逊合力抗拒刘备。

朱然单独带兵攻破刘备的前锋，截断他们的后路，刘备于是败走。

朱然被授予征北将军，封爵永安侯。

后来，朱然又提出收兵防备魏国，结果魏国果然趁机攻打吴国。

魏国派遣曹真、夏侯尚、张郃等攻打江陵，魏文帝亲自进驻宛县，作为魏国进攻军队的威势声援，将军营连接起来包围城池。

孙权派遣将军孙盛督率一万人马在江洲上设防，建立围堡，作为朱然的外援。

张郃率兵渡江攻打孙盛，孙盛抵抗不住，当即退却，张郃占据了洲上的防守工事，朱然里外的联系断绝。

孙权派遣潘璋、杨粲等前来解围，然而围不能解。

这时朱然城中兵卒大多患上浮肿病，能战之兵仅有五千人。

曹真等在城外堆起土山，挖掘地道，建置楼架，面向城内射箭如雨一般密集，东吴将士都大惊失色，朱然安然镇定毫无恐慌之意，尚在激励兵士，伺敌军间隙攻破了两座军营。

魏军围困攻打朱然达六个月，仍不退兵。

江陵县县令姚泰带兵防备该城的北门，他见外面兵势强盛，而城中人少，粮食将尽，因此与敌军通信息，阴谋做敌军内应。

将要行动，事情暴露，朱然将姚泰治罪杀死。

夏侯尚等不能取胜，于是撤围退军。

自此朱然名声威震敌国，被改封为当阳侯。

公元 249 年朱然病逝。

这个身不满七尺的小个子男人，却得到了孙权的极其恩眷的隆遇。生时赐其兵权，病时为其减膳，逝时素服举哀。

因为这个人值得。

一方面，朱然和孙权曾经一同读书学习，是亲爱的好同学；另一方面，朱然这个人有才能，先后当过余姚长、山阴令加折冲校尉，后又为临川郡太守，山贼蜂起，他却旬月征讨而定;更重要的是，他有才能，但是他的才能只是使用在军事上，使用在战场上，平时生活中很朴实、很踏实、很低调。

太高调的、鲜衣丽服、高门大嗓、盛气凌人的人不容易让人喜欢，而内蕴珠玉、外裹一层石头皮的人，却是会被慧眼之人深深敬爱，因为他不是石头，是璞玉。

第三节　忠诚正直的“财政部长”吕范

【原文】

初策使范典主财计，权时年少，私从有求，范必关白，不敢专许，当时以此见望。权守阳羡长，有所私用，策或料覆，功曹周谷辄为傅著簿书，使无谴问。权临时悦之，及后统事，以范忠诚，厚见信任，以谷能欺更簿书，不用也。

【译文】

起初孙策让吕范负责财务账目，孙权当时年纪还轻，私下里有求于吕范，吕范必定向孙策禀报，不敢擅自答应孙权的要求，当时他就因此事颇有声望。

孙权任阳羡县县长时，有私用的财物，孙策有时要审查，功曹周谷动辄就将孙权的花销记在另外的账本上，使孙策无法查询责问。

孙权当时很喜欢周谷，及至后来他统掌国事时，以吕范忠诚，故特别信任，而以周谷善于欺瞒上司更换账本，故撤职不用。

【评点】

吕范（？—228），字子衡，汝南细阳人，东吴将领，官至前将军、扬州牧，追赠大司马。

这人也是个帅哥，就是挺穷，在县里当一个小吏。人穷志不短，看上一家姓刘的富户家的美貌小姐了，就跟人家求婚。准丈母娘嫌弃，倒是老丈人说不要紧，这个人不是久居人下的人，就把女儿嫁给他了。

当初刘邦娶吕妹妹，就是因为老丈人一力主张的。

吕范跟刘妹妹这回事，倒不如刘邦那档子事乌龙得多、热闹得多：

刘邦在沛县（今江苏沛县）当他的光棍亭长，吕公在单父（今山东单县）做他的名门望族。两个人地处南北，并不搭界，却是吕公此人得罪当地恶势力，举家南迁，找他在沛县当县令的老朋友来投靠。

这个当官的挺贼，本来有朋自远方来，是要大摆宴席来接待，他也果真遍邀沛县父老及大小官吏，那意思明面上是要让吕公和大家认识认识，其实，他自己的小算盘打得噼里啪啦响——长官邀下属赴宴，你真当是白吃白喝，临走还有红包拿？非也，那是要封红包给县太爷和县太爷的朋友的！所以，这些人吃的是高价饭。专门有人端一把椅子，守一张桌子，笔墨纸砚齐备，来一个记一个。

当然了，就是高价饭，大家也都乐意吃并且抢着吃，试想，赴县太爷的席，那是多光彩的事，四邻八舍知道了，倍儿有面子！

于是，抢来抢去的结果就是座位不够了。这时候，萧何的聪明劲儿就显露出来了。其实也没别的辙，说白了就是按价卖座。礼金超过一千钱的，OK，请到堂上座。礼金不足一千钱的，对不起，堂下请吧您哪。

大家都是懂规矩的人，乖乖就座，这时候，有一个不按常理出牌的人到了。

刘邦，官本不大，收入又不多，充其量不超过三百钱，又喜欢带一帮狐朋狗友吃吃喝喝，属于月光一族，年底还得欠一屁股酒水账，别说一千钱，恐怕五百钱也没辙，此时却大大咧咧登堂入室，叫道：“贺金万钱！”实际上分文没有。（《史记·高祖本纪》：“乃给为谒曰‘贺钱万’，实不持一钱。”）

这一下够雷的。在这种场合，一掷千金已是难得，一掷万金谁又曾听说过？所以就连吕公都起席出迎。萧何深知刘邦此人爱吹牛皮，说大话，此时就赶紧拦住吕公，说吕公吕公您别当真，也甭和他置气，刘邦这家伙开玩笑的，他哪有那么多钱呀！

结果吕公不听，将刘邦亲迎上堂，还说："您请上座。"

若是一个普普通通、规规矩矩的美男子，估计也不会引起吕公的注意，刘邦这么一闹，恰便似白荷出水，一下子就把吕公的目光吸引过来。宴席甫一结束，他就拉着刘邦来到后堂，向他引见自己的妻子和女儿吕雉。然后，正当刘邦纳罕为什么此老儿如此如此、这般这般的时候，他再在刘邦的耳边放一个响雷：

"我把你留下来不为别的，就是要把女儿嫁给你！"

这件事，被震到的不止刘邦一人，还有吕雉的老妈。在原郡吕家也是名门，想来少不了有钱有势的人求亲，吕公一概不允，不惜把女儿留成三十来岁的老姑娘，此时却要把宝贝姑娘嫁给一个才见了一面、吃过一回酒，还满嘴跑火车的小吏，图什么呀？所以吕媪怒气冲冲地说："你平时老说咱家姑娘不寻常，应该嫁与贵人。怎么如今轻易就把女儿打发了？"吕公神秘一笑："妇道人家懂得什么？"

显然，他透过刘邦无赖的皮相，看到一个还没孵化成形的真命天子。所以，此番奇遇，与其说天上掉下个吕妹妹，倒不如说天上掉下个老丈人。

到了吕范这里，也出现了同样的老丈人慧眼识女婿的事，有意思。

事实证明，这个老丈人也挺英明，因为吕范避乱到寿春后，和孙策搭上界了。孙策觉得吕范不是一凡人，吕范也觉得孙策不是一凡人，于是带着一百个门客就给孙策效命去了——都有了门客了，显然这会子家里不穷了，肯定沾了老丈人家的光不少。

吕范还替孙策到江都接自己的老妈吴太妃，结果徐州牧陶谦说，哎呀不得了，吕范这家伙是来替袁术当奸细来啦，县令啊，不能白白放过他呀！县令一听，有道理！来呀，给我狠狠地打，打出他的实话来！要不是吕范的亲近门客里头的勇士们把他抢回去，吕范就给打死了。又不是临阵杀敌，连个烈士也评不上。

吕范就是这样替孙策做事的，真是艰辛跋涉，不避危难。这样做的除了吕范，还有一个叫孙河的，孙策也就不拿他们当外人，常常带着他们就直入后堂去了——那样的年代，男女有别，擅入后堂那是罪过。而且不但入后堂，就在吴老太太跟前，几个小弟兄们就喝酒吃饭。可见真是像亲人一样对待吕范。

就因为亲近，所以才让他管钱。

孙权小时候，那估计也不是什么省心的孩子，跟别的纨绔子弟一个模样，不当家不知柴米贵，变着法子斗鸡走狗胡走乱遛。

孙策是大哥，肯定得给他钱的，大家族的人，就跟发工资似的，每个月给家族成员多少零花钱，花完了不许要，剩下的你自己攒小金库，也没人管。就像《红楼梦》里边，宝玉他们一干公子小姐一个月二两银子的月钱，贾母王夫人等人一个月二十两，李纨年轻守寡，叫人敬重，一个月十两；袭人晴雯等跟着老太太的大丫头们一个月一两银子的月钱，别的丫头们一个月五百钱……

孙权的钱不够花啊，就偷偷跟吕范要。再怎么说他也是孙家的二少爷，想着怎么也不能不给吧。结果吕范还真就不给。估计也不是不给，就是客客气气跟孙权讲，二少爷，您想要钱也好办，找哥哥批条子来，他批一万两，我就给你拨一万两；他批一两，我就给你拨一两。他要是不批，我也没办法不是？就这么把孙权给打发走了。

后来，孙权也大了，孙策这个大哥也有意锻炼他，就让他当阳羡县县长。他当了县长更不让人省心，有了权了，想怎么花钱就怎么花钱，来个公款私用也是很正常的嘛！结果可能是孙策想到了这一层，也可能是有人向孙策反映，孙策突然要查账，当然不是查他一个人的，打出的名号是查所有官员的收入开支。

孙权给急的，估计此时得后悔没碰上吕范那样的铁公鸡给自己管账——要是当初就管住了自己，何至于现在麻爪儿无奈呢？

不过他急也没急多一会儿，就被那个叫周谷的人把难题解决了。怎么解决的？就是做假账。假账的作用就是蒙混上头的人嘛，孙策也给蒙住了，没法查，只好罢手。孙权过了一关。

后来，孙策死了，孙权继位，高度不一样了，看问题的视角就不一样了，他发现还是吕范这样的人可靠啊，周谷这样的人太可怕，信不得，谁知道他帮着别人做了多少假账，侵吞了多少公款？

于是吕范受了重用，周谷反而被辞退。

就因为孙权知道吕范这个人忠诚正直，所以就算有人跟孙权说，哎呀吕范这人啊，还有贺齐，他们俩，你看他们穿的衣裳，比当王侯的人还奢侈；他们家里用的东西也奢侈得很，您得查办哪。孙权也不管，说：“过去管仲逾越礼节，齐桓公优待包容他。现在子衡和公苗也没有犯管仲夷吾的过失，不过就是用的东西好，坐的车船好嘛，这还能够给咱们长脸呢，对咱们的管理没一点坏处的嘛！”于是告发这俩人的人就不敢说话了。

所以说，人是各有其长也各有其短，如果说吕范的忠诚正直是其长，那么很可能他的“居处服饰，于时奢靡”就是其短，容易被人当成中伤的利器。幸亏他有“勤事奉法”的底子，所以孙权才能悦其忠而不怪其侈。

他是凭着自己的所作所为，赢得孙权的尊重与信任。

第四节 暴躁护短的“爆炭”朱桓

【原文】

桓性护前，耻为人下，每临敌交战，节度不得自由，辄嗔恚愤激。然轻财贵义，兼以强识，与人一面，数十年不忘，部曲万口，妻子尽识之。爱养吏士，赡护六亲，俸禄产业，皆与共分。及桓疾困，举营忧戚。年六十二，赤乌元年卒。吏士男女，无不号慕。又家无余财，权赐盐五千斛以周丧事。

【译文】

朱桓性格喜爱护短，耻于落在人后，每次临阵对敌交战，受到节制约束不得自由，他就动辄发怒激愤。

然而他轻财好义，且强记能力好，与人见过一面，几十年不会忘记，他的部下一万多人，他们的妻小他都认识。

他爱惜养护官兵，赡养护育他们的亲属，俸禄财货，都与他们共同分享。

及至朱桓病重，全军忧伤悲戚。

赤乌元年（238），朱桓六十二岁时去世。

军中官兵及亲属男女，无不痛号思念。

他家无积余财产，孙权赐给食盐五千斛以接济丧事。

【评点】

朱桓（177—238），字休穆，吴郡吴县人。吴国将领，官至前将军、青州牧，假节，封为嘉兴侯。

在《三国演义》里，罗贯中称他“极有胆略”，不过没对这个人物展开来写，有点可惜。

在第九十六回“孔明挥泪斩马谡　周鲂断发赚曹休”中，陆逊和周鲂合谋诱战曹休，并且向孙权举荐朱桓为左都督。朱桓献计，于夹石、挂车二路以柴木大石阻路以擒曹休，可惜没有被采纳。这一点在《三国志》里面也有写到。

这个人胆略是有的，脾气也有，而且还很大。概括起来就是两个关键词：一曰暴躁，二曰护短。

论起来，他的资历是较浅的，估计没在孙策手下做过事，是孙权当上将军后，才开始为孙权做事的，刚开始是被任命为余姚长。他当官当得很负责，遇疾病瘟疫，粮食涨价，他就派部下处理医病食粥的事情，颇受百姓爱戴。

后来，他又当荡寇校尉，杀山贼，安民众。

再然后当上裨将军，封为新城亭侯。

周泰死后，他代替周泰当了前线总司令，坐镇濡须口。

黄武元年（222），魏国大举伐吴，大司马曹仁率兵数万，且狡猾狡猾的，来了个声东击西，假装要向东攻打羡溪，结果朱桓分兵赶赴羡溪去了，曹仁却大军进逼濡须，距离濡须只有七十里。

怎么办？朱桓现在手底下可用的兵总共只有五千人。

手下诸将惧形于色，朱桓给他们加油鼓劲儿："怕什么！两军对阵，可不是看谁的兵多、谁的兵少，那是要看谁用兵用得好。曹仁用兵能比得过我朱桓吗？那家伙既不懂指挥又不勇猛，谁带的兵像谁，他手下的兵也胆小怕死。再说了，他们千里迢迢而来，人困马乏的；再看咱们，城墙高大，背山面水，以逸待劳，咱是主，他是客，这是百战百胜的战局呀！放心吧，别说是他曹仁了，就是曹丕亲自来，咱也能叫他有来无回！"

这一通鼓劲儿，算是把士兵给鼓起来了，大家都一起眼巴巴看着他怎么用兵对敌。

朱桓也果然有智计，他不硬碰硬，而是把旗子也撤了，也不敲战鼓，静悄悄的，好像吓得不敢动窝的样子。曹仁一看，哈哈，敌人㞞了，曹泰（注：曹仁的儿子），这白捡的功勋，你带兵给我突袭！然后又派将军常雕袭中洲——那是朱桓他们的大后方，老婆儿女都在那里呢。曹仁自己亲率一万人做他们的后援。

结果这一仗打的，朱桓斩常雕，擒王双，杀得曹仁他们大败。就是在这一战后，他被孙权封嘉兴侯，任命为奋武将军，领彭城相。

又过了几年，到了黄武七年，也就是公元228年，鄱阳太守周鲂跟魏国的大司马曹休说，我要归曹啊，你们来接我吧。曹休就真的率十万兵马去到皖城接应周鲂来了。当时陆逊是元帅，全琮是左都督，朱桓是右都督，各率三万人迎击曹休，三路出击，冲杀曹休。

就是在这个时候，朱桓献计的，说曹休是靠着裙带关系当的官，要智无智，要勇无勇，此战必败，败必走夹石和挂车这两条道，用一万兵堵住道路，可以尽灭敌军，生擒曹休。他请战生擒曹休后，乘胜追击，直取寿春，割据淮南，进而谋图许都、洛阳，许都、洛阳到手，大魏不是就被灭了吗？

结果孙权和陆逊商量的结果，是陆逊觉得不可行，没有用。

嘉禾六年（237），魏国的庐江主簿吕习请求东吴出兵支援他，他打算开城门做内应，来个里应外合。全琮和朱桓就率兵去了，结果也到了，事也败露了，军队不得不后退。这时候轮到吴军被魏军追了。

城外有条溪水，说是溪，却是河宽沟深，各部队引兵渡河，朱桓亲自断后。庐江太守李膺整顿兵马，就巴巴地等着呢，等吴军过河到中段，前进不得、后退不能的时候，一举出击，大破之。结果李膺一看朱桓的节盖在后方呢，结果吓得愣是没敢动。

当时全琮是统帅，孙权又命令偏将军胡综替他传达命令，并且参与军事谋划。

全琮认为军队耗费粮草，名号叫得挺响，出征啊出征啊，结果竟然一无所获，怪丢人的，打算把部队分给诸将，朱桓这个时候爆炭脾气上来了，才不肯被别人统率呢，就去见全综，问他有没有这回事。全综也怕朱桓发脾气，就说哎呀这事不是我说了算呀，是主上命令胡综督军，胡综想这么干。

朱桓一听，好，你们去给我把胡综找来。

胡综其实不知道怎么回事，就乖乖地来了，朱桓去迎接之前，打发他左右的人："你们都走，这回我要放开了干！"那意思就是傻子都知道，说得通就听，说不通就要把胡综给咔嚓掉。

但是谁没有个三亲两厚的呢？就有一个他身边的人借故走出，给胡综通风报信去了。朱桓出去一看，胡综不见了，跑了，就知道是那个人捣的鬼，拔剑就把那人给杀了。

朱桓的参军刚向他进谏说不可，朱桓又把人家参军给杀了。

朱桓也知道这是滥杀，可是脾气上来控制不住，等头脑冷静下来一想，大事不好，怎么办？干脆，好一通乱喊乱叫，乱嚷乱跳，就跟疯子似的，别人都说：朱将军发了狂病了，朱将军发了狂病了！

咱们现在的法律还不追究精神病人的过错呢，朱治这样滥杀，也是由于发了狂病的原因，所以也不用追究嘛，就让他回建业治病好了。于是孙权就让他回建业治病，也没有治他的罪。

孙权傻子吗？真狂假狂看不出来？

几个月后，朱桓"好了"，孙权派他回中洲，亲自给他送行，对他说："大敌犹存，霸业未定，我打算和你一起平定天下，所以打算让你统领五万人马，独当一面，我想你的病不会再复发了吧？（今寇虏尚存，王涂未一，孤当与君共定天下，欲令君督五万人专当一面，以图进取，想君疾未复发也。）"

什么意思？那就是在说，现在是用人之际，所以才不会去治朱桓的罪。就像甘宁粗暴好杀，但孙权也始终用他一样。说白了，这都是称霸之路上，称手的利器呀！不过，你也不要给我动不动发狂呀，不然我很难做的。

朱桓的回答是："天授陛下圣姿，当君临四海，猥重任臣，以除奸逆，臣疾当自愈。"就是说，老天爷把圣人的姿貌授予您，您天生就当是君临四海的命。您把重任托付于臣，让我来清除叛逆，我的病不用治，它自己就好了。

什么意思呢？就是说，你只要让我独当一面，不让我受别人的辖制，我的病，准好！

这人就是这么直率，而且还挺爱玩。《吴录》还记载了一件有趣的事，说是朱桓举酒进献孙权，说我就要走啦，想要捋一捋陛下您的胡须，走了就没有遗憾了。孙权就乖乖地凭着茶几，往前蹭了蹭，让朱桓捋。朱捋就果然上前，捋着孙权的胡子说："臣今天可真是捋虎须呀！"孙权哈哈大笑。

朱桓就是这么个人。

这个人虽然耻于为人下，不过对于自己的手下人，却是十分爱护。这人的记忆力真不是盖的，部下一万人，妻子儿女朱桓是全都认识。挣的俸禄都跟部下一块用、一起花，谁有病他都看，谁的亲戚有难他都帮。难怪他病重的时候，全军营的人都担忧；他病死的时候，要不是孙权赐五千斛盐，他的丧事都办不好，而他的部下无不痛哭。

干宝的《搜神记》里还记载过朱桓的一件奇事。其实不是他的奇事，是他的一个婢女的奇事。说是这个婢女，每天晚上睡着后，她的脑袋就自个儿飞了，到外边玩儿。天快亮的时候才回到自己的身上。当然这事别人不知道，和她同室的女伴也不知道，只是有一天晚上，女伴可能是起夜，迷迷糊糊的，看见她盖的棉被给蹬掉了，就好心帮她给重新盖上，结果这一盖，把脖子给盖住了，脑袋回来的时候，找不着身体了，回不了原位，掉在地上，眼看就要断气了。

就在这时候，朱桓进来了，一看这一幕，饶他是大将，也被吓一跳。后来看这婢女的脑袋上的眼睛一眨一眨的，老是看着床上的棉被，朱桓就上前给她把盖着身体的棉被拉开，这颗脑袋拼着老命地飞起来往脖子上一安，这才算活了。

朱桓就这么救了这个飞头婢女一命。后来，落头氏一族就搬家了，搬到了扶桑列岛，在日本，他们的名字叫"飞头蛮"。

卷四十四 《三国志·吴书十二
虞陆张骆陆吾朱传》

第一节　虞翻：一个深情的狂生

【原文】

翻与少府孔融书，并示以所著《易注》。融答书曰："闻延陵之理乐，睹吾子之治《易》，乃知东南之美者，非徒会稽之竹箭也。又观象云物，察应寒温，原其祸福，与神合契，可谓探赜穷通者也。"会稽东部都尉张纮又与融书曰："虞仲翔前颇为论者所侵，美宝为质，彫摩益光，不足以损。"

【译文】

虞翻与少府孔融通信，并将自己所著的《易注》寄给他看。

孔融回信说："听说延陵精通音乐，观看您对《周易》的研究，才知道东南地区的人才之美，并非只有会稽郡的竹箭为彼地名产。另外《易注》观察天象星云，查考气温寒暖应运，推究祸福根源，都与神妙莫测的事理契合，可说是探奥索微、通晓事物规律的大作。"

会稽东部都尉张纮又与孔融写信说："虞仲翔以前常为评论者所贬抑，但精美的宝玉表面上显得质朴，愈雕磨愈光亮，贬抑对他无所损。"

【评点】

虞翻（164—233），字仲翔，会稽余姚人。吴国学者、官员。于经学颇有造诣，尤其精通《易》学。性疏直不协俗，又屡因酒失事，几遭杀戮，终被谪交州（今广州）。十余年聚徒数百，讲学不倦，开岭南一代学风。卒于交州。

敢跟孙权对掐的人不多，虞翻算是一个。

别人小心翼翼怕惹到主子，他是嚣张跋扈生怕触不怒老虎。孙权不是曹操，能把孙权惹得拔剑要杀的人真是不多，虞翻就“光荣”地差点成为孙权剑下亡魂。

孙权不是好喝酒吗，不光他喝，他还得逗着手底下的大臣们和他一起喝，谁不喝也不行，谁不多喝更不行。为这事张昭就跟孙权闹过，孙权没脾气——张昭是孙策大哥给定的托孤重臣，跟豆腐似的，打不得拍不得，还得好好哄着，说成成成，寡人不喝了，不喝了成了吧？

但是虞翻就不一样了，他明明没有张昭这资格，都有胆子下孙权的面子，还下得相当之不小。

比方有一回，孙权带着群臣一块儿喝，他刚开始还端着个吴王的架子，坐在上边跟大家一起喝，后来喝得差不多了，架子也不端了，歪歪斜斜地拿着酒壶就下来了，一个个给大臣们斟酒，喝，都给我喝。大臣们哪个敢不喝，都仰脖一饮而尽，咕咚咕咚……

等到虞翻这儿，一看，咦，这家伙怎么倒了，哈哈，醉了醉了，就放过去斟下一个。结果孙权扭头一看，这家伙从地上爬起来，大模大样地端坐着。原来不是醉了，是不屑于喝我替你斟的酒！孙权大怒，拔剑就要杀了他。

也是，这事搁谁身上都得上火，只不过平常人之间动拳互殴即可，到了孙权这儿，就是让对方掉脑袋或是胸口多一个透明窟窿的事了。

大臣们都吓得够呛，想不起来阻止，就是想起来也没胆子阻止，只有大司农刘基一把把他抱住了：大王不可，大王不可。

孙权气得：“有什么不可的！”

刘基说：“大王以三爵之后（手）杀善士，虽翻有罪，天下孰知之？且大王以能容贤畜众，故海内望风，今一朝弃之，可乎？”

就是说，大王您喝醉了酒杀善士，就算是虞翻有罪，当杀，天下人谁知道是他当杀？都得说您酒后无德。再说了，大王您是以能够容纳贤人来招揽人才的，也因为这一点，四海之内贤人们望风蚁附。现在杀了一个虞翻不要紧，这个美名就给弄污了，值得吗？

孙权是执意要杀，说曹操还杀孔融呢，孔融是多大的一名士呀，就这么一个小小的虞翻，杀了他我又有什么好可惜的！

刘基说：曹操因为随便杀害士人，惹得全天下人都非议他。大王您实行道德仁义的政策，那是要和尧、舜比肩的，怎么能够把自己比成那个大奸雄呢？

孙权一听，这才罢休。虞翻这才捡了条小命。估计刚才两个人拉拉扯扯，一个要杀，一个抱着谏劝的时候，他就在一边翻着白眼听着呢。你爱杀不杀，关我鸟事。

这人就这么狂。

孙权还拿他这个狂劲没辙，为怕自己以后真的酒醉杀人，还特地告诉手下人：自今酒后言杀，皆不得杀。

所以说，孙权如果在东吴是一个明君，虞翻就是一个不折不扣的有风驶尽帆的狂人。

这人狂是狂，但是狂得有资本。（当然，以后狂得无下场就是了。）

他是个文化人，尤通《易经》。你说他是个神棍也成。据说关羽失败落跑，孙权就让虞翻算一算，关羽什么下场。虞翻算的结果是兑下坎上，节，五爻变之临，他就说了："不出二日，必当断头。"

结果跟他说的一样。

孙权夸他："卿不及伏羲，可与东方朔为比矣。"

意思是伏羲这个人物太大了，你比不上，但是比东方朔完全没问题——东方朔也既是名人，又是异人啊。这个算是规格挺高的夸奖了。

这对他来说恐怕也不过就是雕虫小技。他的舌头比他的卜技还厉害。一条三寸不烂之舌，说客专用。

其实虞翻以前不是孙吴阵营的人，是跟着会稽太守王朗混的——就是《三国演义》里面，被诸葛亮口口声声的"苍髯匹夫，皓首老贼"活活骂死的王朗。其实人家没有被骂死，还在曹魏的小朝廷那里位至三公。

当时虞翻刚死了父亲，穿着孝服到的太守府，其人至公，这一点没人有意见吧？他一听说王朗要和孙策决一死战，赶紧就把孝服一脱，求见王朗，劝他能躲则躲，不要打。王朗不听，结果被孙策杀得大败亏输，逃到海上。

按理说树倒猢狲散，应该就此拜拜了王朗才对，他不然，也跟着王朗一块逃，逃到了候官城。那儿的长官不给他们开门，虞翻这条舌头这回发挥了功用，劝得那人开门放他们进来。

后来，虞翻见王朗安全了，就回老家侍奉母亲。他的老家已经被孙策占领，孙策也听过他的大名，就请他出来当官，还亲自提溜着东西造门探访，待遇至隆。

虞翻不是一个不知恩的人，孙策待他好，他也就为孙策卖命。

建安四年，孙策要打豫章，当时的豫章太守是日后和王朗同为三公的华歆。华歆不懂军事，孙策也就不想和他动刀动枪，能兵不血刃拿下最好啊，又不用损兵折将。孙策打定了这个便宜主意，现放着舌头好使的虞翻，干吗不用？

于是他就让虞翻去劝降。

虞翻就去了。

还不是像蒋干劝降周瑜那样“昂然而来”，就是随随便便一身休闲的衣裳，见了华歆，开门见山：“大人你的名声在外，不过和我的老上司王太守（指王朗）比起来怎样啊？”

华歆很谦虚：“比不上王太守。”

虞翻再接着问：“您的粮食、守备，能不能和会稽郡并肩？”

华歆又摇头，说比不上。

虞翻说着，哇！孙策将军智略超世，用兵如神，他把王太守给赶跑，又把我那家乡会稽郡给拿下，这您都知道吧。现在您还在要啥啥没有，干啥啥不行的状态下守着您的地盘，那能成吗？依我说，早降了吧，别到时候后悔都摸不着门头哭。

虞翻临了说您考虑考虑啊，我回去了，要是明天中午时分大人您还没有回音，那明年的明天就是您的忌日。

幸亏华歆是个识相的，能看明白事情的，城门大开，降了。这华歆要是个脾气大的，很可能让人砍死他。说客这个活儿，看着风光，动动两片嘴唇，可令不动刀兵，可是，那也是刀架在脖子上不眨眼的人才能干的活儿，毕竟是敌对阵营，对方一个不爽，让你脑袋搬家还不是小菜一碟？再说了，你还说得那么嚣张。

虞翻是很忠心的。当初对王朗就是那样，大孝未脱就去帮着王朗出谋划策——虽然王朗没用他的就是了，后来又一路跟着王朗出逃。

后来跟了孙策，除了冒死做说客，对孙策的轻率举动还加以规谏。

孙策和孙权这哥儿俩有时候真是挺像的，都体能好，都爱骑马打猎，孙权喜欢打老虎，孙策一点也不输他。而且孙策还好玩失踪，一个人骑着马乱跑。孙策再说是江东之虎，可是一只落了单的猛虎，被人围捕猎杀的概率还是很大的。所以虞翻就劝他：

“将军啊，想当初您起事的时候，来到您手下的都是乌合之众。结果经过您的妙手一调教，他们都个个嗷嗷叫。这不是他们的本事大，是您的本事大啊，就是汉高祖刘邦在世，他也比不上您。

“可是有一样，您动不动就自己出门，手下人想替你戒严格开闲杂人等都来不及，多危险呀！再说了，您是君主，君主嘛，那是要老成持重的，不能像跳脚驴似的，不然一点威风都没有了。龙没有了威风那不成了鱼了吗？龙成了鱼那不就一个渔夫都能逮住他煮汤嘛，所以还是希望您注意一下吧。”

平心而论，这番话说得是很妙的，先扣高帽子，再打细棒子，先拍马屁拍得舒服了，孙策才不会跟他翻蹄子尥蹶子。可是很悲催的是，当初王朗不听他的，现在孙策还是不听他的。

这人忒好动了，结果果然被人打了埋伏，死掉了。

虞翻是一个确确实实、如假包换的儒生，这一点错不了。

我们心目中的读书人，那都是手无缚鸡之力，一条狗都能欺负得屁滚尿流的主儿，虞翻不同，这个家伙有着一般的武士都没有的体能。

《吴书》记载了一件事，说是孙策讨伐山越，斩了他们的头头，就令左右人等分开追赶那些漏网之鱼。孙策自己骑着马和虞翻在山里边，虞翻问，咦，左右的人呢？孙策呢，都去赶那些贼寇啦。虞翻倒吸一口冷气：“太危险了！”不是说别人危险，是说孙策危险——这个人的忠心护主可见一斑。周围连保镖都没了，那还能不危险？

没办法，他让孙策下马，说这里草太深了，有点什么东西咱们也看不见，万一蹿出个东西或者人来，马都来不及控制，非得摔下来不可。现在先牵着它走，您拿着弓箭，我善用长矛，我给你打前站。

也就是说，虞翻给孙权充当了敢死队，有什么危险的话，他首当其冲。

到了平地上，他这才劝孙策骑马。孙策不肯，说咱俩都步行吧，你没有马呀！

虞翻把胸脯拍得嘭嘭响：“不怕！我步行一天能走二百里！自从跟着你出兵讨贼，谁也比不上我。不信你试着骑马，我一定能够跟得上。”

孙策这才骑上马，虞翻果然在后面步步紧随。这家伙的体能真不是盖的。直到遇上自己的大部队，危险才告解除。

不过，据猜想，虞翻除了体能过关之外，其实还颇有一些逞强。而他之所以逞强，不是想显示自己真的有多强，而是不想让孙策滞留险地。说白了，就是既遇明主，焉肯惜身。

孙策死后，虞翻和张昭、周瑜等人一样，是孙策遗留给孙权的人力资产。可惜孙权对虞翻感冒。也是，没有几个人真的喜欢狂生。也没有几个人真的能够像孙策那样，性阔达听受，善于用人。即使孙权也不行。

当然，孙权再不行，也比曹操行，因为孙权能忍。

孙权忍虞翻可不是一回两回了。

不知道怎么回事，虞翻是好做说客的，说客也做得好，所谓的说客不就是劝降嘛，可是他又不待见那真的投降了的人。不待见就不待见吧，还非得表现出来。

麋芳原是刘备的人，后来投降了孙权了。孙权还挺重用他，虞翻的身份反而比不上一个麋芳值钱了，估计就是这个原因，所以虞翻气不顺。有一回，虞翻的船和麋芳的船遇上了，麋芳手下的人就喊："让开让开，这是麋将军的船！"

这下子虞翻气的，你既不忠又不信，拿什么来侍奉君主？你镇守两座城池，两座城池都给你搞丢，你拿什么来称将军？（"失忠与信，何以事君？倾人二城，而称将军，可乎？"）

这话说的，跟刀子似的，整戳在麋芳的肺管子上。他原本是开着窗欣赏河景的，赶紧让人关窗。

这事没隔多久，虞翻坐着车要穿过麋芳的军营大门，不知道麋芳手下的人是怕了他，关上门免得他找麻烦，还是讨厌他，关上门就是不让他过，反正是把大门关上了。虞翻又气坏了："当闭反开，当开反闭，岂得事宜邪？"

什么门当闭反开？就是当年江陵和公安的门啊，麋芳给丢了的那两座城门；什么门当开反闭？就是眼前这道门啊，我虞翻来了你竟然不给我开门！

麋芳倒了八辈子霉，惹上这么一个人。不对，是投降的麋芳倒了八辈子霉，惹上这么一个人。早知如此，还不如不投降。

当然了，话是如此说，世上人恋生恶死，又岂止麋芳一个，于禁在曹操手下那是多么威风、多么受重用，还不是降了孙权？

孙权还是对他十分优待的，但是虞翻就让他十分不好过了。

有一天孙权和于禁骑马并行，虞翻不干了，直眉瞪眼训于禁："你一个俘虏，怎么敢跟我们主公走在一起！"

训还不算，还抡起马鞭就要抽于禁，被孙权呵止。

于禁本来已经够不痛快了，再加上被歧视，心里更不痛快，有一回跟着孙权君臣他们在楼船上喝酒的时候，不知道听了什么歌看了什么舞，反正酒遮着羞脸，就哭了。虞翻一看，又训上了："在这儿装模作样，以为我们大王就会宽赦你？"

这把孙权给气的，又气又郁闷。这么个人，杀又不能杀，训他又不听，真是。

所以说，虞翻是个直肠子，你不待见投降的人，那就不要表现出来；既然要表现出来，那也不要当着孙权的面表现出来。孙权正愁着来投降的人少呢，这不得惹孙权不高兴吗？

他惹孙权不高兴的事多了。

还比如这个于禁，孙权后来和魏国讲和了，就又把于禁放回魏国，虞翻反正是怎么看于禁怎么不顺眼，就跟孙权进谏，干脆杀了他得了，杀鸡给猴看，让那些有二心的人臣们看看，看他们以后还敢不敢降。

问题是，这一招杀鸡给猴看，也吓了江东这边的猴，也吓了蜀、吴那边的猴啊，以后谁还敢投降东吴呢？

所以孙权就没听他的。大家送于禁走的时候，虞翻还不依不饶的，说你可别说我们大吴没人，杀不了你啊，那是我的计谋没有采纳。

奇怪的是，虞翻虽然不待见于禁，于禁倒是老夸虞翻，不是当面夸，是回到魏国以后夸，夸得魏文帝曹丕经常为虞翻虚设座位，就当他在现场做客一样。

这待遇整的。所以说，牛人就是牛人。虞翻是凭着真本事得尊重的。孙权要是不尊重他，早杀他八百回了。

当然，孙权后来也对他忍无可忍了。这个人实在是太狂了。有一回孙权和张昭谈论神仙呢——都想长寿嘛，都有幻想嘛，这个大家都能理解，不能理解的也得装着理解，孙权和张昭的地位太高了啊。

可是虞翻不买账，指着人张昭的鼻子还说呢："你们俩都是要死的人了，还在这谈什么神仙，难不成你们真相信这世上有神仙啊，哎哟笑死我了。"

把孙权气的，再也不要看见他了，远徙交州，流放了。

流放了其实倒是成全了他。他本来就是一个儒生嘛，就开始讲学。交州远地，文化程度不高，那肯定文化人也不值钱，但是他却有了好几百个门徒，这就足以说明他讲得好了。

不光讲学，还给《老子》《论语》《国语》作注。

虞翻在南方待了十多年，年七十而卒。要按说，古代人是"年到七十古来稀"，因为生活条件不好嘛，营养跟不上。那流放的地方，更是营养跟不上，他能活七十，跟他是根直肠子，有话就说，不憋着，不伤身，估计有很大关系。

他其实确实是对孙权很忠心的，十分忠心。被流放了，听说孙权登了皇位，当了皇帝，还上书给他：

"陛下膺明圣之德，体舜、禹之孝，历运当期，顺天济物。奉承策命，臣独抃舞。罪弃两绝，拜贺无阶，仰瞻宸极，且喜且悲。臣伏自刻省，命轻雀鼠，性辖毫氂，罪恶莫大，不容于诛，昊天罔极，全宥九载，退当念戮，频受生活，复偷视息。臣年耳顺，思咎忧愤，形容枯悴，发白齿落，虽未能死，自悼终没，不见宫阙百官之富，不睹皇舆金轩之饰，仰观巍巍众民之谣，傍听钟鼓侃然之乐，永陨海隅，弃骸绝域，不胜悲慕，逸豫大庆，悦以忘罪。"

大意就是陛下您终于顺应天命登基了，可惜我因罪流放，无法当面拜贺。我的心里又喜又悲。我今年已经六十岁啦，耳顺之年，人也老啦，头发也白啦，牙齿也掉啦，虽然还没死，不过也差不多了。再也看不见金碧辉煌的宫阙，再也看不见殷富的百官，再也看不见您的皇轿金轩，可是，听到您登基的大好消息，还是高兴极了，高兴得我都忘了自己是个罪人……

就这么深情。一个深情的狂生。

第二节　廉石压舱的陆绩

【原文】

陆绩字公纪，吴郡吴人也。父康，汉末为庐江太守。绩年六岁，于九江见袁术。术出橘，绩怀三枚，去，拜辞堕地，术谓曰：“陆郎作宾客而怀橘乎？”绩跪答曰：“欲归遗母。”术大奇之。孙策在吴，张昭、张纮、秦松为上宾，共论四海未泰，须当用武治而平之，绩年少末坐，遥大声言曰：“昔管夷吾相齐桓公，九合诸侯，一匡天下，不用兵车。孔子曰：‘远人不服，则修文德以来之。’今论者不务道德怀取之术，而惟尚武，绩虽童蒙，窃所未安也。”昭等异焉。

【译文】

陆绩，字公纪，吴郡吴县人。

他的父亲陆康，汉朝末年为庐江太守。

陆绩六岁时，在九江见到袁术。

袁术拿出橘子招待他，陆绩揣了三个在怀里，临走时，因跪拜告辞而橘子掉了下来，袁术对他说：“陆郎做客还要藏橘于怀？”陆绩跪着回答说：“打算带回去给母亲吃。”

袁术对他大为惊奇。

孙策在吴郡，张昭、张纮、秦松是他的上宾，他们一块讨论天下未定，应当用武力来平定，陆绩年纪小坐在末席，远远地大声说：

“从前管夷吾为齐桓公的相国，九合诸侯，一统天下，不用兵卒战车。孔子有言：‘远方之人不归服，则修治仁德招顺他们。’现在你们不讨论如何致力于用道义仁德来安取天下的方法，而只崇尚武力，陆绩我虽是年幼无知者，但心中也认为不适当。”

张昭等人对他深感奇异。

【评点】

陆绩（187—219），字公纪，吴县人，汉末庐江太守陆康之子。博学多识，通晓天文、历算，曾作《浑天图》，注《易经》，撰写《太玄经注》。

历史记住他，我们记住他，倒不是因为他的才华，而是因为他的年幼怀橘以遗母，因为他那颗小小的 24K 纯金孝心。

现在物资丰盛，橘子遍地不缺，孩子们已经很难理解古代人的所思所想了，现在如果一个小孩到别人家做客，偷揣仨橘子，拜辞的时候还故意掉出来，然后跟主人家解释说是要回家送给母亲吃，那就叫纯粹的作秀，那是狡诈的现代人才干得出来的事。但是如果把橘子换成恐龙肉，那就是真的孝顺了；如果是把怀橘的年代放在古代，那也是真的孝顺。

所以看到现在的恶搞二十四孝，尤其恶搞陆绩怀橘，我总是很愤怒。说陆绩想出位，玩手段，我更愤怒。用现代人的七窍玲珑的狡诈之心去恶意揣测古人，着道之人多矣，有木有，有木有？！

陆绩还有一件事流传千古的，就是廉石压舱。

“太守清廉囊自空，任满辞官，只能买一担干竹笋，两瓮腌咸菜。虽说行李萧然，却远胜衣锦还乡；破浪航行船须重，为保平安，急寻来八百斤巨石，千里压舱底。莫道富贵无缘，偏赢得世代流芳。”

这是后人撰写的一副对联，歌颂的就是这件事。虽文采一般，胜在是事实。

说是陆绩官至郁林太守，任满归乡，行李萧然，艄公怕船轻压不住风浪，会出事，陆绩就买了两口大瓮，瓮里装满咸菜，又买了一担笋干，一并搬上船。

但是船仍旧吃水浅，不敢开。没办法，身上银子也花得差不多了，就从岸上搬了块大石头压到船舱里，船就此远航。

结果好死不死的，又遇上截船的水贼。他们蹦到船上，这里掀掀，那里看看，啥也没有！水贼就说啦，看你的模样是个官，咋混到这份上。

船夫就说了，这个官就是陆绩陆先生，他挣的俸禄都周济百姓了，现在要回乡，也只有这么几件破行李和这块压舱石，要不嫌弃，你们就搬去。

水盗一听，真是，我们要这玩意儿干啥。再说了，要早知道这是陆大人的船，那就来都不用来——来了也没油水捞嘛。

于是陆绩就这么平安地两手空空回到家乡，说实话，如果他满舱金银，说不定把命就交待在那儿，回不了乡了，水贼们抢了财物，杀人灭口的事也常干。他的母亲也夸他清廉，说他做得对，做得好。如果像别的贪官那样，满载而归，这样的儿子我还不认了呢。

于是陆绩的廉石压舱的故事就流传久远，至于他的学问怎样、见识怎样，反倒成了为人的末端。

学问做得好的人，不缺；会说忧国忧民的话的人，也不缺。缺的是以身作则的人，清明廉洁的人，身在高位不被染污的人，财帛满眼不肯动心的人。陆绩就是这样的人。

第三节 “善恶太明”的张温

【原文】

权既阴衔温称美蜀政，又嫌其声名大盛，众庶炫惑，恐终不为己用，思有以中伤之，会暨艳事起，遂因此发举。艳字子休，亦吴郡人也，温引致之，以为选曹郎，至尚书。艳性狷厉，好为清议，见时郎署混浊淆杂，多非其人，欲臧否区别，贤愚异贯。弹射百僚，核选三署，率皆贬高就下，降损数等，其守故者十未能一，其居位贪鄙，志节污卑者，皆以为军吏，置营府以处之。而怨愤之声积，浸润之谮行矣。竞言艳及选曹郎徐彪，专用私情，爱憎不由公理。艳、彪皆坐自杀。温宿与艳、彪同意，数交书疏，闻问往还，即罪温。权幽之有司，下令曰：“昔令召张温，虚己待之，既至显授，有过旧臣，何图凶丑，专挟异心。昔暨艳父兄，附于恶逆，寡人无忌，故进而任之，欲观艳何如。察其中间，形态果见。而温与之结连死生，艳所进退，皆温所为头角，更相表里，共为腹背，非温之党，即就疵瑕，为之生论。又前任温董督三郡，指捴吏客及残余兵，时恐有事，欲令速归，故授棨戟，奖以威柄。乃便到豫章，表讨宿恶，寡人信受其言，特以绕帐、帐下、解烦兵五千人付之。后闻曹丕自出淮、泗，故豫敕温有急便出，而温悉内诸将，布于深山，被命不至。赖丕自退，不然，已往岂可深计。又殷礼者，本占候召，而温先后乞将到蜀，扇扬异国，为之谭论。又礼之还，当亲本职，而令守尚书户曹郎，如此署置，在温而已。又温语贾原，当荐卿作御史，语蒋康，当用卿代贾原，专衒贾国恩，为己形势。揆其奸心，无所不为。不忍暴于市朝，今斥还本郡，以给厮吏。呜呼温也，免罪为幸！”

【译文】

孙权既暗恨张温赞赏蜀国政治，又嫌忌他的声名过于显赫，百姓都为他的德行才能所迷惑，担心他最终不能为自己所用，就考虑用什么方式来中伤他，正碰上暨艳事件发生，于是借此机会找出张温的岔子。

暨艳，字子休，也是吴郡人，由张温引荐入朝，被任命为选曹郎，官至尚书。

暨艳生性清高严厉，喜欢发表清正的言论，因见当时郎署混浊杂乱，大多官员不称职，想将良莠分开处置，贤能、愚氓区别使用。

他弹劾百官，考选三署官员，都是贬高就低，降职几个等级，能在原官位上继续任职者十不及一，那些居官贪赃卑劣、节操肮脏者，都被贬为军中小吏，将他们安置在军营做幕府。

于是愤怨之声越来越高，诬毁谗言四起蔓延，竞相控告暨艳和选曹郎徐彪，说他们专用私情，爱憎不出于公理。

暨艳、徐彪都因此而被定罪自杀。

张温向来与暨艳、徐彪意见相合，常有书信来往，互相来往问候，于是又判张温有罪。

孙权将他软禁在有关官署，下令说：

“过去下令征召张温，留下官位虚心等待他来，来后让他位居高官，超过一般旧臣，哪里料到他竟如此凶坏，专生图谋不轨之心。过去暨艳父兄，依附凶恶叛逆者，我没有成见讳忌，故此提拔任用他们，想观察暨艳表现怎样。细察他的内心，真实面目果然暴露。

“而张温与他结为生死之交，暨艳的所作所为，都是以张温马首是瞻，两人互为表里，成为腹背，只要不是张温的党羽，很快就会受到他们的吹毛求疵，让他们定些虚妄的罪名而受到指责。

“又先前委任张温督察三郡，指挥那里的官吏和残余兵卒，当时担心有战事发生，想让他迅速归返。故此授予他棨戟，奖赏他威权。于是他便到豫章，上表请求讨伐一贯扰乱的贼人，寡人相信而接受他的建议，特地拨给他绕帐兵、帐下兵、解烦兵五千。

“后来听说曹丕亲自出军淮河、泗水一带，故此我预先下令张温有紧急情况就随时出兵，而张温却将全部将领集中起来，部署在深山中，受命后却不赶赴战场。幸亏曹丕自己退兵，否则，其后果不堪设想。

“还有殷礼，本来因为他善于占卦卜筮而征召他来，而张温先后请求要带他到蜀国，在他国大肆吹捧宣扬他，为他夸海口说大话。

“殷礼回来后，本当回到他的本职，而张温让他主持尚书户曹郎的工作，如此工作安排，全是张温个人的主意。

“张温对贾原说，要推荐贾原当御史，又告诉蒋康，说一定用他替代贾原，专门擅自用国家的恩典夸耀卖好，为自己形成势力，察量他的险恶用心，真是无所不作。

“我不忍心让他抛尸街头，现在将他打发回老家，给他一个低级的小官做。

“呜呼张温，免你死罪作为你的幸运。”

【评点】

张温，字惠恕，容貌奇伟，扬州吴郡吴县人，东吴官员。他是替孙权出使过蜀国，立过功的。

张温三十二岁时，以辅义中郎将身份出使蜀国。

孙权对他说：“您本不宜远出，只是担心诸葛亮不了解我所以与曹操往来的用意，故委屈您出行。如果山越祸患全部消除，我们便会对曹丕大举进攻。做使者的道理，即接受命令但不接受言辞。”

张温回答说：“我在国内没有做过亲信大臣的谋划，出行外交没有独自应对的才能，恐怕没有张孟播扬国家声誉的能力，又无子产阐述事理的功效。然而诸葛亮见识深彻，精于谋划，必定了解您的神明思虑和屈伸权宜之计，加上朝廷天降恩惠，推测诸葛亮之心，一定不会有什么猜疑。”

张温到蜀国后，前往宫廷呈上表章说：

“古代商高宗守丧却使殷商国祚再次复兴昌盛，周成王年幼却使周朝德治天下太平，他们功勋普盖天下，声威振彻四海。

“如今陛下以聪明的资质，与古代圣贤等同，贤良大臣辅佐执掌政务，满朝精英有如群星璀璨，远近人们仰望您的风采，无不欢欣前来依赖。

“吴国勤勉军旅国力以安定江南之地，希望与有道之君一起统一天下，倾心协力同规共谋，有如河水绝无反顾。只因战事频频猛烈，我们可供役使的军力太少，故此只好忍受卑鄙之徒强加的耻辱。现特派下臣张温疏通情况表达友情。

“陛下推崇礼义，不应以此为耻而忽视我的请求。臣自遥远的边境，直到贵国首都之郊，频频蒙受贵国殊礼接待，恩诏不断传至，我受此荣耀感到惶惧，又感到意外的惊奇和不安。谨此奉献我主致陛下信函一封。”

蜀国颇为看重张温的才干。

回国不久，张温就被派进豫章郡的部队出征作战，但他对军功没有追求。

大约是亲身见识到了蜀国的治理方法和人才情况，回来后就开始不加掩饰地夸奖，这一夸把孙权给夸烦了。丑娘抱个秃娃娃，别人不夸自己夸，这叫正常，自己的东西怎么看怎么好。可是如果你在我的阵营里，却老是夸别人这儿做得好、那儿做得对，那就是摆明了嫌弃我这儿做得不好、那儿做得不对，所以，你的好日子也就到头了。所以说，张温做人太单纯了。

于是，张温的好日子就到头了。

所谓欲加之罪，何患无辞，想给张温加罪，这个人这么单纯，那就好比筛子，大窟窿小眼儿，哪儿都能抓。

于是孙权就把他跟暨艳一块儿整，以前是暨艳他们搞整风运动，现在是孙权对他们搞整风运动，张温也给陷在里边，一块儿挨整。整完了还说，免你死罪是你的幸运……

这个世界上也不是说就所有的人都趋福避祸，不敢开口说一句真话的，将军骆统就上表为张温申辩：

“尊敬的陛下，上天生成您光明的仁德，神灵开启您圣明的心扉，召集才俊于四方，选拔贤德于宫庭。众多才学之士已受到您广厚恩泽的惠沐，张温则受到最为隆重的恩施。

“然而张温自己招罪谪谴，辜负陛下的特殊恩遇，想到他变成这样，实在可悲可痛。然而为臣在与他交往中，替国家观察打听过他，深知他的真实情况，故此详尽地陈述其中道理。

“张温本心并无其他非分的想法，他的行为也无叛逆的迹象，只是年纪尚轻，承担重任的资历还浅，就蒙受显赫的恩宠，发挥卓越拔萃的才干，发表评论善恶的言论，提出褒贬是非的建议。于是趋势者妒忌他的恩宠，争名者忌恨他的才干，沉默无为者非议他的评说，劣迹昭彰者忌讳他的议案。

“这是为臣应当详尽分辨，朝廷理当深究细察之处。

“过去贾谊，是至为忠诚之臣，汉文帝是极为英明之君，然而周勃、灌婴他们一句话，贾谊就被疏远放逐。为什么呢？妒忌之深、谗毁之狡使之然。而这也使得汉文帝的错误传闻于天下，过失彰明于后世，所以孔子说过‘为君难，为臣亦难’。

“张温虽说并无纵横家的才智，没有勇威战将的武功，然而他气质弘雅，品德优秀，文章华采，论辩敏捷，卓越超群，光彩耀世，时人没有赶得上他的。所以说张温的才华令人可惜，说他的罪过实可宽恕。如果陛下克制威烈忍抑怒气来赦免德才之士，宽恕贤能人才以促进国家大业，这必将成为圣明朝代的美德，光丽四方的壮景。

“国家对于暨艳，未将其打入败类之列，而视同平民，是故他先为朱治所见用，接着受到众人的推举，这才能被朝廷任用，亦为张温知悉而结交。

“君臣之道义，是所有道义中最重要的；朋友之交情，是所有交情中最轻微的。国家不嫌弃对暨艳行最重要的道义，故而张温也能不嫌弃与暨艳有最轻微的交情。

“当时是世人宠爱暨艳在前，张温私亲暨艳在后。

“一贯作恶的贼人，放纵在深山险处，则会成为劲寇；将他们安置到平原上，就会成为健兵，所以张温的本意是想攻取一贯作恶的贼人，以便除掉劲寇的祸患，而增加强健兵卒的力量。但是他措施不当，结果与主观愿望相背。

“然而计算他派出的兵马，同许晏相比，数量多少，张温不比他少；这些兵力的强弱，也不比许晏差;至于出兵的迟速，也不比许晏慢。故此能够赶在秋冬季节，按照报警的期限奔赴战场，不敢忘恩而有所怠慢。

“张温出使蜀国，同蜀国一道赞誉殷礼，虽说为臣者不应有国外的私交，但也有情有可原之处。所谓国外私交，指的是没有国君的命令而自己私下交往，并非为了国事而私下传递消息。如果因使命而行，既联络两国君主之间的友好，同时由此而谈叙个人的交情，这也是外交使臣的本分。所以孔子出使邻国，便有私人相见之礼；季札聘问诸夏，亦有晏饮畅谈之举。

“古人有言，要想了解这个国家的君主，就看这个国家的使臣，看到这个国家使臣的聪慧明察，就知道这个国家君主显赫伟大。张温如果称誉殷礼，能使对方也赞誉他，这实在能显示我国朝臣多有优秀人才，表明派出的使者得当，能在异国显示我国的美德，在他邦弘扬我主的英名。是故晋国赵文子到宋国订立盟约，在屈建面前称扬随会；楚国王孙圉出使晋国，在赵鞅耳边赞誉左史。这也是在别国的辅臣面前，赞叹本国的大臣，经传赞美这是张扬国威，而不指责这是与外人交结。

“王靖其人，在内不忧虑时事，对外不关心军事，张温弹劾他并非徇私，追究他也未作假，于是便与王靖结下深仇大怨，这是张温尽心为臣节操的明证。王靖军队的兵力，重要官员的才干，都胜过贾原、蒋康，张温尚且不容私情来求好王靖以得到自身的安全，又怎敢出卖国恩去拉拢贾原、蒋康呢？且贾原在其职位不勤勉任政，处事颇有不称职的地方，张温多次用难看的脸色对待他，用严厉的言语斥责他。如果张温真正想出卖国恩谋求作乱，则没有必要去贪求贾原这样的人。

“凡此种种，核对事实既不相符，调查众人也无证据。

“为臣私自想到国君虽有圣贤的资质，异常的智慧，但仅靠自己一人的力量，来统治亿万人民，在深宫之内俯察国家四境，了解臣民情感，寻求万般国事的处置方法，还是有顾及不周到的地方，一定要倾听详察群臣的意见，以增广明智的功业。

“如今别人非难张温不遗余力，我相信张温于生死之交，言辞都很机巧，而意思全在其中，双方都说为了国家利益，谁又会说是为了私人利益呢？仓促之间，是非难于立即辨别。然而凭借陛下的聪明睿智，详察双方所言的曲直，如细心深入思虑集中，大小巨细研究核实，那么事情的真相岂能昧而不明、疑而不清呢？

“张温并不亲近我，为臣也不偏爱他。从前的君子，都是抑制个人的恩怨，来增进君主的明察。他们在前代做出了表率，为臣在后世也以抛弃这种美德而为耻，故此在今天将自己多年的情怀抒发出来，向陛下奉献浅陋的见解，实在是想为圣明的朝廷尽自己为臣之心，而不是对张温个人有什么眷念之情。”

这么长的一篇表，援古说今，入理入情，可惜，等于说给了空气听。因为不是别人忌妒张温，就是孙权在忌妒张温；不是别人在忌惮张温，就是孙权在忌惮张温。

张温已矣。

被贬谪后六年病卒，才名废。两个弟弟张祗、张白，也都有才名，也因为有这么一个被孙权厌弃的大哥，才名俱废。

《会稽典录》记载，余姚虞俊叹曰：“张惠恕才多智少，华而不实，怨之所聚，有覆家之祸，吾见其兆矣。”

就是说，才华够用了，但是待人处世的智慧不够用，好比是一棵树开了满身花，他自己觉得挺美，却不知道明晃晃太耀眼，会横生怨忌。想想古往今来，因此招致覆家之祸的，还少吗？

诸葛亮听说虞俊替张温忧虑，他还不信，等到张温被放黜，这才叹说虞俊有远见。并且想了好几天张温被贬黜的原因，最后的结论是：“其人于清浊太明，善恶太分。”

给《三国志》作注的裴松之则认为：“庄周云‘名者公器也，不可以多取’，张温之废，岂其取名之多乎！”

说白了，就是张温的名声太大了，太好了，遭了忌了，所以就败了。

而他之所以名声太大、太好，是因为他做人做得太过分明了，太分辨孰清孰浊、孰善孰恶。郑板桥不是就说过“难得糊涂”吗？他是太不糊涂了！

他应该糊糊涂涂地做人，然后晕晕乎乎地做事，并且低调、再低调，别人夸自己一句，自己就要贬低自己一百句，这样才能保全自身。

于是，这个世界就真的假面横行……

第四节　狷介丧生的暨艳

【原文】

时尚书暨艳盛明臧否，差断三署，颇扬人暗昧之失，以显其谪。瑁与书曰:“夫圣人嘉善矜愚，忘过记功，以成美化。加今王业始建，将一大统，此乃汉高弃瑕录用之时也，若令善恶异流，贵汝颍月旦之评，诚可以厉俗明教，然恐未易行也。宜远模仲尼之泛爱，中则郭泰之弘济，近有益于大道也。”艳不能行，卒以致败。

【译文】

其时尚书暨艳极为热衷于对人物褒贬评议，在选议三署官员时，颇喜爱宣扬别人不体面的过失，以显示自己严于谴责。

陆瑁在致他的信中说：

“圣人嘉奖善良同情愚昧，忘人过失记人功绩，以此成就良好的教化。加之如今帝王基业刚刚建立，将要一统天下，此乃汉高祖弃人之瑕录用人才的时代，如果能使善恶泾渭分明，崇尚汝颍名士许邵、许靖兄弟月初评议人物的做法，倒确实可以整肃风俗、昌明教化，然而恐怕不容易做到。应当远则效法孔子泛爱天下，中则学习郭泰普救他人，近则考虑到有益于帝王大业的创建。”

暨艳不能照陆瑁所说的去做，终于招致败亡。

【评点】

暨艳（？—224），字子休，吴郡人。东吴官员，由张温引荐，刚开始当选曹郎，后来官至尚书。

孙权当政时，制造了两场大地震，一场引发者是吕壹，此前还有一场，引发者就是暨艳。

这个人性情不好，不阔达，而是很狷介，就是有点傲有点狂。一般傲和狂的人都看别人如同看筛子，到处是大窟窿小眼儿，简而言之，就是缺点大于优点；而且看到就看到了，有的人不说出来，有的人则一定要说出来——感觉自身极其非常特别的良好，不说出来就觉得对不住自己这身洁白的羽毛。

如果是一般人，说便说罢，你说也不会少掉人家一块肉；问题是暨艳不是一般人，他掌握大权呢。所以大家就眼看着他把人分成两派，一派清一派浊，清的一派还好办，无非是封官赏钱，浊的一派那就是连贬三级了。问题是哪有那么多完美的人呢？所以几乎所有的人都逃不过他的贬低和弹射，搞得上层统治阶级晃荡不稳，自觉朝不保夕。

暨艳还是太幼稚了，他只是想要清正社会风气而已，就好比把自己当成一块明矾，于是忘了古训所谓和光同尘，结果就是这些被他当成尘土一样的人们开始对他衔恨刺骨，怨愤声积，每一个被他弹射罢免或降职的人都会说暨艳的爱憎不是出于公义而是出于私情。一个人这么说，没人信；两个人这么说，还没人信；但是，三个人这么说，四个人、五个人、一百个人这么说呢？

那被说的人，可就死无葬身之地了。众口铄金、积毁销骨的话可不是白说的，八个字的下面不定埋着多么被冤屈的亡魂。

于是暨艳自杀。

张温也完了，弃置终身。

暨艳的经历告诉我们，做人不是不要太认真，你认真也不要紧，但是你对你自己认真可以，对别人，哪怕想要十分紧，也要做到七分紧、三分松。毕竟没有谁真的有义务去听你的呵责和斥骂，去听从你的教导如何学做人。每个人都有他自己的路要走，对不对？你要做的，就是尽量理解与宽容。当然，如果不能理解与宽容的话，那也是针对极其个别的人，不要让所有的人都成为你的敌人。众矢之的的滋味，相信你尝过一次之后，就不会再尝。而你冒着当众矢之的的危险来坚持的所谓真理，也很有可能是你的偏激与狭隘……

卷四十五 《三国志·吴书十三　陆逊传》

第一节　低调做人的长者

【原文】

会稽太守淳于式表逊枉取民人，愁扰所在。逊后诣都，言次，称式佳吏，权曰："式白君而君荐之，何也？"逊对曰："式意欲养民，是以白逊。若逊复毁式以乱圣听，不可长也。"权曰："此诚长者之事，顾人不能为耳。"

【译文】

会稽太守淳于式上表奏劾陆逊违法征用民众，所辖区域的百姓受其扰乱而愁苦不堪。

陆逊后来进京，言谈之中，称赞淳于式是个好官，孙权问他："淳于式控告你而你却推举他，是什么原因？"

陆逊回答说："淳于式的心意想休养百姓，所以控告我。如果我再诋毁他以混淆陛下视听，此类风气不可长！"

孙权说："这确实是忠厚诚实者所为，一般人是不能做到的。"

【评点】

陆逊（183—245），本名陆议，字伯言，吴郡吴县人。江东大族，孙策之婿，既是书生，又是将军；既能带兵，又能治国。历任吴国大都督、上大将军、丞相。三国时期著名政治家、军事家。

人说人才“百里挑一”为难得，他是“万里挑一”，别人是黄金，他好比是钻石。

吴国其实从孙坚开始，一直到孙策、孙权，都不缺人才，先有周瑜、鲁肃、吕蒙，后有陆逊父子。这几根顶梁柱就把东吴大业撑了起来。

论起行军打仗，这几位人物也各有奇计。周瑜的赤壁之战、吕蒙的江陵之战、陆逊的夷陵之战、陆抗（陆逊之子）的西陵之战，都是名战范例。鲁肃更了不起，提出三分天下的奇计，比诸葛亮还早。

而且这几位人物，当真称得上人物，哪一个不是文武双全，哪一个不是风流儒雅？漫说是周瑜羽扇纶巾，谈笑间、樯橹灰飞烟灭，就是陆逊，也是个扮猪吃老虎的角色，一介书生带兵打夷陵，打得刘备落花流水，一蹶不振，既让蜀国从此缓不过气来，又折服东吴一干老臣的心。

所以说，陆逊的崇高地位，不是他的家族为他挣来的，是他自己挣来的。

为他挣来崇高地位和美名令誉的，不止是他的才能，还有他的做人。

陆逊做人做得好，非常正大光明、非常谦逊低调，其人一生所作所为，极其符合他的名字，这个“逊”字，不是没本事的那个逊，而是非常谦逊的逊。

我们现代人流行的论调是：别人打你左边脸，你要把右边脸一并打回来当利息。但是陆逊却是别人诋毁他，他却称扬别人。因为他看到的不是对方对自己的伤害，而是对方出于为国为民的动机。这样的心胸令人敬佩。这样的品德，就是孙权把他比成汤之伊尹、周初之姜尚，亦不为过也。

他的为人处世既然是谦逊低调，那么以他的标准来看，就有不少人是不够谦逊低调的。对于这样的人，他也是能劝则劝。例如暨艳，太高调了，整天评说这个贬抑那个，陆逊劝诫他，说他这样是招祸之道。事实证明确实是招祸之道。

还有诸葛恪，也是属于年轻气盛，凌上压下的那一种，他就谆谆地对诸葛恪说：“在我之前的人，我一定侍奉他与我一道升迁；在我之后的人，我则帮助扶持他。现在看您气势侵凌上级，心里蔑视下属，这并非能巩固自己德行的基础。”诸葛恪最终也败亡了。

还有广陵人杨竺，年轻时就博得不算小的名气，年少得志，必然尾巴会杵到天上去，陆逊认为他最终会惹祸败亡，便劝杨竺的哥哥杨穆与杨竺分开生活另立门户。

你看，这都是他的先见之明。

也是，陆逊出身大族，本身又如此优秀，尚且如此谦逊低调，别的人，你又有什么资格比陆逊还高调呢？他低调不是为了博美名，是为了能够保全自身；别的人，你又凭什么认为自己既能够高调又能够安享一世尊荣呢？

第二节　用兵如神的书生

【原文】

当御备时，诸将军或是孙策时旧将，或公室贵戚，各自矜恃，不相听从。逊案剑曰：“刘备天下知名，曹操所惮，今在境界，此强对也。诸君并荷国恩，当相辑睦，共翦此虏，上报所受，而不相顺，非所谓也。仆虽书生，受命主上。国家所以屈诸君使相承望者，以仆有尺寸可称，能忍辱负重故也。各在其事，岂复得辞！军令有常，不可犯矣。”及至破备，计多出逊，诸将乃服。权闻之，曰：“君何以初不启诸将违节度者邪？”逊对曰：“受恩深重，任过其才。又此诸将或任腹心，或堪爪牙，或是功臣，皆国家所当与共克定大事者。臣虽驽懦，窃慕相如、寇恂相下之义，以济国事。”权大笑称善，加拜逊辅国将军，领荆州牧，即改封江陵侯。

【译文】

正值抵御刘备期间，诸位将领或是孙策时期的老将，或是皇亲国戚，各有所恃，骄傲不服。

陆逊手把剑柄说：“刘备天下闻名，连曹操都对他有所畏惧，如今他进军我国境界，这是非同一般的敌人。

各位都深受国家恩泽，应当相互和睦，共同歼灭这个强敌，上报所受的主恩，而现在互不和顺，这并非我们应做的事。

我虽是一介书生，但接受主上的委命。

国家之所以委屈各位来听从我的指挥，是认为我还有一些长处可用，能忍辱负重的原因。

各自承受自己的责任，岂能再互相推诿？军令有常，切不可犯！”

等到打败刘备，计谋大多出自陆逊本人，众将这才诚服。

孙权听说后，说：“你当时怎么不上告诸将不服从指挥约束呢？”

陆逊回答说：

“我深受国恩，所负重任超越自己的实际能力。况且这些将领或是陛下亲信，或是我军勇将，或是国家功臣，都是国家理当依靠来共同建立大业的人。为臣虽说笨鲁懦弱，心中暗慕蔺相如、寇恂谦虚居下的道义，以成就国家大事。”

孙权大笑称好，加授陆逊辅国将军，兼任荆州牧，随后又改封为江陵侯。

【评点】

陆逊不是仅仅会低调做人。

他是十分有本事地低调做人。

他是书生，却是一个金戈铁马、挥斥方遒的书生。说他是他儒将都有点辱没了他，他不是儒将，是儒帅。

我们通常说“秀才遇见兵，有理说不清”，秀才和兵之间，基本上就是对立的状态，一个是能文不武，一个是能武不文。既能武又能文的，少见。

可是孙权帐下，却是周瑜能武能文，鲁肃能武能文，陆逊也是能武能文。

能文不用说，武的一方面，是足智多谋，头脑冷静。

在讨伐山越暴乱的时候，为了让敌人造成我方兵精良多的假象，就像当初曹操要打孙权，号称八十万精兵一样，要先在气势上压倒敌人，在心理上吓倒敌人，所以他就多建番号，夜里进山，派人四面八方击鼓吹号，号角之声山鸣谷应，好似千军万马来临，这让敌人还怎么打？吓也吓得腿软。然后他再一鼓作气，将几万人的叛乱一举平息。

鲁肃死后，遗留下一个历史问题，就是荆州。刘备借走就不肯还了，现在是关羽镇守，难保他不会扩张地盘，打啊打的打到东吴来，所以接任鲁肃的吕蒙就想把荆州夺回来。但是关羽不好惹，机会不好找。

建安二十四年（219），机会来了：关羽打曹操，后方空虚。不过关羽又不傻，虽说和东吴结盟，东吴的变脸绝技他心里也有数，怕这个靠不住的盟友给自己背后来一刀，所以派麋芳和傅士仁留守。

吕蒙想打，上表孙权。正值孙权因为替儿子向关羽的女儿求婚被拒，还被骂了一场，气得不行，所以就马上同意。吕蒙称病回到都城，暗议怎样才能够袭取荆州。

这其实没有陆逊什么事，陆逊当时镇守的是芜湖。吕蒙离开陆口回都城的时候，经过芜湖，陆逊就去见吕蒙，问他关羽就在身边呢，你怎么能走呢？你走了，关羽欺负东吴怎么办？

吕蒙说我也不想，那我不是闹着病呢嘛！

陆逊说关羽这人挺自负的，仗着有本事就欺负人。他刚水淹七军打败于禁，心里正美着呢，防范一定松。又听说你病了，更不做防备。咱不如趁他一心北上打曹操，给他来个出其不意，攻其不备。所以你见到主上的时候，还请好好把这事商量一下。

吕蒙也是个挺狡猾的人，本来他就安着这个心，但是他什么也不说，就是说关羽厉害，不能为敌。

于是两个人就再也没有说什么。

谁想吕蒙见了孙权，孙权问他你走了，谁能替你？吕蒙却推荐了陆逊，说他想事长远，有胸怀，有见识，有谋略，有智慧，可以委托重任。更重要的是，陆逊名气不大，不会引起关羽的警惕。

孙权就真的把这事交给陆逊去办了。

陆逊也果然办得很好。

他用的一招就是我们通常俗话说的扮猪吃老虎。

先扮猪。

致信关羽：

“先前我得知将军挥军北上，按照兵法韬略进击敌人，小小的军事行动就取得了辉煌的胜利，功勋卓著，无法形容！敌国溃败，我们同盟国也得到好处。消息传来时，我们忍不住拍手称快，对早日席卷中原，歼灭曹贼，扶助汉室更是信心十足。最近我被我家主公委任到陆口接替吕蒙将军的职务，得以瞻仰、追慕将军你的风采和光荣事迹，希望能够得到你的教诲。”

又说：

“樊城一战，于禁等人被将军生擒活捉，这么巨大的胜利远近传扬，大家一致认为你的功勋足以流传后世。即使是当年晋文公的城濮大捷和韩信的背水之战也不能和它相比。

“不过我又听闻曹操已经派出徐晃带着少量人马前来救援，目前已经驻扎下来，对将军蠢蠢欲动。据我所知，曹操狡猾奸诈，恐怕他接受不了失败的事实，愤恨之下会暗中调拨其他部队前来阻挡将军你。

“虽然说他的部队远道而来，早就衰竭无力，但还是有一部分士卒是骁勇凶悍的。况且，大捷后，通常会滋生骄傲轻敌的情绪，古人留下的策略是:取得胜利后，军队更要加强戒备。希望将军运用各种奇谋良策，击败敌人，取得全面胜利。

“我只是一介书生，疏懒而迟钝，有愧于国家的委任，不过对将军在邻近扬威感到欣喜，愿意倾心为将军表露心迹。即使我的话不见得有用，却也是我的一番心意。假如这些话能够得到你的关注，希望将军能够体察我的心情。”

关羽一看，心里美啊，这么个家伙能翻起什么风浪来呢？你看他对我一副巴结又唯恐巴结不上的样子！

于是抽调后方的军马赶赴樊城前线，荆州大后方更加空虚。

下一招就是吃老虎。

陆逊马上将实情报告孙权，孙权马上暗中调动军队，沿江北上。陆逊和吕蒙为前部先锋，兵不血刃占领了公安、南郡，一路高唱凯歌，夺回荆州。

如果说陆逊在夺荆州之战中是唱的配角，他担当主角大放光芒的时候，就是在夷陵之战了。

关羽死后，刘备要为关羽报仇，大军杀奔东吴，蜀主御驾亲征，孙权派人求和他都不肯听。整个东吴人心惶惶。

就在这山雨欲来风满楼的形势下，陆逊担任大都督、假节，率五万人抵御刘备。

刘备带军翻山越岭，抵达夷道猇亭。东吴诸将纷纷请求出战，陆逊不肯，因对方士气正盛，锐不可当。所以要把这股子劲头给他们消耗掉。

结果手下的老将们以为这是陆逊怕了，樵了，真丢人。议论纷纷，光是白眼陆逊都能收好几斤。

陆逊生气，他假节呢，如果谁不听话的话，可以直接杀掉的，不过临阵斩将大不吉，他又不傻，吓唬吓唬得了，不要忽视手按剑柄这个动作，那意思就是你们地位尊贵又怎么样？我虽然是一介书生，但是大权在握，谁真的冒犯军法军令的话，别怪我野蛮哦。

大致就是这个意思，不过就是话说得冠冕堂皇。这下子总算把这群人的嘴巴给闭上了，白眼也不敢再明目张胆地往他这儿甩。

就这样，刘备把大军驻扎得绵延数百里，陆逊和他两军相拒达数月之久，说死不出战。别说刘备沉不住气，想引诱他出战（不打不行啊，远道是客，粮草不够吃啊），就是东吴的将领们又沉不住气，还是来请战。陆逊说不行，不能打，其中有诈。过了几天，刘备一看引蛇出洞，蛇不肯出，只好下令让山谷中埋伏的八千名伏兵转移。这下子东吴的兵将们算是对陆逊不再那么不屑了，这个书生的眼光还是蛮毒的嘛！

陆逊这边跟刘备一边对抗，一边上书孙权，这封奏章要是让刘备看见，得气得要死。因为他的奏章不是报危机的，而是向孙权报平安的——这场仗还没真正开打哪，陆逊就开始向孙权报平安了。

他这么个谨慎持重谦逊到家的人，怎么会这么冒失呢？

其实不是冒失，他说得十分有理。他的奏章上说，刘备这个人啊，领兵作战以来，就没见他打过几回胜仗，都是败绩。起先我还怕他水陆两军同时进军，现在看来，刘备竟然只出动陆军，处处扎营，舟船便利一概被他们无视。他们的军事部署也实在稀松平常，毫无作为。所以主上啊，您就高枕无忧吧，什么也不必挂念。

事实上，陆逊真是把刘备看透了。刘备用人行，用兵不行；上阵打仗也不行，他当初和关羽、张飞共战吕布，他就是抡着剑摆摆样子，纯粹是打酱油的。

由此也足见陆逊头脑的冷静。他面对的可是七百里连营啊，竟然联系过往，能够看到未来的结局。

闰六月，天时酷热，刘备把他的军队迁到深山密林，打算入了秋再来一场大决战。

就在这个时候，久矣不战的陆逊动了。他下令出战！

这下子众位将领议论纷纷，说干吗不一开始就打，现在敌人都深入到咱们的国境来啦，僵持了好几个月啦，险要地形也都让他们占啦，这时候打，不是找输吗？

陆逊说，刘备这个人奸得很，他的军队刚刚集结的时候，那肯定谋划布局得跟铁桶似的，随时准备大干一场。那个时候不能打，因为敌众我寡。

现在不同了，僵持好几个月，他们远离故土家乡，粮草也未必能够供应得上，士卒早都疲惫不堪，锐气也给磨得差不多了，有什么阴谋诡计也使不出来了，就算他是一头狼，现在扯住他四条腿，他还有什么本事？还不是像一只羊一样被我们收拾。所以，出战！

结果不幸得很，打了一座汉营，没打动，败了。又有了别人说嘴的机会了。

陆逊了不起，没有被这次的小失利打击，下令，全军士卒，每个人都拿一把茅草，干什么？很简单，放火！

还记得刘备扎营，诸葛亮知道之后大惊吗？七百里连营，跟当初的曹操用铁索锁住一大片战船有什么区别？都有利于被人火攻啊！

果然，陆逊就真的来了个火烧连营，这下子火借风势，风助火威，炎焰张天，直卷蜀汉。蜀兵慌乱，陆逊命令各路军马，全面出击！

就这样，刘备的攻势破了。刘备逃到白帝城，一病不起，黯然归天。

这场战役中，陆逊的角色，给人恍惚有一种诸葛亮的感觉。诸葛亮刚刚领兵，也被蜀将质疑，他也是指挥若定，最后总是能够大获全胜。所不同的只是陆逊缺一把羽毛扇。

起初，东吴的安东将军孙桓率领前锋部队攻击蜀汉军队，被围困在夷道，蜀军想施展“围点打援”之计，逼着陆逊分出兵力来救孙桓。谁知道陆逊不上当，大家纷纷要求前去救人，他就是不肯，说：

“安东将军向来很得士卒的拥戴，夷道城池牢固，军粮充足，不需要担忧。等我的计策得到施展时，用不着救他，包围自然解除。”

等到陆逊的计策全面施展，蜀汉军队果然溃败逃散，夷道之围自解矣。孙桓后来见到陆逊，对他说：“先前我怨你不发救兵，现在才知道你调度有方，计谋精密！”

而且，陆逊在大败刘备之后，并没有乘胜追击，而是下令撤兵，又引发自家阵营里的那些老将们的不满。

陆逊的想法比起那种长驱直入、并吞蜀国的头脑发热的将领们，可是冷静多了。他想的是，不能光顾着打蜀汉啊，还有曹魏呢。那不是个善茬儿，这边我们猛攻蜀汉，那边曹魏来个乘虚而入，我们不就被他们给吃了？所以撤兵。不光撤兵，并且下令，众将各司其职，准备防御曹魏——原来他早就拟订好防御曹魏的计划了，未雨绸缪，即此之谓也。

果不其然，曹魏的军队已经摸到了和东吴接壤的边境，只是东吴防线严密，他们无机可乘，试了几下意思意思，然后无趣地打道回府。

别的将领可以只看到一城一地，负责好自己的一亩三分地；作为战役的总指挥，陆逊和诸葛亮一样，要看的则是全局。而他的全局观之强，让人都不相信他是一个书生。

所以说，陆逊和诸葛亮，只差一把羽毛扇的距离。

所以，罗贯中给孙逊的赞诗，他当得起：

“虎帐谈兵按六韬，
安排香饵钓鲸鳌。
三分自是多英俊，
又显江南陆逊高！”

第三节　多次上书的结局

【原文】

先是，二宫并阙，中外职司，多遣子弟给侍。全琮报逊，逊以为子弟苟有才，不忧不用，不宜私出以要荣利；若其不佳，终为取祸。且闻二宫势敌，必有彼此，此古人之厚忌也。琮子寄，果阿附鲁王，轻为交构。逊书与琮曰：“卿不师日磾，而宿留阿寄，终为足下门户致祸矣。”琮既不纳，更以致隙。及太子有不安之议，逊上疏陈：“太子正统，宜有盘石之固，鲁王籓臣，当使宠秩有差，彼此得所，上下获安。谨叩头流血以闻。”书三四上，及求诣都，欲口论嫡庶之分，以匡得失。既不听许，而逊外生顾谭、顾承、姚信，并以亲附太子，枉见流徙。太子太傅吾粲坐数与逊交书，下狱死。权累遣中使责让逊，逊愤恚致卒，时年六十三，家无余财。

【译文】

原先，太子与鲁王两宫并立，朝廷内外的官员职守，大多派遣子弟担任侍臣。

全琮将这种情况报知陆逊，陆逊认为这些子弟如果有才干，不愁不能得到任用，但不能私自托请为官邀利取荣；如果不行，给他们功名职位最终只会招惹祸患。况且听说两宫势均力敌，这些子弟必会各为彼此结成帮派。这是古人最为忌讳之事。

全琮的儿子全寄，果然奉承依附鲁王，轻率地与鲁王结成紧密的交情。陆逊写信给全琮说："您不效法金日磾，而庇护您的儿子阿寄，最终会给您的家族招来祸患。"

全琮不仅不接受陆逊规劝，反而与陆逊结下怨隙。

等到太子孙和有在位不稳的议论后，陆逊上疏陈述说：

"太子为皇位正统继承人，地位应稳如磐石，鲁王为藩臣，应当在荣宠赐赏和地位上与太子有所差别，这样他们各得其所，上下才能得到安宁。为臣谨向陛下叩首流血，陈述己见。"

他上书多次，并请求前至京城，想亲口与孙权阐明嫡庶之分，以纠正得失。孙权并不听从他的意见，而且陆逊的外甥顾谭、顾承、姚信，都因为亲附太子，无辜地遭到流放。

太子太傅吾粲因多次与陆逊有书往来而获罪，被关进监狱致死。

孙权多次派遣宫中使者前往责备陆逊，陆逊悲愤痛恨而死，时年六十三岁，死时家无余财。

【评点】

孙权老了，开始犯糊涂。

除了宠信吕壹外，搞出一场大地震外，在立嫡的问题上，也出了一个大昏招。

他一方面立孙和为太子，一方面又立孙霸为鲁王。这本也没有什么问题，问题是，太子和鲁王的待遇完全一样。

这个就是大问题了。

太子的地位不高，鲁王的地位不低，很容易搞得一些大臣们想入非非，也很容易搞得鲁王想入非非，也很容易搞得一些势利眼们想入非非。如果巴结不上太子的话，那巴结鲁王也是一样的啊，谁知道以后到底谁会接了孙权的班呢？

在这种情况下，陆逊显示了一个儒生的耿介与固执。

别人诋毁他，不要紧，他不但不诋毁人家，他还赞美人家。

但是，太子之事关系到一个国家的根基，是头等大事，这个既不能和稀泥，也不能笑笑就算，因为这是原则问题——在陆逊看来，贬毁自己，这个不是原则问题，所以也就不是问题；而立嫡出了问题，这个就是原则问题，即使没有关系到自己的切身利益，那也是大问题，是值得反复谏劝的大问题。

于是他就坚定地上书，一次不行两次，两次不行三次，实在不行，他还想要入朝面君。但是孙权却糊涂脂油蒙了心，觉得他是在搞小党派，亲附太子，那意思是想要搞得朝政混乱，搅浑水。刚开始他不动陆逊，动那亲太子一派的陆逊的亲人朋友们，比如相继流放陆逊的外甥顾谭、顾承、姚信，诛杀亲近陆逊的吾粲。然后，孙权没有杀陆逊，却是“累遣中使责让逊”。

这个，比杀了他还厉害，陆逊是活活气死的。

有人说，孙权之所以逼死陆逊，是怕陆逊对他孙家的统治造成威胁。因为陆逊毕竟是世世代代都是江东大族，从祖康，庐江太守；康子绩，郁林太守；绩从子瑁，选曹尚书。逊族子凯，建武校尉；凯弟胤，交州刺史。陆绩外甥顾邵为丞相顾雍之子，任豫章太守。顾邵子谭为陆逊外甥，任左节度，加奉车都尉。谭弟承，奋威将军。逊外甥姚信，太常。好比说是《红楼梦》里那贾、王、史、薛盘根错节的四大家族似的，根深叶茂，显赫无比。

陆逊有这么深的背景，这么大的后台，这么强悍的能力，怕的是以后自己死了，太子即位后不能制，于是才逼死陆逊。

那么如果这样的话，他可真是昏了头了。

因为吴郡陆氏的家风，就是儒学世家，而儒家强调的就是“忠”“义”二字。陆逊一生，岂不都是围着这两个字打转，为这两个字的信仰奉献光和热？他又怎么会做出不忠不义之事？

孙权用人之际，不去想这个问题；用罢了人，现在国内平定，而陆逊声誉至隆，吴国权要无不与陆逊交好，于是他就开始担心这担心那，要铲除他认为的那些莫须有的威胁。这种“飞鸟尽，良弓藏，狡兔死，走狗烹”的行为模式，十分像一个人——越王勾践。能够同贫贱，不能共富贵也。

功高震主，是自古以来所有名相良将的悲剧。可以假设一下，假如刘备一直活着，诸葛亮是不是也会落得这样一个下场？所幸刘备早死，阿斗暗昧，诸葛亮才得大权一把抓，最后虽说是劳瘁而死，但是也好过愤恚而死。所以说，陆逊和诸葛亮如果有差别的话，那么，还有两个字：运气……

卷四十六《三国志·吴书十四 吴主五子传》

第一节　孙登：一个天使一样的皇太子

【原文】

权迁都建业，征上大将军陆逊辅登镇武昌，领宫府留事。登或射猎，当由径道，常远避良田，不践苗稼，至所顿息，又择空间之地，其不欲烦民如此。尝乘马出，有弹丸过，左右求之。有一人操弹佩丸，咸以为是，辞对不服，从者欲捶之，登不听，使求过丸，比之非类，乃见释。又失盛水金马盂，觉得其主，左右所为，不忍致罚，呼责数之，长遣归家，敕亲近勿言。后弟虑卒，权为之降损，登昼夜兼行，到赖乡，自闻，即时召见。见权悲泣，因谏曰："虑寝疾不起，此乃命也。方今朔土未一，四海喁喁，天戴陛下，而以下流之念，减损大官殽馔，过于礼制，臣窃忧惶。"权纳其言，为之加膳。住十余日，欲遣西还，深自陈乞，以久离定省，子道有阙，又陈陆逊忠勤，无所顾忧，权遂留焉。嘉禾三年，权征新城，使登居守，总知留事。时年谷不丰，颇有盗贼，乃表定科令，所以防御，甚得止奸之要。

【译文】

孙权迁都建业，征召上大将军陆逊辅佐孙登镇守武昌，兼理宫府遗留事宜。

孙登有时出外狩猎，本当抄小路近道，但他常远绕良田，不践踏庄稼，到休息时候，又选择空闲之处。

他就是如此不想烦扰百姓。

他曾骑马外出，有一颗弹丸从身边飞过，他身边侍卫便去寻找射弹丸之人。

正有一人手握弹弓身带弹丸，大家都认为就是这个人射的弹丸，但其人否认不服，侍从们便想揍他，孙登不允许，派人寻找飞过他身边的那粒弹丸，同此人身上携带的一比较，两者并不一样，于是放走了那人。

又有一次丢失了盛水金马盂，查出偷窃者，原来是自己手下人干的，孙登不忍心重罚他，只叫他来责备了一通，遣他永远回家，并令身边的人不要张扬。

后来他弟弟孙虑去世，孙权为此降旨减损饮食，孙登昼夜兼程，赶到赖乡，亲自通报，孙权当即召见他。

孙登见孙权悲痛哭泣，便劝说："孙虑一病不起，此乃命定。如今北方未统一，四海都在仰首盼望，上天授命陛下，陛下却按照社会下流百姓的思路，减少朝臣的饮食，超出了礼制的要求，我私下忧虑不安。"

孙权听从了他的劝告，为此增加饮食。

孙登住了十多天，孙权打算让他西还武昌，孙登深切地为自己求情，认为长时间的离别使自己不能侍奉父母，于做儿子的道义有缺憾，又陈述陆逊忠诚勤勉，武昌那里无什么顾虑，孙权于是留他住下。

嘉禾三年（234），孙权出征新城，让孙登留守京城，总管朝事。

当时年成歉收，盗贼甚多，孙登于是明定有关法令，用来防范，深得制止奸邪的关键。

【评点】

孙登（209—241），字子高，孙权长子，孙权称帝时被立为皇太子，赤乌四年病逝，时年三十三岁。

历数三国皇太子，东吴太子孙登像天使，蜀汉的太子阿斗像白痴，唯有曹魏的太子曹丕最像人，有人的狠毒、人的智计、人所独有的一肚皮阴暗心思，最符合人们对于"东宫太子"这个名词的期望值。

孙登这个人，实在是太好了。那就是一只未出壳的明君。在太子之位二十多年，上得其父欢心，下得百姓爱戴，中得大臣拥护。若非过早离开人世，东吴恐怕也不会陷入一片乱政，最后断送基业。

而假如孙登不死，东吴不灭，历史也会因此改写。

孙登死后，东吴上下一片哀声，孙权以泪洗面。豫章太守谢景擅自参加葬礼，然后向孙权请罪，孙权不但原谅他，而且还派使者慰问他，说你跟太子多年，这份情意大家都理解，所以赦你无罪。你也不要引咎辞职，继续当你的太守。

自上至下，大家的哀痛都是真的，眼泪也是真的，这个就不单是能凭着太子之位换来的哀荣了。是孙登做人做得好、做得到位。

此人至孝。

孙登生母地位低贱，对于她的下落史书亦无载。倒是抚养孙登长大的养母徐夫人，因为孙登的原因，被载入史册。徐夫人对他从小就有母养之恩。后来徐夫人因为妒嫉被黜废置吴郡。孙登对于这位养母十分孝顺。养母被黜，步夫人得势，他也不肯改移风向。步夫人送他东西，他就是恭恭敬敬地拜受，然后收起来；而养母徐夫人给他衣服，他就把自己沐浴清洁后，穿在身上。

孙权爱他，立他为太子，他却没有受宠若惊的意思，而是推辞，说是要立太子，当先立皇后。孙权以为他要建议立步夫人，毕竟步夫人受宠，他对步夫人也以母呼之，于是孙权就半开玩笑地问他："你的母亲在哪儿呀？"

没想到他的回答却是"在吴郡"。搞得孙权没话说，只好沉默不语。

对一个没有血缘关系，只有恩养关系的养母，孙登尚且如此，对于他的父亲孙权，他更是关心备至。

孙登的弟弟孙虑去世，孙权难过，吃不下饭。孙登昼夜兼程赶到父亲身边，劝解孙权："孙虑去世，这是他的命。如今北方土地还没统一，四海百姓盼您解救，您身担上天赋予的重担，却不思饮食，怎不叫人忧虑不安。"

在这个懂事的大儿子在旁边温言解劝，孙权这才稍稍开了心怀，慢慢增加了饮食，丧子之痛渐渐平复。孙权没事后，想让他回自己的驻地，孙登却不肯走，说那边有陆逊镇守，所以请让儿子在您身边多待一段时间，早晚请安。

此人至悌。

其实这个"悌"字用在这里，如果按狭义理解的话并不确切，因为它的意思是"弟爱兄谓之悌"，而孙登却是长子，这里却是兄爱弟，所以要用它的广义的含义来理解："善兄弟也。"

孙登善兄弟到什么地步呢？"弟和有宠于权，登亲敬，待之如兄，常有欲让之心。"

就这么过分。

弟弟孙和被孙权宠爱，孙登就待他像待兄长一样，甚至常常想把太子之位让给孙和。

太子之位，遍览历史，哪有见过谦让到这个地步的？刘表的两个儿子，刘琦和刘琮，争得死去活来；孙登死后，孙权的两个儿子孙和和孙霸，争得死去活来；唐太宗李世民，争太子之位，和几个兄弟争得死去活来；曹操的儿子曹丕和曹植，争这个太子之位，也争得死去活来……为人莫生帝王家，富贵荣华眼前花，今朝座上客常满，明日便为阶下囚——为阶下囚还是好的，被自己的兄弟一刀咔嚓了或者一箭穿胸或者乱刀斩碎，也不是不可能。

这样比较起来，太子孙登，真是好得像天使，不像人……

此人至仁。

按理说，孙坚、孙策、孙权打下基业，孙登应当是个太平太子，属于生下来就裹在锦襁褓里，不知道稼穑艰难才是。可是“登或射猎，当由径道，常远避良田，不践苗稼，至所顿息，又择空闲之地，其不欲烦民如此”。

我们再来回忆这首古诗：“赤日炎炎似火烧，野田禾稻半枯焦。农夫心内如汤煮，公子王孙把扇摇。”这里的公子王孙，也不过就是一些土财主家的龟儿子，就已经做到这个德行，而真正贵为皇太子的孙登，却能够小心翼翼，远避良田，不毁苗稼，也不随便入户打扰民家。这样的人，天生的就是善心肝、仁肚肠。

此人有智。

有一回，他骑马出行，有弹丸擦着他的脸过去，差点就打瞎了他的眼睛。左右跟随的人就到处找看是谁使的坏，结果看见一个人拿着弹弓，佩着弹丸，就都说是他，想把他胖揍一顿。孙登看这人说什么也不肯承认，就把他的弹丸要过来，和打自己的弹丸比了比，根本就不是一种，所以就把这个人给放了。

奇怪，写到这里的时候，让人想起了另一个天使一般的人物——曹操的儿子曹冲。一样的慈善，一样的机敏，一样的仁智。是不是就是因为他们太像天使了，不适合生存在人间，所以才早早地升到天堂去?

《红楼梦》里面，王夫人屋里的玫瑰露和茯苓霜丢了，大家都知道是丫头彩云偷了去给贾环，宝玉就出面替她应了这个事，只求不要查来查去的搞得大家不安。凤姐不肯饶，她长年当家，心里明白，这是宝玉又在做好人，所以主张把王夫人屋里的那些丫鬟们都拉到院子里，垫着瓷瓦片跪着，一天不招跪一天，铁打的也管保一天就招了。你看，这就是行事严苛的人和行事宽和的人的差异。凤姐明知道这里面有屈打成招的，还要采用这样的招数。而孙和却是把这个人放了拉倒。所以说，孙登至智的同时，也是至仁。

此人至义。

孙权爱这个大儿子。

爱到什么地步呢？恨不得所有的好东西都给他，所有的好人也都给他。你看看孙权在他的身边安排了哪些人吧：诸葛恪为左辅，张休为右弼，顾谭为辅正，陈表为翼正都尉。

这四位，可都是才俊啊！

他们和孙登亦兄、亦师、亦臣、亦友。他对他们知恩图报，礼遇过甚。同乘一车，同睡一床，有一回，甚至把陈表硬按在自己坐的凳子上，陈表不肯，孙登就笑说：“您的学问大，理应坐在我上头嘛！”陈表家财尽于养士，他死后，家无余财，甚至连房屋都没有，是孙登为陈表的遗孀起房盖屋。

此人至忠。

孙登临终，上疏其父：

“臣以无状，婴抱笃疾，自省微劣，惧卒陨毙。臣不自惜，念当委离供养，埋衜后土，长不复奉望宫省，朝觐日月，生无益于国，死贻陛下重戚，以此为哽结耳。臣闻死生有命，长短自天，周晋、颜回有上智之才，而尚夭折，况臣愚陋，年过其寿，生为国嗣，没享荣祚，于臣已多，亦何悲恨哉！方今大事未定，逋寇未讨，万国喁喁，系命陛下，危者望安，乱者仰治。愿陛下弃忘臣身，割下流之恩，修黄老之术，笃养神光，加羞珍膳，广开神明之虑，以定无穷之业，则率土幸赖，臣死无恨也。皇子和仁孝聪哲，德行清茂，宜早建置，以系民望。诸葛恪才略博达，器任佐时。张休、顾谭、谢景，皆通敏有识断，入宜委腹心，出可为爪牙。范慎、华融矫矫壮节，有国士之风。羊衜辩捷，有专对之材。刁玄优弘，志履道真。裴钦博记，翰采足用。蒋修、虞翻，志节分明。凡此诸臣，或宜廊庙，或任将帅，皆练时事，明习法令，守信固义，有不可夺之志。此皆陛下日月所照，选置臣官，得与从事，备知情素，敢以陈闻。臣重惟当今方外多虞，师旅未休，当厉六军，以图进取。军以人为众，众以财为宝，窃闻郡县颇有荒残，民物凋弊，奸乱萌生，是以法令繁滋，刑辟重切。臣闻为政听民，律令与时推移，诚宜与将相大臣详择时宜，博采众议，宽刑轻赋，均息力役，以顺民望。陆逊忠勤于时，出身忧国，謇謇在公，有匪躬之节。诸葛瑾、步骘、朱然、全琮、朱据、吕岱、吾粲、阚泽、严畯、张承、孙怡忠于为国，通达治体。可令陈上便宜，蠲除苛烦，爱养士马，抚循百姓。五年之外，十年之内，远者归复，近者尽力，兵不血刃，而大事可定也。臣闻‘鸟之将死其鸣也哀，人之将死其言也善’，故子囊临终，遗言戒时，君子以为忠，岂况臣登，其能已乎？原陛下留意听采，臣虽死之日，犹生之年也。”

翻译过来就是：

“儿臣毫无功德，身缠重病，自知生命微弱，恐怕很快殒命。儿臣并非惋惜自己，只是想到将要离开父母，身葬黄土，永远不能再进奉探望宫禁，不能朝见陛下皇后，生前无益于国，死后还留给陛下深深的悲戚，故此悲凄郁结心头哽塞喉头。

“儿臣听说生死有命，寿夭在天，周晋、颜回有上智之才，尚且夭折，何况儿臣愚陋，年寿已超过他们，活着为国家继嗣，死后还享有尊荣，对于我来说已是够多的了，还有什么可悲可怨的呢？

“如今天下大事未定，各地贼寇未被讨清，天下人民翘首以待，将命运托寄于陛下，处境危险者希望安定，处境动乱者盼望治理。希望陛下彻底忘记儿臣，割舍平民社会的恩爱情感，修炼黄老之术，用心保养精神，增加美食佳馔，广开神明思想，以利奠基万古无穷功业，于是则天下百姓有幸得到依赖，儿臣死而无恨。

“皇子孙和仁慈孝顺聪慧明智，道德品行清明丰盛，应及早安排立为太子，以维系百姓悬望。

“诸葛恪才能练达学识渊博，可器重任用他来辅佐时政。

“张休、顾谭、谢景，都通达机敏明智果断，入朝可任为心腹之臣，出外可用作勇猛之将。

“范慎、华融勇武壮节，有国士风采。

“羊衜论辩敏捷，有独自应对之材。

“刁玄宽宏大量，志在实践道义真谛。

“裴钦博闻强记，翰藻文采值得取用。

“蒋修、虞翻，志向节操分外明朗。

“凡此各位大臣，或适宜用作朝臣，或可以担任将帅，都通晓时事，明悉法令，坚守信用道义，有不可改变的志向。

“这都是陛下日月般光辉照耀，给儿臣选置如此属官，使他们与儿臣一起共事，故此儿臣能详备地了解他们的情怀，敢于将他们的情况呈报陛下。

“儿臣深深地思虑着当今境外多有忧虑，军旅不休，应当激励六军，以此谋求进取。

“军队靠人民为众，人民以财货为宝，儿臣私下听说各郡县颇有荒残，百姓物用奇缺，奸乱萌生，因此法令频繁增订，刑罚深重苛刻。

“儿臣听说治理政事要听从民意，颁订律令要因时变更，陛下实在该与将相大臣认真详细选择合乎时宜的治国方略，博采众议，宽刑轻赋，适当地取消一些劳役，以顺应百姓的愿望。

“陆逊忠诚勤勉于时政，献身忧国，忠正为公，具有不谋私利的节操。

“诸葛瑾、步骘、朱然、全琮、朱据、吕岱、吾粲、阚泽、严畯、张承、孙怡忠心为国，通晓明达治国的根本。

“可让他们陈述当前应做的事宜，删除苛刻烦琐的政务和政策，爱兵养马，抚慰百姓。五年以后，十年之内，则远方人民前来归附，近处臣民尽力为国，兵不血刃，而天下可得。

“儿臣听说‘鸟之将死，其鸣也哀；人之将死，其言也善’，故此子囊临终，留下遗言对时政提出告诫，君子认为他这是尽忠，何况儿臣孙登，岂能闭口而已？希望陛下留意听取采纳儿臣之言，这样儿臣即使某天死去，也如同出生之年。”

奏疏在他气绝之后才被呈报上去，孙权更为悲痛感动，一说话就落泪。

之所以把这封奏书原文照录，是因为其中有深意。

单看字里行间，不过是眷念老父，顾惜群臣。但是若实实在在地分析起来，就会发现，孙登临死之时，心中那放不下的忧虑。

孙登为什么劝其父修黄老之术？黄老之术其实就是道家思想，它的中心就是“无为”，那意思即是垂拱而治。就连儒家的孔老夫子也说“治大国若烹小鲜”，就是说治理一个偌大的国家，就像是烹煮小鱼小虾一样，那是切忌乱翻乱搅的，否则必定搞得时局不稳，人心不安，影响国家根基。

孙登此话有所谓也，因为在他活着的时候，其父孙权已经初显昏象，重用吕壹，任凭他像一条疯狗一样乱咬人，尤其乱咬功臣。后来吕壹虽然被杀，但是群臣心中阴影不退，孙登劝孙权无为而治，意思就是请他不要再搞一个刘壹、赵壹、马壹什么的出来。

孙登在遗嘱里还列举东宫属官，根据他对他们的了解，一一陈述他们的长处与才干，希望孙权能够人尽其用，如此便能天下归心，十年之内，“远者归复，近者尽力，兵不血刃，而大事可定”。

周瑜临死荐鲁肃，鲁肃临死荐吕蒙，吕蒙病而荐陆逊，被《容斋随笔》的作者宋人洪迈称为孙吴四杰，为东吴立下汗马功劳。而孙登临死，亦不抑人之美，以一位东宫太子的眼光与胸怀，一口气荐了这么多的人才。这既是对孙权的忠，亦是对于那些好兄弟的义。

孙登又针对当时吴国的法严徭繁，建议宽刑轻赋，又彰显了他的仁。

孙登临死，忧国忧民，忧父忧臣，他看到了国家潜藏的危机，怀着对父亲的无限敬爱，提出了温柔的告诫，甚至以谦卑的姿态，布置好了身后的一切——他不是站在一个太子的立场写的遗嘱，从某种程度上，他就是一位没有登上皇位的天子。

孙登若是能够活着登基，吴国将会怎样？这个假设其实没有什么意义，因为他毕竟是死了。《三国志》的作者评他：“孙登居心所存，足为茂德之美。”宋人叶适也说：“孙登德兼于能，知人则哲，深达治要，临殁一疏，不论三代以前、三代以后，世子藩王之贤，少有及者，同时曹子桓、子建，何足道哉！”

第二节　孙和：一个“窦娥”一样的皇太子

【原文】

王夫人与全公主有隙。权尝寝疾，和祠祭于庙，和妃叔父张休居近庙，邀和过所居。全公主使人觇视，因言太子不在庙中，专就妃家计议；又言王夫人见上寝疾，有喜色。权由是发怒，夫人忧死，而和宠稍损，惧于废黜。鲁王霸觊觎滋甚，陆逊、吾粲、顾谭等数陈嫡庶之义，理不可夺，全寄、杨竺为鲁王霸支党，谮诉日兴。粲遂下狱诛，谭徙交州。权沈吟者历年，后遂幽闭和。于是骠骑将军朱据、尚书仆射屈晃率诸将吏泥头自缚，连日诣阙请和。权登白爵观见，甚恶之，敕据、晃等无事忿忿。权欲废和立亮，无难督陈正、五营督陈象上书，称引晋献公杀申生，立奚齐，晋国扰乱，又据、晃固谏不止。权大怒，族诛正、象，据、晃牵入殿，杖一百，竟徙和于故鄣，群司坐谏诛放者十数。众咸冤之。

太元二年正月，封和为南阳王，遣之长沙。四月，权薨，诸葛恪秉政。恪即和妃张之舅也。妃使黄门陈迁之建业上疏中宫，并致问于恪。临去，恪谓迁曰：“为我达妃，期当使胜他人。”此言颇泄。又恪有徙都意，使治武昌宫，民间或言欲迎和。及恪被诛，孙峻因此夺和玺绶，徙新都，又遣使者赐死。和与妃张辞别，张曰：“吉凶当相随，终不独生活也。”亦自杀，举邦伤焉。

【译文】

王夫人与全公主有了矛盾。

孙权曾大病卧床，孙和到太庙祭祀，孙和妃子的叔父张休的住所离太庙很近，就邀孙和到他家逛逛。

全公主派人跟随监视，借机向孙权进谗说太子不在太庙里，而专往妃子家去谋划事情，又说王夫人看到皇上病重，脸上露出高兴的神色。

孙权因此发怒，王夫人忧郁而死，而孙和所受宠信日益减损，害怕自己被废除。

鲁王孙霸图谋太子之位的欲望更为强烈，陆逊、吾粲、顾谭等多次向孙权陈述区分和明定嫡庶的道义，指出按理太子之位不能被剥夺，全寄、杨竺是鲁王孙霸的党羽，他们天天在孙权面前谗毁。吾粲终于被关进监狱处死，顾谭被流放交州。

孙权犹豫了好几年，后来终于将孙和软禁。

于是骠骑将军朱据、尚书仆射屈晃率领众多将吏头上抹泥，将自己捆绑起来，接连几天到宫门外为孙和求情。

孙权登上白爵观观望，非常反感这种行径。斥责朱据、屈晃等是无理取闹。

孙权打算废除孙和册立孙亮为太子，无难督陈正、五营督陈象上奏，引述晋献公杀申生、立奚齐，以致晋国大乱的史实进行劝谏，而朱据、屈晃又固执地劝谏不止。孙权大怒，将陈正、陈象满门抄斩，将朱据、屈晃拖进大殿，杖打一百，最后将孙和流放到故鄣，群臣中因劝谏而被诛杀流放的多达几十人。

人们都为他们感到冤屈。

太元二年（252）正月，孙权封孙和为南阳王，派遣他居住在长沙。

当年四月，孙权去世，诸葛恪执掌朝政。

诸葛恪就是孙和之妃张氏的舅舅。

张妃派黄门陈迁前往建业上疏中宫，并向诸葛恪致以问候。

陈迁离开建业时，诸葛恪对他说："替我转告张妃，到时我一定让她超过别人。"这番话语颇有泄露。

又诸葛恪有迁都的想法，派人修整武昌的宫殿，民间有人传言他想迎立孙和。

及至诸葛恪被诛杀，孙峻因此事而剥夺孙和的印玺绶带，将他流放到新都，又派使者赐他自尽。

孙和与张氏告别，张氏说："无论吉凶我都跟着你，终不能一人活在世上。"她也自杀而亡，举国上下都为之悲伤。

【评点】

孙和（224—253），字子孝，孙权第三子，孙登去世后，被立为太子，因谗被废，旋即被杀。孙和之子孙皓即位后追谥其为文皇帝。

孙和的一生，可以分成两截来看。

前半截好，后半截坏。

好的时候是他未当皇太子的时候。孙权待见他，皇太子孙登虽为哥哥，亦待见他，甚至有让皇太子之位于他的意思和表示。而他也当得起他们的待见，史载他"好文学，善骑射，承师涉学，精识聪敏，尊敬师傅，爱好人物"。因此，"权尤爱幸"。

公元 242 年（赤乌五年），孙权立他为太子，时年十九岁。

虽然还是个未及弱冠的少年，但是处世却自来的沉稳老练。孙权要锻炼他，同时也看他做事的眼光和手段，就让他考查群臣，孙和不摆高高在上的架子，而是能够倾听大家的意见，看人也比较公正，所谓“访咨朝臣，考绩行能，以知优劣，各有条贯”。

有的时候，大臣之间有了矛盾，他还能当当和事佬。大臣之间闹矛盾，那不是市井小民打两巴掌骂几句然后各自散开了事，了不起就是打一阵子谁也不搭理谁。他们之间闹矛盾，那是有权力当刀剑的，非得搞得波翻浪涌，到最后两败俱伤。孙和就说：“因隙构薄，图相危害，岂有福哉？”

这个孩子的思想非常正统，学习态度非常端正，如果放在现代的学校里面，那绝对是个优等生。

他的东宫里有些侍从好博弈，就是好下棋。虽说是琴棋书画诗酒花，七大风雅，但是下棋成瘾，玩物丧志，那也是了不得的事。所以孙和就跟他们讲，你们有时间的话，学点有用的东西嘛！比如术学啊，射御啊，成天拉三伙四地下棋玩，能对你们做事立业有好处吗？那就是不思进取嘛！

他不光口头说说，还让人写文章批驳“好玩博弈，废事弃业，忘寝与食”的做法，于是东宫风气变好了——要是搁现在，他的年龄可能当不了班主任，但是当一个班长是绝对没问题的。

当然，这个班长也是有他自来的毛病的，很多时候也不能怪他，就是长生在锦绣丛中，纨绔习气总归或多或少得有一些。他的岁数也到了，也有了老婆侍妾。一堆美女团团绕，他最喜欢一个姓邓的夫人，抱着她在膝盖上玩。结果有一天，他“于月下舞水精如意，伤夫人颊，血流污袴，娇姹弥苦”。他赶紧让太医配药，一个劲儿问有什么药能让脸上不带伤疤——他的个性这么温和，邓夫人肯定也会在一边又哭又闹，逼问脸上会不会留疤呀！

后来太医提供药方，调好药膏，把伤治好了，可是疤倒是没有，用的药里面，一味琥珀用多了，脸上留下一点红斑点，殷红如血，逼视益妍，就是越看越娇艳，脸上跟贴了一片红红的花片似的。他更待见邓夫人了，别的女人一看，干脆，真的咱搞不上，弄假的吧，就一个个的“皆以丹脂点颊”，于是东宫里一群女人，个个脸上带红点，呵呵！

除此之外，孙和是没有别的负面新闻的，而这个东西，在那个时代又能算什么负面新闻呢？所以孙和光溜溜的跟个蛋似的，让那苍蝇想找缝都不好找。

问题是，中国古代还有句俗语，叫“欲加之罪，何患无辞”。

东宫太子的位置太显眼了，东宫太子的利益太大了，东宫太子的名头太响了，东宫太子将来就是皇帝啊！这种强大的吸引力，直让手足反目，争得不死不休。不是孙和争，而是别的人和他争——这就是为什么说他像窦娥的原因。如果他肯争，然后落败，那他还不算冤，问题是他没有争啊，自始至终，他都只是以东宫太子的身份，戳在那些人的面前当靶子。

那些人的领头人物有二，一是全公主，一是孙霸。

全公主，孙权的女儿，名孙鲁班。

她和孙和的母亲王夫人不和。

既然和王夫人不和，当然也既不乐见王夫人受宠，也不乐见王夫人的儿子当太子，以后再当皇帝，所以她就对孙和造谣，对王夫人中伤。

孙和不过就是在去太庙祭祀的时候，拐个弯看望自己老婆的叔叔，全公主就说孙和不去太庙，而是跑到妃子家谋划事情去了——说不定是怎么想主意让您早死呢——她这话不用明着说，说透彻，只要说"专就妃家计议"，就给孙权留出足够的想象空间了：和外戚计议什么？抢班夺权啊？想让我早死，他好早接班啊？

这个黑锅扣得太大了！

转过身全公主又给王夫人扣了个黑锅，说是王夫人看到皇上您病重啊，她嘴上虽然什么都不说，可是脸上看起来可高兴可高兴了！孙权大怒，人老了本来就怕死，自己的身边人还盼着自己死，那还得了！

于是，这顶大黑锅也让王夫人顶上了。

造谣中伤的结果，就是王夫人忧虑而死，孙和整天惶惶不安，担心哪天自己的爹不高兴，就不让自己当太子了。

而这个时候，来自于四弟孙霸的攻击也更加猛烈了。

这都是孙权造的业。

一方面立孙和为太子，另一方面封孙霸为鲁王，却是让两宫并立，政治待遇和物质待遇都不分轩轾，搞得孙霸觉得自己比起太子来也没差，那为什么自己不能取而代之，拿到这个太子的名位哩？

于是孙霸的同党杨竺、全琮的儿子全寄等人，"阿附鲁王（孙）霸，与和分争，阴相谮构"，要把孙和掀下去，让孙霸当太子，然后自己也就可以附骥尾，一飞冲天。说到底，都是权势惹的祸。

结果孙权还偏偏有一天单独召见杨竺，问他孙霸这孩子怎么样。杨竺当然是把孙霸夸得天上有地上无，万里挑一，文武全才，他不当太子，别人就没有资格能当这个太子。

孙权本来就老了、昏了，越听越动心了，竟然对杨竺许立孙霸，就是说他对杨竺说，你等着吧，我一定会立孙霸当太子的。

一个皇帝，怎么能对一个臣子下这样的保证呢？不是昏了头是什么？

而且，问题是这事如果只让杨竺一个人知道也没什么，又偏偏被一个给使偷听到了——怎么偷听的就不知道了，既然已经辟左右，这个人是躲在哪儿的？床底下吗？反正是他偷听到了，他是向着孙和的，于是就一五一十告诉了孙和。

孙和没有曹丕那两下子，他的身边也没有真正能够出上好主意的人，所以面对着来自兄弟的谗构和压力，他没有办法，只好兵行险招。

尚书选曹郎陆胤和他的关系一向不错，现在是政治敏感时期，为怕人说他拉帮结派，所以陆胤要启程去武昌，临行向他辞别的时候，他都没见；然后一个错眼儿，他微服悄悄来见陆胤，在陆胤的车上和他密商怎么办。

陆逊身为丞相，是陆胤的堂姐夫，两个人商量的结果就是让陆逊出面，上表谏劝孙权。

陆逊一心为公，得悉此情，估计就是孙和不让他说，他都得说，毕竟立嗣废嗣乃一国大事，一不慎重就可能动摇国基。

所以陆逊就上表了："太子正统，宜有磐石之固。鲁王藩臣，当使宠秩有差。彼此得所，上下获安。"

孙权一看就火大了，陆逊这话言有所指，说是什么太子的地位宜有磐石之固，那意思就是暗指我想要废和立霸喽？这话我就跟杨竺一个人说过！杨竺，我问你，是不是你泄露给陆逊的？杨竺当然指天发誓，说自己没有泄露了——本来就不是他泄露的嘛！

孙权又追问陆逊，他从哪儿得到的什么消息，让他说这番话的？陆逊也没有办法，只好说是陆胤告诉他的；陆胤被抓，严加拷问，不肯供出孙和，于是只好骗孙权说是杨竺说的；于是杨竺被抓，严加拷问，吃痛不过，又找不出到底是谁说的，只好屈打成招，说是自己说的。于是被斩——孙霸还没当上太子，自己还没捞着好处，就平白丢了小命，宫廷斗争，真是残酷。

虽然孙和最终没有暴露，但是孙权也搞得烦了，因为这个太子搞出这么一串子事来，干脆废掉算了。

这回他可不是只当着杨竺一个人说了，他的意思有眼睛的人都看得出来。于是他就真的捅了马蜂窝。

陆逊劝他，顾谭劝他，顾谭的弟弟顾承劝他，张休劝他，吾粲没有劝，只是建议孙权让孙霸出镇夏口，孙霸又反过来咬吾粲一口，于是，血案就造成了：顾谭发配，顾承发配，张休发配，吾粲下狱，不久处死。陆逊没有被发配，也没有被下狱，这么一个德行高洁的人，数度被孙权派来的使者问责，活活气死……

于是，孙和的皇太子之位，就如同在桅杆上结巢的鸟巢，更加摇摇不稳。

这个时候，那个全公主孙鲁班又出场了：她进谗吓死人家的母亲，比谁都怕孙和登上皇位。可是，她也怕孙霸登上皇位——孙霸和孙和，是一个娘肚子里出来的亲哥儿俩。

于是，且看她这一番心机用尽，上蹿下跳：孙权的幼子孙亮之母潘夫人受宠，于是她就跑去和人家结交，然后在孙权面前大说孙亮好话，而且还做主把丈夫的侄孙女全氏嫁给孙亮为妃。她的目的太明显了，能把这哥儿俩都拱下去，让孙亮当太子，就好了。

这个名为鲁班，字为大虎的女人，真是有着老虎一样吃人的个性，有着老虎一样想要虎啸山林的权欲。

孙权到这个时候，也对孙霸厌烦了。或者说，对这种争权夺势的人厌烦了。问题是，这事已经愈演愈烈，朝臣分为两派，一派挺孙和，一派挺孙霸，大局未定，朝中内讧，整个江东基业都变得摇摇不稳。

而且，这个问题无论是让孙和当太子，还是让孙霸当太子，都无法解决。孙和当皇太子，孙霸和孙霸的人不会善罢甘休；孙霸当皇太子，孙和和孙和的人不会善罢甘休。干脆，你们俩谁也不要争了，原先当皇太子的孙和，你给我退位；原来想当皇太子的孙霸，你给我去死——不死的话，以后不论立谁为皇太子，都怕他连群结党来争啊！所以说，善争的人也没有什么好处，争得到还好，一旦争不到，就把自己的命给搭进去了。

这件事的处理结果就是：

囚禁孙和，赐死孙霸。

结果孙权囚禁孙和，又引发一起大地震。实在是孙和这孩子没有什么不好，而孙权的朝廷上，敢说实话和直话的人又太多。

骠骑将军朱据上书，尚书仆射屈晃“率诸将吏泥头自缚，连日诣阙请和”。无难督陈正、五营督陈象上书……

于是陈正、陈象被全族抄斩，朱居和屈晃被各打一百杖，朱据被贬官，屈晃被免官，其余跟着上谏的十几个人，一同被撵。

孙和被废，徙故鄣县。

一个字：冤。

而孙霸和他的同党们，也一个个被斩杀，那个杨竺已经被杀了，怎么办？挖坟起尸，扔进长江。

这场风波过后不久，孙权到南郊祭祀还宫，想起那个自己从前万般宠爱，本身亦无错处，却无辜被废的孩子孙和，想要召他回来，但是这位全公主孙鲁班哦，怎么可能让暮年的老爹这么做！于是伙同侍中孙峻、中书令孙弘等人，从中作梗，让孙和重回宫廷的希望亦成泡影。（《吴书》曰：权寝疾，意颇感寤，欲征和还立之，全公主及孙峻、孙弘等固争之，乃止。）

两个多月后，孙亮被立为皇太子。

孙权去世，孙亮即位，诸葛恪辅政，一年后诸葛恪被权臣孙峻杀害；而废太子孙和亦被他找借口谋害——原因嘛，就是孙和的妃子张夫人，是诸葛恪的外甥女，张氏也殉情而死。独留下儿子孙皓，成为终结东吴政权的一代暴君。

网上用一句话概括了孙和的一生："铩羽而退，憋屈而死，妻子殉情，儿子变态的苦逼废太子。"

读到裴松之引《吴书》的一句话："和之长沙，行过芜湖，有鹊巢于帆樯，故官寮闻之皆忧惨，以为樯末倾危，非久安之象"，不由得下泪。

一个可怜的太子，被大姐恨，被四弟恨，先被父亲喜爱，后被父亲厌恨，究其原因，不是因为自己有多可恨，只是因为自己占了这个太子之位。一朝为太子，终生遭人嫉，哪怕被废，不死不安。

窦娥也没有孙和冤。

卷四十七 《三国志·吴书十八 吴范刘惇赵达传》

做人德为先的算命大师吴范

【原文】

范为人刚直，颇好自称，然与亲故交接有终始。素与魏滕同邑相善。滕尝有罪，权责怒甚严，敢有谏者死，范谓滕曰："与汝偕死。"滕曰："死而无益，何用死为？"范曰："安能虑此，坐观汝邪？"乃髡头自缚诣门下，使铃下以闻。铃下不敢，曰："必死，不敢白。"范曰："汝有子邪？"曰："有。"曰："使汝为吴范死，子以属我。"铃下曰："诺。"乃排闼入。言未卒，权大怒，欲便投以戟。逡巡走出，范因突入，叩头流血，言与涕并。良久，权意释，乃免滕。滕见范谢曰："父母能生长我，不能免我于死。丈夫相知，如汝足矣，何用多为！"

【译文】

吴范为人刚烈直率，颇喜好自夸，然而与亲戚、故友交往有始有终。

他一向与同乡魏滕相友好。

魏滕曾经犯罪，孙权十分严厉地发怒斥责，谁敢劝谏便被处死。

吴范对魏滕说："我与您一道去死。"

魏滕说："您死了并无益处，何必去死？"

吕范说："怎么能怕死而坐视不管呢？"

于是他剃光了头发将自己绑缚着来到宫门前，让守宫门的侍卫去禀报。

侍卫不敢，说：“报讯必死，我不敢去报告。”

吴范说：“你有儿子吗？”

侍卫说：“有。”

吴范说：“假如让你为了我的事被处死，你的儿子归我抚养。”

侍卫说：“好吧。”

于是推门而入。

话未说完，孙权大怒，想用戟戳死他，他一会儿跑了出来，吴范乘机抢入，叩头流血，边说边流泪。

半晌，孙权才消解怒气，于是免魏滕死罪。

魏滕看到吴范感谢他说：“父母能生我养我，不能使我免除一死。大丈夫相逢知己，像您这样的人一个就足够了，何必要多啊！”

【评点】

古代的人都是有神论者，也大多是神秘主义爱好者，有事没事爱卜个卦什么的。

孙权在这方面完全可以称为狂热的神秘主义爱好者。

而且，他的手下还真的有算卦算得很神奇的人。

其实三国好像本来就是奇人异士颇多，魏国有神医华佗，占卜家管辂，善析梦的周宣；蜀国有周群和杜琼，而且诸葛亮本身就被传得“多智近妖”，《三国演义》里写他甚至妄想逆天改命，延寿一纪；吴国的佼佼者则是吴范。

这个人准确地预言了关羽的死期。

当初孙权和吕蒙打算用计袭击关羽的时候，大臣们说不可，孙权没主意了，就问吴范，吴范却说行。

后来关羽败走到了麦城，派人来请求投降，孙权问吴范关羽的投降是真是假，吴范说天象显示他要逃走，所以他在撒谎。结果关羽果然已经从麦城逃跑。

孙权又问他关羽跑了，能逮得着不？吴范说没问题。

那到底什么时候才能逮住呢？

吴范给出一个相当之准确的时间：明日中午。

孙权不是一个狂热的神秘主义爱好者吗？他就想借机验证一下吴范说的靠谱不靠谱，就派人设置漏表滴漏刻下记号，等着。

等啊等的，一直等到中午了，还是没有消息，又问吴范，吴范说，还没到正午哪。一会儿，风动帷帐，吴范拍手，说：“关羽抓住了。”

果然，帐外欢呼万岁，手下传告，关羽被擒。

就这么神奇。

孙权也不知道怎么想的，有这么个人给他占卜问卦也就可以了，他一个东吴的领导者，居然还想要跟吴范学一手，大约是想着问出他的诀窍，以后就可以万事不求人了。连以后走路会不会摔跤都能够算出来，多好啊！

他却没有想过，凡事都知道得清透彻底了，又有什么意思呢？

而且他就算想学，吴范也不肯教，这个人还是很有心计的，知道自己之所以被孙权看重，那是因为自己的这个本事，本事教给别人了，那自己不就成了可以随意丢弃的敝屣了？所以孙权怎么问他他都不肯说，结果这么做的结果就是把孙权给得罪了。

得罪了孙权的结果，就是吴范明明可以封个侯了，孙权宁可食言而肥，也不肯给他。

起始缘由是当初孙权还是个将军的时候，吴范就曾报告说江南有帝王气象，在亥、子的年份之间有大福大喜降临。实际上就是预言他将称王。孙权当然高兴了，就许诺说要真的那样的话，我就封你为侯。

等到孙权真的成了吴王了，在吃饭的时候，吴范也在座，就提醒他还记不记得当时那回事，孙权说记得，来呀，给我把侯爵的绶带拿来。

随从把绶带拿来了，孙权又说，去，给我替吴范先生戴上。

他的算盘打得可真精啊，那意思就是我给你戴上这个绶带，你就算是侯了，封地呀神马的都是浮云啊。

结果吴范也不傻，这个人一向是有心计的，动手推辞，说什么也不接受。我不接受这个虚名，当然就是想要你给我一个实惠点的待遇了。

后来，论功行赏，孙权还真把吴范封为都亭侯了，可惜啊可惜，诏令都要颁布了，孙权想起吴范对自己藏私不肯传授占术的碴儿了，于是就把吴范的名给削掉了。

吴范的侯到了也没有当上。

真是可笑。

所以说，孙权对于占卜一术，或者说神秘学，是很执着的。他不独对吴范这样，对另一个叫赵达的术士也是这样，甚至更狠。

赵达本来是河南人，因为会算，就说东南地方有帝王气象，可以到那里躲避战乱，于是就渡江来到了南方。

有关这个人的传说也是很神奇的。说是他算什么都非常准，连空中飞的蝗虫有多少只都能算出来。有人就说了，飞着的东西，谁知道它到底有多少，还不是随你想怎么说就怎么说。

赵达说那这样，你拿来几斗小豆，撒在席子上吧。这个人就照办了，然后赵达当下就说出共有多少粒。这个好办，命人数一数就可以了，数的结果和赵达说的完全一致。神奇吧？

还有一回，他去朋友家做客，朋友这个人不咋地，藏私，舍不得拿出好东西来招待，就说哎呀你看，太仓促了，真是酒无好酒，菜无好菜呀，哈哈！赵达就拿过一双筷子，也不知道他怎么摆弄来摆弄去的，摆弄了一会儿，说，你那东边墙下有一斛美酒，还有三斤鹿肉，怎么能说酒无好酒，菜无好菜呢？朋友一看，了不得，连鹿肉几斤都算出来了，满脸通红，拿出酒肉。

还有个人逗他，拿片书简，写上一千万，放到一个空仓库里面，让赵达算这个仓库里盛着多少粮食。赵达说，仓库里有千万，却是虚数，没有东西。

你看，就是这么精妙。

他的算技太神奇了，那些个有名的人士，比如阚泽呀、殷礼呀，都亲自上门，恭敬求教，但是赵达这个人也是视秘技如宝，说什么也不教。

有一个叫公孙滕的，官至太史丞，少年的时候奉赵达为老师，勤苦多年，赵达一直就答应教人家，可是老是话到嘴边还是不肯教。

然后有一天，公孙滕就带着酒菜上门了，拜跪求他传授。赵达说这样吧，此术奥妙，就连父子也不能告诉。不过看你这么好学，就传授给你吧。不过先吃菜喝酒再说。

公孙滕就陪着老师一块吃菜喝酒，吃喝得差不多了，公孙滕又眼巴巴看着他，他实在推辞不过，起身拿来两卷白绢书，就跟手指那么大，说："要亲手抄写阅读此书，就会自己悟解的。我好久没有读过它们了，现在想先再读一番，思考推论一遍，几天后给你吧。"

公孙滕和他约定了几天后的日期，上门要书，结果赵达啊，呵呵，他找啊找，好一通乱翻，然后说哎呀，书丢了，昨天女婿来，一定是他偷了，如何如何。

公孙滕当然是失望而归了。

赵达撒这么大个谎，那肯定也不会再把书拿出来了，这书就算丢了，亡佚了，找不着了。

所以说，无论是吴范，还是赵达，本事有，但是格局都不够大，过于待此技如珍视宝，结果是吴范想当侯也最终没有当上；赵达想凭着此术当帝王之师，就因为孙权想跟他学艺，他说什么也不肯教，于是赵达也只是一个小官而已，更高的俸禄和爵位也一直没有捞到。

他费尽心机保守了自己的秘密，那书也不知道藏到哪里去了，反正是孙权也找不着。孙权这个也着实过分了，听说赵达有这种书，又求之不得，赵达死了，他就收捕拷问他的女儿；他的女儿也不知道，于是又开赵达的棺，结果还是一无所得。

于是，这种法术就绝传了。

所以说，说孙权是一个神秘主义爱好者一点都不错，这家伙连刨坟开棺的事都干出来了。

话题再说回到吴范身上。吴范这个人，有点自大，喜欢自夸，怎么看怎么都不像是仙风道骨的得道高人模样。不过这个人对朋友却是没的说。

自古及今，在人们的普遍善恶标准里面，为臣忠、为友义都是极高的品行。就冲这一点，吴范这个人的人性光芒，也盖过了身为术士的术业光芒。

果然是做人德为先啊！

卷四十八《三国志·吴书十九 诸葛滕二孙濮阳传》

东吴权臣诸葛恪

【原文】

孙峻因民之多怨，众之所嫌，构恪欲为变，与亮谋，置酒请恪。恪将见之夜，精爽扰动，通夕不寐。明将盥漱，闻水腥臭，侍者授衣，衣服亦臭。恪怪其故，易衣易水，其臭如初，意惆怅不悦。严毕趋出，犬衔引其衣，恪曰："犬不欲我行乎？"还坐，顷刻乃复起，犬又衔其衣，恪令从者逐犬，遂升车。

初，恪将征淮南，有孝子著缞衣入其阁中，从者白之，令外诘问，孝子曰："不自觉入。"时中外守备，亦悉不见，众皆异之。出行之后，所坐厅事屋栋中折。自新城出住东兴，有白虹见其船，还拜蒋陵，白虹复绕其车。

及将见，驻车宫门，峻已伏兵于帷中，恐恪不时入，事泄，自出见恪曰："使君若尊体不安，自可须后，峻当具白主上。"欲以尝知恪。恪答曰："当自力入。"散骑常侍张约、朱恩等密书与恪曰："今日张设非常，疑有他故。"恪省书而去。未出路门，逢太常滕胤，恪曰："卒腹痛，不任入。"胤不知峻阴计，谓恪曰："君自行旋未见，今上置酒请君，君已至门，宜当力进。"恪踌躇而还，剑履上殿，谢亮，还坐。设酒，恪疑未饮，峻因曰："使君病未善平，当有常服药酒，自可取之。"恪意乃安，别饮所赍酒。酒数行，亮还内。峻起如厕，解长衣，著短服，出曰："有诏收诸葛恪！"恪惊起，拔剑未得，而峻刀交下。张约从旁斫峻，裁伤左手，峻应手斫约，断右臂。武卫之士皆趋上殿，峻云："所取者恪也，今已死。"悉令复刃，乃除地更饮。

先是，童谣曰："诸葛恪，芦苇单衣篾钩落，于何相求成子阁。"成子阁者，反语石子冈也。建业南有长陵，名曰石子冈，葬者依焉。钩落者，校饰革带，世谓之钩络带。恪果以苇席裹其身而篾束其腰，投之于此冈。

【译文】

孙峻因为百姓对诸葛恪的怨恨，以及大家对诸葛恪的憎恶，就构陷诸葛恪想发动变乱，于是与孙亮合谋，置备酒席宴请诸葛恪。

诸葛恪将要晋见孙亮的头天晚上，精神烦躁不安，通宵不寐。

天亮起床洗漱，闻到水里有腥臭味，侍者递给他衣服，衣服也有臭味。

诸葛恪对此感到奇怪，换水换衣，但臭味依旧，他感到惆怅不乐。

他整装后快步走出来，狗咬住了他的衣服。

诸葛恪说："狗不想让我去吗？"回来坐下，过了一会儿又起身，狗又来咬住了他的衣服，他令随从赶跑了狗，于是登车上路。

起初，诸葛恪将要出征淮南时，有位孝子穿着丧服走进内屋，随从的人禀报了这件事，诸葛恪命令孝子出来并审问他，孝子说："不知不觉地就进来了。"当时内外守卫的兵士，都没有看到，大家都是觉得奇怪。

出征之后，他所坐办事厅堂的大梁中间断折。

自新城回来住在东兴，有白虹出现在他的船上，他回来拜祭蒋陵，白虹又绕环他的车子。

将要晋见时，停车在宫门，孙峻已在帷帐中埋伏好了士兵，担心诸葛恪不按时进来使事情败露，便亲自出来见诸葛恪说："您的尊体如果不太舒服，自然可以改日晋见，我自会向主上禀告。"想以此试探诸葛恪。

诸葛恪回答说："我应当自己撑着身体进宫。"

散骑常侍张约、朱恩等秘密递上条子给诸葛恪："今天的部署不同往常，怀疑有其他变故。"

诸葛恪看了字条后醒悟，抽身离去，还未出宫殿大门，遇到太常滕胤，诸葛恪说："我突然腹痛，不便入宫。"滕胤不知道孙峻的阴谋，对诸葛恪说："您自出征回京后还未朝见，今日主上置酒席宴请您，而您已到了宫门，应该勉力进去为好。"

诸葛恪犹豫着又返回来，带剑穿靴上殿，拜谢孙亮，回身坐下。斟上酒后，诸葛恪怀疑有毒而没有喝。

于是孙峻说："您的病还未痊愈，应当带有常服的药酒，可以自己拿出来喝。"诸葛恪的心才定下来，另喝自己准备的酒。

酒过数巡后，孙亮回到内殿。

孙峻起身上厕所，脱掉长衣，更换短装，出来说："有诏书拘捕诸葛恪。"诸葛恪惊起，剑还未拔出鞘，而孙峻的刀已接连砍下。

张约从旁边砍孙峻，伤其左手，孙峻随手回砍张约，砍断了他的右臂。

武装的卫兵们都跑上殿，孙峻说："要抓的是诸葛恪，现已死去。"

于是命令刀剑入鞘，将地打扫干净又继续饮酒。

先前，有童谣唱道："诸葛恪，芦苇单衣篾钩落，于何相求成子阁。"成子阁的反语即石子冈。建业城南有一条长长的丘陵，名为"石子冈"，是埋葬死人的地方。钩落，就是校饰皮带的东西，民间称它为"钩络带"。诸葛恪死后果然被苇席裹了身体用竹篾束在腰上，被抛尸在石子冈。

【评点】

诸葛恪（203—253），字元逊，琅玡阳都人。蜀丞相诸葛亮之侄，吴大将军诸葛瑾长子，效力东吴，小时就是神童，深受吴大帝孙权赏识。弱冠被拜骑都尉。孙登为太子，诸葛恪为左辅都尉，东宫幕僚领袖。陆逊被孙权给活活气死后，是诸葛恪接收了他的兵马，当大将军，主管军事。孙权临终托孤，他是托孤重臣之首。

孙权死，孙亮即位，诸葛恪军政大权俱握，初期颇孚众望，后期独断专权，后被设计杀害，夷三族。至此，东吴诸葛一门绝矣，也应验了他父亲诸葛瑾当年的忧虑，说此子非保家之子。

之所以非保家之子，不是从迷信角度出发的面相长得不对，或是命理生得不对，而是这孩子太聪明了，聪明得让人害怕。

诸葛恪个头不算很高，七尺六寸，眉毛胡子浅淡，折鼻梁，宽脑门儿，嘴巴大嗓门儿大，凭空想象也知道不怎么帅，但是搁不住人家脑筋转得快。

其实他父子俩都长得不帅，诸葛恪的父亲脸长，像驴脸。孙权这个人爱喝酒，好玩笑，这一点跟他死去的大哥孙策很相似，孙策就是"性阔达听受，好笑语"，说白了就是喜欢乱开玩笑，大家哈哈哈地乐。

那个时代上层社会其实是儒家思想相当发达的时代，父父子子、君君臣臣，非常讲究，非常严谨，我们看江东那几个大族的代表人物，比如周瑜，比如鲁肃，比如陆逊，他们除了家学渊源、博学多才之外，也都会说会笑，但是他们的行为模式相当严谨，是非常正统的儒家思想，既不会拿人家的爹开玩笑，也不会拿自个儿的爹开玩笑。

但是孙权不一样，他们孙家既不在江东，也不是盘根错节、显赫数世的大族，所以这种正统思想观念就很淡薄。还记得孙策当初跟周瑜开的玩笑吗？说乔公虽然流离，可是，有摊上咱俩这俩女婿，他也算够有福气的啦，哈哈！这话周瑜就绝对说不出来。周瑜潇洒，但潇洒得有贵气，曲有误，周郎顾嘛，孙策流荡，流荡得很不羁。

至于孙权，那就更是一不羁的主儿。他喜欢拿别人开玩笑——拿别人的爹开玩笑——拿诸葛瑾的爹开玩笑。

大会群臣的时候，孙权命人牵一头驴进来，然后对着驴脸左看右看，灵机一动，命人拿来纸笔，唰唰题上几字，然后"啪"地往驴脸上一贴，众人一看，"诸葛子瑜"。子瑜即诸葛瑾之字也。

诸葛恪能怎么办？别人骂他的爹，他能揍那家伙一顿，或者用"你才是……你全家都是……"的句式骂回去："你爹才是驴，你全家都是驴"，开这玩笑的是孙权啊，就算他忒不知轻重了，你也没脾气。所以他就跪乞笔，请加俩字。然后在标签上添上两个字"之驴"，这下子，就成了"诸葛子瑜之驴"，不但化解了爹被骂的尴尬，还给当爹的赚回一头驴。

脑筋转得就是快，一点也不伤孙权的面子，而且还娱乐了大众，一时之间，朝堂之上欢声笑语。

他的脑筋转得快绝不止此一件事。

他叔叔诸葛亮不是在蜀国效力吗？有一天，孙权就问，说你爹和你叔叔，谁贤？诸葛恪能怎么说？俩都是长辈，怎么说都不对，说爹贤明，是看不起叔叔；说叔叔贤明，那就是看不起爹！别人看起来是两难的事——孙权就是要逗诸葛恪才这么说的嘛，谁知道这家伙却张嘴就来："臣父为优。"孙权好奇了，为什么？因为我爹为咱们大吴效力，叔叔为那什么鸟蜀国效力，所以我爹贤。孙权又给逗得哈哈大笑。

孙权不是好喝酒吗？可是还有个人管着他，就是张昭。张昭不乐意他喝酒，尤其不乐意他喝大酒。诸葛恪岁数不大，也喜欢跟着孙权这个激情洋溢的家伙胡闹，喝酒啊作乐啊，但是大家都在那里喝酒，一个老头子绷着臭脸在那儿坐着，实在是煞风景得很啊！

有一天，大家又喝酒，孙权就让诸葛恪给大家行酒，张昭先已经喝了点了，这会儿就不肯再喝，说你们不要逼我喝酒，我老了，你们这不是养老之礼。诸葛恪咋办？行酒行得人家不肯喝，尴尬啊，再说地位还比自己高，又不能捏着鼻子灌。

孙权就跟诸葛恪说，你要是能辩倒张公，这杯酒他就肯喝啦。诸葛恪一听这不是小菜嘛，辩论神马的，咱最会了，当下张嘴就来：

"过去人家姜尚九十岁还秉旄仗钺，没有告老。现在军旅有事，属下服其劳；美酒美食，请您先享用，咋还能说不养老呢？"

这下子张昭没词了，只好一口干尽杯中酒。

还有一回，蜀国使臣到了，大家都在，孙权知道诸葛恪的叔叔在蜀当丞相，就又开起了玩笑，说你看我们这诸葛恪吧，他可爱骑马了，你回去后告诉你们家丞相，记得给他送好马。

诸葛恪一听，马上就拜谢了下去，孙权奇怪了，咦，马还没来呢，你谢个啥子嘛！诸葛恪肯定不会说你跟我叔叔说了，我叔叔肯定疼我，一定会送我好马之类的，而是这么说："蜀国啊，那就是陛下您的外马圈啊，现在您下了恩旨，马一定会来的，怎么敢不谢哟！"既抑了蜀汉的威风，又长了孙权的志气，孙权不乐才怪。

诸葛恪不是东宫莫僚之首嘛，和太子孙登的关系也很好。孙登也好开玩笑，有一回让诸葛恪去吃马屎，诸葛恪回嘴，说那太子您去吃鸡蛋。孙权就奇怪了，人家让你吃马粪哪，你却让人家吃鸡蛋，什么意思？诸葛恪说：都是从一个地方（屁股）里出来的嘛！孙权大笑。

这种聪明劲，难怪孙权会在他爹诸葛瑾面前夸他："蓝田生玉，真不虚也。"

可是，大家还记得"大智若愚"这个成语吗？聪明外露，绝对不是好事，受宠遭嫉只是其中的一个方面，更重要的是，你太聪明了，聪明得人人都夸，但是人不是盛夸奖和赞扬的容器，不会你夸一百句、一千句、一万句他都无动于衷，乖乖地蹲在那里，他会骄傲，会膨胀，会掂不清斤两，不知道自己是谁……而最终的结果，就是骄兵必败。

诸葛恪就是在朝着这个方向大踏步地迈进。

说起来，诸葛恪的父亲诸葛瑾和诸葛亮老哥儿俩分属不同阵营，平时只公事来往，退无私面，但是诸葛亮对这个侄子是很关心的。

孙权觉得诸葛恪是个人才，就想考查他，就让他掌管军用粮谷之事，这个东西那就是跟数字打交道，烦琐得很，也烦人得很，他不乐意干。诸葛亮不知道怎么，也挺了解这个大侄子，就特地给陆逊写信，说我哥哥老了，而恪的性子又太粗疏，粮谷非常重要，让他掌管，恐怕管不好。"仆虽在远，窃用不安。足下特为启至尊转之。"就是请他转告孙权，给恪换个岗位。

诸葛亮一方面是关心诸葛恪，另一方面也是怕诸葛恪因失职而获罪，连累诸葛一门吧！眷眷之心，格外深远。这个人真是操心的命啊！

也奇怪，孙权真是很尊重诸葛亮，陆逊把他的话一转达，孙权马上就给诸葛恪换了工作，不让他管粮谷了，让他去领兵。

诸葛恪领兵还是领出了成绩的。

那个时候，是真切地体现"人多力量大"的道理的，只有兵员多，战斗力才强，所以魏、蜀、吴三国，都花大力气在扩充兵员上面。

诸葛恪在为东吴扩充兵员上面功劳不小。

丹杨郡那个地方，是名副其实的民如匪悍如贼，山道险阻，密林众多，几千里的山啊，上万重的谷，一方水土养一方人，这里的水土养出来的百姓，随身都带兵器！这个也很好理解，不带兵器出门，就等于送肉上门给野兽吃。又没有进过城市，又没有见过长官，一生都在山野，简直就是勇悍无敌。

诸葛恪的意思是这样的人放在山林里乱跑其实是浪费，要是能招降引诱出来，编进队伍里面，战斗力提高可是一倍两倍都不止，所以他就极力主张自己去招降，三年可得兵卒四万。

问题是，这样做的难度太大了，不说地形地势以及百姓勇悍的问题，那里也是逃犯惯匪的天堂，他们为了躲避官府追捕，也纷纷投奔那个地方。山里又不缺矿，可以采铜采铁自制兵器铠甲，简直就是一个个会走路的活炸弹，入山即为猎人，出山即为盗寇，打仗的时候一拥而上，来一通乱拳乱刀乱棍乱棒，吃了败仗一声“风紧扯呼”，撒丫子乱跑，你想捉都捉不住。

所以诸葛瑾先就不同意儿子这么干，说你这孩子忒乱来了！我们家以后一定会败在你手！不过诸葛恪看来一直是舒着枝蔓长的，此时也旗枪不倒，一力主张。孙权也宠爱他，也支持他，就任命他为抚越将军兼丹杨太守，还给他三百仪仗骑兵队，给他举行授官仪式，然后仪仗前导，擂鼓吹号，列队开道，回府去也。

那一年，他三十二岁，正是力气长圆，智慧充满，好一番锦上添花的荣耀。

然后，且看他摩拳擦掌，建功立业。

诸葛恪上任到郡府，就给四郡所属的地方主管长官们写信，让他们各自守好自己的地盘，建立和整顿好自己的军队，安置好那些归服教化的平民。此为搞好内政。

然后，他分兵部署将领，分别守住险要地段，只修缮好防御工事，不打，只守。等庄稼熟了，就派兵快割快打快收，连根毛也不给这些山越人剩下。这么一来，旧粮吃没了，新粮接不上，老百姓也已经定居，不会往山里贩运粮食，山越人没辙，又穷又饿，刚开始人少，渐渐地，就一个一个地出山投降了。

凡是投降的，诸葛恪就把他们迁到外县定居，安抚慰问，好生照顾，下令不得嫌弃怀疑，不得执留拘捕。

当然，也有那假投降的人，比如一个叫周遗的，就想找机会造反，诸葛恪就来一个杀鸡给猴看，山民们一看，那真投降的人都受了优待，那假投降的人被杀头，于是就扶老携幼，相继出山。

果然，收到兵卒四万。和诸葛恪预计的一样。

诸葛恪自己督领一万人，其余三万分发给各位将领。

所以说，诸葛恪是能干的。

孙权到死都很待见他，临死托孤。结果第二天孙权死之后，一向和诸葛恪不和的孙弘就封锁消息，企图假传诏书，除之为快。

虽然后来是孙峻杀了诸葛恪，不过这个时候，孙峻是救了诸葛恪一命的，他密报了诸葛恪，然后诸葛恪假称要请孙弘议事，席上杀了他，然后穿起丧服，公布主公去世的消息。

此后，诸葛恪大权独揽，取消密置视听之事，其实就是不再派密探监视国家大臣要员的一言一行，此外还裁冗员，免赋税，取消货运关税，时时处处，都是为国家着想，为百姓着想。

此时他的声誉达到顶峰，如果用数学曲线来表示的话，他此时已经攀升到了他的生命的最顶端。虽然这个人长得丑吧，可是他每次外出，老百姓都把脖子伸得长长的，想要看一看他们爱戴的诸葛公的模样。

或许是真的满招损，谦受益，或许是盛名当前，真的是会让人飘飘欲仙，看不清自己吃几碗干饭。他率军抵挡了魏国三路进攻，在东兴大胜魏军。此后他开始轻敌，率大军伐魏。丹杨太守聂友跟诸葛恪交情不错，写信劝他，让他按兵不动，蓄精养锐，以待时机。虽然老话说得好，乘胜追击，可是那也得要端赖天时地利人和三种因素的扶持。现在打了胜仗之后大举出兵，天时不利，如果任意行事，恐怕会招致失败。

聂友身在局外，旁观者清，而且大家都知道，东吴基于一向的斗争形势，采取的方案都是守而不是攻。然而诸葛恪早被胜利冲昏了头脑，觉得魏军也没有什么了不起，所以写信答复聂友，批评他没有看到时势大局。然后，他开始一意孤行起来，做事开始出现偏差，而且偏差愈来愈大……

大家都不愿意打的时候，他要打。

大家都不愿意当兵的时候，他征兵二十万，扰得百姓骚动不安。他让老百姓过不上好日子，老百姓当然也不会再像以前那样对他那么敬仰爱戴，奉若神明。

诸葛恪心里想炫耀武力于淮南，驱赶百姓，众将领中有人提出疑问说：

“现在率军深入，边境上的百姓必定相率远避，恐怕士兵劳苦而收效甚微，不如只围困合肥新城。新城被我方围困，敌人救兵必然要来，敌人救兵一到再用计打败他们，便可大获全胜。”

诸葛恪听从了这一建议，回军退而包围新城。

可是，就是这个一新城，战斗也持续了好几个月，硬是拿不下。

而士兵们却劳苦不堪，天又热，喝生水，拉肚子，腿浮肿，病者大半，到处皆有死伤。军官今天报告病了多少人，明天又报告病了多少人，这个报告病了多少人，那个又报告病了多少人，诸葛恪连巡营察看一下的兴趣都没有，只是说这些军官们说假话惑乱人心，威胁要杀。

结果就是没有人给他报告病倒多少人、病亡多少人了，他的耳根子清净了，但是，病倒病亡的人仍旧只增不减。

诸葛恪此时已经被无边的声誉宠得刚愎自用，自觉新城久攻不下是莫大的耻辱，整天气哼哼的。将军朱异表示了一些不同的看法，诸葛恪大怒，立即剥夺他的兵权。都尉蔡林多次陈述用兵计谋，诸葛恪都不采纳，于是他驰骑投奔魏国而去。

魏国得知吴国兵士疲困多病，于是挺进援兵。诸葛恪率军撤退。

这撤退的一路上，有掉队的，有的倒毙坑沟，有的被魏军俘虏。死去的遗恨千古，活着的愤恨不平，全军上下呼天抢地，诸葛恪却恍若未闻，安然自若，还给自己放了一个小假，离开军队，到江中小洲上住了一个月，还打算在浔阳建立田园。

直到召他回朝的诏书一道接着一道，他才慢慢班师回京。

全国百姓对他失望怨恨，他的声望降至冰点。

说实话，诸葛恪确实如他的父亲诸葛瑾所说的，非保家之子。太聪明，太刚愎，太嚣张，太大意。诸葛亮出兵，也时有不利，但是他一直是体恤士卒，谨慎小心，所以蜀国百姓对他始终是敬若神明，仰若父兄，说不定诸葛亮是多少闺中少女的梦中情人。而诸葛恪却活活地把自己的崇高威望全部葬送，而他尚不自知。

大军返回建业的时候，他还大排阵仗，仪仗队前导，耀武扬威地回到大将军府。

随即他就见中书令孙嘿，厉声责问说："你们怎敢几次妄作诏书？"孙嘿恐惧辞谢出来，借口生病回了家。

诸葛恪出征离京后，选曹所奏准任命的令、长各职官员，全被罢免重新任命。

他更为显示威严，经常怪罪责备他人，要进见他的人，无不诚惶诚恐。

又改换宫中警卫部队，用他自己亲近的人担任，又命令军队整装待发，准备进军青州、徐州一带。

种种作为，都在把他自己往火坑里面推。

于是，他终于迎来了自己的死亡，也为他的家族迎来了绝灭的结局。

其中的过程，大家都知道了。

在《三国演义》里面，罗贯中对于诸葛恪之死，也描写得十分灵异：

"却说诸葛恪自兵败回朝，托病居家，心神恍惚。一日，偶出中堂，忽见一人穿麻挂孝而入。恪叱问之，其人大惊无措。恪令拿下拷问，其人告曰：'某因新丧父亲，入城请僧追荐；初见是寺院而入，却不想是太傅之府。却怎生来到此处也？'恪大怒，召守门军士问之。军士告曰：'某等数十人，皆荷戈把门，未尝暂离，并不见一人入来。'恪大怒，尽数斩之。是夜，恪睡卧不安，忽听得正堂中声响如霹雳。恪自出视之，见中梁折为两段。恪惊归寝室，忽然一阵阴风起处，见所杀披麻人与守门军士数十人，各提头索命。恪惊倒在地，良久方苏。次早洗面，闻水甚血臭。恪叱侍婢，连换数十盆，皆臭无异。恪正惊疑间，忽报天子有使至，宣太傅赴宴。

"恪令安排车仗。方欲出府，有黄犬衔住衣服，嘤嘤作声，如哭之状。恪怒曰：'犬戏我也！'叱左右逐去之，遂乘车出府。行不数步，见车前一道白虹，自地而起，如白练冲天而去。恪甚惊怪，心腹将张约进车前密告曰；'今日宫中设宴，未知好歹，主公不可轻入。'恪听罢，便令回车。行不到十余步，孙峻、滕胤乘马至车前曰：'太傅何故便回？'恪曰：'吾忽然腹痛，不可见天子。'胤曰：'朝廷为太傅军回，不曾面叙，故特设宴相召，兼议大事。太傅虽感贵恙，还当勉强一行。'恪从其言，遂同孙峻、滕胤入宫，张约亦随入。

"恪见吴主孙亮，施礼毕，就席而坐。亮命进酒，恪心疑，辞曰：'病躯不胜杯酌。'孙峻曰：'太傅府中常服药酒，可取饮乎？'恪曰：'可也。'遂令从人回府取自制药酒到，恪方才放心饮之。酒至数巡，吴主孙亮托事先起。孙峻下殿，脱了长服，着短衣，内披环甲，手提利刃，上殿大呼曰：'天子有诏诛逆贼！'诸葛恪大惊，掷杯于地，欲拔剑迎之，头已落地。张约见峻斩恪，挥刀来迎。峻急闪过，刀尖伤其左指。峻转身一刀，砍中张约右臂。武士一齐拥出，砍倒张约，剁为肉泥。孙峻一面令武士收恪家眷，一面令人将张约并诸葛恪尸首，用芦席包裹，以小车载出，弃于城南门外石子岗乱冢坑内。却说诸葛恪之妻正在房中心神恍惚，动止不宁，忽一婢女入房。恪妻问曰：'汝遍身如何血臭？'其婢忽然反目切齿，飞身跳跃，头撞屋梁，口中大叫：'吾乃诸葛恪也！被奸贼孙峻谋杀！'恪合家老幼，惊惶号哭。不一时，军马至，围住府第，将恪全家老幼，俱缚至市曹斩首。时吴建兴二年冬十月也。昔诸葛瑾存日，见恪聪明尽显于外，叹曰：'此子非保家之主也！'又魏光禄大夫张缉，曾对司马师曰：'诸葛恪不久死矣。'师问其故，缉曰：'威震其主，何能久乎？'至此果中其言。"

说到底，兵败也好，失民心也好，都不足致其死，聪明外露，功高震主，才是诸葛恪真正的死因。

大家还记得聂友这个人吗？未曾出兵前，就曾经写信劝告诸葛恪，后来诸葛恪撤军返还，聂友就知道他将要败亡，写信给滕胤说："当人处于强盛之时，可令山动河移，一旦陷于败弱之地，人们对他的态度就会各式各样。说到这里令人悲伤叹息。"

而诸葛恪被诛杀后，聂友也遭到孙峻的忌恨，聂友发病忧愤而死。

诸葛恪死后，临淮人臧均上表恳求收葬诸葛恪说：

“……诸葛恪生性刚愎，骄气凌人，不能慎重地保持国家政权，让国内和平安定，而为了建功使军队长期奔劳在野，不及三年就出兵三次，白白损失百姓士卒，使国家府库物资用尽，独自专持国家大权，任意罢免任用官吏，凭借刑法威吓众人，上下官员都不敢出声。

“侍中武卫将军都乡侯孙峻与他一道受先帝嘱托的诏命，看到他奸邪暴虐，日益滋盛，担心将使天下动乱，倾覆危害社稷。于是奋其威怒，精诚贯通云天，计虑胜过神明，智勇百倍于荆轲、聂政，亲自手持白刃，诛杀诸葛恪于殿堂之上，其功绩超过朱虚侯、东牟侯。

“国家大害，一朝根除，车载他的首级展示于众，六军喜乐欢跃，日月增光，风尘平息，实为祖先之神灵，天人之共验。

“如今诸葛父子三人首级，悬市示众数日，观看的人几万，咒骂声汇积如风。

“国家的大刑，无处不受震动，男女老幼，无不观看。

“人的思想，在观察事物时总是乐极生悲，看到诸葛恪显贵隆盛，世人无与为比，身处三公之位，已是居间多年，今日受到诛杀灭族，如禽兽受宰无异，观罢此般情景就会产生相反的感情，能不悲戚伤感？何况已死去了的人，与土壤同归一处，凿、挖、砍、刺，再也不能施加罚刑。

“希望圣明的朝廷效法乾坤，震怒不越旬日，让他的同乡或过去的部下，以一般的兵士服装来收殓他，赐给他三寸薄棺……”

于是孙亮、孙峻就听任诸葛恪过去的下属在石子冈找到他的尸体，收敛安葬。

天才上智之人，如果不能善用其智慧，其结局，大多令人叹惜。